백발백중
2025

추천
도서

전국컴퓨터
교육협의회

무료 동영상 강의와 자동 채점 프로그램 제공

# 컴퓨터 활용능력

## 2급 실기 2021 버전

KB144460

**IT연구회**

해당 분야의 IT 전문 컴퓨터학원과 전문가 선생님들이 최선의 책을 출간하고자 만든 집필/감수 전문연구회로서, 수년간의 강의 경험과 노하우를 수험생 여러분에게 전달하고자 최선을 다하고 있습니다. IT연구회에 참여를 원하시는 선생님이나 교육기관은 ccd770@hanmail.net으로 언제든지 연락주십시오. 좋은 교재를 만들기 위해 많은 선생님들의 참여를 부탁드립니다.

권경철_IT 전문강사
김수현_IT 전문강사
김현숙_IT 전문강사
류은순_IT 전문강사
박봉기_IT 전문강사
문현철_IT 전문강사
송기웅_IT 및 SW전문강사
신영진_신영진컴퓨터학원장
이은미_IT 및 SW전문강사
장명희_IT 전문강사
전미정_IT 전문강사
조정례_IT 전문강사
최은영_IT 전문강사
김미애_강릉컴퓨터교육학원장
엄영숙_권선구청 IT 전문강사
조은숙_동안여성회관 IT 전문강사

김경화_IT 전문강사
김 숙_IT 전문강사
남궁명주_IT 전문강사
민지희_IT 전문강사
박상휘_IT 전문강사
백천식_IT 전문강사
송희원_IT 전문강사
윤정아_IT 전문강사
이천직_IT 전문강사
장은경_ITQ 전문강사
조영식_IT 전문강사
차영란_IT 전문강사
황선애_IT 전문강사
은일신_충주열린학교 IT 전문강사
옥향미_인천여성의광장 IT 전문강사
최윤석_용인직업전문교육원장

김선숙_IT 전문강사
김시령_IT 전문강사
노란주_IT 전문강사
문경순_IT 전문강사
박은주_IT 전문강사
변진숙_IT 전문강사
신동수_IT 전문강사
이강용_IT 전문강사
임선자_IT 전문강사
장은주_IT 전문강사
조완희_IT 전문강사
최갑인_IT 전문강사
김건석_교육공학박사
양은숙_경남도립남해대학 IT 전문강사
이은직_인천대학교 IT 전문강사
홍효미_다산직업전문학교

**BM** (주)도서출판 **성안당**

# 컴퓨터
# 활용능력 2급 실기

2024. 1. 10. 초 판 1쇄 발행
**2024. 8. 7. 개정증보 1판 1쇄 발행**

저자와의
협의하에
검인생략

지은이 │ 한정수
펴낸이 │ 이종춘
펴낸곳 │ **BM** ㈜도서출판 **성안당**

주소 │ 04032 서울시 마포구 양화로 127 첨단빌딩 3층(출판기획 R&D 센터)
│ 10881 경기도 파주시 문발로 112 파주 출판 문화도시(제작 및 물류)

전화 │ 02) 3142-0036
│ 031) 950-6300

팩스 │ 031) 955-0510
등록 │ 1973. 2. 1. 제406-2005-000046호
출판사 홈페이지 │ www.cyber.co.kr
도서 내용 문의 │ thismore@naver.com
ISBN │ 978-89-315-8663-3 (13000)
**정가 │ 23,000원**

**이 책을 만든 사람들**
책임 │ 최옥현
진행 │ 최창동
본문 디자인 │ 인투
표지 디자인 │ 박원석
홍보 │ 김계향, 임진성, 김주승
국제부 │ 이선민, 조혜란
마케팅 │ 구본철, 차정욱, 오영일, 나진호, 강호묵
마케팅 지원 │ 장상범
제작 │ 김유석

■ **도서 A/S 안내**

성안당에서 발행하는 모든 도서는 저자와 출판사, 그리고 독자가 함께 만들어 나갑니다.
좋은 책을 펴내기 위해 많은 노력을 기울이고 있습니다. 혹시라도 내용상의 오류나 오탈자 등이 발견되면 "좋은 책은 나라의 보배"로서 우리 모두가 함께 만들어 간다는 마음으로 연락주시기 바랍니다. 수정 보완하여 더 나은 책이 되도록 최선을 다하겠습니다.
성안당은 늘 독자 여러분들의 소중한 의견을 기다리고 있습니다. 좋은 의견을 보내주시는 분께는 성안당 쇼핑몰의 포인트(3,000포인트)를 적립해 드립니다.
잘못 만들어진 책이나 부록 등이 파손된 경우에는 교환해 드립니다.

컴퓨터활용능력 시험이 실시된 후 교육현장에서 직접 학생들을 교육하면서 수업 도중에 학생들로부터 가장 많이 받았던 질문과 시험을 준비하면서 학생들이 어려웠던 점을 체계적으로 정리함으로써 이 책으로 공부하는 수험생들이 고득점으로 합격할 수 있도록 준비하였습니다. 필자를 믿고 하나하나 따라 하다 보면 반드시 합격의 기쁨을 만끽하실 수 있을 것입니다.

### 초보자도 쉽게 따라 하고 이해하기 쉬운 문제 위주의 해설

컴퓨터활용능력 2급 실기의 출제 기준에 기초하여 전 과정을 자세한 설명과 실전 문제 풀이 위주로 집필하였습니다. 문제들은 시험에서 자주 출제되는 문제로 실제 고사장에서 당황하지 않도록 작성되었습니다. 컴퓨터활용능력에서 공식으로 제시한 평가 항목을 문제 형식으로 바꾼 것으로 어느 문제 하나 버릴 것 없는 귀중한 문제만을 담았습니다.

### 자격증 취득은 물론 엑셀의 고급 기능까지 습득

필자는 자격증 취득만을 위해서 집필하지 않았습니다. 자격증 취득은 물론 엑셀의 숨어 있는 기능까지 담았으며 실제 업무에 곧바로 적용해 유용하게 사용할 수 있는 다양한 기능들을 이 책의 '멘토의 한 수'를 통해 설명하였습니다. '엑셀의 고급 기능 습득', '고득점으로 자격증 획득'은 필자가 교육 시 가장 우선으로 하는 교육목표입니다. 두 마리 토끼를 모두 잡으세요.

### 한 번에 합격할 수 있는 노하우 제시

컴퓨터활용능력 2급 실기의 합격 점수는 70점 이상입니다. 물론 100점을 맞으면 더 좋겠지만 우선은 합격하기 위해 70점 이상을 취득하는 것에 최대한 중점을 두었습니다. 또한, 아깝게 몇 문제 차이로 불합격이 되면 그 아쉬움은 클 것입니다. 따라서 본 교재는 최소 70점 이상을 받기 위해 쉽게 풀이하였으니, 하나하나 따라 하다 보면 아쉽게 불합격하는 일은 일어나지 않을 것입니다.

### 해설과 정답이 포함된 기출유형 모의고사 및 최신 기출문제 풀이 수록

컴퓨터활용능력 2급 실기는 100% 실기시험으로, 시험의 가장 큰 특징 중 하나는 다양한 작업방법 중 어떤 것을 선택해야 할지 이해하기 어렵다는 것입니다. 이제는 '이런 방법으로?', '저런 방법으로?', '어떻게 풀어야 하는 건지?' 이제 이런 고민은 다 잊어버리기 바랍니다. 자주 출제되는 최신 문제들을 기출유형 모의고사 및 기출문제로 수록하여, 자세한 해설과 정확한 답으로 단단히 무장할 수 있도록 구성한 만큼 이 책으로 성실히 공부한다면 고득점은 바로 여러분의 것이 될 것입니다.

끝으로 이 책으로 공부하는 모든 분에게 고득점 합격의 행운이 함께하기를 기원합니다.

## 자료 다운로드

※ 백발백중 시리즈의 학습자료 파일과 무료 동영상 강의 파일은 성안당 도서몰 사이트(https://www.cyber.co.kr/book/)에서 다운로드합니다.

❶ 'https://www.cyber.co.kr/book/'에 접속하여 로그인(아이디/비밀번호 입력)한 후 [자료실]을 클릭합니다.

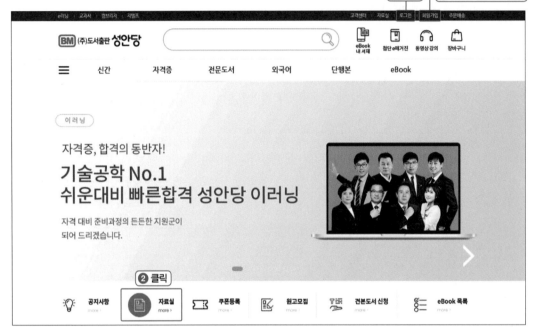

❷ 「컴퓨터활용능력」을 입력하고 검색한 후 도서 제목 『2025 백발백중 컴퓨터활용능력 2급 실기 (2021 버전)』을 클릭합니다.

❸ 「315-8663」 압축 파일을 클릭하여 다운로드합니다. 로그인을 하지 않으면 해당 파일이 보이지 않습니다.

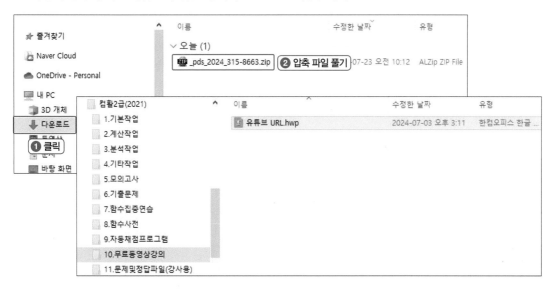

❹ 다운로드한 압축 파일은 [다운로드]에서 확인한 후 마우스 오른쪽 버튼을 클릭하여 [압축 풀기] 메뉴로 압축을 해제합니다. 압축을 해제하면 '2025컴활2급실기.exe' 실행 파일이 생성되며, 다시 '2025컴활2급실기.exe' 실행 파일을 더블 클릭하면 C드라이브에 [컴활2급(2021)] 폴더가 생성됩니다. 이 폴더에는 학습에 필요한 예제 파일과 완성 파일이 있으며, [무료동영상강의] 폴더에는 본문 전체의 저자 직강 동영상 강의를 학습할 수 있도록 유튜브 URL을 제공합니다.

## 1 무료 동영상 강의(PC 및 스마트폰으로 학습 가능)

도서 전체 내용에 저자 직강 무료 동영상 강의가 제공됩니다.
아래의 QR코드를 스캔하거나 [자료실]에서 제공하는 URL을 브라우저
(마이크로소프트 엣지, 크롬 등)에 입력하여 학습할 수 있습니다.

https://m.site.naver.com/1elYM

※ 무료 동영상 강의 관련 문의는 담당자 이메일이나 사무실로 연락해 주세요.

ccd770@hanmail.net　　　031-950-6361

## 2 학습자료 파일 구조

### ● 문제 및 정답 파일

1~6번까지의 폴더에는 해당 문제에 필요한 문제 파일과 정답 파일을 제공합니다.)

### ● 함수집중연습

중요한 함수 내용을 엑셀 파일을 통해 추가 학습할 수 있도록 하였습니다. 특히 일선에서 강의하시는 분들을 위해 엑셀 파일을 이용하여 함수별로 추가 강의를 할 수 있도록 구성하였습니다.

### ● 함수사전

함수만 별도로 복습할 수 있도록 PDF 파일에 함수별로 설명하였고, 이에 대한 문제/정답 파일을 제공합니다.

### ● 무료 동영상 강의

전체 내용에 저자가 직접 풀이하는 무료 동영상 강의를 제공하여 효율적인 학습을 지원합니다.

## 1 웹사이트 채점

❶ 'http://www.comlicense.kr/' 사이트에 접속한 후 '2025 백발
백중 컴퓨터활용능력 2급 실기' 도서 표지 아래의 [채점하기] 버
튼을 클릭합니다.

> **참고**
>
> PC 설치 자동 채점 프로그램은 PC 환경이나 엑셀 버전 및 정품 여부에
> 영향을 받아 설치 및 채점 시 오류가 발생할 수 있으므로, 웹사이트 채점
> 서비스를 권장합니다.

❷ '회차선택'에서 문제를 선택하고 [채점할 파일 선택]에서 작성한 정답 파일을 찾아 [열기]를 선
택한 후 [채점시작] 버튼을 클릭합니다.

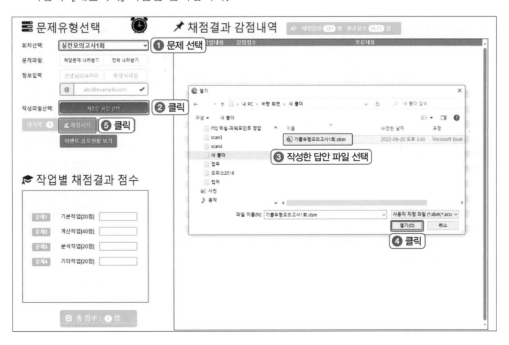

❸ 왼쪽의 '작업별 채점결과 점수'에서 문제별 점수를 확인할 수 있고, 오른쪽의 '채점결과 감점 내역'에서 문제별 세부 오류 내용을 확인할 수 있습니다.

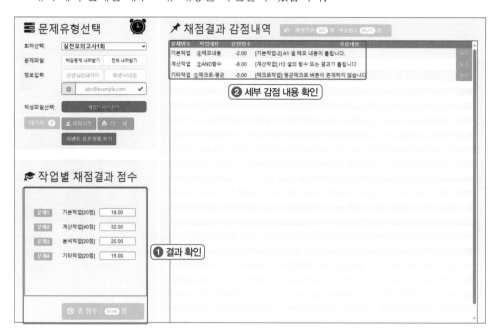

❹ 화면 하단의 [해당 회차의 점수별통계보기]에서는 해당 문제를 채점한 전국의 독자들의 점수별 통계를 확인할 수 있고, [해당 회차의 동영상강좌보기]에서는 문제별 저자 직강 무료 동영상 강의를 학습할 수 있습니다. 특히, 화면 상단의 [도움말]에서는 학생들의 단체시험 점수 확인 방법 등 인터넷 채점의 모든 기능을 자세히 확인할 수 있습니다.

## ② 자동 채점 프로그램 설치(PC 버전, 사용 방법은 웹사이트 채점 참고)

❶ 성안당_컴활2급채점프로그램.exe 파일을 마우스 오른쪽 버튼을 클릭한 후 [관리자 권한으로 실행]을 클릭하여 설치하시기 바랍니다.

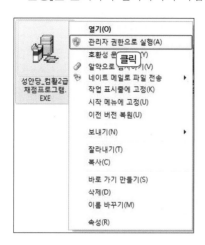

❷ [컴퓨터활용능력 2급 채점프로그램 설치] 대화상자에서 [다음]을 클릭합니다.

❸ [컴퓨터활용능력 2급 채점프로그램 설치] 대화상자에서 프로그램을 설치할 폴더를 확인한 후 [설치시작]을 클릭합니다.

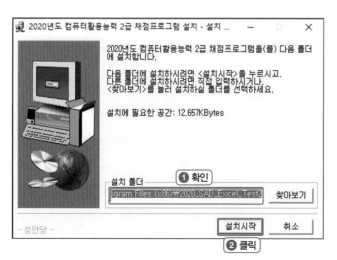

> **참고**
>
> 자동채점프로그램의 설치 및 실행 시 에러가 발생할 경우 [9.자동채점프로그램] 폴더에서 '자동채점프로그램 에러 해결 참고사항' 파일을 참고하여 해결해 주시기 바랍니다.

❹ 설치가 완료되면 [확인]을 클릭하여 설치를 완료합니다.

❺ 자동 채점 프로그램 사용 방법은 7~8쪽을 참고하시고, 반드시 마우스 오른쪽 버튼을 눌러 [관리자 권한으로 실행] 메뉴로 채점 프로그램을 실행해 주십시오.

## 기출유형 모의고사

| 문제 | 기본 작업 | 계산 작업 | 분석 작업 | 매크로 | 차트 |
|---|---|---|---|---|---|
| 모의고사 1회 | 조건부 서식 (LEFT함수) | DSUM / ROUNDDOWN, AVERAGEIFS / IF, MAX, MIN / PROPER, UPPER, & / HLOOKUP, AVERAGE | 피벗 테이블 목표값 찾기 | 평균 셀 스타일 | 묶은세로막대형, 데이터 범위(계열 삭제), 차트 제목(A1셀 연결), 그림 영역 채우기, 범례 글꼴, 세로값축, 차트 변경색, 도형효과(네온) |
| 모의고사 2회 | 조건부 서식 (AND함수) | VLOOKUP, MID / DMAX, DMIN / COUNTIF, & / AVERAGEIF / IF, AND, COUNTIF | 부분합 피벗 테이블 (시트 추출) | 최대값 색 채우기 | 혼합형, 데이터 범위(계열 삭제), 계열차트 종류 변경(데이터 표식이 있는 꺾은선형, 보조축), 제목 서식, 축 서식, 범례 서식 |
| 모의고사 3회 | 고급 필터 | IF, OR, MID / HLOOKUP / IF, AND / AVERAGE, DMAX, DMIN / COUNTIF, AVERAGE | 데이터 표 데이터 통합 | 할인액계산 통화 서식 | 혼합형, 데이터 범위(계열 삭제), 완만한 선, 제목 서식, 범례 서식, 차트 영역 서식(선 두께) |
| 모의고사 4회 | 데이터 가져 오기(판매현황.txt) 가져오기 | IF, RANK.EQ / CHOOSE, RIGHT / TRUNC, DAVERAGE / MID, FIND / HLOOKUP, MATCH | 목표값 찾기 시나리오 | 셀 스타일 평균 | 3차원 원형, Y회전, 제목 서식, 데이터 레이블, 계열 분리 |
| 모의고사 5회 | 그림 복사 | ROUNDDOWN, AVERAGEIFS / IF, YEAR / HLOOKUP / IFERROR, CHOOSE, RANK.EQ / IF, .SUM | 데이터 표 목표값 찾기 | 테두리 최대값 | 누적세로막대형, 차트 제목(A1셀 연결), 차트 영역(질감 채우기), 범례 서식 데이터 레이블, 범례 서식(그림자, 테두리) |
| 모의고사 6회 | 조건부 서식 (AVERAGE 함수) | IF, AND, AVERAGE / YEAR, NOW, LEFT / UPPER, MONTH, CHOOSE, WEEKDAY / VLOOKUP, LEFT, RIGHT | 시나리오 데이터 통합 | 평균 셀 스타일 | 혼합형, 항목축 레이블 범위 지정, 데이터 표, 눈금 표시 단위(백만) |
| 모의고사 7회 | 조건부 서식 (셀 강조 규칙, 상하위 규칙) | SWITCH / IF, YEAR, MID / DSUM / INT, MOD / CHOOSE, MID | 피벗 테이블 정렬(사용자 정의 정렬, 색 정렬) | 총급여액 계산 서식 | 꺾은선, 데이터 범위 수정, 색 변경, 도형 스타일, 질감(양피지), 세로 눈금선, 추세선(선형) |
| 모의고사 8회 | 조건부 서식 (AVERAGE 함수) | IFERROR, CHOOSE, RANK.EQ / VLOOKUP, LARGE / AVERAGE, DMIN, DMAX / IF, POWER / HOUR, MINUTE | 부분합 시나리오 | 점수 서식 | 꺾은선형(영역형혼합), 데이터 범위(항목 삭제), 완만한 선, 표식 옵션, 제목 서식, 범례 서식, 축 서식 |
| 모의고사 9회 | 고급 필터 | ROUND, DSUM, DCOUNTA / SUM, SUMIF / HLOOKUP, LEFT, & / COUNTIFS, AVERAGE / ROUNDUP, AVERAGEIF | 피벗 테이블 부분합 | 셀 스타일 종합점수 계산 | 누적가로막대형, 데이터 범위(항목, 계열 삭제), 제목 서식, 축 서식, 축 값을 거꾸로 차트 영역 서식 |
| 모의고사 10회 | 조건부 서식 (AVERAGE 함수) | IFS, LEFT / MID, YEAR / IF, CHOOSE, RANK.EQ / INDEX, MATCH, MAX / DAVERAGE, ROUND | 데이터 표 부분합 | 서식 합계 | 혼합형, 데이터 범위(계열 삭제), 제목 서식, 축 서식, 범례 서식 |
| 모의고사 11회 PDF | 데이터 가져 오기 (예약현황.txt) | COUNTIFS / DCOUNTA / HLOOKUP / DAYS / IFERROR, CHOOSE, RANK. EQ | 데이터 통합 시나리오 | 총합계 서식 | 혼합형, 축 서식, 차트 제목, 레이블 값 추가, 차트 영역(테두리, 둥근 모서리) |

| | | | | | |
|---|---|---|---|---|---|
| 모의고사 12회 PDF | 텍스트나누기 | IF, AND, SUM / INDEX, HLOOKUP / CHOSOE, RIGHT / IF, AND, AVERAGE / INT, SUMIF, COUNTIF | 데이터 표 부분합 | 점수계산 채우기색 | 묶은세로막대형 차트 제목, 축 서식, 데이터 표(범례 표지 포함), 차트 영역(테두리, 둥근 모서리) |
| 모의고사 13회 PDF | 고급 필터 | IF, LEFT / ROUNDUP, DAVERAGE / VLOOKUP, RIGHT / CHOOSE, COUNTA / COUNTIF | 데이터 통합 시나리오 | 서식 총점 | 혼합형, 차트 제목, 축 서식, 범례 서식, 차트 영역 서식(선 두께, 둥근 모서리) |
| 모의고사 14회 PDF | 고급 필터 | VLOOKUP, LEFT / IF, SMALL / IF, AND, OR / ROUNDDOWN, STDEV.S / SUMIF | 피벗 테이블 목표값 찾기 | 개수 서식 | 묶은세로막대형, 계열차트 종류 변경 (데이터 표식이 있는 꺾은선형, 보조축), 차트 제목, 축 서식, 범례 서식 |
| 모의고사 15회 PDF | 조건부 서식 (AND함수) | IFERROR, CHOSOE, RANK.EQ / COUNTIFS / IFERROR, HLOOKUP / IF, RANK.EQ / AVERAGEIFS | 데이터 통합 부분합 | 판매가격 서식 | 묶은세로막대형, 데이터 범위(항목 삭제), 차트 제목, 축 서식, 데이터 레이블, 범례(색 윤곽선) |

## 기출문제

| 문제 | 기본 작업 | 계산 작업 | 분석 작업 | 매크로 | 차트 |
|---|---|---|---|---|---|
| 기출문제 1회 | 조건부 서식 (LEFT함수) | IF, WEEKDAY / HLOOKUP, AVERAGE / ROUND, DAVERAGE / LEFT, PROPER, YEAR / IF, AND, COUNTIF | 부분합 데이터 통합 | 평균 색 채우기 | 데이터 범위, 누적세로막대형, 차트 제목(A1 셀 연결), 레이블, 데이터 계열 패턴 채우기, 세로 눈금선, 둥근 모서리 |
| 기출문제 2회 | 조건부 서식 (AND, LEFT, AVERAGE 함수) | DSUM, ROUNDUP / AVERAGE, COUNTA, COUNTIFS, & / IF, MAX / IF, LARGE / IFERROR, HLOOKUP, LEFT | 시나리오 정렬(사용자 정의, 색 정렬) | 평균 서식 | 데이터 범위, 누적세로막대형, 차트 제목(A1 셀 연결), 값 표시, 데이터 설명선, 계열 겹치기, 간격 너비 |
| 기출문제 3회 | 조건부 서식 (셀 강조 규칙, 상하위 규칙) | HLOOKUP, RANK / IF, COUNTBLANK / DMAX, DMIN / AVERAGEIFS / IF, AND, SUM | 부분합 목표값 찾기 | 렌탈금액 계산 서식 | 데이터 범위, 원형, 레이블 값, 항목, 범례 표지, 바깥쪽 끝에, 차트 영역(미세효과), 둥근 모서리 |
| 기출문제 4회 | 텍스트 나누기(번역열 제외) | IF, LARGE / DSUM, & / ROUNDAVERAGEIFS / DATE, MID / HLOOKUP, LEFT | 데이터 표 통합 | 평점 서식 | 데이터 범위, 묶은세로막대형, 보조축, 제목, 축값, 스택형, 값을 거꾸로 |
| 기출문제 5회 | 고급 필터 | IF, MONTH / SUMIF, MODE.SNGL / IF, OR, RANK.EQ / SUMIF / VLOOKUP, AVERAGEIF | 부분합 데이터 표 | 결제비율 서식 | 데이터 범위, 제목, 레이블, 값을 거꾸로, 계열 겹치기, 간격 너비, 세로 눈금선 |
| 기출문제 6회 | 자동 필터 | IF, AND, AVERAGE / IFERROR, CHOOSE, MID / DAVERAGE, ROUNDDOWN / VLOOKUP, LEFT / AVERAGEIFS | 피벗 테이블 열 정렬 | 평균 통화 | 데이터 범위, 영역형, 셀 서식(소수 자릿수1), 완만한 선, 차트 스타일, 표식 옵션(■), 범례 위치 |
| 기출문제 7회 | 고급 필터 | IFERROR, RANK.EQ, TRUNC, AVERAGE, STDEV.S, COUNTIF, COUNTA, HOUR, MINUTE, SECOND, SMALL, AVERAGE, DMIN | 시나리오 데이터 통합 | 취업률 서식 | 원통형 차트로 변경, 차트 크기 90%, 3차원 회전 |
| 기출문제 8회 | 고급 필터 | COUNTIFS, IF, COUNTA, CHOOSE, RANK.EQ, IF, YEAR, ROUNDUP, INDEX, MATCH | 시나리오 피벗 테이블 | 총원 서식 | 데이터 범위(추가), 제목, 레이블, 축값, 스택형, 네온, 계열 겹치기, 간격 너비 |
| 기출문제 9회 | 데이터 가져오기 | SUMIF / HLOOKUP, RANK.EQ / IF, OR, YEAR / CHOOSE, COUNTA / INDEX, MATCH | 부분합 목표값 찾기 | 총점 서식 | 표식이 있는 꺾은선형, 보조축, 제목, 축값, 범례, 너비2PT, 둥근 모서리 |
| 기출문제 10회 | 그림 복사 | AVEARAGE, IF, RANK.EQ, CHOOSE, ROUND, DAVERAGE, IF,AND,OR, YEAR, HLOOKUP, IF | 피벗 테이블 부분합 | 구성비 서식 | 데이터 범위, 계열 겹치기, 간격 너비, 데이터 테이블, 가로 축 교차, 값을 거꾸로 |

11

# 이 책의 차례

## Part 04 ┄┄ 기타 작업(무료 동영상 강의)

## Part 05 ┄┄ 기출유형 모의고사(무료 동영상 강의)

※ 기출유형모의고사 11회~15회는 PDF 파일로 제공합니다.

## Part 06 ┄┄ 최신 기출문제(무료 동영상 강의)

Part **1** 기본 작업

기본 작업에서는 자료를 입력하는 문제(5점), 셀 서식을 지정하는 문제(10점)와 조건부 서식, 필터(고급, 자동), 데이터 가져오기, 그림 복사 중 1문제(5점)가 출제되며 기본 작업은 총 20점입니다.

# 자료 입력

| 무료 동영상 |

◉ 예제 및 정답 파일 : C:₩컴활2급₩1.기본작업₩1.자료입력.xlsx

## '자료입력1' 시트에 다음의 자료를 주어진 대로 입력하시오.

|  | A | B | C | D | E | F |
|---|---|---|---|---|---|---|
| 1 | ㈜ 성안당 컴퍼니 인사기록 | | | | | |
| 2 | | | | | | |
| 3 | 사원코드 | 부서코드 | 부서명 | 사원명 | 주민등록<br>번호 | 입사일 |
| 4 | keke-01 | 001 | 영업부 | 권도식 | 810621-1****** | 2011-05-04 |
| 5 | pars-02 | 002 | 인사부 | 김현숙 | 800101-2****** | 2010-04-05 |
| 6 | salo-01 | 003 | 영업부 | 유미순 | 871009-2****** | 2014-05-02 |
| 7 | land-03 | 004 | 인사부 | 이선종 | 880305-1****** | 2009-04-04 |
| 8 | coco-02 | 005 | 영업부 | 이용호 | 850615-1****** | 2008-05-06 |
| 9 | pura-01 | 007 | 인사부 | 최병탁 | 830531-1****** | 2015-01-01 |
| 10 | head-01 | 006 | 영업부 | 함영아 | 881125-2****** | 2014-12-01 |

**+ 멘토의 한수**

자료를 입력할 때는 오타에 주의하여 입력하며, 타자 속도가 느릴 경우 자료 입력(기본작업–1)은 다른 작업을 우선 진행하고 시간이 남을 때 작업을 하는 것도 하나의 방법입니다. 배점이 5점으로 낮은 편인데 자료 입력 작업에 5분 이상 걸리면 시험시간이 부족할 수 있습니다.

★

**+ 멘토의 한수**

### 엑셀에서의 데이터 입력

**❶ 문자 입력**

– 한글, 영문, 숫자, 특수문자 등이 혼합된 데이터로 입력 시 셀의 왼쪽에 정렬됩니다.

– 한 셀에 두 줄 이상의 데이터를 입력하려면 Alt + Enter 키를 이용합니다.

– 수치 데이터를 문자로 표현하기 위해서는 텍스트 앞에 작은따옴표(')를 입력합니다.

**+ 멘토의 한수**

**셀의 이동**

- Enter : 셀을 아래쪽으로 이동
- Shift + Enter : 셀을 위쪽으로 이동
- Tab : 셀을 오른쪽으로 이동
- Shift + Tab 셀을 왼쪽으로 이동

**❷ 숫자 입력**

– 숫자, 소수점, 쉼표, 통화 스타일, 지수 등의 데이터로 입력 시 셀의 오른쪽에 정렬됩니다.

– 데이터 중간에 공백이나 특수문자는 사용할 수 없습니다.

– 분수 입력 시 0을 입력한 후 한 칸의 공백을 삽입하고 나머지 분수를 입력합니다. (예 0 1/2)

**❸ 날짜 및 시간 입력**

– 날짜는 '년, 월, 일' 또는 '월, 일' 형태로 입력하고 년, 월, 일 사이는 '–' 또는 '/'로 구분합니다.
  (예 2021–07–10)

– 시간은 '시, 분, 초' 또는 '시, 분' 형태로 입력하고, 시, 분, 초 사이는 콜론(:)으로 구분합니다.
  (예 12:30:30)

## 1 문자 입력하기

**1** [B4] 셀에 『001』을 입력하면 유효하지 않은 숫자는 삭제되기 때문에 1로 입력됩니다. 001을 표시된 대로 입력하기 위해서는 작은따옴표(')를 입력한 후『001』을 입력하면 됩니다.

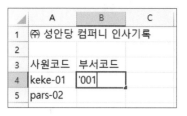 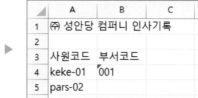

➕ 멘토의 한수

[B4:B10] 영역을 범위 지정한 후 표시 형식을 '텍스트'로 지정하면 숫자를 입력해도 문자로 표시됩니다.

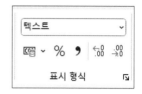

## 2 자동 입력 및 한 셀에 두 줄 입력하기

**1** [C6] 셀에 『영』을 입력한 후 [Enter] 키를 누르면 위에서 영업부가 입력되어 있어서 '업부'가 자동으로 입력됩니다.

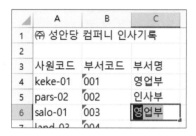

➕ 멘토의 한수

작은따옴표(')를 이용한 텍스트 입력 시 셀 앞에 녹색 삼각형 표시가 나타나는 것은 화면에 표시되는 것으로, 화면에 나타나지 않도록 하려면 [B4:B10] 영역을 범위 지정한 후 ⚠ 표시를 클릭하고 [오류 무시]를 선택하면 됩니다.

**2** [E3] 셀에 『주민등록』을 입력한 후 [Alt] + [Enter] 키를 누른 다음 『번호』를 입력하고 [Enter] 키를 눌러 입력합니다.

➕ 멘토의 한수

[Alt] + [↓] 키를 누르면 위쪽에 입력된 항목이 목록 형태로 나타나며 항목을 선택하여 입력할 수도 있습니다.

### 3 날짜 입력하기

➕ 멘토의 한수

날짜 입력 시 연도에 30 이상을 입력하면 자동으로 1900년도가 되고, 29 이하를 입력하면 자동으로 2000년도로 입력됩니다.
(예 30-1-1 → 1930-01-01, 29-1-1 → 2029-01-01)

[F4] 셀에 날짜를 입력하기 위해서는 『11-5-4』를 입력한 후 Enter 키를 누르면 앞에 20이 자동으로 붙어서 '2011-05-04'로 입력됩니다.

| | A | B | C | D | E | F |
|---|---|---|---|---|---|---|
| 1 | ㈜ 성안당 컴퍼니 인사기록 | | | | | |
| 2 | | | | | | |
| 3 | 사원코드 | 부서코드 | 부서명 | 사원명 | 주민등록번호 | 입사일 |
| 4 | keke-01 | 001 | 영업부 | 권도식 | 810621-1****** | 11-5-4 |
| 5 | pars-02 | 002 | 인사부 | 김현숙 | 800101-2****** | |

## '자료입력2' 시트에 다음의 자료를 주어진 대로 입력하시오.

➕ 멘토의 한수

[C4:C6] 영역을 범위 지정한 후 『준회원』을 입력하고 Ctrl +Enter 키를 누르면 범위로 지정된 영역에 '준회원'이 모두 입력됩니다.

| | A | B | C | D | E | F |
|---|---|---|---|---|---|---|
| 1 | 스포츠센터 회원 명단 | | | | | |
| 2 | | | | | | |
| 3 | 성명 | 회원코드 | 구분 | 연락처 | 등록일 | 수강요일 |
| 4 | 이우주 | KD-01 | 준회원 | 010-5874-6** | 5월 1일 | 월, 수, 금 |
| 5 | 이나라 | KD-02 | 준회원 | 010-3257-2** | 5월 3일 | 월, 수, 금 |
| 6 | 박진수 | KD-03 | 준회원 | 010-2745-9** | 5월 4일 | 화, 목, 토 |
| 7 | 최주호 | KD-04 | 정회원 | 010-6954-8** | 3월 2일 | 월, 수, 금 |
| 8 | 장영수 | KD-05 | 정회원 | 010-9847-6** | 3월 19일 | 화, 목, 토 |
| 9 | 신미래 | KD-06 | 정회원 | 010-9853-2** | 4월 7일 | 화, 목, 토 |
| 10 | 정미주 | KD-07 | 정회원 | 010-7895-5** | 4월 10일 | 월, 수, 금 |
| 11 | 김호영 | KD-08 | 정회원 | 010-3218-9** | 4월 12일 | 화, 목, 토 |

➕ 멘토의 한수

05월 01일 형태의 날짜를 입력하기 위해서는 『5-1』을 입력하면 '05월 01일' 형태로 입력됩니다.

➕ 멘토의 한수

백분율을 편하게 입력하기 위해서는 [F4:F9] 영역을 범위 지정한 후 표시 형식의 백분율(%) 스타일을 지정하고 숫자를 입력합니다.

## '자료입력3' 시트에 다음의 자료를 주어진 대로 입력하시오.

| | A | B | C | D | E | F |
|---|---|---|---|---|---|---|
| 1 | 성안 동물병원 고객 현황 | | | | | |
| 2 | | | | | | 2023-05-31 |
| 3 | 등록코드 | 애완견종류 | 접수일자 | 접수시간 | 진료비 | 진료비비율 |
| 4 | M-001 | 보더콜리 | 05월 01일 | 12:10 | 176000 | 23% |
| 5 | M-002 | 푸들 | 05월 02일 | 14:30 | 151000 | 20% |
| 6 | M-003 | 골든리트리버 | 05월 13일 | 9:20 | 201000 | 26% |
| 7 | M-004 | 웰시코기 | 04월 02일 | 14:20 | 81000 | 11% |
| 8 | M-005 | 말티즈 | 08월 12일 | 10:35 | 31000 | 4% |
| 9 | M-006 | 슈나우져 | 08월 15일 | 15:10 | 126000 | 16% |

# Chapter 02 셀 서식

| 무료 동영상 |

**학습목표**

셀 서식은 [기본작업-2] 시트에 작업하는 문제로 입력된 데이터에 다양한 서식을 지정하는 작업으로, 셀 병합, 특수문자, 색 채우기, 셀 이름 정의, 메모 삽입, 한자 변환, 사용자 표시 형식 지정, 선택하여 붙여넣기, 테두리 지정 등 5문항이 출제되며, 각 2점씩 총 10점입니다.

◉ 예제 및 정답 파일 : C:\컴활2급\1.기본작업\2.셀서식.xlsx

---

**'셀서식1'** 시트에 대하여 다음의 지시사항을 처리하시오.

| | A | B | C | D | E | F | G | H | I |
|---|---|---|---|---|---|---|---|---|---|
| 1 | ■사원별 보너스 지급 內譯■ | | | | | | | | |
| 2 | | | | | | | | | |
| 3 | 부서 | 성명 | 직책 | 입사일 | 급여 | 보너스 | 보너스율 우수 사원 | | 수당 |
| 4 | 영업부 | 이재능 | 부장 | 1989-01-01(일) | 4,600,000원 | 2,300,000원 | 14.07% | | 1000000 |
| 5 | 영업부 | 전천우 | 과장 | 1999-05-04(화) | 3,700,000원 | 1,850,000원 | 11.31% | | 700000 |
| 6 | 영업부 | 윤미윤 | 대리 | 2010-01-01(금) | 2,900,000원 | 1,450,000원 | 8.87% | | 500000 |
| 7 | 인사부 | 여민홍 | 부장 | 2000-01-05(수) | 4,800,000원 | 2,400,000원 | 14.68% | | 1000000 |
| 8 | 인사부 | 성일화 | 과장 | 2001-04-08(일) | 3,500,000원 | 1,750,000원 | 10.70% | | 700000 |
| 9 | 인사부 | 김선호 | 대리 | 2010-04-01(목) | 2,600,000원 | 1,300,000원 | 7.95% | | 500000 |
| 10 | 생산부 | 임상희 | 부장 | 2000-12-01(금) | 4,500,000원 | 2,250,000원 | 13.76% | | 1000000 |
| 11 | 생산부 | 고한숙 | 과장 | 2004-11-04(목) | 3,600,000원 | 1,800,000원 | 11.01% | | 700000 |
| 12 | 생산부 | 김회식 | 대리 | 2010-05-01(토) | 2,500,000원 | 1,250,000원 | 7.65% | | 500000 |
| 13 | 합계 | | | | 32,700,000원 | 16,350,000원 | | | |

▲ 작업 결과

**1** [A1:G1] 영역은 '셀 병합 후 가로, 세로 가운데 맞춤', 글꼴 '굴림체', 글꼴 크기 '16', 글꼴 스타일 '굵게', 밑줄 '이중 실선(회계용)'을 지정하고 1행 높이를 '30'으로 지정하시오.

**2** '사원별 보너스 지급 내역' 제목의 앞뒤에 특수문자 '■'를 삽입하시오.

**3** '사원별 보너스 지급 내역' 제목의 '내역'을 한자 '內譯'으로 변환하시오.

**4** [A4:A12] 영역의 이름은 '부서명'으로 정의하시오.

**5** [F4] 셀에 '우수 사원'이라는 메모를 삽입한 후 '자동 크기'를 지정하고, 항상 표시되도록 하시오.

**6** [I4:I12] 영역을 복사하여 급여 [E4:E12] 영역에 '연산(더하기)' 기능으로 '선택하여 붙여넣기'를 하시오.

**➕ 멘토의 한수**

· 셀 서식 작업은 ①~⑤까지 다섯 문항이 출제되며 각 2점씩, 총 10점입니다. 시간은 되도록 5분 안쪽으로 작업하도록 연습합니다.

· 주로 ①번 문항은 제목을 설정(셀 병합, 글꼴, 크기 등)하는 문제가 출제되며, 마지막 ⑤번 문항은 테두리를 설정하는 문제가 주로 출제됩니다.

**7** [E4:F13] 영역은 셀 서식의 사용자 지정 서식을 이용하여 천 단위 구분 기호와 값 뒤에 '원'이 표시되도록 하시오. [표시 예 : 12300000 → 12,300,000원]

**8** [A3:G3] , [A13] 영역은 '셀에 맞춤' 후 '가로, 세로 가운데 맞춤', 글꼴 '굴림체', 글꼴 스타일 '굵게', 크기 '12', 셀 음영 '주황'으로 지정하시오.

**9** [D4:D12] 영역은 셀 서식의 사용자 지정 서식을 이용하여 'yyyy-mm-dd(요일)' 형식으로 지정하시오. [표시 예 : 1998-01-01(목)]

**10** [G4:G12] 영역은 셀 서식을 이용하여 '백분율 스타일(%)', 소수 둘째 자리까지 지정하시오.

**11** [A3:G13] 영역에 모든 테두리(田)를 적용한 후 [A3:G3] 영역은 아래쪽 이중 테두리(▦)를 적용하고, [B13:D13] 영역은 '셀 병합 후' 대각선(⊠)을 적용하시오.

---

➕ 멘토의 한수

**[홈] 탭의 주요 도구 모음**

**[글꼴] 그룹**

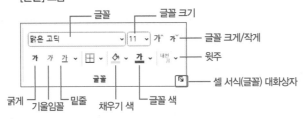

**[맞춤] 그룹**

**[표시 형식] 그룹**

## 1 제목 서식

① [A1:G1] 영역을 범위 지정한 후 '병합하고 가운데 맞춤(□)'을 클릭하고, 세
로 '가운데 맞춤'을 클릭합니다.

➕ 멘토의 한수

셀 병합을 취소할 때는 '병합하
고 가운데 맞춤(□)'을 다시 한
번 클릭하거나, [셀 서식] 대화
상자의 [맞춤] 탭에서 '셀 병합'
의 체크를 해제합니다.

➕ 멘토의 한수

[Ctrl] + [1] 키를 눌러 [셀 서식]
대화상자의 [글꼴] 탭에서 서식
을 지정할 수도 있습니다.

② [A1:G1] 영역에서 마우스 오른쪽 버튼을 클릭하고 [셀 서식]을 클릭한 후
[글꼴] 탭에서 글꼴은 '굴림체', 글꼴 스타일은 '굵게', 글꼴 크기는 '16'을
지정하고, 밑줄은 '이중 실선(회계용)'을 선택한 후 [확인]을 클릭합니다.

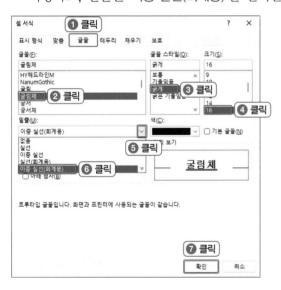

➕ 멘토의 한수

[셀 서식] 대화상자의 [글꼴] 탭
에서 '밑줄'에는 4개의 실선 종
류가 있습니다. '실선', '이중 실
선', '실선(회계용)', '이중 실선
(회계용)' 중에서 하나를 선택
할 수 있으며, 최근에는 '실선
(회계용)'과 '이중 실선(회계용)'
도 출제되고 있습니다.

③ [1] 행에서 마우스 오른쪽 버튼을 클릭한 후 [행 높이]를 선택하고, [행 높
이] 대화상자에서 '행 높이'에 『30』을 입력한 후 [확인]을 클릭합니다.

## ② 특수문자 삽입

제목 앞을 더블 클릭하여 커서를 위치시키고 『ㅁ』을 입력한 후 한자 키를 눌러 특수문자 목록 상자에서 '■'을 찾아 선택하여 입력합니다. 같은 방법으로 제목 뒤에도 특수문자 '■'을 입력합니다.

**➕ 멘토의 한수**

특수문자는 주로 자음 'ㅁ'을 이용하여 입력하는 특수문자가 출제되며, 자주 사용하는 ※, ■ 등의 특수문자 외에도 ⓚ나 ㈜도 출제된 적이 있습니다.
ㅁ+한자 키를 이용하여 특수문자 '㈜'를 입력하면 직접 키보드로 『(주)』를 입력했을 경우와 크기가 다릅니다.

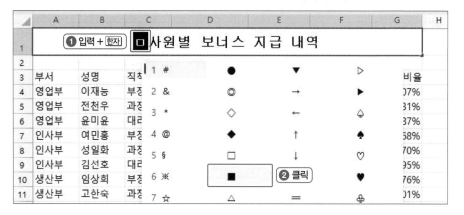

**➕ 멘토의 한수**

특수문자 목록 상자를 넓게 나타내기 위해서는 표 보기 [▶] 도구를 클릭하거나 Tab 키를 누릅니다.

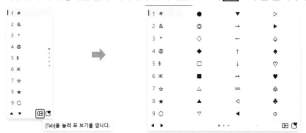

**➕ 멘토의 한수**

**특수문자 목록**

| 자음 | 특수문자 | 자음 | 특수문자 |
|---|---|---|---|
| ㄱ | 기술기호 ！ ' ' , : ; ^ | ㅊ | 분수/첨자기호 ½ ¼ ¾ ⅛ |
| ㄴ | 괄호기호 " ( )[ ]{ }" " | ㅋ | 한글현대자모 ㄱ ㄲ ㄳ ㄴ ㄵ ㄶ |
| ㄷ | 학술기호 ± ÷ ≠ ∴ ∞ < | ㅌ | 한글고어자모 ㅥ ㅦ ㅨ ㅩ ㅪ ㅬ |
| ㄹ | 단위기호 $ % ₩ Å ℃ km ㎍ | ㅍ | 로마문자 A B C D E F |
| ㅁ | 일반기호 # & @ ※ ☆ ★ | ㅎ | 그리스문자 Α Β Γ Δ Ε Ζ Η |
| ㅂ | 괘선조각 ─ │ ┌ ┐ └ | ㄲ | 발음기호 Æ Ð Ħ IJ Ŀ Ł |
| ㅅ | 한글표제기호 ㉠ ㉡ ㉢ ㉣ ㉤ | ㄸ | 히라가나 ぁ あ ぃ い ぅ |
| ㅇ | 영문표제기호 ⓐ ⓑ ⓒ ⓓ ⓔ | ㅃ | 카타카나 ァ ア ィ イ ゥ |
| ㅈ | 로마숫자 ⅰ ⅱ ⅲ ⅳ ⅴ ⅵ | ㅆ | 러시아문자 А Б В Г Д |

※ 시험에서 주로 출제되는 특수문자는 일반 기호로 'ㅁ'+한자 키를 이용하여 입력합니다.

## 3 한자 변환

❶ 제목 입력 셀을 더블 클릭하고 '내역' 텍스트를 드래그하여 범위 지정한 후 한자 키를 누릅니다.

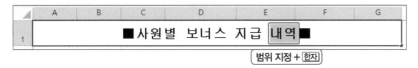

❷ [한글/한자 변환] 대화상자에서 '內譯'을 선택하고, 입력 형태에서 '漢字'를 지정한 후 [변환]을 클릭합니다.

➕ 멘토의 한수

한자로 변경된 문자를 범위 지정한 후 한자 키를 누르면 다시 한글로 변환됩니다.

## 4 셀 이름 정의

[A4:A12] 영역을 범위 지정한 후 '이름 상자'에 『부서명』을 입력하고 Enter 키를 눌러 셀 이름을 지정합니다.

※ 반드시 이름을 입력한 후 Enter 키를 눌러야 입력됩니다.

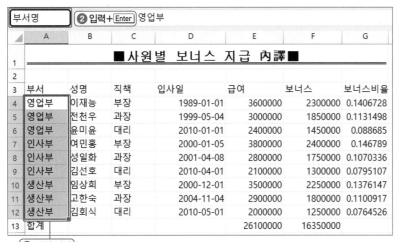

**셀 이름 삭제**

셀 이름을 잘못 지정 시 삭제하기 위해서는 [수식] 탭에서 '이름 관리자(◁)' 도구를 클릭하고 [이름 관리자] 대화상자에서 삭제할 이름을 선택한 후 [삭제]를 클릭합니다.

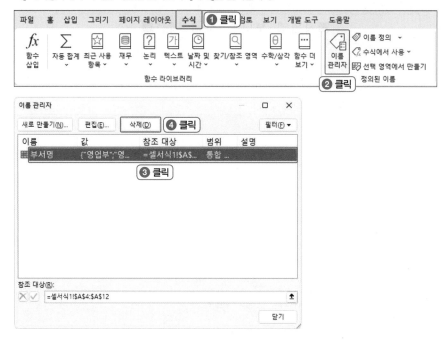

## 5 메모 삽입

❶ [F4] 셀을 선택하고 [검토] 탭에서 '새 메모(▭)' 도구를 클릭하거나 마우스 오른쪽 버튼을 클릭한 후 [메모 삽입]을 선택합니다.

[F4] 셀에서 마우스 오른쪽 버튼을 클릭한 후 [메모 삽입]을 클릭하거나 단축키 Shift + F2 키를 이용해도 메모를 삽입할 수 있습니다.

❷ 삽입된 메모에서 Back spacebar 키로 기존 내용을 삭제하고 『우수 사원』을 입력합니다.

❸ [F4] 셀을 선택한 후 [검토] 탭에서 '메모 표시/숨기기' 도구를 클릭하거나, [F4] 셀에서 마우스 오른쪽 버튼을 클릭한 후 [메모 표시/숨기기]를 선택합니다.

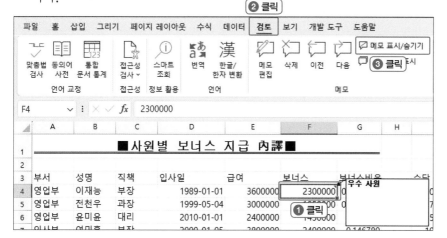

➕ 멘토의 한수

메모 표시가 자동으로 항상 표시로 되어 있는 경우 : [파일] −[옵션]을 클릭한 후 [Excel 옵션] 대화상자의 [고급]에서 '표시'의 항목 중 '메모와 표식'이 선택되어 있으면, 메모가 항상 표시 상태로 됩니다.

❹ 메모 상자의 외곽 테두리를 선택하고 마우스 오른쪽 버튼을 클릭한 후 [메모 서식]을 클릭합니다.

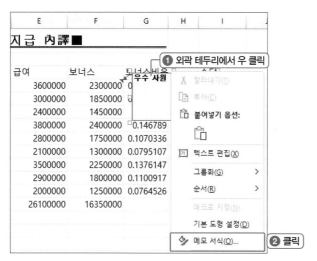

➕ 멘토의 한수

메모 안쪽을 클릭한 후 [메모 서식]에 들어가면 [글꼴] 탭만 나타나게 됩니다. 반드시 메모 외곽 테두리를 선택한 후 [메모 서식]에 들어갑니다.

⑤ [메모 서식] 대화상자의 [맞춤] 탭에서 '자동 크기'에 체크한 후 [확인]을 클릭합니다.

### ⑥ [선택하여 붙여넣기]

❶ [I4:I12] 영역을 범위 지정한 후 마우스 오른쪽 버튼을 클릭하고 [복사]를 클릭합니다.

+ 멘토의 한수

• 복사 단축키 : Ctrl + C
• 선택하여 붙여넣기 단축키:
  Alt + E, S

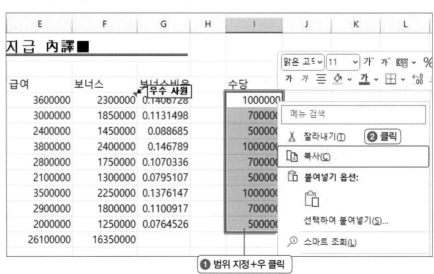

❷ [E4] 셀을 선택한 후 마우스 오른쪽 버튼을 클릭하고 [선택하여 붙여넣기]
를 클릭합니다.

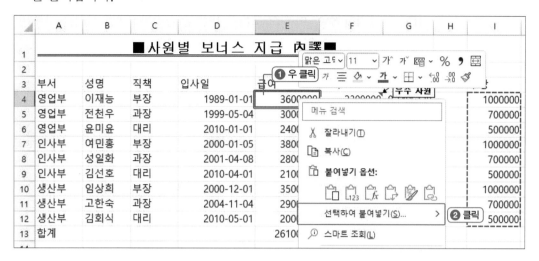

❸ [선택하여 붙여넣기] 대화상자의 '연산'에서 '더하기'를 선택한 후 [확인]을
클릭합니다.

➕ 멘토의 한수

'선택하여 붙여넣기'를 이용하
면 복사한 셀이나 영역의 데
이터를 특정 영역에 연산(곱하
기, 더하기, 나누기, 빼기)을 이
용하여 붙여 넣는 것 이외에도,
값 또는 서식 붙여넣기, 행/열
바꿈 등을 선택하여 붙여넣기
작업을 할 수 있습니다.

### ☑ 셀 서식-사용자 지정

❶ [E4:F13] 영역을 범위 지정한 후 [홈] 탭에서 [표시 형식] 그룹의 자세히 (🢖)를 클릭하거나, 마우스 오른쪽 버튼을 클릭하고 [셀 서식]을 선택합니다.

➕ 멘토의 한수

Ctrl + 1 키를 눌러 [셀 서식] 대화상자의 [표시 형식] 탭에서 서식을 지정할 수도 있습니다.

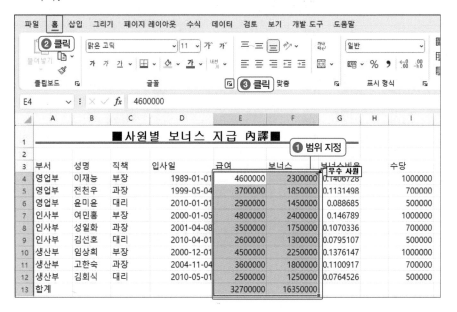

❷ [셀 서식] 대화상자의 '사용자 지정'에서 '형식'에 『#,##0"원"』을 입력한 후 [확인]을 클릭합니다.

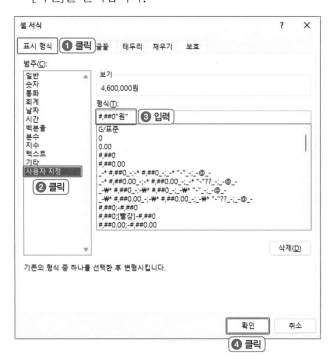

### ❶ 표시 형식의 사용자 지정

| 서식 코드 | 설명 |
|---|---|
| # | 숫자를 의미하며 유효하지 않은 0은 표시 하지 않음 |
| 0 | 숫자를 의미하며 유효하지 않은 0을 표시함 |
| ? | 유효하지 않은 0 대신에 공백을 추가하여 소수점을 맞춤(소수점 정렬) |
| 쉼표(,) | 천 단위 구분 기호 표시 |
| [색상], [조건] | [색상]이나 [조건]을 지정함 (예 : [파랑][ >=10]#,##0) |
| 년(yy) | yy → 연도를 두 자리(00~99년)로 표시 |
| | yyyy → 연도를 네 자리(1900~9999년)로 표시 |
| 월(m) | m → 월을 1~12로 표시 |
| | mm → 월을 두 자리 01~12로 표시 |
| | mmm → 월을 영문 세 글자 Jan~Dec로 표시 |
| | mmmm → 월일 영문 풀네임 January~December로 표시 |
| 일(d) | d → 일을 1~31로 표시 |
| | dd → 일을 두 자리로 표시 01~31 |
| | ddd → 요일을 영문 세 글자 Sun~Sat로 표시 |
| | dddd → 요일을 영문 풀네임 Sunday~Saturday로 표시 |
| 요일(aaa) | aaa는 요일을 일~월로 표시하고, aaaa는 일요일~월요일로 표시 |
| 시(h) | h는 시간을 0~23으로 표시, hh는 시간을 00~23으로 표시 |
| 분(m), 초(s) | m, s는 분, 초를 0~59로 표시, mm, ss는 분, 초를 00~59로 표시 |
| @ | 문자 데이터의 표시 위치로 입력된 텍스트와 특정 텍스트를 표시 |

➕ 멘토의 한수

지정된 사용자 지정 표시 형식을 지우기 위해서는 [홈] 탭의 [표시 형식] 그룹에서 표시 형식을 '일반'으로 선택하면 됩니다.

### ❷ 사용자 지정 예제

| 원본 데이터 | 지정 서식 | 결과 데이터 | 설명 |
|---|---|---|---|
| 10000 | #,##0"원" | 10,000원 | 천 단위 구분 기호를 넣고 숫자 뒤에 원을 삽입 |
| 10000 | #,###,"천원" | 10천원 | 서식 뒤에 콤마(,)를 하나 입력할 때마다 3자리씩 생략 |
| 1000000 | #,###,,"백만원" | 1백만원 | |
| 홍길동 | @"님" | 홍길동님 | 문자 뒤에 님자 붙여서 표시 |
| 2021-12-31 | mmm-ddd | Dec-Fri | 월을 세 자리 영문월(Dec), 일을 세 자리 영문요일 (Fri) 로 표시 |
| 2021-12-31 | yy.dd.mm(aaa) | 21.12.31(금) | 연월일을 각각 2자리로 표시하고 뒤에 한글 한 자리 요일 표시 |

### ❸ 셀에 여러 개의 표시 형식 지정하기

다중 사용자 표시 형식은 양수;음수;0;문자 형태로 세미콜론(;)을 기준으로 입력된 셀이 양수, 음수, 0, 문자일 경우 각각 사용자 서식을 다르게 지정할 수 있습니다.

**예 [파랑]0"개";[빨강]0"개";0;@"님"**

양수는 파란색으로 숫자 뒤에 '개'를 붙이고, 음수는 빨간색으로 숫자 뒤에 '개'를 붙이고, 0은 '0'으로 표시하고, 문자는 뒤에 '님'자를 붙여서 출력합니다.

만약 셀에 100이 입력되어 있으면 파란색으로 10개가 표시되고, -100이 입력되어 있으면 빨간색으로 10개가 표시되고, 0은 그대로 0을 표시하며, 홍길동이 입력되어 있으면 홍길동님으로 표시됩니다.

### 8 채우기 색 지정

❶ [A3:G3] 영역을 범위 지정한 후 Ctrl 키를 누른 채 [A13] 셀을 클릭하여 추가 선택합니다.

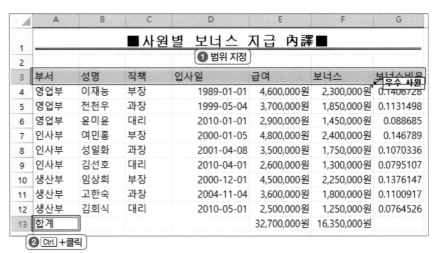

❷ 선택된 영역에서 마우스 오른쪽 버튼을 클릭한 후 [셀 서식]을 선택합니다.

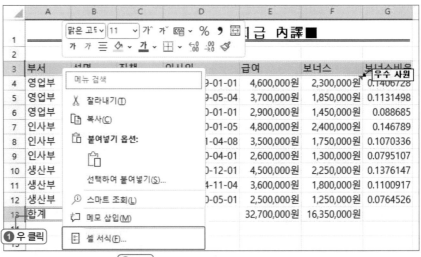

❸ [셀 서식] 대화상자의 [맞춤] 탭에서 '가로-가운데', '세로-가운데'를 지정한
후 '셀에 맞춤'에 체크합니다.

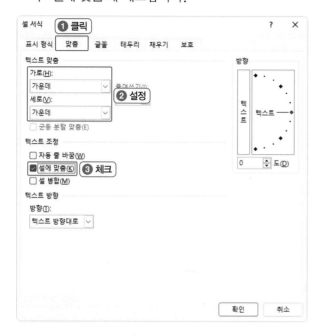

❹ [글꼴] 탭에서 '글꼴-굴림체', '글꼴 스타일-굵게', '크기-12'를 지정한 후 [채
우기] 탭에서 '주황'을 선택하고 [확인]을 클릭합니다.

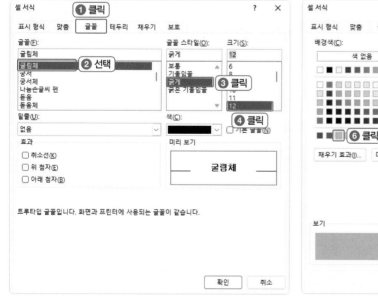

색상 구분 : [홈] 탭에서 채우기 색(🖌) 도구의 목록 단추(▾)를 클릭한 후 원하는 색에 마우스 포인터를 가져가면 풍선 도움말 형태로 색상 이름이 나타납니다. 빨강, 파랑, 주황 등은 시험에 자주 출제가 되는 색상으로 표준색의 위치를 확인하여 둡니다.

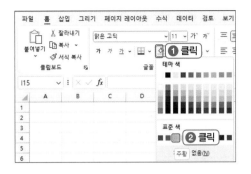

- **연속된 셀의 범위 지정**

  [A1] 셀을 클릭한 후 [C3] 셀까지 드래그하거나 [A1] 셀을 선택하고 Shift 키를 누른 채 [C3] 셀을 클릭합니다.

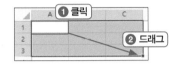

- **서로 떨어져 있는 셀의 범위 지정**

  [A1:C1] 영역을 범위 지정한 후 Ctrl 키를 누른 채 [A3:C3] 영역을 추가 범위 지정합니다.

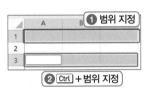

## 🄈 날짜 서식 지정

[D4:D12] 영역을 범위 지정한 후 Ctrl + 1 키를 누른 다음 [셀 서식] 대화상자에서 [표시 형식] 탭의 형식에 『yyyy-mm-dd(aaa)』를 입력한 후 [확인]을 클릭합니다.

자세한 날짜 사용자 지정 서식은 교재 29쪽 멘토의 한수를 참고하시기 바랍니다.

사용자 지정의 날짜 표시 형식 입력 시 대소문자는 구분하지 않습니다.

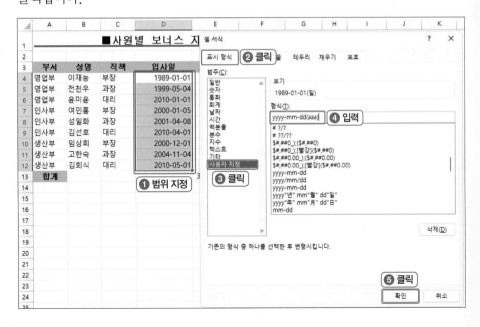

## ⑩ 백분율 셀 서식

[G4:G12] 영역을 범위 지정한 후 Ctrl + 1 키를 누른 다음 [셀 서식] 대화상자에서 [표시 형식] 탭의 형식에 '백분율'을 선택하고 '소수 자릿수'를 '2'로 지정한 후 [확인]을 클릭합니다.

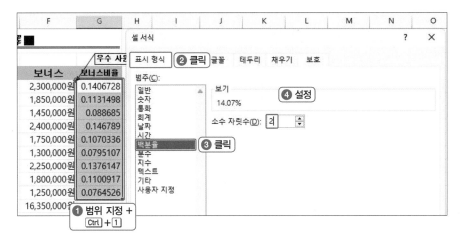

## ⑪ 테두리 지정

① [A3:G13] 영역을 범위 지정한 후 [홈] 탭의 [글꼴] 그룹에서 '테두리'의 목록 단추(▼)를 클릭하고 '모든 테두리(田)'를 선택합니다. 다시 [A3:G3] 영역을 범위 지정한 후 아래쪽 이중 테두리(▤)를 선택합니다.

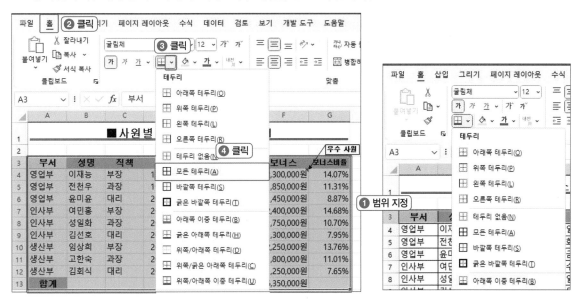

❷ [B13:D13] 영역을 범위 지정한 후 [홈] 탭의 [맞춤] 그룹에서 '병합하고 가운데 맞춤(🔲)'을 클릭합니다.

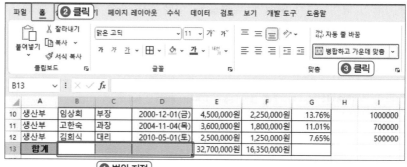

❸ 셀이 선택된 상태에서 Ctrl + 1 키를 누른 다음 [셀 서식] 대화상자의 [테두리] 탭에서 '왼쪽 대각선(🔲)', '오른쪽 대각선(🔲)'을 각각 클릭한 후 [확인]을 클릭합니다.

➕ 멘토의 한수

[홈] 탭의 [글꼴] 그룹에서 '테두리'의 목록 단추(▾)를 클릭한 후 '다른 테두리(🔲)'를 클릭하여 '대각선'을 설정할 수도 있습니다.

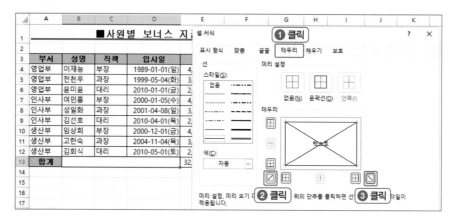

# 실력점검문제 │ 셀 서식 │

◉ **문제 및 정답 파일** : C:\컴활2급\1.기본작업\2.셀서식.xlsx

**01** '셀서식2' 시트에 대하여 다음의 지시사항을 처리하시오.

| A | B | C | D | E | F | G |
|---|---|---|---|---|---|---|
| 1 | | | 상공은행 貸出 현황표 | | | |
| 2 | | | | | | |
| 3 | 고객코드 | 고객등급 | 대출종류 | 대출일자 | 대출기간(월) | 대출금액 |
| 4 | SG-001 | 일반 | 서민지원대출 | 2023년 1월 | 48 | 12,000천원 |
| 5 | SG-002 | 골드 | 주택담보대출 | 2023년 2월 | 60 | 80,000천원 |
| 6 | SG-003 | 실버 | 서민지원대출 | 2023년 2월 | 24 | 50,000천원 |
| 7 | SG-004 | VIP | 신용대출 | 2023년 3월 | 24 | 45,000천원 |
| 8 | SG-005 | 일반 | 창업지원대출 | 2023년 3월 | 12 | 60,000천원 |
| 9 | SG-006 | VIP | 신용대출 | 2023년 4월 | 36 | 120,000천원 |
| 10 | SG-007 | 골드 | 창업지원대출 | 2023년 4월 | 36 | 35,000천원 |
| 11 | SG-008 | 일반 | 서민지원대출 | 2023년 4월 | 24 | 40,000천원 |
| 12 | SG-009 | 실버 | 창업지원대출 | 2023년 4월 | 36 | 30,000천원 |
| 13 | SG-010 | 실버 | 주택담보대출 | 2023년 5월 | 60 | 100,000천원 |
| 14 | SG-011 | 일반 | 주택담보대출 | 2023년 5월 | 48 | 120,000천원 |

▲ 작업 결과

❶ [B1:G1] 영역은 '병합하고 가운데 맞춤', 글꼴 '궁서체', 글꼴 크기 '20', 글꼴 스타일 '굵게', 밑줄 '실선'으로 지정하고, [A] 열의 너비를 '1'로 지정하시오.

❷ 제목 '상공은행 대출 현황표'의 '대출'을 한자 '貸出'로 바꾸시오.

❸ [B3:G3] 영역은 셀 스타일 '파랑, 강조색5'와 '가로 가운데 맞춤'으로 지정하시오.

❹ [B4:B14] 영역은 사용자 지정 표시 형식을 이용하여 숫자 앞에 'SG-'가 항상 표시되고 숫자는 3자리로 표시되게 지정한 후, [G4:G14] 영역은 사용자 지정 표시 형식을 이용하여 천 단위 구분 기호와 천 단위를 반올림하여 절삭 한 숫자 뒤에 '천원'을 표시하시오.

▶ [B4:B14] 영역 [표시 예 : 1 → SG-001]

▶ [G4:G14] 영역 [표시 예 : 12,000,000 → 12,000천원]

❺ [B3:G14] 영역에 '모든 테두리(田)'를 적용한 후 '굵은 바깥쪽 테두리(⊡)'를 적용하여 표시하시오.

[+] 멘토의 한수

- 열 너비 : [A] 열을 선택한 후 마우스 오른쪽 버튼을 클릭한 후 [열 너비]를 선택하고 [열 너비] 대화상자의 입력란에 『1』을 입력
- 셀 스타일 : [B3:G3] 영역을 범위 지정한 후 [홈] 탭-[스타일] 그룹-[셀 스타일]에서 '파랑, 강조색 5'를 선택

- 사용자 지정 표시 형식 : [B4:B14] 영역을 범위 지정한 후 Ctrl + 1 키를 누르고, [셀 서식] 대화상자의 [표시 형식] 탭에서 '사용자 지정'의 형식에 『"SG-"000』을 입력

[G4:G14] 영역을 범위 지정한 후 Ctrl + 1 키를 누르고, [셀 서식] 대화상자의 [표시 형식] 탭에서 '사용자 지성'의 형식에 『#,##0,"천원"』을 입력

※ 문제에서 천 단위 구분 기호를 사용할 경우에는 『#,##0,"천원"』으로 입력하며, 천 단위 구분 기호 사용이 명시되어 있지 않은 경우에는 『0,"천원"』으로 입력합니다.

## 02 '셀서식3' 시트에 대하여 다음의 지시사항을 처리하시오.

| | A | B | C | D | E | F | G | H | I | J |
|---|---|---|---|---|---|---|---|---|---|---|
| 1 | 학교 폭력 피해 경험 | | | | | | | | | |
| 2 | | | | | | | | | | (단위 : %) |
| 3 | 구분 | 항목 | 전체 | 성별 | | 학교별 | | | | |
| 4 | | | | 남성 | 여성 | 중학교 | 고등학교 | 인문계 | 실업계 | 무응답 |
| 5 | 조사 사례수 | 사 례 수 ( 명 ) | 1,972명 | 1,495명 | 477명 | 635명 | 815명 | 250명 | 565명 | 522명 |
| 6 | 경험 빈도 | 전 혀 없 다 | 91.7 | 92.1 | 90.6 | 88.5 | 93.7 | 93.2 | 94 | 92.5 |
| 7 | | 일 년 에 1~2 회 | 5.5 | 4.8 | 7.5 | 7.2 | 4.3 | 4.8 | 4.1 | 5.2 |
| 8 | | 한 달 에 1~2 회 | 1.6 | 1.7 | 1.3 | 2.8 | 1.1 | 1.2 | 1.1 | 0.8 |
| 9 | | 일주일에 1~2회 | 0.4 | 0.4 | 0.2 | 0.5 | 0.1 | 0 | 0.2 | 0.6 |
| 10 | | 주 3 회 이 상 | 0.9 | 1 | 0.4 | 0.9 | 0.7 | 0.8 | 0.7 | 1 |
| 11 | | 경 험 율 | 8.3 | 7.9 | 9.4 | 11.5 | 6.3 | 6.8 | 6 | 7.5 |
| 12 | 경험 사례수 | 사 례 수 ( 명 ) | 163명 | 118명 | 45명 | 73명 | 51명 | 17명 | 34명 | 39명 |

(최다 경험률)

▲ 작업 결과

❶ [A1:J1] 영역은 '선택 영역의 가운데로', 글꼴 크기 '15', 글꼴 스타일 '굵게', 글꼴 색 '표준 색-파랑'으로 지정하시오.

❷ [A3:A4] , [B3:B4] , [C3:C4] , [D3:E3] , [F3:J3] , [A6:A11] 영역은 '병합하고 가운데 맞춤'과 '세로 가운데 맞춤'을 지정하고, [B5:B12] 영역은 '가로 균등 분할' 맞춤으로 지정하시오.

❸ [F11] 셀에 '최다 경험률'이라는 메모를 삽입한 후 메모가 항상 표시되도록 설정하고, 메모 서식에서 글꼴 '궁서', 글꼴 스타일 '보통', 크기 '10', 맞춤 '자동 크기', 채우기 색 '흰색'을 설정하시오.

❹ [C5:J5], [C12:J12] 영역은 사용자 지정 표시 형식을 이용하여 천 단위 구분 기호와 숫자 뒤에 "명"을 포함하여 표시하시오. [표시 예 : 1234 → 1,234명, 0 → 0명]

❺ [A3:J12] 영역에 '모든 테두리(田)'를 적용하여 표시하시오.

### ➕ 멘토의 한수

- [A1:J1] 영역을 지정한 후 Ctrl + 1 키를 누르고, [셀 서식] 대화상자의 [맞춤] 탭에서 '가로'에 '선택 영역의 가운데로'를 지정
- 균등 분할 : [B5:B12] 영역을 지정한 후 Ctrl + 1 키를 누르고, [셀 서식] 대화상자의 [맞춤] 탭에서 '가로'에 '균등 분할(들여쓰기)'로 지정

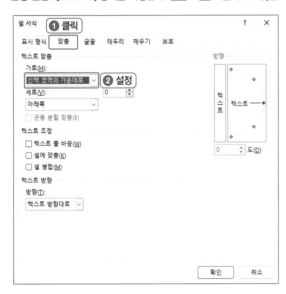

- 메모 삽입 : [F11] 셀을 선택한 후 [검토] 탭에서 [새 메모]를 클릭하고 삽입된 메모에서 Back spacebar 키로 기존 내용을 삭제하고 『최다 경험률』을 입력
- [F11] 셀을 선택한 후 [검토] 탭에서 '메모 표시/숨기기' 도구를 클릭
- 메모 상자의 외곽 테두리를 선택하고 마우스 오른쪽 버튼을 클릭한 후 [메모 서식]을 클릭하고, [글꼴] 탭에서 '글꼴-궁서', '글꼴 스타일-보통', '크기-10'으로 지정한 후 [맞춤] 탭에서 '자동 크기'에 체크하고, [색 및 선] 탭에서 채우기 색을 '흰색'으로 지정
- 사용자 지정 표시 형식 : [C5:J5], [C12:J12] 영역을 범위 지정한 후 Ctrl + 1 키를 누르고, [셀 서식] 대화상자의 [표시 형식] 탭에서 '사용자 지정'의 형식에 『#,##0"명"』을 입력
- 문제에서 0이 입력된 경우에도 0을 표시하라. 즉, 0 → 0명 이렇게 표시하라고 나왔을 때는 『#,##0"명"』으로 입력해야 정답 처리되며 『#,###"명"』으로 입력하면 오답 처리

## Chapter 03

# 조건부 서식

| 무료 동영상 |

**학습목표**

조건부 서식은 범위로 지정한 영역에 조건을 만족하는 셀 및 텍스트에 서식을 지정하는 작업으로, 셀 강조 규칙, 상위/하위 규칙, 새 규칙(수식 사용) 등이 출제됩니다.

◉ 예제 및 정답 파일 : C:₩컴활2급실기₩본문소스₩1.기본작업₩3.조건부서식.xlsx

---

**'조건부서식1'** 시트에 대하여 다음의 지시사항을 처리하시오.

[B4:B13] 영역에서 '부서명'에 '기획'이 포함된 셀에는 채우기 색 '배경색 – 노랑'을, [G4:G13] 영역에서 상위 5위 이내인 셀에는 글꼴 스타일 '굵게', 글꼴 색 '표준 색 – 파랑'을 지정하는 조건부 서식을 작성하시오.

▶ 단, 규칙 유형은 '셀 강조 규칙'과 '상위/하위 규칙'을 사용하시오

| | A | B | C | D | E | F | G |
|---|---|---|---|---|---|---|---|
| 1 | | | **성안주식회사 평가시험 결과** | | | | |
| 2 | | | | | | | |
| 3 | 사원명 | 부서명 | 근태 | 실적 | 필기 | 실기 | 총점 |
| 4 | 박진숙 | 기획2팀 | 71 | 73 | 72 | 72 | 276 |
| 5 | 장승태 | 생산1팀 | 97 | 93 | 95 | 96 | **369** |
| 6 | 김성진 | 생산2팀 | 88 | 85 | 87 | 88 | 336 |
| 7 | 박창동 | 영업1팀 | 96 | 99 | 98 | 97 | **378** |
| 8 | 김수연 | 기획2팀 | 83 | 71 | 68 | 84 | 294 |
| 9 | 최진혁 | 기획1팀 | 89 | 87 | 88 | 89 | **341** |
| 10 | 최진아 | 영업2팀 | 89 | 87 | 88 | 89 | **341** |
| 11 | 장성희 | 영업1팀 | 97 | 99 | 98 | 98 | **380** |
| 12 | 이순호 | 기획1팀 | 78 | 73 | 74 | 82 | 295 |
| 13 | 한율아 | 영업1팀 | 92 | 85 | 89 | 91 | **345** |

▲ 작업 결과

---

**풀이**

❶ [B4:B13] 영역을 범위 지정한 후 [홈] 탭의 [스타일] 그룹의 '조건부 서식(▦)'에서 '셀 강조 규칙(▦)'에 '텍스트 포함(▦)'을 선택합니다.

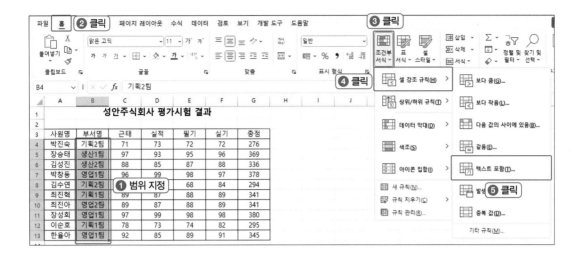

② [텍스트 포함] 대화상자에서 입력란에 『기획』을 입력한 후 '적용할 서식'에
'사용자 지정 서식'을 선택합니다.

③ [셀 서식] 대화상자의 [채우기] 탭에서 '배경색'을 '노랑'으로 지정한 후
[확인]을 클릭합니다.

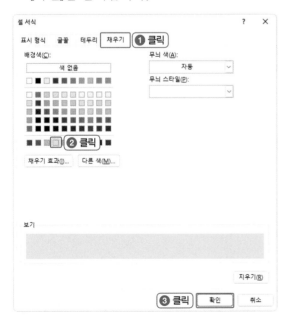

❹ [텍스트 포함] 대화상자에서 [확인]을 클릭합니다.

➕ 멘토의 한수

시험에 '기획'을 '포함하지 않음'이 출제되면 [홈]
탭-[스타일] 그룹-[조건부 서식]-[셀 강조 규
칙]-[기타 규칙]을 선택한 후 [새 서식 규칙] 대화상자
에서 '특정 텍스트'에 '포함하지 않음'을 선택하고 『기
획』을 입력한 후 서식을 지정하면 됩니다.

❺ [G4:G13] 영역을 범위 지정한 후 [홈] 탭의 [스타일] 그룹의 '조건부 서식'에
서 '상위/하위 규칙(🔟)'에 '상위 10개 항목(🔣)'을 선택합니다.

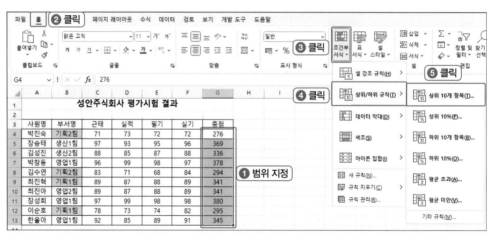

❻ [상위 10개 항목] 대화상자에서 입력란에 『5』를 입력한 후 '적용할 서식'에
'사용자 지정 서식'을 선택합니다.

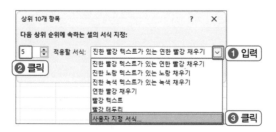

❼ [셀 서식] 대화상자의 [글꼴] 탭에서 글꼴 스타일 '굵게', 색을 '표준 색-파랑'
으로 지정한 후 [확인]을 클릭합니다.

⑧ [상위 10개 항목] 대화상자에서 [확인]을 클릭합니다.

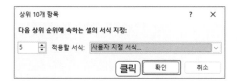

**시트에 대하여 다음의 지시사항을 처리하시오.**

[A4:G13] 영역에서 성별이 '여'이면서 평균이 80점 이상인 행 전체에 대하여 글꼴 색을 '표준 색 – 파랑', 글꼴 스타일을 '굵게 기울임꼴', 채우기 색을 '배경색 – 노랑'으로 지정하는 조건부 서식을 작성하시오.

▶ AND 함수 사용
▶ 규칙 유형은 '수식을 사용하여 서식을 지정할 셀 결정'을 이용하시오.

| ⟋ | A | B | C | D | E | F | G |
|---|---|---|---|---|---|---|---|
| 1 | 기말고사 성적표 | | | | | | |
| 2 | | | | | | | |
| 3 | 성명 | 성별 | 국어 | 영어 | 수학 | 총점 | 평균 |
| 4 | 김수연 | 여 | 83 | 81 | 85 | 249 | 83 |
| 5 | 한정수 | 남 | 67 | 70 | 70 | 207 | 69 |
| 6 | 이영희 | 여 | 95 | 93 | 97 | 285 | 95 |
| 7 | 김은숙 | 여 | 89 | 77 | 88 | 254 | 85 |
| 8 | 최창동 | 남 | 60 | 87 | 81 | 228 | 76 |
| 9 | 장은경 | 여 | 98 | 96 | 98 | 292 | 97 |
| 10 | 선용기 | 남 | 96 | 94 | 95 | 285 | 95 |
| 11 | 신호석 | 남 | 60 | 63 | 83 | 206 | 69 |
| 12 | 김지혜 | 여 | 97 | 95 | 97 | 289 | 96 |
| 13 | 고희석 | 남 | 78 | 81 | 79 | 238 | 79 |
| 14 | 평균 | | 82 | 84 | 87 | 253 | 84 |

▲ 작업 결과

❶ 조건부 서식을 적용할 [A4:G13] 영역을 범위 지정한 후 [홈] 탭의 '스타일' 그룹의 [조건부 서식 ▦]–[새 규칙 ▦]을 선택합니다.

**멘토의 한수**

**수식을 이용한 조건부 서식 작업순서**

❶ 필드 제목을 제외한 범위 지정

❷ [홈] 탭–[스타일] 그룹–[조건부 서식]–[새 규칙]

❸ [새 서식 규칙] 대화상자–[수식을 사용하여 서식을 지정할 셀 결정]–수식 입력

❹ 서식 지정 후 완료

**멘토의 한수**

• **행 전체에 조건부 서식 지정 시**

조건부 서식을 지정하기 전에 반드시 범위를 지정해야 하는데, 이때 범위에서 필드는 제외한 순수한 레코드만 범위 지정합니다.

• **조건부 서식 지정 시 범위의 방향**

조건부 서식의 범위 지정 시 [A4] 셀부터 [G13] 셀까지 위에서 아래쪽으로 범위를 지정해야 합니다. 반대로 [G3] 셀부터 [A4] 셀까지 범위를 아래쪽에서 위쪽으로 지정하면 결과가 다르게 나타납니다.

• **조건부 서식을 두 개 이상 입력할 경우**

서식이 충돌되지 않는다면 각 조건의 서식이 모두 적용되지만, 서식이 충돌하면 우선순위가 높은 조건의 서식만 적용됩니다.

❷ [새 서식 규칙] 대화상에서 '수식을 사용하여 서식을 지정할 셀 결정'을 선택한 후 수식 입력창에 『=AND($B4="여",$G4)=80)』을 입력한 다음 [서식]을 클릭합니다.

➕ 멘토의 한수

• 절대(혼합)참조나 상대참조의 형태를 지정하는 단축키는 F4 키이며, 한 번 누를 때마다 절대참조($A$1) → 혼합참조(A$1행 고정) → 혼합참조($A1열 고정) → 상대참조(A1)로 변환됩니다.

• 수식 입력 시 셀 주소를 선택한 후 키보드 F4 키를 두 번 눌러 열에 '$'를 붙여 열을 고정합니다.

열을 고정하는 이유는 조건에 맞는 데이터가 있는 셀과 같은 행 전체에 서식을 적용하기 위해서이며, 열이 고정되어 있지 않으면 행 전체에 서식이 적용되지 않습니다.

❸ [셀 서식] 대화상자의 [글꼴] 탭에서 '글꼴 스타일'에 '굵은 기울임꼴'을 선택하고 '색'에 '파랑'을 선택한 후 [채우기] 탭에서 '배경색'을 '노랑'으로 지정하고 [확인]을 클릭합니다.

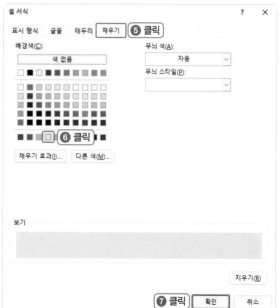

❹ [서식 규칙 편집] 대화상자에서 서식을 확인한 후 [확인]을 클릭합니다.

➕ 멘토의 한수

조건부 서식을 수정하기 위해서 조건부 서식을 적용한 범위를 지정하고, [홈] 탭의 [스타일] 그룹에서 [조건부 서식]의 [규칙관리 ⊞]를 선택한 후 수정할 규칙을 선택하고 [규칙 편집]을 클릭하여 수식과 서식을 수정합니다.

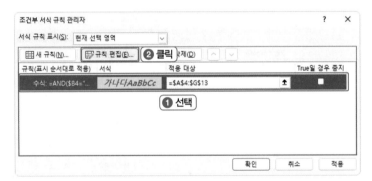

# 실력점검문제 │ 조건부 서식 │

◉ 예제 및 정답 파일 : C:\컴활2급\1.기본작업\3.조건부서식.xlsx

## 01 '조건부서식3' 시트에 대하여 다음의 지시사항을 처리하시오.

| | A | B | C | D | E | F | G |
|---|---|---|---|---|---|---|---|
| 1 | | | | 아파트 분양가 분석 현황 | | | |
| 2 | | | | | | | |
| 3 | 위치 | 아파트명 | 구분 | 전용면적 | 세대수 | 입주일 | 분양가(3.3㎡당) |
| 4 | 서울 | 자이야 | 일반 | 148㎡ | 600 | 2024년 5월 | 15,000,000 |
| 5 | 서울 | 푸르자나 | 일반 | 85㎡ | 1000 | 2024년 7월 | 10,000,000 |
| 6 | 서울 | LH | 임대 | 101㎡ | 1500 | 2024년 3월 | 8,000,000 |
| 7 | 경기 | 좀편한세상 | 일반 | 148㎡ | 800 | 2024년 5월 | 10,000,000 |
| 8 | 경기 | 아이파크 | 일반 | 85㎡ | 1500 | 2024년 3월 | 8,000,000 |
| 9 | 경기 | LH | 임대 | 101㎡ | 2000 | 2024년 7월 | 6,000,000 |
| 10 | 인천 | 아이파크 | 일반 | 148㎡ | 500 | 2024년 5월 | 10,000,000 |
| 11 | 인천 | 자이야 | 일반 | 85㎡ | 800 | 2024년 6월 | 7,500,000 |
| 12 | 인천 | LH | 임대 | 101㎡ | 1000 | 2024년 7월 | 5,500,000 |
| 13 | 대전 | 좀편한세상 | 일반 | 148㎡ | 700 | 2024년 6월 | 8,000,000 |
| 14 | 대전 | 푸르자나 | 일반 | 85㎡ | 1300 | 2024년 6월 | 7,000,000 |
| 15 | 대전 | LH | 임대 | 101㎡ | 1400 | 2024년 5월 | 5,000,000 |

▲ 작업 결과

- [A4:G15] 영역에서 '구분'이 '일반'이면서 분양가가 10,000,000 미만인 행 전체에 대하여 글꼴 색을 '파랑', 글꼴 스타일을 '굵게'로 지정하는 조건부 서식을 작성하시오.

  ▶ AND 함수 사용
  ▶ 규칙 유형은 '수식을 사용하여 서식을 지정할 셀 결정'을 이용하시오.

➕ 멘토의 한수

- [A4:G15] 영역을 범위 지정한 후 [홈] 탭의 [스타일] 그룹에서 [조건부 서식 📊]–[새 규칙 📖]을 선택
- [새 서식 규칙] 대화상자에서 규칙 유형 선택은 '수식을 사용하여 서식을 지정할 셀 결정'을 선택한 후 '다음 수식이 참인 값의 서식 지정' 입력란에 『=AND($C4="일반",$G4<10000000)』을 입력

## 02 '조건부서식4' 시트에 대하여 다음의 지시사항을 처리하시오.

| | A | B | C | D | E | F | G |
|---|---|---|---|---|---|---|---|
| 1 | 전국 주요 지역 연간 강수량 | | | | | | |
| 2 | | | | | | | (단위 : mm) |
| 3 | 지역 | 2017년 | 2018년 | 2019년 | 2020년 | 2021년 | 지역평균 |
| 4 | 서울 | 1,356.3 | 1,564.0 | 2,043.5 | 2,039.3 | 1,646.3 | 1,729.9 |
| 5 | 부산 | 1,168.3 | 1,772.9 | 1,441.9 | 1,478.6 | 1,983.3 | 1,569.0 |
| 6 | 대구 | 761.4 | 832.5 | 1,204.5 | 1,430.4 | 1,189.9 | 1,083.7 |
| 7 | 인천 | 1,137.4 | 1,382.1 | 1,777.7 | 1,725.5 | 1,415.1 | 1,487.6 |
| 8 | 광주 | 1,007.2 | 1,488.2 | 1,573.1 | 1,300.3 | 1,626.8 | 1,399.1 |
| 9 | 대전 | 1,037.6 | 1,090.4 | 1,419.7 | 1,943.4 | 1,409.5 | 1,380.1 |
| 10 | 속초 | 1,415.0 | 1,420.1 | 1,283.6 | 1,656.1 | 1,217.7 | 1,398.5 |
| 11 | 서산 | 909.6 | 1,074.3 | 2,141.8 | 1,704.4 | 1,642.6 | 1,494.5 |
| 12 | 여수 | 959.8 | 1,247.7 | 1,733.1 | 1,650.4 | 1,825.1 | 1,483.2 |
| 13 | 포항 | 885.4 | 885.5 | 927.4 | 1,089.9 | 1,333.7 | 1,024.4 |
| 14 | 울릉도 | 1,418.0 | 1,616.1 | 1,448.3 | 1,795.8 | 1,777.1 | 1,611.1 |
| 15 | 제주 | 1,308.8 | 1,304.8 | 1,584.9 | 1,478.6 | 2,248.3 | 1,585.1 |
| 16 | 서귀포 | 1,661.4 | 2,006.8 | 2,393.3 | 2,010.2 | 2,700.8 | 2,154.5 |

▲ 작업 결과

- [A4:G16] 영역에서 각 지역의 '지역평균' 값이 2021년 전체의 평균 값 이상인 행 전체에 대하여 무늬 색은 '표준 색 – 연한 녹색', 무늬 스타일은 '50% 회색'으로 지정하는 조건부 서식을 작성하시오.
  - ▶ AVERAGE 함수 사용
  - ▶ 규칙 유형은 '수식을 사용하여 서식을 지정할 셀 결정'을 이용하시오.

➕멘토의 한수

- [A4:G16] 영역을 범위 지정한 후 [홈] 탭의 [스타일] 그룹에서 [조건부 서식(▦)]–[새 규칙(▦)] 선택
- [새 서식 규칙] 대화상자에서 규칙 유형 선택은 '수식을 사용하여 서식을 지정할 셀 결정'을 선택한 후 '다음 수식이 참인 값의 서식 지정' 입력란에 『=$G4>=AVERAGE($F$4:$F$16)』을 입력
- [서식] 단추를 클릭한 후 [셀 서식] 대화상자의 [채우기] 탭에서 '무늬 색'을 '연한 녹색'으로 지정하고, '무늬 스타일'을 '50% 회색'으로 선택한 후 [확인]을 클릭

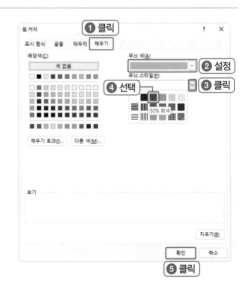

## Chapter 04

# 자동 필터(사용자 지정 필터)

**학습목표**

자동 필터는 데이터에서 조건에 맞는 데이터만 필터하여 표시하는 기능으로, 항상 원본 데이터 위치에서만 필터하여 표시할 수 있습니다.

◉ 예제 파일 : C:₩컴활2급실기₩1.기본작업₩4.자동필터.xlsx

---

**'자동필터1'** 시트에 대하여 다음의 지시사항을 처리하시오.

'도서판매 내역' 표에서 대상이 어린이 또는 청소년이면서 수량이 200 이상인 데이터를 자동 필터 기능을 이용하여 추출하시오.

**멘토의 한수**

**자동 필터 작업순서**
❶ 표의 필드 제목을 범위 지정한 후 [데이터] 탭-[정렬 및 필터] 그룹-[필터]
❷ 목록 단추를 클릭하여 숫자 필터 및 텍스트 필터에 조건 설정

| | A | B | C | D | E | F |
|---|---|---|---|---|---|---|
| 1 | | | 도서판매 내역 | | | |
| 2 | | | | | | |
| 3 | 도서명 ▼ | 대상 ▼ | 판매일자 ▼ | 수량 ▼ | 매출액 ▼ | 이익금 ▼ |
| 6 | 보카레슨 | 청소년 | 2024-07-02 | 259 | 2,193,000 | 328,950 |
| 8 | 수능완성 | 청소년 | 2024-07-18 | 210 | 1,985,500 | 297,825 |
| 13 | 천천히 도마뱀 | 어린이 | 2024-07-05 | 215 | 2,568,000 | 385,200 |

▲ 작업 결과

---

**풀이**

❶ [A3] 셀을 선택한 후 [데이터] 탭의 [정렬 및 필터] 그룹에서 [필터 ▽]를 클릭합니다.

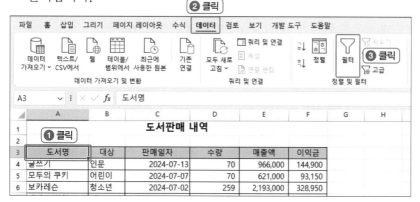

**멘토의 한수**

[A3:F17] 영역을 범위 지정한 후 [데이터] 탭의 [정렬 및 필터] 그룹에서 [필터 ▽]를 클릭해도 됩니다.

❷ '대상' 중에서 '어린이'와 '청소년'을 추출하기 위해서 '대상(B3)' 필드명의 '목록 단추(▼)'를 클릭한 후 [텍스트 필터]-[사용자 지정 필터]를 선택합니다.

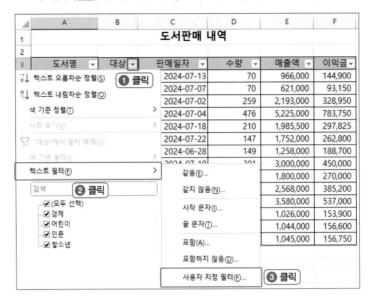

❸ [사용자 지정 자동 필터] 대화상자에서 대상에 '=', '어린이'를 지정한 후 '또는'을 선택하고 '=', '청소년'을 지정한 후 [확인]을 클릭합니다.

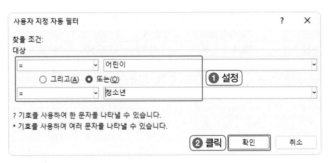

❹ '대상'에 '어린이'와 '청소년' 레코드만 추출되며, 자동 필터가 지정된 '대상' 필드에는 목록 단추가 필터(▼) 모양으로 변경됩니다.

| | A | B | C | D | E | F |
|---|---|---|---|---|---|---|
| 1 | | | 도서판매 내역 | | | |
| 2 | | | | | | |
| 3 | 도서명 | 대상 | 판매일자 | 수량 | 매출액 | 이익금 |
| 5 | 모두의 쿠키 | 어린이 | 2024-07-07 | 70 | 621,000 | 93,150 |
| 6 | 보카레슨 | 청소년 | 2024-07-02 | 259 | 2,193,000 | 328,950 |
| 8 | 수능완성 | 청소년 | 2024-07-18 | 210 | 1,985,500 | 297,825 |
| 10 | 아이들 마음 | 어린이 | 2024-06-28 | 149 | 1,258,000 | 188,700 |
| 13 | 천천히 도마뱀 | 어린이 | 2024-07-05 | 215 | 2,568,000 | 385,200 |
| 14 | 첫사랑 쟁탈기 | 어린이 | 2024-07-11 | 180 | 3,580,000 | 537,000 |
| 17 | 탄탄한 개념이해 | 청소년 | 2024-07-21 | 96 | 1,045,000 | 156,750 |

⑤ '수량'을 200 이상으로 필터하기 위해서 '수량(D3)'의 '목록 단추(▼)'를 클릭한 후 [숫자 필터]-[크거나 같음]을 선택합니다.

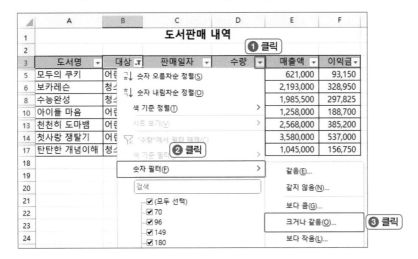

⑥ [사용자 지정 자동 필터] 대화상자에서 수량에 '>='를 지정한 후 『200』을 입력하고 [확인]을 클릭합니다.

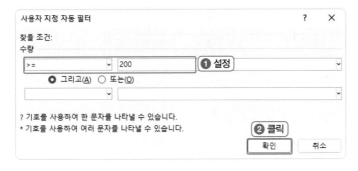

➕ 멘토의 한수

자동 필터의 해제 : 필드명의 설정된 필터(▼) 도구를 클릭하여 '필터 해제'를 선택하거나 [데이터] 탭의 [정렬 및 필터] 그룹에서 [필터 ▽] 도구를 클릭하여 해제합니다.

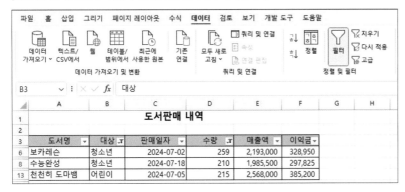

⊙ 예제파일 : C:₩컴활2급₩1.기본작업₩4.자동필터.xlsx

## 01 '자동필터2' 시트에 대하여 다음의 지시사항을 처리하시오.

'제일마트 판매 현황' 표에서 '분류'가 '유아' 또는 '식품'이면서 '판매량'이 1,000 이상인 데이터를 자동 필터 기능을 이용하여 추출하시오.

| | A | B | C | D | E |
|---|---|---|---|---|---|
| 1 | 제일마트 판매 현황 | | | | |
| 2 | | | | | |
| 3 | 분류 | 제품명 | 판매가 | 판매량 | 판매총액 |
| 4 | 유아 | 서울분유 | 18,000 | 2,486 | 44,748,000 |
| 5 | 식품 | 신양라면 | 3,400 | 13,968 | 47,491,200 |
| 7 | 식품 | 싱싱한우 | 15,000 | 3,482 | 52,230,000 |
| 10 | 유아 | 튼튼기저귀 | 11,000 | 6,845 | 75,295,000 |
| 11 | 식품 | 한강우유 | 3,600 | 12,352 | 44,467,200 |

▲ 작업 결과

➕ 멘토의 한수

• 필드를 범위 지정한 후 [데이터] 탭의 [정렬 및 필터] 그룹에서 [필터] 도구를 클릭
• [A3] 셀에서 [목록] 단추를 클릭하고, [텍스트 필터]-[사용지 지정 필터]를 선택
• [사용자 지정 자동 필터] 대화상자의 '찾을 조건'에서 '=', '식품', '또는', '=', '유아'를 각각 지정

• [D3] 셀의 [목록] 단추를 클릭하고, [숫자 필터]-[크거나 같음]을 선택
• [사용자 지정 자동 필터] 대화상자의 '찾을 조건'에 '>=', '1000'을 지정

## 02 '자동필터3' 시트에 대하여 다음의 지시사항을 처리하시오.

'보너스 지급현황' 표에서 '직급'에서 '과장'을 제외한 직급 중 '보너스'가 1,000,000 이하인 데이터를 자동 필터 기능을 이용하여 추출하시오.

| | A | B | C | D | E | F |
|---|---|---|---|---|---|---|
| 1 | 보너스 지급현황 | | | | | |
| 2 | | | | | | |
| 3 | 성명 ▼ | 성별 ▼ | 부서 ▼ | 직급 ▼ | 호봉 ▼ | 보너스 ▼ |
| 7 | 이나중 | 남 | 경리부 | 대리 | 3 | 900,000 |
| 10 | 신주사 | 여 | 제작부 | 사원 | 2 | 850,000 |
| 11 | 임신중 | 여 | 영업부 | 사원 | 1 | 1,000,000 |
| 12 | 이대로 | 남 | 경리부 | 사원 | 2 | 850,000 |

▲ 작업 결과

➕ 멘토의 한수

- 필드를 범위 지정한 후 [데이터] 탭의 [정렬 및 필터] 그룹에서 [필터] 도구를 클릭
- [D3] 셀에서 [목록] 단추를 클릭하고, [텍스트 필터]–[같지 않음]을 선택
- [사용자 지정 자동 필터] 대화상자의 '찾을 조건'에서 '과장'을 지정

- [F3] 셀의 [목록] 단추를 클릭하고, [숫자 필터]–[작거나 같음]을 선택
- [사용자 지정 자동 필터] 대화상자의 '찾을 조건'에 '1,000,000'을 지정

# 고급 필터

**학습목표**

고급 필터는 세밀하게 원하는 자료를 필터할 때 사용하는 기능으로 조건을 입력한 후 조건에 맞는 데이터를 특정 부분에 필터하는 기능입니다. 고급 필터의 조건은 AND 조건과 OR 조건을 구분하여 만들어야 하며 자동 필터보다 출제 빈도가 높습니다.

◉ **문제 및 정답 파일** : C:₩컴활2급₩1.기본작업₩5.고급필터.xlsx

**멘토의 한수**

**고급 필터 작업순서**
❶ 지정된 셀에 조건을 입력
❷ [데이터] 탭-[정렬 및 필터] 그룹-[고급] 선택
❸ [고급 필터] 대화상자에서 '다른 장소에 복사' 선택, '목록 범위' 지정, '조건 범위' 지정, '복사 위치' 지정

**멘토의 한수**

고급 필터는 먼저 조건을 지정된 셀에 입력한 후 고급 필터 작업을 진행합니다

## `고급필터1` 시트에 대하여 다음의 지시사항을 처리하시오.

'실적현황' 표에서 지역이 '경기'로 시작하면서 달성률이 90% 이상인 데이터 값을 고급 필터를 사용하여 검색하시오.

▶ 고급 필터 조건은 [A16:D18] 범위 내에 알맞게 입력하시오.
▶ 고급 필터 결과 복사 위치는 동일 시트의 [A20] 셀에서 시작하시오.

| | A | B | C | D | E | F |
|---|---|---|---|---|---|---|
| 1 | | | **실적현황** | | | |
| 2 | | | | | | |
| 3 | 담당자 | 지역 | 전월누계 | 금월계획 | 금월실적 | 달성률 |
| 4 | 김경민 | 서울남부 | 14,500 | 10,000 | 7,800 | 78% |
| 5 | 이언진 | 서울북부 | 12,800 | 10,000 | 11,700 | 117% |
| 6 | 김정희 | 경기남부 | 9,800 | 7,000 | 5,600 | 80% |
| 7 | 유미선 | 경기북부 | 10,300 | 7,000 | 6,300 | 90% |
| 8 | 김지연 | 경기남부 | 7,500 | 5,000 | 5,400 | 108% |
| 9 | 배대원 | 경기북부 | 16,700 | 10,000 | 9,800 | 98% |
| 10 | 고보민 | 서울남부 | 5,600 | 5,000 | 2,300 | 46% |
| 11 | 김수연 | 서울북부 | 8,700 | 6,000 | 4,600 | 77% |
| 12 | 차태현 | 경기남부 | 13,200 | 9,000 | 8,800 | 98% |
| 13 | 김보람 | 경기북부 | 4,500 | 2,000 | 2,300 | 115% |
| 14 | | | | | | |
| 15 | | | | | | |
| 16 | 지역 | 달성률 | | | | |
| 17 | 경기* | >=90% | | | | |
| 18 | | | | | | |
| 19 | | | | | | |
| 20 | 담당자 | 지역 | 전월누계 | 금월계획 | 금월실적 | 달성률 |
| 21 | 유미선 | 경기북부 | 10,300 | 7,000 | 6,300 | 90% |
| 22 | 김지연 | 경기남부 | 7,500 | 5,000 | 5,400 | 108% |
| 23 | 배대원 | 경기북부 | 16,700 | 10,000 | 9,800 | 98% |
| 24 | 차태현 | 경기남부 | 13,200 | 9,000 | 8,800 | 98% |
| 25 | 김보람 | 경기북부 | 4,500 | 2,000 | 2,300 | 115% |

▲ 작업 결과

❶ 지역이 '경기'로 시작하면서 달성률이 90% 이상인 조건을 입력하기 위해 그림과 같이 입력합니다.

| | A | B | C |
|---|---|---|---|
| 15 | | | |
| 16 | 지역 | 달성률 | 입력 |
| 17 | 경기* | >=90% | |

❷ 목록 범위인 [A3:F13] 영역을 범위 지정한 후 [데이터] 탭-[정렬 및 필터] 그룹-[고급 🗟] 도구를 클릭합니다.

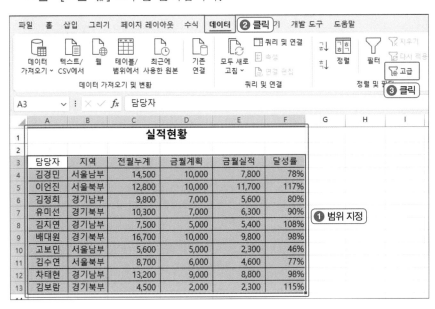

❸ [고급 필터] 대화상자에서 '다른 장소에 복사'를 선택한 후 '목록 범위', '조건 범위', '복사 위치'를 각각 그림과 같이 지정한 후 [확인]을 클릭합니다. (목록 범위 : A3:F13, 조건 범위 : A16:B17, 복사 위치 : A20)

➕ 멘토의 한수

조건 입력 시 필드명을 직접 입력해도 되지만 원본 필드명을 복사하여 넣어도 됩니다. 필드명 입력 시 실수로 다르게 입력한다면 필터링이 되지 않습니다. 예를 들어서 필드명이 '지역'인데 조건 필드 입력 시 지역을 입력하고 뒤에 눈에 보이지 않는 빈칸을 입력하면 다른 문자로 인식되어 정상적으로 결과가 나타나지 않습니다.

➕ 멘토의 한수

목록 범위를 지정한 후 고급 필터를 실행하면 [고급 필터] 대화상자의 '목록 범위'가 지정한 범위로 자동으로 지정되어 있습니다.

'다른 장소에 복사'를 지정하지 않고 '현재 위치에 필터'를 하였을 때는 [데이터] 탭의 [정렬 및 필터] 그룹에서 [지우기] 도구를 클릭하여 필터를 지운 다음 다시 고급 필터 작업을 진행합니다.

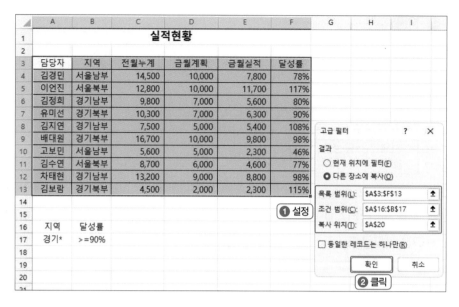

❹ 지역이 경기로 시작하면서 달성률이 90% 이상인 데이터만 추출됩니다.

**고급 필터 조건 입력하기**

- 조건을 입력할 때 같은 행에 조건을 입력하면 AND 조건이며, 입력한 조건을 모두 만족하는 데이터를 표시하고, 서로 다른 행에 조건을 입력하면 OR 조건이며, 입력한 조건 중 하나라도 만족하는 데이터를 표시합니다.

| 지역코드 | 실적 |
|---|---|
| K* | >=10000 |

▶ 지역코드가 K로 시작하면서 실적이 10,000 이상인 데이터(AND 조건)

| 지역코드 | 실적 |
|---|---|
| K?? |  |
|  | >=10000 |

▶ 지역코드가 K로 시작하는 3글자이거나 실적이 10,000 이상인 데이터(OR 조건)

| 지역코드 | 제품코드 |
|---|---|
| KA | ⟨⟩A* |
| JT | ⟨⟩*B |

▶ 지역코드가 KA이면서 제품코드가 A로 시작하지 않거나, 지역코드가 JT이면서 제품코드가 B로 끝나지 않는 데이터(AND, OR 조건)

- 조건을 입력할 때 'K*'라고 쓰면 'K'로 시작되는 모든 자료를 나타내며, '*K'라고 쓰면 'K'로 끝나는 모든 자료가 되고, '*K*'라고 쓰면 'K'를 포함하는 모든 자료를 나타냅니다.
- 조건을 입력할 때 '?'는 한 글자를 의미하며, 'k?'는 k로 시작하는 두 글자의 자료를 나타내며, 'k??'는 k로 시작하는 세 글자의 자료를 나타냅니다.

# 실력점검문제 | 고급 필터 |

● 문제 및 정답 파일 : C:\컴활2급\1.기본작업\3.고급필터.xlsx

## 01 '고급필터2' 시트에 대하여 다음의 지시사항을 처리하시오.

'회원 관리 현황' 표에서 가입일이 2024−01−01 이후이거나 가입비가 25,000 이상 30,000 미만인 데이터 값을 고급 필터를 사용하여 검색하시오.

▶ 고급 필터 조건은 [A15:C17] 범위 내에 알맞게 입력하시오.
▶ 고급 필터 결과 복사 위치는 동일 시트의 [A20] 셀에서 시작하시오.

| | A | B | C | D | E |
|---|---|---|---|---|---|
| 1 | | | **회원 관리 현황** | | |
| 2 | | | | | |
| 3 | 회원코드 | 회원명 | 성별 | 가입일 | 가입비 |
| 4 | K-0051 | 윤성철 | 남 | 2023-02-25 | 15,000 |
| 5 | K-0052 | 한주연 | 여 | 2023-03-13 | 20,000 |
| 6 | K-0053 | 강상희 | 여 | 2024-02-27 | 12,000 |
| 7 | K-0054 | 이명희 | 남 | 2023-04-05 | 26,000 |
| 8 | K-0055 | 김신애 | 남 | 2023-01-04 | 10,000 |
| 9 | K-0056 | 한상훈 | 여 | 2024-03-01 | 20,000 |
| 10 | K-0057 | 구정철 | 여 | 2023-07-17 | 10,000 |
| 11 | K-0058 | 박대철 | 남 | 2023-08-03 | 25,000 |
| 12 | K-0059 | 전소영 | 남 | 2023-03-09 | 12,000 |
| 13 | | | | | |
| 14 | | | | | |
| 15 | 가입일 | 가입비 | 가입비 | | |
| 16 | >=2024-01-01 | | | | |
| 17 | | >=25000 | <30000 | | |
| 18 | | | | | |
| 19 | | | | | |
| 20 | 회원코드 | 회원명 | 성별 | 가입일 | 가입비 |
| 21 | K-0053 | 강상희 | 여 | 2024-02-27 | 12,000 |
| 22 | K-0054 | 이명희 | 남 | 2023-04-05 | 26,000 |
| 23 | K-0056 | 한상훈 | 여 | 2024-03-01 | 20,000 |
| 24 | K-0058 | 박대철 | 남 | 2023-08-03 | 25,000 |

▲ 작업 결과

### 멘토의 한수

• 조건을 [A15:C17] 영역에 입력

| | A | B | C |
|---|---|---|---|
| 14 | | | |
| 15 | 가입일 | 가입비 | 가입비 |
| 16 | >=2024-01-01 | | |
| 17 | | >=25000 | <30000 |

• 목록 범위인 [A3:E12] 영역을 범위 지정한 후 [데이터] 탭-[정렬 및 필터] 그룹-[고급 🗔] 도구를 클릭

• [고급 필터] 대화상자 지정

## 02 '고급필터3' 시트에 대하여 다음의 지시사항을 처리하시오.

'성적현황' 표에서 학과가 디자인학과이면서 2학년 중 점수가 450점 이상인 데이터의 학번, 학생명, 점수 필드를 고급 필터를 사용하여 검색하시오.

▶ 고급 필터 조건은 [A16:E18] 범위 내에 알맞게 입력하시오.
▶ 고급 필터 결과 복사 위치는 동일 시트의 [A20] 셀에서 시작하시오.

| | A | B | C | D | E |
|---|---|---|---|---|---|
| 1 | | | 성적현황 | | |
| 2 | | | | | |
| 3 | 학과 | 학번 | 학년 | 학생명 | 점수 |
| 4 | 디자인 | 14023 | 1 | 구정철 | 465 |
| 5 | 미디어 | 13123 | 2 | 김예은 | 604 |
| 6 | 미디어 | 12056 | 3 | 노상식 | 383 |
| 7 | 디자인 | 13082 | 2 | 안태수 | 465 |
| 8 | 미디어 | 14037 | 1 | 박은희 | 382 |
| 9 | 미디어 | 13024 | 2 | 박흥철 | 391 |
| 10 | 디자인 | 12108 | 2 | 기민성 | 572 |
| 11 | 디자인 | 16020 | 2 | 성수영 | 460 |
| 12 | 미디어 | 15023 | 2 | 은혜영 | 594 |
| 13 | 디자인 | 14035 | 2 | 남민철 | 383 |
| 14 | | | | | |
| 15 | | | | | |
| 16 | 학과 | 학년 | 점수 | | |
| 17 | 디자인 | 2 | >=450 | | |
| 18 | | | | | |
| 19 | | | | | |
| 20 | 학번 | 학생명 | 점수 | | |
| 21 | 13082 | 안태수 | 465 | | |
| 22 | 12108 | 기민성 | 572 | | |
| 23 | 16020 | 성수영 | 460 | | |

▲ 작업 결과

➕ 멘토의 한수

• 조건을 [A16:C17] 영역에 입력, 추출할 필드명을 [A20:C20] 영역에 입력

| | A | B | C |
|---|---|---|---|
| 15 | | | |
| 16 | 학과 | 학년 | 점수 |
| 17 | 디자인 | 2 | >=450 |
| 18 | | | |
| 19 | | | |
| 20 | 학번 | 학생명 | 점수 |

• 목록 범위인 [A3:E13] 영역을 범위 지정한 후 [데이터] 탭-[정렬 및 필터] 그룹-[고급 🗔] 도구를 클릭

• [고급 필터] 대화상자 지정

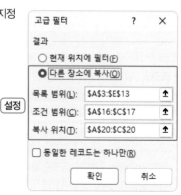

# 텍스트 나누기

| 무료 동영상 |

### 학습목표

텍스트 나누기는 한 영역에 쉼표, 세미콜론, 공백, 기타 등으로 구분된 데이터를 셀 단위로 나누어지도록 하는 기능으로 데이터 가져오기와 비슷한 기능입니다.

◉ **문제 및 정답 파일 :** C:₩컴활2급₩1.기본작업₩6.텍스트나누기.xlsx

## '텍스트나누기1' 시트에 대하여 다음의 지시사항을 처리하시오.

[A3:A12] 영역의 데이터를 텍스트 나누기를 실행하여 나타내시오.

▶ 데이터는 쉼표(,)로 구분되어 있음.

▶ '구분' 열과 '행사시간' 열은 제외할 것

|  | A | B | C | D | E |
|---|---|---|---|---|---|
| 1 | 상공 호텔 예약현황 | | | | |
| 2 | | | | | |
| 3 | 예약번호 | 행사명 | 행사장명 | 행사요일 | 예약인원 |
| 4 | A-1001 | 나눔콘서트 | 그랜드홀 | 토 | 500명 |
| 5 | A-1002 | 행복한꿈 | 컨벤션홀 | 토 | 200명 |
| 6 | A-1003 | 미래세미나 | 제1회의실 | 금 | 100명 |
| 7 | A-1004 | 고대유물전 | 제1전시장 | 일 | 600명 |
| 8 | A-1005 | 건강세미나 | 제2회의실 | 토 | 200명 |
| 9 | A-1006 | 결혼박람회 | 그랜드홀 | 금 | 1000명 |
| 10 | A-1007 | 캐릭터체험전 | 제2전시장 | 금 | 1000명 |
| 11 | A-1008 | 신기술박람회 | 그랜드홀 | 금 | 2000명 |
| 12 | A-1009 | 드림콘서트 | 컨벤션홀 | 토 | 400명 |

▲ 작업 결과

### 멘토의 한수

**텍스트 나누기 작업순서**

❶ 데이터 범위를 지정한 후 [데이터] 탭-[데이터 도구] 그룹에서 [텍스트 나누기]를 클릭

❷ [텍스트 마법사]에서 '구분 기호로 분리됨'을 선택, 구분 기호 선택, 가져오지 않을 열 선택 후 [마침]

❶ [A3:A12] 영역을 범위 지정한 후 [데이터] 탭−[데이터 도구] 그룹에서 [텍스트 나누기 ]를 클릭합니다.

**멘토의 한수**

텍스트 나누기 범위는 반드시 실제 데이터가 입력된 [A3:A12] 영역을 지정한 후 텍스트 나누기를 실행해야 하며, [A1:E12]와 같이 잘못된 범위를 지정하면 다음과 같은 오류 메시지가 나타납니다.

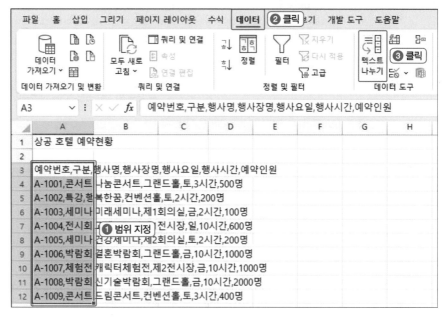

❷ [텍스트 마법사 −3단계 중 1단계] 대화상자에서 '원본 데이터 형식 : 구분 기호로 분리됨'을 선택하고 [다음]을 클릭합니다.

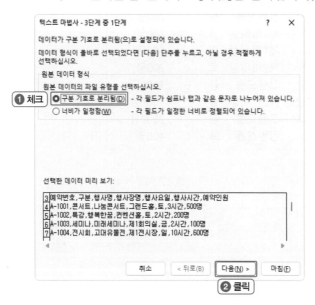

❸ [텍스트 마법사-3단계 중 2단계] 대화상자에서 '구분 기호'의 '쉼표'에 체크하고 [다음]을 클릭합니다.

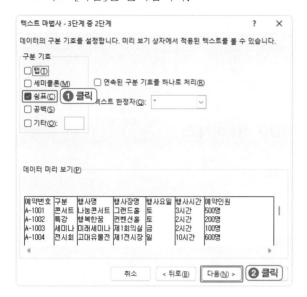

➕ 멘토의 한수

[텍스트 마법사 – 3단계 중 2단계]에서 구분 기호에 '탭'의 체크는 해제해도 되고, 해제하지 않아도 점수에는 상관없습니다.

❹ [텍스트 마법사-3단계 중 3단계] 대화상자에서 '구분' 열을 선택한 후 '열 데이터 서식 : 열 가져오지 않음(건너뜀)'을 클릭하고, 다시 '행사시간' 열을 선택한 후 '열 데이터 서식 : 열 가져오지 않음(건너뜀)'을 클릭하고 [마침]을 클릭합니다.

➕ 멘토의 한수

다른 열을 잘못 선택하고 '열 가져오지 않음'을 선택하여 실수했을 경우 '열 데이터 서식'에서 다시 '일반'으로 설정하면 됩니다.

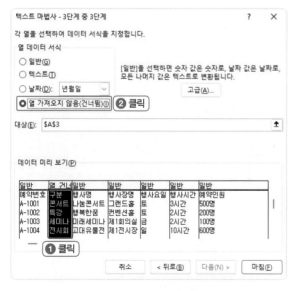

## 실력점검문제 | 텍스트 나누기 |

◉ 문제 및 정답 파일 : C:₩컴활2급₩1.기본작업₩6.텍스트나누기.xlsx

**01** '텍스트나누기2' 시트에 대하여 다음의 지시사항을 처리하시오.

[B3:B12] 영역의 데이터를 텍스트 나누기를 실행하여 나타내시오.

▶ 데이터는 세미콜론(;)으로 구분되어 있음.
▶ '포장단위' 열은 제외할 것

| | A | B | C | D | E | F | G |
|---|---|---|---|---|---|---|---|
| 1 | | 제일 마트 재고현황 | | | | | |
| 2 | | | | | | | |
| 3 | | 상품코드 | 상품명 | 전월재고량 | 주문량 | 판매량 | 재고량 |
| 4 | | LM-101 | 매운라면 | 43 | 500 | 511 | 32 |
| 5 | | HA-594 | 맛나햄 | 57 | 450 | 495 | 12 |
| 6 | | SJ-323 | 파워세제 | 55 | 300 | 323 | 32 |
| 7 | | UD-990 | 유당골뱅이 | 49 | 480 | 508 | 21 |
| 8 | | CK-285 | 새우과자 | 38 | 900 | 916 | 22 |
| 9 | | TS-846 | 마니휴지 | 64 | 280 | 281 | 63 |
| 10 | | CR-492 | 나가초코렛 | 19 | 600 | 563 | 56 |
| 11 | | SU-711 | 섬유유연제 | 24 | 300 | 299 | 25 |
| 12 | | ME-684 | 맑은샘물 | 31 | 800 | 756 | 75 |

▲ 작업 결과

➕ 멘토의 한수

- [B3:B12] 영역을 범위 지정한 후 [데이터] 탭-[데이터 도구] 그룹에서 [텍스트 나누기 ⫶]를 클릭
- [텍스트 마법사 −3단계 중 1단계] 대화상자에서 '원본 데이터 형식 : 구분 기호로 분리됨'을 선택하고 [다음]을 클릭
- [텍스트 마법사-3단계 중 2단계] 대화상자에서 '구분 기호 : 세미콜론'을 체크하고 [다음]을 클릭
- [텍스트 마법사-3단계 중 3단계] 대화상자에서 '포장단위' 열을 선택한 후 '열 데이터 서식 : 열 가져오지 않음(건너뜀)'을 클릭)'을 클릭하고 [마침]을 클릭

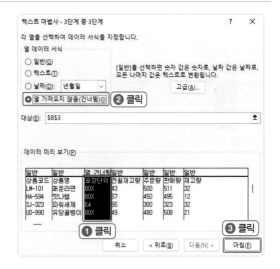

## 02 '텍스트나누기3' 시트에 대하여 다음의 지시사항을 처리하시오.

[A3:A13] 영역의 데이터를 텍스트 나누기를 실행하여 나타내시오.

▶ 데이터는 애스터리스크(*)로 구분되어 있음.

▶ 분류, 제품명, 제조사, 단가 열만 가져올 것

| | A | B | C | D |
|---|---|---|---|---|
| 1 | 선물 세트 판매 현황 | | | |
| 2 | | | | |
| 3 | 분류 | 제품명 | 제조사 | 단가 |
| 4 | 식품 | 명품한우 | 한우조아 | 150000 |
| 5 | 건강 | 종합영양제 | 건강지킴이 | 100000 |
| 6 | 건강 | 6년홍삼 | 홍삼과사람들 | 85000 |
| 7 | 식품 | 바삭바삭김 | 바다인 | 50000 |
| 8 | 식품 | 수제햄세트 | 우돈피아 | 65000 |
| 9 | 생활 | 바디용품세트 | 해피트리 | 45000 |
| 10 | 식품 | 참치세트 | 동운참치 | 40000 |
| 11 | 생활 | 샤인센스 | 뷰티화장품 | 125000 |
| 12 | 건강 | 비타1000 | 유명제약 | 60000 |
| 13 | 식품 | 사과배세트 | 우리농산 | 70000 |

▲ 작업 결과

➕ 멘토의 한수

- [A3:A13] 영역을 범위 지정한 후 [데이터] 탭-[데이터 도구] 그룹에서 [텍스트 나누기 텍스트나누기]를 클릭
- [텍스트 마법사-3단계 중 1단계] 대화상자에서 '원본 데이터 형식'의 '구분 기호로 분리됨'을 선택하고 [다음]을 클릭
- [텍스트 마법사-3단계 중 2단계] 대화상자에서 '구분 기호'의 '기타'에 『*』를 입력한 후 [다음]을 클릭
- [텍스트 마법사-3단계 중 3단계] 대화상자에서 '판매순위' 열을 선택한 후 '열 데이터 서식 : 열 가져오지 않음(건너뜀)'을 클릭하고 [마침]을 클릭

# 데이터 가져오기

| 무료 동영상 |

### 학습목표

데이터 가져오기는 메모장(txt) 파일에 쉼표, 세미콜론, 공백 등으로 구분되어 있는 텍스트 데이터를 엑셀 시트에 셀 단위로 가져오는 기능입니다.

● **문제 및 정답 파일 :** C:₩컴활2급₩1.기본작업₩7.데이터가져오기.xlsx

### ‘데이터 가져오기1’ 시트에 대하여 다음의 지시사항을 처리하시오.

[데이터 가져오기] 기능을 사용하여 ‘채용정보현황’ 텍스트 파일의 데이터를 다음의 조건에 따라 [A3] 셀부터 표시하시오.

▶ 데이터 파일명은 ‘C:₩컴활2급₩1.기본작업₩채용정보현황.txt’임.

▶ 데이터는 ‘*’로 구분되어 있음.

▶ 네 번째 ‘소재지’ 열은 가져오기에서 제외하시오.

▶ 열 너비는 조정하지 않음.

**멘토의 한수**

시험 버전이 ‘엑셀 2021’로 변경되면서 ‘외부 데이터 불러오기’가 ‘데이터 가져오기’로 이름이 변경되었으며, 텍스트 파일을 가져오기 작업을 하기 위해서 [파일] 탭-[옵션]을 클릭한 후 [Excel 옵션] 대화상자에서 [데이터]의 ‘레거시 데이터 가져오기 마법사 표시’에서 ‘텍스트에서 (레거시)’의 항목이 체크되어 있어야 ‘레거시 마법사’가 활성화 됩니다.

| ◢ | A | B | C | D | E |
|---|---|---|---|---|---|
| 1 | 채용정보 현황 | | | | |
| 2 | | | | | |
| 3 | 업체명 | 구인수 | 전년대비구인수 | 모집직종 | 월평균급여 |
| 4 | 성안 | 28 | 5 | 출판 | 3200000 |
| 5 | 청솔 | 5 | -1 | 인쇄 | 1400000 |
| 6 | 개혁 | 8 | 2 | 출판 | 2290000 |
| 7 | 푸른 | 6 | 1 | 인쇄 | 1400000 |
| 8 | 나라 | 10 | 1 | 출판 | 2120000 |
| 9 | 희망 | 5 | -1 | 인쇄 | 1500000 |
| 10 | 한글 | 20 | -33 | 출판 | 1400000 |
| 11 | 국민 | 10 | 1 | 인쇄 | 1440000 |
| 12 | 날개 | 4 | 1 | 출판 | 1800000 |

▲ 작업 결과

❶ 레거시 기능을 활성화하기 위해서 [파일] 탭에서 [옵션]을 선택합니다. [Excel 옵션] 대화상자에서 [데이터]의 '레거시 데이터 가져오기 마법사 표시'에서 '텍스트에서(레거시)'의 항목에 체크한 후 [확인]을 클릭합니다.

➕ 멘토의 한수

데이터가 들어갈 위치 [A3] 셀을 선택한 후 데이터 가져오기 작업을 진행하면 마지막 작업 시 별도로 데이터가 들어갈 위치를 선택할 필요가 없습니다.

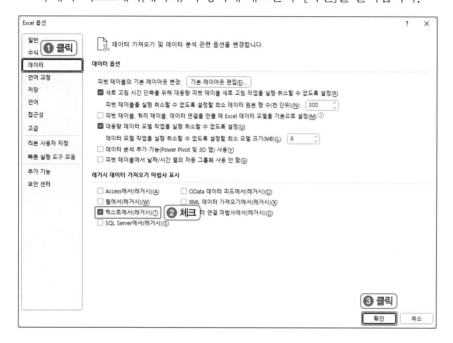

❷ 데이터가 들어갈 위치 [A3] 셀을 선택한 후 [데이터] 탭–[데이터 가져오기 및 변환] 그룹–[데이터 가져오기 ⊞]–[레거시 마법사 ▧]–[텍스트에서(레거시) ▧]를 클릭합니다.

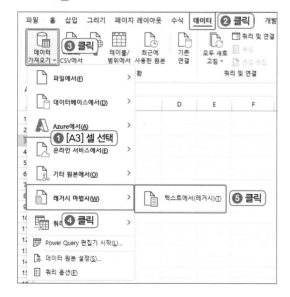

③ [텍스트 파일 가져오기] 대화상자에서 'C:₩컴활2급₩1.기본작업' 폴더의 '채용정보현황.txt' 파일을 선택한 후 [가져오기]를 클릭합니다.

➕ 멘토의 한수

실제 고사장에서는 외부 데이터 파일은 'C:₩OA' 폴더에 있습니다.

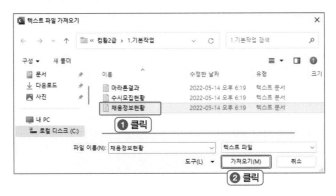

④ [테스트 마법사 – 3단계 중 1단계] 대화상자에서 '구분 기호로 분리됨'을 선택한 후 [다음]을 클릭합니다.

➕ 멘토의 한수

만일 [텍스트 마법사] 대화상자의 하단 미리보기에서 한글이 깨져서 보인다면 '원본 파일'을 '949:한국어'로 선택하면 됩니다.

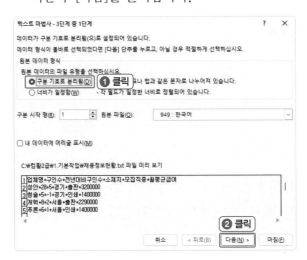

⑤ [텍스트 마법사 – 3단계 중 2단계] 대화상자에서 '구분 기호'에 '기타'에 체크하고, 『*』를 입력한 후 [다음]을 클릭합니다.

➕ 멘토의 한수

문제의 지시사항을 보고 해당하는 구분 기호만 체크합니다.

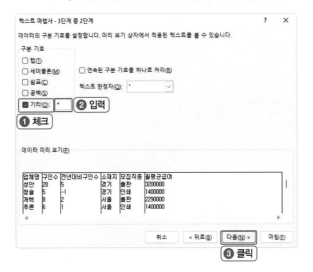

⑥ [텍스트 마법사-3단계 중 3단계] 대화상자에서 '열 데이터 서식'에 '소재
지' 필드를 선택하고, '열 가져오지 않음(건너뜀)'을 선택한 후 [마침]을 클릭
합니다.

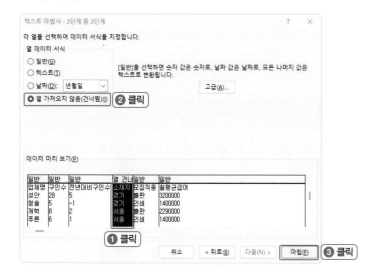

➕ 멘토의 한수

가져오지 않을 열이 추가로 더
있을 때는 가져오지 않을 열을
선택한 후 '열 가져오지 않음'
을 선택합니다.

⑦ [데이터 가져오기] 대화상자에서 '기존
워크시트'에 [A3] 셀을 선택한 후 [속성]
을 클릭합니다.

➕ 멘토의 한수

앞에서 [A3] 셀을 선택한 후
데이터 가져오기 작업을 진행
하였으므로 '기존 워크시트'에
[A3] 셀이 지정되어 있습니다.

⑧ [외부 데이터 범위 속성] 대화상자에서 '열 너비 조정' 체크를 해제한 후 [확
인]을 클릭하고 다시 [데이터 가져오기] 대화상자에서 [확인]을 클릭합니다.

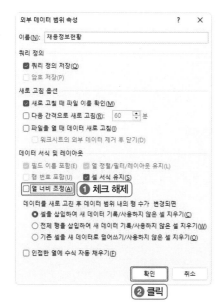

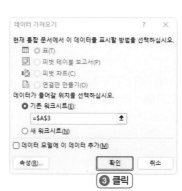

# 실력점검문제 | 데이터 가져오기 |

◉ 문제 및 정답 파일 : C:₩컴활2급₩1.기본작업₩7.데이터가져오기.xlsx

## 01 '데이터가져오기2' 시트에 대하여 다음의 지시사항을 처리하시오.

[데이터 가져오기] 기능을 사용하여 '마라톤결과' 텍스트 파일의 데이터를 다음의 조건에 따라 [B3] 셀부터 표시하시오.

▶ 데이터 파일명은 'C:₩컴활2급₩1.기본작업₩마라톤결과.txt'임.

▶ 데이터는 쉼표(,)와 슬래시(/)로 구분되어 있음.

▶ 네 번째 '나이' 열은 가져오기에서 제외하시오.

▶ 열 너비는 조정하지 않음.

| ⓘ | A | B | C | D | E | F |
|---|---|---|---|---|---|---|
| 1 | | 하프마라톤 결과 표 | | | | |
| 2 | | | | | | |
| 3 | | 참가번호 | 성명 | 성별 | 기록(분) | |
| 4 | | 1025 | 이방주 | 남 | 148 | |
| 5 | | 1031 | 황영주 | 여 | 127 | |
| 6 | | 1042 | 손기중 | 남 | 131 | |
| 7 | | 1057 | 김사연 | 여 | 125 | |
| 8 | | 1065 | 엄이봉 | 남 | 116 | |
| 9 | | 1079 | 김경삼 | 여 | 157 | |
| 10 | | 1088 | 한우람 | 남 | 134 | |
| 11 | | 1097 | 김상욱 | 남 | 142 | |
| 12 | | 1099 | 임선희 | 여 | 162 | |

▲ 작업 결과

### ➕ 멘토의 한수

- 데이터가 들어갈 위치 [B3] 셀을 선택한 후 [데이터] 탭-[데이터 가져오기 및 변환] 그룹-[데이터 가져오기 🗒]-[레거시 마법사 🗒]-[테스트에서(레거시) 📄]를 클릭

- [텍스트 파일 가져오기] 대화상자에서 '마라톤결과.txt' 텍스트 파일을 선택하고 '기타'에 체크한 후 『/』를 입력하고, [가져오기]를 클릭

- [텍스트 마법사-3단계 중 2단계] 대화상자에서 '구분 기호'의 '쉼표'에 체크하고, '기타'에 체크한 후 『/』를 입력하고 [다음] 클릭

- [텍스트 마법사-3단계 중 3단계] 대화상자에서 '나이' 열을 선택하고, '열 가져오지 않음(건너뜀)'을 선택한 후 [마침]을 클릭

- [데이터 가져오기] 대화상자에서 '기존 워크시트'에 [B3] 셀을 선택한 후 [속성]을 클릭

- [외부 데이터 범위 속성] 대화상자에서 '열 너비 조정' 체크를 해제한 후 [확인]을 클릭, [데이터 가져오기] 대화상자에서 [확인]을 클릭

**텍스트 마법사 - 3단계 중 2단계**  ? ×

데이터의 구분 기호를 설정합니다. 미리 보기 상자에서 적용된 텍스트를 볼 수 있습니다.

구분 기호

☐ 탭(T)
☐ 세미콜론(M)    ☐ 연속된 구분 기호를 하나로 처리(R)
☑ 쉼표(C) **❶ 체크**    텍스트 한정자(Q): "
☐ 공백(S)
☑ 기타(O): /  **❸ 입력**

**❷ 체크**

데이터 미리 보기(P)

| 참가번호 | 성명 | 성별 | 나이 | 기록(분) |
|---|---|---|---|---|
| 1025 | 이방주 | 남 | 32 | 148 |
| 1031 | 황영주 | 여 | 27 | 127 |
| 1042 | 손기중 | 남 | 25 | 131 |
| 1057 | 김사연 | 여 | 48 | 125 |

취소    < 뒤로(B)    다음(N) >    마침(F)

**❹ 클릭**

## 02 '데이터가져오기3' 시트에 대하여 다음의 지시사항을 처리하시오.

[데이터 가져오기] 기능을 사용하여 '수시모집현황' 텍스트 파일의 데이터를 다음의 조건에 따라 [A3] 셀부터 표시하시오.

▶ 데이터 파일명은 'C:₩컴활2급₩1.기본작업₩수시모집현황.txt'임.

▶ 데이터는 슬래시(/)로 구분되어 있음.

▶ 열 너비는 조정하지 않음.

| | A | B | C | D | E | F |
|---|---|---|---|---|---|---|
| 1 | 대학교 수시 모집 현황 | | | | | |
| 2 | | | | | | |
| 3 | 대학교명 | 지역 | 전형 | 성적 | 면접 | 모집정원 |
| 4 | 서울대학교 | 서울 | 일반 | 80% | 20% | 120 |
| 5 | 배원대학교 | 대전 | 학교장추천 | 75% | 25% | 80 |
| 6 | 동대대학교 | 부산 | 특기자 | 85% | 15% | 90 |
| 7 | 아인대학교 | 인천 | 일반 | 85% | 15% | 150 |
| 8 | 원신대학교 | 광주 | 특기자 | 85% | 15% | 110 |
| 9 | 한국대학교 | 서울 | 일반 | 75% | 25% | 100 |
| 10 | 광영대학교 | 광주 | 실기우수자 | 80% | 20% | 80 |
| 11 | 경인대학교 | 인천 | 일반 | 75% | 25% | 120 |
| 12 | 송아대학교 | 부산 | 실기우수자 | 75% | 25% | 90 |

▲ 작업 결과

### ➕ 멘토의 한수

- 데이터가 들어갈 위치 [A3] 셀을 선택한 후 [데이터] 탭–[데이터 가져오기 및 변환] 그룹–[데이터 가져오기 📋]–[레거시 마법사 📋]–[텍스트에서(레거시) 📄]를 클릭
- [텍스트 파일 가져오기] 대화상자에서 '수시모집현황.txt' 텍스트 파일을 선택한 후 [가져오기]를 클릭
- [텍스트 마법사–3단계 중 2단계] 대화상자에서 '구분 기호'에 '기타'에 체크한 후 입력란에 『/』를 입력하고 [다음] 클릭
- [텍스트 마법사–3단계 중 3단계] 대화상자에서 [다음] 클릭
- [데이터 가져오기] 대화상자에서 '기존 워크시트'에 [A3] 셀을 선택한 후 [속성]을 클릭
- [외부 데이터 범위 속성] 대화상자에서 '열 너비 조정' 체크를 해제한 후 [확인]을 클릭, [데이터 가져오기] 대화상자에서 [확인]을 클릭

# 그림 복사/연결된 그림 복사

| 무료 동영상 |

**학습목표**

일정 범위를 그림으로 캡처하여 다른 위치에 붙여넣는 작업입니다. 연결된 그림 복사를 이용하면 삽입된 그림과 원본이 연결되어 원본의 내용을 수정하면 변경된 내용이 자동으로 반영되는 기능입니다.

◉ **문제 및 정답 파일 :** C:₩컴활2급₩1.기본작업₩8.그림복사.xlsx

---

**'그림복사1'** 시트에 대하여 다음의 지시사항을 처리하시오.

[K13:M14] 영역을 복사한 다음 [B1:D2] 영역에 '그림 붙여넣기'를 하고, [K16:L17] 영역을 복사한 다음 [H1:I2] 영역에 '연결된 그림 붙여넣기'를 하시오.

▶ 단, 원본 데이터는 삭제하지 마시오.

| | B | C | D | E | F | G | H | I |
|---|---|---|---|---|---|---|---|---|
| 1-2 | 결재 | 담당 | 팀장 | 분기별 사원 판매 현황 | | | 경리부서 | 대리 |
| 3 | 성명 | 성별 | 부서명 | 1사분기 | 2사분기 | 3사분기 | 4사분기 | 합계 |
| 4 | 김수연 | 여 | 영업1팀 | 330 | 590 | 470 | 820 | 2,210 |
| 5 | 김정호 | 남 | 영업3팀 | 640 | 990 | 500 | 670 | 2,800 |
| 6 | 김진숙 | 여 | 영업2팀 | 350 | 670 | 480 | 280 | 1,780 |
| 7 | 박수연 | 여 | 영업1팀 | 530 | 790 | 520 | 890 | 2,730 |
| 8 | 이영돈 | 남 | 영업3팀 | 860 | 660 | 450 | 290 | 2,260 |
| 9 | 장미진 | 여 | 영업1팀 | 970 | 330 | 560 | 180 | 2,040 |
| 10 | 최성안 | 남 | 영업3팀 | 420 | 130 | 630 | 1000 | 2,180 |
| 11 | 최혁필 | 남 | 영업2팀 | 750 | 460 | 780 | 400 | 2,390 |

▲ 작업 결과

① [K13:M14] 영역을 범위 지정한 후 마우스 오른쪽 버튼을 클릭한 후 [복사]
를 선택합니다.

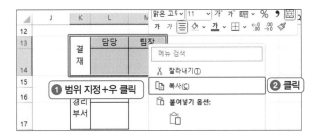

② [B1] 셀을 클릭하고 [홈] 탭–[클립보드] 그룹–[붙여넣기]에서 '기타 붙어놓기
옵션'에 그림(📋)을 클릭합니다.

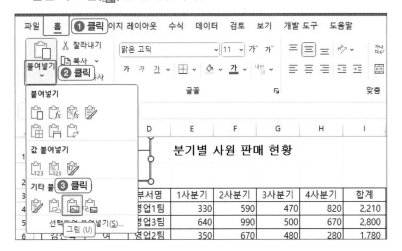

➕ 멘토의 한수

[B1] 셀을 선택한 후 마우스 오른쪽 [선택하여 붙여넣기]의 기타 붙여넣기 옵션에서 그림(📋)을 선택하
여 붙여넣을 수도 있습니다.

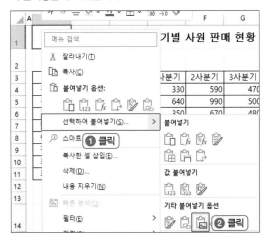

❸ 그림과 같이 결재란의 위치를 조절하여 완성합니다.

| | 담당 | 팀장 | 분기별 사원 판매 현황 | | | | |
|---|---|---|---|---|---|---|---|
| 결재 | | | | | | | |
| 성명 | 성별 | 부서명 | 1사분기 | 2사분기 | 3사분기 | 4사분기 | 합계 |
| 김수연 | 여 | 영업1팀 | 330 | 590 | 470 | 820 | 2,210 |
| 김정호 | 남 | 영업3팀 | 640 | 990 | 500 | 670 | 2,800 |
| 김진숙 | 여 | 영업2팀 | 350 | 670 | 480 | 280 | 1,780 |
| 박수연 | 여 | 영업1팀 | 530 | 790 | 520 | 890 | 2,730 |
| 이영돈 | 남 | 영업3팀 | 860 | 660 | 450 | 290 | 2,260 |
| 장미진 | 여 | 영업1팀 | 970 | 330 | 560 | 180 | 2,040 |
| 최성안 | 남 | 영업3팀 | 420 | 130 | 630 | 1000 | 2,180 |
| 최혁필 | 남 | 영업2팀 | 750 | 460 | 780 | 400 | 2,390 |

❹ [K16:L17] 영역을 범위 지정한 후 마우스 오른쪽 버튼을 클릭한 후 [복사]
를 선택합니다.

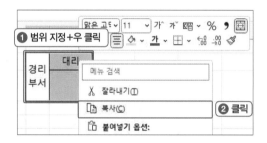

❺ [H1] 셀을 선택한 후 [홈] 탭에서 [붙여넣기 📋]의 '기타 붙여넣기 옵션'에
서 연결된 그림(🖼)을 클릭합니다.

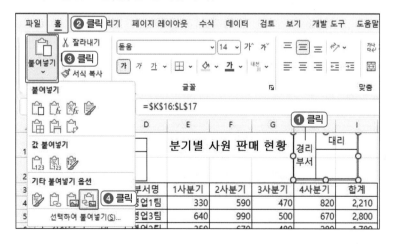

❻ 68쪽 작업 결과 그림과 같이 위치를 조절하여 완성합니다.

# 실력점검문제 | 그림 복사 / 연결된 그림 복사 |

◉ 문제 및 정답 파일 : C:₩컴활2급₩1.기본작업₩8.그림복사.xlsx

**01** '그림복사2' 시트에 대하여 다음의 지시사항을 처리하시오.

[J13:M14] 영역을 복사한 다음 [E1:H2] 영역에 '그림' 붙여넣기를 하시오.

▶ 단, 원본 데이터는 삭제하지 마시오.

| | A | B | C | D | E | F | G | H |
|---|---|---|---|---|---|---|---|---|
| 1 | 분기별 사원 판매 현황 | | | | 결재 | 담당 | 팀장 | 지정잠 |
| 2 | | | | | | | | |
| 3 | 성명 | 성별 | 부서명 | 1사분기 | 2사분기 | 3사분기 | 4사분기 | 합계 |
| 4 | 김수연 | 여 | 영업1팀 | 330 | 590 | 470 | 820 | 2,210 |
| 5 | 김정호 | 남 | 영업3팀 | 640 | 990 | 500 | 670 | 2,800 |
| 6 | 김진숙 | 여 | 영업2팀 | 350 | 670 | 480 | 280 | 1,780 |
| 7 | 박수연 | 여 | 영업1팀 | 530 | 790 | 520 | 890 | 2,730 |
| 8 | 이영돈 | 남 | 영업3팀 | 860 | 660 | 450 | 290 | 2,260 |
| 9 | 장미진 | 여 | 영업1팀 | 970 | 330 | 560 | 180 | 2,040 |
| 10 | 최성안 | 남 | 영업3팀 | 420 | 130 | 630 | 1000 | 2,180 |
| 11 | 최혁필 | 남 | 영업2팀 | 750 | 460 | 780 | 400 | 2,390 |

▲ 작업 결과

**+ 멘토의 한수**

• [J13:M14] 영역을 범위 지정한 후 복사(Ctrl+C)
• [E1] 셀을 클릭한 후 마우스 오른쪽 버튼을 클릭한 후 [선택하여 붙여넣기]의 기타 붙여넣기 옵션에서 그림(🖼)을 선택

## 02 '그림복사3' 시트에 대하여 다음의 지시사항을 처리하시오.

[H17:K18] 영역을 복사한 다음 [D1:F1] 영역에 '연결된 그림 붙여넣기'를 하시오.

▶ 단, 원본 데이터는 삭제하지 마시오.

| | A | B | C | D | E | | F |
|---|---|---|---|---|---|---|---|
| 1 | 중간고사 성적보고 | | | | 결재 | 담임 | 교감 | 교장 |
| 2 | 성명 | 성별 | 국어 | 영어 | 수학 | | 총점 |
| 3 | 이용해 | 여 | 88 | 89 | 90 | | 267 |
| 4 | 왕고집 | 남 | 79 | 85 | 69 | | 233 |
| 5 | 안면상 | 여 | 92 | 90 | 89 | | 271 |
| 6 | 경운기 | 남 | 94 | 95 | 89 | | 278 |
| 7 | 김치국 | 남 | 86 | 92 | 90 | | 268 |
| 8 | 오지람 | 여 | 90 | 95 | 92 | | 277 |
| 9 | 최고운 | 여 | 88 | 84 | 80 | | 252 |
| 10 | 남달리 | 남 | 77 | 80 | 79 | | 236 |
| 11 | 오심판 | 남 | 80 | 85 | 90 | | 255 |

▲ 작업 결과

➕ 멘토의 한수

• [H17:K18] 영역을 범위 지정한 후 복사(Ctrl+C)
• [D1] 셀을 클릭한 후 마우스 오른쪽 버튼을 클릭한 후 [선택하여 붙여넣기]의 기타 붙여넣기 옵션에서 연결된 그림(🖼)을 선택

# Part 2

# 계산 작업

계산 작업에서는 수학/삼각 함수, 통계 함수, 텍스트 함수, 날짜/시간 함수, 데이터베이스 함수, 논리 함수, 찾기/참조 함수 등을 학습합니다. 함수 문제는 각 8점씩 5문제가 출제되며 계산 작업의 배점은 총 40점입니다. 자주 출제되는 함수는 함수명 앞에 '★'를 표시하였습니다. ★ 표시 함수는 반드시 학습하시기 바랍니다.

## Chapter 01

# 수식과 함수

| 무료 동영상 |

**학습목표**

함수를 학습하기 전에 엑셀에서의 수식 및 함수를 입력하는 방법에 대하여 학습합니다.

## 1 수식의 기본

- 수식은 항상 등호(=)나 플러스(+), 마이너스(−) 기호로 시작합니다.
- 수식은 수식 기호, 함수, 셀 참조, 연산자, 상수, 괄호 등으로 구성됩니다.
- 상수로 텍스트(문자)가 사용될 때는 큰따옴표(" ")로 묶어 주어야 합니다.

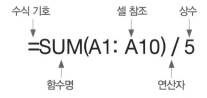

## 2 함수의 기본

- 함수 이름 앞에는 항상 등호(=)를 먼저 입력해야 합니다.
- 숫자, 텍스트, 논리값, 배열, 셀 참조 등을 인수로 지정할 수 있습니다.
- 인수 범위는 콜론(:)으로 표시하고, 구분은 쉼표(,)로 합니다.
- 인수로 텍스트가 사용될 때는 큰따옴표(" ")로 묶어 주어야 합니다.
- 인수는 사용 함수에 따라 생략할 수 있지만, 괄호는 생략할 수 없습니다.

## 3 연산자

### – 산술 연산자

| 연산자 | 의미 | 수식 | 연산자 | 의미 | 수식 |
|--------|------|------|--------|------|------|
| + | 덧셈 | =A1+A3 | / | 나눗셈 | =B3/2 |
| − | 뺄셈 | =D7−A1 | % | 백분율 | =A4*5% |
| * | 곱셈 | =B1*C1 | ^ | 지수 | =A2^2 |

### – 비교 연산자

| 연산자 | 의미 | 수식 | 연산자 | 의미 | 수식 |
|--------|------|------|--------|------|------|
| 〉 | 크다, 초과 | =A1〉B1 | 〉= | 크거나 같다, 이상, 이후 | =A1〉=60 |
| 〈 | 작다, 미만 | =B1〈C2 | 〈= | 작거나 같다, 이하, 이전 | =A1〈=60 |
| = | 같다 | =A1=D1 | 〈〉 | 같지 않다, ~를 제외한 | =A1〈〉C3 |

### – 참조 연산자

| 연산자 | 수식 | 의미 |
|--------|------|------|
| : (콜론) | =A1:D2 | [A1] 셀에서 [D2] 셀까지의 범위 참조 |
| , (콤마) | =A1,D2 | [A1] 셀과 [D2] 셀만 참조 |
| 공백 | =A1:C2 B1:B4 | 셀 범위 중 중복되는 셀 참조 (범위가 중복되는 [B1] 셀에서 [B2] 셀 참조) |

### – 텍스트 연산자

| 수식 | 결과 |
|------|------|
| ="성안당"&"화이팅" | 성안당화이팅 |

## 4 셀 참조

해당 셀의 주소를 직접 입력하거나 키보드나 마우스를 이용해 참조할 셀 범위를 지정합니다.

| 보기 | 설명 |
|------|------|
| =SUM(A1:C2) | [A1] 셀부터 [C2] 셀까지의 합계를 구함 |
| =SUM(A:A) | A열 전체의 합계를 구함 |
| =SUM(1:1) | 1행 전체의 합계를 구함 |
| =A1*5 | [A1] 셀 값에 5를 곱함 |

## 5 상대/절대/혼합 참조

### 1) 상대참조

기본적인 참조 방식으로 $ 표시 없이 열 머리글과 행 머리글로만 셀 주소가 됩니다. (예 A1)

상대참조 주소를 복사하면 현재 셀 위치에 맞게 자동으로 참조되는 주소가 변경됩니다.

| ▲ | A | B | C | D | E |
|---|---|---|---|---|---|
| 1 | | | | | |
| 2 | | 제품코드 | 수량 | 단가 | 금액 |
| 3 | | MS-01 | 10 | 1000 | =C3*D3 |
| 4 | | MS-02 | 20 | 2000 | |
| 5 | | MS-03 | 30 | 3000 | |

▶ 드래그

| ▲ | A | B | C | D | E |
|---|---|---|---|---|---|
| 1 | | | | | |
| 2 | | 제품코드 | 수량 | 단가 | 금액 |
| 3 | | MS-01 | 10 | 1000 | =C3*D3 |
| 4 | | MS-02 | 20 | 2000 | =C4*D4 |
| 5 | | MS-03 | 30 | 3000 | =C5*D5 |

### 2) 절대참조

열 머리글과 행 머리글 앞에 $ 표시가 적용됩니다. (예 $A$1)

절대참조 주소를 복사하면 참조되는 셀 주소는 항상 고정됩니다.

| ▲ | A | B | C | D |
|---|---|---|---|---|
| 1 | | | | |
| 2 | | 단가 | 1000 | |
| 3 | | | | |
| 4 | | 제품코드 | 수량 | 금액 |
| 5 | | MS-01 | 10 | =C5*$C$2 |
| 6 | | MS-02 | 20 | |
| 7 | | MS-03 | 30 | |

▶ 드래그

| ▲ | A | B | C | D |
|---|---|---|---|---|
| 1 | | | | |
| 2 | | 단가 | 1000 | |
| 3 | | | | |
| 4 | | 제품코드 | 수량 | 금액 |
| 5 | | MS-01 | 10 | =C5*$C$2 |
| 6 | | MS-02 | 20 | =C6*$C$2 |
| 7 | | MS-03 | 30 | =C7*$C$2 |

### 3) 혼합참조

상대참조와 절대참조가 혼합된 형태이며 열이나 행 머리글 중 한쪽에만 $ 표시가 붙습니다. (예 $A1, A$1)

혼합참조 주소를 복사하면 현재 셀 위치에 맞게 상대참조 주소만 변경됩니다.

**➕ 멘토의 한수**

**참조주소 전환**
참조주소의 변경 셀을 클릭한 후 F4 키를 누를 때마다 주소 형식이 '절대참조($A$1)▶행 고정 혼합참조(A$1)▶열 고정 혼합참조($A1)▶상대참조(A1)로 자동으로 변경됩니다.

**'수식'** 시트에 대하여 다음의 지시사항을 처리하시오.

● 문제 및 정답 파일 : C:₩컴활2급₩2.계산작업₩1.수식.xlsx

| | A | B | C | D | E | F | G | H | I | J | K |
|---|---|---|---|---|---|---|---|---|---|---|---|
| 1 | [표1] | | 제품판매현황 | | | | [표2] | | 사원별 영업실적 | | |
| 2 | 제품명 | 판매단가 | 판매수량 | 판매금액 | 할인금액 | | 사원명 | 상반기 | 하반기 | 합계 | 비율 |
| 3 | 김치냉장고 | 1,500,000 | 103 | 154,500,000 | 23,175,000 | | 황정은 | 321 | 356 | 677 | 18% |
| 4 | 세탁기 | 800,000 | 75 | 60,000,000 | 9,000,000 | | 김대우 | 235 | 261 | 496 | 14% |
| 5 | 식기세척기 | 950,000 | 112 | 106,400,000 | 15,960,000 | | 채태영 | 248 | 275 | 523 | 14% |
| 6 | 전자레인지 | 500,000 | 34 | 17,000,000 | 2,550,000 | | 왕조연 | 351 | 390 | 741 | 20% |
| 7 | TV | 680,000 | 39 | 26,520,000 | 3,978,000 | | 강지영 | 159 | 176 | 335 | 9% |
| 8 | | | | | | | 김교안 | 423 | 470 | 893 | 24% |
| 9 | 할인율 | 15% | | | | | 총합계 | | | 3,665 | 100% |
| 10 | | | | | | | | | | | |
| 11 | [표3] | | 공연수익현황 | | | | [표4] | | 신입사원 점수 현황 | | |
| 12 | 공연명 | 공연일자 | 공연요금 | 예매량 | 수익금 | | 성명 | 성별 | 1차점수 | 2차점수 | 최종점수 |
| 13 | 장난감친구들 | 9월 5일 | 15,000 | 1,685 | 8,846,250 | | 최미영 | 여 | 84 | 72 | 76.8 |
| 14 | 옥탑방캣츠 | 9월 5일 | 20,000 | 486 | 3,402,000 | | 김성호 | 남 | 80 | 84 | 82.4 |
| 15 | 점핑점핑 | 9월 5일 | 25,000 | 1,268 | 11,095,000 | | 유승희 | 여 | 68 | 72 | 70.4 |
| 16 | 스위트쇼 | 9월 12일 | 19,500 | 967 | 6,599,775 | | 이국진 | 남 | 92 | 90 | 90.8 |
| 17 | 해피와댄스 | 9월 12일 | 24,000 | 579 | 4,863,600 | | | | | | |
| 18 | 마진율 | | 35% | | | | 1차점수비율 | | | 40% | |
| 19 | | | | | | | 2차점수비율 | | | 60% | |

▲ 작업 결과

**1** [표1]에서 할인금액[E3:E7]을 계산하시오.

▶ 할인금액=판매금액×할인율[B9]

**2** [표2]에서 비율[K3:K9]을 계산하시오.

▶ 비율=합계/총합계[J9]

**3** [표3]에서 수익금[E13:E17]을 계산하시오.

▶ 수익금=공연요금×예매량×마진율[C18]

**4** [표4]에서 최종점수[K13:K16]를 계산하시오.

▶ 최종점수=1차점수×1차점수비율[I18]+2차점수×2차점수비율[I19]

❶ [E3] 셀을 선택한 후『=』을 입력하고 마우스로 [D3] 셀을 클릭한 후『*』를 입력하고, 마우스로 [B9] 셀을 클릭한 후 F4 키를 누릅니다. 채우기 핸들을 이용하여 [E7] 셀까지 수식을 복사합니다.

**멘토의 한수**

절대참조는 수식을 자동 채우기 해도 참조할 셀의 위치가 바뀌지 않으며 F4 키를 눌러 설정할 수 있습니다.

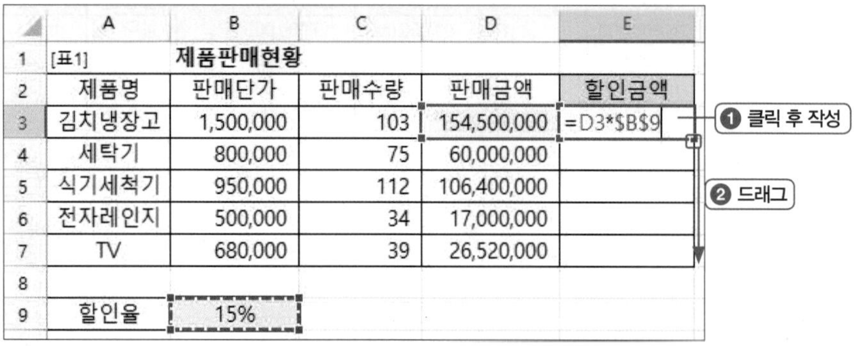

| | A | B | C | D | E |
|---|---|---|---|---|---|
| 1 | [표1] | 제품판매현황 | | | |
| 2 | 제품명 | 판매단가 | 판매수량 | 판매금액 | 할인금액 |
| 3 | 김치냉장고 | 1,500,000 | 103 | 154,500,000 | =D3*$B$9 |
| 4 | 세탁기 | 800,000 | 75 | 60,000,000 | |
| 5 | 식기세척기 | 950,000 | 112 | 106,400,000 | |
| 6 | 전자레인지 | 500,000 | 34 | 17,000,000 | |
| 7 | TV | 680,000 | 39 | 26,520,000 | |
| 8 | | | | | |
| 9 | 할인율 | 15% | | | |

❶ 클릭 후 작성
❷ 드래그

❷ [K3] 셀에『=J3/$J$9』를 입력하고 [K9] 셀까지 수식을 복사합니다.

❸ [E13] 셀에『=C13*D13*$C$18』을 입력하고 [E17] 셀까지 수식을 복사합니다.

❹ [K13] 셀에『=I13*$I$18+J13*$I$19』를 입력하고 [K16] 셀까지 수식을 복사합니다.

**Chapter 02**

# 수학/삼각 함수

| 무료 동영상 |

**학습목표**

수학/삼각 함수는 수학적인 계산식과 자릿수를 계산하는 함수로 비교적 자주 출제되고 있으며, 자릿수 함수(ROUND, ROUNDUP, ROUNDDOWN 등)와 SUMIF, SUMIFS 등은 특히 자주 출제되는 함수입니다.

◉ **문제 및 정답 파일 :** C:₩컴활2급₩2.계산작업₩2.수학삼각함수.xlsx

## 1 SUM : 합계

| 구문 | =SUM(인수1,인수2, …) : 인수들의 합계를 구함 |
|---|---|
| 예제 | =SUM(A1:A10) → [A1:A10] 범위의 숫자들 합계를 구함<br>=SUM(10,20,20) → 10+20+20의 합 50을 구함 |

## ★ 2 SUMIF : 조건에 맞는 합계

| 구문 | =SUMIF(조건 범위, 조건, 합계 범위) : 조건 범위에서 조건에 해당하는 합계 범위의 합을 구함 |
|---|---|
| 예제 | =SUMIF(A1:A10,">=60",B1:B10) → 조건 범위[A1:A10]에서 60 이상인 합계 범위 [B1:B10]의 합을 구함 |

## ★ 3 SUMIFS : 여러 조건에 맞는 합계

| 구문 | =SUMIFS(합계 범위,조건 범위1,조건1,조건 범위2,조건2, …) : 여러 조건을 모두 만족하는 합을 구함 |
|---|---|
| 예제 | =SUMIFS(C1:C10,A1:A10,"기획부",B1:B10,"남자") → [A1:A10] 범위에서 '기획부'이면서 [B1:B10] 범위에서 '남자'에 해당하는 합계 범위[C1:C10]에서 합을 구함 |

## ★ 4 ROUND : 반올림 / ROUNDUP : 올림 / ROUNDDOWN : 내림

| 구문 | =ROUND(수치,자릿수) : 수치를 지정한 자릿수만큼 반올림<br><br>수치 ▶ 1 2 3 4 . 5 6 7 8<br>자릿수 ▶ -4 -3 -2 -1 0 1 2 3 4<br><br>자릿수가 양수이면 수치를 지정한 소수점 아래 자릿수로 반올림합니다.<br>자릿수가 0이면 소수점을 제외한 정수로 반올림합니다.<br>자릿수가 음수이면 수치를 지정한 소수점 위 자리에서 반올림합니다.<br>=ROUNDUP(수치,자릿수) : 수치를 지정한 자릿수만큼 올림<br>=ROUNDDOWN(수치,자릿수) : 수치를 지정한 자릿수만큼 내림 |
|---|---|

| 예제 | =ROUND(1234.567,2) : 1234.57 (자릿수를 2로 지정했으므로 소수점 셋째 자리에서 반올림하여 소수점 둘째 자리까지 출력) |
|---|---|
| | =ROUNDUP(1234.567,1) : 1234.6 (자릿수를 1로 지정했으므로 소수점 둘째 자리에서 올림하여 소수점 첫째 자리까지 출력) |
| | =ROUNDDOWN(1234.567,1) : 1234.5 (자릿수를 1로 지정했기에 소수점 둘째 자리에서 내림하여 소수점 첫째 자리까지 출력) |

## 5 INT : 정수값

| 구문 | =INT(수치) : 실수를 가장 가까운 정수로 내림 |
|---|---|
| 예제 | = INT(4.5) → 4를 반환, =INT(−4.5) → −5를 반환 |

## 6 TRUNC : 소수점 이하 절삭

| 구문 | =TRUNC(수치,자릿수) : 지정된 자릿수 이하를 잘라 버리고 정수로 변환 |
|---|---|
| 예제 | =TRUNC(12.456,1) → 12.4를 반환 |

## 7 ABS : 절대값

| 구문 | =ABS(수치) : 부호가 없는 절대값을 구함 |
|---|---|
| 예제 | =ABS(−100) → 100을 반환 |

## 8 MOD : 나머지

| 구문 | =MOD(수치,나누는 수) : 수치를 나누는 수로 나눈 나머지를 구함 |
|---|---|
| 예제 | =MOD(10,2) → 10을 2로 나눈 나머지 0을 구함 |

## 9 RAND : 난수 발생

| 구문 | =RAND( ) : 0부터 1 사이에서 난수를 구함, RAND 함수는 인수 없이 사용 |
|---|---|
| 예제 | =RAND( ) → 0~1 사이의 무작위 수를 출력 |

## 10 RANDBETWEEN : 지정한 두 수 사이의 난수 발생

| 구문 | =RANDBETWEEN(가장 작은 정수,가장 큰 정수) : 지정한 작은 값과 큰 값 사이의 난수를 구함 |
|---|---|
| 예제 | =RANDBETWEEN(1,10) → 1~10 사이의 무작위 수를 출력 |

## 11 POWER : 거듭제곱 값

| 구문 | POWER(밑수,지수) : 거듭제곱 값을 구함 |
|---|---|
| 예제 | =POWER(3,2) → $3^2$의 값인 9를 구함 |

### '수학삼각함수1' 시트에 대하여 다음의 지시사항을 처리하시오.

| ⬚ | A | B | C | D | E | F | G | H | I | J | K |
|---|---|---|---|---|---|---|---|---|---|---|---|
| 1 | [표1] | | 직원 승진시험 현황 | | | | [표2] | 제품 판매 현황 | | | |
| 2 | 성명 | 소속 | 필기 | 실기 | 합계 | | 구분 | 제품명 | 판매가 | 판매량 | 판매총액 |
| 3 | 김희철 | 기획부 | 88 | 66 | 154 | | 체육 | 농구공 | 12,800 | 62 | 793,600 |
| 4 | 공현주 | 영업부 | 65 | 71 | 136 | | 음악 | 멜로디언 | 15,600 | 28 | 436,800 |
| 5 | 박재범 | 영업부 | 74 | 61 | 135 | | 체육 | 훌라후프 | 4,500 | 57 | 256,500 |
| 6 | 최수영 | 기획부 | 71 | 67 | 138 | | 음악 | 탬버린 | 5,600 | 65 | 364,000 |
| 7 | 한도현 | 기획부 | 87 | 84 | 171 | | 미술 | 파스텔 | 6,500 | 48 | 312,000 |
| 8 | 이동현 | 영업부 | 76 | 79 | 155 | | 체육 | 축구공 | 12,500 | 65 | 812,500 |
| 9 | 김수연 | 기획부 | 71 | 89 | 160 | | 미술 | 물감 | 6,300 | 45 | 283,500 |
| 10 | | | | | | | 체육용품 판매총액 합계 | | | | 1,863,000 |
| 11 | [표3] | | 영화예매 현황 | | | | [표4] | | 창고별 사용현황 | | |
| 12 | 영화명 | 장르 | 관람등급 | 예매량 | 예매총액 | | 구분 | 지역 | 총저장량 | 일일사용량 | 사용일 |
| 13 | 대구행 | 액션 | 12세이상 | 5,336 | 4,802 | | 1창고 | 성남 | 5,000 | 24 | 208일(8일남음) |
| 14 | 꿈의선물 | 코미디 | 전체 | 3,686 | 3,317 | | 2창고 | 화성 | 5,500 | 30 | 183일(10일남음) |
| 15 | 변호사 | 드라마 | 15세이상 | 6,987 | 6,288 | | 3창고 | 수원 | 3,500 | 19 | 184일(4일남음) |
| 16 | 범죄의마왕 | 코미디 | 전체 | 5,454 | 4,909 | | 4창고 | 안산 | 4,000 | 25 | 160일(0일남음) |
| 17 | 미션성공 | 판타지 | 12세이상 | 3,566 | 3,209 | | 5창고 | 화성 | 4,500 | 18 | 250일(0일남음) |
| 18 | 경포대 | 액션 | 청불 | 8,856 | 7,970 | | 6창고 | 의왕 | 5,000 | 21 | 238일(2일남음) |
| 19 | 수상한아이 | 코미디 | 12세이상 | 4,359 | 3,923 | | 7창고 | 용인 | 4,000 | 22 | 181일(18일남음) |
| 20 | 코미디-전체 예매총액 합계 | | | | 8226만원 | | | | | | |
| 21 | | | | | | | | | | | |
| 22 | [표5] | | 제품판매현황 | | | | [표6] | | 자리배치 | | |
| 23 | 제품명 | 제품번호 | 판매량 | 판매가 | 총액 | | 성명 | 시작번호 | 끝번호 | 자리번호 | |
| 24 | 냉장고 | F87M1 | 31 | 1,620,000 | 50,220,000 | | 김상기 | 1 | 5 | 5 | |
| 25 | 세탁기 | U62K1 | 27 | 630,000 | 17,010,000 | | 최민수 | 6 | 10 | 9 | |
| 26 | TV | B45P1 | 67 | 1,270,000 | 85,090,000 | | 김한석 | 11 | 15 | 12 | |
| 27 | 세탁기 | U62K2 | 42 | 835,000 | 35,070,000 | | 강체희 | 16 | 20 | 18 | |
| 28 | 냉장고 | F87M2 | 53 | 1,500,000 | 79,500,000 | | 설현희 | 21 | 25 | 24 | |
| 29 | 냉장고 | F87M3 | 62 | 1,430,000 | 88,660,000 | | 이수아 | 26 | 30 | 26 | |
| 30 | TV | B45P2 | 67 | 1,187,000 | 79,529,000 | | 최범길 | 31 | 35 | 34 | |
| 31 | 세탁기 | U62K3 | 42 | 585,000 | 24,570,000 | | | | | | |
| 32 | TV | B45P2 | 67 | 1,350,000 | 90,450,000 | | | | | | |
| 33 | 세탁기와 냉장고 총액 차이 | | | | 141,730,000 | | | | | | |

▲ 작업 결과

**1** [표1]에서 '필기'와 '실기'의 '합계'[E3:E9]를 구하시오.

▶ SUM 함수 사용

**2** [표2]에서 구분[G3:G9]이 '체육'인 제품들의 판매총액[K3:K9] 합계를 계산하여 [K10] 셀에 표시하시오.

▶ 판매총액 합계는 백의 자리에서 반올림하여 천의 자리까지 표시
  [표시 예 : 1,812,300 → 1,812,000]

▶ ROUND와 SUMIF 함수 사용

**3** [표3]에서 장르[B13:B19]가 '코미디'이면서 관람등급[C13:C19]이 '전체'인 영화들의 예매총액[E13:E19] 합계를 계산하여 [E20] 셀에 표시하시오.

　▶ 숫자 뒤에 '만원'을 표시 [표시 예 : 123만원]

　▶ COUNTIFS, SUMIFS, AVERAGEIFS 중 알맞은 함수와 & 연산자 사용

**4** [표4]에서 창고마다 저장되어 있는 총저장량[I14:I20]을 일일사용량 [J14:J20]씩 사용할 때 사용일수와 나머지를 사용일[K14:K20] 영역에 표시하시오.

　▶ 사용일수=총저장량/일일사용량, 나머지=총저장량을 일일사용량으로 나눈 나머지

　▶ 표시 예 : 사용일수는 정수로 표시하고 사용일 수가 15일이고 나머지가 8인 경우 '15일(8일남음)'으로 표시

　▶ MOD, INT 함수와 & 연산자 사용

**5** [표5]에서 제품명[A24:A32]이 '세탁기'인 총액[E24:E32]의 합계와 '냉장고'인 총액[E24:E32]의 합계의 차를 절대값으로 [E33] 셀에 계산하시오.

　▶ ABS와 SUMIF 함수 사용

**6** [표6]에서 시작번호[H24:H30]와 끝번호[I24:I30] 사이의 숫자로 난수를 발생하여 자리번호[J24:J30] 영역에 표시하시오.

　▶ RANDBETWEEN 함수 사용

**풀이**

**1** [E3] 셀에 『=SUM(C3:D3)』을 입력하고 [E9] 셀까지 수식을 복사합니다.
　　　　　　　❶

❶ [C3:D3] 범위에 대한 합계를 구함

**2** [K10] 셀에 『=ROUND(SUMIF(G3:G9,"체육",K3:K9),−3)』을 입력합니다.
　　　　　　　　　　　　　　　❷
　　　　　　　　　　　　　　　❶

❶ 구분이 '체육'인 판매총액의 합계인 1,862,600을 구함
❷ ❶의 값인 1,862,600의 백의 자리에서 반올림하여 천의 자리인 1,863,000을 구함

**3** [E20] 셀에 『=SUMIFS(E13:E19,B13:B19,"코미디",C13:C19,"전체")&"만원"』
　　　　　　　　　　　　　　　　❷
　　　　　　　　　　　　　❶
을 입력합니다.

❶ 장르가 코미디이고, 관람등급이 전체인 예매총액의 합 8226을 구함
❷ ❶의 값인 '8226'에 '만원'을 붙여 8226만원을 구함

**4** [K14] 셀에 『=INT(I14/J14)&"일("&MOD(I14,J14)&"일남음)"』을 입력하고
[K20] 셀까지 수식을 복사합니다.

   ❶ 총저장량과 일일사용량을 나눈값 208.33의 정수값을 출력하여 '일(' 문자열을 붙임
   ❷ 총저장량과 일일사용량의 나머지 8을 구하여 '일남음)' 문자열을 붙임
   ❸ ❶, ❷의 결과값을 연결하여 208일(8일남음)을 출력함

**5** [E33] 셀에 『=ABS(SUMIF(A24:A32,"세탁기",E24:E32) − SUMIF(A24:A32,"냉
장고",E24:E32))』를 입력합니다.

   ❶ 제품명이 세탁기인 총액의 합(76,650,000)을 구함
   ❷ 제품명이 냉장고인 총액의 합(218,380,000)을 구함
   ❸ =ABS(❶−❷) : ❶과 ❷의 차인 −141,730,000의 결과를 절대값으로 변환하여 양수로 출력

**6** [J24] 셀에 『=RANDBETWEEN(H24,I24)』를 입력하고 [J30] 셀까지 수식을
복사합니다.

   ❶ 시작 번호와 끝 번호 사이에서 무작위 수인 난수를 구함
     * F9 를 누를 때마다 결과값이 다르게 표시됨

◉ 예제 및 정답 파일 : C:₩컴활2급₩2.계산작업₩2.수학삼학함수.xlsx

**01** '수학삼각함수2' 시트에 대하여 다음의 지시사항을 처리하시오.

| | A | B | C | D | E | F | G | H | I | J |
|---|---|---|---|---|---|---|---|---|---|---|
| 1 | [표1] | 상공마트 판매 현황 | | | | | [표2] | 제품 판매 현황 | | |
| 2 | 분류 | 제품명 | 판매가 | 판매량 | 판매총액 | | 사원명 | 성별 | 지역 | 판매금액 |
| 3 | 전자 | 신한선풍기 | 32,000 | 349 | 11,168,000 | | 황진주 | 여 | 인천 | 1,320,000 |
| 4 | 유아 | 튼튼기저귀 | 11,000 | 6,845 | 75,295,000 | | 장세용 | 남 | 서울 | 1,330,000 |
| 5 | 식품 | 싱싱한우 | 15,000 | 3,482 | 52,230,000 | | 정회식 | 남 | 인천 | 1,090,000 |
| 6 | 전자 | 한국가습기 | 55,000 | 135 | 7,425,000 | | 최미경 | 여 | 서울 | 1,150,000 |
| 7 | 식품 | 신양라면 | 3,400 | 13,968 | 47,491,200 | | 김민서 | 여 | 인천 | 1,000,000 |
| 8 | 유아 | 씽씽보행기 | 28,500 | 86 | 2,451,000 | | 김대현 | 남 | 인천 | 1,340,000 |
| 9 | 전자 | 퀵드라이기 | 34,000 | 241 | 8,194,000 | | 신병훈 | 남 | 서울 | 1,250,000 |
| 10 | 분류가 전자인 제품의 판매총액 비율 | | | | 13% | | 서울지역 남사원 판매금액 합계 | | | 2,580,000 |
| 11 | | | | | | | | | | |
| 12 | [표3] | 과일판매 현황 | | | | | [표4] | 상공고등학교 성적표 | | |
| 13 | 과일명 | 출고일 | 총개수 | 상자당개수 | 상자(나머지) | | 성명 | 성별 | 1학기평균 | 2학기평균 |
| 14 | 수박 | 2021-03-05 | 286 | 15 | 19(1) | | 박승완 | 남 | 75.78 | 78.07 |
| 15 | 귤 | 2021-03-06 | 597 | 40 | 14(37) | | 최시완 | 남 | 97.20 | 98.98 |
| 16 | 감 | 2021-03-06 | 521 | 40 | 13(1) | | 김유리 | 여 | 95.43 | 94.20 |
| 17 | 자두 | 2021-03-06 | 605 | 45 | 13(20) | | 박상아 | 여 | 90.45 | 93.35 |
| 18 | 바나나 | 2021-03-05 | 331 | 20 | 16(11) | | 최서정 | 여 | 95.75 | 92.79 |
| 19 | 사과 | 2021-03-05 | 512 | 35 | 14(22) | | 변지서 | 여 | 80.81 | 85.43 |
| 20 | 참외 | 2021-03-05 | 534 | 30 | 17(24) | | 신우승 | 남 | 85.26 | 88.92 |
| 21 | 배 | 2021-03-05 | 319 | 35 | 9(4) | | 남학생 2학기평균의 합계점수 | | | 265점 |
| 22 | | | | | | | | | | |
| 23 | [표5] | 중간고사 성적표 | | | | | | | | |
| 24 | 성명 | 학과 | 전공 | 교양 | 총점 | | | | | |
| 25 | 한율아 | 수질 | 48 | 46 | 94 | | | | | |
| 26 | 이순호 | 조경 | 45 | 40 | 86 | | | | | |
| 27 | 한채영 | 조경 | 28 | 33 | 61 | | | | | |
| 28 | 김부식 | 수질 | 40 | 35 | 75 | | | | | |
| 29 | 최승일 | 수질 | 27 | 29 | 56 | | | | | |
| 30 | 김성현 | 조경 | 33 | 35 | 68 | | | | | |
| 31 | 김태현 | 환경 | 40 | 37 | 77 | | | | | |
| 32 | 수질/환경학과의 전공 우수자 총점 합계 | | | | 246 | | | | | |

▲ 작업 결과

**1** [표1]에서 분류[A3:A9]가 '전자'인 판매총액[E3:E9]의 비율을 [E10] 셀에 계산하시오.

  ▶ 비율=전자 제품 판매총액의 합/판매총액의 총합
  ▶ SUMIF와 SUM 함수 사용

**2** [표2]에서 성별[H3:H9]이 '남'이면서 지역[I3:I9]이 '서울'인 사원들의 판매금액[J3:J9] 합계를 [J10] 셀에 계산하시오.

▶ COUNTIFS, SUMIFS, AVERAGEIFS 함수 중 알맞은 함수 사용

**3** [표3]에서 과일별 총개수[C14:C21]를 상자당개수[D14:D21]로 나눠 상자(몫)수와 나머지를 구하여 상자(나머지)[E14:E21]에 표시하시오.

▶ 상자(몫)수와 나머지 표시 방법 : 상자(몫)수는 정수로 표시하고 상자(몫)수가 10이고, 나머지가 4이면 → 10(4)

▶ INT, MOD 함수와 & 연산자 사용

**4** [표4]에서 성별[H14:H20]이 '남'인 학생들의 2학기평균[J14:J20] 점수 합계를 계산하여 [J21] 셀에 표시하시오.

▶ 합계 점수는 반올림 없이 정수로 표시하고 숫자 뒤에 '점'을 표시 [표시 예 : 265점]

▶ TRUNC, SUMIF 함수와 & 연산자 사용

**5** [표5]에서 학과[B25:B31]이 '조경'이 아니면서 전공[C25:C31]이 30 이상인 학생들의 총점[E25:E31] 의 합계를 계산하여 [E32] 셀에 표시하시오.

▶ AVERAGEIFS, COUNTIFS, SUMIFS 함수 중 알맞은 함수 사용

---

➕ 멘토의 한수

❶ [E10] 셀에 『=SUMIF(A3:A9,"전자",E3:E9)/SUM(E3:E9)』를 입력

❷ [J10] 셀에 『=SUMIFS(J3:J9,H3:H9,"남",I3:I9,"서울")』을 입력

❸ [E14] 셀에 『=INT(C14/D14)&"("&MOD(C14,D14)&")"』를 입력하고 [E21] 셀까지 수식을 복사

❹ [J21] 셀에 『=TRUNC(SUMIF(H14:H20,"남",J14:J20))&"점"』을 입력

❺ [E32] 셀에 『=SUMIFS(E25:E31,B25:B31,"〈〉조경",C25:C31,">=30")』을 입력

# 통계 함수

| 무료 동영상 |

**학습목표**

통계 함수는 평균, 순위, 개수, 최대값, 최소값 등을 계산하는 함수로 비교적 자주 출제되고 있으며, AVERAGEIF, RANK.EQ, COUNTIF, COUNTIFS 등은 특히 자주 출제되는 함수입니다.

◉ **문제 및 정답 파일** : C:\컴활2급\2.계산작업\3.통계함수.xlsx

### 1 AVERAGE : 평균

| 구문 | =AVERAGE(인수1,인수2, …) : 인수의 평균을 구함 |
|---|---|
| 예제 | 예 : =AVERAGE(100,100,100) → 100 |

### 2 MAX : 최대값 / MIN : 최소값

| 구문 | =MAX(인수1,인수2, …) : 인수 중에서 가장 큰 값을 구함<br>=MIN(인수1,인수2, …) : 인수 중에서 가장 작은 값을 구함 |
|---|---|
| 예제 | =MAX(10,20,30) → 30<br>=MIN(10,20,30) → 10 |

### 3 LARGE : k번째 큰 값 / SMALL : k번째 작은 값

| 구문 | =LARGE(배열,k) : k번째 큰 값을 구함<br>=SMALL(배열,k) : k번째 작은 값을 구함 |
|---|---|
| 예제 | =LARGE({10,20,30,40},2) → 10, 20, 30, 40 중에서 2번째로 큰 값인 30을 구함<br>=SMALL({10,20,30,40},2) → 10, 20, 30, 40 중에서 2번째로 작은 값인 20을 구함 |

### ★ 4 RANK.EQ : 순위

| 구문 | =RANK.EQ(순위를 구하려는 수, 범위, [order]) : 순위를 구하되 순위가 같으면 동일한 순위를 반환<br>order : 0 또는 생략은 내림차순(큰 값이 1위), 1은 오름차순(작은 값이 1위) 정렬 |
|---|---|
| 예제 | =RANK.EQ(A1,$A$1:$A$10) → [A1] 셀의 값을 [A1:A10] 범위에서 큰 값 순으로 순위를 구함(공동 1위가 두 명이면 둘 다 1위로 반환) |

## 5 MEDIAN : 중간값

| 구문 | =MEDIAN(인수1,인수2, …) : 인수들의 중간값을 구함 |
|------|---|
| 예제 | =MEDIAN(10,40,20,30,50) : 10, 20, 30, 40, 50의 가운데 값인 30을 반환함<br>=MEDIAN(10,40,20,30) : 인수의 개수가 짝수이면 10, 20, 30, 40 중 20, 30의 평균인 25를 반환함 |

## 6 MODE.SNGL : 최빈값을 하나만 구함

| 구문 | =MODE.SNGL(인수1,인수2, …) : 인수 중에서 빈도수가 가장 많은 값을 구함<br>최빈값이 두 개 이상일 경우에는 먼저 입력된 값을 반환(기존 MODE 함수와 동일하며, 2019 이후 버전에서는 MODE.SNGL과 MODE.MULT로 구분 |
|------|---|
| 예제 | =MODE.SNGL(4, 5, 5, 4, 3, 5, 4) → 4와 5는 빈도수가 같으나 4를 먼저 입력했으므로 4를 반환 |

## 7 STDEV.S : 표준편차 / VAR.S : 분산

| 구문 | =STDEV.S(인수1,인수2, …) : 인수들(텍스트나 논리값은 제외)의 표준편차를 구함<br>=VAR.S(인수1,인수2, …) : 인수들(텍스트나 논리값은 제외)의 분산을 구함 |
|------|---|
| 예제 | =STDEV.S(5,10,15) : 5를 구함<br>=VAR.S(5,10,15) : 25를 구함, 분산은 '표준편차×표준편차'와 같으며 주로 표준편차의 값이 작으면 사용 |

## 8 COUNT : 숫자의 개수 / COUNTA : 공백을 제외한 개수 / COUNTBLANK : 공백의 개수

| 구문 | =COUNT(인수1,인수2, …) : 인수 중에서 숫자의 개수를 구함<br>=COUNTA(인수1,인수2, …) : 인수 중에서 공백을 제외한 개수를 구함<br>=COUNTBLANK(인수1,인수2, …) : 인수 중에서 공백의 개수를 구함 |
|------|---|
| 예제 | =COUNT(10,20,"K") → 숫자 개수인 2를 구함<br>=COUNTA(10,20,"K") → 숫자와 문자의 개수인 3을 구함<br>=COUNTBLANK(A1:A10) →[A1:A10] 영역에서 공백 셀의 개수를 구함 |

## ★ 9 COUNTIF : 조건을 만족하는 개수

| 구문 | =COUNTIF(조건 범위, 조건) : 조건 범위에서 조건을 만족하는 셀의 개수를 구함 |
|------|---|
| 예제 | =COUNTIF(A1:A10,")=10") → [A1:A10] 영역에서 데이터가 10 이상인 셀의 개수를 구함 |

## ★ 10 COUNTIFS : 여러 조건을 모두 만족하는 개수

| 구문 | =COUNTIFS(조건 범위1,조건1,조건 범위2,조건2, …) : 여러 조건을 만족하는 셀의 개수를 구함 |
|------|---|
| 예제 | =COUNTIFS(A1:A10,"기획부",B1:B10,"남자") → [A1:A10] 영역에서 기획부이면서 [B1:B10] 영역에서 남자인 인원수(개수)를 구함 |

## ★⓫ AVERAGEIF : 조건을 만족하는 평균

| 구문 | =AVERAGEIF(조건 범위,조건,평균 범위) : 범위에서 조건을 만족하는 평균 범위의 평균을 구함 |
|---|---|
| 예제 | =AVERAGEIF(A1:A10,"남자",B1:B10) → [A1:A10] 범위에서 '남자'의 조건을 만족하는 [B1:B10] 범위의 평균을 구함 |

## ★⓬ AVERAGEIFS : 여러 조건을 만족하는 평균

| 구문 | =AVERAGEIFS(평균 범위,조건 범위1,조건1,조건 범위2,조건2,....) : 여러 조건을 만족하는 평균 범위의 평균을 구함 |
|---|---|
| 예제 | =AVERAGEIFS(C1:C10,A1:A10,"남자",B1:B10,">=20") → [A1:A10] 범위에서 '남자'의 조건을 만족하고 [B1:B10] 범위의 값이 20 이상인 [C1:C10] 범위의 평균을 구함 |

### '통계함수1' 시트에 대하여 다음의 지시사항을 처리하시오.

| ▲ | A | B | C | D | E | F | G | H | I | J | K |
|---|---|---|---|---|---|---|---|---|---|---|---|
| 1 | [표1] | 중간고사 시험 현황 | | | | | [표2] | 직원 승진시험 현황 | | | |
| 2 | 성명 | 반 | 성별 | 점수 | | | 성명 | 소속 | 성별 | 점수 | |
| 3 | 김희철 | A | 남 | 85 | | | 김희철 | 기획부 | 남 | 90 | |
| 4 | 공현주 | B | 여 | 75 | | | 공현주 | 영업부 | 여 | 85 | |
| 5 | 박재범 | A | 남 | | | | 박재범 | 영업부 | 남 | 83 | |
| 6 | 최수영 | B | 여 | 95 | | | 최수영 | 기획부 | 여 | 75 | |
| 7 | 응시 인원수 | | | 3 | | | 한도현 | 기획부 | 남 | 84 | |
| 8 | 결시 인원수 | | | 1 | | | 기획부 사원의 수 | | | 3 | |
| 9 | | | | | | | | | | | |
| 10 | [표3] | 과일 판매 현황 | | | | | [표4] | 영어 듣기 평가 | | | |
| 11 | 과일명 | 구분 | 판매가 | 판매량 | 판매총액 | | 성명 | 성별 | 점수 | 3위 점수 | |
| 12 | 사과 | 국산 | 12,000 | 16 | 192,000 | | 강동구 | 남 | 87 | 87점 | |
| 13 | 파인애플 | 수입산 | 4,000 | 18 | 72,000 | | 우인정 | 여 | 95 | | |
| 14 | 수박 | 국산 | 13,500 | 24 | 324,000 | | 손수진 | 여 | 87 | | |
| 15 | 딸기 | 국산 | 8,000 | 31 | 248,000 | | 신민해 | 여 | 84 | | |
| 16 | 망고 | 수입산 | 9,000 | 19 | 171,000 | | 유해영 | 여 | 68 | | |
| 17 | 포도 | 국산 | 11,500 | 24 | 276,000 | | 이민호 | 남 | 78 | | |
| 18 | 조건에 맞는 개수 | | | 2개 | | | 심수연 | 여 | 67 | | |
| 19 | | | | | | | | | | | |
| 20 | [표5] | 급여현황 | | | | | [표6] | 승진시험결과 | | | |
| 21 | 성명 | 부서명 | 직위 | 호봉 | 기본급 | | 사원번호 | 성별 | 총점 | 결과 | |
| 22 | 최경원 | 영업부 | 과장 | 5 | 2,855,000 | | C2021 | 남 | 89.4 | 승진 | |
| 23 | 이정우 | 영업부 | 대리 | 3 | 2,153,000 | | C2022 | 남 | 85.8 | 승진 | |
| 24 | 한고은 | 영업부 | 사원 | 2 | 1,657,000 | | C2023 | 여 | 78.3 | | |
| 25 | 황재윤 | 홍보부 | 과장 | 2 | 2,435,000 | | C2027 | 여 | 93.4 | 승진 | |
| 26 | 김종숙 | 홍보부 | 대리 | 1 | 1,922,000 | | C2028 | 여 | 88.7 | 승진 | |
| 27 | 김은수 | 홍보부 | 사원 | 2 | 1,655,000 | | C2029 | 여 | 90.1 | 승진 | |
| 28 | 영업부 기본급 평균 | | | | 2,221,000 | | 승진 여사원 총점 평균 | | | 90.8 | |
| 29 | | | | | | | | | | | |
| 30 | [표7] | 2021년도 지점별 경영성과 | | | | | [표8] | 제품 재고 현황 | | | |
| 31 | 지점코드 | 총매출액 | 매출원가 | 매출이익 | 순위 | | 제품코드 | 생산원가 | 입고량 | 판매량 | 재고량 |
| 32 | S01 | 1,137 | 823 | 314 | 2위 | | CPS-101 | 15,000 | 200 | 176 | 24 |
| 33 | D02 | 1,027 | 720 | 307 | 4위 | | CPS-102 | 18,000 | 200 | 194 | 6 |
| 34 | G03 | 923 | 792 | 131 | 5위 | | CPS-302 | 13,000 | 200 | 188 | 12 |
| 35 | B04 | 1,278 | 879 | 399 | 1위 | | CPS-303 | 15,000 | 200 | 167 | 33 |
| 36 | K05 | 1,087 | 811 | 276 | 3위 | | 평균재고량 이상인 수 | | | | 2 |

▲ 작업 결과

**1** [표1]에서 점수[D3:D6]를 이용하여 응시 인원수[D7]와 결시 인원수[D8]를 구하시오.

- ▶ 응시 인원수는 숫자 셀의 개수, 결시 인원수는 공백 셀의 개수
- ▶ COUNT와 COUNTBLANK 함수 사용

**2** [표2]에서 소속[H3:H7]이 '기획부'인 사원의 수를 [J8] 셀에 계산하시오.

- ▶ SUMIF, COUNTIF, AVERAGEIF 함수 중 알맞은 함수 사용

**3** [표3]에서 구분[B12:B17]이 '국산'이면서 판매총액[E12:E17]이 200,000 이상 300,000 미만인 과일의 개수를 [E18] 셀에 계산하시오.

- ▶ 계산된 과일 수 뒤에 '개'를 포함하여 표시 [표시 예 : 3개]
- ▶ SUMIFS, AVERAGEIFS, COUNTIFS 함수 중 알맞은 함수와 & 연산자 사용

**4** [표4]에서 점수[I12:I18] 중 세 번째로 높은 점수를 3위 점수[J12]에 표시하시오.

- ▶ 숫자 뒤에 '점'을 표시 [표시 예 : 90점]
- ▶ LARGE, MAX, SMALL, MIN 중 알맞은 함수와 & 연산자 사용

**5** [표5]에서 부서명[B22:B27]이 '영업부'인 사원들의 기본급[E22:E27] 평균을 [E28] 셀에 계산하시오.

- ▶ 영업부 사원들의 기본급 평균은 백의 자리에서 내림하여 천의 자리까지 표시
  [표시 예 : 12,345 → 12,000]
- ▶ AVERAGEIF와 ROUNDDOWN 함수 사용

**6** [표6]에서 성별[H22:H27]이 '여'이면서 결과[J22:J27]가 '승진'인 사원들의 총점[I22:I27]에 대한 평균을 [J28] 셀에 계산하시오.

- ▶ 승진 여사원의 총점 평균은 소수점 이하 둘째 자리에서 올림하여 소수점 이하 첫째 자리까지 표시
  [표시 예 : 12.34 → 12.4]
- ▶ ROUNDUP과 AVERAGEIFS 함수 사용

**7** [표7]에서 총매출액[B32:B36]에 대한 순위[E32:E36]를 구하시오.

- ▶ 총매출액이 큰 값이 1위
- ▶ 순위 뒤에 '위'를 표시하시오. [표시 예 : 2위]
- ▶ RANK.EQ 함수와 & 연산자 사용

**8** [표8]에서 재고량[K32:K35]이 재고량 전체 평균 이상인 제품의 수를 [K36] 셀에 계산하시오.

- ▶ COUNTIF, AVERAGE 함수와 & 연산자 사용

**1** [D7] 셀에 『=COUNT(D3:D6)』을 입력하고, [D8] 셀에 『=COUNTBLANK
(D3:D6)』을 입력합니다.
    ❶                      ❷

> ❶ 점수[D3:D6] 범위에서 숫자 셀의 개수인 3을 구함
> ❷ 점수[D3:D6] 범위에서 공백 셀의 개수인 1을 구함

**2** [J8] 셀에 『=COUNTIF(H3:H7,"기획부")』를 입력합니다.
                  ❶

> ❶ 소속[H3:H7] 범위에서 '기획부'에 해당하는 셀의 개수 3을 구함

**3** [E18] 셀에 『=COUNTIFS(B12:B17,"국산",E12:E17,">=200000",E12:E17,
"<300000")&"개"』를 입력합니다.
                 ❸
          ❶             ❷

> ❶ 구분[B12:B17]이 국산인 조건
> ❷ 판매총액[E12:E17]이 200,000 이상 300,000 미만인 조건
> ❸ COOUNTIFS(❶, ❷) : ❶, ❷ 조건을 모두 만족하는 개수 2를 구하여 '개'를 붙임

**4** [J12] 셀에 『=LARGE(I12:I18,3)&"점"』을 입력합니다.
                ❶

> ❶ 점수[I12:I18] 중에서 세 번째로 큰 값인 87을 구하여 '점'을 붙임

**5** [E28] 셀에 『=ROUNDDOWN(AVERAGEIF(B22:B27,"영업부",E22:E27),−3)』을
입력합니다.
                       ❷
                     ❶

> ❶ 부서명[B22:B27]이 '영업부'인 기본급[E22:E27]의 평균 2,221,667을 구함
> ❷ =ROUNDDOWN(❶,−3) : ❶의 값인 2,221,667의 값을 백의 자리에서 내림하여
>   2,221,000을 구함

**6** [J28] 셀에 『=ROUNDUP(AVERAGEIFS(I22:I27,H22:H27,"여",J22:J27,"승진"),1)』
을 입력합니다.
                       ❷
                     ❶

> ❶ 성별이 '여'이면서 결과가 '승진'인 총점의 값 90.7333을 구함
> ❷ =ROUNDUP(❶,1) : 90.7333의 값을 소수점 둘째 자리에서 올림하여 90.8을 구함

**7** [E32] 셀에 『=RANK.EQ(B32,$B$32:$B$36,0)&"위"』를 입력한 후 [E36]
셀까지 수식을 복사합니다.

> ❶ [B32] 셀의 1137 값을 [B32:B36] 범위에서 순위인 2를 구함
> RANK.EQ 함수의 마지막 인수가 0이면 내림차순으로 큰 값이 1위, 1이면 오름차순으로 작은
> 값이 1위이며, 0은 생략 가능함
>
> ❷ ❶에서 구한 2의 값 뒤에 '위'를 붙임

**8** [K36] 셀에 『=COUNTIF(K32:K35,">="&AVERAGE(K32:K35))』를 입력합
니다.

> ❶ [K32:K35] 범위에서 전체 재고량 평균 이상인 개수 2를 구함
> AVERAGE는 함수이기 때문에 조건인 큰 따옴표(" ") 안에 들어갈 수 없으므로 큰 따옴표(" ")
> 밖에 입력하고 &로 결합함

◉ 예제 및 정답 파일 : C:\컴활2급\2.계산작업\3.통계함수.xlsx

## 01 '통계함수2' 시트에 대하여 다음의 지시사항을 처리하시오.

| | A | B | C | D | E | F | G | H | I | J |
|---|---|---|---|---|---|---|---|---|---|---|
| 1 | [표1] | 성적현황 | | | | [표2] | 승진시험 현황 | | | |
| 2 | 성명 | 필기 | 실기 | 총점 | | 성명 | 1차 | 2차 | 3차 | |
| 3 | 김희철 | 88 | 66 | 154 | | 박재범 | 70 | 83 | 94 | |
| 4 | 공현주 | 65 | 71 | 136 | | 최수영 | 85 | 85 | 87 | |
| 5 | 박재범 | 74 | 61 | 135 | | 한도현 | 65 | 58 | 89 | |
| 6 | 최수영 | 71 | 67 | 138 | | 이동현 | 95 | 54 | 74 | |
| 7 | 한도현 | 87 | 84 | 171 | | 김수연 | 74 | 78 | 79 | |
| 8 | 김수연 | 76 | 79 | 155 | | 최재욱 | 60 | 78 | 86 | |
| 9 | 한율아 | 71 | 89 | 160 | | 이훈호 | 65 | 71 | 80 | |
| 10 | 총점의 표준편차 | | | 13.9 | | 승진인원수 | | | 3 | |
| 11 | | | | | | | | | | |
| 12 | [표3] | 성적평가 | | | | [표4] | 점수현황 | | | |
| 13 | 학과코드 | 학번 | 학년 | 학생명 | 점수 | 학생명 | 학번 | 학과 | 평균 | |
| 14 | K01 | 20023 | 1 | 김문주 | 465 | 박성실 | 14023 | 디자인 | 80 | |
| 15 | D02 | 21123 | 2 | 최윤주 | 604 | 감아연 | 13123 | 미디어 | 90 | |
| 16 | K03 | 12056 | 2 | 윤경혜 | 383 | 박자영 | 12056 | 미디어 | 85 | |
| 17 | K03 | 21024 | 2 | 김수희 | 391 | 손진욱 | 14037 | 미디어 | 91 | |
| 18 | B04 | 12108 | 3 | 최민성 | 572 | 이은진 | 13024 | 미디어 | 79 | |
| 19 | K05 | 21074 | 2 | 정수은 | 441 | 강노연 | 12108 | 디자인 | 82 | |
| 20 | 학과코드가 K로시작하는 학생의 점수 평균 | | | | 420 | 평균이 80점대 인원수 | | | 3명 | |
| 21 | | | | | | | | | | |
| 22 | [표5] | 100M 기록표 | | | | [표6] | 직원 급여현황 | | | |
| 23 | 번호 | 성명 | 반 | 기록 | 기록순위 | 부서 | 성명 | 근무년수 | 급여 | |
| 24 | 1 | 구정분 | A | 0:00:15 | 3위 | 기획팀 | 14023 | 2 | 252 | |
| 25 | 2 | 김은영 | A | 0:00:16 | 4위 | 영업팀 | 13123 | 10 | 175 | |
| 26 | 3 | 김인옥 | A | 0:00:17 | 5위 | 기획팀 | 12056 | 5 | 431 | |
| 27 | 4 | 박세원 | B | 0:00:18 | 6위 | 영업팀 | 13082 | 5 | 342 | |
| 28 | 5 | 김수연 | B | 0:00:14 | 2위 | 생산팀 | 14037 | 6 | 311 | |
| 29 | 6 | 김재욱 | B | 0:00:13 | 1위 | 장기 근속자 급여평균 | | | 276 | |
| 30 | | | | | | | | | | |
| 31 | [표7] | 시험결과 | | | | [표8] | 호봉현황 | | | |
| 32 | 성명 | 1차 | 2차 | 점수 | | 성명 | 부서명 | 직위 | 호봉 | |
| 33 | 박재범 | 70 | 83 | 76.50 | | 최경원 | 영업부 | 과장 | 5 | |
| 34 | 한도현 | 65 | 58 | 61.50 | | 한고은 | 영업부 | 사원 | 2 | |
| 35 | 최재욱 | 60 | 78 | 69.00 | | 김종숙 | 홍보부 | 대리 | 5 | |
| 36 | 이훈호 | 65 | 71 | 68.00 | | 김은수 | 홍보부 | 사원 | 2 | |
| 37 | 표준편차 | | | 6 | | 정수은 | 영업부 | 사원 | 5 | |
| 38 | 분산 | | | 37 | | 최빈수 | | | 5 | |

▲ 작업 결과

❶ [표1]에서 총점[D3:D9]을 이용하여 총점의 표준편차[D10]를 계산하시오.

　▶ 표준편차는 소수점 이하 둘째 자리에서 올림하여 소수점 이하 첫째 자리까지 표시

　　[표시 예 : 15.53 → 15.6]

　▶ STDEV.S와 ROUNDUP 함수 사용

❷ [표2]에서 1차[G3:G9], 2차[H3:H9], 3차[I3:I9]의 점수가 모두 70 이상인 사원의 인원수를 [I10] 셀에 표시하시오.

- ▶ AVERAGEIFS, SUMIFS, COUNTIFS 중 알맞은 함수 사용

❸ [표3]에서 학과코드[A14:A19]가 K로 시작하는 점수의 평균을 [E20] 셀에 계산하시오.

- ▶ SUMIF와 COUNTIF 함수 사용

❹ [표4]에서 평균[J14:J19]이 80점대 인원수를 계산한 후 '명'을 결합하여 [J20] 셀에 표시하시오.

- ▶ 표시 예 : 5명
- ▶ COUNTIFS 함수와 & 연산자 사용

❺ [표5]에서 기록[D24:D29]에 대한 순위[E24:E29]를 구하시오.

- ▶ 기록 초가 빠른 사람이 1위, 순위 뒤에 '위'를 표시하시오.
- ▶ LARGE, SMALL, RANK.EQ, MIN 중 알맞은 함수와 & 연산자 사용

❻ [표6]에서 부서[G24:G28]가 '기획팀'이 아니면서, 근무년수[I24:I28]가 5년 이상인 급여의 평균을 [J29] 셀에 계산하시오.

- ▶ AVERAGEIFS 함수 사용

❼ [표7]에서 점수[D33:D36]에 대한 표준편차와 분산을 [D37] 셀과 [D38] 셀에 각각 계산하시오.

- ▶ 표준편차와 분산의 값은 소수점 이하 절삭하여 정수로 표시
- ▶ STDEV.S, VAR.S, TRUNC 함수 사용

❽ [표8]에서 호봉[J33:J37]에 대한 최빈수를 [J38] 셀에 구하시오.

- ▶ MODE.SNGL 함수 사용

---

➕ 멘토의 한수

❶ [D10] 셀에 『=ROUNDUP(STDEV.S(D3:D9),1)』을 입력

❷ [I10] 셀에 『=COUNTIFS(G3:G9,")=70",H3:H9,")=70",I3:I9,")=70")』을 입력

❸ [E20] 셀에 『=SUMIF(A14:A19,"K*",E14:E19)/COUNTIF(A14:A19,"K*")』를 입력

❹ [J20] 셀에 『=COUNTIFS(J14:J19,")=80",J14:J19,"〈90")&"명"』을 입력

❺ [E24] 셀에 『=RANK.EQ(D24,$D$24:$D$29,1)&"위"』를 입력하고 [E29] 셀까지 수식을 복사

❻ [J29] 셀에 『=AVERAGEIFS(J24:J28,G24:G28,"〈〉기획팀",I24:I28,")=5")』를 입력

❼ [D37] 셀에 『=TRUNC(STDEV.S(D33:D36))』을 입력, [D38] 셀에 『=TRUNC(VAR.S(D33:D36))』을 입력

❽ [J38] 셀에 『=MODE.SNGL(J33:J37)』을 입력

# 텍스트 함수

**학습목표**

문자열을 추출하거나, 영문자를 대소문자로 변환, 문자열의 길이를 나타내는 함수로 다른 함수와 같이 혼합하여 출제되고 있으며, 주로 LEFT, RIGHT, MID 등은 자주 출제되는 함수입니다.

◉ **문제 및 정답 파일 :** C:₩컴활2급₩2.계산작업₩4.텍스트.xlsx

## ★
## 1 LEFT : 왼쪽 문자열 출력 / RIGHT : 오른쪽 문자열 출력 / MID : 가운데 문자열 출력

| | |
|---|---|
| 구문 | =LEFT(텍스트,표시할 문자 수) : 표시할 문자 수만큼 왼쪽에서부터 텍스트를 표시함<br>=RIGHT(텍스트,표시할 문자 수) : 표시할 문자 수만큼 오른쪽에서부터 텍스트를 표시함<br>=MID(텍스트,시작 위치,표시할 문자 수) : 시작 위치부터 표시할 문자 수만큼 텍스트를 표시함<br>*문자열 함수는 IF, VLOOKUP, CHOOSE 함수 등과 함께 주로 출제되고 있음 |
| 예제 | =LEFT("KOREA",3) → 왼쪽에서 3글자 KOR을 반환함<br>=RIGHT("KOREA",2) → 오른쪽에서 2글자 'EA'를 반환함<br>=MID("KOREA",2,3) → 문자열의 2번째에서 3글자인 ORE를 반환함 |

## 2 LOWER : 소문자로 변환 / UPPER : 대문자로 변환 / PROPER : 첫 문자를 대문자로 변환

| | |
|---|---|
| 구문 | =LOWER(텍스트) : 대문자를 모두 소문자로 변환<br>=UPPER(텍스트) : 소문자를 모두 대문자로 변환<br>=PROPER(텍스트) : 첫 문자를 대문자로 변환 |
| 예제 | =LOWER("KOREA") → 소문자 korea 출력<br>=UPPER("korea") → 대문자 KOREA 출력<br>=PROPER("korea") → 첫 문자를 대문자 Korea 출력 |

## ③ LEN : 문자열의 길이

| 구문 | =LEN(텍스트) : 텍스트의 길이를 구함 |
|---|---|
| 예제 | =LEN("KOREA") → 다섯 글자이므로 5를 구함 |

## ④ TRIM : 공백을 제거

| 구문 | =TRIM(텍스트) : 단어 사이에 있는 한 칸의 공백을 제외하고 텍스트의 공백을 모두 삭제함 |
|---|---|
| 예제 | =TRIM("Korea    2020") → Korea 2020 |

## ⑤ FIND : 문자열의 위치

| 구문 | =FIND(찾을 문자,검색할 문자열,[검색 시작 위치]) : 문자열에서 찾고자 하는 문자를 찾아 위치를 반환<br>＊영문 대소문자를 구분함 |
|---|---|
| 예제 | =FIND("e","컴활Excel",1) → "e"(소문자)를 컴활Excel에서 소문자 위치인 6을 찾음(한글1, 영문 1)<br>=FIND("E","컴활Excel",1) → "E"(대문자)를 컴활Excel에서 대문자 위치인 3을 찾음(한글1, 영문1) |

## ⑥ SEARCH : 문자열의 위치

| 구문 | =SEARCH(찾을 문자,검색할 문자열,[검색 시작 위치]) : 문자열에서 찾고자하는 문자를 찾아 위치를 반환<br>＊영문 대소문자를 구분하지 않음 |
|---|---|
| 예제 | =SEARCH("e","컴활Excel",1) → "e"(소문자)를 컴활Excel에서 대소문자를 구분하지 않기 때문에 먼저 보이는 위치인 3을 찾음(한글 1, 영문 1)<br>=SEARCH("E","컴활Excel",1) → "E"(대문자)를 컴활Excel에서 대소문자를 구분하지 않기 때문에 먼저 보이는 위치인 3을 찾음(한글1, 영문1) |

**'텍스트함수1'** 시트에 대하여 다음의 지시사항을 처리하시오.

| | A | B | C | D | E | F | G | H | I | J | K |
|---|---|---|---|---|---|---|---|---|---|---|---|
| 1 | [표1] | 학생현황 | | | | | [표2] | 프로축구 순위 | | | |
| 2 | 성명 | 주민등록번호 | 년 | 월 | 일 | | 순위 | 팀명 | 감독명 | 승 | 비고 |
| 3 | 최윤석 | 980723-1****** | 98 | 07 | 23 | | 1 | suwon | taggart | 19 | SUWON(Taggart) |
| 4 | 윤다현 | 010125-3****** | 01 | 01 | 25 | | 2 | ulsan | junior | 18 | ULSAN(Junior) |
| 5 | 양현지 | 951120-2****** | 95 | 11 | 20 | | 3 | daegu | cesinha | 16 | DAEGU(Cesinha) |
| 6 | 김태한 | 971230-1****** | 97 | 12 | 30 | | 4 | pohang | pesic | 15 | POHANG(Pesic) |
| 7 | 이장혁 | 990519-1****** | 99 | 05 | 19 | | 5 | jeju | mugosa | 15 | JEJU(Mugosa) |
| 8 | 민새롬 | 010706-4****** | 01 | 07 | 06 | | 6 | sangju | djeric | 13 | SANGJU(Djeric) |
| 9 | | | | | | | | | | | |
| 10 | [표3] | 신입사원 채용현황 | | | | | [표4] | 카페 신입회원 정보 | | | |
| 11 | 부서코드 | 사원명 | 성별 | 나이 | 부서명 | | 성명 | 지역 | E-메일 | | 닉네임 |
| 12 | GE-123 | 김지연 | 여 | 24 | 총무부 | | 김보연 | 서울 | lucky77@naver.com | | lucky77 |
| 13 | MK-789 | 유한길 | 남 | 25 | 마케팅부 | | 이순호 | 경기 | muakiea@nate.com | | muakiea |
| 14 | MK-456 | 서정현 | 여 | 25 | 마케팅부 | | 김윤석 | 인천 | starcmk@nate.com | | starcmk |
| 15 | GE-123 | 이승철 | 남 | 27 | 총무부 | | 한정식 | 부산 | 99023@gmail.com | | 99023 |
| 16 | MK-789 | 임성한 | 여 | 24 | 마케팅부 | | 최현진 | 대전 | yses@daum.net | | yses |
| 17 | MK-789 | 이루다 | 여 | 26 | 마케팅부 | | 최재훈 | 대구 | newlive@naver.com | | newlive |

▲ 작업 결과

**1** [표1]에서 주민등록번호[B3:B8]를 이용하여 년[C3:C8], 월[D3:D8], 일[E3:E8]을 각각 구하시오.

▶ '년'은 주민등록번호 왼쪽 2자리, '월'은 주민등록번호 3번째의 2자리, '일'은 주민등록번호 5번째의 2자리를 이용
▶ LEFT와 MID 함수 사용

**2** [표2]에서 팀명[H3:H8]은 모두 대문자로 변환하고, 감독명[I3:I8]은 첫 문자만 대문자로 변환하여 비고[K3:K8]에 표시하시오.

▶ 표기 예 : 팀명이 'suwon', 감독명이 'taggart'인 경우 'SUWON(Taggart)'로 표시
▶ PROPER, UPPER 함수와 & 연산자 사용

**3** [표3]에서 부서코드[A12:A17]를 이용하여 부서명[E12:E17]을 표시하시오.

▶ 부서명은 부서코드의 1, 2번째 문자가 'GE'이면 '총무부', 나머지는 '마케팅부'로 표시
▶ IF와 LEFT 함수 사용

**4** [표4]의 E-메일[I12:J17]에서 '@' 앞의 문자열만 추출하여 닉네임[K12:K17]에 표시하시오.

▶ 표시 예 : abc@naver.com → abc
▶ MID와 SEARCH 함수 사용

**1** – [C3] 셀에 『=LEFT(B3,2)』를 입력하고 [C8] 셀까지 수식을 복사합니다.
　❶

　– [D3] 셀에 『=MID(B3,3,2)』를 입력하고 [D8] 셀까지 수식을 복사합니다.
　❷

　– [E3] 셀에 『=MID(B3,5,2)』를 입력하고 [E8] 셀까지 수식을 복사합니다.
　❸

　❶ 주민등록번호 왼쪽 두 자리인 98을 출력함
　❷ 주민등록번호 3번째에서 2자리인 07을 출력함
　❸ 주민등록번호 5번째에서 2자리인 23을 출력함

**2** [K3] 셀에 『=UPPER(H3)&"("&PROPER(I3)&")"』를 입력하고 [K8] 셀까지
　　　　　　　　　❸
　　　　　　❶　　　　　　❷
수식을 복사합니다.

　❶ 팀명을 대문자 SUWON으로 변경함
　❷ 감독명의 첫글자를 대문자 Taggart로 변경함
　❸ ❶&"("❷&")" : SUWON(Taggart)를 구함

**3** [E12] 셀에 『=IF(LEFT(A12,2)="GE","총무부","마케팅부")』를 입력하고
　　　　　　　　　❷
　　　　　　　　❶
[E17] 셀까지 수식을 복사합니다.

　❶ 부서코드의 왼쪽 2글자를 추출하여 GE와 같은지 비교하는 조건
　❷ IF(❶,'총무부','마케팅부') : ❶의 조건을 만족하면 '총무부'를 출력, 아니면 '마케팅부' 출력

**4** [K12] 셀에 『=MID(I12,1,SEARCH("@",I12)−1)』을 입력하고 [K17] 셀까지
　　　　　　　　　　　❷
　　　　　　　　　❶
수식을 복사합니다.

　❶ E−메일 lucky77@naver.com 문자열에서 '@'의 위치인 8을 구하고 −1을 하여 7을 구함
　❷ MID(I12,1,❶) : lucky77@naver.com 문자열에서 1번째부터 ❶의 결과인 7글자 lucky77을
　　구함

◉ 예제 및 정답 파일 : C:\컴활2급\2.계산작업\4.텍스트함수.xlsx

## 01 '텍스트함수2' 시트에 대하여 다음의 지시사항을 처리하시오.

| | A | B | C | D | E | F | G | H | I |
|---|---|---|---|---|---|---|---|---|---|
| 1 | [표1] | 수강생 현황 | | | | [표2] | 스포츠별 선수명단 | | |
| 2 | 학생명 | 시작일 | 수강코드 | 학생코드 | | 구분 | 스포츠명 | 선수 | 비고 |
| 3 | 김경진 | 2021-07-24 | a008 | SAD/A008 | | 단체 | Soccer | hanjd | SOCCER(Hanjd) |
| 4 | 김태환 | 2021-07-24 | a003 | SAD/A003 | | 개인 | Judo | jangdk | JUDO(Jangdk) |
| 5 | 김은하 | 2021-07-20 | a002 | SAD/A002 | | 단체 | Basketball | kimks | BASKETBALL(Kimks) |
| 6 | 이주연 | 2021-07-24 | a001 | SAD/A001 | | 개인/단체 | Tennis | hongmb | TENNIS(Hongmb) |
| 7 | 최규진 | 2021-07-19 | a017 | SAD/A017 | | 단체 | Baseball | parkds | BASEBALL(Parkds) |
| 8 | 황현정 | 2021-07-21 | a010 | SAD/A010 | | 개인/단체 | Archery | hanhn | ARCHERY(Hanhn) |
| 9 | 김선미 | 2021-07-20 | a015 | SAD/A015 | | 단체 | Volleyball | kangtj | VOLLEYBALL(Kangtj) |
| 10 | 박진명 | 2021-07-19 | a009 | SAD/A009 | | 개인 | Marathon | parkms | MARATHON(Parkms) |
| 11 | | | | | | | | | |
| 12 | [표3] | 제품코드 | | | | [표4] | 홈런 순위 | | |
| 13 | 제품 | 공정 | 옵션 | 제품식별번호 | | 순위 | 팀명 | 선수명 | 선수명(팀명) |
| 14 | kdi | ks01 | a | KDI-A-1 | | 1 | bears | hanjk | Hanjk(BEARS) |
| 15 | ufk | ks02 | b | UFK-B-2 | | 2 | eagles | hankh | Hankh(EAGLES) |
| 16 | daj | ks03 | c | DAJ-C-3 | | 3 | heroes | choisy | Choisy(HEROES) |
| 17 | kic | ks04 | d | KIC-D-4 | | 4 | lions | parkjm | Parkjm(LIONS) |
| 18 | kei | ks05 | e | KEI-E-5 | | 5 | ktwiz | jangbw | Jangbw(KTWIZ) |
| 19 | jel | ks06 | f | JEL-F-6 | | 6 | tigers | kimsh | Kimsh(TIGERS) |

▲ 작업 결과

❶ [표1]에서 수강코드[C3:C10]의 앞뒤에 있는 공백을 제거한 후 전체 문자를 대문자로 변환하고, 변환된 문자열 앞에 'SAD/'를 추가하여 학생코드[D3:D10]를 표시하시오.

   ▶ 표시 예 : 수강코드가 'a010'인 경우  →  SAD/A010
   ▶ TRIM, UPPER 함수와 & 연산자 사용

❷ [표2]에서 스포츠명[G3:G10]의 전체 문자를 대문자로 변환하고, 선수[H3:H10]의 첫 문자만 대문자로 변환하여 비고[I3:I10]를 표시하시오.

   ▶ 표시 예 : 스포츠가 'Soccer', 선수가 'hanjd'인 경우  →  SOCCER(Hanjd)
   ▶ UPPER, PROPER 함수와 & 연산자 사용

③ [표3]에서 제품[A14:A19], 공정[B14:B19], 옵션[C14:C19]을 이용하여 제품식별번호[D14:D19]를 표시하시오.

- ▶ 제품식별번호는 '제품', '옵션', 그리고 '공정'의 오른쪽 한자리를 구하고, '−'로 연결하여 대문자로 표시
- ▶ 표시 예 : 제품(aaa), 옵션(a), 공정(aa01) → AAA−A−1
- ▶ RIGHT, UPPER 함수와 & 연산자 사용

④ [표4]에서 선수명[H14:H19]의 첫 문자를 대문자를 변환하고, 팀명[G14:G19]의 전체 문자를 대문자로 변환하여 선수명(팀명)[I14:I19]에 표시하시오.

- ▶ 표시 예 : 선수명이 'kimji', 팀명이 'lions'인 경우 'Kimji(LIONS)'로 표시
- ▶ UPPER, PROPER 함수와 & 연산자 사용

---

➕ 멘토의 한수

❶ [D3] 셀에 『="SAD/"&UPPER(TRIM(C3))』을 입력하고 [D10] 셀까지 수식을 복사

❷ [I3] 셀에 『=UPPER(G3)&"("&PROPER(H3)&")"』를 입력하고 [I10] 셀까지 수식을 복사

❸ [D14] 셀에 『=UPPER(A14)&"−"&UPPER(C14)&"−"&RIGHT(B14,1)』을 입력하고 [D19] 셀까지 수식을 복사

❹ [I14] 셀에 『=PROPER(H14)&"("&UPPER(G14)&")"』를 입력하고 [I19] 셀까지 수식을 복사

# 날짜/시간 함수

**학습목표**

날짜 시간 함수는 현재 날짜와 시간을 표시하거나 날짜의 연, 월, 일, 시간의 시, 분, 초를 추출하는 함수, 날짜를 계산하는 함수 등이 있으며 주로 TODAY, YEAR, MONTH, WEEKDAY 등이 출제됩니다.

◉ 문제 및 정답 파일 : C:\컴활2급\2.계산작업\5.날짜시간함수.xlsx

## ★ 1 YEAR, MONTH, DAY : 년, 월, 일을 추출

| 구문 | =YEAR(날짜) : 날짜에서 연도를 반환함<br>=MONTH(날짜) : 날짜에서 월을 반환함<br>=DAY(날짜) : 날짜에서 일을 반환함 |
|---|---|
| 예제 | =YEAR("2021-12-3") → 2021 |
| | =MONTH("2021-12-31") → 12 |
| | =DAY("2021-12-31") → 31 |

## 2 HOUR, MINUTE, SECOND : 시, 분, 초를 추출

| 구문 | =HOUR(시간) : 시간에서 시를 반환함<br>=MINUTE(시간) : 시간에서 분을 반환함<br>=SECOND(시간) : 시간에서 초를 반환함 |
|---|---|
| 예제 | =HOUR("12:30:10") → 12 |
| | =MINUTE("12:30:10") → 30 |
| | =SECOND("12:30:10") → 10 |

## 3 DATE : 날짜 형식 변환

| 구문 | =DATE(년,월,일) : 년, 월, 일의 인수를 날짜 형식으로 변환 |
|---|---|
| 예제 | =DATE(2021,12,31) → 2021-12-31 |

## 4 TIME : 시간 형식 변환

| 구문 | =TIME(시,분,초) : 시, 분, 초의 인수를 시간 형식으로 변환 |
|---|---|
| 예제 | =TIME(12,30,10) → 12:30:10 |

## 5 TODAY : 현재 날짜 / NOW : 현재 날짜와 시간

| 구문 | =TODAY( ) : 현재 날짜를 표시<br>=NOW( ) : 현재 날짜와 시간을 표시 |
|---|---|
| 예제 | =TODAY( ) → 2021-01-09<br>=NOW( ) → 2021-01-09 09:12 |

## 6 DAYS : 두 날짜 사이의 일 수

| 구문 | =DAYS(종료 날짜,시작 날짜) : 종료 날짜와 시작 날짜 사이의 일 수를 계산 |
|---|---|
| 예제 | =DAYS("2021-01-31","2021-01-01") → 30 |

## 7 WEEKDAY : 요일 번호

| 구문 | =WEEKDAY(날짜,Return_type) : 날짜에서 요일을 번호로 구함<br>- Return_type : 1을 입력하면 일요일을 1로 시작하며, 2를 입력하면 월요일을 1로 시작하고, 3을 입력하면 월요일을 0으로 시작합니다. |
|---|---|
| 예제 | =WEEKDAY("2021-12-10",1) → 금요일에 해당하는 6을 구함 |

## 8 EDATE : 개월 수를 더한 날짜

| 구문 | =EDATE(시작 날짜,개월 수) : 시작 날짜에서 개월 수를 더한 날짜를 구함 |
|---|---|
| 예제 | =EDATE("2021-01-01","24") → 2021-01-01의 24개월 후인 2023-01-01의 날짜를 구함 |

## 9 EOMONTH : 개월 수를 더한 달의 마지막 날짜

| 구문 | =EDATE(시작 날짜,개월 수) :시작 날짜에서 개월 수를 추가 또는 감소한 달의 마지막 날짜를 구함 |
|---|---|
| 예제 | =EOMONTH("2021-01-01","24") → 2021-01-01의 24개월 후의 말일인 2023-01-31의 날짜를 구함 |

## 10 WORKDAY : 평일의 일수를 적용한 날짜

| 구문 | =WORKDAY(시작 날짜,일수,[휴일]) : 시작 날짜에 일수를 더한 날짜를 구하되 주말과 휴일을 제외한 평일 수를 적용한 날짜를 구함 |
|---|---|
| 예제 | =WORKDAY("2021-01-01",7) → 2021-01-01에서 주말을 제외한 7일 이후인 2021-01-12의 날짜를 구함 |

| | A | B | C | D | E | F | G | H | I |
|---|---|---|---|---|---|---|---|---|---|
| 1 | [표1] | 학생 현황 | | | | [표2] | 상설시험 발표현황 | | |
| 2 | 성명 | 성별 | 주민등록번호 | 생년월일 | | 성명 | 수험번호 | 시험일 | 합격자발표일 |
| 3 | 조재현 | 남 | 980723-1****** | 1998-07-23 | | 우미영 | KOR1234 | 2021-07-10 | 2021-08-10 |
| 4 | 윤다현 | 남 | 990125-1****** | 1999-01-25 | | 김샛별 | KOR1235 | 2021-07-11 | 2021-08-11 |
| 5 | 양현지 | 여 | 951120-2****** | 1995-11-20 | | 한사랑 | KOR1236 | 2021-07-12 | 2021-08-12 |
| 6 | 김태한 | 남 | 971230-1****** | 1997-12-30 | | 김미영 | KOR1237 | 2021-07-13 | 2021-08-13 |
| 7 | 이장혁 | 남 | 990519-1****** | 1999-05-19 | | 조재혁 | KOR1238 | 2021-07-14 | 2021-08-14 |
| 8 | 민새롬 | 여 | 980706-2****** | 1998-07-06 | | 김수연 | KOR1244 | 2021-07-30 | 2021-08-30 |
| 9 | | | | | | | | | |
| 10 | [표3] | 주차시간현황 | | | | [표4] | 대출현황 | | |
| 11 | 차량번호 | 입차시간 | 출차시간 | 주차시간(분) | | 도서명 | 대출코드 | 반납일 | 반납요일 |
| 12 | 60소5636 | 10:00 | 11:30 | 90 | | 엑셀2016 | EX123 | 2021-01-17 | 일요일 |
| 13 | 80조5896 | 11:00 | 13:00 | 120 | | 파포2016 | PT568 | 2021-01-20 | 수요일 |
| 14 | 30소4589 | 14:00 | 16:25 | 145 | | 한글2016 | HG852 | 2021-02-24 | 수요일 |
| 15 | 40조7896 | 13:10 | 15:40 | 150 | | 워드2016 | WD963 | 2021-03-08 | 월요일 |
| 16 | 80조4563 | 14:20 | 14:50 | 30 | | 엑셀2016 | EX124 | 2021-01-30 | 토요일 |
| 17 | 32소4000 | 13:20 | 16:25 | 185 | | 파포2016 | PT568 | 2021-01-31 | 일요일 |

▲ 작업 결과

**1** [표2] 주민등록번호[C3:C8]를 이용하여 생년월일[D3:D8]을 구하시오.

▶ 생년월일의 '연도'는 주민등록번호 1~2번째 자리, '월'은 주민등록번호 3~4번째 자리, '일'은 주민등록번호 5~6번째 자리를 사용하고 날짜 형식으로 표시

▶ DATE와 MID 함수 사용

**2** [표2]에서 시험일[H3:H8]을 기준으로 1개월이 지난 날짜를 합격자발표일 [I3:I8] 영역에 구하시오.

▶ YEAR, DATE, EDATE 중 알맞은 함수를 선택하여 사용

**3** [표3]에서 입차시간[B12:B17]과 출차시간[C12:C17]을 이용하여 주차시간 (분)[D12:D17]을 계산하시오.

▶ HOUR와 MINUTE 함수 사용

**4** [표4]에서 반납일[H12:H17]을 이용하여 반납요일[I12:I17]을 구하시오.

▶ 요일 계산 방식은 일요일부터 시작하는 방식으로 구성

▶ 표시 예 : 일요일

▶ CHOOSE와 WEEKDAY 함수 사용

**1** [D3] 셀에 『=DATE(MID(C3,1,2)❶,MID(C3,3,2)❷,MID(C3,5,2))❸』❹를 입력하고 [D8] 셀까지 수식을 복사합니다.

> ❶ 980723-1✱✱✱✱✱의 1번째 글자에서 2자리인 '98'을 구함
> ❷ 980723-1✱✱✱✱✱의 3번째 글자에서 2자리인 '07'을 구함
> ❸ 980723-1✱✱✱✱✱의 5번째 글자에서 2자리인 '23'을 구함
> ❹ =DATE(❶,❷,❸) : 결과를 날짜 형식인 1998-07-23을 출력함

**2** [I3] 셀에 『=EDATE(H3,1)❶』을 입력하고 [I8] 셀까지 수식을 복사합니다.

> ❶ 시험일 2021-07-10에서 1개월 후의 날짜인 2021-08-10을 출력함
>   * 개월에 1 대신 음수 -1을 하면 1개월 이전 날짜인 2021-06-10을 출력함

**3** [D12] 셀에 『=HOUR(C12−B12)*60❶+MINUTE(C12−B12)❷』❸를 입력하고 [D17] 셀까지 수식을 복사합니다.

> ❶ 출차시간의 시와 입차시간의 시의 차를 구한 후 60을 곱하여 분으로 환산
> ❷ 출차시간의 분과 입차시간의 분의 차를 구함
> ❸ ❶+❷ : 60+30의 결과 90을 출력함

**4** [I12] 셀에 『=CHOOSE(WEEKDAY(H12,1)❶,"일요일","월요일","화요일","수요일","목요일","금요일","토요일")❷』을 입력하고 [I17] 셀까지 수식을 복사합니다.

> ❶ 날짜를 입력받아 요일 번호로 반환함
> ❷ 2021-01-17은 요일 번호가 1이어서 첫 번째 값인 '일요일'을 출력함

# 실력점검문제 | 날짜/시간 함수 |

● 예제 및 정답 파일 : C:₩컴활2급₩2.계산작업₩5.날짜시간함수.xlsx

## 01 '날짜시간함수2' 시트에 대하여 다음의 지시사항을 처리하시오.

| | A | B | C | D | E | F | G | H | I |
|---|---|---|---|---|---|---|---|---|---|
| 1 | [표1] | 배송현황 | | | | [표2] | 회원현황 | | |
| 2 | 주문코드 | 주문일 | 배송기간 | 배송예정일 | | 성명 | 주민등록번호 | 나이 | |
| 3 | BCD001 | 2021-08-14(토) | 2 | 2021-08-17 | | 조재현 | 980723-1****** | 23 | |
| 4 | BCD002 | 2021-08-10(화) | 2 | 2021-08-12 | | 윤다현 | 990125-1****** | 22 | |
| 5 | BCD003 | 2021-09-08(수) | 3 | 2021-09-13 | | 양현지 | 951120-2****** | 26 | |
| 6 | BCD004 | 2021-09-05(일) | 5 | 2021-09-10 | | 김태한 | 971230-1****** | 24 | |
| 7 | BCD005 | 2021-09-10(금) | 8 | 2021-09-22 | | 이장혁 | 990519-1****** | 22 | |
| 8 | | | | | | | | | |
| 9 | [표3] | 임대 현황 | | | | [표4] | 대출현황 | | |
| 10 | 호수 | 계약시작일 | 계약기간(개월) | 계약만기일 | | 도서명 | 대여일 | 반납일 | 대여기간 |
| 11 | 201호 | 2021-06-16 | 12 | 2022-06-30 | | 엑셀2016 | 2021-01-06 | 2021-01-17 | 11 |
| 12 | 202호 | 2021-06-19 | 12 | 2022-06-30 | | 파포2016 | 2021-01-10 | 2021-01-20 | 10 |
| 13 | 203호 | 2021-07-24 | 24 | 2023-07-31 | | 한글2016 | 2021-02-08 | 2021-02-24 | 16 |
| 14 | 301호 | 2021-08-05 | 24 | 2023-08-31 | | 워드2016 | 2021-03-05 | 2021-03-08 | 3 |
| 15 | 302호 | 2021-06-29 | 12 | 2022-06-30 | | 워드2016 | 2021-05-05 | 2021-05-15 | 10 |

▲ 작업 결과

❶ [표1]에서 주문일[B3:B7]에 배송기간[C3:C7]이 지난 날짜를 배송예정일[D3:D7]에 구하시오.

▶ 배송기간에서 토요일과 일요일은 제외

▶ WEEKDAY, EDATE, WORKDAY 중 알맞은 함수를 선택하여 사용

❷ [표2]에서 주민등록번호[G3:G7]를 이용하여 나이[H3:H7]를 구하시오.

▶ 나이=현재 년도−주민등록번호 앞 두 자리−1900

▶ YEAR, TODAY, LEFT 함수 사용

❸ [표3]에서 계약시작일[B11:B15] 기준으로 계약기간(개월)[C11:C15]이 지난 날짜의 말일을 계약만기일[D11:D15]에 구하시오.

▶ DATE, EOMONTH, MONTH 중 알맞은 함수를 선택하여 사용

❹ [표4]에서 대여일[G11:G15]과 반납일[H11:H15]를 이용하여 대여기간[I11:I15]을 구하시오.

▶ TODAY, DATE, DAYS 중 알맞은 함수를 선택하여 사용

## ➕ 멘토의 한수

❶ [D3] 셀에 『=WORKDAY(B3,C3)』을 입력하고 [D7] 셀까지 수식을 복사

❷ [H3] 셀에 『=YEAR(TODAY())−LEFT(G3,2)−1900』을 입력하고 [H7] 셀까지 수식을 복사

❸ [D11] 셀에 『=EOMONTH(B11,C11)』을 입력하고 [D15] 셀까지 수식을 복사

❹ [I11] 셀에 『=DAYS(H11,G11)』을 입력하고 [I15] 셀까지 수식을 복사

# 데이터베이스 함수

| 무료 동영상 |

**학습목표**

데이터베이스 함수는 조건에 따른 합계, 평균, 개수, 최대, 최소값 등을 구하는 함수로 출제 빈도가 높아 반드시 반복 학습을 해야 하며 DSUM, DAVERAGE, DCOUNT, DCOUNTA, DMAX, DMIN 함수 등이 고르게 출제됩니다.

● **문제 및 정답 파일 : C:₩컴활2급₩2.계산작업₩6.데이터베이스함수.xlsx**

## 데이터베이스 함수

| ★DSUM | =DSUM(데이터베이스,필드,조건 범위) : 조건을 만족하는 필드의 합계를 구함 |
|---|---|
| ★DAVERAGE | =DAVERAGE(데이터베이스,필드,조건 범위) : 조건을 만족하는 필드의 평균을 구함 |
| DCOUNT | =DCOUNT(데이터베이스,필드,조건 범위) : 조건을 만족하는 필드의 숫자 개수를 구함 |
| DCOUNTA | =DCOUNTA(데이터베이스,필드,조건 범위) : 조건을 만족하는 필드의 공백을 제외한 개수를 구함 |
| DMAX | =DMAX(데이터베이스,필드,조건 범위) : 조건을 만족하는 필드의 최대값을 구함 |
| DMIN | =DMIN(데이터베이스,필드,조건 범위) : 조건을 만족하는 필드의 최소값을 구함 |

➕ 멘토의 한수

데이터베이스 함수는 종류가 많은 거 같지만, 기본 형식이 같고 함수명만 달라서 학습하기 쉽습니다.

| | A | B | C | D | E | F | G |
|---|---|---|---|---|---|---|---|
| 1 | | | 판매현황 | | | | |
| 2 | | 성명 | 부서명 | 상반기 | 하반기 | | |
| 3 | | 박재범 | 영업부 | 83,000 | 94,000 | | |
| 4 | | 최수영 | 기획부 | 54,000 | 87,000 | | |
| 5 | | 이동현 | 영업부 | 54,000 | 74,000 | | |
| 6 | | 김수연 | 기획부 | 77,000 | 56,000 | | |
| 7 | | 최재욱 | 영업부 | 78,000 | 86,000 | | |
| 8 | | | | | | | |
| 9 | | | | 부서명 | 하반기총합 | | |
| 10 | | | | 영업부 | =DSUM(B2:E7,E2,D9:D10) | | |

▷

| | A | B | C | D | E | F |
|---|---|---|---|---|---|---|
| 1 | | | 판매현황 | | | |
| 2 | | 성명 | 부서명 | 상반기 | 하반기 | |
| 3 | | 박재범 | 영업부 | 83,000 | 94,000 | |
| 4 | | 최수영 | 기획부 | 54,000 | 87,000 | |
| 5 | | 이동현 | 영업부 | 54,000 | 74,000 | |
| 6 | | 김수연 | 기획부 | 77,000 | 56,000 | |
| 7 | | 최재욱 | 영업부 | 78,000 | 86,000 | |
| 8 | | | | | | |
| 9 | | | | 부서명 | 하반기총합 | |
| 10 | | | | 영업부 | 254,000 | |

기본 형식 : =DSUM(데이터베이스, 필드, 조건 범위)
　　　　　　　　　　　　❶　　　　❷　　　❸

❶ 데이터베이스 범위는 필드를 포함한 표 전체 범위입니다.
❷ 필드는 계산(합계, 평균, 개수, 최대, 최소 등) 할 필드이며, 하반기 필드[E2] 대신에 하반기 필드가 4 번째 열에 있으므로 4를 입력해도 가능합니다.
❸ 조건 범위로서 고급 필터의 조건 작성 방법과 같습니다.

\* 기본 형식에서 DSUM의 함수명을 DAVERAGE로 변경하면 평균을 구하게 됩니다. 이처럼 함수명만 변경하면 최대(DMAX), 최소(DMIN), 숫자 개수(DCOUNT), 표준편차(DSTDEV), 분산(DVAR) 등을 쉽게 구할 수 있습니다.

## '데이터베이스함수1' 시트에 대하여 다음의 지시사항을 처리하시오.

| | A | B | C | D | E | F | G | H | I | J | K |
|---|---|---|---|---|---|---|---|---|---|---|---|
| 1 | [표1] | 직원평가 | | | | [표2] | 판매 현황 | | | | |
| 2 | 성명 | 소속 | 성별 | 점수 | | 품명 | 수량 | 단가 | 금액 | | |
| 3 | 김희철 | 기획부 | 남자 | 90 | | 파일 | 15 | 1,000 | 15,000 | | |
| 4 | 공현주 | 영업부 | 여자 | 85 | | 볼펜 | 20 | 1,500 | 30,000 | | |
| 5 | 박재범 | 영업부 | 남자 | 83 | | 샤프 | 40 | 1,000 | 40,000 | | |
| 6 | 최수영 | 기획부 | 여자 | 75 | | 테이프 | 20 | 1,500 | 30,000 | | <조건> |
| 7 | 한도현 | 기획부 | 남자 | 84 | | 포스트잇 | 10 | 1,000 | 10,000 | | 수량 |
| 8 | 기획부 점수의 합계 | | | 249 | | 금액의 평균 | | | 33,300 | | >=20 |
| 9 | | | | | | | | | | | |
| 10 | [표3] | 2021신입 사원 현황 | | | | [표4] | 직원 승진시험 현황 | | | | |
| 11 | 사원번호 | 희망부서 | 점수 | | | 성명 | 소속 | 성별 | 점수 | | |
| 12 | SA1204 | 영업부 | 79 | | | 김희철 | 기획부 | 남 | 90 | | |
| 13 | SA1206 | 기획부 | 85 | | | 공현주 | 기획부 | 여 | 85 | | |
| 14 | SA1209 | 기획부 | 98 | | | 박재범 | 영업부 | 남 | 83 | | |
| 15 | SA1210 | 기획부 | 97 | | | 최수영 | 기획부 | 여 | 75 | | |
| 16 | SA1211 | 영업부 | 100 | | <조건> | 한도현 | 기획부 | 남 | 84 | | |
| 17 | SA1213 | 총무부 | 79 | | 점수 | 차태일 | 영업부 | 여 | 85 | | |
| 18 | SA1215 | 영업부 | 74 | | >=80 | 기획부의 최소 점수와 최대 점수의차 | | | 15 | | |
| 19 | | | | | | | | | | | |
| 20 | 우수사원의 수 | | 4명 | | | | | | | | |
| 21 | | | | | | | | | | | |
| 22 | [표5] | 지역별 납품 현황 | | | | [표6] | 점수 현황 | | | | |
| 23 | 지역 | 납품일 | 납품처 | | | 성명 | 지역코드 | 면접 | 실기 | | |
| 24 | 서울 | 2021-04-05 | 제일상사 | | | 박재범 | S02-1-Q | 83 | 94 | | |
| 25 | 경기 | 2021-05-06 | 상진상사 | | | 최수영 | S04-3-O | 54 | 87 | | |
| 26 | 서울 | 2021-05-15 | 태광상사 | | | 이동현 | K03-5-L | 54 | 74 | | |
| 27 | 경기 | 2021-06-08 | 우리상사 | | | 김수연 | K01-2-H | 77 | 56 | | |
| 28 | 경기 | 2021-06-25 | 날개상사 | | | 최재욱 | S05-4-R | 78 | 86 | | |
| 29 | 서울 | 2021-06-26 | 성안상사 | | | | | | | | |
| 30 | | | | | | | 지역코드 | 면접평균 | | | |
| 31 | | 지역 | 경기납품처수 | | | | S* | 71.66 | | | |
| 32 | | 경기 | 3 | | | | | | | | |

▲ 작업 결과

**1** [표1]에서 소속[B3:B7]이 '기획부'인 점수[D3:D7]의 합계를 [D8] 셀에 계산하시오.

　▶ DMIN, DMAX, DAVERAGE, DSUM 중 알맞은 함수를 선택하여 사용

**2** [표2]에서 수량[G3:G7]이 20 이상인 금액[I3:I7]의 평균을 [I8] 셀에 계산하시오.

　▶ 조건은 [K7:K8] 영역에 입력
　▶ 결과값은 십의 단위에서 반올림하여 표시 [표시 예 : 33,333 → 33,300]
　▶ DAVERAGE, ROUND 함수 사용

**3** [표3]에서 점수[C12:C18]가 80점 이상인 우수사원의 수를 [C20] 셀에 구하시오.

　▶ 조건은 [D17:D18] 영역에 입력
　▶ 숫자 뒤에 '명'을 표시 [표시 예 : 5명]
　▶ DCOUNT 함수와 & 연산자 사용

**4** [표4]에서 소속[G12:G17]이 '기획부'인 점수 중에서 최소 점수와 최대 점수의 차를 계산하여 절대값으로 [I18] 셀에 구하시오.

　▶ DMIN, DMAX, ABS 함수 사용

**5** [표5]에서 지역[A24:A29]이 '경기'인 납품처의 개수를 [C32] 셀에 구하시오.

　▶ 조건은 [B31:B32] 영역에 입력
　▶ DMIN, DMAX, DCOUNTA, DSUM 중 알맞은 함수를 선택하여 사용

**6** [표6]에서 '지역코드'[G24:G28]가 'S'로 시작하는 '면접'[H24:H28] 점수의 평균을 [I31] 셀에 계산하시오.

　▶ 조건은 [H30:H31] 영역에 입력
　▶ 평균은 소수 둘째 자리까지 내림하여 표시 [표시 예 : 71.6666 → 71.66]
　▶ DAVERAGE, ROUNDDOWN 함수 사용

---

**풀이**

**1** [E28] 셀에 『=DSUM(A2:D7,D2,B2:B3)』을 입력합니다.
　　　　　　❶

❶ 전체 범위[A2:D7]에서 소속이 '기획부'인[B2:B3], 점수[D2]의 평균인 249를 구함
　* 점수 필드 [D2] 셀 대신에 4를 입력해도 됨

**2** 조건을 그림과 같이 『수량』, 『>=20』을 입력합니다.

| ⚠ | J | K |
|---|---|---|
| 5 | | |
| 6 | | <조건> |
| 7 | | 수량 |
| 8 | | >=20 |
| 9 | | |

[I8] 셀에 『=ROUND(DAVERAGE(F2:I7,I2,K7:K8), -2)』를 입력합니다.

❶ ❷

❶ 전체 범위[F2:I7]에서 수량이 '>=20'인 [K7:K8], 금액[I2]의 평균 33,333을 구함
  * 금액 필드[I2] 대신에 4를 입력해도 됨
❷ =ROUNDDOWN(❶,-2) : ❶의 값인 33,333의 값을 백의 자리에서 내림하여 33,300을 구함

**3** 조건을 그림과 같이 『점수』, 『>=80』을 입력합니다.

| ⚠ | D | E |
|---|---|---|
| 16 | <조건> | |
| 17 | 점수 | |
| 18 | >=80 | |
| 19 | | |

[C20] 셀에 『=DCOUNT(A11:C18,C11,D17:D18)&"명"』을 입력합니다.

❷
❶

❶ 전체 범위[A11:C18]에서 점수가 '>=80'인 [D17:D18], 점수[C11]의 개수 4를 구함
❷ =❶&"명" : ❶의 결과인 4 뒤에 '명'을 붙여 4명을 구함

**4** [I18] 셀에 『=ABS(DMIN(F11:I17,I11,G11:G12)－DMAX(F11:I17, I11,G11:G12))』를 입력합니다.

❸
❶ ❷

❶ 전체 범위[F11:I17]에서 소속이 '기획부'인 [G11:G12], 점수[I11]의 최소값 75를 구함
❷ 전체 범위[F11:I17]에서 소속이 '기획부'인 [G11:G12], 점수[I11]의 최대값 90을 구함
❸ =ABS(❶-❷) : 75-90의 결과인 -15에서 절대값인 15를 구함

**5** 조건을 그림과 같이 『지역』, 『경기』를 입력합니다.

| ⚠ | A | B |
|---|---|---|
| 30 | | |
| 31 | | 지역 |
| 32 | | 경기 |

[E28] 셀에 『=DCOUNTA(A23:C29,C23,B31:B32)』를 입력합니다.

❶

❶ 전체 범위[A23:C29]에서 지역이 '경기'인 [B31:B32], 납품처[C23]의 개수 3을 구함

**6** 조건을 그림과 같이 『지역코드』, 『S*』를 입력합니다.

| ⚠ | G | H |
|---|---|---|
| 30 | | 지역코드 |
| 31 | | S* |

[E28] 셀에 『=ROUNDDOWN(DAVERAGE(F23:I28,H23,H30:H31),2)』를 입력합니다.

❶
❷

❶ 전체 범위[F23:I28]에서 지역코드가 S로 시작하는 [H30:H31], 면적[H23]의 평균 71.6666 을 구함
❷ =ROUNDDOWN(❶,2) : ❶의 값인 71.6666의 값을 소수점 셋째 자리에서 내림하여 71.66을 구함

◉ 예제 및 정답 파일 : C:₩컴활2급₩2.계산작업₩6.데이터베이스함수.xlsx

## 01 '데이터베이스함수2' 시트에 대하여 다음의 지시사항을 처리하시오.

| | A | B | C | D | E | F | G | H | I | J | K |
|---|---|---|---|---|---|---|---|---|---|---|---|
| 1 | [표1] | 문구 판매 현황 | | | | [표2] | 직원평가 | | | | |
| 2 | 품명 | 수량 | 단가 | 금액 | | 성명 | 소속 | 성별 | 점수 | | |
| 3 | 파일 | 15 | 1,000 | 15,000 | | 김희철 | 기획부 | 남자 | 75 | | |
| 4 | 볼펜 | 20 | 1,500 | 30,000 | | 공현주 | 영업부 | 여자 | 75 | | |
| 5 | 샤프 | 40 | 1,000 | 40,000 | | 박재범 | 영업부 | 남자 | 80 | | |
| 6 | 테이프 | 20 | 1,500 | 30,000 | | 최수영 | 기획부 | 여자 | 60 | | |
| 7 | 포스트잇 | 10 | 1,000 | 10,000 | | 한도현 | 기획부 | 남자 | 85 | | |
| 8 | | | | | | | | | | | |
| 9 | | | 수량 | 금액의 총합 | | | | 성별 | 점수차 | | |
| 10 | | | >=20 | 100,000 | | | | 여자 | 12.5 | | |
| 11 | | | | | | | | | | | |
| 12 | [표3] | 직위별 점수 현황 | | | | [표4] | 출고현황 | | | | |
| 13 | 성명 | 소속 | 직위 | 점수 | | 대리점 | 단가 | 출고수량 | 판매금액 | | |
| 14 | 김수연 | 기획부 | 대리 | 90 | | 금성물산 | 1,600 | 40 | 64,000 | | |
| 15 | 한율아 | 영업부 | 사원 | 85 | | 우주상사 | 1,500 | 58 | 87,000 | | |
| 16 | 김민청 | 영업부 | 대리 | 83 | | 신안물산 | 3,000 | 100 | 300,000 | | |
| 17 | 장소영 | 기획부 | 사원 | 75 | | 삼성상사 | 2,900 | 99 | 287,100 | | 대리점 |
| 18 | 최대철 | 기획부 | 대리 | 84 | | 제일상사 | 1,400 | 54 | 75,600 | | *상사 |
| 19 | 기획부 대리 점수의 합계 | | | 174 | | 최대판매금액 | | | 287,100 | | |
| 20 | | | | | | | | | | | |
| 21 | [표5] | 생산현황 | | | | [표6] | 인사 자료 | | | | |
| 22 | 제품코드 | 생산원가 | 생산량 | 제품명 | | 성명 | 소속 | 평점 | | | |
| 23 | K01-2-A | 15,000 | 1,500 | 키보드 | | 이진수 | 관리부 | 84 | | | |
| 24 | Z05-4-K | 250,000 | 600 | 스캐너 | | 박희동 | 관리부 | 61 | | | |
| 25 | S04-3-K | 100,000 | 850 | 모니터 | | 김영철 | 영업부 | 69 | | | |
| 26 | C03-5-A | 180,000 | 700 | 프린터 | | 김남영 | 경리부 | 67 | | | |
| 27 | Z05-4-K | 235,000 | 550 | 스캐너 | | 강성찬 | 관리부 | 69 | | | |
| 28 | D02-1-A | 13,000 | 1,750 | 마우스 | | 이소희 | 영업부 | 67 | | | |
| 29 | S04-3-K | 115,000 | 900 | 모니터 | | 최영희 | 경리부 | 65 | | | |
| 30 | | | | | | 관리부 사원수 | | 3 | | | |
| 31 | | | 제품코드 | 최소 생산량 | | | | | | | |
| 32 | | | *A | 700 | | | | | | | |

▲ 작업 결과

❶ [표1]에서 수량[B3:B7]이 20개 이상인 금액[D3:D7]의 합계를 [D10] 셀에 계산하시오.

▶ 조건은 [C9:C10] 영역에 입력

▶ DSUM, DMAX, DAVERAGE 중 알맞은 함수를 선택하여 사용

❷ [표2]에서 '남자'와 '여자' 사원의 점수 평균 차를 계산하여 [I10] 셀에 표시하시오.

▶ 조건은 입력되어 있는 데이터를 이용

▶ DAVERAGE, DSUM, DCOUNT 중 알맞은 함수를 선택하여 사용

❸ [표3]에서 소속[B14:B18]이 '기획부'이면서 직위[C14:C18]가 '대리'인 사원의 '점수'의 합계를 [D19] 셀에 계산하시오.

▶ 조건은 입력되어 있는 데이터를 이용

▶ DSUM, DAVERAGE, DSTDEV 중 알맞은 함수를 선택하여 사용

❹ [표4]에서 대리점[F14:F18] 이름이 '상사'로 끝나는 대리점 중에서 최대 판매금액을 [I19] 셀에 표시하시오.

▶ 조건은 [K17:K18] 영역에 입력

▶ DMIN, DMAX, DAVERAGE, DSUM 중 알맞은 함수를 선택하여 사용

❺ [표5]에서 제품코드[A23:A29]가 'A'로 끝나는 제품의 최소 생산량을 구하여 [D32] 셀에 표시하시오.

▶ 조건은 [C31:C32] 영역에 입력

▶ DMAX, DMIN, DCOUNT 중 알맞은 함수를 선택하여 사용

❻ [표6]에서 소속[G23:G29]이 '관리부'인 사원의 인원을 구하여 [H30] 셀에 표시하시오.

▶ DMIN, DMAX, DAVERAGE, DCOUNTA 중 알맞은 함수를 선택하여 사용

---

➕ 멘토의 한수

❶ 조건 [C9] 셀에 『수량』, [C10] 셀에 『>=20』을 입력한 후 [D10] 셀에 『=DSUM(A2:D7,D2,C9:C10)』을 입력

❷ [I10] 셀에 『=DAVERAGE(F2:I7,I2,H2:H3)-DAVERAGE(F2:I7,I2,H9:H10)』을 입력

❸ [D19] 셀에 『=DSUM(A13:D18,D13,B13:C14)』를 입력

❹ 조건 [K17] 셀에 『대리점』, [K18] 셀에 『*상사』를 입력한 후 [I19] 셀에 『=DMAX(F13:I18,I13,K17:K18)』을 입력

❺ 조건 [C31] 셀에 『제품코드』, [C32] 셀에 『*A』를 입력한 후 [D32] 셀에 『=DMIN(A22:D29,C22,C31:C32)』를 입력

❻ [H30] 셀에 『=DCOUNTA(F22:H29,H22,G22:G23)』을 입력

# 논리 함수

| 무료 동영상 |

**학습목표**

논리 함수는 조건의 참과 거짓에 따라 출력값을 다르게 표시하는 함수이며, IF, AND, OR, IFERROR 등이 있고, 논리 함수는 하나 이상이 반드시 출제되며 주로 문자열 함수(LEFT, RIGHT, MID), 날짜 시간 함수(YEAR, MONTH, TODAY), 통계 함수(AVERAGE, COUNT) 등 다양한 함수와 함께 중복되어 출제됩니다.

◉ **문제 및 정답 파일 :** C:₩컴활2급₩2.계산작업₩7.논리함수.xlsx

## ★ 1 IF : 조건 판단

| 구문 | =IF(조건,참값,거짓값) : 조건을 만족하면 참값을, 만족하지 않으면 거짓값을 출력함 |
|------|------|
| 예제 | =IF(1)=0,"양수","음수") → 1은 0 이상이므로 참값인 "양수"를 반환 |

## ★ 2 AND : 논리곱

| 구문 | =AND(조건1,조건2,...) : 여러 조건을 모두 만족하면 참(TRUE)을 표시 |
|------|------|
| 예제 | =AND(1)=0,3)=0) → 조건식이 모두 참이므로 TRUE 값을 반환 |

## ★ 3 OR : 논리합

| 구문 | =OR(조건1,조건2,...) : 여러 조건 중 하나라도 만족하면 참(TRUE)을 표시 |
|------|------|
| 예제 | =AND(1)=0,3(=0) → 조건식 중 첫 번째 조건(1)=0)이 참이므로 TRUE 값을 반환 |

## 4 NOT : 논리역

| 구문 | =NOT(논리식) : 논리식 결과값의 반대를 표시함, 즉 결과가 참(TRUE)이면 거짓(FALSE)을 표시하고, 거짓(FALSE)이면 참(TRUE)을 표시 |
|------|------|
| 예제 | =NOT(1)=0) → TRUE의 반대 값 FALSE를 반환 |

## 5 IFERROR : 오류가 발생하면 지정한 값을 반환합니다.

| 구문 | =IFERROR(인수,오류 시 표시값) : 인수의 결과과 오류이면 입력된 문자로 오류를 대체함<br>IFERROR 함수가 찾을 수 있는 에러의 종류 : #N/A , #VALUE! , #REF! , #DIV/0! , #NUM! , #NAME? , #NULL! |
|---|---|
| 예제 | =IFERROR("없음"/10, "입력오류") → "없음" 문자를 10으로 나누면 #VALUE! 오류가 나타나며 #VALUE!를 "입력오류" 문자로 반환 |

## 6 IFS : 다중 조건 함수

| 구문 | =IFS(조건1,값1,조건2,값2,TRUE,그 외의 값) : 조건1을 만족하면 값1을 출력하고, 조건2를 만족하면 값2를 출력하고, 그 외는 TRUE 뒤의 값을 출력함<br>IFS 함수는 기존의 다중 중첩함수를 쉽게 사용하기 위한 함수로 오피스 2019 이후 버전부터 사용할 수 있음 |
|---|---|
| 예제 | =IFS(A1>=80,"통과",A1>=60,"재시험",TRUE,"탈락") → A1의 값이 80 이상이면 '통과', 60 이상이면 '재시험' 그 외의 점수는 '탈락'을 반환 |

## 7 SWITCH : 비교할 값과 일치하면 값을 반환하는 논리함수

| 구문 | =SWITCH(변환할 값,비교할 값1,결과1,비교할 값2,결과2)<br>SWITCH 함수는 다중 중첩함수 및 CHOOSE 함수 등을 개선한 함수로 2019 이후 버전에서 사용할 수 있음 |
|---|---|
| 예제 | =SWITCH(A1,"A","영업부","B","총무부","마케팅부") → A1의 입력값이 'A'이면 '영업부', 'B'이면 '총무부', 그 외는 '마케팅부'를 반환함 |

**'논리함수1'** 시트에 대하여 다음의 지시사항을 처리하시오.

| | A | B | C | D | E | F | G | H | I | J | K |
|---|---|---|---|---|---|---|---|---|---|---|---|
| 1 | [표1] | | 학과 정보 | | | [표2] | | 국가경쟁력 분석 | | | |
| 2 | 학번 | 이름 | 성별 | 학과 | | 항목 | 20년 순위 | 21년 순위 | 분석 | | |
| 3 | 2021A01 | 한성일 | 남 | 전자과 | | 고등교육 | 6 | 21 | 하락 | | |
| 4 | 2021B01 | 이천식 | 남 | 경영과 | | 상품시장 | 16 | 28 | 하락 | | |
| 5 | 2021A02 | 김한석 | 남 | 전자과 | | 노동시장 | 24 | 24 | 유지 | | |
| 6 | 2021C01 | 박정희 | 여 | 컴퓨터과 | | 금융시장 | 27 | 49 | 하락 | | |
| 7 | 2021B02 | 성진아 | 여 | 경영과 | | 기술수용 | 7 | 2 | 상승 | | |
| 8 | 2021C02 | 김명석 | 남 | 컴퓨터과 | | 시장규모 | 11 | 4 | 상승 | | |
| 9 | | | | | | | | | | | |
| 10 | [표3] | | 공정간 작업 현황 | | | [표4] | | 학생현황 | | | |
| 11 | 공정 | 오차율 | 생산량 | 판정 | | 성명 | 주민등록번호 | | 성별 | | |
| 12 | B공정 | 1.2% | 6,882 | 재작업 | | 조재현 | 980723-1****** | | 남자 | | |
| 13 | A공정 | 0.6% | 5,409 | 합격 | | 윤다현 | 010125-3****** | | 남자 | | |
| 14 | C공정 | 0.8% | 2,574 | 재작업 | | 양현지 | 951120-2****** | | 여자 | | |
| 15 | E공정 | 1.3% | 2,139 | 재작업 | | 김태한 | 971230-1****** | | 남자 | | |
| 16 | D공정 | 0.8% | 8,163 | 합격 | | 이장혁 | 990519-1****** | | 남자 | | |
| 17 | F공정 | 0.8% | 5,000 | 합격 | | 민새롬 | 010706-4****** | | 여자 | | |
| 18 | | | | | | | | | | | |
| 19 | [표5] | | 경시대회 수상 현황 | | | [표6] | | 최종 합격 결과 | | | |
| 20 | 수험번호 | 성명 | 획득점수 | 수상 | | 성명 | 1차 | 2차 | 3차 | 평균 | 합격여부 |
| 21 | 120368 | 박재범 | 190 | | | 한인철 | 78 | 65 | 64 | 69 | 합격 |
| 22 | 120625 | 최수영 | 539 | 금상 | | 김인영 | 49 | 50 | 57 | 52 | 불합격 |
| 23 | 120615 | 한도현 | 426 | 동상 | | 이인혜 | 66 | 54 | 87 | 69 | 합격 |
| 24 | 120248 | 이동현 | 250 | | | 차태연 | 48 | 70 | 74 | 64 | 불합격 |
| 25 | 120357 | 김수연 | 486 | 은상 | | 고인경 | 80 | 60 | 70 | 70 | 합격 |
| 26 | 120316 | 최재욱 | 360 | | | 진시영 | 50 | 58 | 48 | 52 | 불합격 |
| 27 | 120395 | 최범식 | 200 | | | 최인철 | 89 | 75 | 55 | 73 | 합격 |
| 28 | 120574 | 김수정 | 353 | | | 강만호 | 78 | 69 | 39 | 62 | 불합격 |
| 29 | | | | | | | | | | | |
| 30 | [표7] | | 성적현황 | | | [표8] | | 사원 현황 | | | |
| 31 | 학과 | 성별 | 점수 | 성적 | | 사원코드 | 사원명 | 나이 | 부서명 | 등급 | |
| 32 | 한인철 | 남 | 80 | B | | A2012 | 김아람 | 66 | 영업부 | 정규직 | |
| 33 | 김인영 | 여 | 59 | F | | A2013 | 나영희 | 48 | 영업부 | 정규직 | |
| 34 | 차태연 | 남 | 74 | C | | C0023 | 박시영 | 32 | 영업부 | 파견직 | |
| 35 | 고인경 | 남 | 82 | B | | B2536 | 임영아 | 29 | 생산부 | 계약직 | |
| 36 | 진시영 | 여 | 68 | D | | C0324 | 안효동 | 46 | 생산부 | 파견직 | |
| 37 | 김수연 | 여 | 70 | C | | A1253 | 이신세 | 33 | 생산부 | 정규직 | |
| 38 | 한율아 | 여 | 77 | C | | B2045 | 이순호 | 52 | 관리부 | 계약직 | |

▲ 작업 결과

**1** [표1]에서 학번[A3:A8]의 다섯 번째 자리가 'A'이면 '전자과', 'B'이면 '경영과', 그 외에는 '컴퓨터과'를 학과[D3:D8]에 표시하시오.

▶ IF와 MID 함수 사용

**2** [표2]에서 항목[F3:F8]별로 20년 순위[G3:G8]와 21년 순위[H3:H8]를 비교하여 20년보다 순위가 올랐으면 '상승', 같은 경우 '유지', 내려갔으면 '하락'으로 분석[I3:I8]에 표시하시오.

   ▶ 순위를 비교하여 숫자가 낮으면 '상승'임

   ▶ IF, SUMIF, AVERAGEIF 중 알맞은 함수를 선택하여 사용

**3** [표3]에서 오차율[B12:B17]이 1% 미만이고 생산량[C12:C17]이 5,000 이상이면 '합격', 아니면 '재작업'으로 판정[D12:D17]에 표시하시오.

   ▶ IF와 AND 함수 사용

**4** [표4]에서 주민등록번호[G12:G17]의 8번째 자리가 1 또는 3이면 '남자', 그 외는 '여자'를 성별[H12:H17]에 표시하시오.

   ▶ IF, OR, MID 함수 사용

**5** [표5]에서 획득점수[C21:C28]를 기준으로 순위가 1등이면 '금상', 2등이면, '은상', 3등이면 '동상'을 나머지는 공백으로 수상[D21:D28]에 표시하시오.

   ▶ 획득점수가 가장 높은 사람이 1위

   ▶ IFERROR, CHOOSE, RANK.EQ 함수 사용

**6** [표6]에서 1차[G21:G28], 2차[H21:H28], 3차[I21:I28] 점수가 50 이상이면서 평균[J21:J28]이 60 이상이면 '합격', 아니면 '불합격'을 합격여부[K21:K28]에 표시하시오.

   ▶ IF, COUNTIF, AND 함수 사용

**7** [표7]에서 점수[C32:C38]에 대한 성적을 [D32:D38] 영역에 구하시오.

   ▶ 점수가 90 이상이면 A, 80 이상이면 B, 70 이상이면 C, 60 이상이면 D, 그 외는 F

   ▶ IFS 함수 사용

**8** [표8]에서 사원코드[F32:F38]를 기준으로 등급을 [J32:J38] 영역에 구하시오.

   ▶ 사원코드의 앞에 문자가 A이면 정규직, B이면 계약직, C이면 파견직

   ▶ SWITCH, LEFT 함수 사용

**1** [D3] 셀에 『=IF(MID(A3,5,1)="A","전자과",IF(MID(A3,5,1)="B","경영
과","컴퓨터과"))』를 입력하고 [D8] 셀까지 수식을 복사합니다.

    ❶ 학번의 5번째 1글자를 추출하여 'A'와 같은지 비교하여 참이면 '전자과'를 출력
    ❷ 학번의 5번째 1글자를 추출하여 'B'와 같은지 비교하여 참이면 '경영과'를 출력, 아니면 '컴퓨
      터과'를 출력

**2** [I3] 셀에 『=IF(G3>H3,"상승",IF(H3=G3,"유지","하락"))』을 입력하고 [I8]
셀까지 수식을 복사합니다.

    ❶ 20년 순위와 21년 순위를 비교하여 20년 순위의 숫자가 더 크면 '상승'
    ❷ 20년 순위와 21년 순위가 같으면 '유지'를 출력, 아니면 '하락'을 출력

**3** [D12] 셀에 『=IF(AND(B12<1%,C12>=5000),"합격","재작업")』을 입력하고
[D17] 셀까지 수식을 복사합니다.

    ❶ 오차율이 1% 미만인 조건
    ❷ 생산량이 5000 이상인 조건
    ❸ =IF(AND(❶,❷),"합격","재작업") : ❶, ❷조건을 모두 만족하면 '합격'을 출력, 아니면 '재작업' 출력

**4** [H12] 셀에 『=IF(OR(MID(G12,8,1)="1",MID(G12,8,1)="3"),"남자","여자")』
를 입력하고 [H17] 셀까지 수식을 복사합니다.

    ❶ 주민등록번호의 8번째 1자리가 1과 같은지 비교(MID로 추출한 1은 숫자가 아닌 문자이므로 "1"로
      비교해야 합니다.)
    ❷ 주민등록번호의 8번째 1자리가 3과 같은지 비교
    ❸ IF(OR(❶,❷),"남자","여자") : ❶, ❷ 조건 중 하나라도 만족하면 '남자'를 출력, 아니면 '여자'를 출력

**5** [D21] 셀에 『=IFERROR(CHOOSE(RANK.EQ(C21,$C$21:$C$28),"금상",
"은상","동상")," ")』을 입력하고 [D28] 셀까지 수식을 복사합니다.

    ❶ 순위를 구하여 1이면 1번째 값 '금상'을 출력, 2이면 '은상', 3이면 '동상'을 출력하고, 4~8위
      까지는 오류가 남
    ❷ IFERROR(❶," ") : ❶의 값이 오류(#VALUE)가 나면 공백으로 변환하여 출력함

6 [K21] 셀에 『=IF(AND(COUNTIF(G21:I21,"〉=50")=3,J21〉=60),"합격","불합격")』을 입력하고 [K28] 셀까지 수식을 복사합니다.

**❶** 1차~3차의 점수가 50 이상의 개수가 3개인지 알아보는 조건
**❷** 평균이 60 이상인지 알아보는 조건
**❸** =IF(AND(❶,❷),"합격","불합격") : ❶, ❷ 조건을 모두 만족하면 '합격' 출력, 아니면 '불합격' 출력

7 [D32] 셀에 『=IFS(C32〉=90,"A",C32〉=80,"B",C32〉=70,"C",C32〉=60,"D",TRUE,"F")』 수식을 입력하고 [D38] 셀까지 수식을 복사합니다.

**❶** 조건을 만족하면 출력값(A, B, C, D)을 표시
**❷** 조건 외의 값은 'F'를 출력

8 [J32] 셀에 『=SWITCH(LEFT(F32,1),"A","정규직","B","계약직","C","파견직")』 수식을 입력하고 [J38] 셀까지 수식을 복사합니다

**❶** 사원코드 왼쪽 한 글자를 출력
**❷** ❶에서 출력한 값이 A이면 정규직, B이면 계약직, C이면 파견직을 출력

◉ 예제 및 정답 파일 : C:₩컴활2급₩2.계산작업₩7.논리함수.xlsx

## 01 '논리함수2' 시트에 대하여 다음의 지시사항을 처리하시오.

| | A | B | C | D | E | F | G | H | I | J | K |
|---|---|---|---|---|---|---|---|---|---|---|---|
| 1 | [표1] | | 신입사원 평가결과 | | | | [표2] | 성적표 | | | |
| 2 | 사원번호 | 성명 | 인사점수 | 평가 | | | 성명 | 1차점수 | 2차점수 | 평가 | |
| 3 | 2020A01 | 한인철 | 785 | 우수 | | | 김아람 | 80 | 82 | | |
| 4 | 2020B01 | 김인영 | 658 | | | | 나영희 | 92 | 80 | | |
| 5 | 2020A02 | 이인혜 | 800 | 우수 | | | 박시영 | 92 | 98 | 우수 | |
| 6 | 2020C01 | 차태연 | 900 | 우수 | | | 임영아 | 64 | 87 | | |
| 7 | 2020B02 | 고인경 | 524 | | | | 안효동 | 86 | 92 | 우수 | |
| 8 | 2020C02 | 진시영 | 426 | | | | 이신세 | 87 | 67 | | |
| 9 | | | | | | | | | | | |
| 10 | [표3] | | 2021년 성적 현황 | | | | [표4] | 치과 고객 현황 | | | |
| 11 | 성명 | 국어 | 영어 | 수학 | 판정 | | 고객코드 | 1차검사 | 2차검사 | 3차검사 | 진단결과 |
| 12 | 한수정 | 75 | 73 | 80 | 불합격 | | A001 | 3 | 3 | 4 | 주의 |
| 13 | 김정호 | 79 | 71 | 70 | 불합격 | | A002 | 2 | 5 | 5 | 주의 |
| 14 | 이아름 | 71 | 68 | 64 | 불합격 | | A003 | 4 | 4 | 6 | 주의 |
| 15 | 김진수 | 80 | 82 | 78 | 합격 | | A004 | 2 | 3 | 3 | 주의 |
| 16 | 최영호 | 77 | 75 | 79 | 불합격 | | A005 | 2 | 2 | 5 | 주의 |
| 17 | 장만수 | 88 | 83 | 79 | 합격 | | A006 | 5 | 5 | 7 | 치료 |
| 18 | 한강호 | 84 | 78 | 70 | 불합격 | | A007 | 5 | 6 | 6 | 치료 |
| 19 | 김동철 | 80 | 94 | 94 | 합격 | | A008 | 1 | 2 | 2 | 주의 |
| 20 | | | | | | | | | | | |
| 21 | [표5] | | 경기 결과 | | | | [표6] | 제품 검사 현황 | | | |
| 22 | 팀명 | 1차대회 | 2차대회 | 총점 | 결과 | | 제품코드 | 검사일 | 검사결과 | 판정 | |
| 23 | 불사조 | 98 | 90 | 188 | 본선진출 | | ABCD-01 | 10월 10일 | G1111 | | |
| 24 | 자이언츠 | 85 | 88 | 173 | | | ABCD-02 | 10월 10일 | G2222 | | |
| 25 | 라이징 | 94 | 81 | 175 | | | ABCD-03 | 10월 10일 | G1111 | | |
| 26 | 천하무적 | 68 | 91 | 159 | | | ABCD-04 | 10월 10일 | G5555 | 불량 | |
| 27 | 블루파인 | 77 | 90 | 167 | | | ABCD-05 | 10월 10일 | G7777 | 불량 | |
| 28 | 신기루 | 86 | 93 | 179 | 본선진출 | | ABCD-06 | 10월 12일 | G3333 | | |
| 29 | 블랙이글 | 91 | 90 | 181 | 본선진출 | | ABCD-07 | 10월 12일 | G7777 | 불량 | |
| 30 | | | | | | | | | | | |
| 31 | [표7] | | 접수현황 | | | | [표8] | 제품생산 현황 | | | |
| 32 | 접수일 | 성명 | 지역 | 학교 | 비고 | | 제품코드 | 생산팀 | 생산량 | 분류 | |
| 33 | 2023-01-06 | 김보라 | 경기 | 상공고 | 정시 | | HAN04A | 생산2팀 | 366 | 코드오류 | |
| 34 | 2023-09-01 | 김시철 | 서울 | 성안고 | 수시 | | HAN01C | 생산2팀 | 429 | 컴퓨터 | |
| 35 | 2023-04-15 | 이수진 | 경기 | 제일고 | | | HAN03A | 생산2팀 | 389 | 건조기 | |
| 36 | 2023-01-01 | 이하늘 | 충청 | 은하고 | 정시 | | HAN03C | 생산3팀 | 189 | 건조기 | |
| 37 | 2023-07-01 | 송진희 | 서울 | 성안고 | | | HAN02A | 생산1팀 | 546 | 냉장고 | |
| 38 | 2023-09-28 | 최승민 | 전라 | 평화고 | 수시 | | HAN02B | 생산3팀 | 575 | 냉장고 | |

▲ 작업 결과

❶ [표1]에서 인사점수[C3:C8]가 전체 인사점수의 평균 이상이면 '우수', 그렇지 않으면 공백을 평가 [D3:D8]에 표시하시오.

  ▶ IF와 AVERAGE 함수 사용

❷ [표2]에서 1차점수[H3:H8]가 1차점수의 평균 이상이고, 2차점수[I3:I8]가 2차점수의 평균 이상이면 '우수', 그렇지 않으면 공백으로 평가[J3:J8]에 표시하시오.

　▶ IF, AND, AVERAGE 함수 사용

❸ [표3]에서 국어[B12:B19] 점수가 80점 이상이고 영어점수[C12:C19]나 수학점수[D12:C19]가 80점 이상이면 '합격', 그렇지 않으면 '불합격'이라고 판정[E12:E19]에 표시하시오.

　▶ IF, AND, OR 함수 사용

❹ [표4]에서 1차검사[H12:H19], 2차검사[I12:I19], 3차검사[J12:J19] 결과가 각각 4 이상이고, 고객코드별 1차검사~3차검사 결과의 평균이 5 이상이면 '치료', 그렇지 않으면 '주의'를 진단결과[K12:K19]에 표시하시오.

　▶ IF, AND, AVERAGE 힘수 사용

❺ [표5]에서 총점[D23:D29]을 기준으로 순위를 구하여 1~3위는 '본선진출', 나머지는 공백으로 결과[E23:E29]에 표시하시오.

　▶ IF, COUNTIF, SUMIF, RANK.EQ 중 알맞은 함수를 선택하여 사용

❻ [표6]에서 검사결과[I23:I29]의 두 번째 문자가 4 이하일 경우 공백을, 이외에는 '불량'을 판정[J23:J29]에 표시하시오.

　▶ IFERROR, CHOOSE, MID 함수 사용

❼ [표7]에서 접수일[A33:A38]의 월이 1월이면 정시, 9월이면 수시, 그 외는 공백으로 비고[E33:E38]에 표시하시오.

　▶ IFS, MONTH 함수 사용

❽ [표8]에서 제품코드[G33:G38]의 다섯 번째 문자가 '1'이면 '컴퓨터', '2'이면 '냉장고', '3'이면 '건조기', '4'이면 '코드오류'를 분류[J33:J38]에 표시하시오.

　▶ SWITCH, MID 함수 사용

➕ 멘토의 한수

❶ [D3] 셀에 『=IF(C3>=AVERAGE($C$3:$C$8),"우수","")』를 입력하고 [D8] 셀까지 수식을 복사

❷ [J3] 셀에 『=IF(AND(H3>=AVERAGE($H$3:$H$8),I3>=AVERAGE($I$3:$I$8)),"우수","")』를 입력하고 [J8] 셀까지 수식을 복사

❸ [E12] 셀에 『=IF(AND(B12>=80,OR(C12>=80,D12>=80)),"합격","불합격")』을 입력하고 [E19] 셀까지 수식을 복사

❹ [K12] 셀에 『=IF(AND(H12>=4,I12>=4,J12>=4,AVERAGE(H12:J12)>=5),"치료","주의")』를 입력하고 [K19] 셀까지 수식을 복사

❺ [E23] 셀에 『=IF(RANK.EQ(D23,$D$23:$D$29)<=3,"본선진출","")』을 입력하고 [E29] 셀까지 수식을 복사

❻ [J23] 셀에 『=IFERROR(CHOOSE(MID(I23,2,1),"","","",""),"불량")』을 입력하고 [J29] 셀까지 수식을 복사

❼ [E33] 셀에 『=IFS(MONTH(A33)=1,"정시",MONTH(A33)=9,"수시",TRUE,"")』를 입력하고 [E38] 셀까지 수식을 복사

❽ [J33] 셀에 『=SWITCH(MID(G33,5,1),"1","컴퓨터","2","냉장고","3","건조기","4","코드오류")』를 입력하고 [J38] 셀까지 수식을 복사

# Chapter 08 찾기/참조 함수

**학습목표**

찾기/참조 함수는 값을 특정 범위에서 같은 값을 찾아 표시하는 함수로 VLOOKUP, HLOOKUP, CHOOSE, INDEX, MATCH 함수 등이 출제되고 있으며 반드시 한 문제 이상이 출제되고 있습니다.

◉ **문제 및 정답 파일** : C:\컴활2급\2.계산작업\8.찾기참조함수.xlsx

## ★ 1 VLOOKUP : 검색값을 찾아 해당 열에 위치하는 값을 표시

| 구문 | =VLOOKUP(검색값,범위,열 번호,[range_lookup]) : 검색값을 범위에서 찾아 해당 열에 위치하는 값을 반환<br>– range_lookup :<br>1 또는 TRUE 또는 생략 : 검색값과 일치하는 정확한 값이 없을 때 유사 값을 찾음<br>0 또는 FALSE : 검색값과 정확하게 일치하는 값을 찾음, 일치하는 값이 없을 시 오류 발생 |
|---|---|
| 예제 | <table><tr><td></td><td>A</td><td>B</td></tr><tr><td>1</td><td>품목</td><td>가격</td></tr><tr><td>2</td><td>커피</td><td>1000</td></tr><tr><td>3</td><td>우유</td><td>1500</td></tr><tr><td>4</td><td>주스</td><td>2000</td></tr></table><br>=VLOOKUP("우유",A2:B4,2,0) : [A] 열에서 '우유'를 찾아 두 번째 열에 1500을 출력함 |

## ★ 2 HLOOKUP : 검색값을 찾아 해당 행에 위치하는 값을 표시

| 구문 | =HLOOKUP(검색값,범위,행 번호,[range_lookup]) : 검색값을 범위에서 찾아 해당 행에 위치하는 값을 반환 |
|---|---|
| 예제 | <table><tr><td></td><td>A</td><td>B</td><td>C</td><td>D</td></tr><tr><td>1</td><td>품목</td><td>커피</td><td>우유</td><td>주스</td></tr><tr><td>2</td><td>가격</td><td>1000</td><td>1500</td><td>2000</td></tr></table><br>=HLOOKUP("커피",B1:D2,2,0) : [1] 행에서 '커피'를 찾아 두 번째 행에 있는 1000을 출력함 |

## ★ 3 CHOOSE : 인덱스 숫자에 따라 선택 값을 출력

| 구문 | =CHOOSE(인덱스번호,값1,값2,값3, …) : 인텍스 번호에 따른 값들을 출력 |
|---|---|
| 예제 | =CHOOSE(3,"금상","은상","동상","장려상") → 3번째 위치한 동상 출력 |

## 4 INDEX : 행과 열에 따른 위치값 출력

| 구문 | =INDEX( 범위,행 번호,열 번호) : 범위에서 행 번호와 열 번호가 만나는 위치의 값을 표시 |
|---|---|
| 예제 | =INDEX({1,2,3,4,5,6},1,2) : $\begin{pmatrix} 1 & 2 & 3 \\ 4 & 5 & 6 \end{pmatrix}$ 에서 1행에서 2열의 값인 2를 출력 |

## 5 MATCH : 행의 위치 번호 반환

| 구문 | =MATCH(찾을값,범위,[match_type]) : 찾을 값을 범위에서 찾아 위치 번호를 출력<br>- match_type (1, 0, -1로 설정 가능, 생략시 기본값은 1)<br>1 : 찾을 값보다 작거나 같은 값 중 최대값을 찾음(범위가 반드시 오름차순 정렬이 된 상태여야 함)<br>0 : 검색값과 정확하게 일치하는 값을 찾음<br>-1 : 찾을 값보다 크거나 같은 값 중 최소값을 찾음(범위가 반드시 내림차순 정렬이 된 상태여야 함) |
|---|---|
| 예제 | <table><tr><th></th><th>A</th><th>B</th></tr><tr><td>1</td><td>품목</td><td>가격</td></tr><tr><td>2</td><td>커피</td><td>1000</td></tr><tr><td>3</td><td>우유</td><td>1500</td></tr><tr><td>4</td><td>주스</td><td>2000</td></tr></table><br>=MATCH("우유",A1:A4,0) → [A1:A4] 영역에서 찾을 값인 '우유'와 정확하게 일치하는 값의 행 번호인 3을 출력함 |

## 6 COLUMN : 열 번호를 반환

| 구문 | COLUMN(참조) : 셀 주소에 대한 열 번호를 알아냄 |
|---|---|
| 예제 | =COLUMN(A10) → [A10] 셀의 열 번호는 1을 반환 |

## 7 COLUMNS : 열 개수를 반환

| 구문 | COLUMNS(배열) : 셀 범위 안에 들어 있는 열의 개수를 알아냄 |
|---|---|
| 예제 | =COLUMNS(A1:C1) → [A1:C1] 영역의 열의 개수인 3을 반환 |

## 8 ROW : 행 번호를 반환

| 구문 | ROW(참조) : 셀 주소에 대한 행 번호를 알아냄 |
|---|---|
| 예제 | ROW(A5) → [A5] 셀의 행 번호인 5를 반환 |

## 9 ROWS : 행 개수를 반환

| 구문 | ROWS(배열) : 셀 범위 안에 들어 있는 행의 개수를 알아냄 |
|---|---|
| 예제 | =ROWS(A1:C3) → [A1:C3]의 행의 개수인 3을 반환 |

**'찾기참조함수1'** 시트에 대하여 다음의 지시사항을 처리하시오.

| | A | B | C | D | E | F | G | H | I | J |
|---|---|---|---|---|---|---|---|---|---|---|
| 1 | [표1] | 사원별 보너스 지급 현황 | | | | [표2] | 성안 문구 판매 현황 | | | |
| 2 | 성명 | 직급 | 근무년수 | 특별보너스 | | 제품명 | 판매가격 | 판매수량 | 판매금액 | 할인금액 |
| 3 | 강경진 | 사원 | 3 | 100,000 | | 노트 | 2,000 | 50 | 100,000 | 5,000 |
| 4 | 김정현 | 대리 | 10 | 200,000 | | 다이어리 | 12,000 | 33 | 396,000 | - |
| 5 | 이명석 | 과장 | 18 | 300,000 | | 메모장 | 3,400 | 55 | 187,000 | 9,350 |
| 6 | 장창준 | 사원 | 4 | 100,000 | | 테이프 | 700 | 95 | 66,500 | 6,650 |
| 7 | 최현철 | 대리 | 6 | 200,000 | | 스템플러 | 7,000 | 72 | 504,000 | 50,400 |
| 8 | 한도진 | 부장 | 25 | 400,000 | | | | | | |
| 9 | | | | | | <할인율표> | | | | |
| 10 | <보너스 지급 기준> | | | | | 판매수량 | 1 | 40 | 70 | |
| 11 | 직급 | 특별보너스 | | | | 할인율 | 0% | 5% | 10% | |
| 12 | 사원 | 100,000 | | | | | | | | |
| 13 | 대리 | 200,000 | | | | [표4] | 의류 판매 현황 | | | |
| 14 | 과장 | 300,000 | | | | 의류코드 | 사이즈 | 판매량 | 판매총액 | |
| 15 | 부장 | 400,000 | | | | mk-101 | S | 315 | 8,032,500 | |
| 16 | | | | | | mk-101 | M | 294 | 7,497,000 | |
| 17 | [표3] | 사원 현황 | | | | mk-102 | S | 357 | 9,862,125 | |
| 18 | 사원코드 | 성명 | 직급 | 부서명 | | mk-102 | M | 248 | 6,851,000 | |
| 19 | A-23 | 배순용 | 과장 | 영업부 | | mk-103 | S | 287 | 8,472,240 | |
| 20 | B-34 | 이길순 | 부장 | 생산부 | | mk-103 | M | 355 | 10,479,600 | |
| 21 | C-11 | 하길주 | 대리 | 총무부 | | mk-104 | S | 385 | 11,550,000 | |
| 22 | B-44 | 이선호 | 부장 | 생산부 | | mk-104 | M | 366 | 10,980,000 | |
| 23 | C-22 | 강성수 | 사원 | 관리부 | | | | | | |
| 24 | A-32 | 김보견 | 대리 | 관리부 | | <가격표> | | | | |
| 25 | B-13 | 천수만 | 과장 | 영업부 | | 의류코드 | mk-101 | mk-102 | mk-103 | mk-104 |
| 26 | A-21 | 이성수 | 대리 | 총무부 | | 판매가 | 30,000 | 32,500 | 36,000 | 37,500 |
| 27 | | | | | | 할인가 | 25,500 | 27,625 | 29,520 | 30,000 |

▲ 작업 결과

**1** [표1]에서 직급[B3:B8]과 보너스 지급 기준[A11:B15]을 이용하여 특별보너스[D3:D8]를 구하시오.

▶ 특별 보너스 지급 기준의 의미 : 직급이 '부장'이면 '400,000', '과장'이면 '300,000', '대리'이면 '200,000', '사원'이면 '100,000'을 적용함

▶ VLOOKUP, HLOOKUP, INDEX 중 알맞은 함수를 선택하여 사용

**2** [표2]에서 판매수량[H3:H7]과 할인율표[F10:I11]를 이용하여 할인금액[J3:J7]을 계산하시오.

▶ 할인금액=판매금액×할인율

▶ 할인율표 : 판매수량이 1 이상 40 미만이면 할인율은 0%, 40 이상 70 미만이면 5%, 70 이상이면 10%

▶ HLOOKUP, VLOOKUP, CHOOSE 중 알맞은 함수를 선택하여 사용

**3** [표3]에서 사원코드[A19:A26]의 마지막 자리가 '1'이면 '총무부', '2'이면 '관리부', '3'이면 '영업부', '4'이면 '생산부'로 부서명[D19:D26]에 표시하시오.

  ▶ CHOOSE와 RIGHT 함수 사용

**4** [표4]에서 판매량[H15:H22]과 가격표[F25:J27]를 이용하여 판매총액[I15:I22]을 계산하시오.

  ▶ 판매총액=판매량×할인가
  ▶ 할인가는 의류코드[F15:F22]와 〈가격표〉[F25:J27]를 이용하여 산출
  ▶ INDEX와 MATCH 함수 사용

---

**풀이**

---

**1** [D3] 셀에 『=VLOOKUP(B3,$A$12:$B$15,2,FALSE)』를 입력하고 [D8] 셀
까지 수식을 복사합니다.
            ❶

  ❶ [B3] 셀의 값인 '사원'을 [A12:B15] 영역의 첫 번째 열에서 값을 찾아 2번째 열에서 정확하게
    일치하는 값인 100,000을 반환함
    * VLOOKUP의 마지막 인수가 FALSE 또는 0이면 정확히 일치를 의미함

                        ❷
**2** [J3] 셀에 『=I3*HLOOKUP(H3,$G$10:$I$11,2,TRUE)』를 입력하고 [J7] 셀
               ❶
까지 수식을 복사합니다.

  ❶ [H3] 셀의 '50'을 [G10:I11] 영역의 첫 번째 행에서 값을 찾아 2번째 행에서 유사하게 일치하
    는 값인 5%를 찾음
  ❷ 판매금액×❶ : 판매금액의 값 100,000에 ①에서 구한 5%를 곱하여 5,000을 구함

                        ❷
**3** [D19] 셀에 『=CHOOSE(RIGHT(A19,1),"총무부","관리부","영업부","생산부")』
                ❶
를 입력하고 [D26] 셀까지 수식을 복사합니다.

  ❶ 사원코드[A19] 'A-23'에서 오른쪽 1글자인 3을 추출함
  ❷ CHOOSE(❶,"총무부","관리부","영업부","생산부") : ❶의 값이 3이므로 3번째 값인 '영업부'를
    출력함

                                ❸
                                ❷
**4** [I15] 셀에 『=H15*INDEX($G$26:$J$27,2,MATCH(F15,$G$25:$J$25,0))』
                                                    ❶
을 입력하고 [I22] 셀까지 수식을 복사합니다.

  ❶ [F15] 셀의 값인 mk-101이 [G25:J25] 영역에서 첫 번째 위치하므로 1을 출력함
  ❷ =INDEX($G$26:$J$27,2,❶) : [G26:J27] 영역에서 2행 ❶의 결과값인 1열에 교차하는
    25,500을 구함
  ❸ =H15*❷ : 315×25,500의 값인 8,032,500을 출력함

● 예제 및 정답 파일 : C:₩컴활2급₩2.계산작업₩8.찾기참조함수.xlsx

**01** '찾기참조함수2' 시트에 대하여 다음의 지시사항을 처리하시오.

| | A | B | C | D | E | F | G | H | I | J |
|---|---|---|---|---|---|---|---|---|---|---|
| 1 | [표1] | 문화센터 회원 현황 | | | | [표2] | | TV 판매현황 | | |
| 2 | 회원코드 | 성명 | 계약금액 | 회원분류 | | 모델명 | 분류 | 판매량 | 매출액 | |
| 3 | U-001 | 김지우 | 25,000,000 | 특별회원 | | DC-01TVA | 수출용 | 25 | 25,000,000 | |
| 4 | Q-002 | 강상혁 | 3,650,000 | 비회원 | | MP-01TVA | 내수용 | 15 | 15,000,000 | |
| 5 | S-003 | 한우진 | 12,350,000 | 우수회원 | | DC-01TVB | 수출용 | 56 | 84,000,000 | |
| 6 | T-004 | 김시경 | 18,600,000 | 골드회원 | | DC-01TVC | 수출용 | 43 | 86,000,000 | |
| 7 | Q-005 | 장대철 | 3,650,000 | 비회원 | | MP-02TVA | 내수용 | 15 | 15,000,000 | |
| 8 | U-006 | 김상현 | 25,000,000 | 특별회원 | | MP-01TVB | 내수용 | 25 | 37,500,000 | |
| 9 | R-007 | 이자룡 | 8,750,000 | 정회원 | | DC-03TVA | 수출용 | 11 | 11,000,000 | |
| 10 | | | | | | | | | | |
| 11 | 코드 | 이용회수 | 회원분류 | | | <판매단가표> | | | | |
| 12 | Q | 10미만 | 비회원 | | | 모델명3자리 | TVA | TVB | TVC | |
| 13 | R | 11~20 | 정회원 | | | 판매단가 | 1,000,000 | 1,500,000 | 2,000,000 | |
| 14 | S | 21~30 | 우수회원 | | | | | | | |
| 15 | T | 31~40 | 골드회원 | | | | | | | |
| 16 | U | 41~50 | 특별회원 | | | | | | | |
| 17 | | | | | | | | | | |
| 18 | [표3] | 매출현황 | | | | [표4] | | 순위 현황표 | | |
| 19 | 월 번호 | 4월 | 5월 | 6월 | | 이름 | 영어 | 전산 | 총점 | 순위 |
| 20 | 1 | 16,178 | 28,071 | 27,468 | | 김민정 | 87 | 65 | 152 | 은상 |
| 21 | 2 | 29,423 | 15,950 | 11,120 | | 김애정 | 64 | 70 | 134 | 장려상 |
| 22 | 3 | 13,297 | 18,214 | 27,053 | | 김윤성 | 72 | 60 | 132 | 장려상 |
| 23 | 4 | 28,419 | 12,063 | 11,394 | | 김준현 | 70 | 66 | 136 | 장려상 |
| 24 | 5 | 26,075 | 29,923 | 19,950 | | 박경미 | 86 | 83 | 169 | 대상 |
| 25 | 6 | 24,065 | 14,280 | 12,194 | | 박민수 | 72 | 78 | 150 | 장려상 |
| 26 | 7 | 13,028 | 28,553 | 24,351 | | 박은경 | 70 | 88 | 158 | 금상 |
| 27 | 8 | 14,737 | 29,412 | 22,789 | | 이성훈 | 68 | 60 | 128 | 장려상 |

▲ 작업 결과

❶ [표1]에서 회원코드[A3:A9]의 맨 앞 첫 번째 문자와 영역[A11:C16]의 표를 이용하여 각 회원의 회원분류[D3:D9]를 표시하시오.

　▶ VLOOKUP와 LEFT 함수 사용

② [표2]에서 모델명[F3:F9]의 뒤에서 세 자리와 판매단가표[F12:I13]를 이용하여 판매단가를 추출한 후 매출액[I3:I9]을 구하시오.

  ▶ 매출액=판매단가×판매량

  ▶ 판매단가표의 의미 : 모델명 뒤에서 세 자리가 'TVA'이면 판매단가 1,000,000, 'TVB'이면 1,500,000, 'TVC' 이면 2,000,000임

  ▶ HLOOKUP과 RIGHT 함수 사용

③ [표3]에서 [A20:A27] 영역에 함수를 이용하여 1, 2, 3, …의 일련번호를 작성하고 [B19:D19] 영역에 함수를 이용하여 4월, 5월, 6월로 표시하시오.

  ▶ COLUMN, ROW 함수와 & 연산자 이용

④ [표4]에서 총점[I20:I27]을 기준으로 순위를 구하여 1위는 '대상', 2위는 '금상', 3위는 '은상', 나머지는 '장려상'으로 순위[J20:J27]에 표시하시오.

  ▶ 총점이 가장 큰 것이 1위

  ▶ CHOOSE, RANK.EQ 함수 사용

---

➕ 멘토의 한수

❶ [D3] 셀에 『=VLOOKUP(LEFT(A3,1),$A$12:$C$16,3,FALSE)』를 입력하고 [D9] 셀까지 수식을 복사

❷ [I3] 셀에 『=H3*HLOOKUP(RIGHT(F3,3),$G$12:$I$13,2,FALSE)』를 입력하고 [I9] 셀까지 수식을 복사

❸ [A20] 셀에 『=ROW( )-19』를 입력하고 [A27] 셀까지 수식을 복사합니다.
  [B19] 셀에 『=COLUMN( )+2&"월"』을 입력하고 [D19] 셀까지 수식을 복사합니다.

❹ [J20] 셀에 『=CHOOSE(RANK.EQ(I20,$I$20:$I$27),"대상","금상","은상","장려상","장려상","장려상","장려상","장려상")』을 입력하고 [J27] 셀까지 수식을 복사

Part 3

# 분석 작업

분석 작업은 [분석작업-1] 시트와 [분석작업-2] 시트에서 데이터를 분석하는 작업으로 정렬, 부분합, 피벗 테이블, 목표값 찾기, 시나리오, 데이터 표, 통합 중 두 문제가 출제되며, 각각 10점씩 배점은 총 20점입니다.

분석 작업은 다시 연습하려고 하면 작업순서가 생각이 잘 안 나는 경우가 많습니다. 각 분석 작업의 작업순서를 정리하여 두었으니 참고하시고 분석 작업은 20점을 모두 맞춰야 합니다.

### 부분합 작업순서

❶ 문제에서 제시한 필드를 기준으로 정렬(표 범위를 지정한 후 [데이터] 탭-[정렬 및 필터] 그룹-[정렬 ▦ ])
❷ [데이터] 탭-[개요] 그룹-[부분합 ▦ ] 도구 클릭
❸ '그룹화할 항목'에서 정렬에 지정한 필드명을 선택
❹ '사용할 함수'에서 계산할 함수 지정
❺ '부분합 계산 항목'에서 계산할 항목(필드) 선택
❻ 새로운 값으로 대치 체크는 해제한 후 [확인]

### 피벗 테이블 작업순서

❶ 피벗 테이블로 생성할 표 범위를 지정한 후 [삽입] 탭-[표] 그룹-[피벗 테이블 ▦ ]
❷ [피벗 테이블 만들기] 대화상자 : '표/ 범위' 지정, '기존 워크시트' 시정
❸ '피벗 테이블 필드 목록'에서 '보고서 필터', '행 레이블', '열 레이블', 값 지정
❹ [디자인]-[레이아웃] 그룹-[보고서 레이아웃]에서 '개요 형식' 또는 '테이블 형식' 지정
❺ [디자인]-[피벗 테이블 스타일] 그룹에서 피벗 스타일 지정
❻ 피벗 테이블에서 마우스 오른쪽 [피벗 테이블 옵션]을 클릭하여 옵션 지정

### 목표값 찾기 작업순서

❶ [데이터] 탭-[데이터 분석] 그룹-[가상 분석 ▦ ]-[목표값 찾기] 클릭
❷ [목표값 찾기] 대화상자에서 수식 셀을 지정, 찾는 값 입력, 값을 바꿀 셀을 지정한 후 [확인] 클릭

### 시나리오 작업순서

❶ 지정된 셀에 셀 이름 정의 지정
❷ 변동 셀을 범위 지정한 후 [데이터] 탭-[데이터 분석] 그룹-[가상 분석 ▦ ]-[시나리오 관리자] 클릭
❸ [시나리오 관리자] 대화상자에서 [추가] 클릭
❹ [시나리오 편집] 대화상자에서 '시나리오 이름' 입력, '변경 셀' 범위 확인
❺ [시나리오 값] 대화상자에서 변경 값 입력 [추가] 클릭
❻ ❹~❺을 반복하여 두 번째 시나리오 작업
❼ [시나리오 관리자] 대화상자에서 [요약]을 클릭하고, 결과 셀을 지정한 후 [확인] 클릭

### 데이터 표 작업순서

❶ 계산 수식을 지정된 셀에 연결(복사)
❷ 연결(복사)한 수식을 포함하여 표를 범위 지정한 후 [데이터] 탭-[데이터 분석] 그룹-[가상 분석 ▦ ]-[데이터 표] 클릭
❸ [데이터 표] 대화상자에서 '행 입력 셀'과 '열 입력 셀'을 각각 지정한 후 [확인]

### 통합 작업순서

❶ 표를 범위 지정한 후 [데이터] 탭-[데이터 도구] 그룹-[통합 ▦ ] 클릭
❷ [통합] 대화상자에서 함수(합계, 평균, 개수 등)를 지정
❸ 참조에 통합할 표를 범위 지정한 후 [추가]
❹ '사용할 레이블'의 첫 행과 왼쪽 열에 각각 체크한 후 [확인]

# 정렬

| 무료 동영상 |

**학습목표**

정렬은 데이터를 재배열하는 기능으로 오름차순, 내림차순, 사용자 지정 목록 정렬로 지정할 수 있으며 부분합을 작업할 때도 꼭 필요한 기능입니다.

**예제 및 정답 파일** : C:₩컴활2급₩3.분석작업₩1.정렬.xlsx

**'정렬1'** 시트에 대하여 다음의 지시사항을 처리하시오.

[정렬] 기능을 이용하여 '사회인 야구 성적표'에서 '홈런'을 기준으로 내림차순으로 정렬한 후 같은 홈런일 때 '삼진'을 기준으로 오름차순 정렬이 되도록 표시하시오.

| 선수명 | 홈런 | 안타 | 도루 | 삼진 |
|---|---|---|---|---|
| | | **사회인 야구 성적표** | | |
| 선수명 | 홈런 | 안타 | 도루 | 삼진 |
| 김찬수 | 8 | 37 | 17 | 8 |
| 윤준수 | 7 | 63 | 7 | 18 |
| 오진석 | 6 | 71 | 8 | 16 |
| 이정재 | 5 | 46 | 12 | 25 |
| 윤홍주 | 5 | 26 | 9 | 27 |
| 김재성 | 4 | 69 | 20 | 23 |
| 송은규 | 4 | 52 | 11 | 24 |
| 김원준 | 3 | 38 | 14 | 28 |
| 정민국 | 2 | 42 | 18 | 19 |
| 이진영 | 2 | 33 | 13 | 32 |

▲ 작업 결과

**풀이**

❶ 표 안에 임의의 셀을 클릭한 후 [데이터] 탭-[정렬 및 필터] 그룹-[정렬 📊]을 클릭합니다.

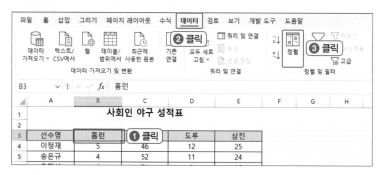

➕ **멘토의 한수**

제목과 표 사이에 한 줄이 띄어 있지 않고 연결된 형태의 데이터이면 [A3:E13] 영역을 지정한 후 정렬(📊)합니다.

➕ 멘토의 한수

정렬 대화상자에서 [기준 추가]
는 최대 64개까지 추가할 수
있습니다.

❷ [정렬] 대화상자에서 **열은 '홈런', 정렬 기준은 '값', 정렬은 '내림차순'**으로 설정한 후 [기준 추가]를 클릭합니다.

➕ 멘토의한수

| 오름차순 | 내림차순 |
|---|---|
| 작은 값→<br>큰 값(1, 2,<br>3 … 또는<br>ㄱ, …,ㅎ) | 큰 값→작<br>은 값(3, 2,<br>1 … 또는<br>ㅎ, …,ㄱ) |

❸ 열은 '삼진', 정렬 기준은 '값', 정렬은 '오름차순'으로 설정한 후 [확인]을 클릭합니다.

❹ 첫째 기준은 홈런이 내림차순으로 정렬되고, 홈런의 수가 같으면 둘째 기준인 삼진이 오름차순으로 정렬됩니다.

### '정렬2' 시트에 대하여 다음의 지시사항을 처리하시오.

사용자 지정 목록을 이용하여 '지점'을 '강동, 강서, 강남, 강북'의 순으로 정렬하고, 같은 '지점'일 경우 '부서'의 셀 색이 'RGB(146, 208, 80)'인 값이 위에 표시되도록 설정하시오.

➕ 멘토의 한수

정렬 문제는 '사용자 지정' 정
렬과 '셀 색' 정렬이 주로 출제
되고 있으며, 최근에는 '열' 정
렬(왼쪽에서 오른쪽)도 출제되
고 있습니다.

| | A | B | C | D | E | F | G | H | I |
|---|---|---|---|---|---|---|---|---|---|
| 1 | | | | | 급여내역서 | | | | |
| 2 | | | | | | | | | |
| 3 | 부서 | 이름 | 성별 | 지점 | 기본급 | 직위수당 | 가족수 | 가족수당 | 지급총액 |
| 4 | 개발팀 | 박명숙 | 여 | 강동 | 600,000 | 60,000 | 2 | 60,000 | 720,000 |
| 5 | 기획팀 | 한영자 | 여 | 강동 | 650,000 | 65,000 | 1 | 30,000 | 745,000 |
| 6 | 개발팀 | 김순자 | 여 | 강동 | 550,000 | 55,000 | 2 | 60,000 | 665,000 |
| 7 | 총무팀 | 전상열 | 남 | 강서 | 550,000 | 55,000 | 3 | 90,000 | 695,000 |
| 8 | 마케팅팀 | 김영민 | 남 | 강서 | 550,000 | 55,000 | 2 | 60,000 | 665,000 |
| 9 | 영업팀 | 김영준 | 남 | 강서 | 650,000 | 65,000 | 3 | 90,000 | 805,000 |
| 10 | 영업팀 | 김애향 | 여 | 강서 | 650,000 | 65,000 | 3 | 90,000 | 805,000 |
| 11 | 영업팀 | 박남주 | 여 | 강남 | 700,000 | 70,000 | 3 | 90,000 | 860,000 |
| 12 | 영업팀 | 김희영 | 여 | 강남 | 700,000 | 70,000 | 2 | 60,000 | 830,000 |
| 13 | 개발팀 | 고영아 | 여 | 강남 | 700,000 | 70,000 | 3 | 90,000 | 860,000 |
| 14 | 기획팀 | 박재성 | 남 | 강남 | 700,000 | 70,000 | 3 | 90,000 | 860,000 |
| 15 | 총무팀 | 박재영 | 남 | 강남 | 600,000 | 60,000 | 3 | 90,000 | 750,000 |
| 16 | 마케팅팀 | 김도혼 | 남 | 강북 | 750,000 | 75,000 | 4 | 120,000 | 945,000 |
| 17 | 영업팀 | 이미경 | 여 | 강북 | 650,000 | 65,000 | 2 | 60,000 | 775,000 |
| 18 | | | 합계 | | 9,000,000 | 900,000 | 36 | 1,080,000 | 10,980,036 |

▲ 작업 결과

❶ [A3:I17] 영역을 범위 지정한 후 [데이터] 탭-[정렬 및 필터] 그룹-[정렬 📊] 을 클릭합니다.

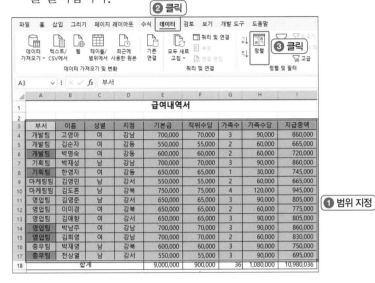

**멘토의 한수**

데이터에서 병합된 셀이 있으면 병합된 셀을 포함하여 정렬할 수 없으므로 반드시 병합된 셀을 제외한 범위를 지정한 후 정렬 작업을 합니다.

❷ [정렬] 대화상자에서 정렬 기준에 '**지점**', 정렬 기준에 '**셀 값**', 정렬은 '**사용자 지정 목록**'을 선택합니다.

**멘토의 한수**

[정렬] 대화상자에서 정렬의 종류는 오름차순, 내림차순, 사용자 지정 목록 세 가지가 있으며, 사용지 지정 목록은 오름차순과 내림차순이 아닌 사용자가 지정한 순서대로 정렬할 때 사용합니다.

❸ [사용자 지정 목록] 대화상자에서 다음과 같이 목록 항목에 『**강동, 강서, 강남, 강북**』을 입력한 후 [추가]를 클릭하고 [확인]을 클릭합니다.

④ [정렬] 대화상자에서 [기준 추가]를 클릭합니다.

⑤ 다음 기준의 다음 기준에 '부서', 정렬 기준에 '셀 색', 정렬의 색에서 'RGB(146, 208, 80)'을 선택한 후 '위에 표시'를 선택하고 [확인]을 클릭합니다.

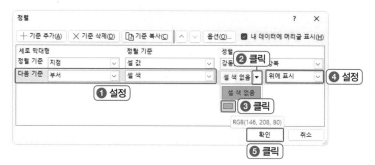

➕ 멘토의 한수

❶ 정렬에서 작업한 사용자 지정 목록을 삭제하기 위해서는 [데이터] 탭−[정렬 및 필터] 그룹−[정렬 ▦] 을 클릭합니다.

❷ [정렬] 대화상자에서 [사용자 지정 목록...]을 클릭합니다.

❸ [사용자 지정 목록] 대화상자의 '사용자 지정 목록'에서 삭제할 목록을 선택한 후 [삭제]를 클릭합니다.

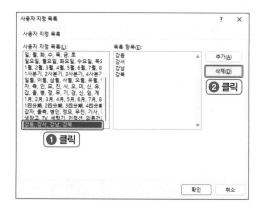

※ 사용자 지정 목록에 목록이 지정되어 있으면 나중에 피벗 테이블 작업 시 사용자 지정된 목록 순으로 자동 정렬이 되므로 주의합니다.

# 실력점검문제 | 정렬 |

◉ 예제 및 정답 파일 : C:\컴활2급\3.분석작업\1.정렬.xlsx

## 01 '정렬3' 시트에 대하여 다음의 지시사항을 처리하시오.

[정렬] 기능을 이용하여 [C3:G10] 영역이 3행을 기준으로 왼쪽에서 오른쪽 사용자 지정 정렬하시오.

▶ [C3:G10] 영역은 국어, 영어, 수학, 과학, 사회 순으로 정렬

| | A | B | C | D | E | F | G | H | I |
|---|---|---|---|---|---|---|---|---|---|
| 1 | | | | 성적 보고서 | | | | | |
| 2 | | | | | | | | | |
| 3 | 성명 | 반 | 국어 | 영어 | 수학 | 과학 | 사회 | 합계 | 평균 |
| 4 | 김민희 | 1 | 88 | 90 | 95 | 90 | 91 | 454 | 91 |
| 5 | 김현수 | 1 | 79 | 76 | 78 | 83 | 80 | 396 | 79 |
| 6 | 유민수 | 2 | 87 | 88 | 83 | 88 | 83 | 429 | 86 |
| 7 | 이채종 | 2 | 86 | 86 | 81 | 81 | 79 | 413 | 83 |
| 8 | 이재성 | 2 | 59 | 60 | 60 | 67 | 68 | 314 | 63 |
| 9 | 이정호 | 3 | 96 | 98 | 91 | 96 | 95 | 476 | 95 |
| 10 | 김안록 | 3 | 78 | 70 | 46 | 81 | 76 | 351 | 70 |
| 11 | | | | | | | | | |

▲ 작업 결과

➕ 멘토의 한수

- [C3:G10] 영역을 범위 지정한 후 [데이터] 탭-[정렬 및 필터] 그룹-[정렬 ▦]을 클릭하고, [정렬] 대화상자에서 [옵션] 을 클릭

- [정렬 옵션] 대화상자에서 '왼쪽에서 오른쪽'을 선택한 후 [확인]을 클릭하고, [정렬] 대화상자에서 정렬 기준은 '3행', 정 렬은 '사용자 지정 목록...'을 선택

- [사용자 지정 목록]에서 '목록 항목'에 『국어, 영어, 수학, 과학, 사회』를 입력하고 [추가]를 클릭한 후 [확인]을 클릭

- [정렬] 대화상자에서 지정된 값을 확인한 후 [확인]을 클릭

## 02 '정렬4' 시트에 대하여 다음의 지시사항을 처리하시오.

[정렬] 기능의 사용자 지정 목록을 이용하여 '직업'이 '회사원, 자영업, 대학생'의 순으로 정렬하고, 같은 '직업'일 경우 '기부금'의 조건부 서식 아이콘이 금색별(★), 금색별 반쪽(★), 은색별(☆)의 순서로 표시되도록 설정하시오.

| | A | B | C | D | E | F | G |
|---|---|---|---|---|---|---|---|
| 1 | | | | 회원 현황 | | | |
| 2 | | | | | | | |
| 3 | 지역 | 성명 | 성별 | 나이 | 직업 | 연락처 | 기부금 |
| 4 | 서울 | 최재혁 | 남 | 28 | 회사원 | 010-0234-**** | ★ 600,000 |
| 5 | 부산 | 박성민 | 남 | 29 | 회사원 | 010-3547-**** | ☆ 380,000 |
| 6 | 대전 | 이혜준 | 여 | 34 | 회사원 | 010-3528-**** | ★ 400,000 |
| 7 | 서울 | 박재환 | 남 | 35 | 회사원 | 010-3280-**** | ☆ 250,000 |
| 8 | 경기 | 이상진 | 남 | 28 | 회사원 | 010-0627-**** | ☆ 100,000 |
| 9 | 경기 | 강진수 | 여 | 33 | 자영업 | 010-3574-**** | ★ 500,000 |
| 10 | 경기 | 권주송 | 여 | 29 | 자영업 | 010-6279-**** | ★ 550,000 |
| 11 | 충북 | 이재성 | 남 | 42 | 자영업 | 010-4187-**** | ★ 350,000 |
| 12 | 충북 | 홍미진 | 여 | 32 | 자영업 | 010-5798-**** | ☆ 350,000 |
| 13 | 부산 | 이정호 | 남 | 31 | 자영업 | 010-6254-**** | ☆ 200,000 |
| 14 | 대전 | 김길수 | 여 | 34 | 대학생 | 010-8864-**** | ★ 300,000 |
| 15 | 충북 | 이효진 | 남 | 30 | 대학생 | 010-6757-**** | ★ 300,000 |
| 16 | 서울 | 윤송이 | 남 | 45 | 대학생 | 010-7790-**** | ☆ 250,000 |

▲ 작업 결과

➕ 멘토의 한수

• [A3:G16] 영역을 범위 지정한 후 [데이터] 탭–[정렬 및 필터] 그룹–[정렬 🔢]을 클릭

• [정렬] 대화상자에서 '열 : 직업, 정렬 기준 : 셀 값, 정렬 : 사용자 지정 목록'을 선택하고 『회사원, 자영업, 대학생』을 입력한 후 [추가]를 클릭

• [기준 추가]를 클릭한 후 '열 : 기부금, 정렬 기준 : 조건부 서식 아이콘, 정렬 : 금색별(★), 위에 표시'를 지정

• [기준 추가]를 클릭한 후 '열 : 기부금, 정렬 기준 : 조건부 서식 아이콘, 정렬 : 은색별(☆), 아래에 표시'를 지정한 후 [확인]을 클릭

\* 금색별을 위에, 은색별을 아래에 지정하면 금색별 반쪽(★)은 자동으로 가운데 정렬됨

# 부분합

**학습목표**

부분합은 특정 필드를 기준으로 정렬한 후 그룹화하여 그룹별로 계산(합계, 평균, 개수, 최대값, 최소값 등) 하는 기능입니다. 부분합은 반드시 정렬 작업을 먼저 한 후 부분합을 작업합니다.

◉ **예제 및 정답 파일** : C:₩컴활2급₩3.분석작업₩2.부분합.xlsx

## '부분합1' 시트에 대하여 다음의 지시사항을 처리하시오.

[부분합] 기능을 이용하여 '신입사원 진급 심사결과' 표에서 〈그림〉과 같이
'성별'별로 '필기'와 '실기'의 합계를 계산한 후 '면접'의 최대를 계산하시오.

▶ 정렬은 '성별'을 기준으로 오름차순으로 처리하시오.
▶ 합계와 최대의 결과값은 각각 하나의 행에 표시하시오.
▶ 합계와 최대는 위에 명시된 순서대로 처리하시오.

| | A | B | C | D | E | F |
|---|---|---|---|---|---|---|
| 1 | | | 신입사원 진급 심사결과 | | | |
| 2 | | | | | | |
| 3 | 사원명 | 성별 | 부서명 | 필기 | 실기 | 면접 |
| 4 | 허현진 | 남자 | 기획부 | 85 | 80 | 88 |
| 5 | 정은철 | 남자 | 관리부 | 94 | 90 | 92 |
| 6 | 김현우 | 남자 | 총무부 | 82 | 88 | 80 |
| 7 | 한지호 | 남자 | 기획부 | 66 | 69 | 72 |
| 8 | 김형석 | 남자 | 관리부 | 84 | 80 | 77 |
| 9 | 유현철 | 남자 | 기획부 | 80 | 91 | 80 |
| 10 | 이윤호 | 남자 | 관리부 | 90 | 80 | 85 |
| 11 | 김도철 | 남자 | 총무부 | 50 | 85 | 60 |
| 12 | | 남자 최대 | | | | 92 |
| 13 | | 남자 요약 | | 631 | 663 | |
| 14 | 김영이 | 여자 | 기획부 | 90 | 92 | 69 |
| 15 | 구원옥 | 여자 | 관리부 | 62 | 70 | 71 |
| 16 | 박지혜 | 여자 | 총무부 | 78 | 80 | 79 |
| 17 | 양나은 | 여자 | 총무부 | 80 | 60 | 40 |
| 18 | 신영옥 | 여자 | 기획부 | 85 | 50 | 50 |
| 19 | 김옥진 | 여자 | 관리부 | 40 | 80 | 75 |
| 20 | 정윤희 | 여자 | 기획부 | 75 | 75 | 80 |
| 21 | | 여자 최대 | | | | 80 |
| 22 | | 여자 요약 | | 510 | 507 | |
| 23 | | 전체 최대값 | | | | 92 |
| 24 | | 총합계 | | 1,141 | 1,170 | |

▲ 작업 결과

부분합을 진행하기 전에 반드시 문제에서 지시한 필드를 기준으로 정렬해야 합니다. 문제의 세부 조건에 '성별'에 대한 정렬 기준은 오름차순으로 하라고 되어 있습니다.

❶ '부분합1' 시트의 [A3:F18] 영역을 범위 지정한 후 [데이터] 탭-[정렬 및 필터] 그룹-[정렬 🔢]을 클릭합니다.

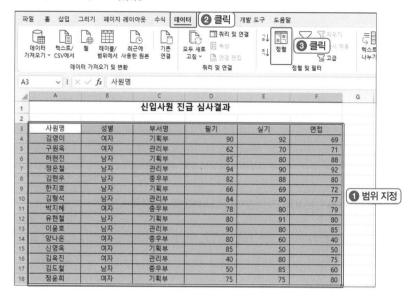

[B3] 셀을 선택한 후 [데이터] 탭-[정렬 및 필터] 그룹-[오름차순 정렬(⬇️)] 도구를 클릭해도 됩니다.

❷ [정렬] 대화상자에서 정렬 기준을 '성별'로 선택한 후 정렬을 '오름차순'으로 선택하고 [확인]을 클릭합니다.

[A3:F18] 영역을 범위 지정한 후 부분합(🔢)을 실행해도 됩니다.

데이터 아래에 요약 표시의 체크를 해제한 후 부분합을 작성하면 부분합 결과가 각각 그룹화할 항목 위에 표시됩니다. 즉, 체크하면 아래에 표시되고 체크하지 않으면 위에 표시되는 것입니다.

❸ [A3:F18] 영역에 셀 포인트를 두고 [데이터] 탭-[개요] 그룹-[부분합 🔢]을 클릭합니다.

❹ [부분합] 대화상자에서 '그룹화할 항목'에 '성별'을, '사용할 함수'에 '합계'를 '부분합 계산 항목'에 '필기'와 '실기'를 각각 체크한 후 [확인]을 클릭합니다.

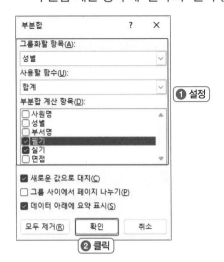

❺ 다시 [데이터] 탭-[개요] 그룹-[부분합 ▦]을 클릭한 후 [부분합] 대화상 자에서 '그룹화할 항목'에 '성별'을, '사용할 함수'에 '최대'를, '부분합 계산 항 목'에 '면접'을 체크한 후 '새로운 값으로 대치'의 체크를 해제하고 [확인]을 클릭합니다.

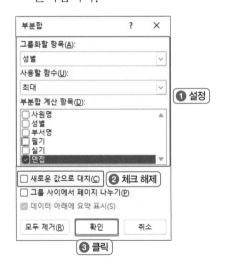

**멘토의 한수**

부분합 작성 중 실수했을 경우 [데이터] 탭-[개요] 그룹-[부분합 ▦]을 클릭한 후 [부분합] 대화상자의 왼쪽 아래의 [모두 제거] 단추를 클릭하면 부분합이 초기화되며, 다시 작업하면 됩니다.

**멘토의 한수**

'새로운 값으로 대치'는 처음에 작업한 부분합 계산 결과를 지우고 현재 하고 있는 부분합으로 덮어씌우겠다는 것입니다. 만약, '합계' 부분합을 구한 후 '최대' 부분합을 구할 때 '새로운 값으로 대치'에 체크를 해제하지 않으면, 앞에서 구한 '합계'는 사라집니다.

**멘토의 한수**

부분합을 완료한 후 열에 '####' 표시가 나타나면 해당 열의 너비를 넓게 조절합니다. (열 너비를 조절하지 않아도 감점은 없습니다.)

**멘토의 한수**

마치 탐색기를 보는 것처럼 왼쪽에 +, − 기호와 선들이 보입니다. 이 영역을 '윤곽'이라고 부릅니다.
윤곽을 지우기 위해서는 임의의 셀을 선택한 후 [데이터] 탭-[개요] 그룹-[그룹 해제]-[개요 지우기]를 클릭하면 윤곽이 지워집니다.

| 1 2 3 4 | ▦ | A |
|---|---|---|
| | 1 | |
| | 2 | |
| | 3 | 사원명 |
| | 4 | 허현진 |
| | 5 | 정은철 |

◉ 예제 및 정답 파일 : C:\컴활2급\3.분석작업\2.부분합.xlsx

## 01 '부분합2' 시트에 대하여 다음의 지시사항을 처리하시오.

[부분합] 기능을 이용하여 '지점별 제품 판매현황' 표에 〈그림〉과 같이 '지점'별로 '판매금액'의 최대를 계산한 후 '순매출액'의 '합계'를 계산하시오.

▶ 정렬은 '지점'을 기준으로 오름차순으로 처리하시오.

▶ 부분합 실행 결과에 니타나는 '○○ 요약'올 '○○ 합계'의 형태로 표시하시오.

▶ 최대와 합계는 위에 명시된 순서대로 처리하시오.

| | A | B | C | D | E | F |
|---|---|---|---|---|---|---|
| 1 | 지점별 제품 판매현황 | | | | | |
| 2 | | | | | | 단위:천 원 |
| 3 | 지점 | 제품코드 | 단가 | 판매수량 | 판매금액 | 순매출액 |
| 4 | 강남점 | 세탁기 | 1,082 | 32 | 34,608 | 6,922 |
| 5 | 강남점 | 냉장고 | 1,228 | 32 | 39,280 | 7,856 |
| 6 | 강남점 | TV | 941 | 25 | 23,513 | 4,703 |
| 7 | 강남점 합계 | | | | | 19,480 |
| 8 | 강남점 최대 | | | | 39,280 | |
| 9 | 강동점 | TV | 1,728 | 27 | 46,643 | 9,329 |
| 10 | 강동점 | 냉장고 | 1,948 | 18 | 35,055 | 7,011 |
| 11 | 강동점 합계 | | | | | 16,340 |
| 12 | 강동점 최대 | | | | 46,643 | |
| 13 | 강복점 | TV | 736 | 43 | 31,648 | 6,330 |
| 14 | 강복점 | 냉장고 | 1,283 | 23 | 29,498 | 5,900 |
| 15 | 강복점 | 세탁기 | 1,763 | 27 | 47,588 | 9,518 |
| 16 | 강복점 합계 | | | | | 21,747 |
| 17 | 강복점 최대 | | | | 47,588 | |
| 18 | 강서점 | TV | 941 | 28 | 26,334 | 5,267 |
| 19 | 강서점 | 냉장고 | 1,428 | 37 | 52,818 | 10,564 |
| 20 | 강서점 합계 | | | | | 15,830 |
| 21 | 강서점 최대 | | | | 52,818 | |
| 22 | 총합계 | | | | | 73,397 |
| 23 | 전체 최대값 | | | | 52,818 | |

▲ 작업 결과

➕ 멘토의 한수

- [A3:F13] 영역을 범위 지정한 후 [데이터] 탭−[정렬 및 필터] 그룹−[정렬]을 클릭
- [정렬] 대화상자에서 정렬 기준(지점), 정렬(오름차순) 지정
- [데이터] 탭−[개요] 그룹−[부분합]을 클릭
- [부분합] 대화상자에서 그룹화할 항목(지점), 사용할 함수(최대), 부분합 계산 항목(판매금액) 지정
- 다시 부분합 실행 [부분합] 대화상자에서 그룹화할 항목(지점), '사용할 함수(합계), 부분합 계산 항목(순매출액), 새로운 값으로 대치의 체크는 해제
- [홈] 탭−[편집] 그룹−[찾기 및 선택]−[바꾸기]를 선택
- [찾기 및 바꾸기] 대화상자에서 '찾을 내용'에 『요약』, '바꿀 내용'에 『합계』를 입력한 후 [모두 바꾸기]를 클릭

**02** '부분합3' 시트에 대하여 다음의 지시사항을 처리하시오.

[부분합] 기능을 이용하여 '사원별 급여 현황' 표에서 〈그림〉과 같이 '부서명'별로 '근속년수'의 평균을 계산한 후 '근속수당'의 '합계'를 계산하시오.

▶ 정렬은 '부서명'을 기준으로 '기획부, 영업부, 경리부, 생산부' 순으로 정렬하고, '부서명'이 같으면 '근속년수'는 글꼴 색 RGB(255,0,0)인 값이 위에 표시되도록 정렬하시오.

▶ 평균과 합계는 표시되는 순서에 상관없이 처리하시오.

| | | A | B | C | D | E | F | G | H |
|---|---|---|---|---|---|---|---|---|---|
| | 1 | | | | | 사원별 급여 현황 | | | |
| | 2 | | | | | | | | |
| | 3 | 사원명 | 부서명 | 직위 | 근속년수 | 본봉 | 직무수당 | 근속수당 | 지급액 |
| | 4 | 최동식 | 기획부 | 부장 | 18 | 3,500,000 | 1,000,000 | 900,000 | 5,400,000 |
| | 5 | 강지현 | 기획부 | 대리 | 5 | 2,500,000 | 500,000 | 250,000 | 3,250,000 |
| | 6 | 최민철 | 기획부 | 과장 | 11 | 3,000,000 | 800,000 | 550,000 | 4,350,000 |
| | 7 | | 기획부 요약 | | | | | 1,700,000 | |
| | 8 | | 기획부 평균 | | 11 | | | | |
| | 9 | 최아영 | 영업부 | 부장 | 16 | 3,500,000 | 1,000,000 | 800,000 | 5,300,000 |
| | 10 | 김주영 | 영업부 | 대리 | 9 | 2,500,000 | 500,000 | 450,000 | 3,450,000 |
| | 11 | 이미영 | 영업부 | 사원 | 3 | 2,000,000 | 300,000 | 150,000 | 2,450,000 |
| | 12 | | 영업부 요약 | | | | | 1,400,000 | |
| | 13 | | 영업부 평균 | | 9 | | | | |
| | 14 | 강현우 | 경리부 | 부장 | 17 | 3,500,000 | 1,000,000 | 850,000 | 5,350,000 |
| | 15 | 이서진 | 경리부 | 사원 | 2 | 2,000,000 | 300,000 | 100,000 | 2,400,000 |
| | 16 | 최서연 | 경리부 | 대리 | 10 | 2,500,000 | 500,000 | 500,000 | 3,500,000 |
| | 17 | | 경리부 요약 | | | | | 1,450,000 | |
| | 18 | | 경리부 평균 | | 10 | | | | |
| | 19 | 김영철 | 생산부 | 부장 | 19 | 3,500,000 | 1,000,000 | 950,000 | 5,450,000 |
| | 20 | 이순현 | 생산부 | 과장 | 12 | 3,000,000 | 800,000 | 600,000 | 4,400,000 |
| | 21 | 한정범 | 생산부 | 사원 | 4 | 2,000,000 | 300,000 | 200,000 | 2,500,000 |
| | 22 | | 생산부 요약 | | | | | 1,750,000 | |
| | 23 | | 생산부 평균 | | 12 | | | | |
| | 24 | | 총합계 | | | | | 6,300,000 | |
| | 25 | | 전체 평균 | | 11 | | | | |

▲ 작업 결과

[+] 멘토의 한수

- [A3:H15] 영역을 범위 지정하고, [데이터] 탭–[정렬 및 필터] 그룹–[정렬]을 클릭
- [정렬] 대화상자에서 정렬 기준(부서명), 정렬(사용자 지정 목록) 지정
- [사용자 지정 목록] 대화상자에 『기획부, 영업부, 경리부, 생산부』 입력 후 [추가] 클릭
- [기준 추가]를 클릭한 후 다음 기준(근속년수), 정렬 기준(글꼴 색), 정렬(빨강(RGB255,0,0))을 선택, 위에 표시 지정한 후 [확인] 클릭
- [데이터] 탭–[개요] 그룹–[부분합]을 클릭
- [부분합] 대화상자에서 그룹화할 항목(부서명), 사용할 함수 (평균), 부분합 계산 항목(근속년수) 지정
- 다시 부분합 실행, [부분합] 대화상자에서 그룹화할 항목(부서명), 사용할 함수(합계), 부분합 계산 항목(근속수당) 지정, '새로운 값으로 대치' 체크 해제

# 피벗 테이블

| 무료 동영상 |

**학습목표**

피벗 테이블은 표의 필드(항목)를 행, 열, 값에 따라 재구성하여 표 데이터를 다각적으로 분석하고 쉽게 파악할 수 있도록 만들 수 있는 기능입니다. 부분 점수가 없으므로 지시사항을 실수 없이 전부 처리해야 합니다.

◉ **예제 및 정답 파일** : C:₩컴활2급₩3.분석작업₩3.피벗테이블.xlsx

**'피벗테이블1'** 시트에 대하여 다음의 지시사항을 처리하시오.

[피벗 테이블] 기능을 이용하여 '과일 판매 현황' 표의 '거래일자'는 '행 레이블', '거래처'는 '열 레이블'로 처리하고, '값'에 '매입금액'의 평균과 '판매이익금'의 합계를 계산한 후 열의 총합계는 표시하지 않는 피벗 테이블을 작성하시오. (단, 'Σ 값'을 '행 레이블'로 위치)

▶ 피벗 테이블 보고서는 동일 시트의 [A18] 셀에서 시작하시오.
▶ 피벗 테이블 옵션에서 '레이블 병합' 조건으로 설정하시오.
▶ 피벗 테이블 보고서의 빈 셀은 '**' 기호로 표시되도록 지정하시오.
▶ 거래일자는 '분기' 단위로 그룹으로 표시하시오.
▶ 보고서 레이아웃은 '개요 형식으로 표시'로 지정하시오.
▶ '매입금액'과 '판매이익금'은 기호 없는 '통화'로 지정하시오.
▶ 피벗 테이블 스타일은 '연한 파랑, 피벗 스타일 보통 9'로 적용하고, '행 머리글', '열 머리글', '줄무늬 열'을 설정하시오.

| | A | B | C | D | E | F | G |
|---|---|---|---|---|---|---|---|
| 18 | | | 거래처 ▾ | | | | |
| 19 | 분기(거래일자) ▾ | 값 | 강남상회 | 강동상회 | 강북상회 | 강서상회 | 총합계 |
| 20 | **2사분기** | | | | | | |
| 21 | | 평균 : 매입금액 | 155,000 | 290,000 | 262,500 | 207,500 | 228,750 |
| 22 | | 합계 : 판매이익금 | 540,000 | 939,000 | 935,000 | 620,000 | 3,034,000 |
| 23 | **3사분기** | | | | | | |
| 24 | | 평균 : 매입금액 | 320,000 | 360,000 | 255,000 | ** | 311,667 |
| 25 | | 합계 : 판매이익금 | 320,000 | 525,000 | 425,000 | ** | 1,270,000 |

▲ 작업 결과

풀이

❶ '피벗테이블1' 시트에서 [A3:G14] 영역을 범위 지정한 후 [삽입] 탭−[표] 그룹−[피벗 테이블 🖼]을 클릭합니다.

❷ 멘토의 한수

피벗 테이블 범위를 지정할 때 표의 아래쪽에 평균이나 합계와 같은 행이 있으면 반드시 제외하고 범위를 지정합니다. 합계와 평균 같은 행을 포함하면 피벗 테이블 결과에 '(비어있음)'이라는 결과가 표시됩니다.

❷ 멘토의 한수

피벗 테이블을 작업하기 전에 표 영역을 범위 지정한 후 피벗 테이블을 실행하면 [피벗 테이블 만들기] 대화상자에서 '표/범위'를 별도로 지정하지 않아도 됩니다.

❷ [피벗 테이블 만들기] 대화상자에서 '표 또는 범위 선택'에 [A3:G14] 영역이 선택되어 있는지 확인한 후 '기존 워크시트'를 선택하고, '위치'의 입력란에 [A18] 셀을 선택한 후 [확인]을 클릭합니다.

❸ 오른쪽 [피벗 테이블 필드 목록] 작업 창에서 '거래일자' 필드를 드래그하여 '행' 레이블로, '거래처' 필드를 '열' 레이블로, '매입금액', '판매이익금' 필드를 'Σ 값' 레이블로 배치합니다.

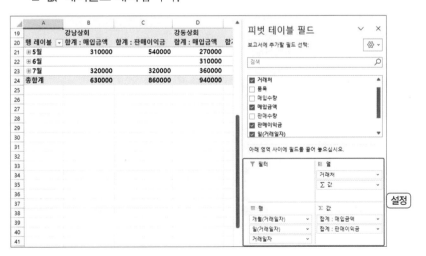

❷ 멘토의 한수

행 레이블에 '거래일자'와 같은 날짜 형식을 위치하면 자동으로 '월'이라는 필드가 생성되는데 이는 추후 [그룹] 작업 시 '월'을 해제할 수 있습니다.

❹ [Σ 값] 레이블의 [합계 : 매입금액]을 클릭하여 [값 필드 설정]을 선택한 후 [값 필드 설정] 대화상자의 [값 요약 기준] 탭에서 '평균'을 더블 클릭하거나 '평균'을 선택하고 [확인]을 클릭합니다.

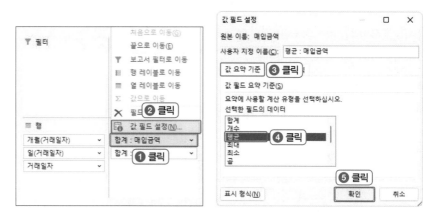

❺ '열 레이블'의 [Σ 값]을 '행 레이블'로 드래그하여 위치를 변경합니다.

❻ 피벗 테이블에서 마우스 오른쪽 버튼을 클릭한 후 [피벗 테이블 옵션]을 선택합니다.

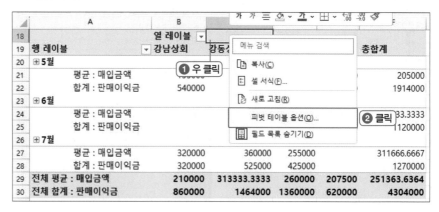

❼ [레이아웃 및 서식] 탭에서 '레이블이 있는 셀 병합 및 가운데 맞춤'에 체크한 후 '빈 셀 표시'의 입력란에 『**』를 입력합니다.

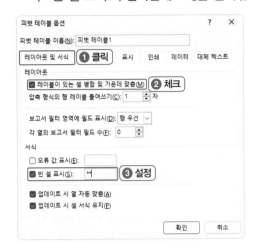

❽ [요약 및 필터] 탭에서 '열 총합계 표시'의 체크를 해제한 후 [확인]을 클릭합니다.

➕ 멘토의 한수

'피벗 테이블 옵션'을 설정하는 것은 보통 세 가지 중에 한두 개가 출제됩니다.
– [레이아웃 및 서식] 탭의 '레이블이 있는 셀 병합 및 가운데 맞춤'과 '빈 셀 표시'
– [요약 및 필터] 탭의 '행 총합계 표시/열 총합계 표시'
– [표시] 탭의 확장/축소 단추 표시

❾ [A20] 셀에서 마우스 오른쪽 버튼을 클릭한 후 [그룹]을 선택하고, [그룹화] 대화상자에서 '단위'에 '일'과 '월'을 해제하고 '분기'만을 선택한 후 [확인]을 클릭합니다.

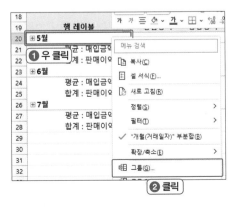

⑩ [디자인] 탭-[레이아웃] 그룹-[보고서 레이아웃 ▤] -[개요 형식으로 표시 ▤]를 선택합니다.

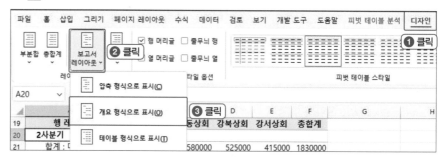

⑪ [B21] 셀(매입금액)을 더블 클릭한 후 [값 필드 설정] 대화상자에서 [표시 형식]을 클릭하고, [셀 서식] 대화상자의 [표시 형식] 탭에서 '통화'를 선택한 후 '기호'는 없음을 설정하고, [확인]을 클릭한 후 [값 필드 설정]에서 [확인]을 클릭합니다.

➕ 멘토의 한수

피벗 테이블은 부분 점수가 없으므로 지시사항 중 하나만 틀려도 10점 모두 감점되므로 피벗 테이블 작업 시 빠진 지시사항이 있는지 확인해야 합니다.

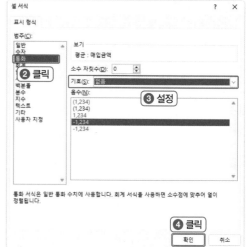

⑫ 위와 같은 방법으로 [B22] 셀(판매이익금)을 더블 클릭한 후 표시 형식을 '통화'에 '기호' 없음을 설정합니다.

⑬ 피벗 테이블이 선택된 상태에서 [디자인] 탭-[피벗 테이블 스타일] 그룹에서 자세히(▽) 단추를 클릭한 후 '중간'에서 '연한 파랑, 피벗 스타일 보통 9' 서식을 선택하고, [피벗 테이블 스타일 옵션] 그룹에서 '행 머리글', '열 머리글', '줄무늬 열'에 체크합니다.

➕ 멘토의 한수

잘못된 피벗 테이블 작업 결과를 삭제하려면 작업 된 행을 범위 지정한 후 마우스 오른쪽 버튼을 눌러 [삭제]를 선택하여 제거합니다.

# 실력점검문제 | 피벗 테이블 |

◉ 예제 및 정답 파일 : C:₩컴활2급₩3.분석작업₩3.피벗테이블.xlsx

## 01 '피벗테이블2' 시트에 대하여 다음의 지시사항을 처리하시오.

[피벗 테이블] 기능을 이용하여 '수원영업소 차량 판매현황' 표의 '대리점'은 '행 레이블', '부서'는 '열 레이블'로 처리하고, '값'에 소형, 중형, 대형의 합계를 계산한 후 열의 총합계는 표시하지 않는 피벗 테이블을 작성하시오. (단, 'Σ 값'을 '행 레이블'로 위치)

▶ 피벗 테이블 보고서는 동일 시트의 [J3] 셀에서 시작하시오.
▶ 보고서 레이아웃은 '테이블 형식으로 표시'로 지정하시오.
▶ 대리점은 내림차순으로 정렬하시오.

| | J | K | L | M | N |
|---|---|---|---|---|---|
| 2 | | | | | |
| 3 | | | 부서 ▼ | | |
| 4 | 대리점 ↓↑ | 값 | 영업1팀 | 영업2팀 | 총합계 |
| 5 | 팔달지점 | 합계 : 소형 | 56 | 72 | 128 |
| 6 | | 합계 : 중형 | 75 | 45 | 120 |
| 7 | | 합계 : 대형 | 29 | 31 | 60 |
| 8 | 장안지점 | 합계 : 소형 | 40 | 51 | 91 |
| 9 | | 합계 : 중형 | 24 | 40 | 64 |
| 10 | | 합계 : 대형 | 24 | 19 | 43 |

▲ 작업 결과

### ➕ 멘토의 한수

- [A3:H15] 영역을 범위 지정한 후 [삽입] 탭-[표] 그룹-[피벗 테이블 🔲]을 클릭
- [피벗 테이블 만들기] 대화상자에 '기존 워크시트'를 선택한 후 '위치'의 입력란에 [J3] 셀을 선택
- [피벗 테이블 필드 목록] 창에서 행 레이블(대리점), 열 레이블(부서), Σ 값(소형, 중형, 대형의 합계) 지정
- 피벗 테이블에서 마우스 오른쪽 버튼을 클릭한 후 [피벗 테이블 옵션]을 선택, [요약 및 필터] 탭에서 '열 총합계 표시'의 체크를 해제
- '열 레이블'의 [Σ 값]을 '행 레이블'로 위치를 변경
- [디자인] 탭의 [레이아웃] 그룹에서 [보고서 레이아웃 🗐]-[테이블 형식으로 표시 🗐] 선택
- 피벗 테이블의 [J4] 셀에서 **대리점 ▼**의 목록 단추를 클릭하고, [텍스트 내림차순 정렬 힉↓] 클릭

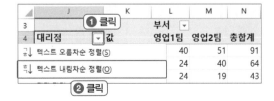

## 02 '피벗 테이블3' 시트에 대하여 다음의 지시사항을 처리하시오.

[피벗 테이블] 기능을 이용하여 '하반기 지점별 매출 현황' 표의 '지점'은 '필터', '직급'은 '행 레이블', '구분'은 '열 레이블'로 처리하고, '값'에 10월, 11월, 12월의 평균을 순서대로 계산한 후 행의 총합계는 나타나지 않도록 피벗 테이블을 작성하시오. (단, 'Σ 값'은 '행 레이블'로 위치)

▶ 피벗 테이블 보고서는 동일 시트의 [A24] 셀에서 시작하시오.

▶ 숫자 서식은 '쉼표 스타일(,)'을 지정하시오.

▶ 보고서 레이아웃은 '개요 형식으로 표시'로 지정하시오.

▶ 지점이 '경기'만 나타나도록 지정하시오.

▶ 피벗 테이블 스타일은 '연한 주황, 피벗 스타일 보통 3'으로 설정하시오.

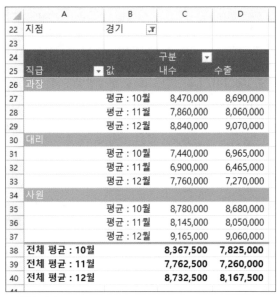

| | A | B | C | D |
|---|---|---|---|---|
| 22 | 지점 | 경기 | | |
| 23 | | | | |
| 24 | | | 구분 | |
| 25 | 직급 | 값 | 내수 | 수출 |
| 26 | 과장 | | | |
| 27 | | 평균 : 10월 | 8,470,000 | 8,690,000 |
| 28 | | 평균 : 11월 | 7,860,000 | 8,060,000 |
| 29 | | 평균 : 12월 | 8,840,000 | 9,070,000 |
| 30 | 대리 | | | |
| 31 | | 평균 : 10월 | 7,440,000 | 6,965,000 |
| 32 | | 평균 : 11월 | 6,900,000 | 6,465,000 |
| 33 | | 평균 : 12월 | 7,760,000 | 7,270,000 |
| 34 | 사원 | | | |
| 35 | | 평균 : 10월 | 8,780,000 | 8,680,000 |
| 36 | | 평균 : 11월 | 8,145,000 | 8,050,000 |
| 37 | | 평균 : 12월 | 9,165,000 | 9,060,000 |
| 38 | 전체 평균 : 10월 | | 8,367,500 | 7,825,000 |
| 39 | 전체 평균 : 11월 | | 7,762,500 | 7,260,000 |
| 40 | 전체 평균 : 12월 | | 8,732,500 | 8,167,500 |

▲ 작업 결과

### ➕ 멘토의 한수

• [A3:H19] 영역을 범위 지정한 후 [삽입] 탭-[표] 그룹-[피벗 테이블 🔁]을 클릭

• [피벗 테이블 만들기] 대화상자에서 '기존 워크시트'를 선택하고 '위치'의 입력란에 [A24] 셀을 선택

• [피벗 테이블 필드 목록] 창에서 보고서 필터(지점), 행 레이블(직급), 열 레이블(구분), Σ 값(10월, 11월, 12월) 지정

• 'Σ 값'에 [합계 : 10월]을 클릭한 후 [값 필드 설정]을 선택하고 [값 필드 설정] 대화상자의 [값 요약 기준] 탭에서 '평균'을 선택하고, 같은 방법으로 '합계 : 11월', '합계 : 12월'을 각각 평균으로 지정

• '열 레이블'의 [Σ 값]을 '행 레이블'로 드래그하여 위치를 변경

• [C27:D40] 영역을 범위 지정하고 [홈] 탭의 [표시 형식] 그룹에서 [쉼표 스타일 ﾠ] 클릭

• 피벗 테이블에서 마우스 오른쪽 버튼을 클릭한 후 [피벗 테이블 옵션]을 선택하고, [요약 및 필터] 탭에서 '행 총합계 표시'의 체크를 해제한 후 [확인] 단추를 클릭

• 필터의 '지점'에서 목록(▼) 단추를 선택하고 '여러 항목 선택'에 체크한 후 '경기'에 체크하고 [확인]을 클릭

• [디자인] 탭-[레이아웃] 그룹-[보고서 레이아웃 ▤]-[개요 형식으로 표시 ▤]를 선택

• 피벗 테이블이 선택된 상태에서 [디자인] 탭-[피벗 테이블 스타일] 그룹의 자세히(▼) 단추를 클릭한 후 '중간'에서 '연한 주황, 피벗 스타일 보통 3'서식을 선택

# 목표값 찾기

| 무료 동영상 |

**학습목표**

목표값 찾기 기능은 수식에서 결과값은 알고 있지만, 그 결과값을 계산하는 데 필요한 입력값을 모를 때 사용하는 기능으로 하나의 수식 결과 셀에 목표 수치를 입력하고 수식에 참여하는 입력값은 하나만 변화를 예측할 수 있습니다.

◉ **예제 및 정답 파일** : C:₩컴활2급₩3.분석작업₩4.목표값찾기.xlsx

---

**'목표값찾기1'** 시트에 대하여 다음의 지시사항을 처리하시오.

[목표값 찾기] 기능을 이용하여 '자동차 판매현황' 표에서 '아이오닉'의 월납입액[F8]이 400,000이 되려면 상환기간(월)[E8]이 얼마가 되어야 하는지 계산하시오.

| | A | B | C | D | E | F |
|---|---|---|---|---|---|---|
| 1 | | | 자동차 판매현황 | | | |
| 2 | | | | | | |
| 3 | 차량명 | 차량총액 | 인도금 | 할부원금 | 상환기간(월) | 월납입액 |
| 4 | SM6 | 23,760,000 | 11,880,000 | 11,880,000 | 18 | 660,000 |
| 5 | QM3 | 25,330,000 | 12,665,000 | 12,665,000 | 18 | 703,611 |
| 6 | 아슬란 | 43,980,000 | 21,990,000 | 21,990,000 | 24 | 916,250 |
| 7 | 아반떼 | 23,710,000 | 11,855,000 | 11,855,000 | 24 | 493,958 |
| 8 | 아이오닉 | 27,210,000 | 13,605,000 | 13,605,000 | 34 | 400,000 |
| 9 | 엑센트 | 19,620,000 | 9,810,000 | 9,810,000 | 36 | 272,500 |
| 10 | SM3 | 20,570,000 | 10,285,000 | 10,285,000 | 36 | 285,694 |

▲ 작업 결과

① '목표값찾기1' 시트에서 [F8] 셀을 선택한 후 [데이터] 탭–[데이터 도구] 그룹–[가상 분석 📊]–[목표값 찾기]를 클릭합니다.

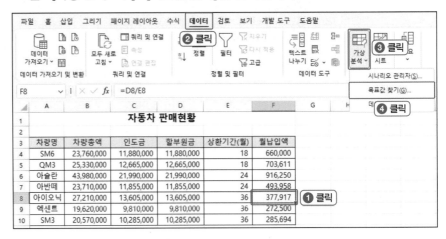

② [목표값 찾기] 대화상자에서 '수식 셀'에 [F8] 셀을 지정한 후 찾는 값에 『400,000』을 입력하고, 값을 바꿀 셀에 [E8] 셀을 지정한 후 [확인]을 클릭하고 [목표값 찾기 상태]에서 [확인]을 클릭합니다.

**➕ 멘토의 한수**

수식 셀에는 반드시 수식이 입력된 셀을 지정하고, 찾는 값은 직접 입력하며, 값을 바꿀 셀은 한 개의 셀만 가능합니다.

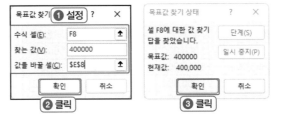

**➕ 멘토의 한수**

[목표값 찾기] 대화상자의 '수식 셀'이나 '값을 바꿀 셀'에 셀을 클릭하여 입력 시 절대참조 주소 형태로 입력되지만, 상대참조 주소로 해도 상관없습니다.

③ 다음과 같이 [F8] 셀의 값이 400,000원으로, [E8] 셀이 34개월로 각각 변경됩니다.

| | A | B | C | D | E | F |
|---|---|---|---|---|---|---|
| 1 | | | 자동차 판매현황 | | | |
| 2 | | | | | | |
| 3 | 차량명 | 차량총액 | 인도금 | 할부원금 | 상환기간(월) | 월납입액 |
| 4 | SM6 | 23,760,000 | 11,880,000 | 11,880,000 | 18 | 660,000 |
| 5 | QM3 | 25,330,000 | 12,665,000 | 12,665,000 | 18 | 703,611 |
| 6 | 아슬란 | 43,980,000 | 21,990,000 | 21,990,000 | 24 | 916,250 |
| 7 | 아반떼 | 23,710,000 | 11,855,000 | 11,855,000 | 24 | 493,958 |
| 8 | 아이오닉 | 27,210,000 | 13,605,000 | 13,605,000 | 34 | 400,000 |
| 9 | 엑센트 | 19,620,000 | 9,810,000 | 9,810,000 | 36 | 272,500 |
| 10 | SM3 | 20,570,000 | 10,285,000 | 10,285,000 | 36 | 285,694 |

# 실력점검문제 | 목표값 찾기 |

◉ 예제 및 정답 파일 : C:₩컴활2급₩3.분석작업₩4.목표값찾기.xlsx

## 01 '목표값찾기2' 시트에 대하여 다음의 지시사항을 처리하시오.

[목표값 찾기] 기능을 이용하여 '지점별 판매현황' 표에서 총판매금액[E12]이 40,000,000이 되려면 '강남'의 '컴퓨터' 판매량[D8]이 얼마가 되어야 하는지 계산하시오.

| | A | B | C | D | E |
|---|---|---|---|---|---|
| 1 | | | 지점별 판매현황 | | |
| 2 | | | | | |
| 3 | 지점명 | 제품명 | 판매가 | 판매량 | 판매금액 |
| 4 | 강북 | 컴퓨터 | 700,000 | 10 | 7,000,000 |
| 5 | 강북 | 프린터 | 450,000 | 5 | 2,250,000 |
| 6 | 강북 | 스피커 | 100,000 | 20 | 2,000,000 |
| 7 | 강북 | 모니터 | 350,000 | 10 | 3,500,000 |
| 8 | 강남 | 컴퓨터 | 700,000 | 23 | 16,300,000 |
| 9 | 강남 | 프린터 | 450,000 | 6 | 2,700,000 |
| 10 | 강남 | 스피커 | 100,000 | 10 | 1,000,000 |
| 11 | 강남 | 모니터 | 350,000 | 15 | 5,250,000 |
| 12 | | | 총판매금액 | | 40,000,000 |

▲ 작업 결과

## 02 '목표값찾기3' 시트에 대하여 다음의 지시사항을 처리하시오.

[목표값 찾기] 기능을 이용하여 '제품별 가격 비교' 표에서 'K-007'의 이익률[G10]이 35%가 되려면 'K-007'의 판매가격[D10]이 얼마가 되어야 하는지 계산하시오.

| | A | B | C | D | E | F | G |
|---|---|---|---|---|---|---|---|
| 1 | | | | 제품별 가격 비교 | | | |
| 2 | | | | | | | |
| 3 | | 제품코드 | 수입가격 | 판매가격 | 영업비용 | 이익 | 이익률 |
| 4 | | K-001 | 60,000 | 69,500 | 4,500 | 14,000 | 20% |
| 5 | | K-002 | 230,000 | 340,300 | 68,500 | 178,800 | 53% |
| 6 | | K-003 | 180,000 | 265,000 | 35,000 | 120,000 | 45% |
| 7 | | K-004 | 341,200 | 498,500 | 89,500 | 246,800 | 50% |
| 8 | | K-005 | 512,200 | 767,500 | 125,300 | 380,600 | 50% |
| 9 | | K-006 | 150,350 | 215,000 | 28,000 | 92,650 | 43% |
| 10 | | K-007 | 293,500 | 401,176 | 32,500 | 140,176 | 35% |
| 11 | | K-008 | 104,300 | 190,000 | 28,000 | 113,700 | 60% |
| 12 | | K-009 | 330,400 | 530,000 | 98,500 | 298,100 | 56% |

▲ 작업 결과

멘토의 한수

목표값 찾기 대화상자 지정

목표값 찾기

수식 셀(E): G10
찾는 값(V): 35%
값을 바꿀 셀(C): $D$10

확인    취소

# Chapter 05 시나리오

| 무료 동영상 |

**학습목표**

시나리오는 가상 분석 기능으로 가상의 값을 적용해서 그에 따라 달라지는 특정 필드의 값을 시나리오별로 비교할 수 있는 기능입니다. 부분 점수가 없으므로 오자나 띄어쓰기에 주의하여 작업합니다.

◉ **예제 및 정답 파일** : C:₩컴활2급₩3.분석작업₩5.시나리오.xlsx

---

**'시나리오1'** 시트에 대하여 다음의 지시사항을 처리하시오.

[시나리오 관리자] 기능을 이용하여 '신입사원 평가 결과' 표에서 필기[A16], 실기[B16]의 반영비율이 다음과 같이 변동하는 경우 전체평균[E12]의 변동 시나리오를 작성하시오.

▶ [A16] 셀의 이름은 '필기', [B16] 셀의 이름은 '실기', [E12] 셀의 이름은 '전체평균'으로 정의하시오.
▶ 시나리오 1 : 시나리오 이름은 '필기비율증가', 필기를 60%, 실기를 40%로 설정하시오.
▶ 시나리오 2 : 시나리오 이름은 '실기비율증가', 필기를 40%, 실기를 60%로 설정하시오.
▶ 위 시나리오에 의한 '시나리오 요약'보고서는 '시나리오1' 시트 바로 왼쪽에 위치해야 함

※ 시니리오 요약 보고서 작성 시 정답과 일치하여야 하며, 오자로 인한 부분 점수는 인정하지 않음

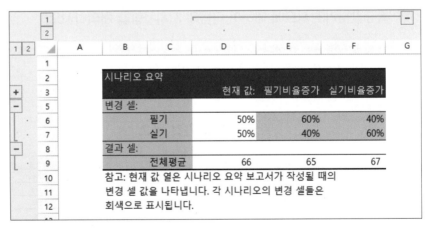

▲ 작업 결과

❶ 이름을 정의하기 위해 [A16] 셀을 선택한 후 '이름 상자'에 『필기』를 입력하고 Enter 키를 누른 다음 같은 방법으로 [B16] 셀에는 『실기』, [E12] 셀에는 『전체평균』으로 각각 셀 이름을 입력합니다.

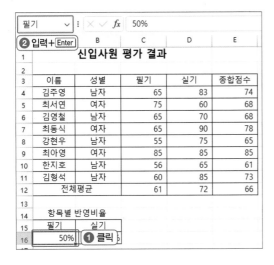

**멘토의 한수**

셀 이름을 입력한 후 반드시 Enter 키를 눌러야 정상적으로 입력됩니다.

**멘토의 한수**

잘못된 이름을 수정하기 위해서는 [수식] 탭-[정의된 이름] 그룹-[이름 관리자]를 클릭한 후 수정할 이름을 선택하고 [편집]을 클릭하여 수정합니다.

❷ 변경될 부분인 [A16:B16] 영역을 범위 지정한 후 [데이터] 탭-[예측] 그룹-[가상 분석 ▦]-[시나리오 관리자]를 클릭합니다.

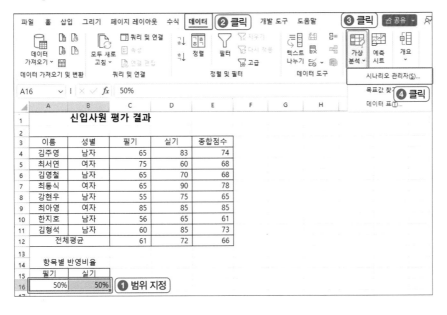

**멘토의 한수**

변경될 부분을 지정한 후 시나리오를 실행하면 [시나리오 추가]의 변경 셀 부분에 지정된 영역이 입력되어 있습니다.

❸ [시나리오 관리자] 대화상자가 나타나면 [추가]를 클릭합니다.

**➕ 멘토의 한수**

오자로 인한 부분 점수가 없으므로 시나리오 이름 입력 시 오타에 주의하여 입력해야 합니다.

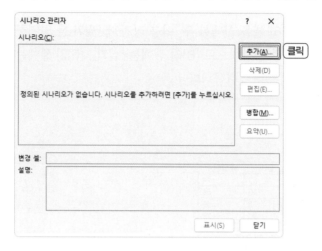

❹ [시나리오 추가] 대화상자가 나타나면 '시나리오 이름'에 『필기비율증가』를 입력하고, 변경 셀에 [A16:B16]이 지정되어 있는지 확인 후 [확인]을 클릭합니다.

**➕ 멘토의 한수**

앞의 ❷번에서 [A16:B16] 영역을 범위 지정한 후 '시나리오 관리자'를 실행하면 '변경 셀'에 [A16:B16]이 입력되어 있으므로 위치가 맞는지 확인만 하면 됩니다.

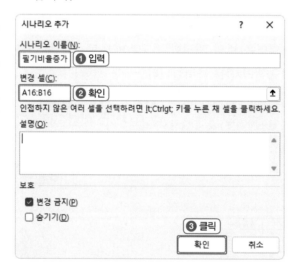

❺ [시나리오 값] 대화상자에서 필기에 『60%』, 실기에 『40%』를 입력한 후 [추가]를 클릭합니다.

**➕ 멘토의 한수**

값 입력 시 60% 대신에 0.6을, 40% 대신에 0.4를 입력할 수도 있습니다.

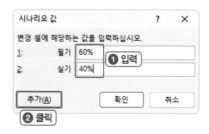

⑥ [시나리오 추가] 대화상자가 나타나면 '시나리오 이름'에 『실기비율증가』를 입력하고, 변경 셀에 [A16:B16]이 지정되어 있는지 확인 후 [확인]을 클릭합니다.

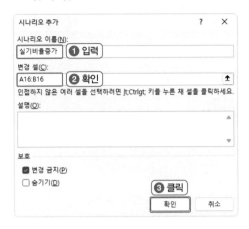

⑦ [시나리오 값] 대화상자에서 필기에 『40%』, 실기에 『60%』를 입력한 후 [확인]을 클릭합니다.

**+ 멘토의 한수**

작성한 변경 셀의 값이나 시나리오 이름을 변경하기 위해서는 [시나리오 관리자] 대화상자에서 [편집]을 클릭하여 수정할 수 있습니다.

⑧ [시나리오 관리자] 대화상자에서 [요약]을 클릭한 후 [시나리오 요약] 대화상자의 '결과 셀'에 [E12] 셀을 지정하고 [확인]을 클릭합니다.

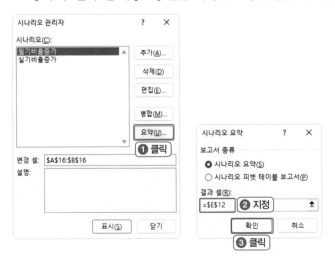

**+ 멘토의 한수**

결과 셀은 최대 32개까지 지정할 수 있으며 비연속적인 셀 범위는 Ctrl 키를 누른 상태에서 결과 셀들을 클릭합니다.

⑨ [시나리오1] 시트 왼쪽에 [시나리오 요약] 시트가 생성됩니다.

# 실력점검문제 | 시나리오 |

◉ 예제 및 정답 파일 : C:₩컴활2급₩3.분석작업₩5.시나리오.xlsx

## 01 '시나리오2' 시트에 대하여 다음의 지시사항을 처리하시오.

[시나리오 관리자] 기능을 이용하여 '매출현황' 표에서 강사료[B14]와 수강료[C14]가 다음과 같이 변동하는 경우 이익 합계[H10]의 변동 시나리오를 작성하시오.

▶ [B14] 셀의 이름은 '강사료', [C14] 셀의 이름은 '수강료', [H10] 셀의 이름은 '이익합계'로 정의하시오.
▶ 시나리오1 : 시나리오 이름은 '10%인상', 강사료와 수강료를 각각 10%씩 인상된 값으로 설정하시오.
▶ 시나리오2 : 시나리오 이름은 '20%인상', 강사료와 수강료를 각각 20%씩 인상된 값으로 설정하시오.
▶ 시나리오 요약 시트는 '시나리오2' 시트의 바로 왼쪽에 위치해야 함

※ 시나리오 요약 보고서 작성 시 정답과 일치하여야 하며, 오자로 인한 부분 점수는 인정하지 않음

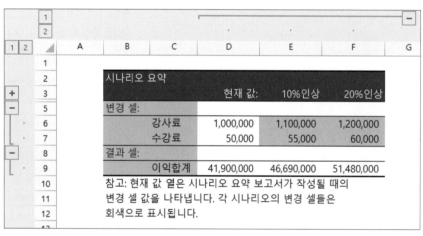

▲ 작업 결과

➕ 멘토의 한수

- [B14] 셀을 선택한 후 '이름 상자'에 『강사료』를 입력하고 Enter 키를 누른 다음 같은 방법으로 [C14] 셀에는 『수강료』, [H10] 셀에는 『이익합계』로 각각 셀 이름을 입력
- [B14:C14] 영역을 범위 지정한 후 [데이터] 탭-[예측] 그룹-[가상 분석 🖽]-[시나리오 관리자]를 클릭
- [시나리오 관리자] 대화상자가 나타나면 [추가]를 클릭, [시나리오 추가]의 '시나리오 이름'에 『10%인상』을 입력한 후 [확인]을 클릭
- [시나리오 값] 대화상자에서 강사료에 『1100000』, 수강료 『55000』을 입력한 후 [추가]를 클릭
- [시나리오 추가]의 '시나리오 이름'에 『20%인상』을 입력한 후 [확인]을 클릭
- [시나리오 값] 대화상자에서 강사료에 『1200000』, 수강료 『60000』을 입력한 후 [확인]을 클릭
- [시나리오 관리자] 대화상자에서 [요약]을 클릭한 후 [시나리오 요약] 대화상자의 '결과 셀'에 [H10] 셀을 지정하고 [확인]을 클릭

## 02 '시나리오3' 시트에 대하여 다음의 지시사항을 처리하시오.

[시나리오 관리자] 기능을 이용하여 '월별 주문 내역서' 표에서 세율[B18]이 다음과 같이 변동하는 경우 월별 세금 합계[G7, G12, G16]의 변동 시나리오를 작성하시오.

▶ 셀 이름 정의 : [B18] 셀은 '세율', [G7] 셀은 '소계8월', [G12] 셀은 '소계9월', [G16] 셀은 '소계10월'로 정의하시오.
▶ 시나리오 1 : 시나리오 이름은 '세율인상', 세율을 15%로 설정하시오.
▶ 시나리오 2 : 시나리오 이름은 '세율인하', 세율을 8%로 설정하시오.
▶ 위 시나리오에 의한 '시나리오 요약' 보고서는 '시나리오3' 시트 바로 왼쪽에 위치해야 함

※ 시니리오 요약 보고서 작성 시 정답과 일치하여야 하며, 오자로 인한 부분 점수는 인정하지 않음

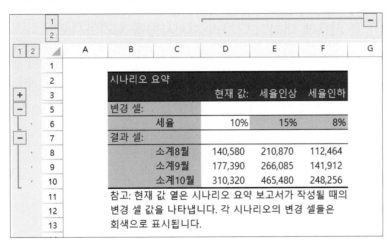

▲ 작업 결과

<!-- 멘토의 한수 -->
🜚 멘토의 한수

- [B18] 셀을 선택한 후 '이름 상자'에 『세율』을 입력하고 Enter 키를 누른 다음 같은 방법으로 [G7] 셀은 『소계8월』, [G12] 셀은 『소계9월』, [G16] 셀은 『소계10월』로 각각 셀 이름을 입력
- [B18] 셀을 선택한 후 [데이터] 탭-[예측] 그룹-[가상 분석 🎛]-[시나리오 관리자]를 클릭
- [시나리오 관리자] 대화상자가 나타나면 [추가]를 클릭, [시나리오 추가]의 시나리오 이름에 『세율인상』을 입력한 후 [확인]을 클릭
- [시나리오 값] 대화상자에서 세율인상에 『15%』를 입력한 후 [추가]를 클릭
- [시나리오 추가]의 '시나리오 이름'에 『세율인하』를 입력한 후 [확인]을 클릭
- [시나리오 값] 대화상자에서 세율인하에 『8%』를 입력한 후 [확인]을 클릭
- [시나리오 관리자] 대화상자에서 [요약]을 클릭한 후 [시나리오 요약] 대화상자의 '결과 셀'에 [G7], [G12], [G16] 셀을 지정하고 [확인]을 클릭

# 데이터 표

**학습목표**

데이터 표는 수식을 표에 적용해서 특정 값의 변화에 따른 결과값의 변화 과정을 표의 형태로 나타내는 기능입니다. 행/열 구분만 잘 지정한다면 쉬운 문제입니다.

◉ 예제 및 정답 파일 : C:₩컴활2급₩3.분석작업₩6.데이터표.xlsx

## '데이터표1' 시트에 대하여 다음의 지시사항을 처리하시오.

'차량 금액별 월 납입액' 표는 차량금액[C3]과 할부개월수[C5]를 이용하여 월 납입액[C6]을 계산한 것이다. [데이터 표] 기능을 이용하여 차량금액과 할부 개월수의 변동에 따른 월납입액의 변화를 [D10:G16] 영역에 계산하시오.

| | A | B | C | D | E | F | G |
|---|---|---|---|---|---|---|---|
| 1 | | | 차 량 금 액 별 월 납 입 액 | | | | |
| 2 | | | | | | | |
| 3 | | 차량금액 | 20,000,000 | | | | |
| 4 | | 이자율 | 5.0% | | | | |
| 5 | | 할부개월수 | 24 | | | | |
| 6 | | 월납입액 | ₩877,428 | | | | |
| 7 | | | | | | | |
| 8 | | | | | | 차량금액 | |
| 9 | | | ₩877,428 | 14,000,000 | 18,000,000 | 20,000,000 | 24,000,000 |
| 10 | | 할 | 6 | 2,367,479 | 3,043,902 | 3,382,113 | 4,058,535 |
| 11 | | 부 | 9 | 1,588,143 | 2,041,898 | 2,268,775 | 2,722,530 |
| 12 | | 개 | 12 | 1,198,505 | 1,540,935 | 1,712,150 | 2,054,580 |
| 13 | | 월 | 15 | 964,746 | 1,240,388 | 1,378,209 | 1,653,851 |
| 14 | | 수 | 18 | 808,927 | 1,040,050 | 1,155,611 | 1,386,733 |
| 15 | | | 24 | 614,199 | 789,685 | 877,428 | 1,052,913 |
| 16 | | | 36 | 419,593 | 539,476 | 599,418 | 719,302 |

▲ 작업 결과

**풀이**

❶ '데이터표1' 시트에서 월납입액의 수식을 연결하기 위해 [C9] 셀에 『=』을 입력한 후 월납입액 수식이 있는 [C6] 셀을 클릭하고 Enter 키를 눌러 수식을 연결하는 방식으로 지정합니다.

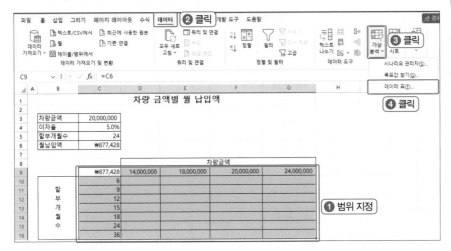

멘토의 한수

수식을 복사할 때 [C6] 셀의 수식을 복사하여 [C9] 셀에 붙여넣기를 해도 되지만 수식에 사용된 셀 참조가 절대참조 형식이 아니면 다른 결과가 나올 수도 있습니다. 되도록 위와 같이 수식 셀을 참조하는 방법으로 수식을 연결하는 방식으로 복사합니다.

② 수식을 포함한 [C9:G16] 영역을 범위 지정한 후 [데이터] 탭-[데이터 도구] 그룹-[가상 분석 ⊞]-[데이터 표]를 선택합니다.

멘토의 한수

반드시 수식이 연결(복사)된 셀을 포함해서 영역을 지정합니다. 수식을 포함하지 않고 영역을 지정하면 데이터가 나타나지 않습니다.

③ [데이터 표] 대화상자에서 '행 입력 셀'에 차량금액인 [C3] 셀을 지정하고, '열 입력 셀'에는 '할부 개월 수'인 [C5] 셀을 입력한 후 [확인]을 클릭합니다.

멘토의 한수

실수해서 다시 데이터 표를 지우려고 할 때 안 되는 경우가 있습니다. 그건 표 일부분만 선택했기 때문입니다. 표 결과를 지울 때는 결과가 표시된 부분 [D10:G16] 영역을 범위 지정한 후 Delete 키를 누르면 됩니다.

# 실력점검문제 | 데이터 표 |

◉ 예제 및 정답 파일 : C:₩컴활2급₩3.분석작업₩6.데이터표.xlsx

## 01 '데이터표2' 시트에 대하여 다음의 지시사항을 처리하시오.

'아파트 구입 예산표' 표는 상환기간(년)[B6]과 이자율(%)[B7]을 이용하여 월상환액[B8]을 계산한 것이다. [데이터 표] 기능을 이용하여 상환기간(년)과 이자율(%)의 변동에 따른 월상환액의 변화를 [C12:G18] 영역에 계산하시오.

| ▲ | A | B | C | D | E | F | G |
|---|---|---|---|---|---|---|---|
| 1 | | | 아파트 구입 예산표 | | | | |
| 2 | | | | | | | |
| 3 | 아파트금액 | 200,000,000 | | | | | |
| 4 | 자기자본 | 100,000,000 | | | | | |
| 5 | 대출금액 | 100,000,000 | | | | | |
| 6 | 상환기간(년) | 3 | | | | | |
| 7 | 이자율(%) | 4% | | | | | |
| 8 | 월상환액 | ₩2,952,399 | | | | | |
| 9 | | | | | | | |
| 10 | | | 상 환 기 간(년) | | | | |
| 11 | | ₩2,952,399 | 1 | 2 | 3 | 4 | 5 |
| 12 | 이 | 4% | 8,514,990 | 4,342,492 | 2,952,399 | 2,257,905 | 1,841,652 |
| 13 | 자 | 5% | 8,560,748 | 4,387,139 | 2,997,090 | 2,302,929 | 1,887,123 |
| 14 | 율 | 6% | 8,606,643 | 4,432,061 | 3,042,194 | 2,348,503 | 1,933,280 |
| 15 | % | 7% | 8,652,675 | 4,477,258 | 3,087,710 | 2,394,624 | 1,980,120 |
| 16 | | 8% | 8,698,843 | 4,522,729 | 3,133,637 | 2,441,292 | 2,027,639 |
| 17 | | 9% | 8,745,148 | 4,568,474 | 3,179,973 | 2,488,504 | 2,075,836 |
| 18 | | 10% | 8,791,589 | 4,614,493 | 3,226,719 | 2,536,258 | 2,124,704 |

▲ 작업 결과

➕ 멘토의 한수

- [B11] 셀에 『=B8』을 입력하여 수식을 연결(복사)
- [B11:G18] 영역을 범위 지정한 후 [데이터] 탭–[데이터 도구] 그룹–[가상 분석 🗒]–[데이터 표]를 선택
- [데이터 표] 대화상자의 '행 입력 셀'에 '상환기간(년)' [B6] 셀을 지정, '열 입력 셀'에는 '이자율(%)' [B7] 셀을 지정

**02** **'데이터표3' 시트에 대하여 다음의 지시사항을 처리하시오.**

'저축예금 지급액' 표는 납입기간(년)[B2], 연이율[B3], 납입금(월)[B4]을 이용하여 지급액[B5]을 계산한 것이다. [데이터 표] 기능을 이용하여 납입금(월)의 변동에 따른 지급액의 변화를 [C9:G9] 영역에 계산하시오.

| | A | B | C | D | E | F | G |
|---|---|---|---|---|---|---|---|
| 1 | 저축예금 지급액 | | | | | | |
| 2 | 납입기간(년) | 1 | | | | | |
| 3 | 연이율 | 4% | | | | | |
| 4 | 납입금(월) | 200,000 | | | | | |
| 5 | 지급액 | ₩17,030 | | | | | |
| 7 | | | 납입금(월) | | | | |
| 8 | | | 100,000 | 200,000 | 300,000 | 400,000 | 500,000 |
| 9 | | | | | | | |

▲ 작업 결과

➕ 멘토의 한수

- [B9] 셀에 『=B5』를 입력하여 수식을 연결(복사)
- [B8:G9] 영역을 범위 지정한 후 [데이터] 탭-[데이터 도구] 그룹-[가상 분석 📊]-[데이터 표]를 선택
- [데이터 표] 대화상자의 '행 입력 셀'에 '납입금(월)' [B4] 셀을 지정하고, 열 입력 셀은 빈 셀로 지정한 후 [확인]
  * 다음과 같이 데이터 표에서 열과 행을 모두 입력하지 않고, 열 또는 행만 입력하는 문제도 출제됩니다.

**03** **'데이터표4' 시트에 대하여 다음의 지시사항을 처리하시오.**

'저축예금 지급액' 표는 납입기간(년)[B2], 연이율[B3], 납입금(월)[B4]을 이용하여 지급액[B5]을 계산한 것이다. [데이터 표] 기능을 이용하여 납입기간(년)의 변동에 따른 지급액의 변화를 [F2:F6] 영역에 계산하시오.

| | A | B | C | D | E | F |
|---|---|---|---|---|---|---|
| 1 | 저축예금 지급액 | | | | | ₩17,030 |
| 2 | 납입기간(년) | 1 | | | 1 | 17,030 |
| 3 | 연이율 | 4% | | | 2 | 8,685 |
| 4 | 납입금(월) | 200,000 | | 납입기간(년) | 3 | 5,905 |
| 5 | 지급액 | ₩17,030 | | | 4 | 4,516 |
| 6 | | | | | 5 | 3,683 |

▲ 작업 결과

➕ 멘토의 한수

- [F1] 셀에 『=B5』를 입력하여 수식을 연결(복사)
- [E1:F6] 영역을 범위 지정한 후 [데이터] 탭-[데이터 도구] 그룹-[가상 분석 📊]-[데이터 표]를 선택
- [데이터 표] 대화상자의 '행 입력 셀'은 빈 셀로 지정하고, '열 입력 셀'에 '납입기간(년)' [B2] 셀을 지정한 후 [확인]

# 통합

| 무료 동영상 |

**학습목표**

통합은 여러 데이터를 하나의 표로 합계, 평균 등으로 계산하여 통합해주는 기능입니다. 통합한 원본은 다른 통합문서, 다른 시트, 같은 시트 모두 가능하며 시험에서는 주로 같은 시트 참조가 출제되고 있습니다.

◉ 예제 및 정답 파일 : C:₩컴활2급₩3.분석작업₩7.통합.xlsx

**'통합1'** 시트에 대하여 다음의 지시사항을 처리하시오.

데이터 도구 [통합] 기능을 이용하여 [표1], [표2], [표3]에 대한 '품명'별 '판매량', '판매금액'의 합계를 '품명별 매출 현황'[I11:J14] 영역에 계산하시오.

| | A | B | C | D | E | F | G | H | I | J |
|---|---|---|---|---|---|---|---|---|---|---|
| 1 | | [표1] | 송파 대리점 | | | | [표2] | 수원 대리점 | | |
| 2 | | 번호 | 품명 | 판매량 | 판매금액 | | | 번호 | 품명 | 판매량 | 판매금액 |
| 3 | | 1 | 가스렌지 | 58 | 240,000 | | | 1 | 가스렌지 | 96 | 240,000 |
| 4 | | 2 | 냉장고 | 155 | 545,000 | | | 2 | 냉장고 | 75 | 545,000 |
| 5 | | 3 | 세탁기 | 60 | 435,000 | | | 3 | 세탁기 | 96 | 435,000 |
| 6 | | 4 | TV | 224 | 355,000 | | | 4 | TV | 221 | 355,000 |
| 7 | | | | | | | | | | |
| 8 | | | | | | | | | | |
| 9 | | [표3] | 성남 대리점 | | | | [표4] | 품명별 매출 현황 | | |
| 10 | | 번호 | 품명 | 판매량 | 판매금액 | | | 번호 | 품명 | 판매량 | 판매금액 |
| 11 | | 1 | 가스렌지 | 75 | 240,000 | | | 1 | 가스렌지 | 229 | 720,000 |
| 12 | | 2 | 냉장고 | 229 | 545,000 | | | 2 | 냉장고 | 459 | 1,635,000 |
| 13 | | 3 | 세탁기 | 77 | 435,000 | | | 3 | 세탁기 | 233 | 1,305,000 |
| 14 | | 4 | TV | 234 | 355,000 | | | 4 | TV | 679 | 1,065,000 |

▲ 작업 결과

❶ '통합1' 시트에서 [H10:J14] 영역을 범위 지정한 후 [데이터] 탭−[데이터 도구] 그룹−[통합 ▤]을 클릭합니다.

**멘토의 한수**

통합할 데이터의 영역을 범위 지정할 때 번호 필드를 제외하고 계산할 필드를 기준으로 영역을 지정합니다.

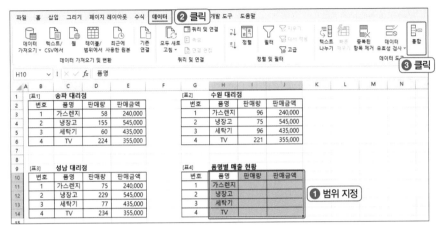

❷ [통합] 대화상자에서 '함수'에 '합계'를 지정한 후 '참조'의 입력란을 클릭하고 [C2:E6] 영역을 범위 지정한 후 [추가]를 클릭합니다.

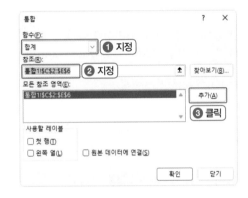

**멘토의 한수**

[통합] 대화상자의 '사용할 레이블'에 첫 행과 왼쪽 열에 체크를 하지 않으면 통합결과에 첫 행과 왼쪽 열의 레이블이 표시되지 않습니다.

❸ 위와 같은 방법으로 [H2:J6] 영역을 범위 지정한 후 [추가]를 클릭하고, [C10:E14] 영역을 범위 지정한 후 [추가]를 클릭합니다.

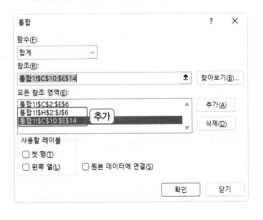

❹ '사용할 레이블'의 첫 행과 왼쪽 열에 각각 체크한 후 [확인]을 클릭합니다.

# 실력점검문제 | 통합 |

◉ 예제 및 정답 파일 : C:₩컴활2급₩3.분석작업₩7.통합.xlsx

## 01 '통합2' 시트에 대하여 다음의 지시사항을 처리하시오.

데이터 도구 [통합] 기능을 이용하여 '서울지점'[A4:D8], '경남지점'[A12:D19], '대전지점'[F4:I9]에 대한 '직위'별 '상반기우수'와 '하반기우수'의 '★'의 합계(개수)를 '직위별 우수사원 현황'[G13:H15] 영역에 계산하시오.

| E | F | G | H |
|---|---|---|---|
| 10 | | | |
| 11 | **직위별 우수사원 현황** | | |
| 12 | 직위 | 상반기우수 | 하반기우수 |
| 13 | 사원 | 4 | 2 |
| 14 | 대리 | 1 | 4 |
| 15 | 팀장 | 2 | 2 |

▲ 작업 결과

### ➕ 멘토의 한수

- [F12:H15] 영역을 범위 지정한 후 [데이터] 탭-[데이터 도구] 그룹-[통합 ┣▪]을 클릭
- [통합] 대화상자에서 '함수'에 '개수'를 지정, '참조'의 입력란에 [B4:D8], [B12:D19], [G4:I9] 영역을 범위 지정한 후 [추가]를 클릭(★의 개수의 합계를 구하기 위해서는 함수를 개수로 지정함)
- '사용할 레이블'의 첫 행과 왼쪽 열에 각각 체크한 후 [확인]을 클릭

## 02 '통합3' 시트에 대하여 다음의 지시사항을 처리하시오.

데이터 도구 [통합] 기능을 이용하여 '4분기 판매현황'[A3:E18]에 대한 '차량명'별 '서울', '경기', '인천'의 차량명이 마티즈, 아반테, 소나타로 시작하는 차량명별 평균을 '4분기 평균 판매 수'[G3:J6] 영역에 계산하시오.

| F | G | H | I | J |
|---|---|---|---|---|
| 1 | **4분기 평균 판매 수** | | | |
| 2 | | | | |
| 3 | 차량명 | 서울 | 경기 | 인천 |
| 4 | 마티즈* | 156 | 127 | 121 |
| 5 | 아반테* | 104 | 82 | 64 |
| 6 | 소나타* | 108 | 92 | 81 |

▲ 작업 결과

### ➕ 멘토의 한수

- [G4] 셀에 『마티즈*』 입력, [G5] 셀에 『아반테*』 입력, [G6] 셀에 『소나타*』 입력
- [G3:J6] 영역을 범위 지정한 후 [데이터] 탭-[데이터 도구] 그룹-[통합 ┣▪]을 클릭
- [통합] 대화상자에서 '함수'에 '평균'을 지정, '참조'의 입력란에 [B3:E18] 영역을 범위 지정한 후 [추가]를 클릭
- '사용할 레이블'의 첫 행과 왼쪽 열에 각각 체크한 후 [확인]을 클릭

# Part 4

# 기타 작업

기타 작업에서는 매크로와 차트 작업으로 나뉘며, 매크로 작업에서는 보통 계산 작업 매크로와 서식 작업 매크로를 작성하여 도형 및 단추에 연결하여 작업하고, 차트 작업에서는 작성된 차트를 이용하여 차트 종류 변경, 차트 범위 변경, 다양한 차트 서식 지정 등이 출제됩니다. 매크로와 차트 각각 10점씩, 총 20점입니다.

## Chapter 01 매크로

| 무료 동영상 |

### 학습목표

특정 동작을 반복하여 실행하는 코드로서 반복되는 작업을 저장시켜 놓고 필요할 때 불러서 빠르게 실행하는 자동화 작업입니다. 주로 서식 유형과 계산 유형의 두 개의 매크로 문제가 출제되며, 각 5점씩 총 10점입니다.

◉ 예제 및 정답 파일 : C:₩컴활2급₩4.기타작업₩1.매크로.xlsm

### ➕ 멘토의 한수

**[개발 도구] 탭이 표시되어 있지 않을 경우**

❶ 리본 메뉴에 [개발 도구] 탭을 표시하기 위해서 [파일] 메뉴에서 [옵션]을 클릭합니다.

❷ [Excel 옵션] 대화상자에서 [리본 사용자 지정]을 선택한 후 '리본 메뉴 사용자 지정'에서 '개발 도구'를 체크하고 [확인]을 클릭합니다.

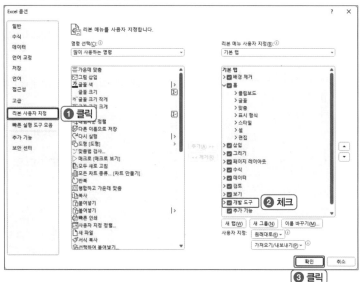

### ➕ 멘토의 한수

**매크로가 실행되지 않을 경우**

❶ 통합문서에 포함된 모든 매크로를 사용하기 위해서는 [개발 도구]-[코드] 탭의 [매크로 보안]을 클릭합니다.

❷ 매크로 설정에서 'VBA 매크로 사용(권장 안 함, 위험한 코드가 시행될 수 있음)'을 선택한 후 [확인]을 클릭합니다.

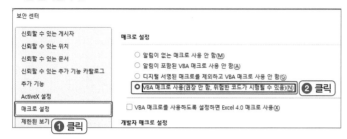

### '매크로1' 시트에서 다음과 같은 기능을 수행하는 매크로를 현재 통합문서에 작성하고 실행하시오.

**1** [H4:H9] 영역에 총점을 계산하는 매크로를 생성하여 실행하시오.

- ▶ 매크로 이름 : 총점
- ▶ SUM 함수 사용
- ▶ 총점은 직무수행, 책임감, 이해력, 협동심의 합계임
- ▶ [도형]–[사각형]의 '사각형: 둥근 모서리(▢)'를 동일 시트의 [B11:C12] 영역에 생성하고, 텍스트를 '총점'으로 입력한 후 도형을 클릭할 때 '총점' 매크로가 실행되도록 설정하시오.

**2** [A3:H3] 영역에 대하여 셀 스타일을 '파랑, 강조색1'로 지정하는 매크로를 생성하시오.

- ▶ 매크로 이름 : 셀스타일
- ▶ [개발 도구]–[삽입]–[양식 컨트롤]의 '단추(▢)'를 동일 시트의 [E11:F12] 영역에 생성하고, 텍스트를 '셀스타일'로 입력한 후 단추를 클릭할 때 '셀스타일' 매크로가 실행되도록 설정하시오.

※ 셀 포인터의 위치에 상관없이 현재 통합문서에서 매크로가 실행되어야 정답으로 인정됨

| | A | B | C | D | E | F | G | H |
|---|---|---|---|---|---|---|---|---|
| 1 | 부서별 인사평가 결과 | | | | | | | |
| 2 | | | | | | | | |
| 3 | 사원명 | 부서명 | 사원코드 | 직무수행 | 책임감 | 이해력 | 협동심 | 총점 |
| 4 | 강주호 | 생산부 | S-102 | 18 | 18 | 17 | 17 | 70 |
| 5 | 권태형 | 생산부 | S-101 | 24 | 18 | 20 | 21 | 83 |
| 6 | 이동기 | 인사부 | P-302 | 11 | 12 | 14 | 13 | 50 |
| 7 | 이동묵 | 영업부 | Y-402 | 13 | 20 | 19 | 15 | 67 |
| 8 | 최창동 | 영업부 | Y-404 | 21 | 16 | 21 | 21 | 79 |
| 9 | 한정수 | 영업부 | Y-403 | 18 | 18 | 20 | 24 | 80 |
| 10 | | | | | | | | |
| 11 | | 총점 | | | 셀스타일 | | | |
| 12 | | | | | | | | |

▲ 작업 결과

## ① 총점 매크로

**①** 표의 바깥 부분인 [I3] 셀을 선택한 후 [개발 도구] 탭-[코드] 그룹-[매크로 기록 🔴]을 클릭합니다.

**②** [매크로 기록] 대화상자에서 '매크로 이름'에 『총점』을 입력한 후 [확인]을 클릭합니다.

**③** [D4:H9] 영역을 범위 지정한 후 [수식] 탭-[함수 라이브러리] 그룹-[자동 합계 Σ]-[합계]를 클릭합니다.

❹ 표 밖을 클릭하여 지정된 범위를 해제한 후 [개발 도구] 탭-[코드] 그룹-[기록 중지 □]를 클릭합니다.

**멘토의 한수**

매크로 종료하기 전에 셀의 위치는 표의 바깥 부분에 있는 상태에서 진행하는 것이 좋습니다.

❺ [삽입] 탭-[일러스트레이션] 그룹-[도형 🔾]-[사각형]에서 '사각형: 둥근 모서리(□)' 도형을 선택합니다.

**멘토의 한수**

도형을 삽입하기 전에 [B11:C12] 영역을 범위 지정한 후 도형을 삽입하면 도형의 위치를 정하기 편합니다.

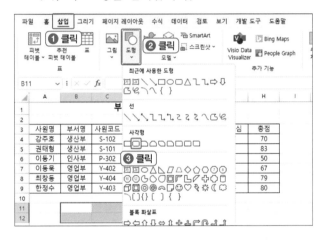

❻ 마우스 포인터가 +모양으로 변경되면 Alt 키를 누른 채 [B11:C12] 영역에 드래그하여 도형을 삽입합니다.

❼ 도형을 선택한 후 『총점』을 입력하고 마우스 오른쪽 버튼을 클릭하여 [매크로 지정]을 선택합니다.

**멘토의 한수**

도형이나 단추를 삽입 시 Alt 키를 누른 상태에서 드래그하면 눈금선에 맞춰서 삽입하기 편리합니다.

❽ [매크로 지정] 대화상자에서 '**총점**'을 선택한 후 [확인]을 클릭합니다.

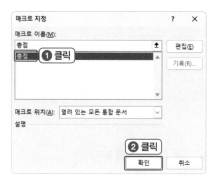

## ❷ 셀스타일 매크로

❶ 서식 매크로를 작성하기 위해 [개발 도구] 탭-[코드] 그룹-[매크로 기록 🖬 ]을 클릭합니다.

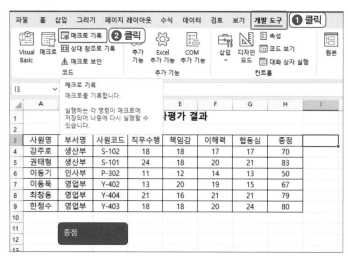

❷ [매크로 기록] 대화상자에서 '매크로 이름'에 『**셀스타일**』을 입력한 후 [확인]을 클릭합니다.

❸ [A3:H3] 영역을 범위 지정한 후 [홈] 탭-[스타일] 그룹-[셀 스타일]에 '파랑, 강조색1'을 선택합니다.

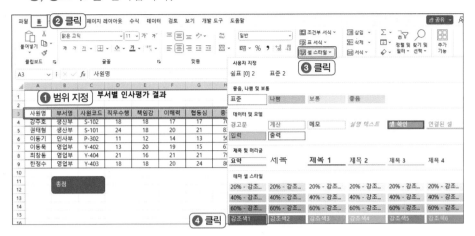

❹ 표 밖을 클릭하여 지정된 범위를 해제한 후 [개발 도구] 탭-[코드] 그룹-[기록 중지 □]를 클릭합니다.

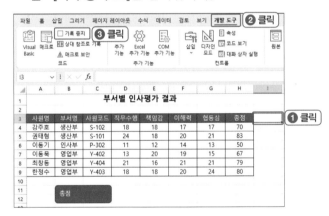

❺ [개발 도구] 탭-[컨트롤] 그룹-[삽입]-[단추 □]를 클릭합니다.

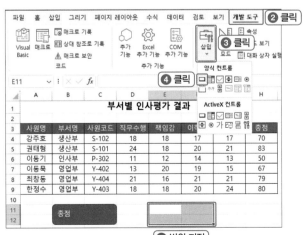

➕ 멘토의 한수

단추를 삽입하기 전에 [E11:F12] 영역을 범위 지정한 후 단추를 삽입하면 단추의 위치를 정하기 편합니다.

⑥ 마우스 포인터가 ＋모양으로 변경되면 Alt 키를 누른 상태에서 [E11:F12] 영역에 드래그하여 단추를 삽입한 후, [매크로 지정] 대화상자가 나타나면 '셀스타일'을 선택하고 [확인]을 클릭합니다.

⑦ 완성된 단추에『셀스타일』텍스트를 입력합니다.

**＋ 멘토의 한수**

매크로가 지정된 도형이나 단추의 텍스트를 편집하기 위해서는 도형이나 단추에서 마우스 오른쪽 버튼을 클릭한 후 [텍스트 편집]을 클릭합니다.

### 부서별 인사평가 결과

| 사원명 | 부서명 | 사원코드 | 직무수행 | 책임감 | 이해력 | 협동심 | 총점 |
|---|---|---|---|---|---|---|---|
| 강주호 | 생산부 | S-102 | 18 | 18 | 17 | 17 | 70 |
| 권태형 | 생산부 | S-101 | 24 | 18 | 20 | 21 | 83 |
| 이동기 | 인사부 | P-302 | 11 | 12 | 14 | 13 | 50 |
| 이동묵 | 영업부 | Y-402 | 13 | 20 | 19 | 15 | 67 |
| 최창동 | 영업부 | Y-404 | 21 | 16 | 21 | 21 | 79 |
| 한정수 | 영업부 | Y-403 | 18 | 18 | 20 | 24 | 80 |

총점     셀스타일  입력

# 실력점검문제 | 매크로 |

◉ 예제 및 정답 파일 : C:₩컴활2급₩4.기타작업₩1.매크로.xlsm

**01** '매크로2' 시트에서 다음과 같은 기능을 수행하는 매크로를 현재 통합문서에 작성하고 실행하시오.

❶ [E4:E11] 영역에 할인금액을 계산하는 매크로를 생성하여 실행하시오.

▶ 매크로 이름 : 할인금액　　　▶ 할인금액=판매금액×할인율

▶ [개발 도구]-[삽입]-[양식 컨트롤]의 '단추(☐)'를 동일 시트의 [G4:G5] 영역에 생성하고, 텍스트를 '할인금액'으로 입력한 후 단추를 클릭할 때 '할인금액' 매크로가 실행되도록 설정하시오.

❷ [A3:E3] 영역에 대하여 글꼴 색 '표준 색 – 빨강', 채우기 색 '표준 색 – 노랑'을 적용하는 매크로를 생성하여 시행하시오.

▶ 매크로 이름 : 채우기

▶ [도형]-[기본 도형]의 '사각형: 빗면(☐)'을 동일 시트의 [G7:G8] 영역에 생성한 후 텍스트를 '채우기'로 입력하고, 도형을 클릭할 때 '채우기' 매크로가 실행되도록 설정하시오.

※ 셀 포인터의 위치에 상관없이 현재 통합문서에서 매크로가 실행되어야 정답으로 인정됨

| | A | B | C | D | E | F | G |
|---|---|---|---|---|---|---|---|
| 1 | | | 제품판매현황 | | | | |
| 2 | | | | 할인율 | 15% | | |
| 3 | 제품명 | 판매단가 | 판매수량 | 판매금액 | 할인금액 | | |
| 4 | 김치냉장고 | 1,500,000 | 103 | 154,500,000 | 23,175,000 | | 할인금액 |
| 5 | 세탁기 | 800,000 | 75 | 60,000,000 | 9,000,000 | | |
| 6 | 식기세척기 | 950,000 | 112 | 106,400,000 | 15,960,000 | | |
| 7 | 전자레인지 | 500,000 | 34 | 17,000,000 | 2,550,000 | | 채우기 |
| 8 | TV | 680,000 | 39 | 26,520,000 | 3,978,000 | | |
| 9 | 의류건조기 | 850000 | 45 | 38,250,000 | 5,737,500 | | |
| 10 | 인덕션 | 750,000 | 87 | 65,250,000 | 9,787,500 | | |
| 11 | 에어컨 | 1200000 | 45 | 54,000,000 | 8,100,000 | | |

▲ 작업 결과

---

➕ 멘토의 한수

• [개발 도구] 탭-[코드] 그룹-[매크로 기록 ▣]을 클릭한 후 '매크로 이름'에 『결제금액』을 입력

• [E4] 셀에 수식 『=D4*$E$2』를 입력한 후 [E11] 셀까지 수식을 복사하고, [개발 도구] 탭-[코드] 그룹-[기록 중지 ☐]를 클릭

• [개발 도구] 탭-[컨트롤] 그룹-[삽입]-[단추 ☐]를 클릭

• [G4:G5] 영역에 단추를 삽입한 후 [매크로 지정] 대화상자에서 '결제금액'을 선택하고, [확인] 버튼을 클릭한 후 단추에 『결제금액』을 입력

• [개발 도구] 탭-[코드] 그룹-[매크로 기록 ▣]을 클릭한 후 '매크로 이름'에 『채우기』를 입력

• [A3:E3] 영역을 범위 지정한 후 [홈] 탭-[글꼴] 그룹에서 글꼴 색 '표준 색-빨강', 채우기 색 '표준 색- 노랑'을 적용하고, [개발 도구] 탭-[코드] 그룹-[기록 중지 ☐]를 클릭

• [삽입] 탭-[일러스트레이션] 그룹-[도형 ▣]-[기본 도형]에서 '사각형: 빗면 ☐' 도형을 선택하고, [G7:G8] 영역에 도형을 삽입

• 도형에 『채우기』를 입력하고 마우스 오른쪽 버튼을 클릭하여 [매크로 지정]을 선택한 후 [매크로 지정] 대화상자에서 '채우기'를 선택한 후 [확인] 클릭

**02** '매크로3' 시트에서 다음과 같은 기능을 수행하는 매크로를 현재 통합문서에 작성하고 실행하시오.

❶ [E4:E8] 영역에 대하여 최종점수를 계산하는 매크로를 생성하여 실행하시오.

▶ 매크로 이름 : 최종점수    ▶ 최종점수=1차점수×1차점수비율+2차점수×2차점수비율

▶ [도형]−[사각형]의 '사각형: 둥근 모서리(□)'를 동일 시트의 [G3:G4] 영역에 생성한 후 텍스트를 '최종점수'로 입력하고, 도형을 클릭할 때 '최종점수' 매크로가 실행되도록 설정하시오.

❷ [A3:E8] 영역에 '모든 테두리 ⊞'를 적용하는 매크로를 생성하여 실행하시오.

▶ 매크로 이름 : 테두리

▶ [도형]−[기본 도형]의 '육각형(⬡)'을 동일 시트의 [G6:G7] 영역에 생성한 후 텍스트를 '테두리'로 입력하고, 도형을 클릭할 때 '테두리' 매크로가 실행되도록 설정하시오.

※ 셀 포인터의 위치에 상관없이 현재 통합문서에서 매크로가 실행되어야 정답으로 인정됨

| | A | B | C | D | E | F | G |
|---|---|---|---|---|---|---|---|
| 1 | 신입사원 점수 현황 | | | | | | |
| 2 | | | | | | | |
| 3 | 성명 | 성별 | 1차점수 | 2차점수 | 최종점수 | | 최종점수 |
| 4 | 최미영 | 여 | 84 | 72 | 76.8 | | |
| 5 | 김성호 | 남 | 80 | 84 | 82.4 | | |
| 6 | 유승희 | 여 | 68 | 72 | 70.4 | | 테두리 |
| 7 | 이국진 | 남 | 92 | 90 | 90.8 | | |
| 8 | 강지영 | 여 | 85 | 65 | 73 | | |
| 9 | | | | | | | |
| 10 | 1차점수비율 | | 40% | | | | |
| 11 | 2차점수비율 | | 60% | | | | |

▲ 작업 결과

➕ 멘토의 한수

• [개발 도구] 탭−[코드] 그룹−[매크로 기록 📷]을 클릭한 후 '매크로 이름'에 『최대값』을 입력
• [E4] 셀에 수식 『=C4*$C$10+D4*$D$11』을 입력하고 [E8] 셀까지 수식을 복사, [개발 도구] 탭−[코드] 그룹−[기록 중지 ☐]를 클릭
• [삽입] 탭−[일러스트레이션] 그룹−[도형 📷]−[사각형]에서 '사각형: 둥근 모서리 ☐' 도형을 선택하고, [G3:G4] 영역에 도형을 삽입
• 도형을 선택한 후 『최종점수』를 입력하고 마우스 오른쪽 버튼을 클릭하여 [매크로 지정]을 선택한 후 [매크로 지정] 대화상자에서 '최종점수'를 선택하고 [확인]을 클릭
• [개발 도구] 탭−[코드] 그룹−[매크로 기록 📷]을 클릭한 후 '매크로 이름'에 『테두리』를 입력
• [A3:E8] 영역을 지정한 후 [홈] 탭의 [글꼴] 그룹에서 '테두리'의 목록 단추(⌄)를 클릭하고 '모든 테두리 ⊞'를 선택한 후 [개발 도구] 탭−[코드] 그룹−[기록 중지 ☐]를 클릭
• [삽입] 탭−[일러스트레이션] 그룹−[도형 📷]−[기본 도형]에서 '육각형 ⬡' 도형을 선택하고, [G6:G7] 영역에 도형을 삽입
• 삽입된 도형을 선택한 후 『테두리』를 입력하고 마우스 오른쪽 버튼을 클릭하여 [매크로 지정]을 선택한 후 [매크로 지정] 대화상자에서 '채우기'를 선택하고 [확인] 클릭

# Chapter 02 차트

| 무료 동영상 |

**학습목표**

지정된 차트를 이용하여 차트의 종류 변경, 차트의 데이터 범위 변경, 차트 제목, 차트의 영역 서식 등 지시사항대로 차트를 편집하는 작업이며, 시험에는 5문항 각 2점씩 총 10점입니다.

◉ **예제 및 정답 파일** : C:\컴활2급\4.기타작업\2.차트.xlsx

---

➕ 멘토의 한수

## 차트의 구성요소

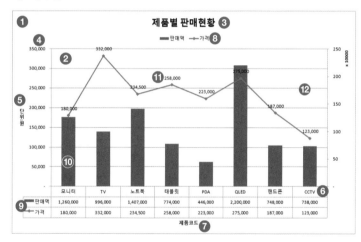

❶ 차트 영역 : 차트 전체 영역을 의미하며 차트의 위치 및 크기 조절, 전체 글꼴 변경

❷ 그림 영역 : 실제 차트가 표시되는 영역

❸ 차트 제목 : 차트의 제목을 표시하는 부분

❹ 세로 (값) 축 : 세로 (값) 축의 수치자료를 나타내는 선

❺ 세로 (값) 축 제목 : 세로 (값) 축의 수치가 무엇을 의미하는지 알려주는 문자열

❻ 가로 (항목) 축 : 그래프로 표현할 문자 자료 자리

❼ 가로 (항목) 축 제목 : 가로 (항목) 축의 문자열이 무엇을 의미하는지 알려주는 문자열

❽ 범례 : 그래프의 각 계열이 무엇을 의미하는지 알려주는 표식

❾ 데이터 표 : 차트로 표현한 수치 데이터를 표 형식으로 표시

❿ 데이터 계열/데이터 요소 : 막대나 선으로 표현한 것으로 범례에 있는 한 가지 종류를 데이터 계열이 라고 하며, 데이터 계열 중 한 개를 데이터 요소라고 함

⓫ 데이터 레이블 : 데이터 계열이나 데이터 요소에 표현된 그래프의 숫자, 이름, 백분율 등을 표시

⓬ 눈금 선 : 값 축이나 항목 축의 눈금을 그림 영역 안에 선으로 그어 표시한 것

**'차트작업1'** 시트의 차트를 지시사항에 따라 아래 그림과 같이 수정하시오.

※ 차트는 반드시 문제에서 제공한 차트를 사용하여야 하며, 신규로 작성 시 0점 처리됨

**1** 차트 필터 기능을 이용하여 '분류'가 'IT제품'인 데이터만 '품명'별 '수출단가'와 '수출량'이 차트에 표시되도록 데이터 범위를 수정하시오.

**2** 차트 제목 및 축 제목은 그림과 같이 입력하고, 세로 (값) 축 제목의 문자열에 대하여 '세로'로 지정하시오.

**3** 차트 제목은 글꼴 '돋움체', 글꼴 크기 '16', 글꼴 스타일 '굵게'를 지정하고, 테두리 실선, 그림자(바깥쪽 – 오프셋: 오른쪽 아래)를 지정하시오.

**4** '수출량' 계열에 대하여 차트 종류를 '표식이 있는 꺾은선형'으로 지정하고, '보조 축'으로 표시하고 표식은 세모(▲), 크기는 '10'으로 지정하시오.

**5** 차트 영역 서식에서 테두리를 '둥근 모서리'로 지정하고, 색 변경에서 '단색 색상표 5'를 지정한 후 '수출단가' 계열의 채우기를 패턴 채우기의 '점선: 20%'로 지정하시오.

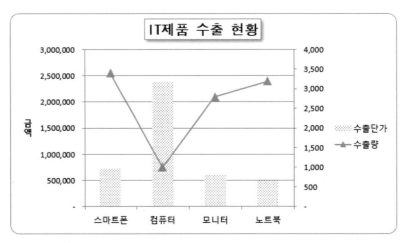

▲ 작업 결과

---

**풀이**

❶ '차트 영역'을 선택하고 차트 오른쪽에 나타나는 [차트 필터 ▽]를 클릭한 후 '계열'에 '수출총액'의 체크를 해제하고, '범주'에 '냉장고', '3D TV', '전기밥솥'의 체크를 해제한 후 [적용]을 클릭합니다.

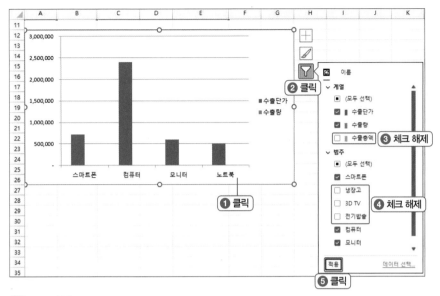

➕ 멘토의 한수

차트 영역에서 마우스 오른쪽을 버튼을 클릭한 후 [데이터 선택]을 클릭하여 [데이터 원본 선택] 대화상자에서 해당하는 항목의 체크를 해제해도 됩니다.

❷ 차트를 선택한 후 [차트 요소 ⊞]를 클릭하고 '차트 제목'을 체크한 후 차트 제목에 『IT제품 수출 현황』을 입력합니다.

➕ 멘토의 한수

차트 영역이 선택된 상태에서 [차트 디자인] 탭-[차트 레이아웃] 그룹-[차트 요소 추가 ⊞]-[차트 제목]-[차트 위 ⊞]를 선택하여 제목을 삽입할 수도 있습니다.

❸ 차트를 선택한 후 [차트 요소 ⊞]를 클릭하고 [축 제목 ▶]-[기본 세로]에 체크한 후 삽입된 축 제목에 『금액』을 입력합니다.

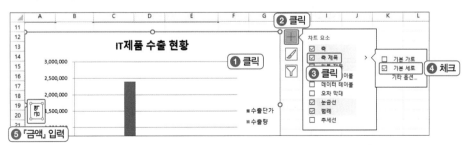

❹ 기본 세로 축 제목인 '**금액**'을 선택한 후 마우스 오른쪽 버튼을 클릭하여 [축 제목 서식]을 클릭합니다.

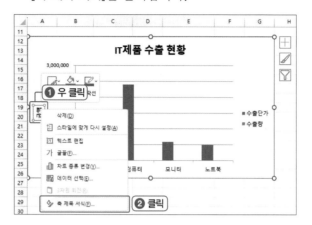

❺ [축 제목 서식]의 [크기 및 속성 📰]에서 [맞춤]-[텍스트 방향]-[세로]를 선택합니다.

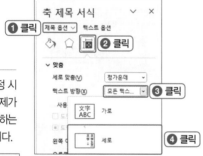

➕ 멘토의 한수

축 제목의 텍스트 방향 지정 시 주로 '세로'로 지정하는 문제가 출제되나 '스택형'으로 지정하는 문제도 출제된 적이 있습니다.

❻ 차트 제목을 선택한 후 [홈] 탭의 [글꼴] 그룹에서 글꼴은 '**돋움체**', 글꼴 크기는 '**16**', 글꼴 스타일 '**굵게**'를 지정하고, 마우스 오른쪽 버튼을 클릭한 후 [**차트 제목 서식**]을 선택합니다.

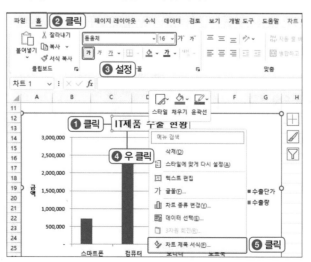

❼ [차트 제목 서식]의 '채우기 및 선()'에서 '테두리'에 '실선'을 선택합니다.

❽ [차트 제목 서식]의 '효과(▱)'에서 [그림자]–[미리 설정]–[오프셋: 오른쪽 아래]를 선택합니다.

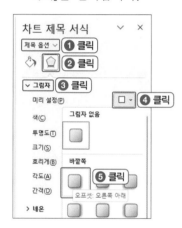

➕ 멘토의 한수

차트 제목의 테두리를 실선으로 지정 시 색은 별도로 지정하지 않아도 됩니다.

❾ 데이터 계열을 선택한 후 마우스 오른쪽 버튼을 클릭하고 [계열 차트 종류 변경 ⬛]을 선택합니다.

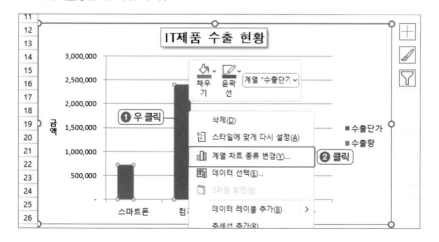

⑩ [차트 종류 변경] 대화상자에서 [모든 차트] 탭의 '혼합'에서 '수출량' 계열의 차트 종류를 '표식이 있는 꺾은선형'을 선택하고 '보조 축'에 체크한 후 [확인]을 클릭합니다.

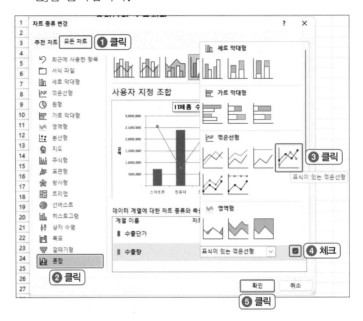

⑪ 수출량 계열에서 마우스 오른쪽 버튼을 클릭한 후 [데이터 계열 서식]을 선택합니다.

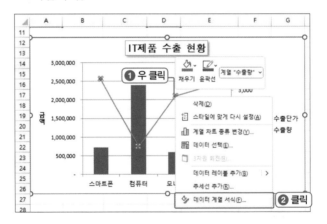

⑫ [데이터 계열 서식]의 '채우기 및 선(🖌)'에서 '표식'에 '표식 옵션'의 '기본 제공'을 선택하고 '형식'을 '▲'로, '크기'를 '10'으로 지정합니다.

⓭ 차트 영역을 선택하고 마우스 오른쪽 버튼을 클릭한 후 **[차트 영역 서식]**을 선택합니다.

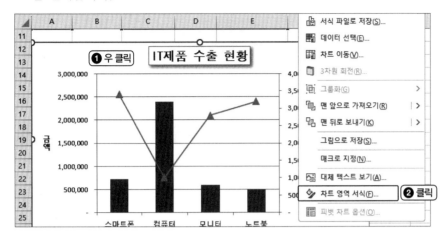

⓮ [차트 영역 서식]의 '채우기 및 선(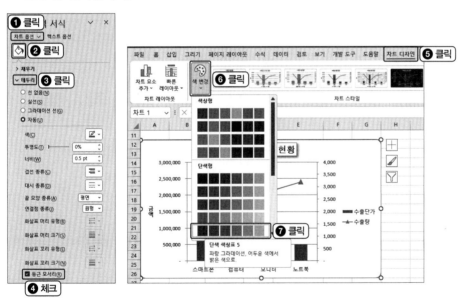)'에서 '테두리'에 **'둥근 모서리'**를 체크하고, **[차트 디자인] 탭–[차트 스타일]** 그룹의 '색 변경()'에서 '**단색 색상표 5**'를 선택합니다.

⓯ '수출단가' 계열에서 마우스 오른쪽 버튼을 클릭한 후 **[데이터 계열 서식]**을 클릭하고, [데이터 계열 서식] 창에서 [채우기 및 선()]의 [채우기]에서 '**패턴 채우기**'를 선택한 후 '패턴'에서 '**점선: 20%**'를 선택합니다.

# 실력점검문제 | 차트 |

◉ 예제 및 정답 파일 : C:₩컴활2급₩4.기타작업₩2.차트.xlsx

**01** '차트작업2' 시트의 차트를 지시사항에 따라 아래 그림과 같이 수정하시오.

※ 차트는 반드시 문제에서 제공한 차트를 사용하여야 하며, 신규로 작성 시 0점 처리됨

❶ 차트 종류를 '3차원 묶은 세로 막대형'으로 변경하고, '판매금액' 계열은 세로 막대 모양을 '전체 원
뿔형'으로 설정하시오. (3차원 회전에서 X 회전 0도, Y 회전 0도로 설정)

❷ 차트 제목을 〈그림〉과 같이 입력하고, 글꼴 '굴림체', 크기 '20', 글꼴 스타일 '보통'으로 지정하시오.

❸ 기본 세로 (값) 축의 기본 단위는
'200,000'으로 지정하고, '표시 단위'
는 '천'으로 지정하시오.

❹ 범례는 아래쪽에 배치하고, 글꼴 '굴
림체', 크기 '12'로 지정하시오.

❺ 차트 영역의 테두리 스타일은 너비
'2pt'와 '둥근 모서리'로 지정하시오.

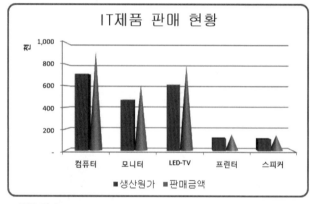

▲ 작업 결과

➕ 멘토의 한수

• 차트 영역에서 마우스 오른쪽 버튼을 클릭한 후 [차트 종류 변경 📊]을 선택하고, [차트 종류 변경] 대화상자의 [세로 막대형]−[3차원 묶
은 세로 막대형]을 선택한 후 [확인]을 클릭

• '판매금액' 계열을 선택한 후 마우스 오른쪽 버튼을 클릭하고, [데이터 계열 서식]을 클릭한 후 '세로 막대 모양'을 '전체 원뿔형'으로 선택

• 차트 영역에서 마우스 오른쪽 버튼을 클릭하여 [3차원 회전]을 선택한 후 '차트 영역 서식'에서 X 회전과 Y 회전을 각각 '0'으로 지정

• 차트를 선택한 후 [차트 요소 ⊞]를 클릭하고 '차트 제목'을 체크한 후 차트 제목에 『IT제품 생산 현황』을 입력

• 차트 제목을 선택한 후 [홈] 탭의 [글꼴] 그룹에서 글꼴은 '굴림체', 글꼴 크기는 '20', 글꼴 '굵게'를 해제

• 기본 세로 (값) 축에서 마우스 오른쪽 버튼을 클릭하고 [축 서식]을 선택한 후 [축 서식] 창에서 '단위'의 '기본'에 『200000』을 입력하고
'표시 단위'를 '천'으로 지정

• 차트를 선택한 후 [차트 요소 ⊞]를 클릭하고 [범례 ▶]−[아래쪽]을 선택

• 범례를 선택한 후 [홈] 탭의 [글꼴] 그룹에서 글꼴은 '굴림체', 글꼴 크기는 '12'를 지정

• 차트 영역을 선택한 후 마우스 오른쪽 버튼을 클릭한 후 [차트 영역 서식]을 선택

• [차트 영역 서식]의 '채우기 및 선(🎨)'에서 '테두리'의 너비에 『2pt』를 입력한 후 '둥근 모서리'를 체크

## 02 '차트작업3' 시트의 차트를 지시사항에 따라 아래 그림과 같이 수정하시오.

※ 차트는 반드시 문제에서 제공한 차트를 사용하여야 하며, 신규로 작성 시 0점 처리됨

❶ 차트 종류를 '원형 대 가로 막대형'으로 변경하시오.

❷ 차트의 계열 분할 위치의 둘째 영역 값을 '3'으로 지정하고, 가장 적게 점유하고 있는 계열(C2C)을 원형대 가로막대형 차트에서 분리하시오.

❸ 차트 스타일은 '스타일 5'로 지정하시오.

❹ 차트 제목은 〈그림〉과 같이 입력하고, 제목의 도형 스타일을 '미세 효과 – 파랑, 강조1'로 지정하시오.

❺ 모든 계열의 데이터 레이블은 '값, 백분율(바깥쪽 끝에)'로 지정하시오.

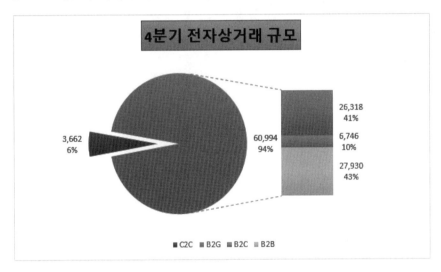

▲ 작업 결과

### ➕ 멘토의 한수

- 차트 영역에서 마우스 오른쪽 버튼을 클릭한 후 [차트 종류 변경 📊]을 선택하고, [차트 종류 변경] 대화상자의 [모든 차트] 탭에서 '원형'의 '원형대 가로 막대형' 차트를 선택
- 데이터 계열에서 마우스 오른쪽 버튼을 클릭한 후 [데이터 계열 서식]을 선택하여 [데이터 계열 서식]에서 '둘째 영역 값'을 『3』으로 지정
- 'C2C' 계열을 클릭한 후 한 번 더 클릭하고 밖으로 드래그하여 계열을 분리함
- 차트 영역을 선택한 후 [차트 디자인] 탭에서 차트 스타일을 '스타일 5'로 지정
- 차트를 선택한 후 [차트 요소 ⊞]를 클릭하고 '차트 제목'을 체크한 후 제목을 입력
- 삽입된 차트 제목을 선택한 후 [서식] 탭의 도형 스타일에서 '미세 효과 – 파랑, 강조1'을 선택
- 데이터 레이블에서 마우스 오른쪽 버튼을 클릭한 후 [데이터 레이블 추가]를 선택하고, 삽입된 데이터 레이블에서 마우스 오른쪽 버튼을 클릭한 후 [데이터 레이블 서식]을 선택
- [데이터 레이블 서식]에서 '백분율'에 체크하고, 구분 기호에 '(줄 바꿈)'을 선택, 레이블 위치는 '바깥쪽 끝에'를 선택

Part 5

# 기출유형 모의고사

| 문제 | 암호 |
|---|---|
| 1회 기출유형 모의고사 | 87$129 |
| 2회 기출유형 모의고사 | 12%563 |
| 3회 기출유형 모의고사 | 89856& |
| 4회 기출유형 모의고사 | 5456@9 |
| 5회 기출유형 모의고사 | 2119%4 |
| 6회 기출유형 모의고사 | 5661%4 |
| 7회 기출유형 모의고사 | 236$98 |
| 8회 기출유형 모의고사 | 6723@3 |
| 9회 기출유형 모의고사 | 7355$2 |
| 10회 기출유형 모의고사 | 48$906 |

**1회** | 기출유형 모의고사 무료 동영상

**2회** | 기출유형 모의고사 무료 동영상

**3회** | 기출유형 모의고사 무료 동영상

**4회** | 기출유형 모의고사 무료 동영상

**5회** | 기출유형 모의고사 무료 동영상

**6회** | 기출유형 모의고사 무료 동영상

**7회** | 기출유형 모의고사 무료 동영상

**8회** | 기출유형 모의고사 무료 동영상

**9회** | 기출유형 모의고사 무료 동영상

**10회** | 기출유형 모의고사 무료 동영상

# 1회 기출유형 모의고사

무료 동영상

| 프로그램명 | 제한시간 |
| --- | --- |
| EXCEL 2021 | 40분 |

수험번호 :

성    명 :

# 2급 · A형

## 유의사항

- 인적 사항 누락 및 잘못 작성으로 인한 불이익은 수험자 책임으로 합니다.

- 화면에 암호 입력창이 나타나면 아래의 암호를 입력합니다.
  - 암호 : 87$129

- 작성된 답안은 주어진 경로 및 파일명을 변경하지 마시고 그대로 저장해야 합니다.
  이를 준수하지 않으면 실격 처리됩니다.
  - 답안 파일명의 예: C:\OA\수험번호8자리.xlsm

- 외부 데이터 위치: C:\OA\파일명

- 별도의 지시사항이 없는 경우, 다음과 같이 처리 시 실격 처리됩니다.
  - 제시된 시트 및 개체의 순서나 이름을 임의로 변경한 경우
  - 제시된 시트 및 개체를 임의로 추가 또는 삭제한 경우
  - 외부 데이터를 시험 시작 전에 열어본 경우

- 답안은 반드시 문제에서 지시 또는 요구한 셀에 입력하여야 하며 다음과 같이 처리 시 채점 대상에서
  제외됩니다.
  - 제시된 함수가 있을 경우 제시된 함수만을 사용하여야 하며 그 외 함수 사용 시 채점대상에서 제외
  - 수험자가 임의로 지시하지 않은 셀의 이동, 수정, 삭제, 변경 등으로 인해 셀의 위치 및 내용이
    변경된 경우 해당 작업에 영향을 미치는 관련 문제 모두 채점 대상에서 제외
  - 도형 및 차트의 개체가 중첩되어 있거나 동일한 계산결과 시트가 복수로 존재할 경우 해당 개체
    나 시트는 채점 대상에서 제외

- 수식 작성 시 제시된 문제 파일의 데이터는 변경 가능한(가변적) 데이터임을 감안하여 문제 풀이를 하시오.

- 별도의 지시사항이 없는 경우, 주어진 각 시트 및 개체의 설정값 또는 기본 설정값(Default)으로 처리하
  시오.

- 저장 시간은 별도로 주어지지 않으므로 제한된 시간 내에 저장을 완료해야 하며, 제한 시간 내에 저장이
  되지 않은 경우에는 실격 처리됩니다.

- 출제된 문제의 용어는 Microsoft Office 2021(LTSC 2108 버전)로 작성되어 있습니다.

# 대한상공회의소

**문제 1** **기본작업(20점)** • 주어진 시트에 대하여 다음 작업을 수행하고 저장하시오.

**01** '기본작업-1' 시트에 다음의 자료를 주어진 대로 입력하시오. (5점)

| ▲ | A | B | C | D | E | F |
|---|---|---|---|---|---|---|
| 1 | 출장 근무자현황 | | | | | |
| 2 | | | | | | |
| 3 | 사번 | 사원명 | 부서명 | 직급 | 출장지역 | 출장기간 |
| 4 | ja68236 | 김인철 | 홍보부 | 대리 | 강원 | 3박4일 |
| 5 | ab01253 | 홍성민 | 영업부 | 대리 | 경기 | 1박2일 |
| 6 | ab08839 | 오성주 | 홍보부 | 과장 | 강원 | 2박3일 |
| 7 | se23031 | 오나영 | 영업부 | 과장 | 대구 | 2박3일 |
| 8 | ja21518 | 김나래 | 구매부 | 과장 | 전라 | 1박2일 |
| 9 | ka29602 | 김혜우 | 홍보부 | 대리 | 서울 | 2박3일 |
| 10 | ka89453 | 박영우 | 구매부 | 대리 | 서울 | 3박4일 |
| 11 | | | | | | |

**02** '기본작업-2' 시트에 대하여 다음의 지시사항을 처리하시오. (각 2점)

① [A1:G1] 영역은 '병합 후 가로, 세로 가운데 맞춤', 글꼴 '궁서체', 글꼴 크기 '18', 글꼴 스타일 '굵게', 1행의 높이를 '30'으로 지정하시오.

② [A3:G3] 영역은 셀 스타일의 '출력'을 적용하고, 가로 가운데 맞춤으로 지정하시오.

③ [A1] 셀에 '2023년 12월분'이라는 메모를 삽입한 후 항상 표시되도록 지정하고, 메모 서식에서 맞춤 '자동 크기'를 지정하시오.

④ [D4:G15] 영역은 사용자 지정 표시 형식을 이용하여 숫자 앞에 '*'를 붙이고, 숫자는 천 단위 구분 기호와 숫자 뒤에 '원'을 [표시 예]와 같이 표시하시오. [표시 : 예 1000 → *1,000원]

⑤ [A3:G15] 영역에 '모든 테두리(田)'를 적용한 후 [A3:G3] 영역은 '아래쪽 이중 테두리(▦)'를 적용하여 표시하시오.

**03** '기본작업-3' 시트에 대하여 다음의 지시사항을 처리하시오. (5점)

[A4:G18] 영역에서 모델명이 'S'로 시작하는 행 전체에 대하여 글꼴 색을 '표준색 – 주황', 채우기 색을 '배경색 – 자주'로 지정하는 조건부 서식을 작성하시오.

▶ LEFT 함수 사용

▶ 단, 규칙 유형은 '수식을 사용하여 서식을 지정할 셀 결정'을 사용하고, 한 개의 규칙으로만 작성하시오.

**문제 2** **계산작업(40점)** • '계산작업' 시트에서 다음의 과정을 수행하고 저장하시오.

**01** [표1]에서 부서명[B3:B11]이 '총무부'인 직원들의 지급액[D3:D11] 합계를 [D12] 셀에 계산하시오. (8점)

▶ DCOUNT, DSUM, DAVERAGE 함수 중 알맞은 함수 사용

**02** [표2]에서 성별[G3:G11]이 '여'이면서 결과[I3:I11]가 '승진'인 사원들의 총점[H3:H11]에 대한 평균을 [I12] 셀에 계산하시오. (8점)

> ▶ 승진 여사원의 총점 평균은 소수점 이하 첫째 자리에서 내림하여 정수를 표시 [표시 예 : 12.3 → 12]
> ▶ ROUNDDOWN과 AVERAGEIFS 함수 사용

**03** [표3]에서 판매량[C16:C23]이 가장 많으면 '최대판매', 가장 적으면 '최소판매', 그 외에는 공백을 결과 [D16:D23]에 표시하시오. (8점)

> ▶ IF, MAX, MIN 함수 사용

**04** [표4]에서 팀명[G16:G23]은 모두 대문자로 변환하고, 감독명[H16:H23]은 첫 문자만 대문자로 변환하여 비고[J16:J23]에 표시하시오. (8점)

> ▶ 표시 예 : 팀명이 'barelona', 감독명이 'shankly'인 경우 'BARELONA(Shankly)'로 표시
> ▶ PROPER, UPPER 함수와 & 연산자 사용

**05** [표5]에서 중간[B27:B33], 기말[C27:C33]의 평균과 성적평가표[H27:K28]를 이용하여 평가[E27:E33]를 표시하시오. (8점)

> ▶ 성적평가표의 의미 : 중간과 기말의 평균이 0~59이면 '노력', 60~79이면 '보통', 80~89이면 '우수', 90 이상이면 '최우수'를 의미함
> ▶ HLOOKUP과 AVERAGE 함수 사용

---

**문제 3** **분석작업(20점)** • 주어진 시트에서 다음 작업을 수행하고 저장하시오.

**01** '분석작업-1' 시트에 대하여 다음의 지시사항을 처리하시오. (10점)

[피벗 테이블] 기능을 이용하여 '성안대학교 학과별 성적 현황' 표의 성별은 '행 레이블', 학과코드는 '열 레이블'로 처리하고, '값'에 1차점수, 2차점수의 평균을 계산한 후 'Σ값'을 '행 레이블'로 설정하시오.

▶ 피벗 테이블 보고서는 동일 시트의 [A18] 셀에서 시작하시오.

▶ '1차점수'와 '2차점수'는 '셀 서식' 대화상자에서 '숫자' 범주의 '1000 단위 구분 기호 사용'을 이용하여 지정하시오.

▶ '레이블이 있는 셀 병합 및 가운데 맞춤'을 설정, 빈 셀에는 '***'로 표시, 행의 총합계는 나타나지 않도록 설정하시오.

▶ 'CH001'과 'CH002'는 유아교육학과로, 'SC001'과 'SC002'는 사회복지학과로 그룹을 지정하고, 확장/축소 단추는 나타나지 않도록 설정하시오.

▶ 피벗 테이블 스타일은 '연한 파랑, 피벗 스타일 보통 6'으로 적용하고 '행 머리글', '열 머리글', '줄무늬 열'을 설정하시오.

**02** '분석작업-2' 시트에 대하여 다음의 지시사항을 처리하시오. (10점)

[목표값 찾기] 기능을 이용하여 '지역별 특산물 판매현황' 표에서 사과의 매출금액[G10]이 1,500,000이 되려면 판매량[F10]이 얼마가 되어야 하는지 계산하시오.

**문제 4** **기타작업(20점)** • 주어진 시트에서 다음 작업을 수행하고 저장하시오.

**01** '매크로작업' 시트에서 다음과 같은 기능을 수행하는 매크로를 현재 통합 문서에 작성하고 실행하시오. (각 5점)

① [D7:D14] 영역에 평균을 계산하는 매크로를 생성하여 실행하시오.
  ▶ 매크로 이름 : 평균    ▶ 평균＝중간고사×중간고사비율＋기말고사×기말고사비율
  ▶ [개발 도구]-[삽입]-[양식 컨트롤]의 '단추(□)'를 동일 시트의 [F6:G7] 영역에 생성하고, 텍스트를 '평균'으로 입력한 후 단추를 클릭할 때 '평균' 매크로가 실행되도록 설정하시오.

② [A6:D6] 영역에 셀 스타일을 '입력'으로 지정하는 매크로를 생성하여 실행하시오.
  ▶ 매크로 이름 : 셀스타일
  ▶ [도형]-[사각형]의 '사각형: 둥근 모서리(□)'를 동일 시트의 [F9:G10] 영역에 생성하고, 텍스트를 '셀스타일'로 입력한 후 도형을 클릭할 때 '셀스타일' 매크로가 실행되도록 설정하시오.
  ※ 셀 포인터의 위치에 상관없이 현재 통합문서에서 매크로가 실행되어야 정답으로 인정됨

**02** '차트작업' 시트의 차트를 지시사항에 따라 아래 그림과 같이 수정하시오. (각 2점)

※ 차트는 반드시 문제에서 제공한 차트를 사용하여야 하며, 신규로 작성 시 0점 처리됨

① 차트 필터 기능을 이용하여 '판매량'과 '재고량' 계열만 차트에 표시되도록 변경하시오.
② 차트 제목은 '차트 위'로 지정한 후 [A1] 셀과 연동되도록 설정하시오.
③ 그림 영역의 채우기 색은 '표준 색 – 노랑'으로 지정하고, 주 눈금선이 보이지 않도록 지정하시오.
④ 범례는 글꼴 '돋움체', 크기 '12', 위치 '아래쪽'으로 지정하시오.
⑤ 세로 (값) 축의 기본 단위는 '100'으로 지정하고, 차트 영역은 색 변경에서 '단색 색상표 6'을 지정하고, 도형 효과를 네온의 '네온 8pt, 파랑, 강조색 1'로 설정하시오.

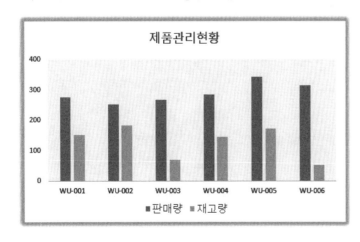

# 1 기본작업

## 02 | 서식 설정

| | A | B | C | D | E | F | G | H |
|---|---|---|---|---|---|---|---|---|
| 1 | | | 사원별 급여 지급 대장 | | | | 2023년 12월분 | |
| 2 | | | | | | | | |
| 3 | 사원명 | 부서명 | 직급 | 기본급 | 상여금 | 세액 | 실지급액 | |
| 4 | 전미선 | 홍보팀 | 과장 | *4,202,000원 | *840,400원 | *807,000원 | *4,235,400원 | |
| 5 | 이재원 | 경리부 | 과장 | *4,202,000원 | *840,400원 | *807,000원 | *4,235,400원 | |
| 6 | 심원철 | 인사부 | 과장 | *3,954,000원 | *790,800원 | *759,000원 | *3,985,800원 | |
| 7 | 백성아 | 영업팀 | 과장 | *3,608,000원 | *721,600원 | *693,000원 | *3,636,600원 | |
| 8 | 박윤자 | 영업팀 | 과장 | *4,892,000원 | *978,400원 | *939,000원 | *4,931,400원 | |
| 9 | 정성호 | 총무부 | 과장 | *3,608,000원 | *721,600원 | *693,000원 | *3,636,600원 | |
| 10 | 최철진 | 홍보팀 | 대리 | *3,100,000원 | *620,000원 | *595,000원 | *3,125,000원 | |
| 11 | 이시형 | 경리부 | 대리 | *4,332,000원 | *866,400원 | *832,000원 | *4,366,400원 | |
| 12 | 나영운 | 경리부 | 대리 | *3,196,000원 | *639,200원 | *614,000원 | *3,221,200원 | |
| 13 | 송미옥 | 총무부 | 대리 | *3,196,000원 | *639,200원 | *614,000원 | *3,221,200원 | |
| 14 | 박철순 | 홍보팀 | 부장 | *5,696,000원 | *1,139,200원 | *1,094,000원 | *5,741,200원 | |
| 15 | 한호영 | 영업팀 | 부장 | *4,892,000원 | *978,400원 | *939,000원 | *4,931,400원 | |

## 03 | 조건부 서식

| | A | B | C | D | E | F | G |
|---|---|---|---|---|---|---|---|
| 1 | | | 공기청정기/식기세척기 렌탈 현황 | | | | |
| 2 | | | | | | | |
| 3 | 고객코드 | 모델명 | 구분 | 등록비 | 렌탈료 | 렌탈료할인 | 렌탈기간(월) |
| 4 | D-E-007 | SK-132G | 공기청정기 | 15,000 | 38,000 | 3,800 | 20 |
| 5 | D-E-013 | LT-002W | 식기세척기 | 15,000 | 30,000 | 3,000 | 24 |
| 6 | D-E-012 | LT-002W | 식기세척기 | - | 30,000 | 3,000 | 39 |
| 7 | D-E-004 | LT-062S | 식기세척기 | - | 33,000 | 3,300 | 39 |
| 8 | D-E-006 | LT-062S | 식기세척기 | - | 33,000 | 3,300 | 48 |
| 9 | D-E-005 | LT-062S | 식기세척기 | 15,000 | 33,000 | 3,300 | 24 |
| 10 | D-E-001 | SG-001T | 공기청정기 | 15,000 | 29,000 | 2,900 | 30 |
| 11 | D-E-002 | SG-001T | 공기청정기 | - | 29,000 | 2,900 | 36 |
| 12 | D-E-015 | SK-007R | 공기청정기 | - | 32,000 | 3,200 | 36 |
| 13 | D-E-008 | SK-132G | 공기청정기 | 15,000 | 38,000 | 3,800 | 26 |
| 14 | D-E-014 | LT-007R | 식기세척기 | 15,000 | 32,000 | 3,200 | 12 |
| 15 | D-E-011 | LT-057M | 식기세척기 | 15,000 | 22,000 | 2,200 | 28 |
| 16 | D-E-003 | LT-001T | 식기세척기 | - | 29,000 | 2,900 | 36 |
| 17 | D-E-009 | SK-132G | 공기청정기 | 15,000 | 38,000 | 3,800 | 15 |
| 18 | D-E-010 | LT-057M | 식기세척기 | 15,000 | 22,000 | 2,200 | 24 |

# 2 계산작업

1. =DSUM(A2:D11,D2,B2:B3)
2. =ROUNDDOWN(AVERAGEIFS(H3:H11,G3:G11,"여",I3:I11,"승진"),0)
3. =IF(C16=MAX($C$16:$C$23),"최대판매",IF(C16=MIN($C$16:$C$23),"최소판매",""))
4. =UPPER(G16)&"("&PROPER(H16)&")"
5. =HLOOKUP(AVERAGE(B27:C27),$H$27:$K$28,2,TRUE)

| | A | B | C | D | E | F | G | H | I | J | K |
|---|---|---|---|---|---|---|---|---|---|---|---|
| 1 | [표1] | 급여지급현황 | | | | [표2] | 승진시험결과 | | | | |
| 2 | 사원명 | 부서명 | 직위 | 지급액 | | 사원코드 | 성별 | 총점 | 결과 | | |
| 3 | 이순호 | 총무부 | 과장 | 4,050,000 | | A2647755 | 남 | 86.4 | 승진 | | |
| 4 | 심원철 | 영업부 | 대리 | 3,500,000 | | A1131766 | 남 | 82.8 | 승진 | | |
| 5 | 백성아 | 총무부 | 대리 | 3,350,000 | | A4293661 | 여 | 75.3 | | | |
| 6 | 박윤자 | 구매부 | 사원 | 2,750,000 | | A2796600 | 여 | 91.9 | 승진 | | |
| 7 | 정성호 | 영업부 | 사원 | 2,850,000 | | A1513570 | 남 | 88.2 | 승진 | | |
| 8 | 최철진 | 총무부 | 차장 | 4,300,000 | | A0728849 | 남 | 74.5 | | | |
| 9 | 이시형 | 구매부 | 과장 | 4,000,000 | | A1894532 | 여 | 90.4 | 승진 | | |
| 10 | 나영운 | 구매부 | 대리 | 3,400,000 | | A1772365 | 여 | 85.7 | | | |
| 11 | 송미옥 | 영업부 | 부장 | 4,650,000 | | A1682364 | 여 | 87.1 | 승진 | | |
| 12 | 총무부 지급액 합계 | | | 11,700,000 | | 승진 여사원 총점 평균 | | | 89 | | |
| 13 | | | | | | | | | | | |
| 14 | [표3] | 상품판매현황 | | | | [표4] | 해외축구 순위 | | | | |
| 15 | 상품코드 | 판매가 | 판매량 | 결과 | | 순위 | 팀명 | 감독명 | 승 | 비고 | |
| 16 | 스캐너 | 155,000 | 868 | | | 1 | barelona | shankly | 20 | BARELONA(Shankly) | |
| 17 | 세단기 | 160,000 | 1,399 | | | 2 | real m | happel | 18 | REAL M(Happel) | |
| 18 | 정수기 | 200,000 | 467 | 최소판매 | | 3 | chelsea | ancelotti | 18 | CHELSEA(Ancelotti) | |
| 19 | 프린터 | 155,000 | 1,456 | | | 4 | arseal | herrear | 17 | ARSEAL(Herrear) | |
| 20 | 스크린 | 175,000 | 1,786 | 최대판매 | | 5 | liverpool | lobanovski | 16 | LIVERPOOL(Lobanovski) | |
| 21 | 커피머신 | 165,000 | 946 | | | 6 | mailand | guardiola | 16 | MAILAND(Guardiola) | |
| 22 | 캠코더 | 180,000 | 540 | | | 7 | turin | cruyff | 15 | TURIN(Cruyff) | |
| 23 | 파티션 | 195,000 | 681 | | | 8 | roma | sacchi | 12 | ROMA(Sacchi) | |
| 24 | | | | | | | | | | | |
| 25 | [표5] | 1학기 성적표 | | | | | <성적평가표> | | | | |
| 26 | 학생명 | 중간 | 기말 | 총점 | 평가 | | 평균 | 0 | 60 | 80 | 90 |
| 27 | 성시영 | 89 | 84 | 173 | 우수 | | 평가 | 노력 | 보통 | 우수 | 최우수 |
| 28 | 신영일 | 100 | 99 | 199 | 최우수 | | | | | | |
| 29 | 김지민 | 81 | 79 | 160 | 우수 | | | | | | |
| 30 | 윤설아 | 66 | 54 | 120 | 보통 | | | | | | |
| 31 | 최희정 | 78 | 75 | 153 | 보통 | | | | | | |
| 32 | 류영호 | 84 | 88 | 172 | 우수 | | | | | | |
| 33 | 안미옥 | 86 | 91 | 177 | 우수 | | | | | | |

# 3 분석작업

## 01 | 피벗 테이블

| | A | B | C | D | E |
|---|---|---|---|---|---|
| 17 | | | | | |
| 18 | | 열 레이블 | | | |
| 19 | | 유아교육학과 | | 사회복지학과 | |
| 20 | 행 레이블 | CH001 | CH002 | SC001 | SC002 |
| 21 | 남자 | | | | |
| 22 | 평균 : 1차점수 | 80 | 95 | 75 | *** |
| 23 | 평균 : 2차점수 | 91 | 96 | 84 | *** |
| 24 | 여자 | | | | |
| 25 | 평균 : 1차점수 | 78 | 82 | 95 | 73 |
| 26 | 평균 : 2차점수 | 71 | 75 | 87 | 71 |
| 27 | 전체 평균 : 1차점수 | 79 | 86 | 82 | 73 |
| 28 | 전체 평균 : 2차점수 | 84 | 82 | 85 | 71 |

## 02 │ 목표값 찾기

| | A | B | C | D | E | F | G |
|---|---|---|---|---|---|---|---|
| 1 | 지역별 특산물 판매현황 | | | | | | |
| 2 | | | | | | | |
| 3 | 주문일자 | 주문번호 | 분류 | 상품명 | 판매가 | 판매량 | 매출금액 |
| 4 | 2021-04-17 | C100066 | 해산물 | 갈치 | 53,000 | 110 | 5,830,000 |
| 5 | 2021-05-21 | C100015 | 해산물 | 굴비 | 53,000 | 90 | 4,770,000 |
| 6 | 2021-05-30 | D100066 | 김치 | 갓김치 | 17,000 | 60 | 1,020,000 |
| 7 | 2021-04-14 | D880012 | 간판식품 | 일반미 | 17,600 | 110 | 1,936,000 |
| 8 | 2021-04-16 | D100043 | 육류 | 불고기 | 45,600 | 50 | 2,280,000 |
| 9 | 2021-05-04 | D880125 | 간판식품 | 국수 | 23,400 | 250 | 5,850,000 |
| 10 | 2021-04-27 | D100121 | 과일 | 사과 | 20,000 | 75 | 1,500,000 |
| 11 | 2021-04-05 | D101134 | 과일 | 귤 | 20,000 | 60 | 1,200,000 |
| 12 | 2021-06-07 | C100072 | 해산물 | 장어 | 23,000 | 77 | 1,771,000 |
| 13 | 2021-06-07 | D100019 | 해조류 | 재래김 | 15,600 | 50 | 2,890,000 |

## 4 기타작업

### 01 │ 매크로

| | A | B | C | D | E | F | G |
|---|---|---|---|---|---|---|---|
| 1 | | | | | | | |
| 2 | <적용비율> | | | | | | |
| 3 | 중간고사 | 40% | | | | | |
| 4 | 기말고사 | 60% | | | | | |
| 5 | | | | | | | |
| 6 | 성명 | 중간고사 | 기말고사 | 평균 | | 평균 | |
| 7 | 이태준 | 82 | 85 | 83.8 | | | |
| 8 | 김수연 | 73 | 78 | 76 | | | |
| 9 | 최미영 | 62 | 56 | 58.4 | | 셀스타일 | |
| 10 | 김정희 | 91 | 89 | 89.8 | | | |
| 11 | 손예지 | 92 | 93 | 92.6 | | | |
| 12 | 최종혁 | 70 | 72 | 71.2 | | | |
| 13 | 김진태 | 80 | 83 | 81.8 | | | |
| 14 | 송준호 | 85 | 87 | 86.2 | | | |
| 15 | | | | | | | |

### 02 │ 차트

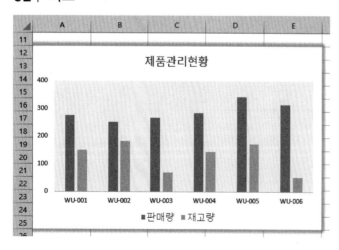

**풀이**

## 문제1 ◆ 기본작업

### ▌1▐ 자료 입력('기본작업-1' 시트)

'기본작업-1' 시트에 주어진 대로 각 셀에 맞게 데이터를 입력합니다.

### ▌2▐ 서식 설정('기본작업-2' 시트)

① [A1:G1] 영역을 범위 지정하고 [홈] 탭-[맞춤] 그룹에서 '병합하고 가운데 맞춤(圖)'을 클릭한 후, '가로-가운데 맞춤', '세로-가운데 맞춤', [글꼴] 그룹에서 글꼴 '궁서체', 글꼴 크기 '18', 글꼴 스타일 '굵게'를 선택합니다.

② [1] 행을 선택하고 마우스 오른쪽 버튼을 클릭한 후 [행 높이]를 선택하고, [행 높이] 대화상자에 『30』을 입력한 후 [확인]을 클릭합니다.

③ [A3:G3] 영역을 범위 지정한 후 [홈] 탭-[스타일] 그룹에서 자세히(▽) 또는 [셀 스타일]을 클릭한 후 '데이터 및 모델'에서 '출력'을 선택하고, 가로 '가운데 맞춤(≡)'을 클릭합니다.

④ [A1] 셀에서 마우스 오른쪽 버튼을 클릭한 후 [메모 삽입]을 클릭하고 메모에 입력된 기존 사용자 이름을 지운 다음 『2023년 12월분』을 입력합니다. [A1] 셀에서 마우스 오른쪽 버튼을 누른 후 [메모 표시/숨기기]를 클릭합니다.

⑤ 메모 상자의 경계라인에서 마우스 오른쪽 버튼을 클릭한 후 [메모 서식]을 클릭하고, [메모 서식] 대화상자의 [맞춤] 탭에서 '자동 크기'에 체크한 후 [확인]을 클릭합니다.

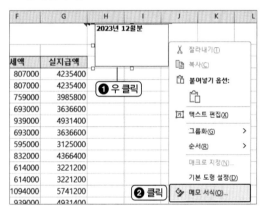

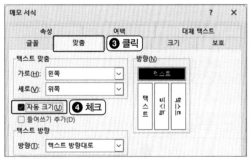

⑥ [D4:G15] 영역을 범위 지정한 후 [Ctrl] + [1] 키를 누릅니다. [표시 형식] 탭의 [사용자 지정]에서 '형식'에 『"*"#,##0"원"』을 입력한 후 [확인]을 클릭합니다.

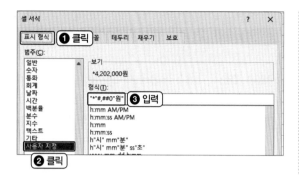

⑦ [A3:G15] 영역을 범위 지정하고 [홈] 탭 − [글꼴] 그 룹 − [테두리]의 목록 단추를 클릭한 후 '모든 테두리 (⊞)'를 선택하고, [A3:G3] 영역을 범위 지정한 후 '아래쪽 이중 테두리(▦)'를 클릭합니다.

### 3 조건부 서식('기본작업−3' 시트)

① [A4:G18] 영역을 범위 지정한 후 [홈] 탭 − [스타일] 그룹 − [조건부 서식(▦)] − [새 규칙]을 클릭합니다.

② [새 서식 규칙] 대화상자에서 '수식을 사용하여 서식 을 지정할 셀 결정'을 선택하고 입력창에 『=LEFT ($B4,1)="S"』 수식을 입력한 후 [서식]을 클릭합니다.

③ [셀 서식] 대화상자의 [글꼴] 탭에서 '색 : 표준 색 − 주황'을 설정한 후 [채우기] 탭에서 '배경 색 : 자주'를 선택하고 [확인]을 클릭합니다. [서식 규칙] 대화상자 에서 수식과 서식을 확인한 후 [확인]을 클릭합니다.

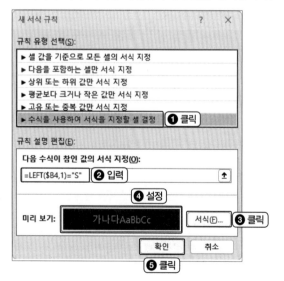

### 문제2 계산작업('계산작업' 시트)

### 1 총무부 지급액 합계[D12]

[D12] 셀에 수식을 입력합니다.

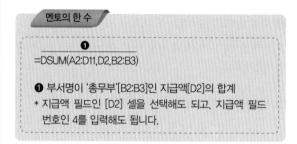

**멘토의 한 수**

❶
=DSUM(A2:D11,D2,B2:B3)

❶ 부서명이 '총무부'[B2:B3]인 지급액[D2]의 합계
* 지급액 필드인 [D2] 셀을 선택해도 되고, 지급액 필드 번호인 4를 입력해도 됩니다.

### 2 승진 여사원 총점 평균[I12]

[I12] 셀에 수식을 입력합니다.

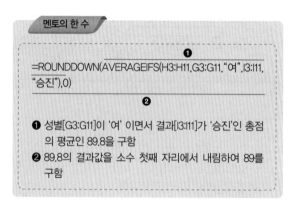

**멘토의 한 수**

❶
=ROUNDDOWN(AVERAGEIFS(H3:H11,G3:G11,"여",I3:I11,"승진"),0)

❷

❶ 성별[G3:G11]이 '여' 이면서 결과[I3:I11]가 '승진'인 총점 의 평균인 89.8을 구함
❷ 89.8의 결과값을 소수 첫째 자리에서 내림하여 89를 구함

### 3 결과[D16:D23]

[D16] 셀에 수식을 입력하고 [D23] 셀까지 수식을 복사 합니다.

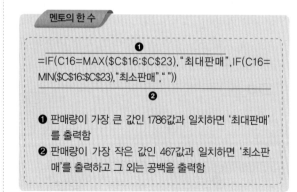

**멘토의 한 수**

❶
=IF(C16=MAX($C$16:$C$23),"최대판매",IF(C16= MIN($C$16:$C$23),"최소판매"," "))

❷

❶ 판매량이 가장 큰 값인 1786값과 일치하면 '최대판매' 를 출력함
❷ 판매량이 가장 작은 값인 467값과 일치하면 '최소판 매'를 출력하고 그 외는 공백을 출력함

## 4 비고[J16:J23]

[J16] 셀에 수식을 입력하고 [J23] 셀까지 수식을 복사합니다.

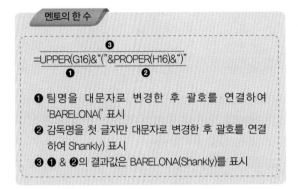

**멘토의 한 수**

$$\underset{①}{=UPPER(G16)}\&"("\&\underset{②}{PROPER(H16)}\&")"$$
　　　　　　　③

❶ 팀명을 대문자로 변경한 후 괄호를 연결하여 'BARELONA(' 표시
❷ 감독명을 첫 글자만 대문자로 변경한 후 괄호를 연결하여 Shankly) 표시
❸ ❶ & ❷의 결과값은 BARELONA(Shankly)를 표시

## 5 평가[E27:E33]

[E27] 셀에 수식을 입력하고 [E33] 셀까지 수식을 복사합니다

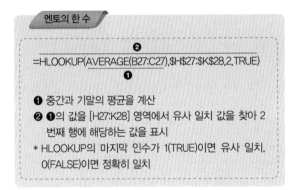

**멘토의 한 수**

$$=HLOOKUP(\underset{①}{AVERAGE(B27:C27)},\$H\$27:\$K\$28,2,TRUE)$$

❶ 중간과 기말의 평균을 계산
❷ ❶의 값을 [H27:K28] 영역에서 유사 일치 값을 찾아 2번째 행에 해당하는 값을 표시
\* HLOOKUP의 마지막 인수가 1(TRUE)이면 유사 일치, 0(FALSE)이면 정확히 일치

## 문제3 ◦ 분석작업

### 1 피벗 테이블('분석작업-1' 시트)

① [A3:F15] 영역을 범위 지정하고 [삽입] 탭-[표] 그룹-[피벗 테이블 (⊞)]을 클릭합니다.
② [피벗 테이블 만들기]에서 기존 워크시트를 선택하고 위치에 [A18] 셀을 선택한 후 [확인]을 클릭합니다.

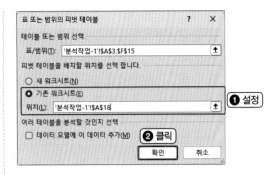

③ '성별' 필드는 '행'에, '학과코드' 필드는 '열'에, '1차점수', '2차점수' 필드는 'Σ 값' 레이블에 각각 드래그하여 이동하고 '열' 레이블의 'Σ 값'을 '행' 레이블로 이동합니다.

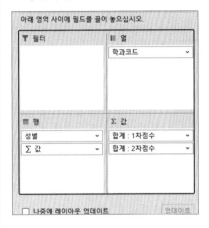

④ [A21] 셀의 '합계 : 1차점수'를 더블 클릭하고 [값 필드 설정]의 [값 요약 기준] 탭에서 '평균'을 선택한 후 [표시 형식]을 클릭합니다.

⑤ [셀 서식]에서 '범주'에 '숫자'를 선택하고 기호에 '1000 단위 구분 기호(,) 사용'을 체크한 후 [확인]을 클릭하고 [값 필드 설정]에서 [확인]을 클릭합니다.

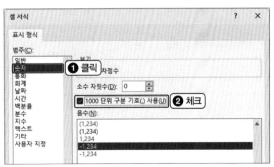

⑥ 같은 방법으로 [A22] 셀의 '합계 : 2차점수' 필드를 '평균'과 '1000 단위 기분기호 사용'으로 지정합니다.

⑦ 피벗 테이블 안에서 마우스 오른쪽 버튼을 클릭한 후 [피벗 테이블 옵션]을 선택합니다. [레이아웃 및 서식] 탭에서 '레이블이 있는 셀 병합 및 가운데 맞춤'에 체크하고 '빈 셀 표시'에 『***』을 입력합니다.

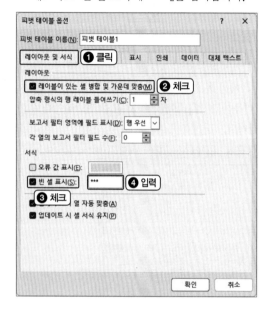

⑧ [요약 및 필터] 탭에서 '행의 총합계 표시'의 체크를 해제한 후 [확인]을 클릭합니다.

⑨ [B19:C19] 영역을 범위 지정하고 마우스 오른쪽 버튼을 클릭한 후 [그룹]을 선택합니다.

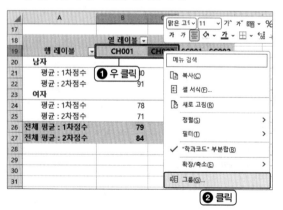

⑩ [B19] 셀의 '그룹1'을 『유아교육학과』로 변경합니다.

⑪ '유아교육학과 요약'의 회색 부분을 숨기기 위해 [피벗 테이블 필드]에서 열의 '학과코드2'를 선택한 후 [필드 설정]을 클릭합니다.

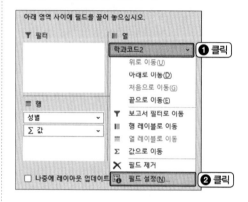

⑫ 필드 설정 대화상자에서 '소계'에 '없음'을 선택한 후 [확인]을 클릭합니다.

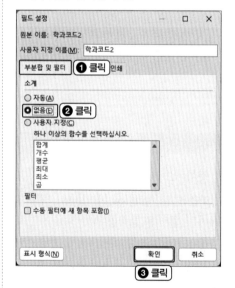

⑬ [D19:E19] 영역을 범위 지정한 후 오른쪽 버튼을 클릭하여 [그룹]을 선택한 후 '그룹2'를 『사회복지학과』로 변경합니다.

⑭ 피벗 테이블 안에서 마우스 오른쪽 버튼을 클릭한 후 [피벗 테이블 옵션]을 선택하고 [표시] 탭에서 '학장/축소 단추 표시'의 체크를 해제한 후 [확인]을 클릭합니다.

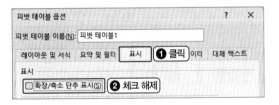

⑮ 피벗 테이블을 선택하고 [디자인] 탭-[피벗 테이블 스타일] 그룹에서 '자세히(⊡)' 목록 단추'를 클릭한 후 '연한 파랑, 피벗 스타일 보통 6'을 선택하고, [피벗 테이블 스타일 옵션] 그룹에서 '행 머리글', '열 머리글', '줄무늬 열'에 체크합니다.

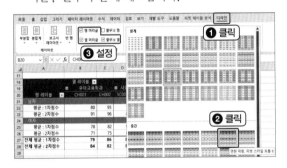

> 엑셀 버전이 2021로 변경되면서 피벗 스타일에서 다양한 기능이 출제되고 있으므로 그룹을 지정하는 방법과 피벗 테이블 옵션에 레이블 병합, 빈 셀 표시, 행/열 총합계 표시, 확장/축소 표시 등을 충분히 학습하시기 바랍니다.

## ② 목표값 찾기('분석작업-2' 시트)

① [G10] 셀을 클릭한 [데이터] 탭-[예측] 그룹에서 [가상분석]-[목표값 찾기]를 클릭합니다.

※ 수식 셀은 [G10] 셀을 선택한 후 목표값 찾기를 실행하면 수식 셀에 G10이 자동으로 지정되어 있습니다.

② [목표값 찾기] 대화상자에서 '수식 셀'에 [G10] 셀을 지정하고, '찾는 값'에 『1500000』을 입력한 후, 값을 바꿀 셀에 [F10] 셀을 지정하고 [확인]을 클릭합니다.

③ [목표값 찾기 상태] 대화상자가 표시되면 다시 한번 [확인]을 클릭합니다.

### 문제4 ◦ 기타작업

## ① 매크로 작성('매크로작업' 시트)

① [개발 도구] 탭-[코드] 그룹-[매크로 기록(🔲)] 도구를 클릭한 후 [매크로 기록] 대화상자의 '매크로 이름'에 『평균』을 입력하고 [확인] 버튼을 클릭합니다.

② [D7] 셀에 수식 『=B7*$B$3+C7*$B$4』를 입력한 후 [D14] 셀까지 수식을 복사합니다.

(중간고사 비율인 [B3] 셀과 기말고사 비율인 [B4] 셀을 절대참조로 지정합니다.)

| | A | B | C | D | E |
|---|---|---|---|---|---|
| 1 | | | | | |
| 2 | <적용비율> | | | | |
| 3 | 중간고사 | 40% | | | |
| 4 | 기말고사 | 60% | | | |
| 5 | | | | | |
| 6 | 성명 | 중간고사 | 기말고사 | 평균 | |
| 7 | 이태준 | 82 | 85 | =B7*B3+C7*B4 | |
| 8 | 김수연 | 73 | 78 | | |

③ 지정된 영역을 해제한 후 [개발 도구] 탭-[코드] 그룹-[기록 중지(□)] 도구를 클릭하여 매크로를 중지합니다.

④ [개발 도구] 탭-[컨트롤] 그룹-[삽입]-[단추(▭)]를 클릭합니다.

⑤ Alt 키를 누르면서 [F6:G7] 영역에 드래그합니다.

⑥ [매크로 지정] 대화상자에서 '평균'을 선택하고 [확인] 버튼을 클릭합니다.

⑦ 삽입된 단추의 이름을 '평균'으로 수정합니다.

⑧ '셀스타일' 매크로를 작성하기 위해 다시 [개발 도구] 탭-[코드] 그룹-[매크로 기록(🖻)] 도구를 클릭한 후 [매크로 기록] 대화상자의 '매크로 이름'에 『셀스타일』을 입력하고 [확인] 버튼을 클릭합니다.

⑨ [A6:D6] 영역을 범위 지정한 후 [홈] 탭-[스타일] 그룹에서 [셀 스타일(▨)]의 '데이터 및 모델'에서 '입력'을 클릭합니다.

⑩ 지정된 영역을 해제한 후 [개발 도구] 탭-[코드] 그룹-[기록 중지(□)] 도구를 클릭하여 매크로를 중지합니다.

⑪ [삽입] 탭-[일러스트레이션] 그룹-[도형]의 '사각형'에서 '사각형: 둥근 모서리(□)' 도형을 선택하고 Alt 키를 누른 채 [F9:G10] 영역에 드래그하여 위치시킨 후 도형에 『셀스타일』을 입력합니다.

⑫ 도형에서 마우스 오른쪽 버튼을 클릭한 후 [매크로 지정]을 선택하고, [매크로 지정] 대화상자에서 '셀스타일'을 선택한 후 [확인] 버튼을 클릭합니다.

## ② 차트 작성('차트작업' 시트)

① 차트 영역을 선택한 후 [차트 필터(▽)]를 클릭하고 '전월재고량'과 '입고량'의 체크를 해제한 후 [적용]을 클릭합니다.

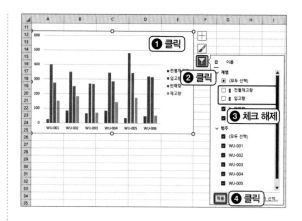

② 차트 영역을 선택한 후 [차트 요소(⊞)]를 클릭하고 [차트 제목]을 선택합니다.

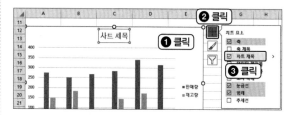

※ [차트 디자인] 탭-[차트 레이아웃] 그룹-[차트 요소 추가(▨)]-[차트 제목]-[차트 위(▥)]를 사용하여 제목을 추가할 수도 있습니다.

③ 삽입된 차트 제목을 선택한 후 [수식 입력줄]에서 『=』을 입력하고 [A1] 셀을 클릭한 후 Enter 키를 누릅니다.

④ 그림 영역을 선택하고 [서식] 탭-[도형 스타일] 그룹-[도형 채우기(▨)]에서 '표준색-노랑'을 선택합니다.

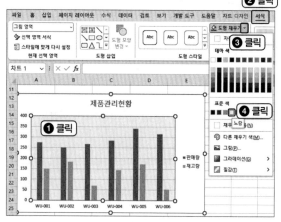

⑤ 차트를 선택한 후 차트 요소(⊞)를 클릭하고 '눈금선'의 체크를 해제합니다.

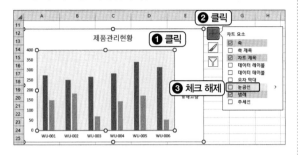

⑥ 차트를 선택한 후 차트 요소(⊞)를 클릭하고 '범례 ▶ 아래쪽'을 선택합니다.

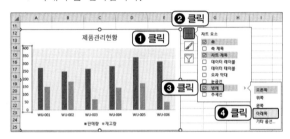

⑦ 범례를 선택한 후 [홈] 탭의 [글꼴] 그룹에서 글꼴을 '돋움체', 크기를 '12'로 지정합니다.

⑧ 세로 (값) 축을 선택한 후 마우스 오른쪽 버튼을 클릭하고, [축 서식]을 선택한 후 [축 서식] 설정 창의 '축 옵션(▥)'에서 '단위'의 '기본'에 『100』을 입력합니다.

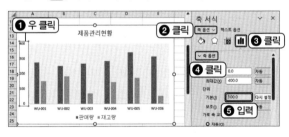

⑨ 차트 영역을 선택하고 [차트 디자인] 탭-[차트 스타일] 그룹의 '색 변경(🎨)'에서 '단색 색상표 6'을 선택합니다.

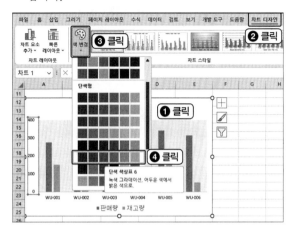

⑩ 차트 영역을 선택한 후 [서식] 탭-[도형 스타일] 그룹의 [도형 효과(🗑)]-[네온]에서 '네온: 8pt, 파랑, 강조색 1'을 선택합니다.

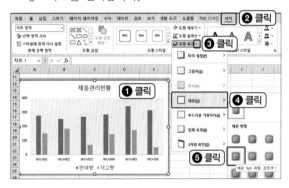

| 프로그램명 | 제한시간 |
|---|---|
| EXCEL 2021 | 40분 |

수험번호 :

성 명 :

# 2급 · A형

### 유의사항

- 인적 사항 누락 및 잘못 작성으로 인한 불이익은 수험자 책임으로 합니다.

- 화면에 암호 입력창이 나타나면 아래의 암호를 입력합니다.
  ○ 암호 : 12%563

- 작성된 답안은 주어진 경로 및 파일명을 변경하지 마시고 그대로 저장해야 합니다.
  이를 준수하지 않으면 실격 처리됩니다.
  ○ 답안 파일명의 예: C:₩OA₩수험번호8자리.xlsm

- 외부 데이터 위치: C:₩OA₩파일명

- 별도의 지시사항이 없는 경우, 다음과 같이 처리 시 실격 처리됩니다.
  ○ 제시된 시트 및 개체의 순서나 이름을 임의로 변경한 경우
  ○ 제시된 시트 및 개체를 임의로 추가 또는 삭제한 경우
  ○ 외부 데이터를 시험 시작 전에 열어본 경우

- 답안은 반드시 문제에서 지시 또는 요구한 셀에 입력하여야 하며 다음과 같이 처리 시 채점 대상에서 제외됩니다.
  ○ 제시된 함수가 있을 경우 제시된 함수만을 사용하여야 하며 그 외 함수 사용 시 채점대상에서 제외
  ○ 수험자가 임의로 지시하지 않은 셀의 이동, 수정, 삭제, 변경 등으로 인해 셀의 위치 및 내용이 변경된 경우 해당 작업에 영향을 미치는 관련 문제 모두 채점 대상에서 제외
  ○ 도형 및 차트의 개체가 중첩되어 있거나 동일한 계산결과 시트가 복수로 존재할 경우 해당 개체나 시트는 채점 대상에서 제외

- 수식 작성 시 제시된 문제 파일의 데이터는 변경 가능한(가변적) 데이터임을 감안하여 문제 풀이를 하시오.

- 별도의 지시사항이 없는 경우, 주어진 각 시트 및 개체의 설정값 또는 기본 설정값(Default)으로 처리하시오.

- 저장 시간은 별도로 주어지지 않으므로 제한된 시간 내에 저장을 완료해야 하며, 제한 시간 내에 저장이 되지 않은 경우에는 실격 처리됩니다.

- 출제된 문제의 용어는 Microsoft Office 2021(LTSC 2108 버전)로 작성되어 있습니다.

# 대 한 상 공 회 의 소

◉ 예제 파일 : 컴활2급₩5.모의고사₩기출유형모의고사2(문제).xlsm
◎ 결과 파일 : 컴활2급₩5.모의고사₩기출유형모의고사2(정답).xlsm

## 문제 1 | 기본작업(20점) • 주어진 시트에 대하여 다음 작업을 수행하고 저장하시오.

**01** '기본작업-1' 시트에 다음의 자료를 주어진 대로 입력하시오. (5점)

| ▲ | A | B | C | D | E | F |
|---|---|---|---|---|---|---|
| 1 | 9월 사원별 급여액 | | | | | |
| 2 | | | | | 작성일: | 2023-09-01 |
| 3 | 이름 | 사원ID | 부서명 | 직급 | 소득세 | 총급여 |
| 4 | 김미연 | KY-1523 | 영업부 | 과장 | 225500 | 4100000 |
| 5 | 장길수 | JC-1002 | 총무부 | 부장 | 247500 | 4500000 |
| 6 | 한상민 | HK-4456 | 기획부 | 대리 | 192500 | 3500000 |
| 7 | 정미경 | JK-8963 | 기획부 | 대리 | 187000 | 3400000 |
| 8 | 노정현 | NC-8896 | 총무부 | 과장 | 198000 | 3600000 |
| 9 | 김수한 | KY-8563 | 영업부 | 대리 | 176000 | 3200000 |
| 10 | 박상중 | PY-4596 | 영업부 | 사원 | 154000 | 2800000 |
| 11 | 이미경 | LC-8533 | 총무부 | 사원 | 159500 | 2900000 |
| 12 | 김창길 | KK-5336 | 기획부 | 대리 | 198000 | 3600000 |

**02** '기본작업-2' 시트에 대하여 다음의 지시사항을 처리하시오. (각 2점)

① [A1:H1] 영역은 '선택 영역의 가운데로', 글꼴 '휴먼옛체', 크기 '17', 글꼴 스타일 '굵게', 밑줄 '이중 실선(회계용)'으로 지정하시오.

② [A3:H3] 영역은 글꼴 '굴림체', 크기 '12', 글꼴 색 '표준 색-파랑', 채우기 색 '표준 색-노랑', '가운데 맞춤'으로 지정하시오.

③ [A14:D14] 영역은 '병합하고 가운데 맞춤'으로 지정하시오.

④ [D3] 셀의 '품목'을 한자 '品目'으로 바꾸시오.

⑤ [E4:E14], [H4:H14] 영역은 사용자 지정 서식을 이용하여 천 단위 구분 기호와 숫자 뒤에 "원"을 표시하고, [A3:H14] 영역은 '모든 테두리(⊞)'를 적용하여 표시하시오.

**03** '기본작업-3' 시트에 대하여 다음의 지시사항을 처리하시오. (5점)

[A4:F12] 영역에 대해 여행지[A4:A12]가 '미국'이면서 할인금액[E4:E12]이 200,000 이상인 행 전체의 글꼴 색을 '표준 색-파랑', 채우기 색 '표준 색-노랑'으로 지정하는 조건부 서식을 작성하시오.

▶ AND 함수 사용

▶ 규칙 유형은 '수식을 사용하여 서식을 지정할 셀 결정'을 이용하시오.

## 문제 2 | 계산작업(40점) • '계산작업' 시트에서 다음의 과정을 수행하고 저장하시오.

**01** [표1]에서 접수코드[A3:A8]의 맨 앞에서 다섯 번째 문자와 [A10:C15] 영역의 표를 이용하여 각 고객의 대출금리를 [C3:C8] 영역에 표시하시오. (8점)

▶ 접수코드의 맨 앞에서 다섯 번째 문자를 이용하여 [B11:B15] 영역의 대출금리를 참조

▶ VLOOKUP, MID 함수 사용

**02** [표2]의 합계[I3:I11]에 대하여 도서 분류가 '수험서'인 경우 최고 합계와 최저 합계의 차를 구하여 [H14] 셀에 표시하시오. (8점)

  ▶ DMAX, DMIN 함수 사용

**03** [표3]에서 도서코드[A19:A29]가 'B002', 'B004'인 도서의 수를 구하여 도서수[C31] 셀에 표시하시오. (8점)

  ▶ 숫자 뒤에 '권'이 표시되도록 할 것 [표시 예 : 4권]
  ▶ COUNITIF 함수와 & 연산자 사용

**04** [표4]에서 거래처[F19:F30]가 '신한상사'인 금액[I19:I30]에 대한 평균을 구하여 [F32] 셀에 표시하시오. (8점)

  ▶ SUMIF, AVERAGEIF, LARGE 함수 중 알맞은 함수를 선택하여 사용

**05** [표5]에서 계획서[B35:B40]와 작품성[C35:C40]이 40 이상이면서 평점[D35:D40]이 60 이상이면 '합격', 그렇지 않으면 '불합격'을 평가[E35:E40]에 표시하시오. (8점)

  ▶ IF, AND, COUNTIF 함수 사용

---

## 문제 3 | 분석작업(20점) • 주어진 시트에서 다음 작업을 수행하고 저장하시오.

**01** '분석작업-1' 시트에 대하여 다음의 지시사항을 처리하시오. (10점)

[부분합] 기능을 이용하여 '제품 판매 현황' 표에서 〈그림〉과 같이 '지점명'별 '판매수량', '판매금액', '이익금액'의 '합계'와 '판매단가'의 '평균'을 계산하는 '부분합'을 계산하시오.

  ▶ '지점명'에 대한 정렬 기준은 오름차순으로 하시오.
  ▶ 합계와 평균은 위에 명시된 순서대로 처리하시오.
  ▶ [A3:F25] 영역에 표 서식 '연한 파랑, 표 스타일 밝게 16'을 지정하시오.

| | A | B | C | D | E | F |
|---|---|---|---|---|---|---|
| 1 | | | 제품 판매 현황 | | | |
| 2 | | | | | | |
| 3 | 판매일 | 지점명 | 판매수량 | 판매단가 | 판매금액 | 이익금액 |
| 4 | 2024-10-18 | 경기지점 | 50 | 2,050 | 102,500 | 41,000 |
| 5 | 2024-10-23 | 경기지점 | 160 | 1,700 | 272,000 | 108,800 |
| 6 | 2024-10-17 | 경기지점 | 180 | 1,640 | 295,200 | 118,080 |
| 7 | 2024-10-12 | 경기지점 | 200 | 1,580 | 316,000 | 126,400 |
| 8 | | 경기지점 평균 | | 1,743 | | |
| 9 | | 경기지점 요약 | 590 | | 985,700 | 394,280 |
| 10 | 2024-10-24 | 대전지점 | 120 | 1,370 | 164,400 | 65,760 |
| 11 | 2024-10-14 | 대전지점 | 90 | 2,200 | 198,000 | 79,200 |
| 12 | 2024-10-15 | 대전지점 | 160 | 1,700 | 272,000 | 108,800 |
| 13 | 2024-10-21 | 대전지점 | 150 | 1,950 | 292,500 | 117,000 |
| 14 | 2024-10-19 | 대전지점 | 220 | 2,000 | 440,000 | 176,000 |
| 15 | | 대전지점 평균 | | 1,844 | | |
| 16 | | 대전지점 요약 | 740 | | 1,366,900 | 546,760 |
| 17 | 2024-10-16 | 서울지점 | 120 | 1,370 | 164,400 | 65,760 |
| 18 | 2024-10-22 | 서울지점 | 90 | 2,200 | 198,000 | 79,200 |
| 19 | 2024-10-13 | 서울지점 | 150 | 1,950 | 292,500 | 117,000 |
| 20 | 2024-10-20 | 서울지점 | 200 | 1,580 | 316,000 | 126,400 |
| 21 | 2024-10-11 | 서울지점 | 220 | 2,000 | 440,000 | 176,000 |
| 22 | | 서울지점 평균 | | 1,820 | | |
| 23 | | 서울지점 요약 | 780 | | 1,410,900 | 564,360 |
| 24 | | 전체 평균 | | 1,806 | | |
| 25 | | 총합계 | 2,110 | | 3,763,500 | 1,505,400 |

**02** '분석작업-2' 시트에 대하여 다음의 지시사항을 처리하시오. (10점)

'부서별 급여 현황' 표를 이용하여 성명은 '필터', 부서명은 '행 레이블', 직위는 '열 레이블'로 처리하고, '값'에 기본급과 성과금의 평균을 계산한 후 'Σ 값'을 '행 레이블'로 설정하는 피벗 테이블을 작성하시오.

  ▶ 피벗 테이블 보고서는 동일 시트의 [A15] 셀에서 시작하시오.

▶ 피벗 테이블 보고서의 빈 셀은 '**' 기호로 표시할 것

▶ 값 영역의 표시 형식은 값 필드 설정의 셀 서식에서 '숫자' 범주를 이용하여 '1000 단위 구분 기호 사용' 으로 표시하시오.

▶ 성명이 '김은태', '박은별', '편은미'만 나타내시오.

▶ 피벗 테이블 스타일은 '연한 파랑, 피벗 스타일 보통 9'로 적용하시오.

▶ 생산팀의 기본급 평균 중 사원의 데이터([C18] 셀)만 새로운 시트에 나타내고, 시트 이름을 '생산팀 사원의 급여 현황'으로 표시하시오.

---

**문제 4**  **기타작업(20점)** • 주어진 시트에서 다음 작업을 수행하고 저장하시오.

**01** '매크로작업' 시트에서 다음과 같은 기능을 수행하는 매크로를 현재 통합 문서에 작성하고 실행하시오. (각 5점)

① A/S비율[G4:G12] 영역에서 최고비율을 [G13] 셀에 계산하는 매크로를 생성하여 실행하시오.

　▶ 매크로 이름 : 최고비율　　　▶ MAX 함수 사용

　▶ [개발 도구]-[삽입]-[양식 컨트롤]의 '단추(▢)'를 동일 시트의 [I4:J5] 영역에 생성한 후 텍스트를 "최고비율"로 입력하고, 단추를 클릭할 때 '최고비율' 매크로가 실행되도록 설정하시오.

② [A3:G3] 영역에 글꼴 스타일 '굵게', 채우기 색 '표준 색 – 노랑'으로 적용하는 매크로를 생성하여 실행하시오.

　▶ 매크로 이름 : 서식

　▶ [도형]→[사각형]의 '사각형: 둥근 모서리(▢)'를 동일 시트의 [I7:J8] 영역에 생성한 후 텍스트를 "서식"으로 입력하고, 도형을 클릭할 때 '서식' 매크로가 실행되도록 설정하시오.

　※ 셀 포인터의 위치에 상관없이 현재 통합 문서에서 매크로가 실행되어야 정답으로 인정됨.

**02** '차트작업' 시트의 차트를 지시사항에 따라 아래 그림과 같이 수정하시오. (각 2점)

※ 차트는 반드시 문제에서 제공한 차트를 사용하여야 하며, 신규로 작성 시 0점 처리됨.

① 차트 필터 기능을 이용하여 가입통신이 '은하네트'인 '성명'별 '사용시간(분)', '금월사용액'이 차트에 표시되도록 변경하시오.

② '금월사용액' 계열의 차트 종류를 '표식이 있는 꺾은선형'으로 변경하고, '보조 축'으로 지정하시오.

③ 차트 제목 및 축 제목은 그림과 같이 입력하고, 기본 세로 (값) 축 제목 문자열에 대하여 세로로 지정하시오.

④ 기본 세로 (값) 축의 기본 단위는 200, 보조 세로 (값) 축의 기본 단위는 10,000으로 지정하시오.

⑤ 범례에 대하여 글꼴 '바탕체', 크기 '12', 위치는 '위쪽'으로 지정하시오.

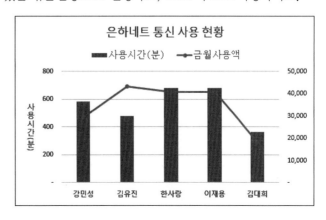

## 1 기본작업

### 02 | 서식 설정

| | A | B | C | D | E | F | G | H |
|---|---|---|---|---|---|---|---|---|
| 1 | | | 신용카드 1/4분기 사용 내역 현황 | | | | | |
| 2 | | | | | | | | |
| 3 | 코드번호 | 카드명 | 가맹점명 | 品目 | 구입금액 | 할부개월수 | 납입횟수 | 결제금액 |
| 4 | 1 | 비자 | 성안백화점 | 정장의류 | 547,700원 | 3 | 1 | 182,567원 |
| 5 | 4 | KB | 호매실정유 | 휘발유 | 62,700원 | 1 | 1 | 62,700원 |
| 6 | 2 | 삼성 | 제일백화점 | 액세서리 | 122,500원 | 2 | 1 | 61,250원 |
| 7 | 5 | 비씨 | 새한햄버거 | 햄버거 | 26,700원 | 1 | - | 26,700원 |
| 8 | 3 | 롯데 | 정수컴퓨터 | 노트북 | 3,451,700원 | 24 | 10 | 143,821원 |
| 9 | 2 | 삼성 | 제일백화점 | 스커트 | 172,100원 | 4 | 2 | 43,025원 |
| 10 | 4 | KB | 호매실정유 | 휘발유 | 47,400원 | 1 | - | 47,400원 |
| 11 | 3 | 롯데 | 정수컴퓨터 | 컴퓨터 | 1,862,000원 | 12 | 5 | 155,167원 |
| 12 | 2 | 삼성 | 제일백화점 | 냉장고 | 801,800원 | 6 | 2 | 133,633원 |
| 13 | 5 | 비씨 | 우리햄버거 | 햄버거 | 13,800원 | 1 | 1 | 13,800원 |
| 14 | | | 합계 | | 7,108,400원 | 55 | 23 | 870,063원 |

### 03 | 조건부 서식

| | A | B | C | D | E | F |
|---|---|---|---|---|---|---|
| 1 | | | 성안 여행사 여행상품 안내 | | | |
| 2 | | | | | | |
| 3 | 여행지 | 왕복항공 요 금 | 호텔 숙박비 | 여행 경비 합 계 | 할인금액 | 실 여행 경 비 |
| 4 | 미국 | 400,000 | 200,000 | 2,400,000 | 240,000 | 2,160,000 |
| 5 | 영국 | 200,000 | 300,000 | 2,500,000 | 250,000 | 2,250,000 |
| 6 | 미국 | 400,000 | 200,000 | 1,800,000 | 150,000 | 1,800,000 |
| 7 | 독일 | 200,000 | 300,000 | 2,000,000 | 200,000 | 1,800,000 |
| 8 | 미국 | 200,000 | 300,000 | 2,500,000 | 200,000 | 2,500,000 |
| 9 | 일본 | 100,000 | 100,000 | 800,000 | - | 800,000 |
| 10 | 미국 | 400,000 | 100,000 | 3,000,000 | 250,000 | 2,700,000 |
| 11 | 일본 | 200,000 | 200,000 | 2,000,000 | 200,000 | 1,800,000 |
| 12 | 미국 | 100,000 | 300,000 | 1,200,000 | 180,000 | 1,080,000 |
| 13 | 합계 | 2,200,000 | 2,000,000 | 18,200,000 | 1,310,000 | 16,890,000 |

## 2 계산작업

1. =VLOOKUP(MID(A3,5,1),$A$10:$C$15,2,FALSE)

2. =DMAX(E2:I11,I2,F2:F3)−DMIN(E2:I11,I2,F2:F3)

3. =COUNTIF(A19:A29,"B002")+COUNTIF(A19:A29,"B004")&"권"

4. =AVERAGEIF(F19:F30,"신한상사",I19:I30)

5. =IF(AND(COUNTIF(B35:C35,">=40")=2,D35>=60),"합격","불합격")

**[표1] 회원등급별 대출금리**

| 접수코드 | 고객명 | 대출금리 | |
|---|---|---|---|
| 1200E2 | 박진명 | 5.0% | |
| 1211C5 | 오지락 | 4.0% | |
| 1200A1 | 김경진 | 3.0% | |
| 1100B2 | 김선미 | 3.5% | |
| 1200A3 | 김태환 | 3.0% | |
| 1100B3 | 김은하 | 3.5% | |

| 회원등급 | 대출금리 | 가입년수 |
|---|---|---|
| A | 3% | 5 |
| B | 3.5% | 4 |
| C | 4% | 3 |
| D | 4.5% | 2 |
| E | 5% | 1 |

**[표3] 도서대출 현황**

| 도서코드 | 고객ID | 성명 |
|---|---|---|
| B001 | PCT-104 | 송지율 |
| B001 | PCT-107 | 조항승 |
| B003 | PCT-109 | 송혜영 |
| B004 | PCT-103 | 이관우 |
| B002 | PCT-108 | 김승일 |
| B002 | PCT-106 | 조자룡 |
| B003 | PCT-101 | 전주욱 |
| B001 | PCT-102 | 곽장비 |
| B002 | PCT-100 | 서정화 |
| B003 | PCT-105 | 노지심 |
| B003 | PCT-112 | 황비홍 |

| 도서수 | | 4권 |
|---|---|---|

**[표5] 출품작 평가 현황**

| 성명 | 계획서 | 작품성 | 평점 | 평가 |
|---|---|---|---|---|
| 장길수 | 70 | 45 | 42 | 불합격 |
| 한상민 | 60 | 65 | 62 | 합격 |
| 이미경 | 35 | 85 | 60 | 불합격 |
| 강경희 | 85 | 75 | 80 | 합격 |
| 남인하 | 95 | 39 | 67 | 불합격 |
| 이미숙 | 75 | 70 | 72 | 합격 |

**[표2] 도서 판매 현황**

| 도서코드 | 도서분류 | 수량 | 단가 | 합계 |
|---|---|---|---|---|
| K01 | 수험서 | 95 | 15,000 | 1,425,000 |
| M05 | 일반서 | 98 | 25,000 | 2,450,000 |
| L02 | 일반서 | 84 | 9,000 | 756,000 |
| K04 | 일반서 | 68 | 20,000 | 1,360,000 |
| M03 | 수험서 | 91 | 15,000 | 1,365,000 |
| L01 | 수험서 | 65 | 8,900 | 578,500 |
| L03 | 일반서 | 55 | 12,000 | 660,000 |
| K03 | 수험서 | 95 | 12,000 | 1,140,000 |
| M01 | 수험서 | 89 | 9,500 | 845,500 |

| 수험서의 최대와 최소 값의 차 | | | 846,500 |
|---|---|---|---|

**[표4] 거래처 분석**

| 거래일자 | 거래처 | 수량 | 단가 | 금액 |
|---|---|---|---|---|
| 2021-01-01 | 신한상사 | 95 | 1200 | 114,000 |
| 2021-01-03 | 신한상사 | 98 | 1500 | 147,000 |
| 2021-01-08 | 바른상사 | 91 | 1200 | 109,200 |
| 2021-01-09 | 신한상사 | 65 | 1800 | 117,000 |
| 2021-01-11 | 바른상사 | 91 | 1200 | 109,200 |
| 2021-01-12 | 신한상사 | 65 | 1200 | 78,000 |
| 2021-01-02 | 모닝상사 | 55 | 1500 | 82,500 |
| 2021-01-04 | 모닝상사 | 95 | 1200 | 114,000 |
| 2021-01-05 | 바른상사 | 84 | 1500 | 126,000 |
| 2021-01-07 | 신한상사 | 68 | 1400 | 95,200 |
| 2021-01-06 | 모닝상사 | 89 | 1600 | 142,400 |
| 2021-01-10 | 모닝상사 | 68 | 1400 | 95,200 |

| 신한상사 평균금액 | 110,240 |
|---|---|

## ❸ 분석작업

### 01 | 부분합

### 제품 판매 현황

| 판매일 | 지점명 | 판매수량 | 판매단가 | 판매금액 | 이익금액 |
|---|---|---|---|---|---|
| 2024-10-18 | 경기지점 | 50 | 2,050 | 102,500 | 41,000 |
| 2024-10-23 | 경기지점 | 160 | 1,700 | 272,000 | 108,800 |
| 2024-10-17 | 경기지점 | 180 | 1,640 | 295,200 | 118,080 |
| 2024-10-12 | 경기지점 | 200 | 1,580 | 316,000 | 126,400 |
| | 경기지점 평균 | | 1,743 | | |
| | 경기지점 요약 | 590 | | 985,700 | 394,280 |
| 2024-10-24 | 대전지점 | 120 | 1,370 | 164,400 | 65,760 |
| 2024-10-14 | 대전지점 | 90 | 2,200 | 198,000 | 79,200 |
| 2024-10-15 | 대전지점 | 160 | 1,700 | 272,000 | 108,800 |
| 2024-10-21 | 대전지점 | 150 | 1,950 | 292,500 | 117,000 |
| 2024-10-19 | 대전지점 | 220 | 2,000 | 440,000 | 176,000 |
| | 대전지점 평균 | | 1,844 | | |
| | 대전지점 요약 | 740 | | 1,366,900 | 546,760 |
| 2024-10-16 | 서울지점 | 120 | 1,370 | 164,400 | 65,760 |
| 2024-10-22 | 서울지점 | 90 | 2,200 | 198,000 | 79,200 |
| 2024-10-13 | 서울지점 | 150 | 1,950 | 292,500 | 117,000 |
| 2024-10-20 | 서울지점 | 200 | 1,580 | 316,000 | 126,400 |
| 2024-10-11 | 서울지점 | 220 | 2,000 | 440,000 | 176,000 |
| | 서울지점 평균 | | 1,820 | | |
| | 서울지점 요약 | 780 | | 1,410,900 | 564,360 |
| | 전체 평균 | | 1,806 | | |
| | 총합계 | 2,110 | | 3,763,500 | 1,505,400 |

## 02 | 피벗 테이블

| | A | B | C | D |
|---|---|---|---|---|
| 12 | | | | |
| 13 | 성명 | (다중 항목) 🔽 | | |
| 14 | | | | |
| 15 | | | 열 레이블 🔽 | |
| 16 | 행 레이블 🔽 | 대리 | 사원 | 총합계 |
| 17 | 생산팀 | | | |
| 18 | 평균 : 기본급 | ** | 2,275,000 | 2,275,000 |
| 19 | 평균 : 성과금 | ** | 440,000 | 440,000 |
| 20 | 영업팀 | | | |
| 21 | 평균 : 기본급 | 2,810,000 | ** | 2,810,000 |
| 22 | 평균 : 성과금 | 590,000 | ** | 590,000 |
| 23 | 전체 평균 : 기본급 | 2,810,000 | 2,275,000 | 2,453,333 |
| 24 | 전체 평균 : 성과금 | 590,000 | 440,000 | 490,000 |

| | A | B | C | D | E | F | G | H | I | J |
|---|---|---|---|---|---|---|---|---|---|---|
| 1 | 성명 🔽 | 성별 🔽 | 부서명 🔽 | 직위 🔽 | 기본급 🔽 | 성과금 🔽 | 세금 🔽 | 실수령액 🔽 | | |
| 2 | 박은별 | 여 | 생산팀 | 사원 | 2350000 | 430000 | 282000 | 2498000 | | |
| 3 | 편은미 | 여 | 생산팀 | 사원 | 2200000 | 450000 | 264000 | 2386000 | | |
| 4 | | | | | | | | | | |
| 5 | | | | | | | | | | |
| 6 | | | | | | | | | | |

< > 기본작업-1  기본작업-2  기본작업-3  계산작업  분석작업-1  **생산팀 사원의 급여 현황**

---

## 4 기타작업

### 01 | 매크로

| | A | B | C | D | E | F | G | H | I | J |
|---|---|---|---|---|---|---|---|---|---|---|
| 1 | | | **컴퓨터 부품 A/S현황** | | | | | | | |
| 2 | | | | | | | | | | |
| 3 | 고객명 | 생년월일 | 성별 | 나이 | A/S지역 | A/S 회수 | A/S비율 | | | |
| 4 | 김성일 | 1985-03-04 | 남 | 21 | 서울 | 2 | 8.7% | | | 최고비율 |
| 5 | 이기택 | 1975-11-21 | 남 | 31 | 전남 | 4 | 17.4% | | | |
| 6 | 김선일 | 1977-04-05 | 남 | 29 | 부산 | 1 | 4.3% | | | |
| 7 | 박종성 | 1977-05-11 | 남 | 29 | 인천 | 2 | 8.7% | | | 서식 |
| 8 | 김진혁 | 1982-06-17 | 남 | 24 | 서울 | 1 | 4.3% | | | |
| 9 | 이성철 | 1968-10-04 | 남 | 38 | 경기 | 6 | 26.1% | | | |
| 10 | 신효정 | 1974-03-05 | 여 | 32 | 경기 | 4 | 17.4% | | | |
| 11 | 장효진 | 1984-05-11 | 여 | 22 | 인천 | 3 | 13.0% | | | |
| 12 | 한정화 | 1967-04-06 | 여 | 39 | 경기 | 0 | 0.0% | | | |
| 13 | | | 최고 A/S 비율 | | | | 26.1% | | | |

### 02 | 차트

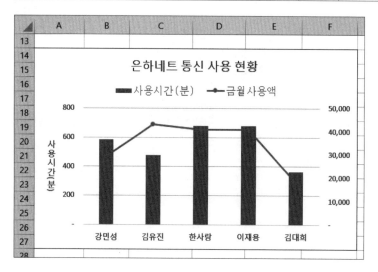

## 문제1 ○ 기본작업

### 1 자료 입력('기본작업-1' 시트)

주어진 대로 각 셀에 맞게 데이터를 입력합니다.

### 2 서식 설정('기본작업-2' 시트)

① [A1:H1] 영역을 범위 지정한 후 Ctrl + 1 키를 눌러 [셀 서식] 대화상자의 [맞춤] 탭에서 '선택 영역의 가운데로'를 설정합니다.

② [글꼴] 탭에서 '글꼴 : 휴먼옛체, 밑줄 : 이중 실선(회계용), 글꼴 스타일 : 굵게, 크기 : 17'을 설정한 후 [확인]을 클릭합니다.

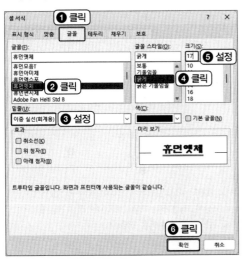

③ [A3:H3] 영역을 범위 지정한 후 [홈] 탭의 [글꼴] 그룹에서 '글꼴 : 굴림체, 크기 : 12, 글꼴 색 : 파랑, 채우기 색 : 노랑, 가로 : 가운데 맞춤'을 설정합니다.

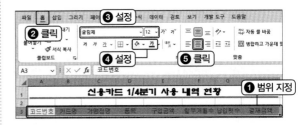

④ [A14:D14] 영역을 범위 지정한 후 [홈] 탭의 [맞춤] 그룹에서 '병합하고 가운데 맞춤(🔄)' 도구를 클릭합니다.

⑤ [D3] 셀을 더블 클릭한 후 '품목'을 드래그하여 범위 지정하고 한자 키를 누른 다음, [한글/한자 변환] 대화상자에서 '한자 선택'에 '品目'을 선택한 후 [변환]을 클릭합니다.

⑥ [E4:E14] 영역을 범위 지정한 후 Ctrl 키를 누른 채 [H4:H14] 영역을 추가 범위 지정하고 Ctrl + 1 키를 누릅니다. [표시 형식] 탭의 [사용자 지정]에서 '형식'에 『#,##0"원"』을 입력한 후 [확인]을 클릭합니다.

⑦ [A3:H14] 영역을 범위 지정하고 [홈] 탭-[글꼴] 그룹-[테두리]의 목록 단추를 클릭한 후 '모든 테두리(⊞)'를 선택합니다.

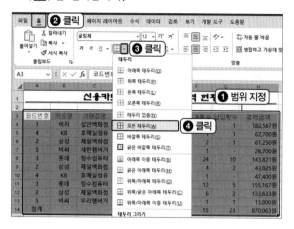

### 3 조건부 서식('기본작업-3' 시트)

① [A4:F12] 영역을 범위 지정한 후 [홈] 탭-[스타일] 그룹-[조건부 서식(▦)]-[새 규칙]을 클릭합니다.

② [새 서식 규칙] 대화상자에서 '수식을 사용하여 서식을 지정할 셀 결정'을 선택하고 입력창에 『=AND($A4="미국",$E4>=200000)』 수식을 입력한 후 [서식]을 클릭합니다.

③ [셀 서식] 대화상자에서 [글꼴] 탭에서 '색 : 표준색-파랑'을 설정한 후 [채우기] 탭에서 '배경 색 : 노랑'을 선택하고 [확인]을 클릭합니다. [새 서식 규칙] 대화상자에서 수식과 서식을 확인한 후 [확인]을 클릭합니다.

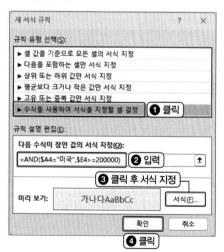

### 문제2 ◈ 계산작업('계산작업' 시트)

### 1 대출금리[C3:C8]

[C3] 셀에 『=VLOOKUP(MID(A3,5,1),$A$10:$C$15,2,FALSE)』를 입력하고 [C8] 셀까지 수식을 복사합니다.

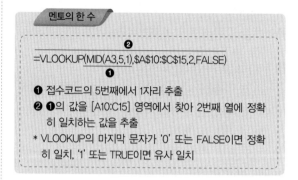

**멘토의 한 수**

$$=VLOOKUP(MID(A3,5,1),\$A\$10:\$C\$15,2,FALSE)$$

❶ 접수코드의 5번째에서 1자리 추출
❷ ❶의 값을 [A10:C15] 영역에서 찾아 2번째 열에 정확히 일치하는 값을 추출
* VLOOKUP의 마지막 문자가 '0' 또는 FALSE이면 정확히 일치, '1' 또는 TRUE이면 유사 일치

### 2 수험서의 최대와 최소 값의 차[H14]

[H14] 셀에 『=DMAX(E2:I11,I2,F2:F3)-DMIN(E2:I11,I2,F2:F3)』 수식을 입력합니다.

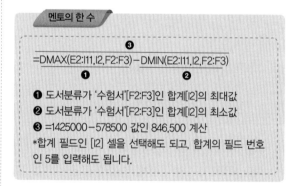

**멘토의 한 수**

$$=DMAX(E2:I11,I2,F2:F3)-DMIN(E2:I11,I2,F2:F3)$$

❶ 도서분류가 '수험서'[F2:F3]인 합계[I2]의 최대값
❷ 도서분류가 '수험서'[F2:F3]인 합계[I2]의 최소값
❸ =1425000-578500 값인 846,500 계산
*합계 필드인 [I2] 셀을 선택해도 되고, 합계의 필드 번호인 5를 입력해도 됩니다.

### 3 도서수[C31]

[C31] 셀에 『=COUNTIF(A19:A29,"B002")+COUNTIF(A19:A29,"B004")&"권"』 수식을 입력합니다.

**멘토의 한 수**

$$=COUNTIF(A19:A29,"B002")+COUNTIF(A19:A29,"B004")\&"권"$$

❶ 도서코드[A19:A29] 범위에서 'B002'의 개수 3을 계산
❷ 도서코드[A19:A29] 범위에서 'B004'의 개수 1을 계산
❸ =3+1&"권"의 값인 4권을 계산

### 4 신한상사 평균금액[F32]

[F32] 셀에 『=AVERAGEIF(F19:F30,"신한상사", I19:I30)』 수식을 입력합니다.

**멘토의 한 수**

=AVERAGEIF(F19:F30,"신한상사",I19:I30)
　　　　　　　　　　　❶

❶ 거래처[F19:F30]에서 '신한상사'에 대한 금액[I19:I30]의 평균을 계산

### 5 평가[E35:E40]

[E36] 셀에 『=IF(AND(COUNTIF(B35:C35,">=40") =2,D35>=60),"합격","불합격")』을 입력하고 [E40] 셀까지 수식을 복사합니다.

**멘토의 한 수**

　　　　　❶　　　　　　　　　❷
=IF(AND(COUNTIF(B35:C35,">=40")=2,D35>=60),"합격", "불합격")
　　　　　　　　　　❸

❶ 계획서와 작품성[B35:C35]의 점수가 40점 이상이 2개인지 확인
❷ 평점[D35]이 60점 이상이 맞는지
❸ ❶, ❷의 조건을 모두 만족하면 "합격", 그렇지 않으면 "불합격" 출력

### 문제3 ○ 분석작업

### 1 부분합('분석작업-1' 시트)

① [B3] 셀을 선택한 후 [데이터] 탭-[정렬 및 필터] 그룹에서 '텍스트 오름차순 정렬(⬇)' 도구를 클릭합니다.

② [데이터] 탭-[개요] 그룹-[부분합(▦)]을 클릭합니다.

③ [부분합] 대화상자에서 '그룹화할 항목'에 '지점명', '사용할 함수'에 '합계'를 지정하고, '부분합 계산 항목'에 '판매수량', '판매금액', '이익금액'을 체크한 후 [확인]을 클릭합니다.

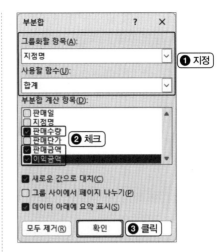

④ 다시 [데이터] 탭-[개요] 그룹-[부분합(▦)]을 클릭합니다.

⑤ [부분합] 대화상자에서 '사용할 함수'에 '평균'을 지정한 후 '부분합 계산 항목'에 '판매단가'를 체크하고, '새로운 값으로 대치'에 체크를 해제한 후 [확인]을 클릭합니다.

⑥ [A3:F25] 영역을 범위 지정하고 [홈] 탭-[스타일] 그룹-[표 서식]을 클릭한 후 '밝게'에서 '연한 파랑, 표 스타일 밝게 16'을 선택합니다.

### 2 피벗 테이블('분석작업-2' 시트)

① [A2:H11] 영역을 범위 지정한 후 [삽입] 탭-[표] 그룹-[피벗 테이블(📊)]을 클릭합니다.

② '보고서를 넣을 위치 선택에서 기존 워크시트, 위치 : A15'를 설정한 후 [확인]을 클릭합니다.

③ '성명' 필드는 '필터'에, '부서명' 필드는 '행'에, '직위' 필드는 '열'에, '기본급'과 '성과금' 필드는 'Σ 값' 레이블에 각각 드래그하여 이동합니다.

④ Σ 영역 값에 [합계 : 기본급]을 클릭한 후 [값 필드 설정]을 선택하고 [값 필드 설정] 대화상자에서 [평균]을 더블 클릭합니다.

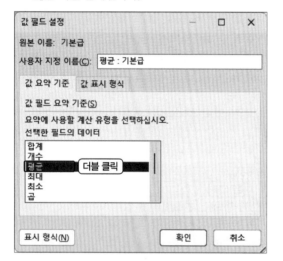

⑤ 같은 방법으로 '성과금'도 평균으로 수정한 후 열 영역의 'Σ 값'을 '행' 레이블로 이동합니다.

⑥ 피벗 테이블 안에서 마우스 오른쪽 버튼을 클릭한 후 [피벗 테이블 옵션]을 선택하고 [피벗 테이블 옵션] 대화상자에서 빈 셀 표시에 『**』을 입력한 후 [확인]을 클릭합니다.

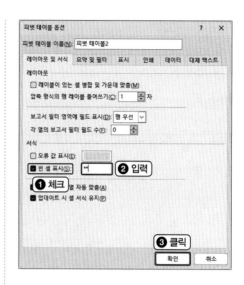

⑦ 피벗 테이블의 [평균 : 기본급] 필드를 더블 클릭한 후 [값 필드 설정] 대화상자에서 [표시 형식]을 클릭합니다.

⑧ [셀 서식] 대화상자에서 '범주'에 '숫자'를 선택한 후 '1,000 단위 구분 기호(,) 사용'에 체크하고 [확인]을 클릭한 후 [값 필드 설정] 대화상자에서 [확인]을 클릭합니다. 같은 방법으로 '성과금' 필드도 지정합니다.

⑨ '성명' 필드의 목록 단추를 클릭한 후 '여러 항목 선택'을 체크하고 '모두'의 체크를 해제한 후 '김은태', '박은별', '편은미'만 체크하고 [확인]을 클릭합니다.

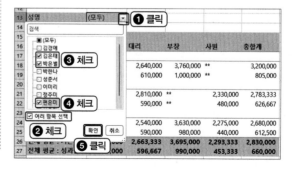

⑩ 피벗 테이블을 선택하고 [디자인] 탭-[피벗 테이블
스타일] 그룹에서 '자세히(⊽)' 목록 단추'를 클릭한
후 '연한 파랑, 피벗 스타일 보통 9'를 선택하여 지정
합니다.

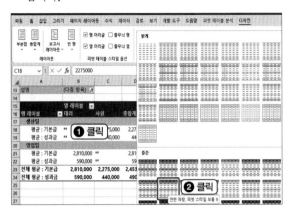

⑪ 피벗 테이블의 [C18] 셀을 더블 클릭하면 생산팀의
사원이 새 시트에 추출됩니다.

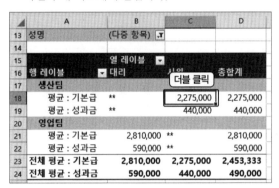

⑫ 생성된 시트명을 더블 클릭한 후 『생산팀 사원의 급
여 현황』을 입력하여 시트명을 수정합니다.

---

**문제4 ◦ 기타작업**

**1 매크로 작성('매크로작업' 시트)**

① [개발 도구] 탭-[코드] 그룹-[매크로 기록( 🔲 )] 도
구를 클릭한 후 [매크로 기록] 대화상자의 '매크로 이
름'에 『최고비율』을 입력하고 [확인]을 클릭합니다.

② [G13] 셀을 선택한 후 [수식] 탭-[함수 라이브러리]
그룹에서 '자동합계' 목록 단추를 클릭하고 [최대값]
을 선택하여 계산한 후 Enter 키를 누릅니다.

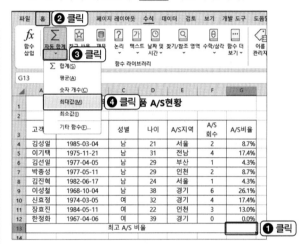

③ [개발 도구] 탭-[코드] 그룹-[기록 중지(□)] 도구
를 클릭하여 매크로를 중지합니다.

④ [개발 도구] 탭-[컨트롤] 그룹-[삽입]-[양식 컨트
롤]-[단추(□)]를 클릭합니다.

⑤ Alt 키를 누르면서 [I4:J5] 영역에 드래그합니다.

⑥ [매크로 지정] 대화상자에서 '최고비율'을 선택하고
[확인]을 클릭합니다.

⑦ 삽입된 단추의 텍스트를 "최고비율"로 수정합니다.

⑧ '서식' 매크로를 작성하기 위해 다시 [개발 도구] 탭-[코드] 그룹-[매크로 기록(📷)]을 클릭한 후 [매크로 기록] 대화상자의 '매크로 이름'에 『서식』을 입력하고 [확인]을 클릭합니다.

⑨ [A3:G3] 영역을 범위 지정한 후 [홈] 탭-[글꼴] 그룹의 도구 모음에서 '글꼴 스타일 : 굵게, 채우기 색 : 표준 색-노랑'을 설정합니다.

⑩ 지정된 영역을 해제한 후 [개발 도구] 탭-[코드] 그룹-[기록 중지(□)]를 클릭하여 매크로를 중지합니다.

⑪ [삽입] 탭-[일러스트레이션] 그룹-[도형]의 '사각형'에서 '사각형: 둥근 모서리(▢)' 도형을 선택하고 Alt 키를 누르면서 [I7:J8] 영역에 드래그하여 위치시킨 후 도형에 『서식』을 입력합니다.

⑫ 도형에서 마우스 오른쪽 버튼을 클릭한 후 [매크로 지정]을 선택하고, [매크로 지정] 대화상자에서 '서식'을 선택한 후 [확인]을 클릭합니다.

## ② 차트 작성('차트작업' 시트)

① 차트 영역을 선택한 후 [차트 필터(▽)]를 클릭하고 범주에 '김정훈', '김호진', '이택현', '김희연'의 체크를 해제한 후 [적용]을 클릭합니다.

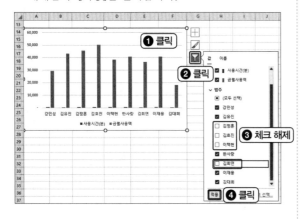

② '금월사용액' 계열에서 마우스 오른쪽 버튼을 클릭한 후 [계열 차트 종류 변경(📊)]을 선택합니다.

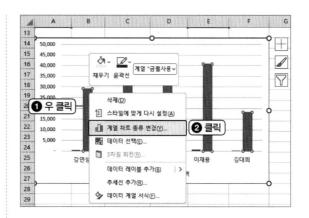

③ [차트 종류 변경] 대화상자의 [모든 차트] 탭의 혼합(📊)'에서 '금월사용액' 차트 종류를 '표식이 있는 꺾은선형'을 선택하고 '보조 축'에 체크한 후 [확인]을 클릭합니다.

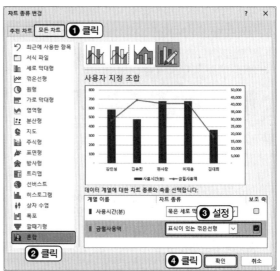

④ 차트 영역을 선택한 후 [차트 요소(⊞)]를 클릭하고, '차트 제목'에 체크한 후 차트 제목에 『은하네트 통신 사용 현황』을 입력합니다.

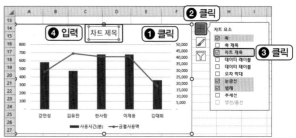

※ [차트 디자인] 탭–[차트 레이아웃] 그룹–[차트 요소 추가(🗠)]–[차트 제목]–[차트 위(🗠)]를 선택하여 차트 제목을 추가할 수도 있습니다.

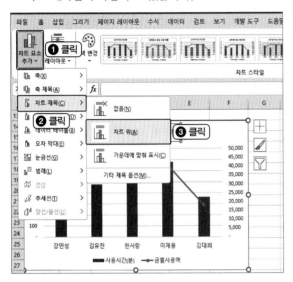

⑤ 차트 영역을 선택한 후 [차트 요소(➕)]를 클릭하고, [축 제목 ▶]–[기본 세로]를 체크한 후 축 제목에 『사용시간(분)』을 입력합니다.

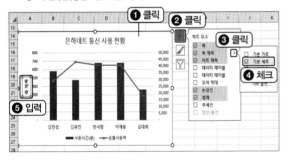

⑥ 축 제목 '사용시간(분)'을 선택하고 마우스 오른쪽 버튼을 클릭한 후 [축 제목 서식]을 선택하고 '크기 및 속성(🗠)'에서 '텍스트 방향 : 세로'로 설정합니다.

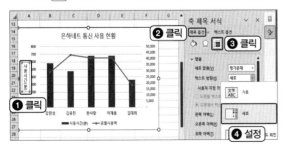

⑦ 기본 세로 (값) 축을 선택한 후 [축 서식]의 '축 옵션(🗠)'에서 '단위'의 '기본'에 『200』을 입력합니다.

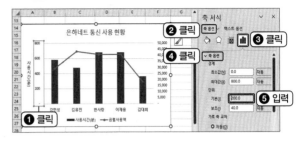

⑧ 같은 방법으로 보조 세로 (값) 축의 '단위'의 '기본'에 『10,000』을 입력합니다.

⑨ 범례를 선택한 후 [홈] 탭–[글꼴] 그룹에서 '글꼴 : 바탕체, 글꼴 크기 : 12'로 지정하고 [범례 서식] 창의 '범례 옵션(🗠)'에서 '위쪽'을 선택합니다.

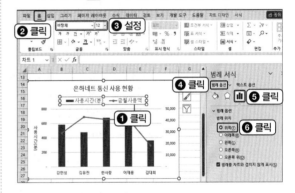

※ 차트 요소(➕)를 클릭한 후 '범례 ▶ 위쪽'을 선택하여 범례의 위치를 변경할 수도 있습니다.

• 국가기술자격검정 •

# 기출유형 모의고사

무료 동영상

| 프로그램명 | 제한시간 |
|---|---|
| EXCEL 2021 | 40분 |

수험번호 :

성   명 :

## 2급 · A형

### 유의사항

- 인적 사항 누락 및 잘못 작성으로 인한 불이익은 수험자 책임으로 합니다.
- 화면에 암호 입력창이 나타나면 아래의 암호를 입력합니다.
  - 암호 : 89856&
- 작성된 답안은 주어진 경로 및 파일명을 변경하지 마시고 그대로 저장해야 합니다.
  이를 준수하지 않으면 실격 처리됩니다.
  - 답안 파일명의 예: C:\OA\수험번호8자리.xlsm
- 외부 데이터 위치: C:\OA\파일명
- 별도의 지시사항이 없는 경우, 다음과 같이 처리 시 실격 처리됩니다.
  - 제시된 시트 및 개체의 순서나 이름을 임의로 변경한 경우
  - 제시된 시트 및 개체를 임의로 추가 또는 삭제한 경우
  - 외부 데이터를 시험 시작 전에 열어본 경우
- 답안은 반드시 문제에서 지시 또는 요구한 셀에 입력하여야 하며 다음과 같이 처리 시 채점 대상에서 제외됩니다.
  - 제시된 함수가 있을 경우 제시된 함수만을 사용하여야 하며 그 외 함수 사용 시 채점대상에서 제외
  - 수험자가 임의로 지시하지 않은 셀의 이동, 수정, 삭제, 변경 등으로 인해 셀의 위치 및 내용이 변경된 경우 해당 작업에 영향을 미치는 관련 문제 모두 채점 대상에서 제외
  - 도형 및 차트의 개체가 중첩되어 있거나 동일한 계산결과 시트가 복수로 존재할 경우 해당 개체 나 시트는 채점 대상에서 제외
- 수식 작성 시 제시된 문제 파일의 데이터는 변경 가능한(가변적) 데이터임을 감안하여 문제 풀이를 하시오.
- 별도의 지시사항이 없는 경우, 주어진 각 시트 및 개체의 설정값 또는 기본 설정값(Default)으로 처리하시오.
- 저장 시간은 별도로 주어지지 않으므로 제한된 시간 내에 저장을 완료해야 하며, 제한 시간 내에 저장이 되지 않은 경우에는 실격 처리됩니다.
- 출제된 문제의 용어는 Microsoft Office 2021(LTSC 2108 버전)으로 작성되어 있습니다.

## 대한상공회의소

◉ 예제 파일 : 컴활2급₩5.모의고사₩기출유형모의고사3(문제).xlsm
◎ 결과 파일 : 컴활2급₩5.모의고사₩기출유형모의고사3(정답).xlsm

**문제 1** 기본작업(20점) • 주어진 시트에 대하여 다음 작업을 수행하고 저장하시오.

## 01 '기본작업-1' 시트에 다음의 자료를 주어진 대로 입력하시오. (5점)

| | A | B | C | D | E | F |
|---|---|---|---|---|---|---|
| 1 | VIP 헬스 클럽 회원명단 | | | | | |
| 2 | | | | | | |
| 3 | 회원코드 | 회원명 | 수강종목1 | 수강종목2 | 회원구분 | 회비 |
| 4 | HS-0901 | 김일권 | 헬스 | 수영 | 정회원 | 80000 |
| 5 | SW0930 | 손희영 | 스쿼시 | 수영 | 준회원 | 90000 |
| 6 | HQ-1020 | 류성은 | 헬스 | 스쿼시 | 정회원 | 80000 |
| 7 | GH-0512 | 최윤석 | 골프 | 헬스 | 정회원 | 110000 |
| 8 | WG-1031 | 장경두 | 수영 | 골프 | 정회원 | 100000 |
| 9 | HQ-0915 | 이찬우 | 헬스 | 스쿼시 | 준회원 | 80000 |
| 10 | QH-0514 | 박윤정 | 스쿼시 | 헬스 | 준회원 | 90000 |
| 11 | HQ-0911 | 김아름 | 골프 | 스쿼시 | 준회원 | 90000 |

## 02 '기본작업-2' 시트에 대하여 다음의 지시사항을 처리하시오. (각 2점)

① [A1:H1] 영역은 '병합하고 가운데 맞춤', 글꼴 '궁서체', 크기 '16', 글꼴 스타일 '굵게', '기울임꼴'로 지정하고, '직업연수 능력 평가서' 제목 앞뒤에 특수문자 '◈'를 삽입하시오.

② [A3:H3] 영역은 '셀에 맞춤', '가로 가운데 맞춤'으로 지정하고, 채우기 색은 '노랑'으로 채우시오.

③ [H4] 셀에 "출석 우수자"라는 메모를 삽입한 후 '자동 크기'로 지정하고, 항상 표시되도록 하시오.

④ [F4:F13] 영역은 사용자 지정 서식을 이용하여 숫자 뒤에 "년"을 표시하고, [G4:G13] 영역의 '취득' 문자열 앞뒤에 괄호를 넣어 표시하시오.

  ▶ 표시 예 : 2 → 2년, 0 → 0년

  ▶ 표시 예 : 취득 → (취득)

⑤ [A3:H13] 영역에 '모든 테두리(⊞)'와 '굵은 바깥쪽 테두리(⊡)'를 적용하여 표시하시오.

## 03 '기본작업-3' 시트에 대하여 다음의 지시사항을 처리하시오. (5점)

'상반기 자동차 판매현황' 표에서 '부서명'이 '영업2팀'이거나, '판매금액'이 500,000,000 이상인 데이터 값을 고급 필터를 사용하여 검색하시오.

▶ 고급 필터 조건은 [A14:G16] 범위 내에 알맞게 입력하시오.

▶ 고급 필터 결과 복사 위치는 동일 시트의 [A18] 셀에서 시작하시오.

**문제 2** 계산작업(40점) · '계산작업' 시트에서 다음의 과정을 수행하고 저장하시오.

**01** [표1]에서 주민등록번호[C3:C8]를 이용하여 성별[D3:D8]을 표시하시오. (8점)

▶ 주민등록번호의 앞에서 여덟 번째 숫자가 '1' 또는 '3'이면 '남자', '2' 또는 '4'이면 '여자'로 표시

▶ IF, OR, MID 함수 사용

**02** [표2]에서 상품명[H3:H9]과 상품가격표[H12:K14]를 이용하여 판매금액[K3:K9]을 구하시오. (8점)

▶ 판매금액=판매수량×판매가격

▶ INDEX, HLOOKUP, VLOOKUP 중 알맞은 함수를 선택하여 사용

**03** [표3]에서 전산[B13:B19]과 컴활[C13:C19]이 70점 이상이고 평균[D13:D19]이 80점 이상이면 '진급'을, 아니면 공백을 판정[E13:E19]에 표시하시오. (8점)

▶ IF, AND 함수 사용

**04** [표4]에서 부서가 영업1부의 사원 중 상품명이 전자렌지인 상품의 최고 판매량과 최저 판매량의 평균값을 구하여 [C34] 셀에 표시하시오. (8점)

▶ 조건은 표에서 찾으시오.

▶ AVERAGE, DMAX, DMIN 함수 사용

**05** [표5]에서 점수[I18:I25]가 전체 점수 평균 이상인 셀의 개수를 구하여 뒤에 '명'이 나타나도록 평균이상 인원수[J18]를 표시하시오. (8점)

▶ 표시 예 : 2명

▶ COUNTIF, AVERAGE 함수와 & 연산자 사용

**문제 3** 분석작업(20점) · 주어진 시트에서 다음 작업을 수행하고 저장하시오.

**01** '분석작업-1' 시트에 대하여 다음의 지시사항을 처리하시오. (10점)

'차량 구매 할부금 납입표'는 할부원금[B6], 이율(년)[B7], 납입기간(월)[B8]을 이용하여 월납입액[B9]을 계산한 것이다. [데이터 표] 기능을 이용하여 이율(년)과 납입기간(월)의 변동에 따른 월납입액의 변화를 [D13:I21] 영역에 계산하시오.

**02** '분석작업-2' 시트에 대하여 다음의 지시사항을 처리하시오. (10점)

데이터 도구 [통합] 기능을 이용하여 [표1], [표2], [표3]에 대하여 '에어컨'으로 끝난 품명, '선풍기'로 끝난 품명의 '입고', '재고', '총계'의 합계를 [표4] 제품 입고 상황(1/4분기 월 총합계)[G14:J16]에 계산하시오.

**01** '매크로작업' 시트에서 다음과 같은 기능을 수행하는 매크로를 현재 통합 문서에 작성하고 실행하시오. (각 5점)

① 금액 [F4:F13] 영역에 '할인액'을 계산하는 매크로를 생성하여 실행하시오.

▶ 매크로 이름 : 할인액 ▶ 할인액 = 단가×수량×할인율

▶ [도형]−[기본 도형]의 '사각형: 빗면(▱)'을 동일 시트의 [H4:I6] 영역에 생성한 후 텍스트를 "할인액"으로 입력합니다. 텍스트 맞춤을 가로 '가운데', 세로 '가운데'로 설정하고, 도형을 클릭할 때 '할인액' 매크로가 실행되도록 설정하시오.

② 단가 [D4:D13] 영역에 대하여 통화 스타일(₩)로 표시하는 매크로를 생성하여 실행하시오.

▶ 매크로 이름 : 서식

▶ [도형]−[기본 도형]의 '배지(⬡)'를 동일 시트의 [H8:I10] 영역에 생성한 후 텍스트를 "서식"으로 입력하고, 텍스트 맞춤을 가로 '가운데', 세로 '가운데'로 설정하고, 도형을 클릭할 때 '서식' 매크로가 실행되도록 설정하시오.

※ 셀 포인터의 위치에 상관없이 현재 통합 문서에서 매크로가 실행되어야 정답으로 인정됨.

**02** '차트작업' 시트의 차트를 지시사항에 따라 아래 그림과 같이 수정하시오. (각 2점)

※ 차트는 반드시 문제에서 제공한 차트를 사용하여야 하며, 신규로 작성 시 0점 처리됨.

① '금액' 계열은 차트에 나타나지 않도록 설정하시오.

② '단가' 계열의 차트 종류를 '표식이 있는 꺾은선'으로 변경하고, '보조 축'으로 지정하시오.

③ 차트 제목을 그림과 같이 입력하고, 표식이 있는 꺾은선의 유형을 완만한 선으로 지정하시오.

④ 범례의 위치를 위쪽으로 배치하고 글꼴 '굴림체', 크기 '12'로 지정하시오.

⑤ 차트 영역의 테두리 스타일은 '너비(2pt)'와 '둥근 모서리'로 지정하시오.

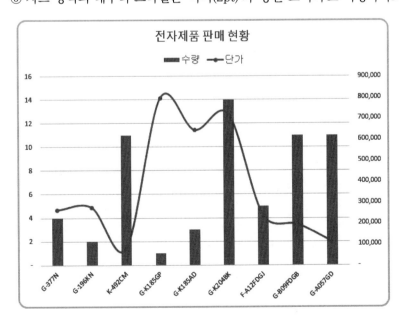

## 1 기본작업

### 02 | 서식 설정

| | A | B | C | D | E | F | G | H | I |
|---|---|---|---|---|---|---|---|---|---|
| 1 | | | | *◈직업연수 능력 평가서◈* | | | | | |
| 2 | | | | | | | | | |
| 3 | 사원번호 | 사원명 | 직책 | 부서명 | 학력 | 경력 | 자격증취득 여부 | 출석률 | 출석 우수자 |
| 4 | 201106 | 류시영 | 대리 | 총무과 | 대졸 | 2년 | (취득) | 100% | |
| 5 | 201109 | 박상혁 | 사원 | 총무과 | 고졸 | 4년 | (취득) | 45% | |
| 6 | 201108 | 박성원 | 대리 | 영업1부 | 대졸 | 5년 | | 25% | |
| 7 | 201105 | 성재경 | 사장 | 기획실 | 대학원졸 | 10년 | (취득) | 85% | |
| 8 | 201104 | 손영대 | 부장 | 영업부 | 대졸 | 2년 | | 65% | |
| 9 | 201103 | 송찬섭 | 과장 | 총무과 | 대졸 | 5년 | (취득) | 85% | |
| 10 | 201107 | 오경은 | 대리 | 총무과 | 대졸 | 3년 | | 98% | |
| 11 | 201111 | 임정일 | 사원 | 영업1부 | 대졸 | 4년 | (취득) | 89% | |
| 12 | 201110 | 최원영 | 사원 | 총무과 | 고졸 | 5년 | | 99% | |
| 13 | 201102 | 홍순권 | 상무 | 기획실 | 대졸 | 15년 | (취득) | 80% | |

### 03 | 고급 필터

| | A | B | C | D | E | F | G |
|---|---|---|---|---|---|---|---|
| 13 | | | | | | | |
| 14 | 부서명 | 판매금액 | | | | | |
| 15 | 영업2팀 | | | | | | |
| 16 | | >=500000000 | | | | | |
| 17 | | | | | | | |
| 18 | 사원번호 | 사원명 | 부서명 | 소형차 | 중형차 | 대형차 | 판매금액 |
| 19 | SA104 | 이일영 | 영업2팀 | 16 | 9 | 9 | 510,750,000 |
| 20 | SA105 | 김아름 | 영업2팀 | 8 | 15 | 1 | 298,950,000 |
| 21 | SA103 | 김정호 | 영업2팀 | 16 | 7 | 8 | 446,700,000 |
| 22 | SA106 | 최윤일 | 영업2팀 | 10 | 21 | 5 | 533,550,000 |

## 2 계산작업

1. =IF(OR(MID(C3,8,1)="1",MID(C3,8,1)="3"),"남자","여자")

2. =J3*HLOOKUP(H3,$H$12:$K$14,3,FALSE)

3. =IF(AND(B13>=70,C13>=70,D13>=80),"진급","")

4. =AVERAGEA(DMAX(A23:D31,D23,B23:C24),DMIN(A23:D31,D23,B23:C24))

5. =COUNTIF(I18:I25,">="&AVERAGE($I$18:$I$25))&"명"

## [표1] 도서관 회원 현황

| 이름 | 주소 | 주민등록번호 | 성별 |
|---|---|---|---|
| 김하늘 | 수정구 | 991205-1****** | 남자 |
| 이아람 | 분당구 | 010524-4****** | 여자 |
| 김샛별 | 중원구 | 001109-4****** | 여자 |
| 한우리 | 수정구 | 980125-2****** | 여자 |
| 이용훈 | 분당구 | 020912-3****** | 남자 |
| 서희영 | 중원구 | 970215-1****** | 남자 |

## [표2] 가전제품 판매 현황 분석

| 상품코드 | 상품명 | 대리점 | 판매수량 | 판매금액 |
|---|---|---|---|---|
| R-K204BK | 식기세척기 | 분당점 | 2 | 500,000 |
| F-Z12FKGC | 식기세척기 | 분당점 | 4 | 1,000,000 |
| R-Z057GK | 빨래건조기 | 잠실점 | 5 | 750,000 |
| R-Z102GK | 빨래건조기 | 신촌점 | 2 | 300,000 |
| R-S684CBC | 빨래건조기 | 잠실점 | 3 | 450,000 |
| R-B09FKGB | 로봇청소기 | 홍대점 | 10 | 1,700,000 |
| R-S683CBC | 로봇청소기 | 방배점 | 2 | 340,000 |

## [표3] 진급 테스트 평가

| 이름 | 전산 | 컴활 | 평균 | 판정 |
|---|---|---|---|---|
| 이일두 | 90 | 77 | 83.5 | 진급 |
| 곽종호 | 67 | 80 | 73.5 | |
| 곽종호 | 54 | 98 | 76 | |
| 노병환 | 68 | 56 | 62 | |
| 우영식 | 45 | 67 | 56 | |
| 조원섭 | 80 | 88 | 84 | 진급 |
| 박비랑 | 90 | 45 | 67.5 | |

## 상품가격표

| 상품명 | 식기세척기 | 빨래건조기 | 로봇청소기 |
|---|---|---|---|
| 공장도가격 | 175,000 | 105,000 | 119,000 |
| 판매가격 | 250,000 | 150,000 | 170,000 |

## [표5] 성적현황

| 성명 | 성별 | 점수 | 평균이상 인원수 |
|---|---|---|---|
| 이하늘 | 여 | 78 | 4명 |
| 최창현 | 남 | 87 | |
| 김상호 | 남 | 79 | |
| 김동식 | 남 | 75 | |
| 황복단 | 여 | 98 | |
| 고의곤 | 남 | 55 | |
| 김보연 | 여 | 85 | |
| 한병전 | 남 | 89 | |

## [표4] 부서별판매량

| 사원명 | 부서 | 상품명 | 판매량 |
|---|---|---|---|
| 김이자 | 영업1부 | 전자레인지 | 95 |
| 곽도식 | 영업2부 | 냉장고 | 85 |
| 김종현 | 영업1부 | 냉장고 | 88 |
| 이병철 | 영업1부 | 전자레인지 | 54 |
| 김영식 | 영업2부 | 냉장고 | 57 |
| 이원섭 | 영업1부 | 전자레인지 | 89 |
| 박아람 | 영업2부 | 냉장고 | 97 |
| 강정민 | 영업1부 | 전자레인지 | 77 |
| | | 최대값과 최소값의 평균 | 74.5 |

# 3 분석작업

## 01 | 데이터 표

### 차량 구매 할부금 납입표

| 차량총금액 | ₩ 30,000,000 |
|---|---|
| 계약금 | ₩ 3,000,000 |
| 인도금 | ₩ 10,000,000 |
| 할부원금 | ₩ 17,000,000 |
| 이율(년) | 5.0% |
| 납입기간(월) | 36 |
| 월납입액 | ₩ 509,505 |

| | | ₩509,505 | 30 | 36 | 42 | 48 | 54 | 60 |
|---|---|---|---|---|---|---|---|---|
| | | 3.0% | ₩ 588,890 | ₩ 494,381 | ₩ 426,889 | ₩ 376,284 | ₩ 336,936 | ₩ 305,468 |
| | | 3.5% | ₩ 592,645 | ₩ 498,135 | ₩ 430,649 | ₩ 380,052 | ₩ 340,715 | ₩ 309,260 |
| | | 4.0% | ₩ 596,415 | ₩ 501,908 | ₩ 434,429 | ₩ 383,844 | ₩ 344,521 | ₩ 313,081 |
| 이 | 4.5% | ₩ 600,200 | ₩ 505,698 | ₩ 438,230 | ₩ 387,659 | ₩ 348,353 | ₩ 316,931 |
| 율 | 5.0% | ₩ 603,999 | ₩ 509,505 | ₩ 442,052 | ₩ 391,498 | ₩ 352,211 | ₩ 320,811 |
| (년) | 5.5% | ₩ 607,813 | ₩ 513,330 | ₩ 445,893 | ₩ 395,360 | ₩ 356,096 | ₩ 324,720 |
| | 6.0% | ₩ 611,642 | ₩ 517,173 | ₩ 449,756 | ₩ 399,245 | ₩ 360,007 | ₩ 328,658 |
| | 6.5% | ₩ 615,485 | ₩ 521,033 | ₩ 453,638 | ₩ 403,154 | ₩ 363,944 | ₩ 332,625 |
| | 7.0% | ₩ 619,342 | ₩ 524,911 | ₩ 457,541 | ₩ 407,086 | ₩ 367,907 | ₩ 336,620 |

納입기간(월) 헤더는 30~60 열에 걸쳐 있음

## 02 | 데이터 통합

| | [표1] 제품 입고 상황(1월) | | | | | [표2] 제품 입고 상황(2월) | | |
|---|---|---|---|---|---|---|---|---|
| 품명 | 입고 | 재고 | 총계 | | 품명 | 입고 | 재고 | 총계 |
| 스텐드에어컨 | 2,490 | 290 | 2,780 | | 스텐드에어컨 | 1,002 | 5,496 | 6,498 |
| 롱 룸미러 | 8,857 | 1,258 | 10,115 | | 벽걸이에어컨 | 690 | 6,599 | 7,289 |
| 벽걸이에어컨 | 9,919 | 551 | 10,470 | | 유선선풍기 | 410 | 8,768 | 9,178 |
| 유선선풍기 | 141 | 20 | 161 | | 무선선풍기 | 141 | 40 | 181 |
| 무선선풍기 | 338 | 12 | 350 | | 롱 룸미러 | 214 | 366 | 580 |
| 롱 룸미러 | 182 | 46 | 228 | | 시트커버 | 123 | 6,600 | 6,723 |
| 시트커버 | 5,601 | 12 | 5,613 | | 마작시트 | 168 | 721 | 889 |

| | [표3] 제품 입고 상황(3월) | | | | | [표4] 제품 입고 상황(1/4분기 월 중합계) | | |
|---|---|---|---|---|---|---|---|---|
| 품명 | 입고 | 재고 | 총계 | | 품명 | 입고 | 재고 | 총계 |
| 스텐드에어컨 | 6,908 | 879 | 7,787 | | *에어컨 | 27,806 | 14,813 | 42,619 |
| 롱 룸미러 | 9,980 | 141 | 10,121 | | *선풍기 | 3,077 | 9,021 | 12,098 |
| 벽걸이에어컨 | 6,797 | 998 | 7,795 | | | | | |
| 유선선풍기 | 686 | 83 | 769 | | | | | |
| 무선선풍기 | 1,361 | 98 | 1,459 | | | | | |
| 롱 룸미러 | 2,501 | 12 | 2,513 | | | | | |
| 시트커버 | 3,342 | 140 | 3,482 | | | | | |

## 4 기타작업

### 01 | 매크로

| | 품목별 할인 금액 | | | | |
|---|---|---|---|---|---|
| 거래지역 | 담당자 | 품목코드 | 단가 | 수량 | 할인액 |
| 서울 | 이진석 | TVA-003 | ₩3,500,000 | 40 | 21,000,000 |
| 부산 | 이재원 | TVB-005 | ₩3,800,000 | 20 | 11,400,000 |
| 경기 | 장선경 | TVA-002 | ₩1,800,000 | 10 | 2,700,000 |
| 서울 | 황현정 | TVA-007 | ₩3,900,000 | 65 | 38,025,000 |
| 부산 | 최선희 | TVA-005 | ₩3,800,000 | 30 | 17,100,000 |
| 서울 | 강승희 | TVA-001 | ₩2,500,000 | 15 | 5,625,000 |
| 경기 | 이명희 | TVB-001 | ₩2,500,000 | 45 | 16,875,000 |
| 대전 | 박정아 | TVA-004 | ₩4,200,000 | 40 | 25,200,000 |
| 경기 | 소홍섭 | TVB-002 | ₩1,800,000 | 20 | 5,400,000 |
| 대전 | 양해준 | TVB-004 | ₩4,200,000 | 10 | 6,300,000 |
| 할인율 | 15% | | | | |

할인액

서식

### 02 | 차트

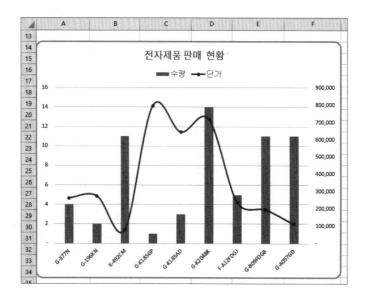

전자제품 판매 현황
수량 단가

**문제1 ○ 기본작업**

**1 자료 입력('기본작업-1' 시트)**

주어진 대로 각 셀에 맞게 데이터를 입력합니다.

**2 서식 설정('기본작업-2' 시트)**

① [A1:H1] 영역을 범위 지정하고 [홈] 탭–[맞춤] 그룹에서 '병합하고 가운데 맞춤( )'을 클릭한 후, [글꼴] 그룹에서 글꼴 '궁서체', 글꼴 크기 '16', 글꼴 스타일 '굵게', '기울임꼴'을 선택합니다.

② [A1] 셀의 '직'자 앞에서 더블 클릭하여 『ㅁ』을 입력한 후 한자 키를 누른 다음 Tab 키를 눌러 보기 변경한 후 '◈'를 클릭하여 입력합니다. 같은 방법으로 '서' 뒤에서 더블 클릭하여 커서를 두고 '◈'를 입력합니다.

③ [A3:H3] 영역을 범위 지정한 후 Ctrl + 1 키를 눌러 [맞춤] 탭에서 가로 '가운데'를 지정하고, '셀에 맞춤'을 체크한 후, [채우기] 탭에서 '배경색'을 '노랑'으로 지정하고 [확인]을 클릭합니다.

④ [H4] 셀에서 마우스 오른쪽 버튼을 클릭한 후 [메모 삽입]을 클릭하고 메모에 입력된 기존 사용자 이름을 지운 다음 『출석 우수자』를 입력합니다.

⑤ [H4] 셀에서 마우스 오른쪽 버튼을 누른 후 [메모 표시/숨기기]를 클릭합니다.

⑥ 메모 상자의 경계라인에서 마우스 오른쪽 버튼을 클릭한 후 [메모 서식]을 클릭합니다.

⑦ [메모 서식] 대화상자의 [맞춤] 탭에서 '자동 크기'에 체크한 후 [확인]을 클릭합니다.

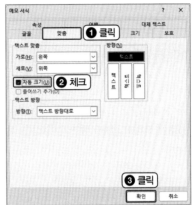

⑧ [F4:F13] 영역을 범위 지정한 후 Ctrl + 1 키를 눌러 [표시 형식] 탭의 [사용자 지정]에서 '형식'에 『0"년"』을 입력한 후 [확인]을 클릭합니다.

⑨ [G4:G13] 영역을 범위 지정한 후 Ctrl + 1 키를 눌러 [표시 형식] 탭의 [사용자 지정]에서 '형식'에 『"("@")"』를 입력하고 [확인]을 클릭합니다.

⑩ [A3:H13] 영역을 범위 지정하고 [홈] 탭–[글꼴] 그룹–[테두리]의 목록 단추를 클릭한 후 '모든 테두리( )'를 선택하고, 다시 '굵은 바깥쪽 테두리( )'를 선택합니다.

**3 고급 필터('기본작업-3' 시트)**

① 〈그림〉과 같이 조건을 [A14:B16] 영역에 입력합니다.

| | A | B |
|---|---|---|
| 13 | | |
| 14 | 부서명 | 판매금액 |
| 15 | 영업2팀 | |
| 16 | | >=500000000 |
| 17 | | |

② [A3:G12] 영역을 범위 지정하고 [데이터] 탭–[정렬 및 필터] 그룹에서 [고급( )] 도구를 클릭합니다.

③ [고급 필터] 대화상자에서 다음 〈그림〉과 같이 지정하고 [확인]을 클릭합니다.

결과 : 다른 장소에 복사
목록 범위 : [A3:G12]
조건 범위 : [A14:B16]
복사 위치 : [A18]

\* 조건 범위나 복사 위치에서 필드명을 표시할 경우 직접 입력하는 것보다 목록 범위의 필드명을 복사한 후 붙여넣기하는 방법이 오류가 없습니다.

---

**문제2** ○ 계산작업('계산작업' 시트)

**1** 성별[D3:D8]

[D3] 셀에 『=IF(OR(MID(C3,8,1)="1",MID(C3,8,1)="3"),"남자","여자")』를 입력하고 [D8] 셀까지 수식을 복사합니다.

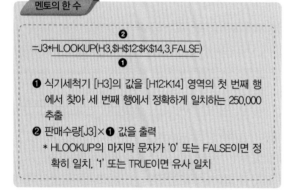

**멘토의 한 수**

=IF(OR(MID(C3,8,1)="1",MID(C3,8,1)="3"),"남","여자")

❶ 주민등록번호[C3]의 8번째에서 1글자 추출
❷ 주민등록번호[C3]의 8번째에서 1글자 추출
❸ ❶, ❷의 조건 중 하나만 만족하면 "남자", 그렇지 않으면 "여자" 출력

**2** 판매금액[K3:K9]

[K3] 셀에 『=J3*HLOOKUP(H3,$H$12:$K$14,3,FALSE)』를 입력하고 [K9] 셀까지 수식을 복사합니다.

**멘토의 한 수**

=J3*HLOOKUP(H3,$H$12:$K$14,3,FALSE)

❶ 식기세척기 [H3]의 값을 [H12:K14] 영역의 첫 번째 행에서 찾아 세 번째 행에서 정확하게 일치하는 250,000 추출
❷ 판매수량[J3]×❶ 값을 출력
 \* HLOOKUP의 마지막 문자가 '0' 또는 FALSE이면 정확히 일치, '1' 또는 TRUE이면 유사 일치

**3** 판정[E13:E19]

[E13] 셀에 『=IF(AND(B13>=70,C13>=70,D13>=80),"진급","")』을 입력하고 [E19] 셀까지 수식을 복사합니다.

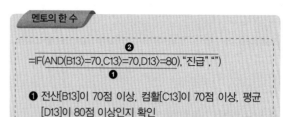

**멘토의 한 수**

=IF(AND(B13>=70,C13>=70,D13>=80),"진급","")

❶ 전산[B13]이 70점 이상, 컴활[C13]이 70점 이상, 평균[D13]이 80점 이상인지 확인
❷ ❶의 조건을 모두 만족하면 "진급", 그렇지 않으면 "" 출력

**4** 최대값과 최소값의 평균 [C34]

[C34] 셀에 『=AVERAGE(DMAX(A23:D31,D23,B23:C24),DMIN(A23:D31,D23,B23:C24))』 수식을 입력합니다.

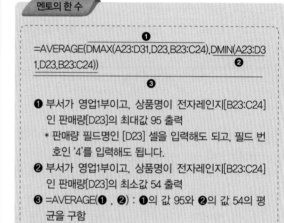

**멘토의 한 수**

=AVERAGE(DMAX(A23:D31,D23,B23:C24),DMIN(A23:D31,D23,B23:C24))

❶ 부서가 영업1부이고, 상품명이 전자레인지[B23:C24]인 판매량[D23]의 최대값 95 출력
 \* 판매량 필드명인 [D23] 셀을 입력해도 되고, 필드 번호인 '4'를 입력해도 됩니다.
❷ 부서가 영업1부이고, 상품명이 전자레인지[B23:C24]인 판매량[D23]의 최소값 54 출력
❸ =AVERAGE(❶, ❷) : ❶의 값 95와 ❷의 값 54의 평균을 구함

**5** 평균이상 인원수 [J18]

[J18] 셀에 『=COUNTIF(I18:I25,">="&AVERAGE($I$18:$I$25))&"명"』 수식을 입력합니다.

**멘토의 한 수**

=COUNTIF(I18:I25,">="&AVERAGE($I$18:$I$25))&"명"

❶ 점수[I8:I25] 범위에서 점수평균(80.75) 이상인 개수 4를 구함
❷ ❶의 값에 "명"을 붙여서 4명을 출력

## 문제3 ◦ 분석작업

### ■ 데이터 표('분석작업-1' 시트)

① [C12] 셀에 『=B9』를 입력한 후 Enter 키를 누릅니다.

② [C12:I21] 영역을 범위 지정한 후 [데이터] 탭-[예측] 그룹-[가상분석( 📊 )]-[데이터 표]를 클릭합니다.

③ [데이터 표] 대화상자에서 '행 입력 셀 : B8', '열 입력 셀 : B7'을 선택한 후 [확인]을 클릭합니다.

### ■ 데이터 통합('분석작업-2' 시트)

① [G15:G16] 영역에 통합할 조건을 그림과 같이 입력 합니다.

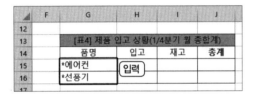

② [G14:J16] 영역을 범위 지정한 후 [데이터] 탭-[데이 터 도구] 그룹-[통합( 📑 )]을 클릭합니다.

③ [통합]에서 '함수'는 '합계', '모든 참조 영역'은 [B3:E10], [G3:J10], [B14:E21] 영역을 드래그하여 추가한 후 '사용할 레이블'은 '첫 행', '왼쪽 열'에 체크 하고 [확인]을 클릭합니다.

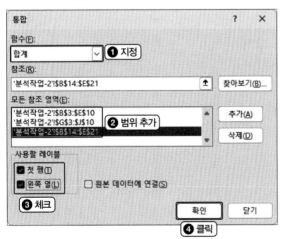

## 문제4 ◦ 기타작업

### ■ 매크로 작성('매크로작업' 시트)

① [개발 도구] 탭-[코드] 그룹-[매크로 기록( 🔴 )]을 클릭한 후 [매크로 기록] 대화상자의 '매크로 이름'에 『할인액』을 입력하고 [확인]을 클릭합니다.

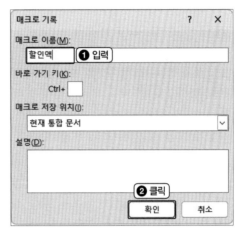

② [F4] 셀에 수식 『=D4*E4*$B$15』를 입력하고 채우 기 핸들을 이용하여 수식을 [F13] 셀까지 복사합니다.

③ 지정된 영역을 해제한 후 [개발 도구] 탭-[코드] 그룹-[기록 중지(□)]를 클릭하여 매크로를 중지합 니다.

④ [삽입] 탭-[일러스트레이션] 그룹-[도형]의 '기본 도형'에서 '사각형: 빗면(□)' 도형을 선택하고 Alt 키를 누른 채 [H4:I6] 영역에 드래그하여 위치시킵 니다. 도형에 『할인액』을 입력하고, [홈] 탭-[맞춤] 그룹에서 가로 '가운데 맞춤(☰)', 세로 '가운데 맞 춤(☰)' 도구를 클릭합니다.

⑤ 도형에서 마우스 오른쪽 버튼을 클릭한 후 [매크로 지정]을 선택하고, [매트로 지정] 대화상자에서 '할인 액'을 선택한 후 [확인]을 클릭합니다.

⑥ '서식' 매크로를 작성하기 위해 다시 [개발 도구] 탭-[코드] 그룹-[매크로 기록( 🔴 )]을 클릭한 후 [매크로 기록] 대화상자의 '매크로 이름'에 『서식』을 입력하고 [확인]을 클릭합니다.

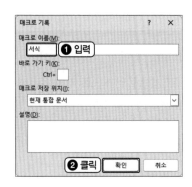

⑦ [D4:D13] 영역을 범위 지정한 후 [홈] 탭 –[표시 형식] 그룹에서 '통화'를 선택합니다.

⑧ 지정된 영역을 해제한 후 [개발 도구] 탭–[코드] 그룹–[기록 중지(□)]를 클릭하여 매크로를 중지합니다.

⑨ [삽입] 탭 –[일러스트레이션] 그룹–[도형]의 '기본 도형'에서 '배지(⬡)' 도형을 선택하고 Alt 키를 누른 채 [H8:I10] 영역에 드래그하여 위치시킵니다. 도형에 『서식』을 입력하고, [홈] 탭–[맞춤] 그룹에서 가로 '가운데 맞춤(☰)', 세로 '가운데 맞춤(☰)' 도구를 클릭합니다.

⑩ 도형에서 마우스 오른쪽 버튼을 클릭한 후 [매크로 지정]을 선택하고, [매트로 지정] 대화상자에서 '서식'을 선택한 후 [확인]을 클릭합니다.

### 2 차트 작성('차트작업' 시트)

① 차트 영역을 선택한 후 [차트 필터(▽)]를 클릭하고 계열에서 '금액'의 체크를 해제한 후 [적용]을 클릭합니다.

② '단가' 계열에서 마우스 오른쪽 버튼을 클릭한 후 [계열 차트 종류 변경(▮▮)]을 선택합니다.

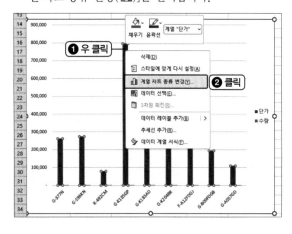

③ [차트 종류 변경] 대화상자에서 [모든 차트] 탭의 '혼합(▮▮)'에서 '단가' 계열의 차트 종류를 '표식이 있는 꺾은선형'으로 선택하고 '보조 축'에 체크한 후 [확인]을 클릭합니다.

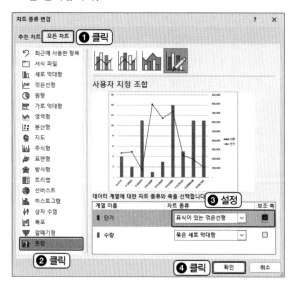

④ 차트 영역을 선택한 후 [차트 요소(⊞)]를 클릭하고 [차트 제목 ▶]–[차트 위]를 선택한 후 차트 제목에 『전자제품 판매 현황』을 입력합니다.

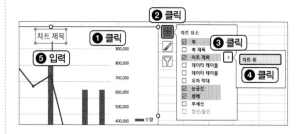

※ [차트 디자인] 탭–[차트 레이아웃] 그룹–[차트 요소 추가(▦)]–[차트 제목]–[차트 위(▦)]를 선택하여 차트 제목을 추가할 수도 있습니다.

⑤ '단가' 계열에서 마우스 오른쪽 버튼을 클릭한 후 [데이터 계열 서식]을 클릭합니다.

⑥ [데이터 계열 서식]의 '채우기 및 선(◇)'에서 '완만한 선'에 체크합니다.

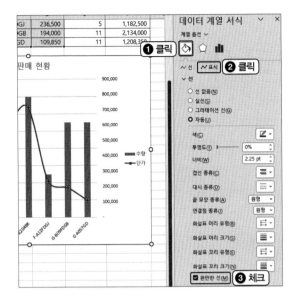

⑧ 차트 영역을 클릭한 후 [차트 영역 서식]의 '채우기 및 선(🖌)'의 '테두리'에서 '너비'는 '2pt'로 지정하고, '둥근 모서리'에 체크합니다.

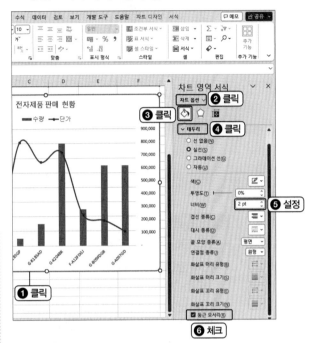

⑦ 범례를 선택한 후 [홈] 탭-[글꼴] 그룹에서 '글꼴 : 굴림체, 글꼴 크기 : 12'로 지정하고 [범례 서식]의 '범례 옵션(📊)'에서 '위쪽'을 선택합니다.

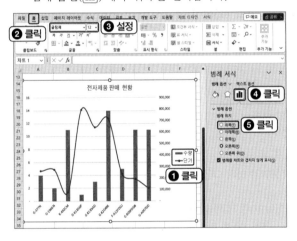

※ '차트 요소(⊞)-범례▶위쪽'을 선택하여 차트 제목을 추가할 수도 있습니다.

# 4회 기출유형 모의고사

무료 동영상

| 프로그램명 | 제한시간 |
|---|---|
| EXCEL 2021 | 40분 |

수험번호 :

성　명 :

# 2급 · A형

## 유의사항

■ 인적 사항 누락 및 잘못 작성으로 인한 불이익은 수험자 책임으로 합니다.

■ 화면에 암호 입력창이 나타나면 아래의 암호를 입력합니다.
  ○ 암호 : 5456@9

■ 작성된 답안은 주어진 경로 및 파일명을 변경하지 마시고 그대로 저장해야 합니다.
  이를 준수하지 않으면 실격 처리됩니다.
  ○ 답안 파일명의 예: C:₩OA₩수험번호8자리.xlsm

■ 외부 데이터 위치: C:₩OA₩파일명

■ 별도의 지시사항이 없는 경우, 다음과 같이 처리 시 실격 처리됩니다.
  ○ 제시된 시트 및 개체의 순서나 이름을 임의로 변경한 경우
  ○ 제시된 시트 및 개체를 임의로 추가 또는 삭제한 경우
  ○ 외부 데이터를 시험 시작 전에 열어본 경우

■ 답안은 반드시 문제에서 지시 또는 요구한 셀에 입력하여야 하며 다음과 같이 처리 시 채점 대상에서
  제외됩니다.
  ○ 제시된 함수가 있을 경우 제시된 함수만을 사용하여야 하며 그 외 함수 사용 시 채점대상에서 제외
  ○ 수험자가 임의로 지시하지 않은 셀의 이동, 수정, 삭제, 변경 등으로 인해 셀의 위치 및 내용이
    변경된 경우 해당 작업에 영향을 미치는 관련 문제 모두 채점 대상에서 제외
  ○ 도형 및 차트의 개체가 중첩되어 있거나 동일한 계산결과 시트가 복수로 존재할 경우 해당 개체
    나 시트는 채점 대상에서 제외

■ 수식 작성 시 제시된 문제 파일의 데이터는 변경 가능한(가변적) 데이터임을 감안하여 문제 풀이를 하시오.

■ 별도의 지시사항이 없는 경우, 주어진 각 시트 및 개체의 설정값 또는 기본 설정값(Default)으로 처리하
  시오.

■ 저장 시간은 별도로 주어지지 않으므로 제한된 시간 내에 저장을 완료해야 하며, 제한 시간 내에 저장이
  되지 않은 경우에는 실격 처리됩니다.

■ 출제된 문제의 용어는 Microsoft Office 2021(LTSC 2108 버전)로 작성되어 있습니다.

# 대 한 상 공 회 의 소

◉ 예제 파일 : 컴활2급₩5.모의고사₩기출유형모의고사4(문제).xlsm
◉ 결과 파일 : 컴활2급₩5.모의고사₩기출유형모의고사4(정답).xlsm

**문제 1** **기본작업(20점)** • 주어진 시트에 대하여 다음 작업을 수행하고 저장하시오.

**01** '기본작업-1' 시트에 다음의 자료를 주어진 대로 입력하시오. (5점)

| | A | B | C | D | E | F |
|---|---|---|---|---|---|---|
| 1 | 자동차 렌트 목록 | | | | | |
| 2 | | | | | | 2023년 12월 |
| 3 | 렌탈코드 | 자동차명 | 회사 | 차종 | 구입가격 | 구입년도 |
| 4 | KV-001 | G70 | 현대 | 승용 | 56000000 | 2021-06-05 |
| 5 | MS-101 | 캐스퍼 | 쉐보레 | 승용 | 12000000 | 2022-10-10 |
| 6 | SO-250 | 싼타페 | 현대 | RV | 46000000 | 2023-05-12 |
| 7 | ST-112 | 카니발 | 현대 | RV | 46000000 | 2023-12-12 |
| 8 | QR-445 | QM6 | 현대 | RV | 32000000 | 2021-01-01 |
| 9 | SO-456 | 소나타 | 현대 | 승용 | 38000000 | 2018-05-16 |
| 10 | SM-455 | SM7 | 삼성 | 승용 | 32000000 | 2024-05-14 |
| 11 | SO-250 | 싼타페 | 현대 | RV | 46000000 | 2023-05-12 |

**02** '기본작업-2' 시트에 대하여 다음의 지시사항을 처리하시오. (각 2점)

① [A1:E1] 영역은 '병합하고 가운데 맞춤', 글꼴 '바탕체', 크기 '16', 글꼴 스타일 '굵게'로 지정하시오.

② [A3:B3], [A4:A6], [A7:A13], [A14:B14] 영역은 '셀 병합 후 가로, 세로 가운데 맞춤'으로 정렬하시오.

③ [E4:E13] 영역은 셀서식 '백분율' 서식에서 소수 자릿수 '2'로 지정하고, [C4:D14] 영역은 쉼표 스타일(,)을 적용하시오.

④ [B4:B13] 영역은 사용자 지정 서식을 이용하여 '분당지점'처럼 지점명 뒤에 "지점"이 표시되도록 하시오. [표시 예 : 분당→분당지점]

⑤ [A3:E14] 영역에 '모든 테두리(田)'를 적용하여 표시하고, [E14] 셀에는 (⊠) 모양의 괘선으로 채우시오.

**03** '기본작업-3' 시트에 대하여 다음의 지시사항을 처리하시오. (5점)

[데이터 가져오기] 기능을 사용하여 '판매현황' 텍스트 파일의 데이터를 다음의 조건에 따라 [A3] 셀부터 표시하시오.

▶ 데이터는 'C:₩컴활2급₩5.모의고사₩판매현황.txt'임.

▶ 데이터는 '쉼표(,)'와 '콜론(:)'으로 구분되어 있음.

▶ 네 번째 '매출' 열은 가져오기에서 제외하시오.

▶ 열 너비는 조정하지 않음.

**문제 2** 계산작업(40점) • '계산작업' 시트에서 다음의 과정을 수행하고 저장하시오.

**01** [표1]에서 점수[D3:D8]를 기준으로 순위를 구하여 1위, 2위는 '본선진출', 3위, 4위는 '재시험', 나머지는 '탈락'으로 비고[E3:E8] 영역에 표시하시오. (8점)

　▶ 순위는 점수가 가장 높은 경우가 1위　　▶ IF, RANK.EQ 함수 사용

**02** [표2]에서 주문번호[G3:G10]의 마지막 자리가 '1'이면 '서울', '2'이면 '경기', '3'이면 '강원', '4'이면 '전라'로 주소[I3:I10]에 표시하시오. (8점)

　▶ CHOOSE, RIGHT 함수 사용

**03** [표3]에서 차종[B12:B20]이 'RV'인 하반기[D12:D20]의 평균을 계산하여 [C23] 셀에 표시하시오. (8점)

　▶ 평균 점수는 반올림 없이 정수로 표시 [표시 예 : 756]

　▶ DAVERAGE, TRUNC 함수 사용

**04** [표4]의 이메일[H14:H21]에서 '@' 앞의 문자열을 추출하여 회원 아이디[I14:I21]에 표시하시오. (8점)

　▶ 표시 예 : hongss@daum.net→hongss　　▶ MID, FIND 함수 사용

**05** [표5]에서 예금[A27:A33]과 적금[B27:B33], 적금만기환급금이율표 [E27:H32]를 이용하여 환급금[C27:C33]을 계산하시오. (8점)

　▶ 적금×(1+환급율)　　▶ HLOOKUP, MATCH 함수 사용

---

**문제 3** 분석작업(20점) • 주어진 시트에서 다음 작업을 수행하고 저장하시오.

**01** '분석작업-1' 시트에 대하여 다음의 지시사항을 처리하시오. (10점)

[목표값 찾기] 기능을 이용하여 '고객 대출 현황' 표에서 대출금의 합계[E8]가 1,300,000이 되게 하려면 대출금리[B10]가 몇 %가 되어야 하는지 계산하시오.

**02** '분석작업-2' 시트에 대하여 다음의 지시사항을 처리하시오. (10점)

[시나리오 관리자] 기능을 이용하여 '하반기 음료수 판매량' 표에서 마진율[C15]이 다음과 같이 변동하는 경우 매출이익 합계[I13]의 변동 시나리오를 작성하시오..

　▶ 셀 이름 정의 : [C15] 셀은 '마진율', [I13] 셀은 '매출이익합계'로 정의하시오.

　▶ 시나리오 1 : 시나리오 이름은 '마진율 상승', 마진율을 40%로 설정하시오.

　▶ 시나리오 2 : 시나리오 이름은 '마진율 감소', 마진율을 30%로 설정하시오.

　▶ 시나리오 요약 시트는 '분석작업-2' 시트의 바로 앞에 위치시키시오

※ 시나리오 요약 보고서는 작성 시 정답과 일치하여야 하며, 오타로 인한 부분 점수는 인정하지 않음.

**문제 4** **기타작업(20점)** • 주어진 시트에서 다음 작업을 수행하고 저장하시오.

**01** '매크로작업' 시트에서 다음과 같은 기능을 수행하는 매크로를 현재 통합 문서에 작성하고 실행하시오. (각 5점)

① [A3:F3] 영역에 대하여 셀 스타일 '녹색, 강조색6'으로 지정하는 매크로를 생성하여 실행하시오.

▶ 매크로 이름 : 스타일

▶ [도형]−[기본 도형]의 '타원(○)'을 동일 시트의 [H4:I5] 영역에 생성한 후 텍스트를 '스타일'로 입력하고, 텍스트 맞춤 가로 '가운데', 세로 '가운데'로 설정하고, 도형을 클릭할 때 '스타일' 매크로가 실행되도록 설정하시오.

② [F4:F12] 영역에 국어, 영어, 수학, 정보처리의 평균을 구하는 매크로를 생성하여 실행하시오.

▶ 매크로 이름 : 평균          ▶ AVERAGE 함수 사용

▶ [도형]−[기본 도형]의 '육각형(○)'을 동일 시트의 [H7:I8] 영역에 생성한 후 텍스트를 '평균'으로 입력하고 , 텍스트 맞춤 가로 '가운데', 세로 '가운데'로 설정하고, 도형을 클릭할 때 '평균' 매크로가 실행되도록 설정하시오.

※ 셀 포인터의 위치에 상관없이 현재 통합 문서에서 매크로가 실행되어야 정답으로 인정됨.

**02** '차트작업' 시트의 차트를 지시사항에 따라 아래 그림과 같이 수정하시오. (각 2점)

※ 차트는 반드시 문제에서 제공한 차트를 사용하여야 하며, 신규로 작성 시 0점 처리됨.

① '구분'별 '합계'가 차트에 표시되도록 데이터 범위를 수정하시오.

② 차트 종류를 '3차원 원형'으로 변경한 후 3차원 회전에서 Y 회전을 30도로 지정하시오.

③ 차트 제목은 그림과 같이 입력하고 테두리 실선, 그림자(오프셋: 오른쪽 아래)를 지정하시오.

④ 범례는 표시하지 않고 각 데이터 계열의 '항목 이름'과 '백분율'을 바깥쪽 끝에 표시하고, 데이터 레이블은 글꼴 '굴림', 크기 '10'으로 지정하시오.

⑤ 가장 많이 점유하고 있는 계열(오디오 28%)을 3차원 효과의 원형 차트에서 분리하시오.

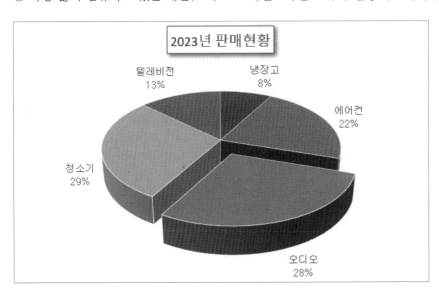

## 1 기본작업

### 02 | 서식 설정

| | A | B | C | D | E |
|---|---|---|---|---|---|
| 1 | | | 지점별 판매 현황 | | |
| 2 | | | | | |
| 3 | 지점명 | | 전년판매액 | 금년판매액 | 판매증가율 |
| 4 | 성남 | 분당 | 1,501,987 | 1,401,961 | 93.34% |
| 5 | | 수정 | 1,456,791 | 2,502,278 | 171.77% |
| 6 | | 판교 | 3,857,837 | 2,587,773 | 67.08% |
| 7 | 서울 | 강남 | 2,416,423 | 1,683,603 | 69.67% |
| 8 | | 강서 | 2,457,414 | 3,571,211 | 145.32% |
| 9 | | 강동 | 1,259,935 | 2,366,264 | 187.81% |
| 10 | | 양서 | 3,588,204 | 2,546,814 | 70.98% |
| 11 | | 송파 | 1,123,966 | 2,458,003 | 218.69% |
| 12 | | 서초 | 1,334,473 | 3,699,670 | 277.24% |
| 13 | | 용산 | 1,317,439 | 3,653,978 | 277.35% |
| 14 | 평균 | | 2,031,447 | 2,647,156 | |

### 03 | 데이터 가져오기

| | A | B | C | D | E |
|---|---|---|---|---|---|
| 1 | 상품 매입 현황 | | | | |
| 2 | | | | | |
| 3 | 성명 | 품종류 | 매입 | 업종 | 지역 |
| 4 | 김태성 | 식품류 | 120 | 가정용 | 성남시 |
| 5 | 이종호 | 음료류 | 152 | 영업용 | 서울시 |
| 6 | 신영석 | 의류 | 250 | 가정용 | 인천시 |
| 7 | 박이랑 | 가전류 | 410 | 영업용 | 성남시 |
| 8 | 김정민 | 피복류 | 152 | 가정용 | 서울시 |
| 9 | 김철웅 | 기타 | 142 | 가정용 | 인천시 |
| 10 | 김수연 | 가전류 | 152 | 가정용 | 인천시 |
| 11 | 이순호 | 음료류 | 126 | 영업용 | 성남시 |
| 12 | 김병식 | 잡화류 | 145 | 가정용 | 인천시 |
| 13 | 이원섭 | 기타 | 362 | 영업용 | 성남시 |
| 14 | 장용석 | 음료류 | 120 | 영업용 | 성남시 |

## 2 계산작업

1. =IF(RANK.EQ(D3,$D$3:$D$8,0)<=2,"본선진출",IF(RANK.EQ(D3,$D$3:$D$8,0)<=4,"재시험","탈락"))
2. =CHOOSE(RIGHT(G3,1),"서울","경기","강원","전라")
3. =TRUNC(DAVERAGE(A11:D20,D11,B22:B23))』
4. =MID(H14,1,FIND("@",H14)-1)
5. =B27*(1+HLOOKUP(B27,$F$27:$H$32,MATCH(A27,$E$29:$E$32,0)+2,1))

| | A | B | C | D | E | F | G | H | I |
|---|---|---|---|---|---|---|---|---|---|
| 1 | [표1] | 판매현황 | | | | | [표2] | 판매관리 | |
| 2 | 응시자 | 응시코드 | 지역 | 점수 | 비고 | | 주문번호 | 성명 | 주소 |
| 3 | 오승택 | SL-01 | 서울 | 85 | 재시험 | | SE-01 | 박병기 | 서울 |
| 4 | 김정곤 | IN-01 | 인천 | 95 | 본선진출 | | SE-02 | 양옥희 | 경기 |
| 5 | 김동수 | KY-01 | 경기 | 75 | 탈락 | | SU-01 | 우체국 | 서울 |
| 6 | 김희철 | SL-02 | 서울 | 85 | 재시험 | | SU-03 | 유복남 | 강원 |
| 7 | 안대열 | IN-02 | 인천 | 98 | 본선진출 | | SE-03 | 유상열 | 강원 |
| 8 | 이준섭 | KY-02 | 경기 | 55 | 탈락 | | SE-04 | 유상열 | 전라 |
| 9 | | | | | | | SU-02 | 이판식 | 경기 |
| 10 | [표3] | 렌트카 렌탈 현황 | | | | | SU-04 | 전기열 | 전라 |
| 11 | 사용자명 | 차종 | 상반기 | 하반기 | | | | | |
| 12 | 소나타 | 승용차 | 678 | 456 | | | [표4] | 회원가입자 | |
| 13 | 코란도 | RV | 534 | 1,250 | | | 성명 | 이메일 | 회원 아이디 |
| 14 | SM5 | 승용차 | 1,234 | 236 | | | 김윤태 | kimyt@naver.com | kimyt |
| 15 | 스타렉스 | RV | 1,090 | 485 | | | 소홍섭 | hongss@daum.net | hongss |
| 16 | 봉고 | RV | 689 | 1,230 | | | 양해준 | yanghj@naver.com | yanghj |
| 17 | 아반때 | 승용차 | 532 | 233 | | | 이용기 | leeyk@nate.com | leeyk |
| 18 | 소렌토 | RV | 966 | 456 | | | 장흥주 | hungjuj@gmail.com | hungjuj |
| 19 | 카렌스 | RV | 1,345 | 856 | | | 최수곤 | choisg@naver.com | choisg |
| 20 | 마티즈 | 승용차 | 775 | 321 | | | 이정일 | jungil@daum.net | jungil |
| 21 | | | | | | | 김수현 | kimsh@kakao.com | kimsh |
| 22 | | 차종 | 하반기의 평균 | | | | | | |
| 23 | | RV | 855 | | | | | | |
| 24 | | | | | | | | | |
| 25 | [표5] | 예금별 환급금 | | | | | | | |
| 26 | 예금 | 적금 | 환급금 | | 적금만기환급금이율(환급율) | | | | |
| 27 | 보통 | 100,000,000 | 102,000,000 | | 적금 | 1,000,000이상 | 5,000,000이상 | 10,000,000이상 | |
| 28 | 적금 | 3,000,000 | 3,063,000 | | | 5,000,000미만 | 10,000,000미만 | | |
| 29 | 만기 | 7,500,000 | 7,710,000 | | 보통 | 1.2% | 1.8% | 2.0% | |
| 30 | 보통 | 6,500,000 | 6,617,000 | | 연금 | 2.0% | 2.5% | 3.0% | |
| 31 | 만기 | 12,500,000 | 12,925,000 | | 적금 | 2.1% | 2.6% | 3.2% | |
| 32 | 적금 | 5,500,000 | 5,643,000 | | 만기 | 2.4% | 2.8% | 3.4% | |
| 33 | 연금 | 3,000,000 | 3,060,000 | | | | | | |

## 3 분석작업

### 01 | 목표값 찾기

| | A | B | C | D | E |
|---|---|---|---|---|---|
| 1 | | | 고객 대출 현황 | | |
| 2 | | | | | |
| 3 | 성명 | 대출금액 | 대출만기일 | 대출기간 | 월상환액 |
| 4 | 이순호 | ₩ 3,000,000 | 2007-10-05 | 15개월 | ₩ 231,367 |
| 5 | 박상형 | ₩ 10,000,000 | 2006-10-05 | 16개월 | ₩ 729,457 |
| 6 | 조진향 | ₩ 5,000,000 | 2008-10-05 | 28개월 | ₩ 231,279 |
| 7 | 김순희 | ₩ 2,000,000 | 2008-10-05 | 23개월 | ₩ 107,897 |
| 8 | 대출금의 합계 | | | | ₩ 1,300,000 |
| 9 | | | | | |
| 10 | 대출금리 | 23% | | | |

## 02 | 시나리오

| | 시나리오 요약 | | | | |
|---|---|---|---|---|---|
| | | | 현재 값: | 마진율 상승 | 마진율 감소 |
| | 변경 셀: | | | | |
| | 마진율 | | 34% | 40% | 30% |
| | 결과 셀: | | | | |
| | 매출이익합계 | | 3,390,218 | 3,988,492 | 2,991,369 |

참고: 현재 값 열은 시나리오 요약 보고서가 작성될 때의
변경 셀 값을 나타냅니다. 각 시나리오의 변경 셀들은
회색으로 표시됩니다.

# 4 기타작업

## 01 | 매크로

| 성명 | 국어 | 영어 | 수학 | 정보처리 | 평균 |
|---|---|---|---|---|---|
| | 중간고사 성적 | | | | |
| 김윤태 | 87 | 94 | 92 | 79 | 88 |
| 김창순 | 53 | 98 | 46 | 95 | 73 |
| 박옥남 | 82 | 78 | 98 | 86 | 86 |
| 소가광 | 59 | 69 | 79 | 87 | 74 |
| 소홍섭 | 48 | 56 | 87 | 89 | 70 |
| 양해춘 | 92 | 88 | 94 | 86 | 90 |
| 이병학 | 81 | 99 | 95 | 98 | 93 |
| 이용기 | 81 | 96 | 91 | 83 | 88 |
| 장홍주 | 90 | 90 | 90 | 88 | 90 |

스타일

평균

## 02 | 차트

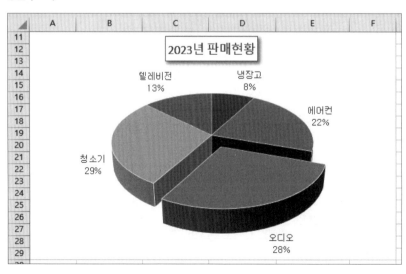

2023년 판매현황

텔레비전 13%
냉장고 8%
에어컨 22%
오디오 28%
청소기 29%

**풀이**

## 문제1 ㅇ 기본작업

### 1 자료 입력('기본작업-1' 시트)

주어진 대로 각 셀에 맞게 데이터를 입력합니다.

### 2 서식 설정('기본작업-2' 시트)

① [A1:E1] 영역을 범위 지정하고 [홈] 탭-[맞춤] 그룹에서 '병합하고 가운데 맞춤(圖)'을 클릭한 후, [글꼴] 그룹에서 글꼴 '바탕체', 글꼴 크기 '16', 글꼴 스타일 '굵게'를 선택합니다.

② [A3:B3] 영역을 범위 지정하고 [Ctrl] 키를 누른 채 [A4:A6], [A7:A13], [A14:B14] 영역을 추가 범위 지정합니다. [홈] 탭의 [맞춤] 그룹에서 '병합하고 가운데 맞춤(圖)' 도구를 클릭한 후 가로 가로 '가운데 맞춤(圖)', 세로 '가운데 맞춤(圖)'이 선택되어 있는지 확인합니다.

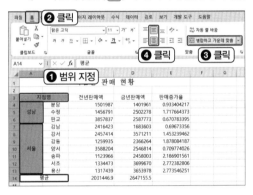

③ [C4:D14] 영역을 범위 지정하고 [홈] 탭-[표시 형식] 그룹-[쉼표 스타일]을 클릭한 후 [E4:E13] 영역을 범위 지정하고, [Ctrl]+[1] 키를 눌러 [표시 형식] 탭에서 '백분율'을 선택한 후 '소수 자릿수'를 '2'로 지정하고 [확인]을 클릭합니다.

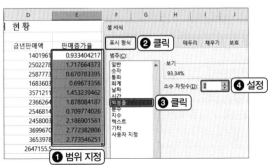

④ [B4:B13] 영역을 범위 지정한 후 [Ctrl]+[1] 키를 눌러 [표시 형식] 탭의 [사용자 지정]에서 '형식'에 『@"지점"』을 입력한 후 [확인]을 클릭합니다.

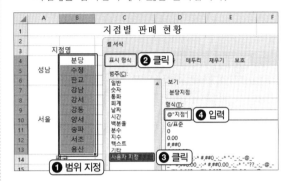

⑤ [A3:E14] 영역을 범위 지정하고 [홈] 탭-[글꼴] 그룹-[테두리]의 목록 단추를 클릭한 후 '모든 테두리(田)'를 선택합니다.

⑥ [E14] 셀을 선택하고 [Ctrl]+[1] 키를 눌러 [테두리] 탭의 '테두리'에서 '왼쪽 대각선(☑)'과 '오른쪽 대각선(☑)'을 각각 선택한 후 [확인]을 클릭합니다.

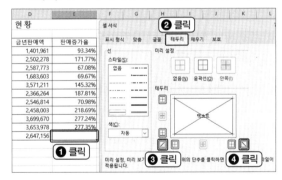

### 3 데이터 가져오기('기본작업-3 시트)

① 레거시 기능을 활성화하기 위해 [파일] 탭에서 [옵션]을 선택합니다. [Excel 옵션] 대화상자의 [데이터]에서 '레거시 데이터 가져오기 마법사 표시'의 '테스트에서(레거시)' 항목에 체크한 후 [확인]을 클릭합니다.

② 데이터가 들어갈 위치인 [A3] 셀을 선택한 후 [데이터] 탭-[데이터 가져오기 및 변환] 그룹-[데이터 가져오기 🗄]-[레거시 마법사 📄]-[테스트에서(레거시) 📄]를 클릭합니다.

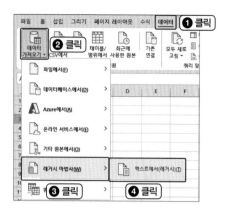

③ '찾는 위치'는 'C:\컴활2급\5.모의고사' 폴더에서 '판매현황.txt' 파일을 선택한 후 [가져오기]를 클릭합니다.

④ [1단계]에서 '구분 기호로 분리됨'을 선택하고 [다음]을 클릭합니다.

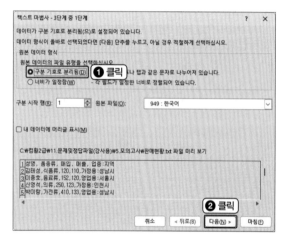

⑤ [2단계]에서 '구분 기호'의 '쉼표'에 체크한 후 '기타'에 체크한 후 『:』를 입력하고 [다음]을 클릭합니다.

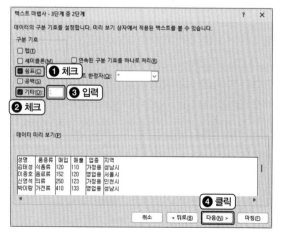

⑥ [3단계]에서 '매출' 열을 선택하고 '열 가져오지 않음'을 선택한 후 [마침]을 클릭합니다.

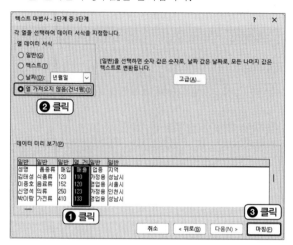

⑦ [데이터 가져오기] 대화상자에서 [속성]을 클릭합니다. '열 너비 조정'의 체크를 해제하고 [확인]을 클릭한 후 [데이터 가져오기] 대화상자에서 '기존 워크시트'의 [A3] 셀을 확인하고 [확인]을 클릭합니다.

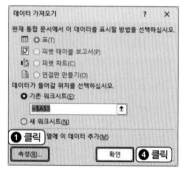

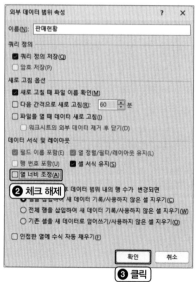

## 문제2 ◦ 계산작업('계산작업' 시트)

### ◀ 비고 [E3:E8]

[E3] 셀을 선택한 후 『=IF(RANK.EQ(D3,$D$3:
$D$8,0)<=2,"본선진출",IF(RANK.EQ(D3,$D$3:
$D$8,0)<=4,"재시험","탈락"))』을 입력하고 [E8] 셀까지
수식을 복사합니다.

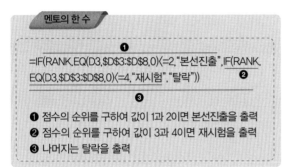

멘토의 한 수

❶
=IF(RANK.EQ(D3,$D$3:$D$8,0)<=2,"본선진출",IF(RANK.
EQ(D3,$D$3:$D$8,0)<=4,"재시험","탈락"))　❷
❸

❶ 점수의 순위를 구하여 값이 1과 2이면 본선진출을 출력
❷ 점수의 순위를 구하여 값이 3과 4이면 재시험을 출력
❸ 나머지는 탈락을 출력

### ◀ 주소 [I3:I10]

[I3] 셀에 『=CHOOSE(RIGHT(G3,1),"서울","경기","강
원","전라")』를 입력하고 [I10] 셀까지 수식을 복사합니다.

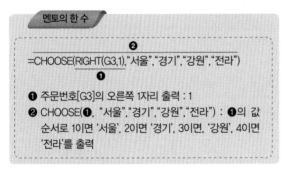

멘토의 한 수

❷
=CHOOSE(RIGHT(G3,1),"서울","경기","강원","전라")
❶

❶ 주문번호[G3]의 오른쪽 1자리 출력 : 1
❷ CHOOSE(❶, "서울","경기","강원","전라") : ❶의 값
　순서로 1이면 '서울', 2이면 '경기', 3이면, '강원', 4이면
　'전라'를 출력

### ◀ 하반기의 평균 [C23]

[C23] 셀에 『=TRUNC(DAVERAGE(A11:D20,D11,B22
:B23))』을 입력합니다.

멘토의 한 수

❷
=TRUNC(DAVERAGE(A11:D20,D11,B22:B23))
❶

❶ 전체 범위[A11:D20]에서 조건[B22:B23](차종이 RV)에
　따른 하반기[D11] 평균을 출력 : 855.4
❷ TRUNC(❶) : ❶의 값에서 소수점을 절삭하여 정수 부
　분을 출력 (855)

### ◀ 회원 아이디[I14:I21]

[I14] 셀에 『=MID(H14,1,FIND("@",H14)-1)』을 입력
하고 [I21] 셀까지 수식을 복사합니다.

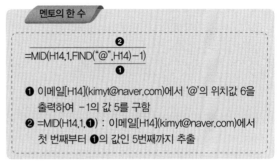

멘토의 한 수

=MID(H14,1,FIND("@",H14)-1)
❶

❶ 이메일[H14](kimyt@naver.com)에서 '@'의 위치값 6을
　출력하여 -1의 값 5를 구함
❷ =MID(H14,1,❶) : 이메일[H14](kimyt@naver.com)에서
　첫 번째부터 ❶의 값인 5번째까지 추출

### ◀ 환급금 [C27:C33]

[C27] 셀에 『=B27*(1+HLOOKUP(B27,$F$27:$H$32,
MATCH(A27,$E$29:$E$32,0)+2,TRUE))』를 입력하고
[C33] 셀까지 수식을 복사합니다.

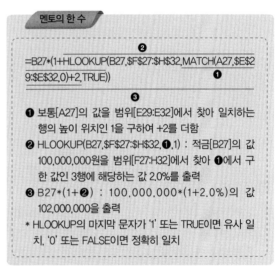

멘토의 한 수

❷
=B27*(1+HLOOKUP(B27,$F$27:$H$32,MATCH(A27,$E$2
9:$E$32,0)+2,TRUE))　❶
❸

❶ 보통[A27]의 값을 범위[E29:E32]에서 찾아 일치하는
　행의 높이 위치인 1을 구하여 +2를 더함
❷ HLOOKUP(B27,$F$27:$H$32,❶,1) : 적금[B27]의 값
　100,000,000원을 범위[F27:H32]에서 찾아 ❶에서 구
　한 값인 3행에 해당하는 값 2.0%를 출력
❸ B27*(1+❷) : 100,000,000*(1+2.0%)의 값
　102,000,000을 출력
* HLOOKUP의 마지막 문자가 '1' 또는 TRUE이면 유사 일
　치, '0' 또는 FALSE이면 정확히 일치

## 문제3 ◦ 분석작업

### ◀ 목표값 찾기('분석작업-1' 시트)

① [E8] 셀을 클릭한 후 [데이터] 탭-[예측] 그룹-[가
　상분석(🖩)]-[목표값 찾기]를 클릭합니다.

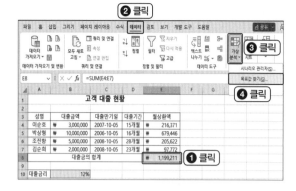

② [목표값 찾기] 대화상자에서 '수식 셀'에 [E8] 셀을 선택하고 '찾는 값'에 『1300000』을 입력한 후, '값을 바꿀 셀'은 [B10] 셀을 선택하고 [확인]을 클릭합니다.

③ [목표값 찾기 상태] 대화상자에서 [확인]을 클릭합니다.

### ② 시나리오('분석작업-2' 시트)

① [C15] 셀을 선택한 후 '이름 상자'에 『마진율』을 입력하고 Enter 키를 누릅니다. 같은 방법으로 [I13] 셀은 『매출이익합계』로 이름을 정의합니다.

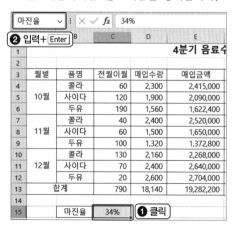

② 변동할 부분인 [C15] 셀을 선택한 후 [데이터]탭-[예측] 그룹-[가상분석(🔲)]-[시나리오 관리자]를 클릭합니다.

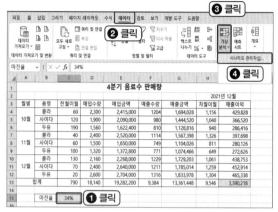

③ [시나리오 관리자]에서 [추가]를 클릭합니다.

④ '시나리오 이름'에 『마진율 상승』을 입력하고, 변경 셀에 [C15] 셀을 선택한 후 [확인]을 클릭합니다.

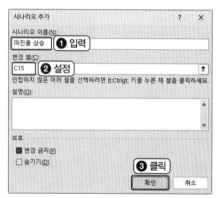

⑤ [시나리오 값] 대화상자에서 '마진율'에 『40%』를 입력한 후 [추가]를 클릭합니다.

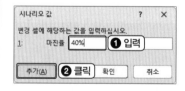

※ 40% 대신에 '0.4'를 입력해도 됩니다.

⑥ [시나리오 추가]에서 '시나리오 이름'에 『마진율 감소』를 입력하고, 변경 셀에 [C15] 셀을 선택한 후 [확인]을 클릭합니다.

⑦ [시나리오 값] 대화상자에서 '마진율'에 『30%』를 입력한 후 [확인]를 클릭합니다.

⑧ [시나리오 관리자] 대화상자에서 [요약]을 클릭합니다.

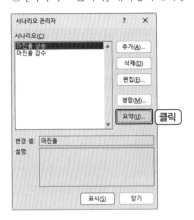

⑨ [시나리오 요약] 대화상자에서 '결과 셀'은 [I13] 셀을 선택한 후 [확인]을 클릭합니다.

## 문제4 ○ 기타작업

### 1 매크로 작성('분석작업-2' 시트)

① [개발 도구] 탭-[코드] 그룹-[매크로 기록(📷)] 도구를 클릭한 후 [매크로 기록] 대화상자의 '매크로 이름'에 『스타일』을 입력하고 [확인]을 클릭합니다.

② [A3:F3] 영역을 범위 지정한 후 [홈] 탭-[스타일] 그룹-[셀 스타일(📝)]에서 '녹색, 강조색6'을 선택합니다.

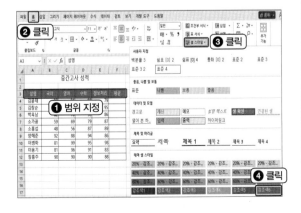

③ 지정된 영역을 해제한 후 [개발 도구] 탭-[코드] 그룹-[기록 중지(□)]를 클릭하여 매크로를 중지합니다.

④ [삽입] 탭-[일러스트레이션] 그룹-[도형]의 '기본 도형'에서 '타원(○)' 도형을 선택하고 [H4:I5] 영역에 드래그하여 위치시킵니다. 도형에 『스타일』을 입력한 후 [홈] 탭-[맞춤] 그룹에서 가로 '가운데 맞춤(≡)', 세로 '가운데 맞춤(≡)' 도구를 클릭합니다.

⑤ 도형에서 마우스 오른쪽 버튼을 클릭한 후 [매크로 지정]을 선택하고, [매크로 지정] 대화상자에서 '스타일'을 선택한 후 [확인]을 클릭합니다.

⑥ [개발 도구] 탭-[코드] 그룹-[매크로 기록(📷)] 도구를 클릭한 후 [매크로 기록] 대화상자의 '매크로 이름'에 『평균』을 입력하고 [확인]을 클릭합니다.

⑦ [B4:F12] 영역을 범위 지정 후 [수식] 탭-[함수 라이브러리] 그룹에서 '자동합계' 목록 단추를 클릭하고 [평균]을 선택하여 계산합니다.

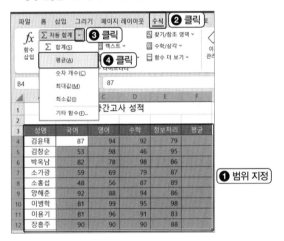

⑧ 지정된 영역을 해제한 후 [개발 도구] 탭-[코드] 그룹-[기록 중지(□)]를 클릭하여 매크로를 중지합니다.

⑨ [삽입] 탭-[일러스트레이션] 그룹-[도형]의 '기본 도형'에서 '육각형(⬡)' 도형을 선택하고 [H7:I8] 영역에 드래그하여 위치시킨 후 도형에 『평균』을 입력합니다. [홈] 탭-[맞춤] 그룹에서 가로 '가운데 맞춤(≡)', 세로 '가운데 맞춤(≡)' 도구를 클릭합니다.

⑩ 도형에서 마우스 오른쪽 버튼을 클릭한 후 [매크로 지정]을 선택하고, [매크로 지정] 대화상자에서 '평균'을 선택한 후 [확인]을 클릭합니다.

## ② 차트 작성('차트작업' 시트)

① 차트 영역을 선택한 후 색 범위를 [E3:F8] 영역으로 이동하여 변경하고 [F3:F8] 영역으로 색 범위를 줄입니다.

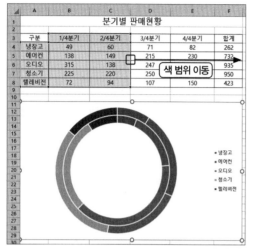

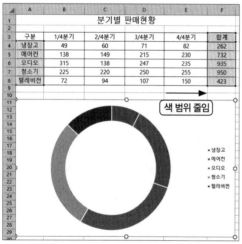

② '차트 영역'에서 마우스 오른쪽 버튼을 클릭한 후 [차트 종류 변경(📊)]을 선택합니다.

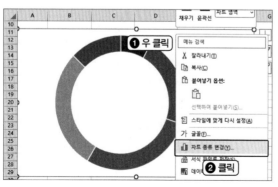

③ [차트 종류 변경] 대화상자에서 [모든 차트] 탭의 '원형'에 '3차원 원형'을 선택하고 [확인]을 클릭합니다.

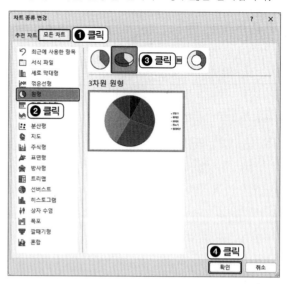

④ 차트 영역에서 마우스 오른쪽 버튼을 클릭하고 [3차원 회전]을 선택한 후 [그림 영역 서식]의 '효과(🔲)'에서 '3차원 회전'의 'Y 회전'에 『30』을 입력합니다.

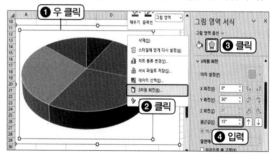

⑤ 차트 영역을 선택한 후 [차트 요소(➕)]를 클릭하고, [차트 제목 ▶]-[차트 위]를 선택한 후 차트 제목에 『2023년 판매현황』을 입력합니다.

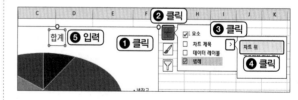

⑥ 차트 제목을 선택한 후 마우스 오른쪽 버튼을 클릭하고 [차트 제목 서식]을 선택한 후 [차트 제목 서식]의 '채우기 및 선(△)'의 '테두리'에서 '실선'을 선택합니다.

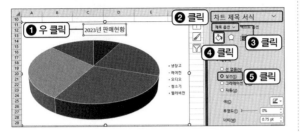

⑦ [차트 제목 서식]의 효과(△)의 '그림자'에서 '미리 설정'에 '바깥쪽 – 오프셋: 오른쪽 아래'를 선택합니다.

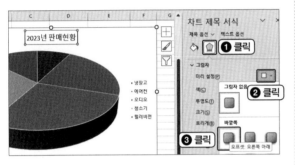

⑧ 범례를 선택한 후 Delete 키를 눌러 범례를 삭제합니다.

⑨ 데이터 계열을 선택하고 [차트 요소(⊞)]에서 [데이터 레이블]–[바깥쪽 끝에]를 선택합니다.

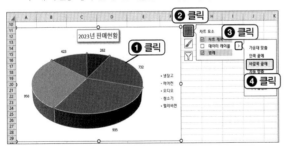

⑩ 데이터 레이블에서 마우스 오른쪽 버튼을 클릭한 후 [데이터 레이블 서식]을 클릭하고, [데이터 레이블 서식]의 '레이블 옵션(📊)'에서 '항목 이름'과 '백분율'에 체크하고 '값'에는 체크 해제합니다.

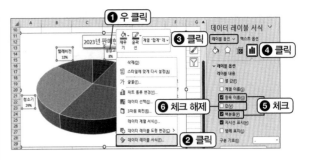

⑪ 데이터 레이블이 선택된 상태에서 [홈] 탭–[글꼴] 그룹에서 글꼴을 '굴림'으로 지정하고, 글꼴 크기는 '10'으로 지정합니다.

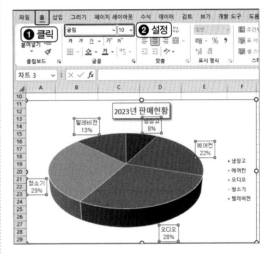

⑫ 데이터 계열을 선택하여 모든 계열을 선택하고 다시 한번 '오디오 28%' 계열을 클릭하여 오디오 계열만 선택한 후 바깥쪽으로 드래그하여 계열을 분리합니다.

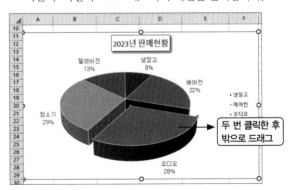

| 프로그램명 | 제한시간 |
|---|---|
| EXCEL 2021 | 40분 |

수험번호 :

성    명 :

# 2급 · A형

## 유의사항

- 인적 사항 누락 및 잘못 작성으로 인한 불이익은 수험자 책임으로 합니다.

- 화면에 암호 입력창이 나타나면 아래의 암호를 입력합니다.
  - 암호 : 2119%4

- 작성된 답안은 주어진 경로 및 파일명을 변경하지 마시고 그대로 저장해야 합니다.
  이를 준수하지 않으면 실격 처리됩니다.
  - 답안 파일명의 예: C:₩OA₩수험번호8자리.xlsm

- 외부 데이터 위치: C:₩OA₩파일명

- 별도의 지시사항이 없는 경우, 다음과 같이 처리 시 실격 처리됩니다.
  - 제시된 시트 및 개체의 순서나 이름을 임의로 변경한 경우
  - 제시된 시트 및 개체를 임의로 추가 또는 삭제한 경우
  - 외부 데이터를 시험 시작 전에 열어본 경우

- 답안은 반드시 문제에서 지시 또는 요구한 셀에 입력하여야 하며 다음과 같이 처리 시 채점 대상에서 제외됩니다.
  - 제시된 함수가 있을 경우 제시된 함수만을 사용하여야 하며 그 외 함수 사용 시 채점대상에서 제외
  - 수험자가 임의로 지시하지 않은 셀의 이동, 수정, 삭제, 변경 등으로 인해 셀의 위치 및 내용이 변경된 경우 해당 작업에 영향을 미치는 관련 문제 모두 채점 대상에서 제외
  - 도형 및 차트의 개체가 중첩되어 있거나 동일한 계산결과 시트가 복수로 존재할 경우 해당 개체나 시트는 채점 대상에서 제외

- 수식 작성 시 제시된 문제 파일의 데이터는 변경 가능한(가변적) 데이터임을 감안하여 문제 풀이를 하시오.

- 별도의 지시사항이 없는 경우, 주어진 각 시트 및 개체의 설정값 또는 기본 설정값(Default)으로 처리하시오.

- 저장 시간은 별도로 주어지지 않으므로 제한된 시간 내에 저장을 완료해야 하며, 제한 시간 내에 저장이 되지 않은 경우에는 실격 처리됩니다.

- 출제된 문제의 용어는 Microsoft Office 2021(LTSC 2108 버전)로 작성되어 있습니다.

# 대 한 상 공 회 의 소

◉ 예제 파일 : 컴활2급₩5.모의고사₩기출유형모의고사5(문제).xlsm
◎ 결과 파일 : 컴활2급₩5.모의고사₩기출유형모의고사5(정답).xlsm

**문제 1** 기본작업(20점) • 주어진 시트에 대하여 다음 작업을 수행하고 저장하시오.

**01** '기본작업-1' 시트에 다음의 자료를 주어진 대로 입력하시오. (5점)

| | A | B | C | D | E | F |
|---|---|---|---|---|---|---|
| 1 | 중앙 마트 고객 주문 현황 | | | | | |
| 2 | | | | | | |
| 3 | 고객번호 | 고객명 | 고객ID | 전화번호 | 주문내역 | 주소 |
| 4 | 060310 | 정하진 | 15-#-jung | 456-2845 | 운동화 | 경기도 성남시 |
| 5 | 060311 | 이석진 | 12-$-lee | 854-4598 | 화장품 | 서울 강남구 |
| 6 | 060313 | 최성진 | 74-*-choi | 458-2415 | 키보드 | 서울 강동구 |
| 7 | 060315 | 이현창 | 69-*-lee | 789-1235 | 운동화 | 경기도 광주시 |
| 8 | 060316 | 박호진 | 76-$-park | 741-8506 | 의류 | 서울 강서구 |
| 9 | 060312 | 김원형 | 55-&-kim | 785-6935 | 마우스 | 경기도 수원시 |
| 10 | 060314 | 이애숙 | 88-#-lee | 452-8669 | 스피커 | 경기도 이천시 |
| 11 | 060322 | 최창일 | 74-#-choi | 486-6354 | 화장품 | 경기도 파주시 |

**02** '기본작업-2' 시트에 대하여 다음의 지시사항을 처리하시오. (각 2점)

① [A1:H1] 영역은 '병합 후 가운데 맞춤', 글꼴 '궁서체', 크기 '16', 글꼴 스타일 '굵게', 밑줄 '실선(회계용)'으로 지정하시오.

② [A3:H3] 영역은 셀 스타일 '연한 파랑, 20%-강조색5'와 '가로 가운데 맞춤'으로 지정하시오.

③ [H7] 셀에 '성적 평가 우수자'라는 메모를 삽입한 후 항상 표시되도록 하시오.

④ [C4:C13] 영역은 사용자 지정 서식을 이용하여 '주민등록번호' 뒤에 '＊＊＊＊＊＊'를 표시하고, [F4:F13] 영역은 사용자 지정 표시 형식을 이용하여 숫자 앞에 '※', 숫자 뒤에 '년'을 표시하시오.

▶ 표시 예 : 890105-2 → 890105-2＊＊＊＊＊＊

▶ 표시 예 : 10 → ※10년, 0 → ※0년

⑤ [A3:H13] 영역은 '모든 테두리(田)'를 적용하시오.

**03** '기본작업-3' 시트의 [H12:K13] 영역을 복사한 후 [E1] 셀에 '연결된 그림' 붙여넣기를 이용하여 붙여 넣으시오. (5점)

▶ 단, 원본 데이터는 삭제하지 마시오.

**01** [표1]에서 학년이 1학년이고, 계열이 '문과'인 취업률 [D3:D9]의 평균을 구하여 [D10] 셀에 표시하시오. (8점)

- ▶ 취업률 평균은 내림하여 소수 1자리까지 표시 [표시 예 : 77.345→77.3 ]
- ▶ AVERAGEIFS, ROUNDDOWN 함수 사용

**02** [표2]에서 현재 날짜 [J1] 셀을 기준으로 10년 이상 근무한 사람은 '성과급대상'을, 그렇지 않으면 공백으로 성과급대상 [J3:J11]에 표시하시오. (8점)

- ▶ IF, YEAR 함수 사용

**03** [표3]에서 대상 [B14:B19]과 대상에 따른 할인율 [A23:E24]을 참조하여 할인된 금액을 계산하여 [D14:D19] 영역에 표시하시오. (8점)

- ▶ 할인된 금액은 '수강료×(1 − 할인율)'로 계산
- ▶ HLOOKUP, VLOOKUP 중 알맞은 함수를 선택하여 사용

**04** [표4]에서 근무평점 [I15:I21]에 대한 순위를 구하여 1위~3위는 '우수사원', 그 외에는 공백을 평가 [J15:J21]에 표시하시오. (8점)

- ▶ 순위는 근무평점이 가장 높은 경우가 1위
- ▶ IFERROR, CHOOSE, RANK.EQ 함수 사용

**05** [표5]에서 영화비용의 누적합계가 70,000 이상이면 '골드', 50,000 이상이면 '실버', 나머지는 '일반'을 누적 비용등급 [D28:D35] 영역에 표시하시오. (8점)

- ▶ IF, SUM 함수 사용

**01** '분석작업−1' 시트에 대하여 다음의 지시사항을 처리하시오.(10점)

'판매이익금액 계산표' 표에서 판매수량[B2]과 이익률[B5]에 대한 이익금액[B6]을 계산한 것이다. 판매수량과 이익률의 변화에 따른 이익금액을 [데이터 표] 기능을 이용하여 [C13:H20] 영역에 계산하시오.

**02** '분석작업−2' 시트에 대하여 다음의 지시사항을 처리하시오.(10점)

[목표값 찾기] 기능을 이용하여 '급여계산' 표에서 월평균급여[C7]가 2,500,000이 되려면 보너스 비율 [C3]이 몇 %가 되어야 하는지 계산하시오

**01** '매크로작업' 시트에서 다음과 같은 기능을 수행하는 매크로를 현재 통합 문서에 작성하고 실행하시오. (각 5점)

① [A3:F14] 영역에 대하여 '모든 테두리'를 적용하여 표시하는 매크로를 생성하여 실행하시오.

▶ 매크로 이름 : 테두리

▶ [개발 도구]-[삽입]-[양식 컨트롤]의 '단추(□)'를 동일 시트의 [H3:I4] 영역에 생성한 후 텍스트를 '테두리'로 입력하고, 단추를 클릭할 때 '테두리' 매크로가 실행되도록 설정하시오.

② [C14:F14] 영역에 보유량, 매입량, 판매량, 재고량의 최대값을 구하는 매크로를 생성하여 실행하시오.

▶ 매크로 이름 : 최대값　　　▶ MAX 함수 사용

▶ [도형]-[사각형]의 "사각형: 둥근 모서리(□)"를 동일 시트의 [H6:I7] 영역에 생성한 후 텍스트를 '최대값'으로 입력하고, 도형을 클릭할 때 '최대값' 매크로가 실행되도록 설정하시오.

※ 셀 포인터의 위치에 상관없이 현재 통합 문서에서 매크로가 실행되어야 정답으로 인정됨.

**02** '차트작업' 시트의 차트를 지시사항에 따라 아래 그림과 같이 수정하시오. (각 2점)

※ 차트는 반드시 문제에서 제공한 차트를 사용하여야 하며, 신규로 작성 시 0점 처리됨.

① '제품코드별'로 '1사분기수입량', '2사분기수입량'이 차트에 표시되도록 '누적 세로 막대형'으로 작성하시오.

② 차트 제목은 [A1] 셀에 연결하여 나타나도록 지정하시오.

③ 차트 영역에 채우기 기능을 이용하여 질감의 '파랑박엽지'를 지정하고, 그림 영역의 채우기 색은 '흰색-배경1'로 지정하시오.

④ '2사분기 수입량' 계열마다 데이터 레이블을 '값'으로 표시하되, 레이블의 위치를 '가운데'로 설정하시오.

⑤ 범례의 위치는 '위쪽' 범례 테두리에 '그림자(오프셋: 오른쪽 아래)', 채우기에 '흰색-배경1', 테두리색은 '실선'을 설정하시오.

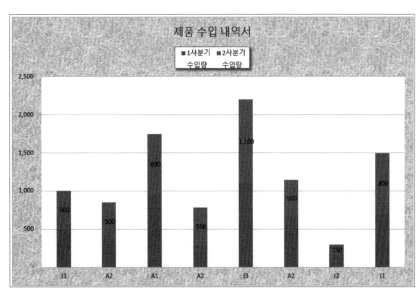

## 1 기본작업

### 02 | 서식 설정

| | A | B | C | D | E | F | G | H | I | J |
|---|---|---|---|---|---|---|---|---|---|---|
| 1 | | | 직업연수 능력 평가서 | | | | | | | |
| 2 | | | | | | | | | | |
| 3 | 사원번호 | 사원명 | 주민등록번호 | 직책 | 부서명 | 경력 | 자격증취득 여부 | 출석률 | | |
| 4 | 2001109 | 박상혁 | 890105-2****** | 사원 | 총무과 | ※4년 | 취득 | 45% | | |
| 5 | 2001108 | 박성원 | 841212-2****** | 대리 | 영업1부 | ※5년 | | 25% | | |
| 6 | 2001105 | 성재경 | 890506-1****** | 사장 | 기획실 | ※10년 | 취득 | 85% | 성적 평가 우수자 | |
| 7 | 2001106 | 류시영 | 740510-1****** | 대리 | 총무과 | ※2년 | 취득 | 100% | | |
| 8 | 2001104 | 손영대 | 760512-1****** | 부장 | 영업부 | ※2년 | | 65% | | |
| 9 | 2001103 | 송찬섭 | 781205-1****** | 과장 | 총무과 | ※5년 | 취득 | 85% | | |
| 10 | 2001107 | 오경은 | 880101-1****** | 대리 | 총무과 | ※3년 | | 98% | | |
| 11 | 2001111 | 임정일 | 750212-1****** | 사원 | 영업1부 | ※4년 | 취득 | 89% | | |
| 12 | 2001110 | 최원영 | 840212-2****** | 사원 | 총무과 | ※5년 | | 99% | | |
| 13 | 2001102 | 홍순권 | 891212-1****** | 상무 | 기획실 | ※15년 | 취득 | 80% | | |

### 03 | 그림 복사(연결하여 붙여넣기)

| | A | B | C | D | E | F | G |
|---|---|---|---|---|---|---|---|
| 1 | 성안조명 매입장 | | | | 결재 담당 | 과장 | 부장 |
| 2 | | | | | | | |
| 3 | 제품코드 | 제품명 | 매입처 | 주문수량 | 단가 | 마진율 | 판매가 |
| 4 | BH-22 | 서일-456 | 주영기전 | 45 | 55,000 | 25% | 80,000 |
| 5 | ZJ-34 | 제일-456 | 제일교역 | 12 | 640,000 | 20% | 800,000 |
| 6 | AJ-73 | 블랙-456 | 제일교역 | 6 | 1,910,000 | 35% | 2,100,000 |
| 7 | JA-82 | 영광485 | 제일교역 | 19 | 180,000 | 35% | 240,000 |
| 8 | ZZ-23 | 제일-875 | 빛광조명 | 15 | 40,000 | 45% | 48,000 |
| 9 | BZ-44 | 광성-K12 | 빛광조명 | 12 | 810,000 | 48% | 1,200,000 |
| 10 | ZJ-51 | 광성-K13 | 제일교역 | 22 | 770,000 | 38% | 1,090,000 |

## 2 계산작업

1. =ROUNDDOWN(AVERAGEIFS(D3:D9,A3:A9,"1",B3:B9,"문과"),1)

2. =IF(YEAR($J$1)-YEAR(H3)>=10,"성과급대상"," ")

3. =C14*(1-HLOOKUP(B14,$A$23:$E$24,2,0))

4. =IFERROR(CHOOSE(RANK.EQ(I15,$I$15:$I$21),"우수사원","우수사원","우수사원")," ")

5. =IF(SUM($C$28:C28)>=70000,"골드",IF(SUM($C$28:C28)>=50000,"실버","일반"))

## [표1] 학과별 취업현황

| 학년 | 계열 | 학과별 | 취업률(%) |
|---|---|---|---|
| 1 | 문과 | 기계과 | 75.1 |
| 2 | 이과 | 문학과 | 85.3 |
| 1 | 이과 | 영문학과 | 65.9 |
| 2 | 문과 | 건축과 | 63.4 |
| 1 | 문과 | 정보처리학과 | 45.9 |
| 2 | 이과 | 경제학과 | 84.5 |
| 1 | 문과 | 행정학과 | 91.2 |
| 1학년 문과의 취업률 평균 | | | 70.7 |

## [표2] 사원 관리 현황   현재 날짜 : 2020-07-27

| 사원명 | 직위 | 입사일 | 주민등록번호 | 성과급대상 |
|---|---|---|---|---|
| 김장혁 | 사원 | 2015-04-29 | 870621-123**** | |
| 이한손 | 부장 | 2006-07-06 | 820101-235**** | 성과급대상 |
| 최하영 | 과장 | 2009-11-29 | 840511-257**** | 성과급대상 |
| 김진혁 | 부장 | 2007-06-11 | 801204-154**** | 성과급대상 |
| 이명진 | 대리 | 2014-05-14 | 881012-146**** | |
| 최은진 | 사원 | 2016-12-19 | 810725-248**** | |
| 이선영 | 과장 | 2010-02-20 | 820904-215**** | 성과급대상 |
| 김소진 | 대리 | 2012-10-12 | 850424-242**** | |
| 한상혁 | 대리 | 2014-09-17 | 881119-138**** | |

## [표3] 학생할인 수강료 기준표

| 강습시간 | 대상 | 수강료 | 할인된금액 |
|---|---|---|---|
| 조조 | 초등학생 | 25,000 | 20,000 |
| 조조 | 중학생 | 25,000 | 21,250 |
| 조조 | 일반인 | 25,000 | 25,000 |
| 야간 | 초등학생 | 35,000 | 28,000 |
| 야간 | 고등학생 | 35,000 | 31,500 |
| 야간 | 일반인 | 35,000 | 35,000 |

## [표4] 근무자료

| 성명 | 결근일수 | 근무일 | 근무평점 | 평가 |
|---|---|---|---|---|
| 김연곤 | 3 | 80 | 30 | |
| 노재금 | 1 | 90 | 43 | 우수사원 |
| 양윤식 | 2 | 84 | 33 | |
| 이윤재 | 2 | 85 | 38 | |
| 최영복 | 0 | 91 | 45 | 우수사원 |
| 한병전 | 4 | 75 | 27 | |
| 한화순 | 1 | 89 | 40 | 우수사원 |

### <대상에 따른 할인율>

| 대상 | 일반인 | 고등학생 | 중학생 | 초등학생 |
|---|---|---|---|---|
| 할인율 | 0% | 10% | 15% | 20% |

## [표5] 영화등급현황

| 관람날짜 | 관람지역 | 영화비용 | 누적비용등급 |
|---|---|---|---|
| 2020-11-01 | 강북 | 10,000 | 일반 |
| 2020-11-15 | 강남 | 15,000 | 일반 |
| 2020-12-05 | 수원 | 5,000 | 일반 |
| 2021-01-02 | 분당 | 6,000 | 일반 |
| 2021-02-02 | 강남 | 15,000 | 실버 |
| 2021-02-03 | 분당 | 4,500 | 실버 |
| 2021-04-05 | 판교 | 8,500 | 실버 |
| 2021-05-05 | 수원 | 7,500 | 골드 |

# 3 분석작업

## 01 | 데이터 표

| 판매수량 | 300 |
|---|---|
| 판매단가 | 1,500 |
| 실판매금액 | 450,000 |
| 이익율 | 15% |
| 이익금액 | 67,500 |

### 판매 이익금액 계산표

| | | 판매수량 | | | | | |
|---|---|---|---|---|---|---|---|
| | 67,500 | 100 | 200 | 300 | 400 | 500 | 600 |
| 이익율 | 5% | 7,500 | 15,000 | 22,500 | 30,000 | 37,500 | 45,000 |
| | 10% | 15,000 | 30,000 | 45,000 | 60,000 | 75,000 | 90,000 |
| | 15% | 22,500 | 45,000 | 67,500 | 90,000 | 112,500 | 135,000 |
| | 20% | 30,000 | 60,000 | 90,000 | 120,000 | 150,000 | 180,000 |
| | 25% | 37,500 | 75,000 | 112,500 | 150,000 | 187,500 | 225,000 |
| | 30% | 45,000 | 90,000 | 135,000 | 180,000 | 225,000 | 270,000 |
| | 35% | 52,500 | 105,000 | 157,500 | 210,000 | 262,500 | 315,000 |
| | 40% | 60,000 | 120,000 | 180,000 | 240,000 | 300,000 | 360,000 |

## 02 | 목표값 찾기

| | A | B | C |
|---|---|---|---|
| 1 | | 급여계산 | |
| 2 | | 기본급 | 1,600,000 |
| 3 | | 보너스비율 | 47% |
| 4 | | 근무수당 | 756,000 |
| 5 | | 세금 | 144,000 |
| 6 | | | |
| 7 | | 월평균급여 | 2,500,000 |

# 4 기타작업

## 01 | 매크로

| | A | B | C | D | E | F | G | H | I |
|---|---|---|---|---|---|---|---|---|---|
| 1 | | | 제품 재고 현황 | | | | | | |
| 2 | | | | | | | | | |
| 3 | 제품코드 | 제품명 | 보유량 | 매입량 | 판매량 | 재고량 | | 테두리 | |
| 4 | MO-01 | 모니터 | 100 | 10 | 50 | 60 | | | |
| 5 | KEY101 | 키보드 | 150 | 45 | 100 | 95 | | | |
| 6 | SPE465 | 스피커 | 450 | 152 | 150 | 452 | | 최대값 | |
| 7 | MOUS369 | 마우스 | 95 | 145 | 100 | 140 | | | |
| 8 | CP785 | CPU | 85 | 140 | 23 | 202 | | | |
| 9 | RAM745 | RAM | 150 | 25 | 152 | 23 | | | |
| 10 | MB789 | MAINBOARD | 185 | 45 | 100 | 130 | | | |
| 11 | SC852 | 사운드카드 | 450 | 263 | 210 | 503 | | | |
| 12 | LAN785 | 랜카드 | 520 | 250 | 152 | 618 | | | |
| 13 | DMB778 | DMB 수신기 | 263 | 180 | 132 | 311 | | | |
| 14 | 최대값 | | 520 | 263 | 210 | 618 | | | |

## 02 | 차트

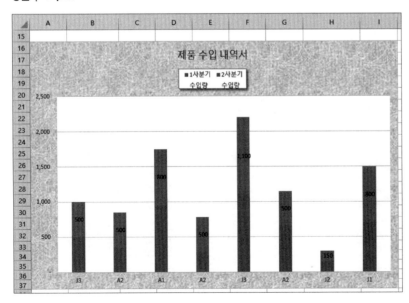

## 문제1 ○ 기본작업

### 1 자료 입력('기본작업-1' 시트)

주어진 대로 각 셀에 맞게 데이터를 입력합니다.

### 2 서식 설정('기본작업-2' 시트)

① [A1:H1] 영역을 범위 지정한 후 **Ctrl**+**1** 키를 눌러 [셀 서식]의 [맞춤] 탭에서 '가로 가운데, 셀 병합 : 체크'를 설정합니다.

② [글꼴] 탭에서 '글꼴 : 궁서체, 밑줄 : 실선(회계용), 글꼴 스타일 : 굵게, 크기 : 16'을 설정한 후 [확인]을 클릭합니다.

③ [A3:H3] 영역을 범위 지정하고 [홈] 탭-[스타일] 그룹-[셀 스타일(🖌)]에서 '연한 파랑 20%-강조색5'를 선택한 후 맞춤에서 가로 '가운데 맞춤(≡)'을 클릭합니다.

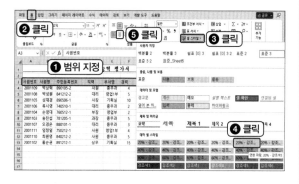

④ [H7] 셀에서 마우스 오른쪽 버튼을 클릭한 후 [메모 삽입]을 클릭하고 메모에 입력된 기존 사용자 이름을 지운 다음 『성적 평가 우수자』를 입력합니다.

⑤ [H7] 셀에서 마우스 오른쪽 버튼을 누른 후 [메모 표시/숨기기]를 클릭합니다.

⑥ [C4:C13] 영역을 범위 지정하고 **Ctrl**+**1** 키를 눌러 [표시 형식] 탭의 [사용자 지정]에서 '형식'에 『@"******"』을 입력한 후 [확인]을 클릭합니다.

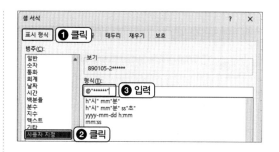

⑦ [F4:F13] 영역을 범위 지정하고 **Ctrl**+**1** 키를 눌러 [표시 형식] 탭의 [사용자 지정]에서 '형식'에 『"※"0"년"』을 입력한 후 [확인]을 클릭합니다. (특수문자 '※'는 ㅁ+**한자** 키를 이용하여 입력함)

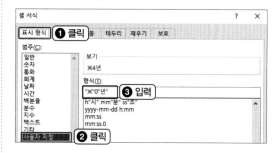

⑧ [A3:H13] 영역을 범위 지정하고 [홈] 탭-[글꼴] 그룹-[테두리]의 목록 단추를 클릭한 후 '모든 테두리(⊞)'를 선택합니다.

### 3 그림 복사

① '기본작업-3' 시트에서 [H12:K13] 영역을 범위 지정한 후 **Ctrl**+**C** 키를 눌러 복사합니다.

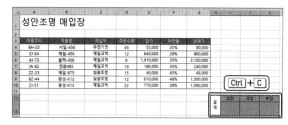

② [E1] 셀을 클릭한 후 [홈] 탭-[클립보드] 그룹-[붙여넣기(📋)]-[기타 붙여넣기 옵션]-[연결된 그림(📸)]을 클릭합니다.

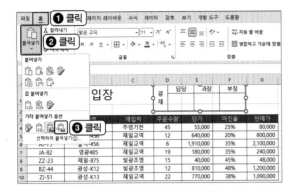

## 할인된금액 [D14:D19]

[D14] 셀에 『=C14*(1-HLOOKUP(B14,$A$23:$E$24,2,0))』을 입력하고 [D19] 셀까지 수식을 복사합니다.

> **멘토의 한 수**
>
> ❷
> =C14*(1-HLOOKUP(B14,$A$23:$E$24,2,FALSE))
> ❶
>
> ❶ 대상[B14]의 값 '초등학생'을 범위[A23:E24]에서 찾아 2행에 해당하는 값 20%를 출력
> ❷ C14*(1-❶) : 25,000*(1-20%)의 값 20,000을 출력
> * HLOOKUP의 마지막 문자가 1(TRUE)이면 유사 일치, 0(FALSE)이면 정확히 일치

---

### 문제2 ● 계산작업('계산작업' 시트)

#### 1 1학년 문과의 취업률 평균 [D10]

[D10] 셀을 선택한 후 『=ROUNDDOWN(AVERAGEIFS(D3:D9,A3:A9,"1",B3:B9,"문과"),1)』을 입력합니다.

> **멘토의 한 수**
>
> =ROUNDDOWN(AVERAGEIFS(D3:D9,A3:A9,"1",B3:B9,"문과"),1)
> ❶
> ❷
>
> ❶ 학년[A3:A9] 범위에서 '1'학년이고, 계열[B3:B9] 범위에서 '문과'에 해당하는 취업률[D3:D9] 값의 평균인 70.733을 구함
> ❷ ROUNDDOWN(❶,1) : ❶의 값 70.733에서 내림하여 소수점 1자리까지의 값인 70.7을 구함

#### 2 성과급대상 [J3:J11]

[J3] 셀에 『=IF(YEAR($J$1)-YEAR(H3)>=10,"성과급대상","")』을 입력하고 [J11] 셀까지 수식을 복사합니다.

> **멘토의 한 수**
>
> ❷
> =IF(YEAR($J$1)-YEAR(H3)>=10,"성과급대상","")
> ❶
>
> ❶ 2020-08-28의 년도 2020년에서 2015-04-29의 년도 2015를 뺀 5를 구하여 10년 이상인지 판별
> ❷ IF(❶,"성과급대상","") : ❶의 조건을 만족하면 '성과급대상'을 구하고 아니면 ""을 출력

#### 4 평가 [J15:J21]

[J15] 셀에 『=IFERROR(CHOOSE(RANK.EQ(I15,$I$15:$I$21),"우수사원","우수사원","우수사원"),"")』을 입력하고 [J21] 셀까지 수식을 복사합니다.

> **멘토의 한 수**
>
> ❶
> =IFERROR(CHOOSE(RANK.EQ(I15,$I$15:$I$21),"우수사원","우수사원","우수사원"),"")
> ❷
> ❸
>
> ❶ 근무평점[I15]의 값 30이 근무평점[I15:I21] 범위에서 해당하는 순위인 6을 출력
> ❷ CHOOSE(❶, "우수사원","우수사원","우수사원") : ❶의 값 순서로 1~30이면 '우수사원'을 출력
> ❸ IFERROR(❷, "") : ❷의 값이 오류가 나면 ""으로 표시함

#### 5 누적비용등급 [D28:D35]

[D28] 셀에 『=IF(SUM($C$28:C28)>=70000,"골드",IF(SUM($C$28:C28)>=50000,"실버","일반"))』을 입력하고 [D35] 셀까지 수식을 복사합니다.

> **멘토의 한 수**
>
> =IF(SUM($C$28:C28)>=70000,"골드",IF(SUM($C$28:C28)>=50000,"실버","일반"))
> ❷
>
> ❶ SUM($C$28:C28) : $C$28이 절대참조로 고정되어 있어 자동채우기를 하면 누적합계를 출력
> ❷ IF(❶)>=70000,"골드", ❶)>=50000,"실버","일반")) : ❶의 값이 10,000이므로 '일반'을 출력

## 문제3 ◦ 분석작업

### 1 데이터 표('분석작업-1' 시트)

① [B12] 셀에 『=B6』을 입력한 후 Enter 키를 눌러 이익 금액의 수식을 복사합니다.

② [B12:H20] 영역을 범위 지정한 후 [데이터] 탭-[예측] 그룹-[가상분석(⊞)]-[데이터 표]를 클릭합니다.

③ [데이터 표] 대화상자에서 '행 입력 셀 : B2', '열 입력 셀 : B5'를 선택한 후 [확인]을 클릭합니다.

### 2 목표값 찾기('분석작업-2' 시트)

① [C7] 셀을 클릭한 후 [데이터] 탭-[예측] 그룹-[가상분석(⊞)]-[목표값 찾기]를 클릭합니다.

② [목표값 찾기] 대화상자에서 '수식 셀'에 [C7] 셀을 선택하고, '찾는 값'에 『2500000』을 입력한 후, '값을 바꿀 셀'은 [C3]을 선택하고 [확인]을 클릭합니다.

③ [목표값 찾기 상태] 대화상자에서 [확인]을 클릭합니다.

## 문제4 ◦ 기타작업

### 1 매크로 작성('매크로작업' 시트)

① [개발 도구] 탭-[코드] 그룹-[매크로 기록(▣)] 도구를 클릭한 후 [매크로 기록] 대화상자의 '매크로 이름'에 『테두리』를 입력하고 [확인]을 클릭합니다.

② [A3:F14] 영역을 범위 지정하고 [홈] 탭-[글꼴] 그룹-[테두리]의 목록 단추를 클릭한 후 '모든 테두리(⊞)'를 선택합니다.

③ 지정된 영역을 해제한 후 [개발 도구] 탭-[코드] 그룹-[기록 중지(□)]를 클릭하여 매크로를 중지합니다.

④ [개발 도구] 탭-[컨트롤] 그룹-[삽입]-[양식 컨트롤]-'단추(▭)'를 선택한 후 Alt 키를 누른 상태로 [H3:I4] 영역에 드래그합니다.

⑤ [매크로 지정] 대화상자에서 '테두리'를 선택하고 [확인]을 클릭한 후 삽입된 단추의 텍스트를 『테두리』로 수정합니다.

⑥ [개발 도구] 탭-[코드] 그룹-[매크로 기록(▣)] 도구를 클릭한 후 [매크로 기록] 대화상자의 '매크로 이름'에 『최대값』을 입력하고 [확인]을 클릭합니다.

⑦ [C4:F14] 영역을 범위 지정한 후 [홈] 탭-[편집] 그룹에서 [자동 합계(Σ)] 목록 단추(▼)를 클릭하고 [최대값]을 선택하여 계산합니다.

⑧ 지정된 영역을 해제한 후 [개발 도구] 탭-[코드] 그룹-[기록 중지(□)]를 클릭하여 매크로를 중지합니다.

⑨ [삽입] 탭-[일러스트레이션] 그룹-[도형]의 '사각형'에서 '사각형: 둥근 모서리(▭)' 도형을 선택하고 [H6:I7] 영역에 드래그하여 위치시킨 후 도형에 『최대값』을 입력합니다.

⑩ 도형에서 마우스 오른쪽 버튼을 클릭하고 [매크로 지정]을 선택한 후 [매크로 지정] 대화상자에서 '최대값'을 선택하고 [확인]을 클릭합니다.

## ② 차트 작성('차트작업' 시트)

① 차트 영역을 선택한 후 [디자인] 탭-[데이터] 그룹에서 [데이터 선택(▦)] 도구를 클릭합니다.

② [데이터 원본 선택] 대화상자의 '가로(항목) 축 레이블'에서 [편집]을 클릭합니다.

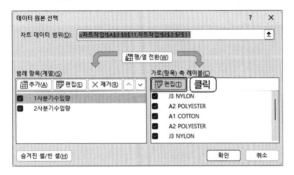

③ [축 레이블] 대화상자에서 '축 레이블 범위'에 [A4:A11] 영역을 범위 지정하고 [확인]을 클릭한 후 [데이터 원본 선택] 대화상자에서 [확인]을 클릭합니다.

| ▲ | A | B | C | D | E<br>1사분기<br>수입량 | F<br>2사분기<br>수입량 | G<br>단가(원) | H<br>수입 |
|---|---|---|---|---|---|---|---|---|
| 3 | 제품코드 | 수입품목 | 수입국 | 단가 | | | | |
| 4 | J3 | NYLON | 일본 | | | | | |
| 5 | A2 | POLYESTER | 미국 | | | | | |
| 6 | A1 | COTTON | 미국 | | | | | |
| 7 | A2 | POLYESTER | 미국 | | | | | |
| 8 | J3 | NYLON | 일본 | | | | | |
| 9 | A2 | POLYESTER | 미국 | | | | | |
| 10 | J2 | POLYESTER | 일본 | 38 | 150 | 800 | 190 | |
| 11 | J1 | COTTON | 일본 | 54 | 700 | 800 | 270 | |
| 12 | 일본 총합계 | | | | 2,450 | 2,550 | 945 | 1,1 |
| 13 | 미국 총합계 | | | | 2,230 | 2,300 | 2,025 | 2,1 |

④ 차트 영역에서 마우스 오른쪽 버튼을 클릭하고 [차트 종류 변경(▥)]을 선택합니다. [차트 종류 변경] 대화상자의 [모든 차트] 탭에서 '세로 막대형'의 '누적 세로 막대형'을 선택하고 [확인]을 클릭합니다.

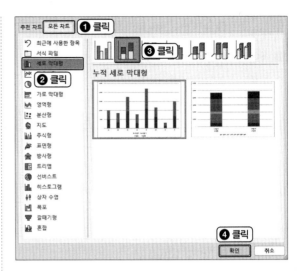

⑤ 차트 영역을 선택한 후 [차트 요소(十)]를 클릭하고, '차트 제목'에 체크한 후 생성된 차트 제목을 선택합니다. '수식 입력줄'에서 『=』을 입력한 후 [A1] 셀을 클릭하고 Enter 키를 누릅니다.

⑥ 차트 영역을 선택하고 [서식] 탭-[도형 스타일] 그룹-[도형 채우기(♨)]-[질감]에서 '파랑 박엽지'를 선택합니다.

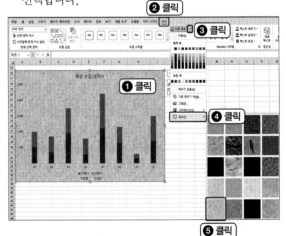

⑦ 그림 영역을 선택하고 [서식] 탭-[도형 스타일] 그룹-[도형 채우기(🎨)]에서 '흰색-배경1'을 선택합니다.

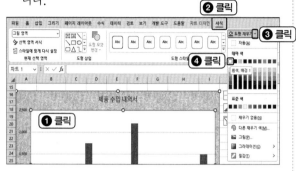

⑧ '2사분기 수입량' 계열을 선택한 후 [차트 요소(➕)]에서 [데이터 레이블 ▶]-[가운데 맞춤]을 선택합니다.

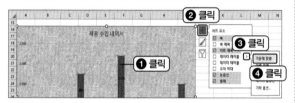

⑨ 범례를 선택한 후 마우스 오른쪽 버튼을 클릭하고 [범례 서식]을 클릭한 후 [범례 서식] 창의 '범례 옵션(📊)'에서 '위쪽'을 선택합니다.

⑩ [범례 서식]에서 '채우기 및 선(🎨)'의 '채우기'에서 '단색 채우기'를 선택하고, 색을 '흰색-배경1'로 지정한 후 '테두리'에서 '실선'을 선택합니다.

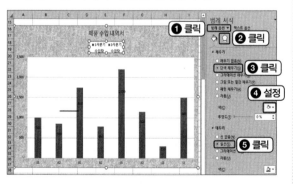

⑪ [범례 서식]에서 '효과(🔲)'의 '그림자'-'미리 설정'에서 '오프셋: 오른쪽 아래' 그림자를 선택합니다.

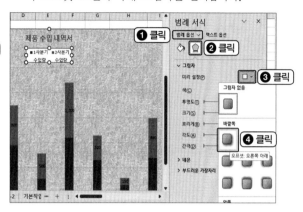

**6회 기출유형 모의고사**

무료 동영상

| 프로그램명 | 제한시간 |
|---|---|
| EXCEL 2021 | 40분 |

수험번호 : _____

성  명 : _____

# 2급 · A형

**유의사항**

- 인적 사항 누락 및 잘못 작성으로 인한 불이익은 수험자 책임으로 합니다.

- 화면에 암호 입력창이 나타나면 아래의 암호를 입력합니다.
  - 암호 : 5661%4

- 작성된 답안은 주어진 경로 및 파일명을 변경하지 마시고 그대로 저장해야 합니다.
  이를 준수하지 않으면 실격 처리됩니다.
  - 답안 파일명의 예: C:₩OA₩수험번호8자리.xlsm

- 외부 데이터 위치: C:₩OA₩파일명

- 별도의 지시사항이 없는 경우, 다음과 같이 처리 시 실격 처리됩니다.
  - 제시된 시트 및 개체의 순서나 이름을 임의로 변경한 경우
  - 제시된 시트 및 개체를 임의로 추가 또는 삭제한 경우
  - 외부 데이터를 시험 시작 전에 열어본 경우

- 답안은 반드시 문제에서 지시 또는 요구한 셀에 입력하여야 하며 다음과 같이 처리 시 채점 대상에서 제외됩니다.
  - 제시된 함수가 있을 경우 제시된 함수만을 사용하여야 하며 그 외 함수 사용 시 채점대상에서 제외
  - 수험자가 임의로 지시하지 않은 셀의 이동, 수정, 삭제, 변경 등으로 인해 셀의 위치 및 내용이 변경된 경우 해당 작업에 영향을 미치는 관련 문제 모두 채점 대상에서 제외
  - 도형 및 차트의 개체가 중첩되어 있거나 동일한 계산결과 시트가 복수로 존재할 경우 해당 개체나 시트는 채점 대상에서 제외

- 수식 작성 시 제시된 문제 파일의 데이터는 변경 가능한(가변적) 데이터임을 감안하여 문제 풀이를 하시오.

- 별도의 지시사항이 없는 경우, 주어진 각 시트 및 개체의 설정값 또는 기본 설정값(Default)으로 처리하시오.

- 저장 시간은 별도로 주어지지 않으므로 제한된 시간 내에 저장을 완료해야 하며, 제한 시간 내에 저장이 되지 않은 경우에는 실격 처리됩니다.

- 출제된 문제의 용어는 Microsoft Office 2021(LTSC 2108 버전)로 작성되어 있습니다.

# 대 한 상 공 회 의 소

◉ 예제 파일 : 컴활2급\5.모의고사\기출유형모의고사6(문제).xlsm
◎ 결과 파일 : 컴활2급\5.모의고사\기출유형모의고사6(정답).xlsm

**문제 1** 기본작업(20점) • 주어진 시트에 대하여 다음 작업을 수행하고 저장하시오.

**01** '기본작업-1' 시트에 다음의 자료를 주어진 대로 입력하시오. (5점)

| | A | B | C | D | E | F | G |
|---|---|---|---|---|---|---|---|
| 1 | 상공 연수원 연수생 현황 | | | | | | |
| 2 | | | | | | | |
| 3 | 연수코드 | 연수일 | 성명 | 성별 | 주소 | 연수비용 | 연수교실 |
| 4 | JS-123 | 2024-02-10 | 노재금 | 남자 | 성남시 | 50000 | 303호 |
| 5 | AS-200 | 2024-10-12 | 이윤희 | 여자 | 서울시 | 20000 | 301호 |
| 6 | SG-300 | 2024-08-10 | 김옥배 | 여자 | 수원시 | 30000 | 303호 |
| 7 | ES-601 | 2024-09-25 | 김한호 | 남자 | 서울시 | 25000 | 304호 |
| 8 | GT-400 | 2024-04-06 | 한병옥 | 여자 | 안산시 | 10000 | 305호 |
| 9 | GS-511 | 2024-11-20 | 조정만 | 남자 | 성남시 | 40000 | 306호 |
| 10 | SG-300 | 2024-08-10 | 김일호 | 여자 | 수원시 | 30000 | 303호 |
| 11 | ES-601 | 2024-09-25 | 최한식 | 남자 | 서울시 | 25000 | 304호 |

**02** '기본작업-2' 시트에 대하여 다음의 지시사항을 처리하시오. (각 2점)

① [A1:F1] 영역은 '병합하고 가운데 맞춤', 글꼴 '굴림체', 크기 '17', 글꼴 색 '표준 색(흰색-배경1)', 채우기 색 '표준 색-파랑'으로 지정하시오.

② [F3] 셀은 사용자 지정 표시 형식을 이용하여 날짜 형식을 '일'과 '요일' 형식으로 지정하시오.
[표시 예 : 2024-06-05 → 05(수요일)]

③ [F5:F13] 영역은 사용자 지정 표시 형식을 이용하여 양수이면 '※' 기호와 천원 단위를 생략하여 표시한 후 '천원'을 붙여 표시하고, 0일 경우 '※' 기호와 천원 단위를 생략하고 숫자 뒤에 '원'을 표시하고, 모든 값은 소수점 자릿수 없이 표시하시오.
▶ 표시 예 : 225000 → ※225천원, 0 → 0원

④ [H5] 셀을 복사하여 대여기간[C5:C12] 영역에 '값'만 '곱하기' 기능으로 '선택하여 붙여넣기' 하시오.

⑤ [A4:F13] 영역에 '모든 테두리(⊞)'를 적용하여 표시하고, [C13:E13] 영역에는 '왼쪽 대각선(⬚)'으로 표시하시오.

**03** '기본작업-3' 시트에 대하여 다음의 지시사항을 처리하시오. (5점)

'거래처별 거래 내역서' 표에서 수량이 수량의 전체 평균 이상인 행 전체의 글꼴 스타일을 '굵은 기울임'에 글꼴 색을 '파랑'으로 지정하는 조건부 서식을 작성하시오.
▶ AVERAGE 함수 사용
▶ 규칙 유형은 '수식을 사용하여 서식을 지정할 셀 결정'을 이용하시오.

**01** [표1]에서 1차점수가 1차점수의 평균 이상이고, 2차점수가 2차점수의 평균 이상이면 "우수", 그렇지 않으면 공백으로 평가 [D3:D10]에 표시하시오. (8점)

▶ IF, AND, AVERAGE 함수 사용

**02** [표2]에서 주민등록번호 [G3:G11]의 앞에 두 자리를 이용하여 나이를 [H3:H11] 영역에 표시하시오. (8점)

▶ 나이＝현재날짜년도－주민등록번호 앞의 두 자리－1900
▶ YEAR, NOW, LEFT 함수 사용

**03** [표3]에서 코드, 제조일자, 구분표를 이용하여 제품코드를 [D14:D21] 영역에 표시하시오. (8점)

▶ 제품코드는 '코드' 뒤에 '－', '제조일자' 중 월 뒤에 '－', '구분표'를 연결한 후 대문자로 변환한 것임.
▶ 표시 예 : 코드가 ha, 제조일자 2021－11－01, 구분표 se이면 → HA－11－SE
▶ UPPER, MONTH 함수와 & 연산자 사용

**04** [표4]에서 생년월일 [G15:G23]의 날짜에 따른 요일을 구하여 요일[H15:H23] 영역에 표시하시오. (8점)

▶ 표시 예 : 1974－05－06 → 월요일
▶ CHOOSE, WEEKDAY 함수 사용

**05** [표5]에서 제조사코드[B26:B34]의 왼쪽 한자리, 제품코드[C26:C34]의 오른쪽 세 자리와 제품명표 [F26:G32]를 이용하여 제품명[D26:D34]을 표시하시오. (8점)

▶ VLOOKUP, LEFT, RIGHT 함수와 & 연산자 사용

**01** '분석작업-1' 시트에 대하여 다음의 지시사항을 처리하시오. (10점)

[시나리오 관리자] 기능을 이용하여 '재고부담률 계산시나리오' 표에서 생산량[B3]과 판매량[B4]이 다음과 같이 변동하는 경우 재고부담률[B11]의 변동 시나리오를 작성하시오.

▶ 셀 이름 정의 : [B3] 셀은 '생산량', [B4] 셀은 '판매량', [B11] 셀은 '재고부담률'로 정의하시오.
▶ 시나리오1 : 시나리오 이름은 '생산/판매변화1', 생산량은 4,000, 판매량은 3,000으로 설정하시오.
▶ 시나리오2 : 시나리오 이름은 '생산/판매변화2', 생산량은 5,000, 판매량은 4,000으로 설정하시오.
▶ 위 시나리오에 의한 '시나리오 요약' 보고서는 '분석작업-1' 시트 바로 앞에 위치시키시오.
※ 시나리오 요약 보고서 작성 시 정답과 일치하여야 하며, 오자로 인한 부분 점수는 인정하지 않음.

**02** '분석작업-2' 시트에 대하여 다음의 지시사항을 처리하시오. (10점)

데이터 도구 [통합] 기능을 이용하여 1월 급여 지급 현황[A2:H11], 2월 급여 지급 현황[A14:H22], 3월 급여 지급 현황[A25:H32]에 대한 '기본급', '수당', '상여금', '세금', '실수령액'의 합계를 '1/4분기 급여 지급 현황'의 표에 표기되어 있는 항목만 [J2:O11] 영역에 계산하시오.

**01** '매크로작업' 시트에서 다음과 같은 기능을 수행하는 매크로를 현재 통합 문서에 작성하고 실행하시오. (각 5점)

① [C13:F13] 영역에 평균을 계산하는 매크로를 생성하여 실행하시오.

▶ 매크로 이름 : 평균          ▶ AVERAGE 함수 사용

▶ [도형]−[기본 도형]의 '사각형: 빗면(▱)'을 동일 시트의 [B15:C16] 영역에 생성한 후 텍스트를 "평균"으로 입력하고, 텍스트 맞춤을 가로 '가운데', 세로 '가운데'로 설정하고, 도형을 클릭할 때 '평균' 매크로가 실행되도록 설정하시오.

② [A3:F3] 영역에 출력 스타일을 적용하는 '출력' 매크로를 생성하여 실행하시오.

▶ 매크로 이름 : 출력

▶ [개발 도구]−[삽입]−[양식 컨트롤]의 '단추(▭)'를 동일 시트의 [E15:F16] 영역에 생성한 후 텍스트를 "출력"으로 입력하고, 단추를 클릭할 때 '출력' 매크로가 실행되도록 설정하시오.

※ 셀 포인터의 위치에 상관없이 현재 통합 문서에서 매크로가 실행되어야 정답으로 인정됨.

**02** '차트작업' 시트의 차트를 지시사항에 따라 아래 그림과 같이 수정하시오. (각 2점)

※ 차트는 반드시 문제에서 제공한 차트를 사용하여야 하며, 신규로 작성 시 0점 처리됨.

① 가로 (항목) 축 레이블에 수입년도의 2020, 2021, 2022, 2023, 2024가 들어가도록 범위를 지정하시오.

② '수입금액' 계열의 차트 종류를 '표식이 있는 꺾은선형'으로 변경하고, '보조 축'으로 지정하시오.

③ '수입금액' 데이터 계열 중 2024년에만 데이터 레이블 값(오른쪽)을 표시하시오.

④ 범례를 제거한 후 데이터 표(범례표지 포함)를 지정하시오.

⑤ 보조 세로 (값) 축 눈금의 표시 단위를 '백만'으로 지정하시오.

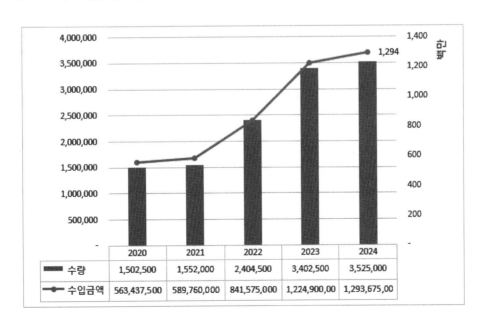

## 1 기본작업

### 02 | 서식 설정

| A | B | C | D | E | F |
|---|---|---|---|---|---|
| 자동차 렌탈 현황 | | | | | |
| | | | | | |
| | | | | | 30(화요일) |
| 차량코드 | 고객명 | 대여기간 | 대여금액 | 할인율 | 금액 |
| AV-013 | 노재금 | 10 | 250,000 | 10% | ※225천원 |
| MZ-023 | 이윤재 | 20 | 500,000 | 5% | ※475천원 |
| 행사차량 | 김옥배 | 20 | - | 100% | 0원 |
| SR-233 | 김한호 | 30 | 750,000 | 10% | ※675천원 |
| BV-853 | 한병옥 | 20 | 500,000 | 15% | ※425천원 |
| 행사차량 | 조점만 | 10 | - | 100% | 0원 |
| SM-035 | 안종섭 | 10 | 250,000 | 7% | ※233천원 |
| BV-523 | 김용호 | 20 | 500,000 | 4% | ※480천원 |
| 평균 | | | | | ※314천원 |

### 03 | 조건부 서식

| A | B | C | D | E | F |
|---|---|---|---|---|---|
| 거래처별 거래 내역서 | | | | | |
| | | | | | |
| 일자 | 거래처 | 품명 | 단가 | 수량 | 금액 |
| 2024-01-07 | 상공 | 시트커버 | 67,000 | 21 | 1,407,000 |
| 2024-05-31 | 대한 | 냉온장고 | 245,000 | 11 | 2,695,000 |
| 2024-06-09 | 공동 | 냉온장고 | 245,000 | 24 | 5,880,000 |
| 2024-06-13 | 유진 | 공기청정기 | 44,000 | 7 | 308,000 |
| 2024-06-14 | 상공 | 냉온장고 | 245,000 | 19 | 4,655,000 |
| 2024-06-14 | 상공 | 타이어 | 23,000 | 19 | 437,000 |
| 2024-06-17 | 스피드 | 파워핸들 | 16,000 | 10 | 160,000 |
| 2024-06-28 | 상공 | 시트커버 | 67,000 | 27 | 1,809,000 |
| 2024-06-28 | 공동 | 타이어 | 16,000 | 29 | 464,000 |
| 2024-07-06 | 공동 | 에어컨 | 23,000 | 5 | 115,000 |
| 2024-07-06 | 공동 | 냉장고 | 245,000 | 13 | 3,185,000 |
| 2024-07-16 | 스피드 | 시트커버 | 67,000 | 34 | 2,278,000 |
| 2024-07-26 | 유진 | 시트커버 | 67,000 | 29 | 1,943,000 |

## 2 계산작업

1. =IF(AND(B3>=AVERAGE($B$3:$B$10),C3>=AVERAGE($C$3:$C$10)),"우수"," ")

2. =YEAR(NOW())-LEFT(G3,2)-1900

3. =UPPER(A14&"-"&MONTH(B14)&"-"&C14)

4. =CHOOSE(WEEKDAY(G15),"일요일","월요일","화요일","수요일","목요일","금요일","토요일")

5. =VLOOKUP(LEFT(B26,1)&RIGHT(C26,3),$F$27:$G$32,2,0)

| | A | B | C | D | E | F | G | H |
|---|---|---|---|---|---|---|---|---|
| 1 | [표1] | 성적표 | | | | [표2] | 직원현황 | |
| 2 | 성명 | 1차점수 | 2차점수 | 평가 | | 성명 | 주민등록번호 | 나이 |
| 3 | 김아람 | 80 | 82 | | | 채미영 | 720312-2****** | 51 |
| 4 | 나영희 | 92 | 80 | 우수 | | 이길진 | 681224-1****** | 55 |
| 5 | 박시영 | 92 | 98 | 우수 | | 정인영 | 701015-1****** | 53 |
| 6 | 임영아 | 64 | 87 | | | 정미경 | 720405-2****** | 51 |
| 7 | 안효동 | 86 | 92 | 우수 | | 이정현 | 710654-1****** | 52 |
| 8 | 이신세 | 87 | 67 | | | 김한길 | 670608-1****** | 56 |
| 9 | 한인영 | 66 | 45 | | | 박상중 | 690811-1****** | 54 |
| 10 | 김채영 | 75 | 60 | | | 최여진 | 730405-2****** | 50 |
| 11 | | | | | | 이창현 | 740506-1****** | 49 |
| 12 | [표3] | 생산품목 현황 | | | | [표4] | 회원 생일 현황 | |
| 13 | 코드 | 제조일자 | 구분표 | 제품코드 | | 성명 | 생년월일 | 요일 |
| 14 | ha | 2024-01-01 | se | HA-1-SE | | 이영진 | 1974-05-06 | 월요일 |
| 15 | tu | 2024-02-01 | in | TU-2-IN | | 한율아 | 1974-12-24 | 화요일 |
| 16 | it | 2024-01-30 | bu | IT-1-BU | | 김명주 | 1970-12-11 | 금요일 |
| 17 | ms | 2024-02-15 | da | MS-2-DA | | 홍상원 | 1963-12-10 | 화요일 |
| 18 | ki | 2024-01-22 | se | KI-1-SE | | 이미영 | 1968-07-13 | 토요일 |
| 19 | it | 2024-01-02 | in | IT-1-IN | | 이인숙 | 1977-11-23 | 수요일 |
| 20 | ms | 2024-02-15 | bu | MS-2-BU | | 기현정 | 1984-12-21 | 금요일 |
| 21 | wi | 2024-01-29 | da | WI-1-DA | | 이세진 | 1954-12-08 | 수요일 |
| 22 | | | | | | 이난영 | 1978-12-29 | 금요일 |
| 23 | | | | | | | | |
| 24 | [표5] | 대리점별 제품 판매 현황 | | | | | | |
| 25 | 대리점 | 제조사코드 | 제품코드 | 제품명 | | 제품명표 | | |
| 26 | 강남지점 | T-13 | KOR-18 | 로봇청소기 | | 코드 | 제품명 | |
| 27 | 경기지점 | W-13 | KOR-17 | OLEDTV | | W-17 | OLEDTV | |
| 28 | 부산지점 | T-14 | KOR-18 | 로봇청소기 | | W-18 | 빨래건조기 | |
| 29 | 대전지점 | W-13 | KOR-18 | 빨래건조기 | | W-19 | 무선청소기 | |
| 30 | 강남지점 | T-12 | KOR-19 | 김치냉장고 | | T-17 | 식기세척기 | |
| 31 | 부산지점 | T-13 | KOR-19 | 김치냉장고 | | T-18 | 로봇청소기 | |
| 32 | 대전지점 | W-14 | KOR-18 | 빨래건조기 | | T-19 | 김치냉장고 | |
| 33 | 부산지점 | W-12 | KOR-19 | 무선청소기 | | | | |
| 34 | 강남지점 | T-13 | KOR-17 | 식기세척기 | | | | |

## ③ 분석작업

### 01 | 시나리오 요약

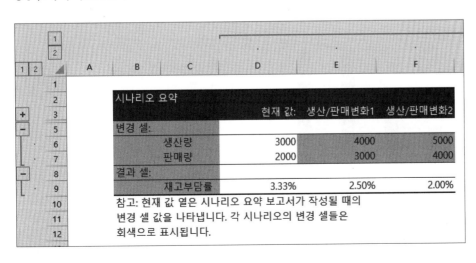

| 시나리오 요약 | | | | |
|---|---|---|---|---|
| | | 현재 값: | 생산/판매변화1 | 생산/판매변화2 |
| 변경 셀: | | | | |
| | 생산량 | 3000 | 4000 | 5000 |
| | 판매량 | 2000 | 3000 | 4000 |
| 결과 셀: | | | | |
| | 재고부담률 | 3.33% | 2.50% | 2.00% |

참고: 현재 값 열은 시나리오 요약 보고서가 작성될 때의
변경 셀 값을 나타냅니다. 각 시나리오의 변경 셀들은
회색으로 표시됩니다.

## 02 | 데이터 통합

| | 기본급 | 수당 | 상여금 | 세금 | 실수령액 |
|---|---|---|---|---|---|
| 1/4분기 급여 지급 현황 | | | | | |
| 사원명 | 기본급 | 수당 | 상여금 | 세금 | 실수령액 |
| 고영인 | 8,700,000 | 1,600,000 | 2,410,000 | 1,525,200 | 11,184,800 |
| 성수영 | 6,900,000 | 950,000 | 1,880,000 | 1,167,600 | 8,562,400 |
| 은혜영 | 5,700,000 | 550,000 | 1,550,000 | 936,000 | 6,864,000 |
| 남민철 | 5,400,000 | 1,100,000 | 1,440,000 | 952,800 | 6,987,200 |
| 구정철 | 4,600,000 | 650,000 | 1,190,000 | 772,800 | 5,667,200 |
| 박대철 | 5,400,000 | 550,000 | 1,470,000 | 890,400 | 6,529,600 |
| 전소영 | 5,200,000 | 1,150,000 | 2,080,000 | 1,011,600 | 7,418,400 |
| 여혜경 | 7,200,000 | 950,000 | 1,960,000 | 1,213,200 | 8,896,800 |
| 기민해 | 5,700,000 | 550,000 | 1,550,000 | 936,000 | 6,864,000 |

# ❹ 기타작업

## 01 | 매크로

| | 지역 | 상호 | 총매출 | 당사매출 | 외상잔고 | 누계총매출 |
|---|---|---|---|---|---|---|
| 재고현황 파악 | | | | | | |
| | 지역 | 상호 | 총매출 | 당사매출 | 외상잔고 | 누계총매출 |
| | 서울 | 현대상사 | 158,720 | 32,186 | 16,200 | 158,720 |
| | 서울 | 한양 | 28,203 | 11,031 | 4,000 | 28,203 |
| | 강원 | 벽산 | 69,317 | 39,954 | 18,768 | 69,317 |
| | 강원 | 한길 | 32,225 | 8,005 | 1,200 | 32,225 |
| | 경기 | 신원 | 137,843 | 13,203 | 10,900 | 137,843 |
| | 경기 | 대우 | 102,921 | 70,338 | 34,000 | 102,921 |
| | 경기 | 두산 | 39,005 | 16,084 | 3,000 | 39,005 |
| | 경기 | 동국물산 | 36,910 | 3,700 | 300 | 36,910 |
| | 경기 | 동아 | 33,334 | 6,878 | 2,300 | 33,334 |
| | 평균 | | 70,942 | 22,375 | 10,074 | 70,942 |

평균   출력

## 02 | 차트

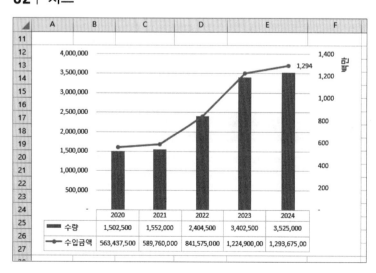

| | 2020 | 2021 | 2022 | 2023 | 2024 |
|---|---|---|---|---|---|
| 수량 | 1,502,500 | 1,552,000 | 2,404,500 | 3,402,500 | 3,525,000 |
| 수입금액 | 563,437,500 | 589,760,000 | 841,575,000 | 1,224,900,00 | 1,293,675,00 |

## 문제1 ○ 기본작업

### 1 자료 입력('기본작업-1' 시트)

주어진 대로 각 셀에 맞게 데이터를 입력합니다.

### 2 서식 설정('기본작업-2' 시트)

① [A1:F1] 영역을 범위 지정하고 [홈] 탭-[맞춤] 그룹에서 '병합하고 가운데 맞춤(圉)'을 클릭한 후, [글꼴] 그룹에서 글꼴 '굴림체', 글꼴 크기 '17', 글꼴 색 '흰색-배경1', 채우기 색 '파랑'을 선택합니다.

② [F3] 셀을 선택하고 Ctrl + 1 키를 눌러 [표시 형식] 탭의 [사용자 지정]에서 '형식'에 『dd(aaaa)』를 입력한 후 [확인]을 클릭합니다.

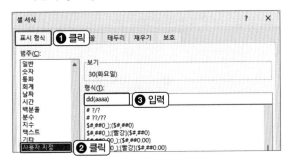

③ [F5:F12] 영역을 범위 지정하고 Ctrl + 1 키를 눌러 [표시 형식] 탭의 [사용자 지정]에서 '형식'에 『※0,"천원";;0"원"』을 입력하고 [확인]을 클릭합니다.

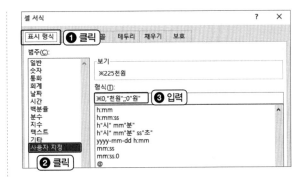

※ 다중 사용자 지정 서식의 형식은 '양수;음수;0;문자' 형식이며, ※0,"천원";;0"원"의 형식은 세미콜론(;)을 기준으로 양수는 ※0,"천원"으로 출력하며 음수는 없으므로 그냥 비워두고, 0일 경우에는 0원으로 표시되며 문제에서 천 단위 기호에 대한 언급이 없으므로 『#,##0,"천원"』이 아닌 그냥 『0,"천원"』으로 입력합니다.

④ [H5] 셀을 선택하고 Ctrl + C 키를 눌러 복사한 후 [C5:C12] 영역을 범위 지정하고 마우스 오른쪽 버튼을 클릭한 후 [선택하여 붙여넣기]를 클릭합니다.

⑤ [선택하여 붙여넣기]의 '연산'에서 '곱하기'를 선택한 후 [확인]을 클릭합니다.

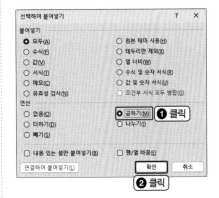

⑥ [A4:F13] 영역을 범위 지정하고 [홈] 탭-[글꼴] 그룹-[테두리]의 목록 단추를 클릭한 후 '모든 테두리(⊞)'를 선택합니다.

⑦ [C13:E13] 영역을 범위 지정하고 Ctrl + 1 키를 눌러 [셀 서식] 대화상자에서 [테두리] 탭의 '테두리'에서 '왼쪽 대각선(◰)'을 선택한 후 [확인]을 클릭합니다.

### ❸ 조건부 서식('기본작업-3' 시트)

① [A4:F16] 영역을 범위 지정한 후 [홈] 탭-[스타일] 그룹-[조건부 서식(▦)]-[새 규칙]을 클릭합니다.

② '수식을 사용하여 서식을 지정할 셀 결정'을 선택한 후 『=$E4>=AVERAGE($E$4:$E$16)』을 입력하고 [서식]을 클릭합니다.

③ [셀 서식]의 [글꼴] 탭에서 '글꼴 스타일 : 굵은 기울임꼴', '색 : 표준 색-파랑'을 설정한 후 [확인]을 클릭하고 [새 서식 규칙] 대화상자에서 [확인]을 클릭합니다.

### 문제2 ○ 계산작업('계산작업' 시트)

### ❶ 평가 [D3:D10]

[D3] 셀에 『=IF(AND(B3>=AVERAGE($B$3:$B$10), C3>=AVERAGE($C$3:$C$10)),"우수","")』를 입력하고 [D10] 셀까지 수식을 복사합니다.

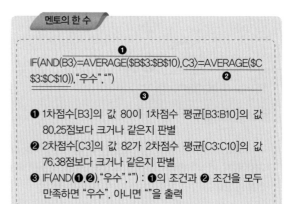

멘토의 한 수

❶
IF(AND(B3>=AVERAGE($B$3:$B$10),C3>=AVERAGE($C$3:$C$10)),"우수","")
                                                                    ❷
                                                          ❸
❶ 1차점수[B3]의 값 80이 1차점수 평균[B3:B10]의 값 80.25점보다 크거나 같은지 판별
❷ 2차점수[C3]의 값 82가 2차점수 평균[C3:C10]의 값 76.38점보다 크거나 같은지 판별
❸ IF(AND(❶,❷),"우수","") : ❶의 조건과 ❷ 조건을 모두 만족하면 "우수", 아니면 ""을 출력

## ❷ 나이 [H3:H11]

[H3] 셀에 『=YEAR(NOW( ))−LEFT(G3,2)−1900』을 입력하고 [H11] 셀까지 수식을 복사합니다.

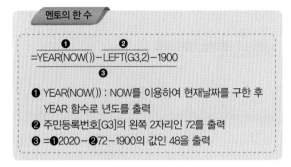

**멘토의 한 수**

$$\underset{\text{❸}}{\underline{=YEAR(NOW())}\overset{\text{❶}}{\phantom{xx}}-\underline{LEFT(G3,2)}\overset{\text{❷}}{\phantom{xx}}-1900}$$

❶ YEAR(NOW( )) : NOW를 이용하여 현재날짜를 구한 후 YEAR 함수로 년도를 출력
❷ 주민등록번호[G3]의 왼쪽 2자리인 72를 출력
❸ =❶2020−❷72−1900의 값인 48을 출력

## ❸ 제품코드 [D14:D21]

[D14] 셀에 『=UPPER(A14&"−"&MONTH(B14)&"−" &C14)』를 입력하고 [D21] 셀까지 수식을 복사합니다.

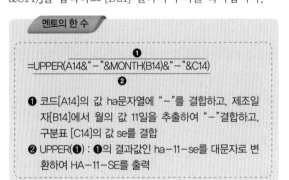

**멘토의 한 수**

$$\underset{\text{❷}}{\underline{=UPPER(\overset{\text{❶}}{\underline{A14\&"-"\&MONTH(B14)\&"-"\&C14}})}}$$

❶ 코드[A14]의 값 ha문자열에 "−"를 결합하고, 제조일 자[B14]에서 월의 값 11일을 추출하여 "−"결합하고, 구분표 [C14]의 값 se를 결합
❷ UPPER(❶) : ❶의 결과값인 ha−11−se를 대문자로 변 환하여 HA−11−SE를 출력

## ❹ 요일 [H14:H23]

[H15] 셀에 『=CHOOSE(WEEKDAY(G15,1),"일요일", "월요일","화요일","수요일","목요일","금요일","토요 일")』을 입력하고 [H23] 셀까지 수식을 복사합니다.

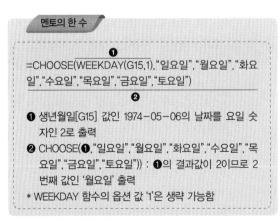

**멘토의 한 수**

$$=CHOOSE(\overset{\text{❶}}{\underline{WEEKDAY(G15,1)}},\underset{\text{❷}}{\underline{"일요일","월요일","화요 일","수요일","목요일","금요일","토요일"}})$$

❶ 생년월일[G15] 값인 1974−05−06의 날짜를 요일 숫 자인 2로 출력
❷ CHOOSE(❶,"일요일","월요일","화요일","수요일","목 요일","금요일","토요일")) : ❶의 결과값이 2이므로 2 번째 값인 '월요일' 출력
* WEEKDAY 함수의 옵션 값 '1'은 생략 가능함

## ❺ 제품명 [D26:D34]

[D26] 셀에 『=VLOOKUP(LEFT(B26,1)&RIGHT(C26, 3),$F$27:$G$32,2,FALSE)』을 입력하고 [D34] 셀까지 수식을 복사합니다.

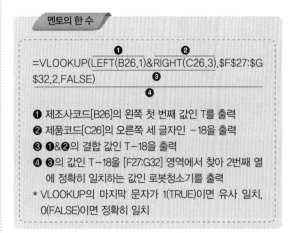

**멘토의 한 수**

$$\underset{\text{❹}}{\underline{=VLOOKUP(\underset{\text{❸}}{\underline{\overset{\text{❶}}{\underline{LEFT(B26,1)}}\&\overset{\text{❷}}{\underline{RIGHT(C26,3)}}}},\$F\$27:\$G\$32,2,FALSE)}}$$

❶ 제조사코드[B26]의 왼쪽 첫 번째 값인 T를 출력
❷ 제품코드[C26]의 오른쪽 세 글자인 −18을 출력
❸ ❶&❷의 결합 값인 T−18을 출력
❹ ❸의 값인 T−18을 [F27:G32] 영역에서 찾아 2번째 열 에 정확히 일치하는 값인 로봇청소기를 출력
* VLOOKUP의 마지막 문자가 1(TRUE)이면 유사 일치, 0(FALSE)이면 정확히 일치

---

### 문제3 ○ 분석작업

## ❶ 시나리오 분석 ('분석작업−1' 시트)

① [B3] 셀을 선택한 후 '이름 상자'에 『생산량』을 입력하 고 Enter 키를 누릅니다. 같은 방법으로 [B4] 셀은 『판매량』, [B11] 셀은 『재고부담률』로 이름을 정의합 니다.

| | A | B | |
|---|---|---|---|
| | 생산량 ∨ | ❷ 입력+Enter )00 | |
| 1 | 재고부담률 계산시나리오 | | |
| 2 | 항목 | 현재 | |
| 3 | 생산량 | 3000 | ❶ 클릭 |
| 4 | 판매량 | 2000 | |
| 5 | 판매단가 | 3,000 | |
| 6 | 재고단가 | 300 | |

② 변동할 부분인 [B3:B4] 영역을 범위 지정한 후 [데이 터] 탭−[예측] 그룹−[가상분석( )]−[시나리오 관리자]를 클릭합니다.

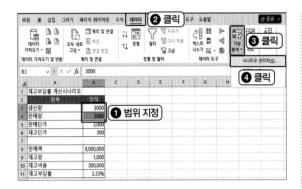

③ [시나리오 관리자] 대화상자에서 [추가]를 클릭합니다.

④ '시나리오 이름'에 『생산/판매변화1』을 입력하고, 변경 셀에 [B3:B4] 영역을 지정한 후 [확인]을 클릭합니다.

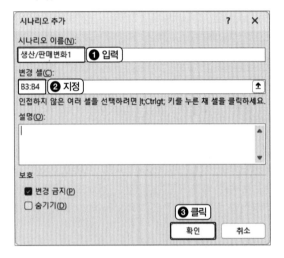

⑤ [시나리오 값] 대화상자에서 '생산량'에 『4000』, '판매량'에 『3000』을 입력한 후 [추가]를 클릭합니다.

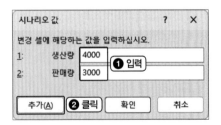

⑥ [시나리로 추가]에서 '시나리오 이름'에 『생산/판매변화2』를 입력하고 [확인]을 클릭합니다.

⑦ [시나리오 값] 대화상자에서 '생산량'에 『5000』, '판매량'에 『4000』을 입력한 후 [확인]을 클릭합니다.

⑧ [시나리오 관리자] 대화상자에서 [요약]을 클릭합니다.

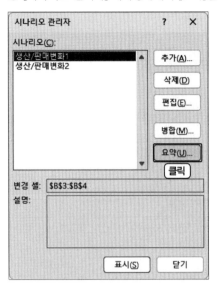

⑨ [시나리오 요약] 대화상자에서 '결과 셀'은 [B11] 셀을 선택한 후 [확인]을 클릭합니다.

### 2 데이터 통합('분석작업-2' 시트)

① [J2:O11] 영역을 범위 지정한 후 [데이터] 탭-[데이터 도구] 그룹-[통합]을 클릭합니다.

② [통합] 대화상자에서 '함수'는 '합계'를 지정하고, '참조'에 [A2:H11] 영역을 범위 지정한 후 [추가]를 클릭합니다. 같은 방법으로 [A14:H22], [A25:H32] 영역을 드래그하여 추가한 후 '사용할 레이블'은 '첫 행', '왼쪽 열'에 체크하고 [확인]을 클릭합니다.

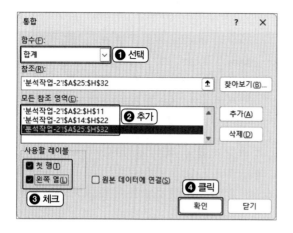

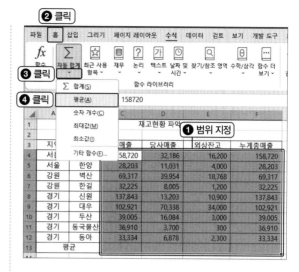

### 문제4 ○ 기타작업

#### 1 매크로 작성('매크로작업' 시트)

① [개발 도구] 탭-[코드] 그룹-[매크로 기록(📷)] 도구를 클릭한 후 [매크로 기록] 대화상자의 '매크로 이름'에 『평균』을 입력하고 [확인]을 클릭합니다.

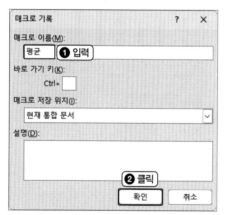

② [C4:F13] 영역을 범위 지정한 후 [수식] 탭-[함수 라이브러리] 그룹에서 자동합계(∑) 목록 단추(⌄)를 클릭하고 [평균]을 선택하여 계산합니다.

③ 지정된 영역을 해제한 후 [개발 도구] 탭-[코드] 그룹-[기록 중지(□)]를 클릭하여 매크로를 중지합니다.

④ [삽입] 탭-[일러스트레이션] 그룹-[도형]의 '기본 도형'에서 '사각형: 빗면' 도형(□)을 선택하고 [B15:C16] 영역에 드래그하여 위치시킨 후 도형에 『평균』을 입력하고, [홈] 탭-[맞춤] 그룹에서 가로 '가운데 맞춤(≡)', 세로 '가운데 맞춤(≡)' 도구를 클릭합니다.

⑤ 도형에서 마우스 오른쪽 버튼을 클릭한 후 [매크로 지정] 대화상자에서 '평균'을 선택하고 [확인]을 클릭합니다.

⑥ '출력' 매크로를 작성하기 위해 다시 [개발 도구] 탭-[코드] 그룹-[매크로 기록(📷)]을 클릭한 후 [매크로 기록] 대화상자의 '매크로 이름'에 "출력"을 입력하고 [확인]을 클릭합니다.

⑦ [A3:F3] 영역을 범위 지정한 후 [홈] 탭-[스타일] 그룹-[셀 스타일]을 클릭하고 '데이터 및 모델'에서 '출력'을 선택합니다.

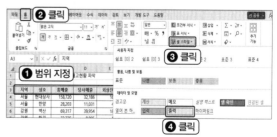

⑧ 지정된 영역을 해제한 후 [개발 도구] 탭-[코드] 그룹-[기록 중지(□)]를 클릭하여 매크로를 중지합니다.

⑨ [개발 도구] 탭-[컨트롤] 그룹-[삽입]-'단추(□)'를 선택한 후 Alt 키를 누른 상태로 [E15:F16] 영역에 드래그하여 단추를 삽입합니다.

⑩ [매크로 지정] 대화상자에서 '출력'을 선택하고 [확인]을 클릭한 후 삽입된 단추의 이름을 '출력'으로 수정합니다.

## 2 차트 작성('차트작업' 시트)

① 차트 영역을 선택한 후 [디자인] 탭-[데이터] 그룹에서 [데이터 선택(▥)] 도구를 클릭합니다.

② [데이터 원본 선택]의 '가로(항목) 축 레이블'에서 [편집]을 클릭합니다.

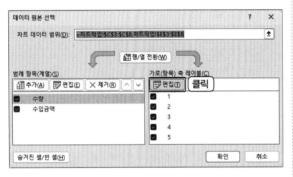

③ [축 레이블]의 '축 레이블 범위'에 [A4:A8] 영역을 범위 지정한 후 [확인]을 클릭하고 [데이터 원본 선택] 대화상자에서 [확인]을 클릭합니다.

④ '수입금액' 계열에서 마우스 오른쪽 버튼을 클릭한 후 [계열 차트 종류 변경(▥)]을 선택합니다.

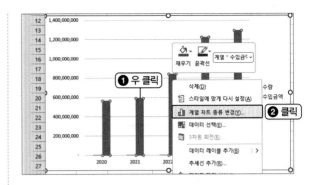

⑤ [차트 종류 변경] 대화상자에서 [모든 차트] 탭의 '혼합(▥)'에서 '수입금액' 차트 종류를 '표식이 있는 꺾은선형'을 선택하고 '보조 축'에 체크한 후 [확인]을 클릭합니다.

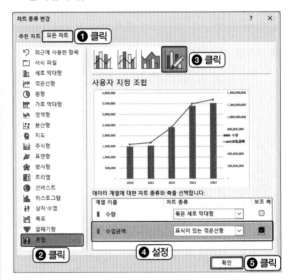

⑥ '수입금액' 계열을 선택하고, 다시 '2024'의 '수입금액' 요소 계열만 선택한 후 [차트 요소(⊞)]에서 [데이터 레이블 ▶]-[오른쪽]을 선택합니다.

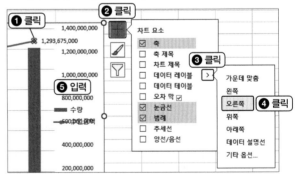

⑦ 범례를 선택한 후 Delete 키를 눌러 범례를 제거합니다.

※ 차트를 선택한 후 [차트 요소(＋)]를 클릭하고 '범례'에 체크를 해제합니다.

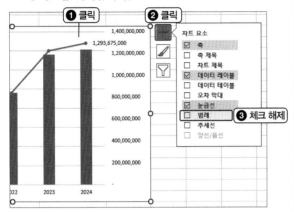

⑧ 차트를 선택하고 [차트 요소(＋)]에서 [데이터 테이블 ▶]-[범례 표지 포함]을 선택합니다.

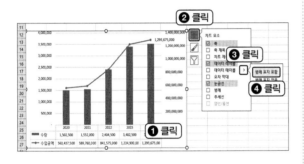

⑨ 보조 세로 (값) 축을 더블 클릭한 후 [축 서식]의 '축 옵션(▮▮)'에서 '표시 단위'를 '백만'으로 설정합니다.

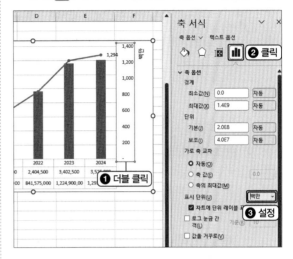

| 프로그램명 | 제한시간 |
|---|---|
| EXCEL 2021 | 40분 |

수험번호 :

성 명 :

# 2급 · A형

### 유의사항

- 인적 사항 누락 및 잘못 작성으로 인한 불이익은 수험자 책임으로 합니다.

- 화면에 암호 입력창이 나타나면 아래의 암호를 입력합니다.
  ○ 암호 : 236$98

- 작성된 답안은 주어진 경로 및 파일명을 변경하지 마시고 그대로 저장해야 합니다.
  이를 준수하지 않으면 실격 처리됩니다.
  ○ 답안 파일명의 예: C:\OA\수험번호8자리.xlsm

- 외부 데이터 위치: C:\OA\파일명

- 별도의 지시사항이 없는 경우, 다음과 같이 처리 시 실격 처리됩니다.
  ○ 제시된 시트 및 개체의 순서나 이름을 임의로 변경한 경우
  ○ 제시된 시트 및 개체를 임의로 추가 또는 삭제한 경우
  ○ 외부 데이터를 시험 시작 전에 열어본 경우

- 답안은 반드시 문제에서 지시 또는 요구한 셀에 입력하여야 하며 다음과 같이 처리 시 채점 대상에서 제외됩니다.
  ○ 제시된 함수가 있을 경우 제시된 함수만을 사용하여야 하며 그 외 함수 사용 시 채점대상에서 제외
  ○ 수험자가 임의로 지시하지 않은 셀의 이동, 수정, 삭제, 변경 등으로 인해 셀의 위치 및 내용이 변경된 경우 해당 작업에 영향을 미치는 관련 문제 모두 채점 대상에서 제외
  ○ 도형 및 차트의 개체가 중첩되어 있거나 동일한 계산결과 시트가 복수로 존재할 경우 해당 개체나 시트는 채점 대상에서 제외

- 수식 작성 시 제시된 문제 파일의 데이터는 변경 가능한(가변적) 데이터임을 감안하여 문제 풀이를 하시오.

- 별도의 지시사항이 없는 경우, 주어진 각 시트 및 개체의 설정값 또는 기본 설정값(Default)으로 처리하시오.

- 저장 시간은 별도로 주어지지 않으므로 제한된 시간 내에 저장을 완료해야 하며, 제한 시간 내에 저장이 되지 않은 경우에는 실격 처리됩니다.

- 출제된 문제의 용어는 Microsoft Office 2021(LTSC 2108 버전)로 작성되어 있습니다.

# 대 한 상 공 회 의 소

◉ 예제 파일 : 컴활2급₩5.모의고사₩기출유형모의고사7(문제).xlsm
◎ 결과 파일 : 컴활2급₩5.모의고사₩기출유형모의고사7(정답).xlsm

**문제 1**　기본작업(20점) • 주어진 시트에 대하여 다음 작업을 수행하고 저장하시오.

**01** '기본작업-1' 시트에 다음의 자료를 주어진 대로 입력하시오. (5점)

| | A | B | C | D | E | F |
|---|---|---|---|---|---|---|
| 1 | 도서 대여 관리 | | | | | |
| 2 | | | | | | |
| 3 | 코드번호 | 제목 | 대여일자 | 분류 | 대여자 | 전화번호 |
| 4 | IN-2353 | 오! 시몬 | 2023-10-23 | 인문학 | 김영숙 | 010-8565-***** |
| 5 | KD-4875 | 넌 나의 우주야 | 2023-10-24 | 외국서적 | 한상민 | 010-8563-***** |
| 6 | GM1253 | 시장을 움직이는 손 | 2023-10-14 | 교양/문학 | 김수연 | 010-4567-***** |
| 7 | GM3563 | 부의 재편 | 2023-10-24 | 교양/문학 | 장영석 | 010-2562-***** |
| 8 | CA3665 | 거대한 분기점 | 2023-10-22 | 대학교재 | 정미경 | 010-7415-***** |
| 9 | GM8745 | 어느 등대 이야기 | 2023-10-28 | 교양/문학 | 한인숙 | 010-7458-***** |
| 10 | GM3694 | 노화의 종말 | 2023-10-14 | 교양/문학 | 노현정 | 010-4596-***** |
| 11 | GM8422 | 말과 칼 | 2023-10-24 | 교양/문학 | 김세경 | 010-7415-***** |

**02** '기본작업-2' 시트에 대하여 다음의 지시사항을 처리하시오. (각 2점)

① [A1:G1] 영역은 '병합하고 가운데 맞춤', 글꼴 '굴림체', 크기 '17', 글꼴 스타일 '굵게'로 지정하고 제목 앞 뒤에 특수문자 '■'를 입력하시오.

② [A4:G4] 영역은 셀 스타일 '보통'과 '가로 가운데 맞춤'으로 정렬하고, [E5:E13], [G5:G13] 영역은 표시 형식을 '쉼표 스타일(,)'로 지정하시오.

③ [B5:B13] 영역의 이름은 '거래처'로 정의하시오.

④ [F5:F13] 영역은 사용자 지정 서식을 이용하여 천 단위 구분 기호와 숫자 뒤에 'BOX'를 표시하시오.
　　[표시 예 : 1000→1,000BOX]

⑤ [A4:G13] 영역에 '모든 테두리(田)'를 적용한 후 [A4:G4] 영역에 '아래쪽 이중 테두리(▦)'를 적용하시오.

**03** '기본작업-3' 시트에 대하여 다음의 지사사항을 처리하시오. (5점)

[B4:B12] 영역에 '급여'가 포함되지 않는 셀에 채우기 색 '표준 색-노랑'으로 하고, [E4:E12] 영역에서 평균 미만인 셀에는 글꼴 스타일 '굵게', 글꼴 색은 '표준 색-파랑'을 지정하는 조건부 서식을 작성하시오.

▶ 단, 규칙 유형은 '셀 강조 규칙'과 '상위/하위 규칙'을 사용하시오.

**문제 2**　계산작업(40점) • '계산작업' 시트에서 다음의 과정을 수행하고 저장하시오.

**01** [표1]에서 접수번호[A3:A10]의 첫째 자리가 'A'이면 '사회', 'B'이면 '과학', 'C'이면 '직업'을 선택과목[D3:D10]에 표시하시오.

▶ SWITCH, LEFT 함수 사용

**02** [표2]에서 오늘 날짜[J1]에서 연도를 추출하여 입사코드[F3:F10]의 4번째 문자와 5번째 문자를 사용하여 근속연수[J3:J10]에 표시하시오. (8점)

- ▶ 입사코드의 4번째 글자가 9이면 '1900', 그렇지 않으면 '2000'으로 계산하시오.
- ▶ 표시 예 : SR-95-T1 → 근속연수 : 오늘날짜 년도-1900-입사코드 4번째 5번째 글자(95)
- ▶ YEAR, IF, MID 함수 사용

**03** [표3]의 부서명[B14:B22]이 '기획'으로 시작하는 자료의 출장비[D14:D22]에 대한 합계를 구하여 기획팀 합계[D24] 셀에 표시하시오. (8점)

- ▶ 조건은 [B24:B25] 영역에 입력
- ▶ COUNTIF, DAVERAGE, DSUM 중 알맞은 함수를 선택하여 함수 사용

**04** [표4]의 제품별 총개수[H14:H21]를 상자당개수[I14:I21]로 나눠 상자(묶)수와 나머지를 구하여 상자수(나머지)[J14:J21] 영역에 표시하시오. (8점)

- ▶ 상자(묶)수와 나머지 표시 방법 : 상자(묶)수가 10이고, 나머지가 4 → 10(4)
- ▶ INT, MOD 함수와 & 연산자 사용

**05** [표5]의 사원번호[B29:B35]에서 7번째 1글자가 0이면 '영업부', 1이면 '생산부', 2이면 '기획부'로 부서[D29:D35]에 표시하시오. (8점)

- ▶ CHOOSE, MID 함수 사용

---

### 문제 3 　분석작업(20점) • 주어진 시트에서 다음 작업을 수행하고 저장하시오.

**01** '분석작업-1' 시트에 대하여 다음의 지시사항을 처리하시오. (10점)

'자동차 동호회 회원 현황' 표를 이용하여 성별은 '필터', 나이는 '행', 주소는 '열'로 처리하고 '값'에 '1사분기', '2사분기'의 합계를 계산한 후 행의 총합계는 표시하지 않는 피벗 테이블을 작성하시오.

- ▶ 피벗 테이블 보고서는 동일 시트의 [A18] 셀에서 시작할 것.
- ▶ 나이는 20부터 50까지 10단위씩 그룹화하여 표시하시오.
- ▶ 빈 셀에 '**'가 표시되도록 지정하시오.
- ▶ 보고서 레이아웃은 '개요 형식'으로 지정하시오.

**02** '분석작업-2' 시트에 대하여 다음의 지시사항을 처리하시오. (10점)

[정렬] 기능을 이용하여 '가전제품 판매 현황' 표에서 '분류'를 태블릿-TV-핸드폰 순으로 정렬하고, 동일한 분류인 경우 '수량'의 셀 색이 RGB(146,208,80)인 값이 위에 표시되도록 정렬하시오.

**01** '매크로작업' 시트에서 다음과 같은 기능을 수행하는 매크로를 현재 통합 문서에 작성하고 실행하시오. (각 5점)

① [H4:H12] 영역에 총급여액을 계산하는 매크로를 생성하여 실행하시오.

▶ 매크로 이름 : 총급여액　　　▶ 총급여액 = 기본급 + 상여금 – 공제세액

▶ [도형]–[기본 도형]의 '사각형: 모서리가 접힌 도형(⬜)'을 동일 시트의 [B14:C15] 영역에 생성한 후 텍스트를 "총급여액"으로 입력하고, 텍스트 맞춤을 가로 '가운데', 세로 '가운데'로 설정하고, 도형을 클릭할 때 '총급여액' 매크로가 실행되도록 설정하시오.

② [A3:H3] 영역을 '황금색, 강조 4'로 채우는 매크로를 생성하여 실행하시오.

▶ 매크로 이름 : 서식

▶ [개발 도구]–[삽입]–[양식 컨트롤]의 '단추(⬜)'를 동일 시트의 [E14:F15] 영역에 생성한 후 텍스트를 "서식"으로 입력하고, 단추를 클릭할 때 '서식' 매크로가 실행되도록 설정하시오.

※ 셀 포인터의 위치에 상관없이 현재 통합 문서에서 매크로가 실행되어야 정답으로 인정됨.

**02** '차트작업' 시트의 차트를 지시사항에 따라 아래 그림과 같이 수정하시오. (각 2점)

※ 차트는 반드시 문제에서 제공한 차트를 사용하여야 하며, 신규로 작성 시 0점 처리됨.

① '삼진전자'의 사회공헌비, 연구개발비, 법인세, 매출액, 합계가 차트에 표시되도록 수정하시오.

② 차트 제목 및 축 제목은 그림과 같이 입력하고, 세로 (값) 축 제목의 문자열에 대하여 텍스트 방향 가로로 지정하시오.

③ '성안전자' 계열에 데이터 레이블 '값(오른쪽)'을 지정하시오.

④ 차트에 '다양한 색상표 3'으로 색 변경을 적용한 후 차트 영역에 도형 스타일 '미세효과 – 황금색, 강조 4'를 지정하고, 그림 영역에는 질감 '양피지'를 적용하시오.

⑤ '기본 주 세로' 눈금선을 추가한 후 성안전자 계열에 '선형' 추세선을 추가하시오.

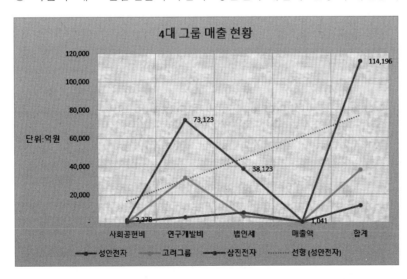

## 1 기본작업

### 02 | 서식 설정

| | A | B | C | D | E | F | G |
|---|---|---|---|---|---|---|---|
| 1 | | | ■3월 음료 매출현황■ | | | | |
| 2 | | | | | | | |
| 3 | | | | | | | 2024-03-31 |
| 4 | 일자 | 거래처 | 품종류 | 업종 | 단가 | 수량 | 매상단위(천원) |
| 5 | 2024-03-01 | 상진 | 사랑제과 | 가정용 | 1,200 | 1,200BOX | 1,440,000 |
| 6 | 2024-03-02 | 향교 | 상공유업 | 영업용 | 900 | 1,300BOX | 1,170,000 |
| 7 | 2024-03-03 | 제일 | 청우제과 | 가정용 | 700 | 1,400BOX | 980,000 |
| 8 | 2024-03-04 | 쌍교 | 제일음료 | 가정용 | 700 | 1,500BOX | 1,050,000 |
| 9 | 2024-03-05 | 노암 | 누리음료 | 가정용 | 1,100 | 1,600BOX | 1,760,000 |
| 10 | 2024-03-06 | 통영 | 상공유업 | 가정용 | 900 | 3,300BOX | 2,970,000 |
| 11 | 2024-03-07 | 죽항 | 데이유업 | 가정용 | 1,000 | 4,300BOX | 4,300,000 |
| 12 | 2024-03-08 | 도통 | 사랑제과 | 가정용 | 1,000 | 5,300BOX | 5,300,000 |
| 13 | 2024-03-09 | 노천 | 제일음료 | 가정용 | 600 | 6,300BOX | 3,780,000 |

### 03 | 조건부 서식

| | A | B | C | D | E | F |
|---|---|---|---|---|---|---|
| 1 | | | 의료비 수납 현황 | | | |
| 2 | | | | | | |
| 3 | 성명 | 구분 | 수납금액 | 지급금액 | 미지급액 | 지급일 |
| 4 | 이순호 | 실비급여 | 436,000 | 348,800 | 87,200 | 2024-01-06 |
| 5 | 이주연 | 미적용 | 58,000 | - | 58,000 | 2024-01-16 |
| 6 | 노선희 | 보험급여 | 443,350 | 354,680 | 88,670 | 2024-01-29 |
| 7 | 김태환 | 일반 | 45,630 | - | 45,630 | 2024-02-06 |
| 8 | 박진명 | 일반 | 103,000 | - | 103,000 | 2024-02-09 |
| 9 | 김은하 | 실비급여 | 450,800 | 360,640 | 90,160 | 2024-03-06 |
| 10 | 김경진 | 실비급여 | 83,580 | 66,864 | 16,716 | 2024-02-18 |
| 11 | 이가영 | 미적용 | 58,790 | - | 58,790 | 2024-02-22 |
| 12 | 장성환 | 보험급여 | 604,030 | 483,224 | 120,806 | 2024-07-24 |

## 2 계산작업

1. =SWITCH(LEFT(A3,1),"A","사회","B","과학","C","직업")

2. =YEAR($J$1)-IF(MID(F3,4,1)="9",1900,2000)-MID(F3,4,2)

3. 조건 : [B24]셀에 『부서명』, [B25]셀에 『기획*』 조건을 입력
   =DSUM(A13:D22,D13,B24:B25)

4. =INT(H14/I14)&"("&MOD(H14,I14)&")"

5. =CHOOSE(MID(B29,7,1)+1,"영업부","생산부","기획부")

| [표1] | 학력평가 접수현황 | | | | [표2] | 성안그룹 입사현황 | | | 오늘 날짜 | 2023-08-10 |
|---|---|---|---|---|---|---|---|---|---|---|
| 접수번호 | 학교명 | 성명 | 선택과목 | | 입사코드 | 이름 | 부서 | 성별 | 근속연수 |
| A0572 | 강일고 | 채선중 | 사회 | | SE-95-T1 | 김수연 | 기획부 | 남 | 28 |
| B0345 | 복원고 | 장효란 | 과학 | | GS-09-A1 | 이선희 | 영업부 | 여 | 14 |
| A0635 | 제일고 | 서동근 | 사회 | | KT-11-C1 | 김용진 | 기획부 | 남 | 12 |
| C0987 | 장신고 | 백지은 | 직업 | | SE-07-S2 | 장현석 | 기획부 | 남 | 16 |
| C0634 | 장현고 | 배진성 | 직업 | | GS-98-P2 | 이창동 | 영업부 | 남 | 25 |
| B0981 | 정수고 | 박태진 | 과학 | | KT-13-C2 | 김희태 | 기획부 | 남 | 10 |
| A0238 | 수진고 | 김태환 | 사회 | | SE-97-S3 | 이연자 | 생산부 | 여 | 26 |
| B0472 | 태평고 | 김용진 | 과학 | | SE-08-S2 | 이소라 | 기획부 | 여 | 15 |

| [표3] | 부서별 출장비 지급 내역 | | | | [표4] | 제품 출고 현황 | | | |
|---|---|---|---|---|---|---|---|---|---|
| 일자 | 부서명 | 신청자 | 출장비 | | 제품 | 출고일 | 총개수 | 상자당개수 | 상자수(나머지) |
| 2024-03-15 | 홍보1팀 | 홍기영 | 123,000 | | 샤프 | 2024-03-05 | 339 | 10 | 33(9) |
| 2024-03-20 | 홍보2팀 | 박준영 | 58,000 | | 연필 | 2024-03-05 | 515 | 20 | 25(15) |
| 2024-03-30 | 기획1팀 | 이민찬 | 85,000 | | 만년필 | 2024-03-05 | 329 | 25 | 13(4) |
| 2024-04-03 | 인사1팀 | 박상혁 | 152,000 | | 색연필 | 2024-03-05 | 538 | 35 | 15(13) |
| 2024-04-09 | 영업1팀 | 가영수 | 36,000 | | 볼펜 | 2024-03-05 | 293 | 25 | 11(18) |
| 2024-04-14 | 기획2팀 | 백지은 | 64,000 | | 플러스펜 | 2024-03-06 | 526 | 60 | 8(46) |
| 2024-04-21 | 인사1팀 | 유민정 | 115,000 | | 형광펜 | 2024-03-06 | 603 | 50 | 12(3) |
| 2024-04-23 | 홍보2팀 | 채선중 | 44,000 | | 사인펜 | 2024-03-06 | 610 | 30 | 20(10) |
| 2024-04-25 | 기획3팀 | 배진성 | 134,000 | | | | | | |
| | | | | | | | | | |
| | 부서명 | 기획팀 합계 | 283,000 | | | | | | |
| | 기획* | | | | | | | | |

| [표5] | 직원현황 | | | |
|---|---|---|---|---|
| 사원명 | 사원번호 | 직위 | 부서 |
| 김유성 | J-202024 | 사원 | 기획부 |
| 강현욱 | S-200010 | 과장 | 생산부 |
| 장진수 | K-200628 | 대리 | 기획부 |
| 신경희 | E-199805 | 부장 | 영업부 |
| 한인애 | S-200103 | 과장 | 영업부 |
| 나여인 | W-199912 | 과장 | 생산부 |
| 박신현 | S-200221 | 사원 | 기획부 |

# 3 분석작업

## 01 | 피벗 테이블

| 성별 | (모두) ▼ | | | | | | |
|---|---|---|---|---|---|---|---|
| | | | | | | | |
| | 주소 ▼ 값 | | | | | | |
| | 경기도 | | 서울 | | 인천 | | |
| 나이 ▼ | 합계 : 1사분기 | 합계 : 2사분기 | 합계 : 1사분기 | 합계 : 2사분기 | 합계 : 1사분기 | 합계 : 2사분기 |
| 20-29 | 105000 | 176000 | 178000 | 140000 | 65000 | 48000 |
| 30-39 | ** | ** | ** | ** | 88000 | 33500 |
| 40-50 | 95000 | 25000 | 35000 | 14500 ** | ** | |
| 총합계 | 200000 | 201000 | 213000 | 154500 | 153000 | 81500 |

## 02 | 정렬

| | A | B | C | D | E | F | G |
|---|---|---|---|---|---|---|---|
| 1 | | | | 가전제품 판매 현황 | | | |
| 2 | | | | | | | |
| 3 | 제품명 | 분류 | 단가 | 수량 | 금액 | 부가세 | 총금액 |
| 4 | 갤럭시탭S20 | 태블릿 | 850,000 | 52 | 44,200,000 | 4,955,510 | 50,005,560 |
| 5 | 갤럭시탭S10 | 태블릿 | 1,020,000 | 52 | 53,040,000 | 5,946,610 | 60,006,660 |
| 6 | G패드 | 태블릿 | 850,000 | 48 | 40,800,000 | 4,581,510 | 46,231,560 |
| 7 | 아이패드 | 태블릿 | 950,000 | 52 | 49,400,000 | 5,538,510 | 55,888,560 |
| 8 | 아이패드 | 태블릿 | 1,010,000 | 42 | 42,420,000 | 4,777,300 | 48,207,340 |
| 9 | LED75 | TV | 3,500,000 | 52 | 182,000,000 | 20,405,010 | 205,905,060 |
| 10 | QLED75 | TV | 2,200,000 | 48 | 105,600,000 | 11,858,010 | 119,658,060 |
| 11 | OLED82 | TV | 2,200,000 | 48 | 105,600,000 | 11,858,010 | 119,658,060 |
| 12 | ULED65 | TV | 4,500,000 | 42 | 189,000,000 | 21,285,000 | 214,785,040 |
| 13 | 갤럭시S10 | 핸드폰 | 1,030,000 | 48 | 49,440,000 | 5,551,710 | 56,021,760 |
| 14 | 갤럭시S20 | 핸드폰 | 1,134,000 | 52 | 58,968,000 | 6,611,230 | 66,713,280 |
| 15 | V70 | 핸드폰 | 800,000 | 42 | 33,600,000 | 3,784,000 | 38,184,040 |
| 16 | V60 | 핸드폰 | 750,000 | 42 | 31,500,000 | 3,547,500 | 35,797,540 |

## 4 기타작업

### 01 | 매크로

| | A | B | C | D | E | F | G | H |
|---|---|---|---|---|---|---|---|---|
| 1 | | | | 성안유통 월급 정산 명세서 | | | | |
| 2 | | | | | | | | |
| 3 | 사원번호 | 성명 | 직위 | 근무년수 | 기본급 | 상여금 | 공제세액 | 총급여액 |
| 4 | SA0602 | 김한수 | 부장 | 5 | 2,170,000 | 970,000 | 103,620 | 3,036,380 |
| 5 | SA0601 | 김미숙 | 과장 | 10 | 2,040,000 | 770,000 | 92,730 | 2,717,270 |
| 6 | SA0608 | 강태륜 | 과장 | 7 | 1,980,000 | 800,000 | 91,740 | 2,688,260 |
| 7 | SA0603 | 홍영희 | 사원 | 2 | 1,810,000 | 570,000 | 78,540 | 2,301,460 |
| 8 | SA0607 | 김영숙 | 부장 | 8 | 2,270,000 | 970,000 | 106,920 | 3,133,080 |
| 9 | SA0604 | 홍기정 | 대리 | 3 | 1,810,000 | 670,000 | 81,840 | 2,398,160 |
| 10 | SA0609 | 이광호 | 사원 | 15 | 1,750,000 | 700,000 | 80,850 | 2,369,150 |
| 11 | SA0605 | 조선희 | 사원 | 4 | 1,950,000 | 570,000 | 83,160 | 2,436,840 |
| 12 | SA0606 | 박성주 | 과장 | 5 | 2,130,000 | 770,000 | 95,700 | 2,804,300 |
| 13 | | | | | | | | |
| 14 | | 총급여액 | | | | 서식 | | |
| 15 | | | | | | | | |

### 02 | 차트

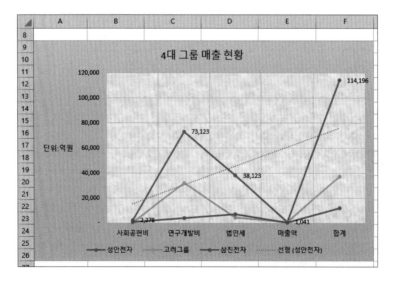

## 문제1 ○ 기본작업

### 1 자료 입력('기본작업-1' 시트)

주어진 대로 각 셀에 맞게 데이터를 입력합니다.

### 2 서식 설정('기본작업-2' 시트)

① [A1:G1] 영역을 범위 지정하고 [홈] 탭-[맞춤] 그룹에서 '병합하고 가운데 맞춤(🖫)'을 클릭한 후, [글꼴] 그룹에서 글꼴 '굴림체', 글꼴 크기 '17', 글꼴 스타일 '굵게'를 선택합니다.

② [A1] 셀의 '3'자 앞에서 더블 클릭하여 『ㅁ』을 입력한 후 한자 키를 누른 다음 Tab 키를 눌러 보기 변경을 하고 '■'를 클릭하여 입력합니다. 같은 방법으로 '황' 뒤에서 더블 클릭하여 커서를 두고 '■'를 입력합니다.

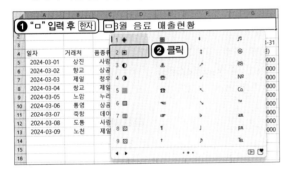

③ [A4:G4] 영역을 범위 지정한 후 [홈] 탭-[스타일] 그룹-[셀 스타일(🎨)]에서 '보통'을 선택한 후 맞춤에서 가로 '가운데 맞춤(🖹)' 도구를 클릭합니다.

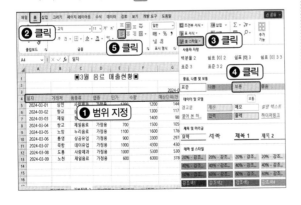

④ [E5:E13] 영역을 범위 지정하고 Ctrl 키를 누른 채 [G5:G13] 영역을 추가 범위 지정한 후 [홈] 탭의 [표시형식] 그룹 '쉼표 스타일( , )' 도구를 클릭합니다.

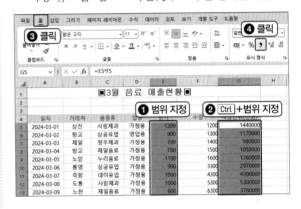

⑤ [B5:B13] 영역을 범위 지정하고 '이름 상자'에 『거래처』를 입력한 후 Enter 키를 누릅니다.

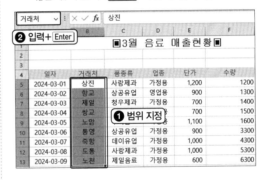

⑥ [F5:F13] 영역을 범위 지정한 후 Ctrl + 1 키를 눌러 [표시 형식] 탭의 [사용자 지정]에서 '형식'에 『#,##0"BOX"』를 입력한 후 [확인]을 클릭합니다.

⑦ [A3:G13] 영역을 범위 지정한 후 [홈] 탭의 '글꼴' 그룹에서 '테두리(⊞ ﹀)'의 목록 단추(﹀)를 클릭하고, '모든 테두리(⊞)'를 선택한 후 [A4:G4] 영역을 범위 지정하고 아래쪽 이중 테두리(⊟)를 선택합니다.

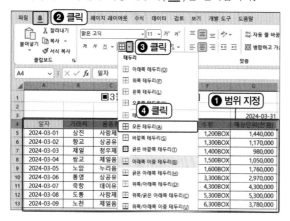

### ❸ 조건부 서식('기본작업-3' 시트)

① [B4:B12] 영역을 범위 지정하고 [홈] 탭-[스타일] 그룹에서 [조건부 서식(⊞)]-[셀 강조 규칙(📊)]-[기타 규칙]을 클릭합니다.

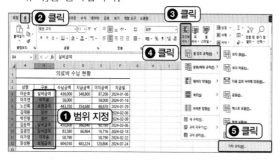

② [새 서식 규칙] 대화상자에서 '다음을 포함하는 셀만 서식 지정'에 '특정 텍스트', '포함하지 않음'을 지정한 후 『급여』를 입력하고 [서식]을 클릭합니다.

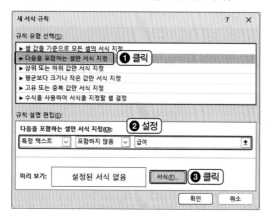

③ [셀 서식] 대화상자의 [채우기] 탭에서 배경색에 '노랑'을 선택한 후 [확인]을 클릭하고, [새 서식 규칙] 대화상자에서 [확인]을 클릭합니다.

④ [E4:E12] 영역을 범위 지정하고 [홈] 탭-[스타일] 그룹에서 [조건부 서식(⊞)]-[상위/하위 규칙(📊)]-[평균 미만]을 클릭합니다.

⑤ [평균 미만] 대화상자에서 적용할 서식에 '사용자 지정 서식'을 클릭합니다.

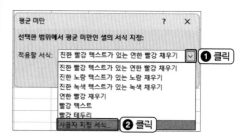

⑥ [셀 서식] 대화상자의 [글꼴] 탭에서 글꼴 스타일은 '굵게', 색은 '표준 색-파랑'으로 지정한 후 [확인]을 클릭합니다. [평균 미만] 대화상자에서 [확인]을 클릭합니다.

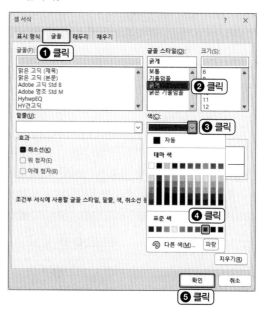

### 문제2 ∘ 계산작업('계산작업' 시트)

### ❶ 선택과목[D3:D10]

[D3] 셀에 『=SWITCH(LEFT(A3,1),"A","사회","B","과학","C","직업")』을 입력하고 [D10] 셀까지 수식을 복사합니다.

①
=SWITCH(LEFT(A3,1),"A","사회","B","과학","C","직업")
②

❶ 접수번호의 왼쪽에서 첫 번째 문자를 출력함

❷ ❶에서 출력한 값이 'A'이면 '사회'를 출력하고, 'B'이면 '과학', 'C'이면 '직업'을 출력

* SWITCH(변환할 값,비교할 값1,결과1,비교할 값2,결과2)

* SWITCH 함수는 엑셀 2021 이후 버전에서 추가된 함수로 2016 버전에서는 사용할 수 없습니다.

## ② 근속연수 [J3:J10]

[J3] 셀에 『=YEAR($J$1) − IF(MID(F3,4,1)="9",1900,2000) − MID(F3,4,2)』를 입력하고 [J10] 셀까지 수식을 복사합니다.

①           ②              ③
=YEAR($J$1)−IF(MID(F3,4,1)="9",1900,2000)−MID(F3,4,2)
④

❶ [J1] 셀의 날짜에서 년도를 출력

❷ 입사코드[F3]의 값 'SE−95−TI'의 4번째에서 한 글자인 '9'를 출력하여 9와 같은지 비교하여 같으면 '1900'을 출력, 아니면 '2000'을 출력

❸ 입사코드[F3]의 값 'SE−95−TI'의 4번째에서 두 글자인 '95'를 출력

❹ ❶−❷−❸ : 2021−1900−95의 결과값 '25'를 출력

## ③ 기획팀 합계[D24]

[B24] 셀에 『부서명』, [B25] 셀에 『기획*』 조건을 입력한 후 [D24] 셀에 『=DSUM(A13:D22,D13,B24:B25)』 수식을 입력합니다.

[B24] 셀에 "부서명" , [B25] 셀에 "기획*"을 입력

①
=DSUM(A13:D22,D13,B24:B25)
②

❶ 조건 : 부서명이 기획으로 시작하는 조건

❷ 전체 범위[A13:D22]에서 ❶조건을 만족하는 출장비 [D13]의 합계를 출력 : 283,000

## ④ 상자수(나머지)[J14:J21]

[J14] 셀에 『=INT(H14/I14)&"("&MOD(H14,I14)&")"』를 입력하고 [J21] 셀까지 수식을 복사합니다.

①                  ②
=INT(H14/I14)&"("&MOD(H14,I14)&")"

❶ 총 개수 / 상자당 개수  339 / 10 = 33.9를 구하여 INT(33.9)→33 정수를 출력함

❷ 총개수[H14] 339를 상자당개수[I14] 10으로 나눈 나머지 9를 구함

❸ ❶&"("&❷&")"의 결과 33(9)를 출력

## ⑤ 부서[D29:D35]

[D29] 셀에 『=CHOOSE(MID(B29,7,1)+1,"영업부","생산부","기획부")』를 입력하고 [D35] 셀까지 수식을 복사합니다.

①
=CHOOSE(MID(B29,7,1)+1,"영업부","생산부","기획부")
②

❶ 사원번호의 7번째에서 1글자를 추출한 숫자에 1을 더함(CHOOSE 함수는 반드시 인덱스 번호가 1부터 시작함으로 0을 1로 만들어 주기 위해 1을 더함)

❷ CHOOSE(❶,"영업부","생산부","기획부") : ❶의 값이 1이면 '영업부', 2이면 '생산부', 3이면 '기획부'를 표시함

## 문제3 ○ 분석작업

### ① 피벗 테이블('분석작업−1' 시트)

① [A3:J14] 영역을 범위 지정한 후 [삽입] 탭−[표] 그룹−[피벗 테이블(🖼)]을 클릭합니다.

② 보고서를 넣을 위치 선택에서 기존 워크시트, 위치 : A18'를 설정한 후 [확인]을 클릭합니다.

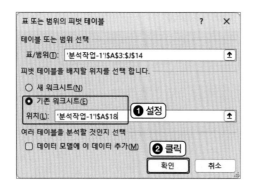

③ '성별' 필드는 '필터'에, '나이' 필드는 '행'에, '주소' 필드는 '열'에, '1사분기'와 '2사분기' 필드는 'Σ 값' 레이블에 각각 드래그하여 이동합니다.

④ 피벗 테이블 안에서 마우스 오른쪽 버튼을 클릭한 후 [피벗 테이블 옵션]을 선택하고, [피벗 테이블 옵션] 대화상자에서 빈 셀 표시에 『**』를 입력한 후 [요약 및 필터] 탭에서 '행 총합계 표시' 체크를 해제하고 [확인]을 클릭합니다.

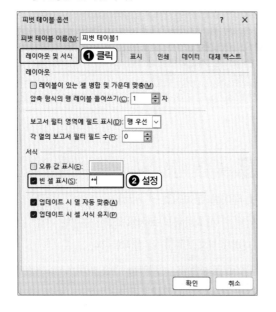

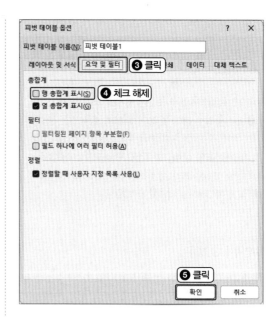

⑤ [A21] 셀을 선택하고 마우스 오른쪽 버튼을 클릭한 후 [그룹]을 선택합니다.

⑥ [그룹화] 대화상자에서 시작은 『20』, 끝은 『50』, 단위 『10』을 입력한 후 [확인]을 클릭합니다.

⑦ 피벗 테이블을 선택한 후 [디자인] 탭−[레이아웃] 그룹−[보고서 레이아웃(圖)]−[개요 형식으로 표시]를 선택합니다.

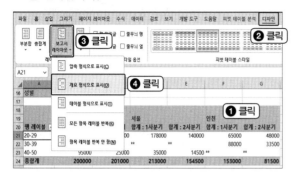

## 2 정렬('분석작업−2 시트)

① [A3:G16] 영역을 범위 지정하고, [데이터]−[정렬 및 필터] 탭에서 [정렬(圖)] 도구를 클릭합니다.

② [정렬]에서 정렬 기준은 '분류', 정렬 기준은 '값', 정렬은 '사용자 지정 목록'을 선택합니다.

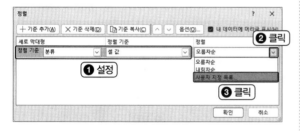

③ [사용자 지정 목록]에서 『태블릿, TV, 핸드폰』을 입력하고 [추가] 버튼을 클릭한 후 왼쪽의 사용자 지정 목록에서 '태블릿, TV, 핸드폰'을 선택하고 [확인]을 클릭합니다.

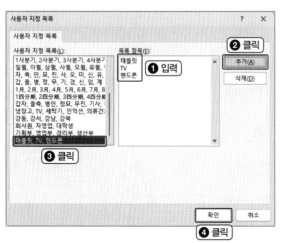

④ [정렬]에서 [기준 추가]를 클릭하고 다음 기준에 '수량'을 선택, '정렬 기준'에 '셀 색'을 선택한 후 '정렬'에서 'RGB(146,208,80)', '위에 표시'를 선택하고 [확인]을 클릭합니다.

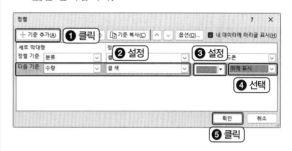

문제4 ◦ 기타작업

## 1 매크로 작성('매크로작업' 시트)

① [개발 도구] 탭−[코드] 그룹−[매크로 기록(圖)] 도구를 클릭한 후 [매크로 기록] 대화상자의 '매크로 이름'에 『총급여액』을 입력하고 [확인]을 클릭합니다.

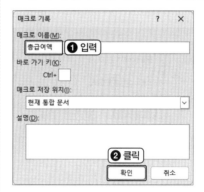

② [H4] 셀에 『=E4+F4−G4』 수식을 입력한 후 [H12] 셀까지 드래그하여 수식을 복사합니다.

③ 지정된 영역을 해제한 후 [개발 도구] 탭-[코드] 그룹-[기록 중지(□)]를 클릭하여 매크로를 중지합니다.

④ [삽입] 탭-[일러스트레이션] 그룹-[도형]의 '기본 도형'에서 '사각형: 모서리가 접힌 도형(▱)'을 선택하고 Alt 키를 누른 채 [B14:C15] 영역에 드래그하여 위치시킨 후 도형에 『총급여액』을 입력하고, [홈] 탭-[맞춤] 그룹에서 가로 '가운데 맞춤(≡)', 세로 '가운데 맞춤(≡)' 도구를 클릭합니다.

⑤ 도형에서 마우스 오른쪽 버튼을 클릭한 후 [매크로 지정] 대화상자에서 '총급여액'을 선택하고 [확인]을 클릭합니다.

⑥ '서식' 매크로를 작성하기 위해 다시 [개발 도구] 탭-[코드] 그룹-[매크로 기록(🔟)]을 클릭한 후 [매크로 기록] 대화상자의 '매크로 이름'에 『서식』을 입력하고 [확인]을 클릭합니다.

⑦ [A3:H3] 영역을 범위 지정한 후 [홈] 탭-[글꼴] 그룹의 도구 모음에서 '채우기 색(🖌) : 황금색, 강조 4'를 설정합니다.

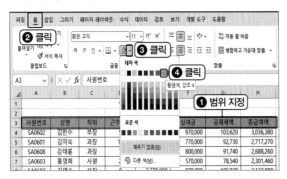

⑧ 지정된 영역을 해제한 후 [개발 도구] 탭-[코드] 그룹-[기록 중지(□)]를 클릭하여 매크로를 중지합니다.

⑨ [개발 도구] 탭-[컨트롤] 그룹-[삽입]에서 '단추(□)'를 선택한 후 Alt 키를 누른 상태로 [E14:F15] 영역에 드래그하여 단추를 삽입합니다.

⑩ [매크로 지정] 대화상자에서 '서식'을 선택하고 [확인]을 클릭한 후 삽입된 단추의 이름을 『서식』으로 수정합니다.

## 2 차트 작성('차트작업' 시트)

① 차트에 추가할 [A7:F7] 영역을 범위 지정한 후 Ctrl +C 키를 눌러 복사합니다.

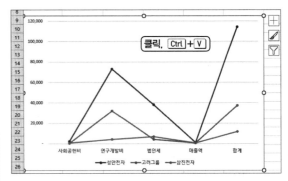

② 차트 영역을 선택한 후 Ctrl +V 키를 눌러 '삼진 전자' 계열을 추가합니다.

③ 차트 영역을 선택한 후 [차트 요소(⊞)]를 클릭하고, [차트 제목▶]-[차트 위]를 선택한 후 차트 제목에 『4대 그룹 매출 현황』을 입력합니다.

④ 차트 영역을 선택한 후 [차트 요소(⊞)]를 클릭하고, [축 제목 ▶]-[기본 세로]를 체크한 후 축 제목에 『단위:억원』을 입력합니다.

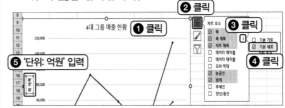

⑤ 축 제목 '단위:억원'을 선택한 후 마우스 오른쪽 [축 제목 서식]을 선택하고 [축 제목 서식]의 '크기 및 속성(▥)'에서 '맞춤'에 '텍스트 방향'을 '가로'로 설정합니다.

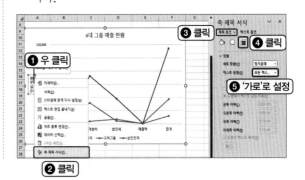

⑥ '성안전자' 데이터 계열을 선택한 후 [차트 요소(⊞)]
에서 [데이터 레이블▶]-[오른쪽]을 선택합니다.

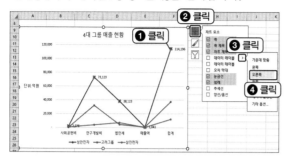

⑦ 차트 영역을 선택하고 [차트 디자인] 탭-[차트 스타
일] 그룹의 '색 변경(🎨)'에서 다양한 색상표 3'을 선
택합니다.

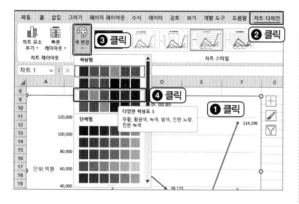

⑧ 차트 영역이 선택된 상태에서 [서식] 탭-[도형 스타
일] 그룹의 '도형 스타일 자세히(📊) 목록 단추'를 클
릭한 후 '미세 효과 – 황금색, 강조 4'를 선택합니다

⑨ 그림 영역을 선택한 후 [서식] 탭-[도형 스타일] 그룹
에서 [도형 채우기(🖌)]-[질감]에 '양피지'를 선택합
니다.

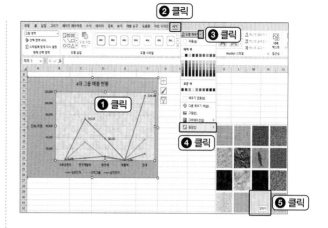

⑩ 차트를 선택한 후 [차트 요소(⊞)]에서 [눈금선
▶]-[기본 주 세로]를 선택합니다.

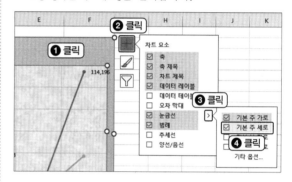

⑪ '성안전자' 계열을 선택한 후 [차트 요소(⊞)]에서
[추세선 ▶]-[선형]을 선택합니다.

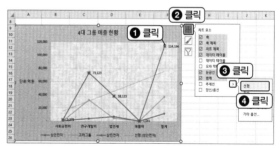

# 8회 기출유형 모의고사

무료 동영상

| 프로그램명 | 제한시간 |
|---|---|
| EXCEL 2021 | 40분 |

수험번호 :

성 명 :

# 2급 · A형

## 유의사항

- 인적 사항 누락 및 잘못 작성으로 인한 불이익은 수험자 책임으로 합니다.

- 화면에 암호 입력창이 나타나면 아래의 암호를 입력합니다.
  ○ 암호 : 6723@3

- 작성된 답안은 주어진 경로 및 파일명을 변경하지 마시고 그대로 저장해야 합니다. 이를 준수하지 않으면 실격 처리됩니다.
  ○ 답안 파일명의 예: C:₩OA₩수험번호8자리.xlsm

- 외부 데이터 위치: C:₩OA₩파일명

- 별도의 지시사항이 없는 경우, 다음과 같이 처리 시 실격 처리됩니다.
  ○ 제시된 시트 및 개체의 순서나 이름을 임의로 변경한 경우
  ○ 제시된 시트 및 개체를 임의로 추가 또는 삭제한 경우
  ○ 외부 데이터를 시험 시작 전에 열어본 경우

- 답안은 반드시 문제에서 지시 또는 요구한 셀에 입력하여야 하며 다음과 같이 처리 시 채점 대상에서 제외됩니다.
  ○ 제시된 함수가 있을 경우 제시된 함수만을 사용하여야 하며 그 외 함수 사용 시 채점대상에서 제외
  ○ 수험자가 임의로 지시하지 않은 셀의 이동, 수정, 삭제, 변경 등으로 인해 셀의 위치 및 내용이 변경된 경우 해당 작업에 영향을 미치는 관련 문제 모두 채점 대상에서 제외
  ○ 도형 및 차트의 개체가 중첩되어 있거나 동일한 계산결과 시트가 복수로 존재할 경우 해당 개체나 시트는 채점 대상에서 제외

- 수식 작성 시 제시된 문제 파일의 데이터는 변경 가능한(가변적) 데이터임을 감안하여 문제 풀이를 하시오.

- 별도의 지시사항이 없는 경우, 주어진 각 시트 및 개체의 설정값 또는 기본 설정값(Default)으로 처리하시오.

- 저장 시간은 별도로 주어지지 않으므로 제한된 시간 내에 저장을 완료해야 하며, 제한 시간 내에 저장이 되지 않은 경우에는 실격 처리됩니다.

- 출제된 문제의 용어는 Microsoft Office 2021(LTSC 2108 버전)로 작성되어 있습니다.

# 대한상공회의소

**문제 1** 기본작업(20점) • 주어진 시트에 대하여 다음 작업을 수행하고 저장하시오.

**01** '기본작업-1' 시트에 다음의 자료를 주어진 대로 입력하시오. (5점)

| | A | B | C | D | E | F |
|---|---|---|---|---|---|---|
| 1 | 전국 컴퓨터 경시대회 | | | | | |
| 2 | | | | | | 2024-08-01 |
| 3 | 수검번호 | 수검자성명 | 지역 | 부별 | 시험시작시간 | 시험종료시간 |
| 4 | ES-4001 | 김수진 | 서울 | 초등부 | 11:00 | 13:30 |
| 5 | ES-5001 | 한희용 | 경기 | 초등부 | 11:00 | 13:30 |
| 6 | ES-1004 | 김대열 | 수원 | 초등부 | 11:00 | 13:30 |
| 7 | MS-3005 | 이순호 | 서울 | 중등부 | 13:00 | 15:00 |
| 8 | MS-4002 | 김춘식 | 수원 | 중등부 | 13:00 | 15:00 |
| 9 | HS-3003 | 서해진 | 경기 | 고등부 | 16:00 | 18:00 |
| 10 | HS-6002 | 송진혁 | 서울 | 고등부 | 16:00 | 18:00 |

**02** '기본작업-2' 시트에 대하여 다음의 지시사항을 처리하시오. (각 2점)

① [A1:G1] 영역은 '병합하고 가운데 맞춤', 글꼴 '바탕체', 글꼴 스타일 '굵게 기울임꼴', 크기 '18', 밑줄 '실선'으로 지정하시오.

② [A4:A7], [A8:A10] 영역은 '병합하고 가운데 맞춤'을, [A3:G3] 영역은 채우기 색을 '표준 색 - 노랑', '가로 가운데 맞춤'으로 지정하시오.

③ [A3] 셀의 '거래처'를 한자 '去來處'로 바꾸시오.

④ [C4:E11] 영역은 쉼표 스타일(,)로 지정하고, [F4:G10] 영역은 셀 서식의 사용자 지정을 이용하여 [표시 예]와 같이 표시하시오. [표시 예 : 2024-05-20→05월 20일(월)]

⑤ [A3:G11] 영역에 '모든 테두리(⊞)' 테두리를 적용하여 표시하고, [B11], [F11:G11] 영역에는 '왼쪽 대각선(☑)'으로 표시하시오.

**03** '기본작업-3' 시트에 대하여 다음의 지시사항을 처리하시오. (5점)

'전국 컴퓨터 경시대회 결과' 표에서 각 인터넷, 컴활, 웹디자인의 평균이 80점 이상인 행 전체의 채우기 색을 '표준 색-노랑'으로 지정하는 조건부 서식을 지정하시오.

▶ AVERAGE 함수 사용

▶ 규칙 유형을 '수식을 사용하여 서식을 지정할 셀 결정'을 이용하시오.

**문제 2** 계산작업(40점) • '계산작업' 시트에서 다음의 과정을 수행하고 저장하시오.

**01** [표1]에서 기록 [C3:C11] 시간이 1등이면 '금상', 2등이면 '은상', 3등이면 '동상' 나머지는 빈 공백으로 수상내역 [D3:D11]에 표시하시오. (8점)

▶ 순위는 기록이 적은(빨리 들어온) 선수가 1위

▶ RANK.EQ, CHOOSE, IFERROR 함수 사용

**02** [표2]에서 근무성적[G3:G11] 중 3번째로 높은 점수를 받은 사원명[H3:H11]을 찾아 [J3] 셀에 표시하시오. (8점)

▶ VLOOKUP, LARGE 함수 사용

**03** [표3]에서 성별이 '남자'인 사원 중에서 시험성적[D15:D22]의 최고점수와 최저점수의 평균값을 구하여 [D23] 셀에 표시하시오. (8점)

▶ 조건은 표에서 찾아서 하시오. ▶ AVERAGE, DMIN, DMAX 함수 사용

**04** [표4]에서 체중 [G15:G23]과 신장 [H15:H23]을 이용하여 비만도 [I15:I23]를 나타내시오. 비만도가 18 미만이면 '저체중', 18 이상 25 미만이면 '정상', 25 이상이면 '비만'으로 나타내시오. (8점)

▶ 비만도 = 체중/(신장/100)^2 ▶ IF, POWER 함수 사용

**05** [표5]에서 [표4]에서 출발시간 [B27:B35]과 도착시간 [C27:C35]을 이용하여 요금 [D27:D35]을 계산하시오. (8점)

▶ 10분당 요금은 100원 ▶ HOUR, MINUTE 함수 사용

---

**문제 3** | **분석작업(20점)** • 주어진 시트에서 다음 작업을 수행하고 저장하시오.

**01** '분석작업-1' 시트에 대하여 다음의 지시사항을 처리하시오. (10점)

[부분합] 기능을 이용하여 '상품 판매 현황' 표에서 '용도'별로 '단가', '수량', '금액'의 평균을 계산한 후, '금액'의 최대를 계산하시오.

▶ '용도'에 대한 정렬 기준은 오름차순으로 하시오.

▶ 평균과 최대의 결과값은 각각 하나의 행에 표시하시오.

▶ 평균과 최대는 표시되는 순서에 상관없이 처리하시오.

| | A | B | C | D | E | F |
|---|---|---|---|---|---|---|
| 1 | | | 상품 판매 현황 | | | |
| 2 | | | | | | (단위 : 원) |
| 3 | 구분 | 용도 | 모델명 | 단가 | 수량 | 금액 |
| 4 | 김치냉장고 | 가정용 | G-K185GP | 794,700 | 1 | 794,700 |
| 5 | 김치냉장고 | 가정용 | G-K185AD | 643,300 | 3 | 1,929,900 |
| 6 | 가스오븐렌지 | 가정용 | G-377N | 262,300 | 4 | 1,049,200 |
| 7 | 냉장고 | 가정용 | F-A12FDGJ | 236,500 | 5 | 1,182,500 |
| 8 | 가스오븐렌지 | 가정용 | G-377P | 262,300 | 8 | 2,098,400 |
| 9 | 가습기 | 가정용 | K-454C | 59,760 | 8 | 478,080 |
| 10 | 가습기 | 가정용 | K-453CM | 85,360 | 10 | 853,600 |
| 11 | 가스오븐렌지 | 가정용 | G-356KP | 308,000 | 11 | 3,388,000 |
| 12 | 가스오븐렌지 | 가정용 | G-376KP | 288,500 | 11 | 3,173,500 |
| 13 | 가습기 | 가정용 | K-492CM | 78,960 | 11 | 868,560 |
| 14 | | 가정용 최대값 | | | | 3,388,000 |
| 15 | | 가정용 평균 | | 301,968 | 7 | 1,581,644 |
| 16 | 가스오븐렌지 | 영업용 | G-196KN | 274,200 | 2 | 548,400 |
| 17 | 냉장고 | 영업용 | G-A102GD | 125,150 | 5 | 625,750 |
| 18 | 김치냉장고 | 영업용 | G-K202GV | 972,000 | 5 | 4,860,000 |
| 19 | 가습기 | 영업용 | K-468A | 30,320 | 6 | 181,920 |
| 20 | 냉장고 | 영업용 | G-A057GD | 109,850 | 11 | 1,208,350 |
| 21 | 냉장고 | 영업용 | G-B09FDGB | 194,000 | 11 | 2,134,000 |
| 22 | 김치냉장고 | 영업용 | G-K204BK | 718,100 | 14 | 10,053,400 |
| 23 | | 영업용 최대값 | | | | 10,053,400 |
| 24 | | 영업용 평균 | | 346,231 | 8 | 2,801,689 |
| 25 | | 전체 최대값 | | | | 10,053,400 |
| 26 | | 전체 평균 | | 320,194 | 7 | 2,084,015 |

**02** '분석작업-2' 시트에 대하여 다음의 지시사항을 처리하시오. (10점)

'신입사원 모집 평가' 표에서 필기[B15], 실기[C15], 면접[D15]이 다음과 같이 변동하는 경우 전체평균 [F10]의 변동 시나리오를 작성하시오.

▶ 셀 이름 정의 : [B15] 셀은 필기, [C15] 셀은 실기, [D15] 셀은 면접, [F10] 셀은 전체평균으로 정의하시오.

▶ 시나리오 1 : 시나리오 이름은 '면접비율상향', 필기 25%, 실기 25%, 면접 50%로 설정하시오.

▶ 시나리오 2 : 시나리오 이름은 '실기비율상향', 필기 25%, 실기 50%, 면접 25%로 설정하시오.

▶ 위 시나리오에 의한 '시나리오 요약' 보고서는 '분석작업-2' 시트 바로 앞에 위치시키시오.

※ 시나리오 요약 보고서 작성 시 정답과 일치하여야 하며, 오자로 인한 부분 점수는 인정하지 않음.

## 문제 4 기타작업(20점) • 주어진 시트에서 다음 작업을 수행하고 저장하시오.

**01** '매크로작업' 시트에서 다음과 같은 기능을 수행하는 매크로를 현재 통합 문서에 작성하고 실행하시오. (각 5점)

① [F4:F11] 영역에 점수를 계산하는 매크로를 생성하여 실행하시오.

　　▶ 매크로 이름 : 점수　　　▶ 점수 : 승×2+무

　　▶ [도형]-[기본 도형]의 '십자형(✛)'을 동일 시트의 [H3:I4] 영역에 생성한 후 텍스트를 "점수"로 입력하고, 텍스트 맞춤 가로 '가운데', 세로 '가운데'로 설정하고, 도형을 클릭할 때 '점수' 매크로가 실행되도록 설정하시오.

② [A3:F3] 영역에 대하여 글꼴 색 '파랑', 배경색 '노랑'을 적용하는 '서식' 매크로를 생성하시오.

　　▶ 매크로 이름 : 서식

　　▶ [도형]-[사각형]의 '사각형: 둥근 모서리(▢)'를 동일 시트의 [H6:I7] 영역에 생성한 후 텍스트를 "서식"으로 입력하고, 텍스트 맞춤 가로 '가운데', 세로 '가운데'로 설정하고, 도형을 클릭할 때 '서식' 매크로가 실행되도록 설정하시오.

※ 셀 포인터의 위치에 상관없이 현재 통합 문서에서 매크로가 실행되어야 정답으로 인정됨.

**02** '차트작업' 시트의 차트를 지시사항에 따라 아래 그림과 같이 수정하시오. (각 2점)

※ 차트는 반드시 문제에서 제공한 차트를 사용하여야 하며, 신규로 작성 시 0점 처리됨.

① 차트 필터를 이용하여 '판정'이 '합격'인 '수검자 성명'별로 '필기시험'과 '실기시험'이 차트에 표시되도록 지정하시오.

② '필기시험' 계열의 차트 종류를 '영역형'으로 변경하시오.

③ 차트 제목을 입력하고, 범례는 아래쪽에 배치하시오.

④ '실기시험' 계열의 선 스타일은 '완만한 선'으로, 표식 옵션의 모양은 '◆', 크기 '10'으로 지정하시오.

⑤ 세로 (값) 축의 최대값을 '100', 기본 단위를 '20'으로 지정하시오.

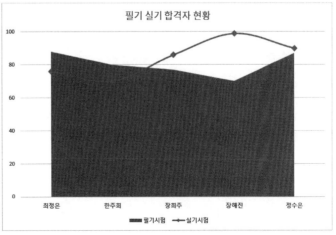

## 1 기본작업

### 02 | 서식 설정

| | A | B | C | D | E | F | G |
|---|---|---|---|---|---|---|---|
| 1 | | | | *전산 서적 주문 내역* | | | |
| 2 | | | | | | | |
| 3 | 去來處 | 도서명 | 단가 | 수량 | 금액 | 주문일자 | 입고(예정)일자 |
| 4 | 남부총판 | EXCEL2016 | 25,000 | 145 | 3,625,000 | 05월 20일(월) | 05월 30일(목) |
| 5 | | POWERPOINT | 19,000 | 180 | 3,420,000 | 05월 21일(화) | 05월 27일(월) |
| 6 | | JAVA | 32,000 | 150 | 4,800,000 | 06월 11일(화) | 06월 22일(토) |
| 7 | | PHP4 | 41,000 | 75 | 3,075,000 | 06월 05일(수) | 06월 11일(화) |
| 8 | 북부총판 | AUTOCAD | 34,000 | 165 | 5,610,000 | 05월 10일(금) | 05월 15일(수) |
| 9 | | MAYA | 45,000 | 123 | 5,535,000 | 06월 13일(목) | 06월 29일(토) |
| 10 | | 3D GAME | 36,000 | 142 | 5,112,000 | 06월 14일(금) | 06월 23일(일) |
| 11 | 합계 | | 232,000 | 980 | 31,177,000 | | |

### 03 | 조건부 서식

| | A | B | C | D | E | F |
|---|---|---|---|---|---|---|
| 1 | | | 전국 컴퓨터 경시대회 결과 | | | |
| 2 | | | | | | |
| 3 | 응시번호 | 인터넷 | 컴활 | 웹디자인 | 총점 | 순위 |
| 4 | ES-4001 | 85 | 84 | 88 | 257 | 3 |
| 5 | ES-5001 | 99 | 98 | 68 | 265 | 1 |
| 6 | ES-1004 | 77 | 58 | 67 | 202 | 8 |
| 7 | MS-4002 | 95 | 86 | 84 | 265 | 1 |
| 8 | MS-3005 | 96 | 93 | 55 | 244 | 4 |
| 9 | HS-3003 | 85 | 75 | 72 | 232 | 5 |
| 10 | HS-6002 | 58 | 68 | 70 | 196 | 9 |
| 11 | HS-6003 | 58 | 79 | 83 | 220 | 6 |
| 12 | HS-6004 | 46 | 87 | 80 | 213 | 7 |

## 2 계산작업

1. =IFERROR(CHOOSE(RANK.EQ(C3,$C$3:$C$11,1),"금상","은상","동상"),"")

2. =VLOOKUP(LARGE(G3:G11,3),G3:H11,2,FALSE)

3. =AVERAGE(DMAX(C14:D22,D14,C14:C15),DMIN(C14:D22,D14,C14:C15))

4. =IF(G15/POWER(H15/100,2)<18,"저체중",IF(G15/POWER(H15/100,2)<25,"정상","비만"))

5. =(HOUR(C27−B27)*60+MINUTE(C27−B27))/10*100

| | A | B | C | D | E | F | G | H | I | J |
|---|---|---|---|---|---|---|---|---|---|---|
| 1 | [표1] | 400m 달리기 대회 수상자 | | 수상내역 | | [표2] | 사원근무 평가 현황 | | | |
| 2 | 소속 | 선수명 | 기록 | 수상내역 | | 사원코드 | 근무성적 | 사원명 | | 사원명 (3등) |
| 3 | LI | 한병전 | 00:01:35 | 동상 | | SH-0628 | 78 | 김용준 | | 김수연 |
| 4 | AI | 한채식 | 00:01:25 | 금상 | | SH-0173 | 86 | 이동현 | | |
| 5 | GW | 최영복 | 00:01:55 | | | SH-0528 | 98 | 이창호 | | |
| 6 | WING | 노재금 | 00:01:45 | | | SH-0781 | 56 | 김병진 | | |
| 7 | FULL | 이윤재 | 00:02:00 | | | SH-0430 | 85 | 방용석 | | |
| 8 | JS | 박지혁 | 00:01:55 | | | SH-0523 | 90 | 김수연 | | |
| 9 | KT | 김태현 | 00:02:02 | | | SH-0643 | 53 | 민병철 | | |
| 10 | LI | 이창훈 | 00:02:03 | | | SH-0428 | 45 | 채선희 | | |
| 11 | AI | 이창동 | 00:01:30 | 은상 | | SH-0823 | 100 | 장종운 | | |
| 12 | | | | | | | | | | |
| 13 | [표3] | 사원 시험 성적 | | | | [표4] | 비만도 측정 | | | |
| 14 | 사원명 | 부서명 | 성별 | 시험성적 | | 성명 | 체중 | 신장 | 비만도 | |
| 15 | 강용준 | 영업부 | 남자 | 62 | | 신가람 | 60 | 175 | 정상 | |
| 16 | 김동현 | 영업부 | 여자 | 98 | | 박성실 | 72 | 180 | 정상 | |
| 17 | 김상호 | 영업부 | 남자 | 100 | | 김아연 | 59 | 170 | 정상 | |
| 18 | 박병원 | 생산부 | 여자 | 94 | | 박나영 | 48 | 171 | 저체중 | |
| 19 | 방극신 | 생산부 | 남자 | 92 | | 손진옥 | 83 | 162 | 비만 | |
| 20 | 소병락 | 생산부 | 여자 | 70 | | 이은진 | 55 | 179 | 저체중 | |
| 21 | 이항재 | 홍보부 | 여자 | 86 | | 황진희 | 74 | 185 | 정상 | |
| 22 | 최계수 | 홍보부 | 남자 | 99 | | 강노연 | 89 | 172 | 비만 | |
| 23 | 남자의 시험성적 최대값과 최소값의 평균 | | | 81 | | 김수진 | 63 | 158 | 비만 | |
| 24 | | | | | | | | | | |
| 25 | [표5] | 시외버스 요금표 | | | | | | | | |
| 26 | 지역 | 출발시간 | 도착시간 | 요금 | | | | | | |
| 27 | 평창 | 9:40 | 10:40 | 600 | | | | | | |
| 28 | 원주 | 9:25 | 10:05 | 400 | | | | | | |
| 29 | 강릉 | 9:20 | 10:50 | 900 | | | | | | |
| 30 | 성남 | 9:20 | 10:50 | 900 | | | | | | |
| 31 | 동해 | 9:40 | 11:05 | 850 | | | | | | |
| 32 | 포항 | 9:50 | 14:35 | 2,850 | | | | | | |
| 33 | 목포 | 9:35 | 14:35 | 3,000 | | | | | | |
| 34 | 서울 | 9:15 | 10:15 | 600 | | | | | | |
| 35 | 대전 | 9:50 | 13:50 | 2,400 | | | | | | |
| 36 | | | | | | | | | | |

# 3 분석작업

## 01 | 부분합

| | A | B | C | D | E | F |
|---|---|---|---|---|---|---|
| 1 | | | 상품 판매 현황 | | | |
| 2 | | | | | | (단위 : 원) |
| 3 | 구분 | 용도 | 모델명 | 단가 | 수량 | 금액 |
| 4 | 김치냉장고 | 가정용 | G-K185GP | 794,700 | 1 | 794,700 |
| 5 | 김치냉장고 | 가정용 | G-K185AD | 643,300 | 3 | 1,929,900 |
| 6 | 가스오븐렌지 | 가정용 | G-377N | 262,300 | 4 | 1,049,200 |
| 7 | 냉장고 | 가정용 | F-A12FDGJ | 236,500 | 5 | 1,182,500 |
| 8 | 가스오븐렌지 | 가정용 | G-377P | 262,300 | 8 | 2,098,400 |
| 9 | 가습기 | 가정용 | K-454C | 59,760 | 8 | 478,080 |
| 10 | 가습기 | 가정용 | K-453CM | 85,360 | 10 | 853,600 |
| 11 | 가스오븐렌지 | 가정용 | G-356KP | 308,000 | 11 | 3,388,000 |
| 12 | 가스오븐렌지 | 가정용 | G-376KP | 288,500 | 11 | 3,173,500 |
| 13 | 가습기 | 가정용 | K-492CM | 78,960 | 11 | 868,560 |
| 14 | | 가정용 최대 | | | | 3,388,000 |
| 15 | | 가정용 평균 | | 301,968 | 7 | 1,581,644 |
| 16 | 가스오븐렌지 | 영업용 | G-196KN | 274,200 | 2 | 548,400 |
| 17 | 냉장고 | 영업용 | G-A102GD | 125,150 | 5 | 625,750 |
| 18 | 김치냉장고 | 영업용 | G-K202GV | 972,000 | 5 | 4,860,000 |
| 19 | 가습기 | 영업용 | K-468A | 30,320 | 6 | 181,920 |
| 20 | 냉장고 | 영업용 | G-A057GD | 109,850 | 11 | 1,208,350 |
| 21 | 냉장고 | 영업용 | G-B09FDGB | 194,000 | 11 | 2,134,000 |
| 22 | 김치냉장고 | 영업용 | G-K204BK | 718,100 | 14 | 10,053,400 |
| 23 | | 영업용 최대 | | | | 10,053,400 |
| 24 | | 영업용 평균 | | 346,231 | 8 | 2,801,689 |
| 25 | | 전체 최대값 | | | | 10,053,400 |
| 26 | | 전체 평균 | | 320,194 | 7 | 2,084,015 |
| 27 | | | | | | |

## 02 | 시나리오

| 시나리오 요약 | | | | | |
|---|---|---|---|---|---|
| | | | 현재 값: | 면접비율상향 | 실기비율상향 |
| 변경 셀: | | | | | |
| | 필기 | | 40% | 25% | 25% |
| | 실기 | | 40% | 25% | 50% |
| | 면접 | | 20% | 50% | 25% |
| 결과 셀: | | | | | |
| | 전체평균 | | 76 | 72 | 76 |

참고: 현재 값 열은 시나리오 요약 보고서가 작성될 때의
변경 셀 값을 나타냅니다. 각 시나리오의 변경 셀들은
회색으로 표시됩니다.

# 4 기타작업

## 01 | 매크로

| 번호 | 팀명 | 승 | 무 | 패 | 점수 |
|---|---|---|---|---|---|
| | **경기 서부 리그 경기결과** | | | | |
| 1 | 시카고 | 12 | 1 | 7 | 25 |
| 2 | 신디에이고 | 9 | 1 | 10 | 19 |
| 3 | 오클랜드 | 11 | 0 | 9 | 22 |
| 4 | 밀워키 | 9 | 0 | 11 | 18 |
| 5 | 캔자스 | 7 | 1 | 12 | 15 |
| 6 | 토론토 | 5 | 2 | 13 | 12 |
| 7 | 탬파베이 | 6 | 0 | 14 | 12 |
| 8 | 보스턴 | 10 | 1 | 9 | 21 |
| 9 | 필라델피아 | 8 | 2 | 10 | 18 |

점수

서식

## 02 | 차트

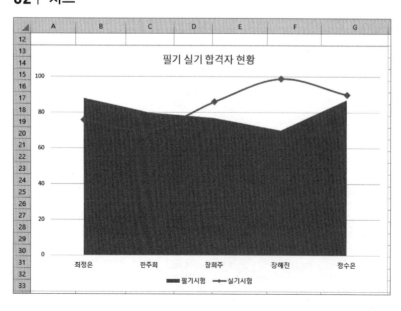

필기 실기 합격자 현황

최정은　한주희　장희주　장해진　정수은

■ 필기시험　◆ 실기시험

## 풀이

### 문제1 ◇ 기본작업

#### 1 자료 입력('기본작업-1' 시트)

주어진 대로 각 셀에 맞게 데이터를 입력합니다.

#### 2 서식 설정('기본작업-2' 시트)

① [A1:G1] 영역을 범위 지정하고 [홈] 탭-[맞춤] 그룹에서 '병합하고 가운데 맞춤(圄)'을 클릭한 후, [글꼴] 그룹에서 글꼴 '바탕체', 글꼴 크기 '18', 글꼴 스타일 '굵게', '기울임꼴', '밑줄'을 선택합니다.

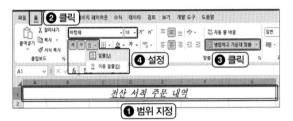

② [A4:A7] 영역을 범위 지정하고 [Ctrl] 키를 누른 채 [A8:A10] 영역을 추가 범위 지정한 후 [홈] 탭의 [맞춤] 그룹에서 '병합하고 가운데 맞춤(圄) 도구를 클릭하고, 가로 '가운데 맞춤(圉)', 세로 '가운데 맞춤(圉)'이 선택되어 있는지 확인합니다.

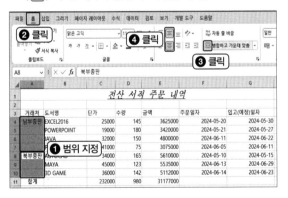

③ [A3:G3] 영역을 범위 지정한 후 채우기 색(🖌) '노랑', 가로 '가운데 맞춤(圉)'을 설정합니다.

④ [A3] 셀의 '거래처'를 드래그하여 범위 지정하고 [한자] 키를 누른 다음 [한글/한자 변환] 대화상자에서 입력 형태는 '漢字'를 선택한 후 한자 선택에 '去來處'를 선택하고 [변환]을 클릭합니다.

⑤ [C4:E11] 영역을 범위 지정하고 [홈] 탭-[표시 형식] 그룹에서 '쉼표 스타일(❟)'을 클릭합니다.

⑥ [F4:G10] 영역을 범위 지정한 후 [Ctrl] + [1] 키를 눌러 [표시 형식] 탭의 [사용자 지정]에서 '형식'에 『mm"월" dd"일"(aaa)』를 입력하고 [확인]을 클릭합니다.

⑦ [A3:G11] 영역을 범위 지정하고 [홈] 탭-[글꼴] 그룹-[테두리]의 목록 단추를 클릭한 후 '모든 테두리(田)'를 선택합니다.

⑧ [B11] 셀을 선택하고 [Ctrl] 키를 누른 채 [F11:G11] 영역을 범위 지정한 후 [Ctrl] + [1] 키를 눌러 [셀 서식] 대화상자의 [테두리] 탭에서 '테두리'의 '왼쪽 대각선(☑)'을 선택하고 [확인]을 클릭합니다

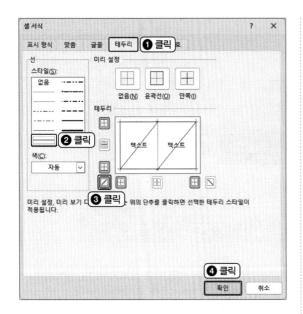

### ❸ 조건부 서식('기본작업-3' 시트)

① [A4:F12] 영역을 범위 지정한 후 [홈] 탭-[스타일] 그룹-[조건부 서식(▦)]-[새 규칙]을 클릭합니다.

② '수식을 사용하여 서식을 지정할 셀 결정'을 선택한 후 『=AVERAGE($B4:$D4)>=80』을 입력하고, [서식]을 클릭합니다.

③ [셀 서식] 대화상자의 [채우기] 탭에서 '색 : 표준 색-노랑'을 설정한 후 [확인]을 클릭하고 [새 서식 규칙] 대화상자에서 [확인]을 클릭합니다.

### ❶ 수상내역[D3:D11]

[D3] 셀에 『=IFERROR(CHOOSE(RANK.EQ(C3, $C$3:$C$11,1),"금상","은상","동상"),"")』을 입력하고 [D11] 셀까지 수식을 복사합니다.

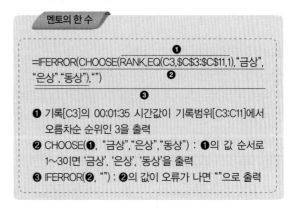

멘토의 한 수

=IFERROR(CHOOSE(RANK.EQ(C3,$C$3:$C$11,1),"금상","은상","동상"),"")

❶ 기록[C3]의 00:01:35 시간값이 기록범위[C3:C11]에서 오름차순 순위인 3을 출력
❷ CHOOSE(❶, "금상","은상","동상") : ❶의 값 순서로 1~3이면 '금상', '은상', '동상'을 출력
❸ IFERROR(❷, "") : ❷의 값이 오류가 나면 ""으로 출력

### ❷ 사원명(3등) [J3]

[J3] 셀에 『=VLOOKUP(LARGE(G3:G11,3),G3:H11,2, FALSE)』 수식을 입력합니다.

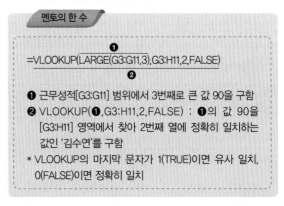

멘토의 한 수

=VLOOKUP(LARGE(G3:G11,3),G3:H11,2,FALSE)

❶ 근무성적[G3:G11] 범위에서 3번째로 큰 값 90을 구함
❷ VLOOKUP(❶,G3:H11,2,FALSE) : ❶의 값 90을 [G3:H11] 영역에서 찾아 2번째 열에 정확히 일치하는 값인 '김수연'를 구함
* VLOOKUP의 마지막 문자가 1(TRUE)이면 유사 일치, 0(FALSE)이면 정확히 일치

### ❸ 남자의 시험성적 최대값과 최소값의 평균 [D23]

[D23] 셀에 『=AVERAGE(DMAX(C14:D22,D14,C14: C15),DMIN(C14:D22,D14,C14:C15))』 수식을 입력합니다.

## 멘토의 한 수

**❶**
=AVERAGE(DMAX(C14:D22,D14,C14:C15),DMIN(C14:D22,D14,C14:C15))
**❷**
**❸**

❶ 성별이 남자[C14:C15]인 시험성적[D14]의 최대값 100을 출력

❷ 성별이 남자[C14:C15]인 시험성적[D14]의 최소값 62를 출력

❸ =AVERAGE(❶ , ❷) : ❶의 값 100과 ❷값 62의 평균을 구함

### 4 비만도[I15:I23]

[I15] 셀에 『=IF(G15/POWER(H15/100,2)〈18,"저체중",IF(G15/POWER(H15/100,2)〈25,"정상","비만"))』을 입력하고 [I23] 셀까지 수식을 복사합니다.

## 멘토의 한 수

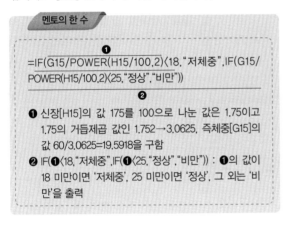

**❶**
=IF(G15/POWER(H15/100,2)〈18,"저체중",IF(G15/POWER(H15/100,2)〈25,"정상","비만"))
**❷**

❶ 신장[H15]의 값 175를 100으로 나눈 값은 1.75이고 1.75의 거듭제곱 값인 1.75²→3.0625, 즉체중[G15]의 값 60/3.0625=19.5918을 구함

❷ IF(❶〈18,"저체중",IF(❶〈25,"정상","비만")) : ❶의 값이 18 미만이면 '저체중', 25 미만이면 '정상', 그 외는 '비만'을 출력

### 5 요금[D27:D35]

[D27] 셀에 『=(HOUR(C27−B27)*60+MINUTE(C27−B27))/10*100』을 입력하고 [D35] 셀까지 수식을 복사합니다.

## 멘토의 한 수

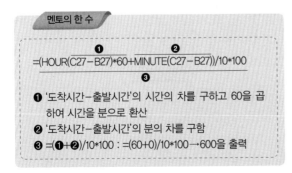

**❶**                  **❷**
=(HOUR(C27−B27)*60+MINUTE(C27−B27))/10*100
**❸**

❶ '도착시간−출발시간'의 시간의 차를 구하고 60을 곱하여 시간을 분으로 환산

❷ '도착시간−출발시간'의 분의 차를 구함

❸ =(❶+❷)/10*100 : =(60+0)/10*100→600을 출력

---

## 문제3 • 분석작업

### 1 부분합('분석작업−1' 시트)

① [A3:F20] 영역을 범위 지정하고, [데이터] 탭−[정렬 및 필터] 그룹−[정렬(🔃)] 도구를 클릭한 후 [정렬]에서 '정렬 기준 : 용도', '정렬 : 오름차순'을 설정하고 [확인]을 클릭합니다.

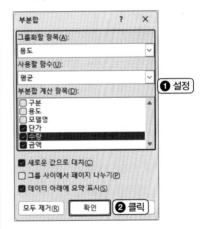

② [A3:F20] 영역을 범위 지정한 후 [데이터] 탭−[개요] 그룹−[부분합(▦)]을 클릭합니다.

③ [부분합] 대화상자에서 '그룹화할 항목'에 '용도', '사용할 함수'에 '평균', '부분합 계산 항목'에 '단가', '수량', '금액'을 체크한 후 [확인]을 클릭합니다.

④ 다시 [데이터] 탭−[개요] 그룹−[부분합(▦)]을 클릭합니다.

⑤ [부분합] 대화상자에서 '사용할 함수'에 '최대', '부분합 계산 항목'에 '금액'을 체크하고, '새로운 값으로 대치'의 체크를 해제한 후 [확인]을 클릭합니다.

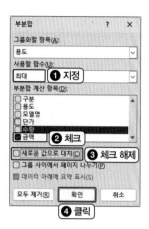

### 2 시나리오('분석작업-2' 시트)

① [B15] 셀을 선택한 후 이름 상자에 『필기』를 입력하고 **Enter** 키를 누릅니다. 같은 방법으로 [C15] 셀은 『실기』, [D15] 셀은 『면접』, [F10] 셀은 『전체평균』으로 이름을 정의합니다.

② 변동할 부분인 [B15:D15] 영역을 범위 지정한 후 [데이터] 탭-[예측] 그룹-[가상분석(■?)]-[시나리오 관리자]를 클릭합니다.

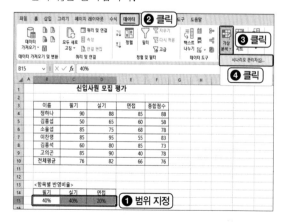

③ [시나리오 관리자] 대화상자에서 [추가]를 클릭합니다.

④ '시나리오 이름'에 『면접비율상향』을 입력하고, 변경 셀에 [B15:D15] 영역을 지정한 후 [확인]을 클릭합니다.

\* [B15:D15] 영역을 범위 지정한 후 시나리오를 실행했으면 변경 셀에 [B15:D15] 영역이 지정되어 있습니다.

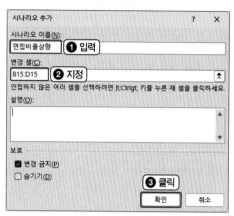

⑤ [시나리오 값] 대화상자에서 '필기'에 『25%』, '실기'에 『25%』, '면접'에 『50%』를 입력한 후 [추가]를 클릭합니다.

⑥ [시나리로 추가]에서 '시나리오 이름'에 『실기비율상향』을 입력하고 [확인]을 클릭합니다.

⑦ [시나리오 값]에서 '필기'에 『25%』, '실기'에 『50%』, '면접'에 『25%』를 입력한 후 [확인]을 클릭합니다.

⑧ [시나리오 관리자]에서 [요약]을 클릭합니다.

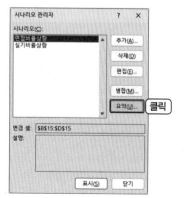

⑨ [시나리오 요약]에서 '결과 셀'은 [F10] 셀을 선택한 후 [확인]을 클릭합니다.

## 문제4 ◦ 기타작업

### 1 매크로 작성('매크로작업' 시트)

① [개발 도구] 탭-[코드] 그룹-[매크로 기록(🔴)] 도구를 클릭한 후 [매크로 기록] 대화상자의 '매크로 이름'에 『점수』를 입력하고 [확인]을 클릭합니다.

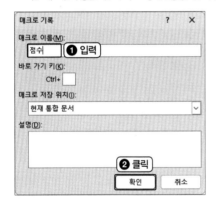

② [F4] 셀에 『=C4*2+D4』 수식을 입력한 후 [F12] 셀까지 수식을 복사합니다.

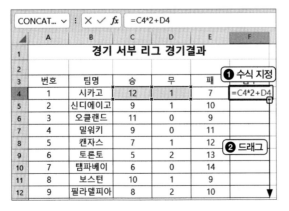

③ 지정된 영역을 해제한 후 [개발 도구] 탭-[코드] 그룹-[기록 중지(□)]를 클릭하여 매크로를 중지합니다.

④ [삽입] 탭-[일러스트레이션] 그룹-[도형]의 '기본 도형'에서 '십자형(✚)' 도형을 선택하고 [H3:I4] 영역에 드래그하여 위치시킨 후 도형에 『점수』를 입력하고, [홈] 탭-[맞춤] 그룹에서 가로 '가운데 맞춤(☰)', 세로 '가운데 맞춤(☰)' 도구를 클릭합니다.

⑤ 도형에서 마우스 오른쪽 버튼을 클릭한 후 [매크로 지정] 대화상자에서 '점수'를 선택하고 [확인]을 클릭합니다.

⑥ '서식' 매크로를 작성하기 위해 다시 [개발 도구] 탭-[코드] 그룹-[매크로 기록(🔴)]을 클릭한 후 [매크로 기록] 대화상자의 '매크로 이름'에 『서식』을 입력하고 [확인]을 클릭합니다.

⑦ [A3:F3] 영역을 범위 지정한 후 [홈] 탭-[글꼴] 그룹의 도구 모음에서 '글꼴 색 : 파랑, 채우기 색 : 노랑'을 설정합니다.

⑧ 지정된 영역을 해제한 후 [개발 도구] 탭-[코드] 그룹-[기록 중지(□)]를 클릭하여 매크로를 중지합니다.

⑨ [삽입] 탭-[일러스트레이션] 그룹-[도형]의 '사각형'에서 '사각형: 둥근 모서리(▢)' 도형을 선택하고 [H6:H8] 영역에 드래그하여 위치시킨 후 도형에 『서식』을 입력하고, [홈] 탭-[맞춤] 그룹에서 가로 '가운데 맞춤(☰)', 세로 '가운데 맞춤(☰)' 도구를 클릭합니다.

⑩ 도형에서 마우스 오른쪽 버튼을 클릭한 후 [매크로 지정] 대화상자에서 '서식'을 선택하고 [확인]을 클릭합니다.

### 2 차트 작성

① 차트를 선택한 후 [차트 필터(▽)]를 클릭하고 '범주'의 '김순희', '김원구', '김수연'의 체크를 해제한 후 [적용]을 클릭합니다.

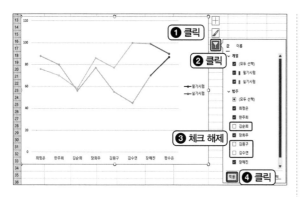

② '필기시험' 계열에서 마우스 오른쪽 버튼을 클릭한 후 [계열 차트 종류 변경(📊)]을 선택합니다.

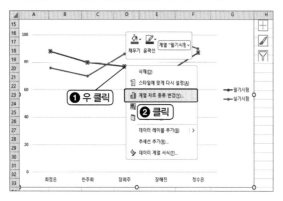

③ [차트 종류 변경] 대화상자의 [모든 차트] 탭의 '혼합(📊)'에서 '필기시험' 차트 종류를 '영역형'으로 선택하고 [확인]을 클릭합니다.

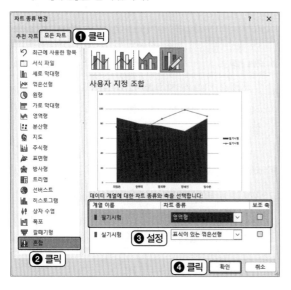

④ 차트 영역을 선택한 후 [차트 요소(➕)]를 클릭하고, 차트 제목에 체크한 후 차트 제목에 『필기 시험 합격자 현황』을 입력합니다.

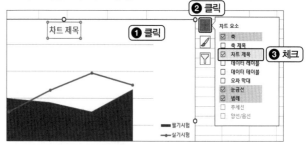

⑤ 차트 영역을 선택한 후 [차트 요소(➕)]를 클릭하고 [범례 ▶]-[아래쪽]을 선택합니다.

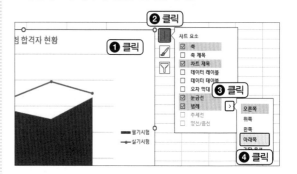

⑥ '실기시험' 계열을 선택하고 마우스 오른쪽 버튼을 클릭한 후 [데이터 계열 서식]을 클릭하고 '채우기 및 선(🎨)'에서 '완만한 선'을 체크합니다.

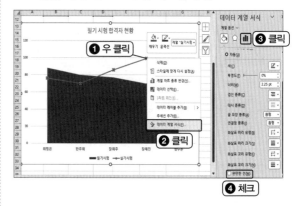

⑦ [데이터 계열 서식]에서 '채우기 및 선(🖌)'의 '표식'을 선택하고, '표식 옵션'에서 '기본 제공'을 선택한 후, 형식에 '◆'를 선택하고, 크기를 '10'으로 지정합니다.

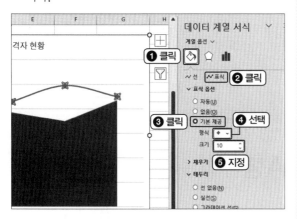

⑧ 세로 (값) 축을 선택한 후 오른쪽의 [축 서식]의 '축 옵션(📊)'에서 '최대값'에 『100』, '단위'의 '기본'에 『20』을 입력합니다.

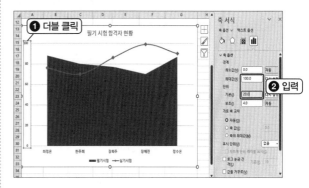

• 국가기술자격검정 •

# 9회 기출유형 모의고사

| 프로그램명 | 제한시간 |
|---|---|
| EXCEL 2021 | 40분 |

수험번호 :

성 명 :

# 2급 · A형

### 유의사항

■ 인적 사항 누락 및 잘못 작성으로 인한 불이익은 수험자 책임으로 합니다.

■ 화면에 암호 입력창이 나타나면 아래의 암호를 입력합니다.
  ○ 암호 : 7355$2

■ 작성된 답안은 주어진 경로 및 파일명을 변경하지 마시고 그대로 저장해야 합니다.
  이를 준수하지 않으면 실격 처리됩니다.
  ○ 답안 파일명의 예: C:₩OA₩수험번호8자리.xlsm

■ 외부 데이터 위치: C:₩OA₩파일명

■ 별도의 지시사항이 없는 경우, 다음과 같이 처리 시 실격 처리됩니다.
  ○ 제시된 시트 및 개체의 순서나 이름을 임의로 변경한 경우
  ○ 제시된 시트 및 개체를 임의로 추가 또는 삭제한 경우
  ○ 외부 데이터를 시험 시작 전에 열어본 경우

■ 답안은 반드시 문제에서 지시 또는 요구한 셀에 입력하여야 하며 다음과 같이 처리 시 채점 대상에서 제외됩니다.
  ○ 제시된 함수가 있을 경우 제시된 함수만을 사용하여야 하며 그 외 함수 사용 시 채점대상에서 제외
  ○ 수험자가 임의로 지시하지 않은 셀의 이동, 수정, 삭제, 변경 등으로 인해 셀의 위치 및 내용이 변경된 경우 해당 작업에 영향을 미치는 관련 문제 모두 채점 대상에서 제외
  ○ 도형 및 차트의 개체가 중첩되어 있거나 동일한 계산결과 시트가 복수로 존재할 경우 해당 개체나 시트는 채점 대상에서 제외

■ 수식 작성 시 제시된 문제 파일의 데이터는 변경 가능한(가변적) 데이터임을 감안하여 문제 풀이를 하시오.

■ 별도의 지시사항이 없는 경우, 주어진 각 시트 및 개체의 설정값 또는 기본 설정값(Default)으로 처리하시오.

■ 저장 시간은 별도로 주어지지 않으므로 제한된 시간 내에 저장을 완료해야 하며, 제한 시간 내에 저장이 되지 않은 경우에는 실격 처리됩니다.

■ 출제된 문제의 용어는 Microsoft Office 2021(LTSC 2108 버전)로 작성되어 있습니다.

## 대 한 상 공 회 의 소

◉ 예제 파일 : 컴활2급₩5.모의고사₩기출유형모의고사9(문제).xlsm
◎ 결과 파일 : 컴활2급₩5.모의고사₩기출유형모의고사9(정답).xlsm

**문제 1** **기본작업(20점)** • 주어진 시트에 대하여 다음 작업을 수행하고 저장하시오.

**01** '기본작업-1' 시트에 다음의 자료를 주어진 대로 입력하시오. (5점)

| | A | B | C | D | E | F |
|---|---|---|---|---|---|---|
| 1 | 고객 생일 축하 상품권 발송 현황 | | | | | |
| 2 | | | | | | |
| 3 | 고객ID | 성명 | 생년월일 | 지역 | 회원구분 | 상품권 발 송 |
| 4 | krj0 | 최영숙 | 1971-03-12 | 서울 | 골드 | |
| 5 | fgh3 | 이천욱 | 1974-12-24 | 경기 | 실버 | ★ |
| 6 | ddg3 | 김영훈 | 1970-12-11 | 서울 | 골드 | ★ |
| 7 | htr3 | 한정보 | 1963-12-10 | 서울 | 실버 | ★ |
| 8 | lgj3 | 김지숙 | 1968-07-13 | 경기 | 일반 | |
| 9 | smil | 김문정 | 1977-11-23 | 서울 | 골드 | |
| 10 | afd5 | 노현정 | 1984-12-21 | 경기 | 일반 | ★ |
| 11 | got6 | 박윤정 | 1954-12-08 | 서울 | 일반 | ★ |
| 12 | frar | 이난영 | 1978-12-29 | 경기 | 골드 | ★ |

**02** '기본작업-2' 시트에 대하여 다음의 지시사항을 처리하시오. (각 2점)

① [A1:G1] 영역은 '선택 영역의 가운데로', 글꼴 '궁서체', 크기 '20', 글꼴 색 '파랑'으로 지정하시오.

② [G3] 셀은 사용자 지정 표시 형식을 이용하여 날짜 형식을 바꾸고, [B5:B11] 영역은 사용자 지정 표시 형식을 이용하여 소수 1번째 자리까지 표시한 숫자 뒤에 'Inch'를 표시하시오.
  ▶ [G3] 셀 [표시 예 : 2024-06-30 → 24년 6월]
  ▶ [B5:B11] 영역 [표시 예 : 17 →17.0 Inch]

③ [A4:G4], [A5:A11], [G5:G11] 영역은 '가로 가운데 맞춤'으로 정렬, [C5:C11] 영역은 가로 '균등 분할 (들여쓰기)'로 정렬하시오.

④ [E5:E11] 영역은 셀 서식을 '백분율 스타일(%)'로 지정하고, [D5:D11], [F5:F11] 영역은 셀 서식을 '통화 스타일(₩)'로 지정하시오.

⑤ [A4:G11] 영역은 '모든 테두리(⊞)'와 '굵은 바깥쪽 테두리(▣)'로 적용하여 표시하시오.

**03** '기본작업-3' 시트에 대하여 다음의 지시사항을 처리하시오. (5점)

'학생별 학점 평가표'에서 '학과'가 '정보'로 시작하고, 평가가 '이수'인 데이터 값 중에서 '학생명', '시험 점수', '과제물', '태도점수' 데이터 값만 추출되도록 고급 필터를 사용하여 검색하시오.

▶ 고급 필터 조건은 [B15:I17] 범위 내에 알맞게 입력

▶ 고급 필터 결과 복사 위치는 동일 시트 [B20] 셀에서 시작

**문제 2** **계산작업(40점)** • '계산작업' 시트에서 다음의 과정을 수행하고 저장하시오.

**01** [표1]에서 '출신고'가 '상공고'인 학생들의 종합 [E3:E10] 점수의 평균을 구하여 [E11] 셀에 표시하시오. (8점)

▶ 상공고 종합 평균은 소수점 둘째 자리에서 올림하여 표시하시오. [표시 예 : 64.66 → 64.7]

▶ ROUNDUP, DSUM, DCOUNTA 함수 사용

**02** [표2]에서 제품명[G3:G9]이 '에어컨'인 제품의 수출량[J3:G9] 비율을 [J10] 셀에 계산하시오. (8점)

▶ 에어컨 수출량 비율 = 에어컨 수출량 합계/전체 수출량 합계
▶ SUM, SUMIF 함수 사용

**03** [표3]에서 항목 [C15:C21]의 첫 번째 글자와 구분[D15:D21]을 사용하고 [참조표]를 이용하여 담당자 [E15:E21]를 표시하시오. (8점)

▶ HLOOKUP, LEFT, & 연산자 사용

**04** [표4]에서 판매량[J15:J21]이 전체 판매량 평균 이상이면서 재고량[K15:K21]이 10 미만인 제품수를 [G23] 셀에 계산하시오. (8점)

▶ COUNTFIS, AVERAGE 함수와 & 연산자 사용

**05** [표5]에서 지점별 평균 매출액을 구한 후 반올림하여 천 원단위로 [H30:H32] 영역에 표시하시오. (8점)

▶ 표시 예 : 135,520→136,000     ▶ ROUND, AVEAGEIF 함수 사용

---

**문제 3**  분석작업(20점) • 주어진 시트에서 다음 작업을 수행하고 저장하시오.

**01** '분석작업-1' 시트에 대하여 다음의 지시사항을 처리하시오. (10점)

'사원 급여 현황' 표에서 부서명은 '행', 성별은 '열', 값은 기본급의 '합계'와 기본급의 '평균'을 계산한 후 'Σ 값'을 '행 레이블'로 설정하는 피벗 테이블을 작성하시오.

▶ 피벗 테이블 보고서는 동일 시트의 [B19] 셀에 시작하시오.
▶ 값 영역의 표시 형식은 '셀 서식' 대화상자에서 '숫자' 범주의 '1000 단위 구분 기호 사용'을 이용하여 지정하시오.
▶ 피벗 테이블에 '연한 노랑, 피벗 스타일 보통 5' 서식을 적용하시오.

**02** '분석작업-2' 시트에 대하여 다음의 지시사항을 처리하시오. (10점)

[부분합] 기능을 이용하여 '자동차 판매현황' 표에서 '부서'별 '판매금액'의 평균을 계산한 후, '소형차', '중형차', '대형차'의 최대를 계산하시오.

▶ '부서'에 대한 정렬 기준은 오름차순으로 하시오.
▶ 평균과 최대는 표시되는 순서에 상관없이 처리하시오.

| | A | B | C | D | E | F | G | H |
|---|---|---|---|---|---|---|---|---|
| 1 | | | | 자동차 판매현황 | | | | |
| 2 | | | | | | | | (단위 : 원) |
| 3 | | 사원번호 | 성명 | 부서 | 소형차 | 중형차 | 대형차 | 판매금액 |
| 4 | | 160239745 | 김주희 | 영업1팀 | 10 | 12 | 10 | 563,100,000 |
| 5 | | 160242186 | 김현자 | 영업1팀 | 17 | 13 | 5 | 442,650,000 |
| 6 | | 160242370 | 김수영 | 영업1팀 | 6 | 21 | 15 | 850,050,000 |
| 7 | | | | 영업1팀 최대값 | 17 | 21 | 15 | |
| 8 | | | | 영업1팀 평균 | | | | 618,600,000 |
| 9 | | 160244864 | 최정희 | 영업2팀 | 15 | 17 | 8 | 595,200,000 |
| 10 | | 160245388 | 김원철 | 영업2팀 | 13 | 10 | 6 | 412,200,000 |
| 11 | | | | 영업2팀 최대값 | 15 | 17 | 8 | |
| 12 | | | | 영업2팀 평균 | | | | 503,700,000 |
| 13 | | 160245591 | 장은수 | 영업3팀 | 21 | 15 | 9 | 625,050,000 |
| 14 | | 160246029 | 김지은 | 영업3팀 | 10 | 12 | 13 | 663,450,000 |
| 15 | | 160249742 | 이순철 | 영업3팀 | 11 | 12 | 17 | 801,750,000 |
| 16 | | | | 영업3팀 최대값 | 21 | 15 | 17 | |
| 17 | | | | 영업3팀 평균 | | | | 696,750,000 |
| 18 | | 160249848 | 장혜진 | 영업4팀 | 20 | 16 | 7 | 568,950,000 |
| 19 | | 160249849 | 한율아 | 영업4팀 | 9 | 15 | 15 | 771,750,000 |
| 20 | | 160249850 | 김지연 | 영업4팀 | 20 | 15 | 3 | 419,850,000 |
| 21 | | | | 영업4팀 최대값 | 20 | 16 | 15 | |
| 22 | | | | 영업4팀 평균 | | | | 586,850,000 |
| 23 | | | | 전체 최대값 | 21 | 21 | 17 | |
| 24 | | | | 전체 평균 | | | | 610,363,636 |

**문제 4** 기타작업(20점) • 주어진 시트에서 다음 작업을 수행하고 저장하시오.

**01** '매크로작업' 시트에서 다음과 같은 기능을 수행하는 매크로를 현재 통합 문서에 작성하고 실행하시오. (각 5점)

① [B3:F3] 영역에 대하여 셀 스타일 '입력'을 적용하는 매크로를 생성하여 실행하시오.

▶ 매크로 이름 : 셀스타일

▶ [개발 도구]−[삽입]−[양식 컨트롤]의 '단추(□)'를 동일 시트의 [H3:I4] 영역에 생성한 후 텍스트를 '셀스타일'로 입력하고, 단추를 클릭할 때 '셀스타일' 매크로가 실행되도록 설정하시오.

② [F4:F10] 영역에 종합점수를 계산하는 매크로를 생성하여 실행하시오.

▶ 매크로 이름 : 종합점수 ▶ 종합점수＝필기×필기비율＋실기×실기비율＋면접×면접비율

▶ [도형]−[기본 도형]의 '육각형(⬡)' 도형을 동일 시트의 [H6:I7] 영역에 생성한 후 텍스트를 '종합점수'로 입력하고, 텍스트 맞춤 가로 '가운데', 세로 '가운데'로 설정하고, 도형을 클릭할 때 '종합점수' 매크로가 실행되도록 설정하시오.

※ 셀 포인터의 위치에 상관없이 현재 통합 문서에서 매크로가 실행되어야 정답으로 인정됨.

**02** '차트작업' 시트의 차트를 지시사항에 따라 아래 그림과 같이 수정하시오. (각 2점)

※ 차트는 반드시 문제에서 제공한 차트를 사용하여야 하며, 신규로 작성 시 0점 처리됨.

① 차트 필터를 이용하여 지점이 '제2지점'인 '지점명'별 '전년판매액', '금년판매액'이 차트에 표시되도록 수정하시오.

② 차트의 종류를 '누적 가로 막대형' 차트로 변경하시오.

③ 차트 제목을 〈그림〉과 같이 입력한 후 글꼴 '굴림', 크기를 '20', '굵게'로 지정하고, 세로 (항목) 축 제목을 〈그림〉과 같이 입력한 후 '가로'로 지정하시오.

④ 가로 (값) 축의 최소값, 최대값, 기본 단위를 〈그림〉과 같이 지정하고, 가로 (값) 축은 값을 '거꾸로'로 지정하시오.

⑤ 차트 영역의 테두리 스타일은 '둥근 모서리', 그림자는 '오프셋: 오른쪽 아래'를 지정하시오.

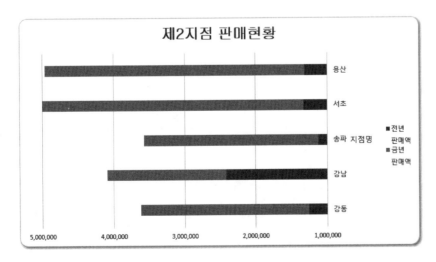

## **1** 기본작업

### 02 | 서식 설정

| | A | B | C | D | E | F | G |
|---|---|---|---|---|---|---|---|
| 1 | | | 자 동 차 휠 판 매 현 황 | | | | |
| 2 | | | | | | | |
| 3 | | | | | | | 23年 6月 |
| 4 | 브랜드명 | SIZE | 회원등급 | 금액 | 할인률 | 총금액 | 비고 |
| 5 | BBS | 17.0 inch | 우 수 회 원 | ₩116,000 | 20% | ₩92,800 | 카드 |
| 6 | MOMO | 14.0 inch | 우 수 회 원 | ₩89,000 | 20% | ₩71,200 | 카드 |
| 7 | SUNGAN | 15.0 inch | 준 회 원 | ₩120,000 | 10% | ₩108,000 | 현금 |
| 8 | BBS | 17.0 inch | 비 회 원 | ₩103,000 | 0% | ₩103,000 | 카드 |
| 9 | LYCUA | 16.0 inch | 우 수 회 원 | ₩112,000 | 20% | ₩89,600 | 현금 |
| 10 | LYCUA | 14.0 inch | 준 회 원 | ₩89,000 | 10% | ₩80,100 | 현금 |
| 11 | MOMO | 15.0 inch | 준 회 원 | ₩99,000 | 10% | ₩89,100 | 현금 |

### 03 | 고급 필터

| | A | B | C | D | E |
|---|---|---|---|---|---|
| 14 | | | | | |
| 15 | | 학과 | 평가 | | |
| 16 | | 정보* | 이수 | | |
| 17 | | | | | |
| 18 | | | | | |
| 19 | | | | | |
| 20 | | 학생명 | 시험점수 | 과제물 | 태도점수 |
| 21 | | 이진석 | 95 | 100 | 95 |
| 22 | | 황현정 | 95 | 82 | 95 |
| 23 | | 강승희 | 89 | 50 | 90 |
| 24 | | | | | |

## **2** 계산작업

1. =ROUNDUP(DSUM(A2:E10,E2,B2:B3)/DCOUNTA(A2:E10,E2,B2:B3),1)

2. =SUMIF(G3:G9,"에어컨",J3:J9)/SUM(J3:J9)

3. =HLOOKUP(LEFT(C15,1)&D15,$A$24:$E$25,2,0)

4. =COUNTIFS(J15:J21,")="&AVERAGE(J15:J21),K15:K21,"〈10")

5. =ROUND(AVERAGEIF($A$29:$A$36,G30,$E$29:$E$36),−3)

| | A | B | C | D | E | F | G | H | I | J | K |
|---|---|---|---|---|---|---|---|---|---|---|---|
| 1 | [표1] | 경시대회 성적 | | | | | [표2] | 문구 수출 실적표 | | | |
| 2 | 성명 | 출신고 | 필기 | 실기 | 종합 | | 제품명 | 제조회사 | 수출단가 | 수출량 | |
| 3 | 장성길 | 상공고 | 91 | 67 | 79 | | 냉풍기 | 그린전자 | 6,100 | 240,000 | |
| 4 | 노인숙 | 희망고 | 34 | 90 | 62 | | 냉풍기 | 그린전자 | 6,800 | 300,000 | |
| 5 | 한상명 | 성일고 | 76 | 89 | 82.5 | | 선풍기 | 그린전자 | 5,300 | 270,000 | |
| 6 | 배정임 | 상공고 | 85 | 56 | 70.5 | | 에어컨 | 동경전자 | 7,000 | 200,000 | |
| 7 | 김영숙 | 상공고 | 56 | 76 | 66 | | 선풍기 | 해피전자 | 6,200 | 350,000 | |
| 8 | 한상수 | 성일고 | 88 | 93 | 90.5 | | 선풍기 | 동경전자 | 6,000 | 280,000 | |
| 9 | 최영일 | 상공고 | 59 | 91 | 75 | | 에어컨 | 동경전자 | 5,200 | 300,000 | |
| 10 | 황현정 | 희망고 | 88 | 80 | 84 | | 에어컨 수출량 비율 | | | 25.8% | |
| 11 | 상공고 종합 평균 | | | | 72.7 | | | | | | |
| 12 | | | | | | | | | | | |
| 13 | [표3] | 정보화 경시 대회 | | | | | [표4] | 제품 재고 현황 | | | |
| 14 | 응시번호 | 이름 | 항목 | 구분 | 담당자 | | 제품코드 | 생산원가 | 입고량 | 판매량 | 재고량 |
| 15 | 202101 | 박진명 | B-4-1 | 성인부 | 한정수 | | SH-01 | 187,000 | 200 | 179 | 21 |
| 16 | 202102 | 이주연 | A-6-2 | 성인부 | 최창동 | | JIL-08 | 220,000 | 200 | 196 | 4 |
| 17 | 202103 | 김선미 | B-6-3 | 성인부 | 한정수 | | COM-05 | 178,000 | 200 | 193 | 7 |
| 18 | 202104 | 김태환 | A-4-4 | 성인부 | 최창동 | | BUN-02 | 25,000 | 200 | 188 | 12 |
| 19 | 202107 | 김은하 | B-1-6 | 학생부 | 김세진 | | JIL-03 | 176,000 | 200 | 185 | 15 |
| 20 | 202108 | 김경진 | A-4-1 | 학생부 | 이하늘 | | COM-03 | 176,000 | 200 | 193 | 7 |
| 21 | 202109 | 최규진 | B-1-6 | 학생부 | 김세진 | | JIL-04 | 176,000 | 200 | 169 | 31 |
| 22 | | | | | | | 판매량이 평균 이상이면서 재고량이 10 미만인 수 | | | | |
| 23 | [참조표] | | | | | | | 3 | | | |
| 24 | 구분 | A성인부 | B성인부 | A학생부 | B학생부 | | | | | | |
| 25 | 담당자 | 최창동 | 한정수 | 이하늘 | 김세진 | | | | | | |
| 26 | | | | | | | | | | | |
| 27 | [표5] | 지점별 매출액 | | | | | [지점평균표] | | | | |
| 28 | 지점명 | 메뉴명 | 판매가 | 판매수량 | 매출액 | | 지점명 | 지점별 평균 매출액 | | | |
| 29 | 강남점 | 만두 | 2,500 | 31 | 77,500 | | 강남점 | 134,000 | | | |
| 30 | 강남점 | 튀김감자 | 1,500 | 42 | 63,000 | | 분당점 | 55,000 | | | |
| 31 | 분당점 | 켄터키 핫도그 | 1,200 | 46 | 55,200 | | 판교점 | 133,000 | | | |
| 32 | 판교점 | 튀김감자 | 1,500 | 52 | 78,000 | | | | | | |
| 33 | 강남점 | 켄터키 핫도그 | 1,200 | 63 | 75,600 | | | | | | |
| 34 | 강남점 | 후라이드 치킨 | 4,500 | 87 | 391,500 | | | | | | |
| 35 | 판교점 | 햄버거 | 2,500 | 75 | 187,500 | | | | | | |
| 36 | 강남점 | 오뎅 | 2,500 | 25 | 62,500 | | | | | | |

## ❸ 분석작업

## 01 | 피벗 테이블

| | A | B | C | D | E |
|---|---|---|---|---|---|
| 18 | | | | | |
| 19 | | | 열 레이블 ▼ | | |
| 20 | 행 레이블 ▼ | | 남 | 여 | 총합계 |
| 21 | 기획부 | | | | |
| 22 | 합계 : 기본급 | | 1,800,000 | 2,700,000 | 4,500,000 |
| 23 | 평균 : 기본급 | | 900,000 | 1,350,000 | 1,125,000 |
| 24 | 영업부 | | | | |
| 25 | 합계 : 기본급 | | | 3,500,000 | 3,500,000 |
| 26 | 평균 : 기본급 | | | 875,000 | 875,000 |
| 27 | 관리부 | | | | |
| 28 | 합계 : 기본급 | | 1,800,000 | 1,200,000 | 3,000,000 |
| 29 | 평균 : 기본급 | | 900,000 | 1,200,000 | 1,000,000 |
| 30 | 전체 합계 : 기본급 | | 3,600,000 | 7,400,000 | 11,000,000 |
| 31 | 전체 평균 : 기본급 | | 900,000 | 1,057,143 | 1,000,000 |

## 02 | 부분합

| 사원번호 | 성명 | 부서 | 소형차 | 중형차 | 대형차 | 판매금액 |
|---|---|---|---|---|---|---|
| | | **자동차 판매현황** | | | | |
| | | | | | | (단위 : 원) |
| 160239745 | 김주희 | 영업1팀 | 10 | 12 | 10 | 563,100,000 |
| 160242186 | 김현자 | 영업1팀 | 17 | 13 | 5 | 442,650,000 |
| 160242370 | 김수영 | 영업1팀 | 6 | 21 | 15 | 850,050,000 |
| | | **영업1팀 최대** | 17 | 21 | 15 | |
| | | **영업1팀 평균** | | | | 618,600,000 |
| 160244864 | 최정희 | 영업2팀 | 15 | 17 | 8 | 595,200,000 |
| 160245388 | 김원철 | 영업2팀 | 13 | 10 | 6 | 412,200,000 |
| | | **영업2팀 최대** | 15 | 17 | 8 | |
| | | **영업2팀 평균** | | | | 503,700,000 |
| 160245591 | 장은수 | 영업3팀 | 21 | 15 | 9 | 625,050,000 |
| 160246029 | 김지은 | 영업3팀 | 10 | 12 | 13 | 663,450,000 |
| 160249742 | 이순철 | 영업3팀 | 11 | 12 | 17 | 801,750,000 |
| | | **영업3팀 최대** | 21 | 15 | 17 | |
| | | **영업3팀 평균** | | | | 696,750,000 |
| 160249848 | 장혜진 | 영업4팀 | 20 | 16 | 7 | 568,950,000 |
| 160249849 | 한율아 | 영업4팀 | 9 | 15 | 15 | 771,750,000 |
| 160249850 | 김지연 | 영업4팀 | 20 | 15 | 3 | 419,850,000 |
| | | **영업4팀 최대** | 20 | 16 | 15 | |
| | | **영업4팀 평균** | | | | 586,850,000 |
| | | **전체 최대값** | 21 | 21 | 17 | |
| | | **전체 평균** | | | | 610,363,636 |

---

## 4 기타작업

### 01 | 매크로

| 이름 | 필기 | 실기 | 면접 | 종합점수 |
|---|---|---|---|---|
| | | **종합 점수 현황** | | |
| 정하나 | 90 | 88 | 85 | 88 |
| 김홍섭 | 50 | 65 | 60 | 58 |
| 소을섭 | 85 | 75 | 68 | 78 |
| 이찬영 | 85 | 95 | 55 | 83 |
| 김흥석 | 60 | 80 | 85 | 73 |
| 고의곤 | 85 | 90 | 40 | 78 |
| 전체평균 | 76 | 82 | 66 | 76 |

셀스타일

종합점수

<항목별 반영비율>

| 필기 | 실기 | 면접 |
|---|---|---|
| 40% | 40% | 20% |

### 02 | 차트

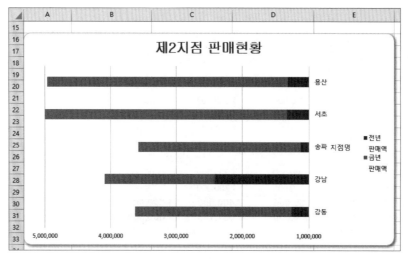

# 풀이

## 문제1 ◦ 기본작업

### 1 자료 입력('기본작업-1' 시트)

주어진 대로 각 셀에 맞게 데이터를 입력합니다.

### 2 서식 설정('기본작업-2' 시트)

① [A1:G1] 영역을 범위 지정한 후 Ctrl + 1 키를 눌러 [셀 서식] 대화상자의 [맞춤] 탭에서 '선택 영역의 가운데로'를 설정합니다.

② [글꼴] 탭에서 '글꼴 : 궁서체, 글꼴 색 : 파랑, 크기 : 20'을 설정한 후 [확인]을 클릭합니다.

③ [G3] 셀을 선택하고 Ctrl + 1 키를 눌러 [표시 형식] 탭에서 [사용자 지정]의 '형식'에 『yy"年" m"月"』을 입력한 후 [확인]을 클릭하고, [B5:B11] 영역을 지정하고 Ctrl + 1 키를 눌러 [표시 형식] 탭에서 [사용자 지정]의 '형식'에 『0.0 "inch"』를 입력한 후 [확인]을 클릭합니다.

④ [A4:G4] 영역을 범위 지정한 후 Ctrl 키를 누른 채 [A5:A11], [G5:G11] 영역을 추가 범위 지정하고 가로 '가운데 맞춤(≡)' 도구를 클릭합니다.

⑤ [C5:C11] 영역을 범위 지정한 후 Ctrl + 1 키를 눌러 [맞춤] 탭의 '가로'를 '균등 분할(들여쓰기)'로 선택하고 [확인]을 클릭합니다.

⑥ [E5:E11] 영역을 범위 지정한 후 [홈] 탭-[표시 형식] 그룹에 '백분율 스타일( % )' 도구를 클릭하고, [D5:D11], [F5:F11] 영역을 범위 지정한 후 [홈] 탭-[표시 형식] 그룹에서 '통화'를 선택합니다.

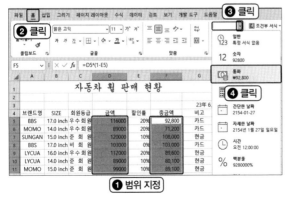

⑦ [A4:G11] 영역을 범위 지정한 후 [홈] 탭-[글꼴] 그룹-[테두리]의 목록 단추를 클릭한 후 '모든 테두리(⊞)'를 선택하고, 다시 '굵은 바깥쪽 테두리(⊡)'를 선택합니다.

### 3 고급 필터('기본작업-3' 시트)

① 다음과 같이 조건은 [B15:C16] 영역에 입력합니다.

| | B | C |
|---|---|---|
| 14 | | |
| 15 | 학과 | 평가 |
| 16 | 정보* | 이수 |

② [C3] 셀을 클릭한 후 Ctrl 키를 누른 채 [E3:G3] 영역을 범위 지정하고 Ctrl + C 키를 눌러 복사합니다.

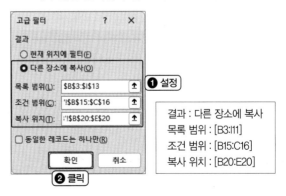

③ [B20] 셀을 선택한 후 Ctrl + V 키를 눌러 붙여넣습니다.

| | B | C | D | E |
|---|---|---|---|---|
| 19 | | | | |
| 20 | 학생명 | 시험점수 | 과제물 | 태도점수 |

④ [B3:I11] 영역을 범위 지정한 후 [데이터] 탭-[정렬 및 필터] 그룹에서 [고급(🝖)] 도구를 클릭합니다.

⑤ [고급 필터] 대화상자에서 다음 그림과 같이 지정하고 [확인]을 클릭합니다.

결과 : 다른 장소에 복사
목록 범위 : [B3:I11]
조건 범위 : [B15:C16]
복사 위치 : [B20:E20]

※ [B3:B11] 영역을 범위 지정하고 고급 필터를 실행해도 [고급 필터] 대화상자의 목록 범위가 자동으로 [B3:B13]으로 변경되지만, 결과는 같습니다.

### 문제2 ∘ 계산작업('계산작업' 시트)

#### 1 상공고 종합 평균 [E11]

[E11] 셀에 『=ROUNDUP(DSUM(A2:E10,E2,B2:B3)/DCOUNTA(A2:E10,E2,B2:B3),1)』 수식을 입력합니다.

**멘토의 한 수**

❶
=ROUNDUP(DSUM(A2:E10,E2,B2:B3)/DCOUNTA(A2:E10,E2,B2:B3),1)
❷
❸

- ❶ 전체 범위[A2:E10]에서 조건[B2:B3](출신고가 상공고)에 따른 종합[E2]의 합계를 출력 : 290.5
- ❷ 전체 범위[A2:E10]에서 조건[B2:B3](출신고가 상공고)에 따른 개수를 출력 : 4
- ❸ ROUNDUP(❶/❷,1) : 290.5/4의 결과 72.625의 값에서 올림하여 소수점 첫째 자리까지 값 72.7을 출력

#### 2 에어컨 수출량 비율 [J10]

[J10] 셀에 『=SUMIF(G3:G9,"에어컨",J3:J9)/SUM(J3:J9)』 수식을 입력합니다.

**멘토의 한 수**

❶       ❷
=SUMIF(G3:G9,"에어컨",J3:J9)/SUM(J3:J9)
❸

- ❶ 제품명[G3:G9] 범위에서 '에어컨'의 수출량[J3:J9] 합계인 500,000을 구함
- ❷ 수출량[J3:J9]의 종합 1,940,000을 구함
- ❸ ❶/❷의 값인 500,000/1,940,000=25.8%를 출력

#### 3 담당자 [E15:E21]

[E15] 셀에 『=HLOOKUP(LEFT(C15,1)&D15,$A$24:$E$25,2,0)』을 입력하고 [E21] 셀까지 수식을 복사합니다.

**멘토의 한 수**

❷
=HLOOKUP(LEFT(C15,1)&D15,$A$24:$E$25,2,0)
❷

- ❶ 항목[C15]의 'B-4-1' 값 중에서 왼쪽 첫 번째 'B'를 출력하여 구분[D15] 값 '성인부'와 결합한 'B성인부'를 구함
- ❷ ❶의 값을 [A24:E25] 영역의 첫 번째 행에서 찾아 두 번째 행에서 정확하게 일치하는 결과 '한정수'를 출력
- * HLOOKUP의 마지막 문자가 1(TRUE)이면 유사 일치, 0(FALSE)이면 정확히 일치

#### 4 판매량이 평균 이상 이면서 재고량이 10 미만인 수 [G23]

[G23] 셀에 『=COUNTIFS(J15:J21,">="&AVERAGE(J15:J21),K15:K21,"<10")』 수식을 입력합니다.

**멘토의 한 수**

❶          ❷
=COUNTIFS(J15:J21,">="&AVERAGE(J15:J21),K15:K21,"<10")
❸

- ❶ 판매량[J15:J21] 범위에서 판매량평균(186.14) 이상인 개수를 구하는 조건
- ❷ 재고량[K15:K21] 범위에서 10 미만의 개수를 구하는 조건
- ❸ ❶과 ❷의 조건을 모두 만족하는 개수 3을 출력

#### 5 지점별 평균 매출액 [H30:H32]

[H30] 셀에 『=ROUND(AVERAGEIF($A$29:$A$36,G30,$E$29:$E$36),-3)』을 입력하고 [H32] 셀까지 수식을 복사합니다.

**멘토의 한 수**

❶
=ROUND(AVERAGEIF($A$29:$A$36,G30,$E$29:$E$36),-3)
❷

- ❶ 지점명[A29:A36] 범위에서 '강남점(G30)'과 일치하는 매출액[E:29E36]의 합계 134,020을 구함
- ❷ ROUND(❶,-3) : ❶의 값 134,020을 천원 미만의 값을 반올림하여 134,000을 구함

## 1 피벗 테이블('분석작업-1' 시트)

① [B3:H14] 영역을 범위 지정한 후 [삽입] 탭-[표] 그룹-[피벗 테이블(📊)]을 클릭합니다.

② 보고서를 넣을 위치 선택에서 '기존 워크시트, 위치 : B19'를 선택한 후 [확인]을 클릭합니다.

③ '부서명' 필드는 '행'에, '성별' 필드는 '열'에 드래그하고 '기본급' 필드를 'Σ 값' 레이블에 드래그한 후 다시 한번 더 '기본급' 필드를 'Σ 값' 레이블에 드래그하여 이동합니다.

④ 값에 '합계: 기본급2'를 클릭하고 [값 필드 설정]을 선택한 후 [값 필드 설정] 대화상자에서 '평균'을 선택하고, '사용자 지정 이름'의 '평균 : 기본급2'를 '평균 : 기본급'으로 수정한 후 [확인]을 클릭합니다.

⑤ [C22:E31] 영역을 범위 지정하고 Ctrl + 1 키를 눌러 [표시 형식] 탭에서 범주에 '숫자'를 선택한 후 '1,000 단위 구분 기호(,) 사용'에 체크하고 [확인]을 클릭합니다.

⑥ 피벗 테이블을 선택하고 [디자인] 탭-[피벗 테이블 스타일] 그룹에서 '자세히(▼)' 목록 단추를 누른 다음 '연한 노랑, 피벗 스타일 보통 5'를 선택합니다.

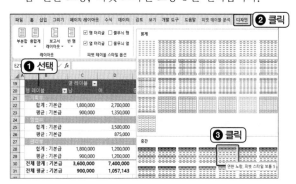

## 2 부분합('분석작업-1' 시트)

① [B3:H14] 영역을 범위 지정하고, [데이터] 탭-[정렬 및 필터] 그룹-[정렬(📊)]을 클릭한 후 [정렬] 대화상자에서 정렬 기준 '부서', 정렬 '오름차순'을 설정하고 [확인]을 클릭합니다.

② [B3:H14] 영역이 범위 지정된 상태에서 [데이터] 탭-[개요] 그룹-[부분합(📊)]을 클릭합니다.

③ [부분합] 대화상자에서 '그룹화할 항목'에 '부서', '사용할 함수'에 '평균'을 선택하고, '부분합 계산 항목'에 '판매금액'을 체크한 후 [확인]을 클릭합니다.

④ 다시 [데이터] 탭-[개요] 그룹-[부분합()]을 클릭합니다.

⑤ [부분합] 대화상자에서 '사용할 함수'에 '최대'를 선택하고, '부분합 계산 항목'에 '소형차', '중형차', '대형차'를 체크한 후 '새로운 값으로 대치'의 체크를 해제하고 [확인]을 클릭합니다.

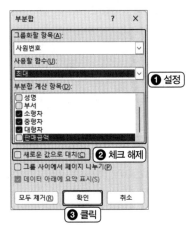

### 문제4 ○ 기타작업

#### 1 매크로 작성('매크로작업' 시트)

① [개발 도구] 탭-[코드] 그룹-[매크로 기록()]을 클릭한 후 [매크로 기록] 대화상자의 '매크로 이름'에 『셀스타일』을 입력하고 [확인]을 클릭합니다.

② [B3:F3] 영역을 범위 지정한 후 [홈] 탭-[스타일] 그룹에서 [셀 스타일()]의 '데이터 및 모델'에서 '입력'을 클릭합니다.

③ 지정된 영역을 해제한 후 [개발 도구] 탭-[코드] 그룹-[기록 중지(□)]를 클릭하여 매크로를 중지합니다.

④ [개발 도구] 탭-[컨트롤] 그룹-[삽입]-[양식 컨트롤]-'단추(□)'를 선택한 후 Alt 키를 누른 상태로 [H3:I4] 영역에 드래그합니다.

⑤ [매크로 지정] 대화상자에서 '테두리'를 선택한 후 [확인]을 클릭하고, 삽입된 단추의 텍스트를 '셀스타일'로 수정합니다.

⑥ [개발 도구] 탭-[코드] 그룹-[매크로 기록()]을 클릭하여 선택한 후 [매크로 기록] 대화상자의 '매크로 이름'에 『종합점수』를 입력하고 [확인]을 클릭합니다.

⑦ [F4] 셀에 수식 『=C4*$B$15+D4*$C$15+E4*$D$15』를 입력한 후 [F10] 셀까지 수식을 복사합니다.
(필기비율 [B15] 셀, 실기비율 [C15] 셀, 면접비율 [D15] 셀은 F4 키를 눌러 절대참조로 지정합니다.)

⑧ 지정된 영역을 해제한 후 [개발 도구] 탭-[코드] 그룹-[기록 중지(□)]를 클릭합니다.

⑨ [삽입] 탭-[일러스트레이션] 그룹-[도형]의 '기본 도형'에서 '육각형(⬡)' 도형을 선택하고 [H6:I7] 영역에 드래그하여 위치시킨 후 도형에 『종합점수』를 입력하고, [홈] 탭-[맞춤] 그룹에서 가로 '가운데 맞춤()', 세로 '가운데 맞춤()' 도구를 클릭합니다.

⑩ 도형에서 마우스 오른쪽 버튼을 클릭하고 [매크로 지정]을 선택한 후 [매크로 지정] 대화상자에서 '종합점수'를 선택하고 [확인]을 클릭합니다.

#### 2 차트 작성('차트작업' 시트)

① 차트를 선택하고 [차트 필터()]를 클릭한 후 '계열'의 '판매증가율'의 체크를 해제하고, '범주'의 '분당', '수정', '중원', '판교', '강서'의 체크를 해제한 후 [적용]을 클릭합니다.

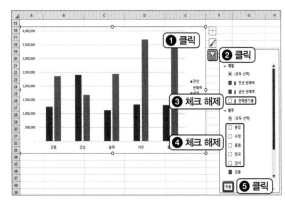

② 차트 영역을 선택하고 마우스 오른쪽 버튼을 클릭한 후 [차트 종류 변경]을 선택합니다.

③ [차트 종류 변경] 대화상자의 [모든 차트] 탭에서 [가로 막대형]을 선택한 후 '누적 가로 막대형'을 선택하고 [확인]을 클릭합니다.

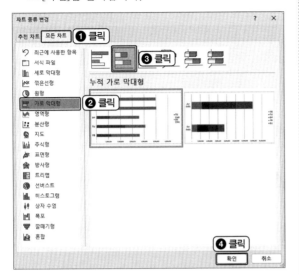

④ 차트를 선택하고 [차트 요소(⊞)]를 클릭한 후 '차트 제목'에 체크하고 제목에 『제2지점 판매현황』을 입력한 후 Esc 키를 누릅니다. 제목 상자를 선택하고 [홈] 탭-[글꼴] 그룹에서 글꼴은 '굴림', 크기는 '20', '굵게'를 설정합니다.

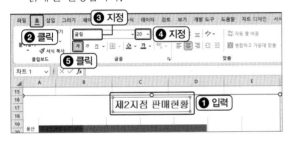

⑤ 차트를 선택한 후 [차트 요소(⊞)]를 클릭하고 [축 제목 ▶]-[기본 세로]를 체크한 후 축 제목에 『지점명』을 입력합니다.

⑥ 축 제목 '지점명'을 선택하고 마우스 오른쪽 버튼을 클릭한 후 [축 제목 서식]을 선택하고 '크기 및 속성(▤)'에서 '텍스트 방향 : 가로'로 설정합니다.

⑦ 가로 (값) 축을 선택한 후 [축 서식]에서 '축 옵션(▥)'의 '축 옵션'에서 '최소값'에 『1000000』, '최대값'에 『5000000』, '단위'의 '기본'에 『1000000』을 입력하고, '값을 거꾸로'에 체크합니다.

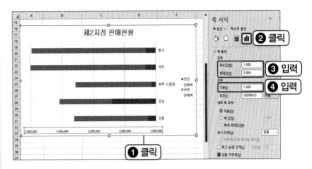

⑧ 차트 영역을 선택한 후 [서식]-[도형 효과(◪)]-[그림자(▢)]-[오프셋: 오른쪽 아래(◼)]를 선택하여 그림자를 지정합니다.

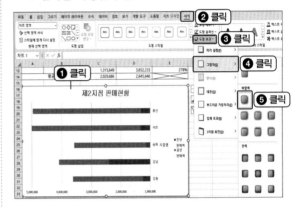

⑨ 차트 영역의 바로가기 메뉴에서 [차트 영역 서식]을 클릭합니다.

⑩ [차트 영역 서식]에서 '채우기 및 선(◪)'을 선택하고 '테두리'에서 '둥근모서리'에 체크합니다.

| 프로그램명 | 제한시간 |
|---|---|
| EXCEL 2021 | 40분 |

수험번호 :

성 명 :

# 2급 · A형

### 유의사항

- 인적 사항 누락 및 잘못 작성으로 인한 불이익은 수험자 책임으로 합니다.

- 화면에 암호 입력창이 나타나면 아래의 암호를 입력합니다.
  - 암호 : 48$906

- 작성된 답안은 주어진 경로 및 파일명을 변경하지 마시고 그대로 저장해야 합니다.
  이를 준수하지 않으면 실격 처리됩니다.
  - 답안 파일명의 예: C:\OA\수험번호8자리.xlsm

- 외부 데이터 위치: C:\OA\파일명

- 별도의 지시사항이 없는 경우, 다음과 같이 처리 시 실격 처리됩니다.
  - 제시된 시트 및 개체의 순서나 이름을 임의로 변경한 경우
  - 제시된 시트 및 개체를 임의로 추가 또는 삭제한 경우
  - 외부 데이터를 시험 시작 전에 열어본 경우

- 답안은 반드시 문제에서 지시 또는 요구한 셀에 입력하여야 하며 다음과 같이 처리 시 채점 대상에서 제외됩니다.
  - 제시된 함수가 있을 경우 제시된 함수만을 사용하여야 하며 그 외 함수 사용 시 채점대상에서 제외
  - 수험자가 임의로 지시하지 않은 셀의 이동, 수정, 삭제, 변경 등으로 인해 셀의 위치 및 내용이 변경된 경우 해당 작업에 영향을 미치는 관련 문제 모두 채점 대상에서 제외
  - 도형 및 차트의 개체가 중첩되어 있거나 동일한 계산결과 시트가 복수로 존재할 경우 해당 개체나 시트는 채점 대상에서 제외

- 수식 작성 시 제시된 문제 파일의 데이터는 변경 가능한(가변적) 데이터임을 감안하여 문제 풀이를 하시오.

- 별도의 지시사항이 없는 경우, 주어진 각 시트 및 개체의 설정값 또는 기본 설정값(Default)으로 처리하시오.

- 저장 시간은 별도로 주어지지 않으므로 제한된 시간 내에 저장을 완료해야 하며, 제한 시간 내에 저장이 되지 않은 경우에는 실격 처리됩니다.

- 출제된 문제의 용어는 Microsoft Office 2021(LTSC 2108 버전)로 작성되어 있습니다.

# 대 한 상 공 회 의 소

**문제 1**　**기본작업(20점)** • 주어진 시트에 대하여 다음 작업을 수행하고 저장하시오.

**01** '기본작업-1' 시트에 다음의 자료를 주어진 대로 입력하시오. (5점)

| | A | B | C | D | E | F |
|---|---|---|---|---|---|---|
| 1 | 성안 주식회사 1차 전산교육과정 연수 성적 | | | | | |
| 2 | | | | | | |
| 3 | 사원번호 | 부서 | 성명 | 과정 | 출석점수 | 수료여부 |
| 4 | 74001 | 관리과 | 김기설 | OA실무 | 94 | 수료 |
| 5 | 72025 | 기획과 | 최인수 | EXCEL | 96 | 수료 |
| 6 | 73021 | 자재과 | 강기원 | OA실무 | 97 | 수료 |
| 7 | 72002 | 기획과 | 김혜림 | EXCEL | 96 | 수료 |
| 8 | 74020 | 관리과 | 이상철 | OA실무 | 75 | 미달 |
| 9 | 72011 | 기획과 | 김소진 | DBASE | 95 | 수료 |
| 10 | 71030 | 총무과 | 최선희 | EXCEL | 65 | 미달 |
| 11 | 73011 | 자재과 | 김선아 | OA실무 | 97 | 수료 |
| 12 | 71012 | 총무과 | 장희진 | OA실무 | 60 | 미달 |

**02** '기본작업-2' 시트에 대하여 다음의 지시사항을 처리하시오. (각 2점)

① [A1:J1] 영역은 '병합하고 가운데 맞춤', 글꼴 'HY견고딕', 크기 '18', 1행의 높이 '30'으로 지정하시오.

② [A3:J3] 영역은 셀 스타일에서 '제목 및 머리글'의 '제목4'로 지정하시오.

③ [A4:A13] 영역은 사용자 지정 표시 형식을 이용하여 숫자 앞에 'CD-'와 숫자 뒤에 '-K'가 항상 표시되고 숫자는 3자리로 표시되도록 지정한 후 [C4:C13] 영역은 사용자 지정 표시 형식을 이용하여 문자 뒤에 '@cyber.co.kr'을 표시하시오.

　▶ [B4:B13] 영역 [표시 예 : 1 → CD-001-K]

　▶ [C4:C13] 영역 [표시 예 : choi84 → choi84@cyber.co.kr]

④ [D4:D13] 영역은 '품목'으로 이름을 정의하시오.

⑤ [A14:D14] 영역은 '병합하고 가운데 맞춤'으로 지정하고, [A3:J14] 영역에 '모든 테두리(田)'를 적용하여 표시하시오.

**03** '기본작업-3' 시트에 대하여 다음의 지시사항을 처리하시오. (5점)

[A4:F11] 영역에 대해 '합계'가 합계 전체의 평균 이상인 행 전체에 대하여 글꼴 색을 '표준 색-파랑', '채우기 색-노랑'으로 지정하는 조건부 서식을 작성하시오.

▶ AVERAGE 함수 사용

▶ 규칙 유형은 '수식을 사용하여 서식을 지정할 셀 결정'을 이용하시오.

**문제 2**　**계산작업(40점)** • '계산작업' 시트에서 다음의 과정을 수행하고 저장하시오.

**01** [표1]에서 사원 번호[A4:A18]의 첫 글자가 A이면 '지사', B이면 '본사', 그 외는 공백으로 구분[E4:E18]에 표시하시오. (8점)

　▶ IFS, LEFT 함수 사용

**02** [표1]에서 오늘날짜[I2]와 사원번호[A4:A18]의 4번째와 5번째 문자를 사용하여 입사년차[H4:H18]를 구하시오. (8점)

- ▶ 입사년차=오늘날짜의 연도−(입사년도+2000)
- ▶ 입사년도는 사원번호 4번째와 5번째 문자
- ▶ 입사년차 숫자 뒤에 년을 붙여서 표시 [표시 예 : 7 → 7년]
- ▶ MID, YEAR 함수와 & 연산자 사용

**03** [표1]에서 연수성적[G4:G18]의 순위가 1위이면 '☆☆☆', 2위이면 '☆☆', 3위이면 '☆', 그 외는 공백으로 평가[I4:I18]에 표시하시오. (8점)

- ▶ IF, CHOOSE, RANK.EQ 함수 사용

**04** [표1]에서 근무점수[F4:F18]가 가장 높은 사원의 이름[B4:B18]을 [H19] 셀에 표시하시오. (8점)
- ▶ INDEX, MATCH, MAX 함수 사용

**05** [표1]에서 부서명[D4:D18]이 '총무부'인 연수성적[G4:G18]의 평균을 [H20] 셀에 계산하시오. (8점)

- ▶ 반올림하여 소수 둘째 자리까지 나타내시오. [표시 예 : 86.45666 → 876.46]
- ▶ ROUND, DAVERAGE 함수 사용

---

**문제 3** 　**분석작업(20점)** • 주어진 시트에서 다음 작업을 수행하고 저장하시오.

**01** '분석작업−1' 시트에 대하여 다음의 지시사항을 처리하시오. (10점)

'식기세척기할부금액' 표에서 할부개월[C4]과 이자율(연)[C5]에 대한 월상환액[C6]을 계산한 것이다. 할부개월과 이자율(연) 변화에 따른 월상환액을 '데이터 표' 기능을 이용하여 할부개월, 이자율, 이자율의 변동에 따른 월상환액의 변화를 [F12:I17] 영역에 계산하시오.

**02** '분석작업−2' 시트에 대하여 다음의 지시사항을 처리하시오. (10점)

[부분합]을 이용하여 '분류별 고객현황' 표에서 '분류'별 '구매실적'의 평균을 구한 후, '실적 POINT'와 '총 POINT'의 최대를 계산하시오.

- ▶ '분류'에 대한 정렬 기준은 '신규−일반−우수' 순으로 정렬하고, '고객이름'의 글꼴 색 RGB(0, 176, 80)인 값이 위에 표시되도록 정렬하시오.
- ▶ 화면 왼쪽의 윤곽(개요) 기호는 화면에 나타나지 않게 지정하시오.
- ▶ 평균과 최대는 표시되는 순서에 상관없이 처리하시오.

| | A | B | C | D | E | F | G | H |
|---|---|---|---|---|---|---|---|---|
| 1 | 분류별 고객 현황 | | | | | | | |
| 2 | | | | | | | | |
| 3 | 고객번호 | 고객이름 | 전화번호 | 분류 | 기본 POINT | 구매실적 | 실적 POINT | 총 POINT |
| 4 | WU006 | 김한수 | 515-3510 | 신규 | 200 | 1,500,000 | 7,500 | 7,700 |
| 5 | WU002 | 홍영희 | 581-3018 | 신규 | 200 | 1,200,000 | 3,600 | 3,800 |
| 6 | WU004 | 김미숙 | 513-8589 | 신규 | 200 | 2,100,000 | 10,500 | 10,700 |
| 7 | MB010 | 강태륜 | 585-1360 | 신규 | 500 | 700,000 | 2,100 | 2,600 |
| 8 | MB013 | 한상민 | 585-1363 | 신규 | 500 | 1,800,000 | 9,000 | 9,500 |
| 9 | WU008 | 강영희 | 689-0851 | 신규 | 200 | 2,700,000 | 13,500 | 13,700 |
| 10 | | | | 신규 최대 | | | 13,500 | 13,700 |
| 11 | | | | 신규 평균 | | 1,666,667 | | |
| 12 | MB009 | 박성주 | 585-1359 | 일반 | 300 | 500,000 | 1,500 | 1,800 |
| 13 | MB011 | 임세진 | 585-1361 | 일반 | 300 | 350,000 | 1,050 | 1,350 |
| 14 | MB014 | 이명주 | 585-1368 | 일반 | 200 | 1,500,000 | 7,500 | 7,700 |
| 15 | MB003 | 홍기정 | 815-8118 | 일반 | 300 | 350,000 | 1,050 | 1,350 |
| 16 | | | | 일반 최대 | | | 7,500 | 7,700 |
| 17 | | | | 일반 평균 | | 675,000 | | |
| 18 | WA001 | 이광호 | 531-3139 | 우수 | 500 | 700,000 | 2,100 | 2,600 |
| 19 | MB012 | 조선희 | 585-1361 | 우수 | 200 | 2,100,000 | 10,500 | 10,700 |
| 20 | WA007 | 김영숙 | 386-1816 | 우수 | 500 | 1,900,000 | 9,500 | 10,000 |
| 21 | WA005 | 박유석 | 889-0851 | 우수 | 500 | 1,800,000 | 9,000 | 9,500 |
| 22 | | | | 우수 최대 | | | 10,500 | 10,700 |
| 23 | | | | 우수 평균 | | 1,625,000 | | |
| 24 | | | | 전체 최대값 | | | 13,500 | 13,700 |
| 25 | | | | 전체 평균 | | 1,371,429 | | |
| 26 | | | | | | | | |

**01** '매크로작업' 시트에서 다음과 같은 기능을 수행하는 매크로를 현재 통합 문서에 작성하고 실행하시오. (각 5점)

① [A3:H3] 영역에 대하여 채우기 색 '표준 색-노랑', 글꼴 색 '표준 색-파랑'을 적용하는 매크로를 생성하여 실행하시오.

▶ 매크로 이름 : 서식

▶ [도형]-[기본 도형]의 '오각형(⬠)'을 동일 시트의 [B14:C15] 영역에 생성한 후 텍스트를 "서식"으로 입력하고, 텍스트 맞춤 가로 '가운데', 세로 '가운데'로 설정하고, 도형을 클릭할 때 '서식' 매크로가 실행되도록 설정하시오.

② [D12:F12] 영역에 '시험점수', '과제물', '태도점수'의 합계를 계산하는 매크로를 생성하여 실행하시오.

▶ 매크로 이름 : 합계 ▶ SUM 함수 사용

▶ [개발 도구]-[삽입]-[양식 컨트롤]의 '단추(▭)'를 동일 시트의 [E14:F15] 영역에 생성한 후 텍스트를 "합계"로 입력하고, 단추를 클릭할 때 '합계' 매크로가 실행되도록 설정하시오.

※ 셀 포인터의 위치에 상관없이 현재 통합 문서에서 매크로가 실행되어야 정답으로 인정됨.

**02** '차트작업' 시트의 차트를 지시사항에 따라 아래 그림과 같이 수정하시오. (각 2점)

※ 차트는 반드시 문제에서 제공한 차트를 사용하여야 하며, 신규로 작성 시 0점 처리됨.

① 차트 필터 기능을 이용하여 차트에서 '판매수량'과 '총판매액' 계열만 차트에 표시되도록 지정하시오.

② '판매수량' 계열의 차트 종류를 '표식이 있는 꺾은선형'으로 변경하고, '보조 축'으로 지정하시오.

③ 차트 제목을 〈그림〉과 같이 입력하고 글꼴 '굴림체', 크기 '16', 글꼴 스타일 '굵게'로 지정하시오.

④ 기본 세로 (값) 축의 기본 단위는 '7,000,000', 보조 세로 (값) 축의 기본 단위는 '70'으로 지정하시오.

⑤ 범례에 대하여 글꼴 '바탕체', 크기 '12', 위치는 '위쪽'으로 지정하시오.

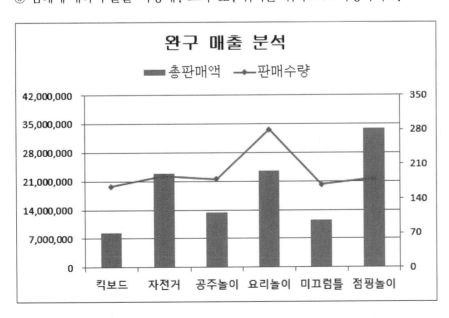

## 1 기본작업

### 02 | 서식 설정

| | A | B | C | D | E | F | G | H | I | J |
|---|---|---|---|---|---|---|---|---|---|---|
| 1 | | | | 신용카드 1/4분기 사용 내역 현황 | | | | | | |
| 2 | | | | | | | | | | |
| 3 | 코드번호 | 고객명 | 이메일 | 품목 | 구입금액 | 할부개월수 | 납입횟수 | 결제금액 | 할부원금 | 결제합계 |
| 4 | CD-001-K | 최명주 | choi84@cyber.co.kr | 정장의류 | 545,000 | 3 | 1 | 363,330 | 181,660 | 181,660 |
| 5 | CD-003-K | 장영석 | jang01@cyber.co.kr | 컴퓨터 | 1,860,000 | 12 | 5 | 1,085,000 | 155,000 | 176,700 |
| 6 | CD-002-K | 정미경 | jung22@cyber.co.kr | 액세서리 | 120,000 | 2 | 1 | 60,000 | 60,000 | 60,000 |
| 7 | CD-004-K | 한인숙 | han48@cyber.co.kr | 휘발유 | 60,000 | 1 | 1 | - | 60,000 | 60,000 |
| 8 | CD-005-K | 노현정 | nohs11@cyber.co.kr | 햄버거 | 25,000 | 1 | - | 25,000 | 25,000 | 25,000 |
| 9 | CD-002-K | 김세경 | ksk34@cyber.co.kr | 냉장고 | 800,000 | 6 | 2 | 533,330 | 133,330 | 154,663 |
| 10 | CD-003-K | 이난영 | lee34@cyber.co.kr | 노트북 | 3,450,000 | 24 | 10 | 2,012,500 | 143,750 | 163,875 |
| 11 | CD-005-K | 장허영 | janhy@cyber.co.kr | 햄버거 | 12,000 | 1 | 1 | - | 12,000 | 12,000 |
| 12 | CD-002-K | 김진한 | kimjh@cyber.co.kr | 스커트 | 170,000 | 4 | 2 | 85,000 | 42,500 | 49,300 |
| 13 | CD-004-K | 최영진 | choi34@cyber.co.kr | 휘발유 | 45,000 | 1 | - | 45,000 | 45,000 | 45,000 |
| 14 | | | 평균결제금액 | | 708,700 | 6 | 2 | 420,916 | 85,824 | 92,820 |

### 03 | 조건부 서식

| | A | B | C | D | E | F |
|---|---|---|---|---|---|---|
| 1 | | | 가계 지출표 | | | |
| 2 | | | | | | |
| 3 | 항목 | 1사분기 | 2사분기 | 3사분기 | 4사분기 | 합계 |
| 4 | 공과금 | 500 | 600 | 750 | 500 | 2,350 |
| 5 | 기타 | 1,000 | 1,000 | 2,000 | 3,000 | 7,000 |
| 6 | 문화비 | 200 | 600 | 500 | 600 | 1,900 |
| 7 | 식료품비 | 900 | 1,000 | 800 | 1,000 | 3,700 |
| 8 | 자동차대출 | 900 | 900 | 900 | 900 | 3,600 |
| 9 | 전화비 | 450 | 300 | 700 | 200 | 1,650 |
| 10 | 주택자금 | 3,700 | 3,700 | 3,700 | 3,700 | 14,800 |
| 11 | 학원 | 1,000 | 1,200 | 1,500 | 1,000 | 4,700 |

## 2 계산작업

1. =IFS(LEFT(A4,1)="A","지사",LEFT(A4,1)="B","본사",TRUE,"")

2. =YEAR($I$2)−(MID(A4,4,2)+2000)&"년"

3. =IF(RANK.EQ(G4,$G$4:$G$18,0)<=3,CHOOSE(RANK.EQ(G4,$G$4:$G$18,0),"☆☆☆","☆☆","☆"),"")

4. =INDEX(B4:B18,MATCH(MAX(F4:F18),F4:F18,0),1)

5. =ROUND(DAVERAGE(A3:I18,G3,D3:D4),2)

| | A | B | C | D | E | F | G | H | I |
|---|---|---|---|---|---|---|---|---|---|
| 1 | [표1] | 연수 현황 분석 | | | | | | | |
| 2 | | | | | | | | 오늘날짜 : | 2023-09-06 |
| 3 | 사원번호 | 이름 | 성별 | 부서명 | 구분 | 근무점수 | 연수성적 | 입사년차 | 평가 |
| 4 | CC-16-04 | 곽민길 | 남자 | 총무부 | | 90 | 94 | 7년 | ☆☆☆ |
| 5 | AY-07-01 | 김성안 | 남자 | 영업부 | 지사 | 100 | 60 | 16년 | |
| 6 | BY-20-02 | 김세진 | 남자 | 영업부 | 본사 | 72 | 83 | 3년 | |
| 7 | CS-18-02 | 김수연 | 여자 | 생산부 | | 94 | 88 | 5년 | |
| 8 | CS-14-05 | 김지연 | 여자 | 생산부 | | 93 | 84 | 9년 | |
| 9 | BY-20-05 | 김진한 | 남자 | 영업부 | 본사 | 74 | 89 | 3년 | ☆ |
| 10 | BS-20-01 | 노현정 | 여자 | 생산부 | 본사 | 66 | 93 | 3년 | ☆☆ |
| 11 | BC-20-03 | 이태영 | 남자 | 총무부 | 본사 | 99 | 75 | 3년 | |
| 12 | AS-12-03 | 장영석 | 남자 | 생산부 | 지사 | 90 | 74 | 11년 | |
| 13 | BS-20-04 | 장하영 | 여자 | 생산부 | 본사 | 87 | 88 | 3년 | |
| 14 | AY-22-04 | 정미경 | 여자 | 영업부 | 지사 | 65 | 66 | 1년 | |
| 15 | AC-18-02 | 최명주 | 여자 | 총무부 | 지사 | 64 | 76 | 5년 | |
| 16 | CC-21-01 | 최영진 | 남자 | 총무부 | | 80 | 83 | 2년 | |
| 17 | CT-17-03 | 한율아 | 여자 | 영업부 | | 71 | 82 | 6년 | |
| 18 | AC-19-05 | 한인숙 | 여자 | 총무부 | 지사 | 90 | 64 | 4년 | |
| 19 | 근무점수가 가장 높은 직원 | | | | | | | 김성안 | |
| 20 | 부서가 총무부인 연수성적의 평균 | | | | | | | 78.33 | |

# 3 분석작업

## 01 | 데이터 표

| | A | B | C | D | E | F | G | H | I |
|---|---|---|---|---|---|---|---|---|---|
| 1 | | | | | | | | | |
| 2 | | 식기세척기할부금액 | | | | | | | |
| 3 | | 차량금액 | 1,700,000 | | | | | | |
| 4 | | 할부개월 | 24 | | | | | | |
| 5 | | 이자율(연) | 5% | | | | | | |
| 6 | | 월상환액 | ₩ 74,581 | | | | | | |
| 7 | | | | | | | | | |
| 8 | | | | | | 할부금액 월 상환액 조건표 | | | |
| 9 | | | | | | | | | |
| 10 | | | | | | | 할부개월 | | |
| 11 | | | | | ₩ 74,581 | 12 | 24 | 36 | 48 |
| 12 | | | | 이 | 5% | ₩ 145,533 | ₩ 74,581 | ₩ 50,951 | ₩ 39,150 |
| 13 | | | | 자 | 6% | ₩ 146,313 | ₩ 75,345 | ₩ 51,717 | ₩ 39,925 |
| 14 | | | | 율 | 7% | ₩ 147,095 | ₩ 76,113 | ₩ 52,491 | ₩ 40,709 |
| 15 | | | | ( | 8% | ₩ 147,880 | ₩ 76,886 | ₩ 53,272 | ₩ 41,502 |
| 16 | | | | 연 | 9% | ₩ 148,668 | ₩ 77,664 | ₩ 54,060 | ₩ 42,305 |
| 17 | | | | ) | 10% | ₩ 149,457 | ₩ 78,446 | ₩ 54,854 | ₩ 43,116 |

## 02 | 부분합

| 고객번호 | 고객이름 | 전화번호 | 분류 | 기본 POINT | 구매실적 | 실적 POINT | 총 POINT |
|---|---|---|---|---|---|---|---|
| | | | **분류별 고객 현황** | | | | |
| WU006 | 김한수 | 515-3510 | 신규 | 200 | 1,500,000 | 7,500 | 7,700 |
| WU002 | 홍영희 | 581-3018 | 신규 | 200 | 1,200,000 | 3,600 | 3,800 |
| WU004 | 김미숙 | 513-8589 | 신규 | 200 | 2,100,000 | 10,500 | 10,700 |
| MB010 | 강태륜 | 585-1360 | 신규 | 500 | 700,000 | 2,100 | 2,600 |
| MB013 | 한상민 | 585-1363 | 신규 | 500 | 1,800,000 | 9,000 | 9,500 |
| WU008 | 강영희 | 689-0851 | 신규 | 200 | 2,700,000 | 13,500 | 13,700 |
| | | | **신규 최대** | | | 13,500 | 13,700 |
| | | | **신규 평균** | | 1,666,667 | | |
| MB009 | 박성주 | 585-1359 | 일반 | 300 | 500,000 | 1,500 | 1,800 |
| MB011 | 임세진 | 585-1361 | 일반 | 300 | 350,000 | 1,050 | 1,350 |
| MB014 | 이명주 | 585-1368 | 일반 | 200 | 1,500,000 | 7,500 | 7,700 |
| MB003 | 홍기정 | 815-8118 | 일반 | 300 | 350,000 | 1,050 | 1,350 |
| | | | **일반 최대** | | | 7,500 | 7,700 |
| | | | **일반 평균** | | 675,000 | | |
| WA001 | 이광호 | 531-3139 | 우수 | 500 | 700,000 | 2,100 | 2,600 |
| MB012 | 조선희 | 585-1361 | 우수 | 200 | 2,100,000 | 10,500 | 10,700 |
| WA007 | 김영숙 | 386-1816 | 우수 | 500 | 1,900,000 | 9,500 | 10,000 |
| WA005 | 박유석 | 889-0851 | 우수 | 500 | 1,800,000 | 9,000 | 9,500 |
| | | | **우수 최대** | | | 10,500 | 10,700 |
| | | | **우수 평균** | | 1,625,000 | | |
| | | | **전세 최내값** | | | 13,500 | 13,700 |
| | | | **전체 평균** | | 1,371,429 | | |

## 4 기타작업

### 01 | 매크로

| 학과코드 | 학생명 | 학과 | 시험점수 | 과제물 | 태도점수 | 결석일 | 평가 |
|---|---|---|---|---|---|---|---|
| | | | | | | | 2021-12-01 |
| C1 | 이진석 | 전산학과 | 95 | 100 | 95 | 0 | 이수 |
| B1 | 이재원 | 경영학과 | 55 | 80 | 84 | 5 | 재수강 |
| A2 | 장선경 | 법학과 | 98 | 85 | 79 | 2 | 이수 |
| C1 | 황현정 | 전산학과 | 95 | 82 | 95 | 0 | 이수 |
| B2 | 최선희 | 경영학과 | 84 | 64 | 78 | 5 | 재수강 |
| A1 | 강승희 | 법학과 | 89 | 50 | 90 | 1 | 이수 |
| C3 | 이명희 | 전산학과 | 68 | 90 | 93 | 6 | 재수강 |
| A2 | 박정아 | 법학과 | 91 | 90 | 79 | 6 | 재수강 |
| | 합계 | | 675 | 641 | 693 | | |

[표1] 학생별 학점 평가표

서식    합계

### 02 | 차트

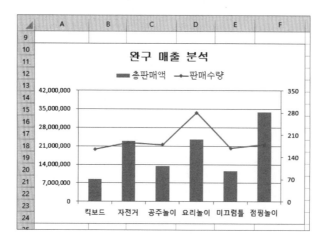

## 문제1 ○ 기본작업

### **1** 자료 입력('기본작업-1' 시트)

주어진 대로 각 셀에 맞게 데이터를 입력합니다.

### **2** 서식 설정('기본작업-2' 시트)

① [A1:J1] 영역을 범위 지정하고 [홈] 탭-[맞춤] 그룹에서 '병합하고 가운데 맞춤(圌)'을 클릭한 후, [글꼴] 그룹에서 글꼴 'HY견고딕', 글꼴 크기 '18'을 선택합니다.

② 1행을 선택한 후 마우스 오른쪽 버튼을 클릭하고 [행 높이]를 클릭한 후 [행 높이] 대화상자에 『30』을 입력하고 [확인]을 클릭합니다.

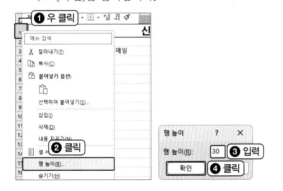

③ [A3:J3] 영역을 범위 지정한 후 [홈] 탭-[스타일] 그룹-[셀 스타일]에서 '제목 및 머리글'에서 '제목4'를 선택합니다.

④ [A4:A13] 영역을 범위 지정한 후 Ctrl + 1 키를 눌러 [표시 형식] 탭의 [사용자 지정]에서 '형식'에 『"CD-"000"-K"』를 입력한 후 [확인]을 클릭하고, 같은 방법으로 [C4:C13] 영역을 범위 지정한 후 Ctrl + 1 키를 눌러 [표시 형식] 탭의 [사용자 지정]에서 '형식'에 『@"@cyber.co.kr"』을 입력한 후 [확인]을 클릭합니다.

⑤ [D4:D13] 영역을 범위 지정한 후 셀 이름 상자에 『품목』을 입력하고 Enter 키를 누릅니다.

⑥ [A14:D14] 영역을 범위 지정한 후 [홈] 탭의 [맞춤] 그룹에서 '병합하고 가운데 맞춤(圌)' 도구를 클릭합니다.

⑦ [A3:J14] 영역을 범위 지정하고 [홈] 탭-[글꼴] 그룹-[테두리]의 목록 단추를 클릭한 후 '모든 테두리(⊞)'를 선택합니다.

### **3** 조건부 서식('기본작업-3' 시트)

① [A4:F11] 영역을 범위 지정한 후 [홈] 탭-[스타일] 그룹-[조건부 서식]-[새 규칙]을 클릭합니다.

② '수식을 사용하여 서식을 지정할 셀 결정'을 선택하고 『=$F4>=AVERAGE($F$4:$F$11)』을 입력한 후 [서식]을 클릭합니다.

③ [셀 서식] 대화상자의 [글꼴] 탭에서 '색 : 표준 색 - 파랑'을 설정하고, [채우기]탭에서 '노랑'을 설정한 후 [확인]을 클릭하고 [새 서식 규칙] 대화상자에서 [확인]을 클릭합니다.

## 문제2 ○ 계산작업('계산작업' 시트)

### **1** 구분[E4:E18]

[E4] 셀에 수식을 입력하고 [E18] 셀까지 수식을 복사합니다.

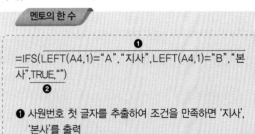

**멘토의 한 수**

❶
=IFS(LEFT(A4,1)="A","지사",LEFT(A4,1)="B","본사",TRUE,"")
❷

❶ 사원번호 첫 글자를 추출하여 조건을 만족하면 '지사', '본사'를 출력
❷ 그 외는 공백을 출력
* =IFS(조건1,참1,조건2,참2,TRUE,그 외 결과값)
   IFS 함수는 오피스 2019 이후 버전부터 사용 가능
* =LEFT(문자열,추출할 문자수)

## ② 입사년차[H4:H18]

[H4] 셀에 수식을 입력하고 [H18] 셀까지 수식을 복사합니다.

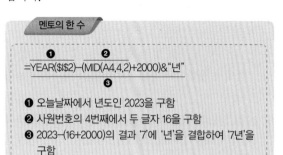

**멘토의 한 수**

$$=YEAR(\$I\$2)-(MID(A4,4,2)+2000)\&"년"$$
(순서: ❶ ❷ 아래 ❸)

❶ 오늘날짜에서 년도인 2023을 구함
❷ 사원번호의 4번째에서 두 글자 16을 구함
❸ 2023−(16+2000)의 결과 '7'에 '년'을 결합하여 '7년'을 구함

## ③ 평가[I4:I18]

[I4] 셀에 수식을 입력하고 [I18] 셀까지 수식을 복사합니다.

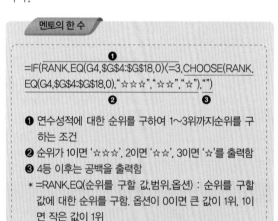

**멘토의 한 수**

$$=IF(RANK.EQ(G4,\$G\$4:\$G\$18,0)<=3,CHOOSE(RANK.EQ(G4,\$G\$4:\$G\$18,0),"☆☆☆","☆☆","☆"),"")$$
(순서: ❶ 위, ❷ ❸ 아래)

❶ 연수성적에 대한 순위를 구하여 1~3위까지 순위를 구하는 조건
❷ 순위가 1이면 '☆☆☆', 2이면 '☆☆', 3이면 '☆'를 출력함
❸ 4등 이후는 공백을 출력함
 * =RANK.EQ(순위를 구할 값,범위,옵션) : 순위를 구할 값에 대한 순위를 구함. 옵션이 0이면 큰 값이 1위, 1이면 작은 값이 1위
 * =CHOOSE(인덱스,값1,값2,값3,…) : 인덱스 값이 1이면 값을, 2이면 값2를, 3이면 값3을 표시

## ④ 근무점수가 가장 높은 직원[H19]

[H19] 셀에 수식을 입력합니다.

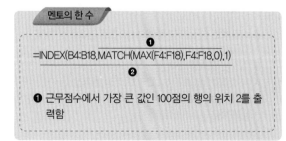

**멘토의 한 수**

$$=INDEX(B4:B18,MATCH(MAX(F4:F18),F4:F18,0),1)$$
(순서: ❶ 위, ❷ 아래)

❶ 근무점수에서 가장 큰 값인 100점의 행의 위치 2를 출력함

---

❷ INDEX(B4:B18,❶) : 이름[B4:B18] 범위에서 ❶에서 구한 2(두 번째 위치)행의 값인 '김성안'을 표시함
 * =INDEX(범위,행,열) : 범위에서 행과 열에 위치하는 값을 구함
 * =MATCH(찾을값,범위,매치타입) : 찾을값을 범위에서 찾아 위치값을 구함

## ⑤ 부서가 총무부인 연수성적의 평균[H20]

[H20] 셀에 수식을 입력합니다.

**멘토의 한 수**

$$=ROUND(DAVERAGE(A3:I18,G3,D3:D4),2)$$
(순서: ❶ 위, ❷ 아래)

❶ 부서명이 총무부인 연수성적의 평균인 78.33333을 구함
❷ ROUND(❶,2) : ❶의 결과 78.33333 값을 반올림하여 소수점 둘째 자리까지 출력하여 78.33을 구함
 * =DAVERAGE(표 전체 범위,필드,조건 범위) : 조건을 만족하는 필드의 평균을 구함
 * =ROUND(수치값,자릿수) : 값을 자릿수만큼 반올림

---

## ① 데이터표('분석작업-1' 시트)

① [E11] 셀에 『=C6』을 입력한 후 Enter 키를 누릅니다.
② [E11:I17] 영역을 범위 지정한 후 [데이터] 탭−[예측] 그룹−[가상분석(🔢)]−[데이터 표]를 클릭합니다.
③ [데이터 표] 대화상자에서 '행 입력 셀 : C4', '열 입력 셀 : C5'를 입력한 후 [확인]을 클릭합니다.

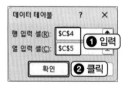

## ② 부분합('분석작업-2' 시트)

① [A3:H17] 영역을 범위 지정하고, [데이터] 탭−[정렬 및 필터] 그룹에서 [정렬(🔢)]을 클릭합니다.

② [정렬] 대화상자에서 정렬 기준은 '분류', 정렬 기준
'값', 정렬 '사용자 지정 목록...'을 선택합니다.

③ [사용자 지정 목록] 탭에서 『신규, 일반, 우수』를 입
력하고 [추가] 버튼을 클릭한 후 왼쪽의 '사용자 지정
목록'에서 '신규, 일반, 우수'를 선택하고 [확인]을 클
릭합니다.

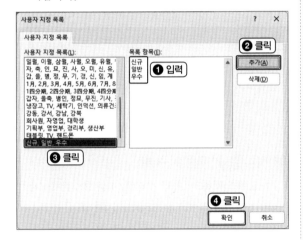

④ [정렬]에서 [기준 추가]를 클릭하고 다음 기준에 '고
객이름'을 선택합니다. '정렬 기준'에 '글꼴 색'을 선택
한 후 '정렬'에서 'RGB(0, 176, 80)', '위에 표시'를 선
택하고 [확인]을 클릭합니다.

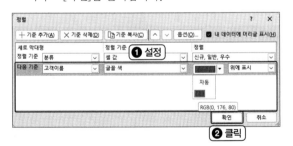

⑤ [데이터] 탭-[개요] 그룹-부분합(⊞)]을 클릭합니다.

⑥ [부분합] 대화상자에서 '그룹화할 항목'에 '분류', '사
용할 함수'에 '평균'을 선택하고 '부분합 계산 항목'에
'구매실적'을 체크한 후 [확인]을 클릭합니다.

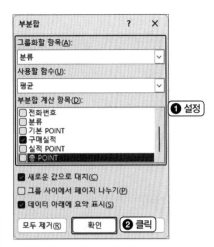

⑦ 다시 [데이터] 탭-[개요] 그룹-부분합(⊞)]을 클릭
합니다.

⑧ [부분합] 대화상자에서 '사용할 함수'에 '최대'를 선택
하고 '부분합 계산 항목'에 '실적 POINT', '총 POINT'
를 체크한 후 '새로운 값으로 대치' 체크를 해제하고
[확인]을 클릭합니다.

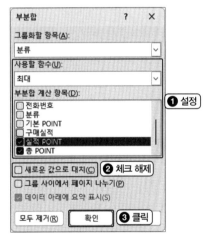

⑨ [데이터] 탭-[개요] 그룹-[그룹 해제]-[개요 지우
기]를 클릭합니다.

## 1 매크로 작성('매크로작업' 시트)

① [개발 도구] 탭-[코드] 그룹-[매크로 기록(📷)]을 클릭한 후 [매크로 기록] 대화상자의 '매크로 이름'에 『서식』을 입력하고 [확인]을 클릭합니다.

② [A3:H3] 영역을 범위 지정한 후 [홈] 탭-[글꼴] 그룹의 도구 모음에서 '채우기 색 : 노랑, 글꼴 색 : 파랑'을 설정합니다.

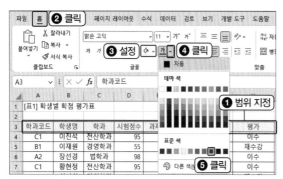

③ 지정된 영역을 해제한 후 [개발 도구] 탭-[코드] 그룹-[기록 중지(□)]를 클릭하여 매크로를 중지합니다.

④ [삽입] 탭-[일러스트레이션] 그룹-[도형]의 '기본 도형'에서 '오각형(⬠)' 도형을 선택하고 [B14:B15] 영역에 드래그하여 위치시킨 후 도형을 클릭한 후 도형에 『서식』을 입력하고, [홈] 탭-[맞춤] 그룹에서 가로 '가운데 맞춤(≡)', 세로 '가운데 맞춤(≣)' 도구를 클릭합니다.

⑤ 도형에서 마우스 오른쪽 버튼을 클릭한 후 [매크로 지정]을 선택하고, [매크로 지정] 대화상자에서 '서식'을 선택한 후 [확인]을 클릭합니다.

⑥ [개발 도구] 탭-[코드] 그룹-[매크로 기록(📷)]을 클릭한 후 [매크로 기록] 대화상자의 '매크로 이름'에 『합계』를 입력하고 [확인]을 클릭합니다.

⑦ [D4:F12] 영역을 선택한 후 [수식] 탭-[함수 라이브러리] 그룹에서 '자동합계(∑)' 목록 단추(⌄)를 클릭하고 [합계]를 선택하여 계산합니다.

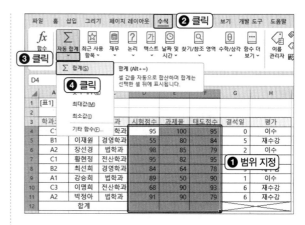

⑧ 지정된 영역을 해제한 후 [개발 도구] 탭-[코드] 그룹-[기록 중지(□)]를 클릭하여 매크로를 중지합니다.

⑨ [개발 도구] 탭-[컨트롤] 그룹-[삽입]-'단추(□)'를 선택한 후 Alt 키를 누른 상태로 [E14:F15] 영역에 드래그하여 단추를 삽입합니다.

⑩ [매크로 지정] 대화상자에서 '합계'를 선택하고 [확인]을 클릭한 후 삽입된 단추의 이름을 '합계'로 수정합니다.

## 2 차트 작성('차트작업' 시트)

① 차트를 선택하고 [차트 필터(▽)]를 클릭한 후 '계열'의 '판매단가'의 체크를 해제하고 [적용]을 클릭합니다.

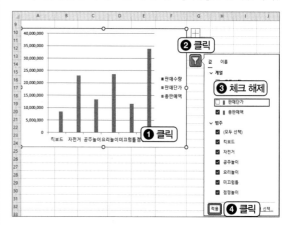

② 데이터 계열에서 마우스 오른쪽 버튼을 클릭한 후 [계열 차트 종류 변경(📊)]을 선택합니다.

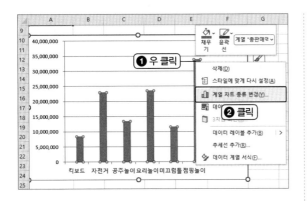

③ [차트 종류 변경] 대화상자 [모든 차트] 탭의 '혼합
(🔳)'에서 '판매수량' 차트 종류를 '표식이 있는 꺾은
선형'을 선택하고 '보조 축'에 체크한 후 [확인]을 클
릭합니다.

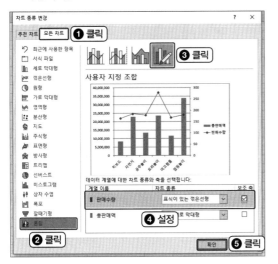

④ 차트 영역을 선택한 후 [차트 요소(➕)]를 클릭하고,
[차트 제목]을 선택한 후 차트 제목에 『완구 매출 분
석』을 입력합니다.

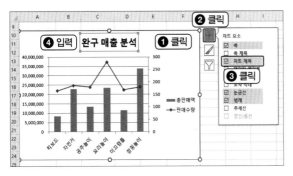

⑤ 차트 제목을 선택한 후 [홈] 탭-[글꼴] 그룹에서 글
꼴 '굴림체', 크기 '16', '굵게'를 지정합니다.

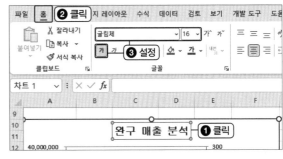

⑥ 기본 세로 (값) 축을 더블 클릭한 후 [축 서식]의 '축
옵션(🔳)'에서 '단위'의 '기본'에 『7000000』을 입력합
니다.

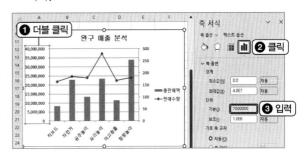

⑦ 같은 방법으로 보조 세로 (값) 축의 '단위'의 '기본'에
『70』을 입력합니다.

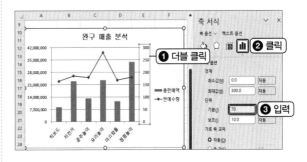

⑧ 범례를 선택한 후 [홈] 탭-[글꼴] 그룹에서 '글꼴 :
바탕체, 글꼴 크기 : 12'로 지정하고 [범례 서식] 창-
'범례 옵션(🔳)'에서 '위쪽'을 선택합니다.

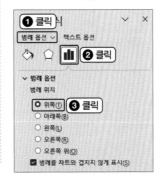

Part **6** 최신 기출문제

| 문제 | 암호 |
|---|---|
| 1회 기출문제 | 258$12 |
| 2회 기출문제 | 5%6894 |
| 3회 기출문제 | 1256#4 |
| 4회 기출문제 | 56^2!2 |
| 5회 기출문제 | 87$678 |
| 6회 기출문제 | 34789& |
| 7회 기출문제 | 784#4^ |
| 8회 기출문제 | 4305*@ |
| 9회 기출문제 | 95#0^1 |
| 10회 기출문제 | @14603 |

**1회** | 최신 기출문제 [무료 동영상]

**2회** | 최신 기출문제 [무료 동영상]

**3회** | 최신 기출문제 [무료 동영상]

**4회** | 최신 기출문제 [무료 동영상]

**5회** | 최신 기출문제 [무료 동영상]

**6회** | 최신 기출문제 [무료 동영상]

**7회** | 최신 기출문제 [무료 동영상]

**8회** | 최신 기출문제 [무료 동영상]

**9회** | 최신 기출문제 [무료 동영상]

**10회** | 최신 기출문제 [무료 동영상]

| 무료 동영상 |

| 프로그램명 | 제한시간 |
| --- | --- |
| EXCEL 2021 | 40분 |

수험번호 :

성    명 :

# 2급 · B형

## 유의사항

- 인적 사항 누락 및 잘못 작성으로 인한 불이익은 수험자 책임으로 합니다.

- 화면에 암호 입력창이 나타나면 아래의 암호를 입력합니다.
  ○ 암호 : 258$12

- 작성된 답안은 주어진 경로 및 파일명을 변경하지 마시고 그대로 저장해야 합니다.
  이를 준수하지 않으면 실격 처리됩니다.
  ○ 답안 파일명의 예: C:₩OA₩수험번호8자리.xlsm

- 외부 데이터 위치: C:₩OA₩파일명

- 별도의 지시사항이 없는 경우, 다음과 같이 처리 시 실격 처리됩니다.
  ○ 제시된 시트 및 개체의 순서나 이름을 임의로 변경한 경우
  ○ 제시된 시트 및 개체를 임의로 추가 또는 삭제한 경우
  ○ 외부 데이터를 시험 시작 전에 열어본 경우

- 답안은 반드시 문제에서 지시 또는 요구한 셀에 입력하여야 하며 다음과 같이 처리 시 채점 대상에서 제외됩니다.
  ○ 제시된 함수가 있을 경우 제시된 함수만을 사용하여야 하며 그 외 함수 사용 시 채점대상에서 제외
  ○ 수험자가 임의로 지시하지 않은 셀의 이동, 수정, 삭제, 변경 등으로 인해 셀의 위치 및 내용이 변경된 경우 해당 작업에 영향을 미치는 관련 문제 모두 채점 대상에서 제외
  ○ 도형 및 차트의 개체가 중첩되어 있거나 동일한 계산결과 시트가 복수로 존재할 경우 해당 개체나 시트는 채점 대상에서 제외

- 수식 작성 시 제시된 문제 파일의 데이터는 변경 가능한(가변적) 데이터임을 감안하여 문제 풀이를 하시오.

- 별도의 지시사항이 없는 경우, 주어진 각 시트 및 개체의 설정값 또는 기본 설정값(Default)으로 처리하시오.

- 저장 시간은 별도로 주어지지 않으므로 제한된 시간 내에 저장을 완료해야 하며, 제한 시간 내에 저장이 되지 않은 경우에는 실격 처리됩니다.

- 출제된 문제의 용어는 Microsoft Office 2021(LTSC 2108 버전)로 작성되어 있습니다.

# 대한상공회의소

**문제 1** **기본작업(20점)** • 주어진 시트에 대하여 다음 작업을 수행하고 저장하시오.

**01** '기본작업-1' 시트에 다음의 자료를 주어진 대로 입력하시오. (5점)

| | A | B | C | D | E | F |
|---|---|---|---|---|---|---|
| 1 | 교원확보율 | | | | | |
| 2 | | | | | | |
| 3 | 학과코드 | 학과명 | 전체 학생수 | 전체교원 | 정원/전임(겸임) | 전임비율 |
| 4 | KA-45267 | 경영정보과 | 140 | 6명 | 6/3(3) | 50% |
| 5 | SQ-89163 | 사회복지과 | 150 | 7명 | 7/4(3) | 57% |
| 6 | TB-37245 | 유아교육과 | 210 | 9명 | 9/6(3) | 66% |
| 7 | AV-32896 | 정보통신과 | 150 | 8명 | 8/3(5) | 37% |
| 8 | CT-92578 | 컴퓨터공학과 | 105 | 4명 | 7/3(1) | 75% |
| 9 | PW-41283 | 식품생명공학과 | 120 | 7명 | 7/5(2) | 71% |

**02** '기본작업-2' 시트에 대하여 다음의 지시사항을 처리하시오. (각 2점)

① [A1:F1] 영역은 '병합하고 가운데 맞춤', 글꼴 '맑은 고딕', 글꼴 크기 '16', 글꼴 스타일 '굵게', 밑줄 '이중 실선'으로 지정하시오.

② [A4:A6], [A7:A9], [B4:B6], [F4:F6], [F7:F9] 영역은 '병합하고 가운데 맞춤'을 지정하고, [A3:F3] 영역은 셀 스타일 '출력'을 적용하시오.

③ [C4:C6] 영역은 사용자 지정 표시 형식을 이용하여 문자 뒤에 '%'를 [표시 예]와 같이 표시하시오.
[표시 예 : 80~90 → 80~90%]

④ [D4:D9] 영역의 이름을 '배점'으로 정의하시오.

⑤ [A3:F9] 영역에 '모든 테두리(⊞)'를 적용한 후 '굵은 바깥쪽 테두리(⊡)'를 적용하여 표시하시오.

**03** '기본작업-3' 시트에서 다음의 지시사항을 처리하시오. (5점)

[A4:H18] 영역에서 학번이 '2019'로 시작하는 행 전체의 글꼴 스타일은 '굵은 기울임'에 글꼴 색을 '표준 색 – 빨강'으로 지정하는 조건부 서식을 작성하시오.

▶ LEFT 함수 사용

▶ 단, 규칙 유형은 '수식을 사용하여 서식을 지정할 셀 결정'을 사용하고, 한 개의 규칙으로만 작성하시오.

**문제 2** **계산작업(40점)** • '계산작업' 시트에서 다음의 과정을 수행하고 저장하시오.

**01** [표1]에서 응시일[C3:C9]이 월요일부터 금요일이면 '평일', 그 외에는 '주말'로 요일[D3:D9]에 표시하시오. (8점)

▶ 요일은 '월요일'이 1로 시작하는 방식 사용

▶ IF, WEEKDAY 함수 사용

**02** [표2]에서 중간고사[G3:G9], 기말고사[H3:H9]와 학점기준표[G12:K14]를 참조하여 학점[I3:I9]을 계산하시오. (8점)

▶ 평균은 각 학생의 중간고사와 기말고사 점수로 구함

▶ AVERAGE, HLOOKUP 함수 사용

**03** [표3]에서 학과[A14:A21]가 '경영학과'인 학생들의 평점에 대한 평균을 [D24] 셀에 계산하시오. (8점)

▶ 평균은 소수점 이하 셋째 자리에서 반올림하여 둘째 자리까지 표시 [표시 예 : 3.5623 → 3.56]

▶ 조건은 [A24:A25] 영역에 입력하시오.

▶ DAVERAGE, ROUND 함수 사용

**04** [표4]에서 학과[A29:A35]의 앞 세 문자와 입학일자[B29:B35]의 연도를 이용하여 입학코드[C29:C35]를 표시하시오. (8점)

▶ 학과명의 첫 글자만 대문자로 표시
  [표시 예 : 학과명이 'HEALTHCARE', 입학일자가 '2020-03-01'인 경우 → Hea2020]

▶ LEFT, PROPER, YEAR 함수와 & 연산자 사용

**05** [표5]에서 나이[G24:G30]가 19세 미만이면서 2020년[H24:H30] 또는 2021년[I24:I30]의 자원봉사 횟수가 50회 이상인 사람은 '★'를, 그 외는 공백을 비고[J24:J30]에 표시하시오. (8점)

▶ IF, AND, COUNTIF 함수 사용

---

**문제 3** 분석작업(20점) • 주어진 시트에서 다음 작업을 수행하고 저장하시오.

**01** '분석작업-1' 시트에 대하여 다음의 지시사항을 처리하시오. (10점)

[부분합] 기능을 이용하여 '소양인증포인트 현황' 표에 〈그림〉과 같이 학과별 '합계'의 최대를 계산한 후 '기본영역', '인성봉사', '교육훈련'의 평균을 계산하시오.

▶ 정렬은 '학과'를 기준으로 오름차순으로 처리하시오.

▶ 최대와 평균은 위에 명시된 순서대로 처리하시오.

| | 학과 | 성명 | 기본영역 | 인성봉사 | 교육훈련 | 합계 |
|---|---|---|---|---|---|---|
| | 소양인증포인트 현황 | | | | | |
| | | | | | | |
| 3 | 학과 | 성명 | 기본영역 | 인성봉사 | 교육훈련 | 합계 |
| 4 | 경영정보 | 정소영 | 85 | 75 | 75 | 235 |
| 5 | 경영정보 | 주경철 | 85 | 85 | 75 | 245 |
| 6 | 경영정보 | 한기철 | 90 | 70 | 85 | 245 |
| 7 | 경영정보 평균 | | 87 | 77 | 78 | |
| 8 | 경영정보 최대 | | | | | 245 |
| 9 | 유아교육 | 강소미 | 95 | 65 | 65 | 225 |
| 10 | 유아교육 | 이주현 | 100 | 90 | 80 | 270 |
| 11 | 유아교육 | 한보미 | 80 | 70 | 90 | 240 |
| 12 | 유아교육 평균 | | 92 | 75 | 78 | |
| 13 | 유아교육 최대 | | | | | 270 |
| 14 | 정보통신 | 김경호 | 95 | 75 | 95 | 265 |
| 15 | 정보통신 | 박주영 | 85 | 50 | 80 | 215 |
| 16 | 정보통신 | 임정민 | 90 | 80 | 60 | 230 |
| 17 | 정보통신 평균 | | 90 | 68 | 78 | |
| 18 | 정보통신 최대 | | | | | 265 |
| 19 | 전체 평균 | | 89 | 73 | 78 | |
| 20 | 전체 최대값 | | | | | 270 |

**02** '분석작업-2' 시트에 대하여 다음의 지시사항을 처리하시오. (10점)

데이터 도구 [통합] 기능을 이용하여 [표1], [표2], [표3]에 대한 학과별 '정보인증', '국제인증', '전공인증'의 합계를 [표4]의 [G5:I8] 영역에 계산하시오.

**문제 4** 기타작업(20점) • 주어진 시트에서 다음 작업을 수행하고 저장하시오.

**01** '매크로작업' 시트의 [표]에서 다음과 같은 기능을 수행하는 매크로를 현재 통합 문서에 작성하고 실행하시오. (각 5점)

① [E4:E8] 영역에 평균을 계산하는 매크로를 생성하여 실행하시오.

▶ 매크로 이름 : 평균　　　▶ 평균=소양인증×소양인증비율+직무인증×직무인증비율

▶ [개발 도구]–[삽입]–[양식 컨트롤]의 '단추(▢)'를 동일 시트의 [G3:H4] 영역에 생성하고, 텍스트를 '평균'으로 입력한 후 단추를 클릭할 때 '평균' 매크로가 실행되도록 설정하시오.

② [A3:E3] 영역에 '글꼴 색–노랑, 채우기 색–자주'를 적용하는 매크로를 생성하여 실행하시오.

▶ 매크로 이름 : 채우기

▶ [도형]–[기본 도형]의 '사각형: 빗면(▱)'을 동일 시트의 [G6:H7] 영역에 생성하고, 텍스트를 '채우기'로 입력한 후 도형을 클릭할 때 '채우기' 매크로가 실행되도록 설정하시오.

※ 셀 포인터의 위치에 상관없이 현재 통합문서에서 매크로가 실행되어야 정답으로 인정됨

**02** '차트작업' 시트의 차트를 지시사항에 따라 아래 그림과 같이 수정하시오. (각 2점)

※ 차트는 반드시 문제에서 제공한 차트를 사용하여야 하며, 신규로 작성 시 0점 처리됨

① '합계' 계열과 '2018년' 요소가 제거되도록 데이터 범위를 수정하시오.

② 차트 종류를 '누적 세로 막대형'으로 변경하시오.

③ 차트 제목은 '차트 위'로 지정한 후 [A1] 셀과 연동되도록 설정하시오.

④ '근로장학' 계열에만 데이터 레이블 '값'을 표시하고, 레이블의 위치를 '안쪽 끝에'로 설정한 후 '근로장학' 계열의 채우기를 패턴 채우기의 '점선: 20%'로 지정하시오.

⑤ 눈금선을 세로로 추가한 후 차트 영역의 테두리에는 '둥근 모서리'를 설정하시오.

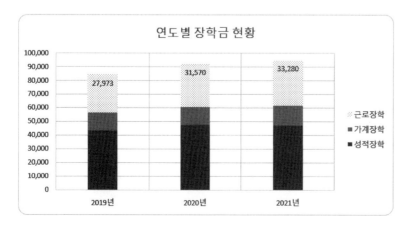

# 정답

## 1 기본작업

### 02 | 서식 설정

| | A | B | C | D | E | F |
|---|---|---|---|---|---|---|
| 1 | | | 인성인증 항목 및 배점표 | | | |
| 2 | | | | | | |
| 3 | 인증영역 | 인증항목 | 내용 | 배점 | 회수 | 최대배점 |
| 4 | | | 95~100% | 45 | 2 | |
| 5 | 기본영역 | 출석률 | 90~95% | 40 | 2 | 90 |
| 6 | | | 80~89% | 40 | 2 | |
| 7 | | 문화관람 | 영화/연극/전시회 | 3 | 10 | |
| 8 | 인성점수 | 헌혈 | 헌혈참여 | 10 | 5 | 30 |
| 9 | | 교외봉사 | 봉사시간 | 2 | 35 | |

### 03 | 조건부 서식

| | A | B | C | D | E | F | G | H |
|---|---|---|---|---|---|---|---|---|
| 1 | | | | 성적현황 | | | | |
| 2 | | | | | | | | |
| 3 | 학번 | 이름 | 중간 | 중간(40) | 기말 | 기말(40) | 출석(20) | 합계 |
| 4 | 201713056 | 김대훈 | 25 | 63 | 15 | 58 | 18 | 66 |
| 5 | 201809060 | 김세인 | 68 | 84 | 10 | 55 | 16 | 72 |
| 6 | 201621010 | 김송희 | 38 | 69 | 8 | 54 | 18 | 67 |
| 7 | 201618036 | 김은지 | 30 | 65 | 30 | 65 | 20 | 72 |
| 8 | *201915093* | *김지수* | *88* | *94* | *90* | *95* | *20* | *96* |
| 9 | 201714036 | 박병재 | 44 | 72 | 5 | 53 | 18 | 68 |
| 10 | 201830056 | 박준희 | 43 | 71 | 20 | 60 | 16 | 69 |
| 11 | 201809025 | 박하늘 | 25 | 63 | 20 | 60 | 16 | 65 |
| 12 | *201906050* | *윤경문* | *88* | *94* | *50* | *75* | *16* | *84* |
| 13 | 201618046 | 이다정 | 88 | 94 | 80 | 90 | 20 | 94 |
| 14 | *201915058* | *이종희* | *-* | *50* | *10* | *55* | *18* | *60* |
| 15 | *201915087* | *임천규* | *50* | *75* | *40* | *70* | *20* | *78* |
| 16 | 201702075 | 임태현 | 20 | 60 | 15 | 58 | 20 | 67 |
| 17 | *201915065* | *최서현* | *50* | *75* | *40* | *70* | *20* | *78* |
| 18 | 201820030 | 홍주희 | 34 | 67 | 10 | 55 | 16 | 65 |

## 2 계산작업

1. =IF(WEEKDAY(C3,2)<=5, "평일", "주말")

2. =HLOOKUP(AVERAGE(G3:H3),$G$12:$K$14,3,TRUE)

3. =ROUND(DAVERAGE(A13:D21,D13,A24:A25),2)

4. =PROPER(LEFT(A29,3))&YEAR(B29)

5. =IF(AND(G24<19,COUNTIF(H24:I24, ">=50")>=1), "★", "")

| � | A | B | C | D | E | F | G | H | I | J | K |
|---|---|---|---|---|---|---|---|---|---|---|---|
| 1 | [표1] | | 자격증 응시일 | | | [표2] | | 학점현황 | | | |
| 2 | 응시지역 | 성명 | 응시일 | 요일 | | | 성명 | 중간고사 | 기말고사 | 학점 | |
| 3 | 광주 | 김종민 | 2020-12-06 | 주말 | | | 김미정 | 85 | 90 | B | |
| 4 | 서울 | 강원철 | 2021-05-16 | 주말 | | | 서진수 | 65 | 70 | D | |
| 5 | 안양 | 이진수 | 2020-09-26 | 주말 | | | 박주영 | 70 | 95 | B | |
| 6 | 부산 | 박정민 | 2021-03-09 | 평일 | | | 원영현 | 90 | 75 | B | |
| 7 | 인천 | 한수경 | 2021-06-04 | 평일 | | | 오선영 | 60 | 75 | D | |
| 8 | 제주 | 유미진 | 2021-05-12 | 평일 | | | 최은미 | 95 | 85 | A | |
| 9 | 대전 | 정미영 | 2020-09-17 | 평일 | | | 박진희 | 70 | 85 | C | |
| 10 | | | | | | | | | | | |
| 11 | | | | | | 학점기준표 | | | | | |
| 12 | [표3] | | 성적현황 | | | 평균 | | 0 이상 | 60 이상 | 70 이상 | 80 이상 | 90 이상 |
| 13 | 학과 | 성명 | 생년월일 | 평점 | | | | 60 미만 | 70 미만 | 80 미만 | 90 미만 | 100 이하 |
| 14 | 컴퓨터학과 | 유창상 | 1995-10-20 | 3.45 | | 학점 | | F | D | C | B | A |
| 15 | 경영학과 | 김현수 | 1994-03-02 | 4.02 | | | | | | | |
| 16 | 경영학과 | 한경수 | 1994-08-22 | 3.67 | | | | | | | |
| 17 | 컴퓨터학과 | 정수연 | 1992-01-23 | 3.89 | | | | | | | |
| 18 | 정보통신과 | 최경철 | 1995-05-12 | 3.12 | | | | | | | |
| 19 | 정보통신과 | 오태환 | 1996-07-05 | 3.91 | | | | | | | |
| 20 | 컴퓨터학과 | 임장미 | 1995-10-26 | 4.15 | | | | | | | |
| 21 | 경영학과 | 이민호 | 1993-06-27 | 3.52 | | | | | | | |
| 22 | | | | | | [표5] | | 자원 봉사 현황 | | | |
| 23 | 조건 | | | | | 자원봉사자 | 나이 | 2020년 | 2021년 | 비고 | |
| 24 | 학과 | 경영학과 평균 평점 | | 3.74 | | 유창상 | 18 | 50 | 63 | ★ | |
| 25 | 경영학과 | | | | | 김현수 | 25 | 51 | 53 | | |
| 26 | | | | | | 한경수 | 15 | 23 | 10 | | |
| 27 | [표4] | | 입학현황 | | | 정수연 | 21 | 44 | 69 | | |
| 28 | 학과 | 입학일자 | 입학코드 | | | 최경철 | 20 | 50 | 66 | | |
| 29 | HEALTHCARE | 2019-03-01 | Hea2019 | | | 오태환 | 17 | 42 | 63 | ★ | |
| 30 | HEALTHCARE | 2021-03-02 | Hea2021 | | | 임장미 | 16 | 64 | 54 | ★ | |
| 31 | COMPUTER | 2019-03-01 | Com2019 | | | | | | | | |
| 32 | COMPUTER | 2021-03-01 | Com2021 | | | | | | | | |
| 33 | DESIGN | 2017-03-01 | Des2017 | | | | | | | | |
| 34 | DESIGN | 2020-03-02 | Des2020 | | | | | | | | |
| 35 | ARTS-THERAPY | 2017-03-01 | Art2017 | | | | | | | | |

## 3 분석작업

## 01 | 부분합

| 1 2 3 4 | A | B | C | D | E | F |
|---|---|---|---|---|---|---|
| 1 | 소양인증포인트 현황 | | | | | |
| 2 | | | | | | |
| 3 | 학과 | 성명 | 기본영역 | 인성봉사 | 교육훈련 | 합계 |
| 4 | 경영정보 | 정소영 | 85 | 75 | 75 | 235 |
| 5 | 경영정보 | 주경철 | 85 | 85 | 75 | 245 |
| 6 | 경영정보 | 한기철 | 90 | 70 | 85 | 245 |
| 7 | 경영정보 평균 | | 87 | 77 | 78 | |
| 8 | 경영정보 최대 | | | | | 245 |
| 9 | 유아교육 | 강소미 | 95 | 65 | 65 | 225 |
| 10 | 유아교육 | 이주현 | 100 | 90 | 80 | 270 |
| 11 | 유아교육 | 한보미 | 80 | 70 | 90 | 240 |
| 12 | 유아교육 평균 | | 92 | 75 | 78 | |
| 13 | 유아교육 최대 | | | | | 270 |
| 14 | 정보통신 | 김경호 | 95 | 75 | 95 | 265 |
| 15 | 정보통신 | 박주영 | 85 | 50 | 80 | 215 |
| 16 | 정보통신 | 임정민 | 90 | 80 | 60 | 230 |
| 17 | 정보통신 평균 | | 90 | 68 | 78 | |
| 18 | 정보통신 최대 | | | | | 265 |
| 19 | 전체 평균 | | 89 | 73 | 78 | |
| 20 | 전체 최대값 | | | | | 270 |

## 02 | 데이터 통합

| | 학과 | 정보인증 | 국제인증 | 전공인증 |
|---|---|---|---|---|
| [표4] | **2021~2023년도 점수 현황** | | | |
| | 컴퓨터정보과 | 31,520 | 21,860 | 36,200 |
| | 컴퓨터게임과 | 25,320 | 26,200 | 24,000 |
| | 유아교육과 | 22,500 | 32,040 | 25,600 |
| | 특수교육과 | 13,440 | 26,520 | 34,100 |

# 4 기타작업

## 01 | 매크로

### 소양직무인증점수

| 학과 | 성명 | 소양인증 | 직무인증 | 평균 | | 평균 |
|---|---|---|---|---|---|---|
| 컴퓨터정보과 | 김영우 | 5,780 | 17,940 | 13,076 | | |
| 컴퓨터게임과 | 강주찬 | 13,960 | 11,560 | 12,520 | | |
| 특수교육과 | 이홍주 | 9,140 | 19,700 | 15,476 | | 채우기 |
| 유아교육과 | 박상아 | 3,300 | 2,840 | 3,024 | | |
| 정보통신과 | 정성준 | 4,580 | 4,650 | 4,622 | | |

| 소양인증비율 | 직무인증비율 |
|---|---|
| 40% | 60% |

## 02 | 차트

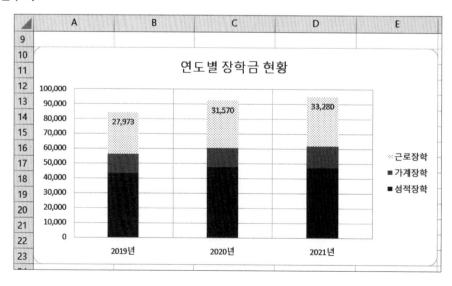

## 문제1 ○ 기본작업

### 1 서식 설정('기본작업-2' 시트)

① [A1:F1] 영역을 범위 지정하고 [홈]-[맞춤] 그룹에서 '병합하고 가운데 맞춤(📊)'을 클릭한 후 [글꼴] 그룹에서 글꼴 '맑은 고딕', 글꼴 크기 '16', 글꼴 스타일 '굵게', 밑줄 '이중 실선'을 선택합니다.

② [A4:A6] 영역을 범위 지정하고 Ctrl 키를 누른 채 [A7:A9], [B4:B6], [F4:F6], [F7:F9] 영역을 추가 범위 지정한 후 [홈] 탭의 [맞춤] 그룹에서 '병합하고 가운데 맞춤(📊)'을 클릭합니다.

③ [A3:F3] 영역을 범위 지정하고 [홈] 탭-[스타일] 그룹-[셀 스타일(📝)]에서 '데이터 및 모델'의 '출력'을 선택합니다.

④ [C4:C6] 영역을 범위 지정하고 Ctrl + 1 키를 눌러 [표시 형식] 탭의 [사용자 지정]에서 '형식'에 『@"%"』를 입력한 후 [확인]을 클릭합니다.

⑤ [D4:D9] 영역을 범위 지정하고 '이름 상자'에 『배점』을 입력한 후 Enter 키를 누릅니다.

⑥ [A3:F9] 영역을 범위 지정하고 [홈] 탭-[글꼴] 그룹-[테두리(⊞ ▾)]의 목록 단추를 클릭한 후 '모든 테두리(⊞)'를 먼저 클릭해 설정하고, 다시 '굵은 바깥쪽 테두리(⊡)'를 클릭합니다.

### 2 조건부 서식('기본작업-3' 시트)

① [A4:H18] 영역을 범위 지정한 후 [홈] 탭-[스타일] 그룹-[조건부 서식(▦)]-[새 규칙(⊞)]을 클릭합니다.

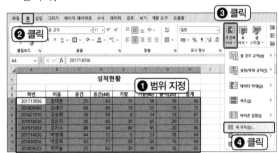

② [새 서식 규칙] 대화상자에서 '수식을 사용하여 서식을 지정할 셀 결정'을 선택하고 입력창에 『=LEFT ($A4,4)="2019"』 수식을 입력한 후 [서식]을 클릭합니다.

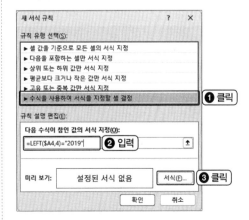

③ [셀 서식] 대화상자의 [글꼴] 탭에서 '글꼴 스타일: 굵은 기울임꼴', '색 : 표준 색 – 빨강'을 지정하고 [확인]을 클릭합니다. [새 서식 규칙] 대화상자에서 수식과 서식을 확인한 후 [확인]을 클릭합니다.

---

**문제2** 계산작업('계산작업' 시트)

**1** 요일[D3:D9]

[D3] 셀에 수식을 입력하고 [D9] 셀까지 수식을 복사합니다.

❷
=IF(WEEKDAY(C3,2)<=5,"평일","주말")
❶

❶ 응시일 날짜의 요일 번호를 구함(월요일은 1, 일요일은 7임)

❷ IF(❶<=5,"평일","주말") : 요일 번호가 1~5까지는 "평일", 그 외는 "주말"을 출력

* =WEEKDAY(날짜,2) : 마지막 옵션에 2를 입력하면 월요일이 1임

---

**2** 학점[I3:I9]

[I3] 셀에 수식을 입력하고 [I9] 셀까지 수식을 복사합니다.

❷
=HLOOKUP(AVERAGE(G3:H3),$G$12:$K$14,3,TRUE)
❶

❶ 개인별 중간고사와 기말고사의 평균 88을 구함

❷ ❶에서 구한 평균을 〈학점기준표〉[G12:K14]에서 찾아 평균(88점)에 해당하는 3번째 행의 결과인 B를 표시

* HLOOKUP의 마지막 문자가 '1' 또는 'TRUE'이면 유사 일치, '0' 또는 'FALSE'이면 정확히 일치

* =HLOOKUP(찾을 값,표 범위,행 번호,True or False)

---

**3** 경영학과 평균 평점[D24]

[A24:A25] 영역에 다음과 같이 조건을 입력한 후 [D24] 셀에 수식을 입력합니다.

| | A |
|---|---|
| 23 | 조건 |
| 24 | 학과 |
| 25 | 경영학과 |

❷
=ROUND(DAVERAGE(A13:D21,D13,A24:A25),2)
❶

❶ 학과가 경영학과인 평점의 평균 3.73666을 구함

* 평점 필드는 [D13] 필드의 셀을 선택해도 되고 필드가 4번째 열에 있으므로 4를 입력해도 됨

❷ ROUND(❶,2) : ❶의 결과 3.73666 값을 반올림하여 소수점 둘째 자리까지 출력하여 3.74를 구함

* =DAVERAGE(표 전체 범위,필드,조건 범위) : 조건을 만족하는 필드의 평균을 구함

* =ROUND(수치값,자릿수) : 값을 자릿수만큼 반올림

### 4 입학코드[C29:C35]

[C29] 셀에 수식을 입력하고 [C35] 셀까지 수식을 복사합니다.

**멘토의 한 수**

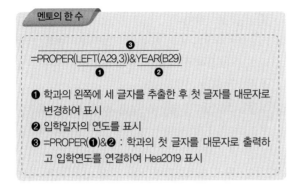

=PROPER(LEFT(A29,3))&YEAR(B29)

❶ ❷ (❸은 전체)

❶ 학과의 왼쪽에 세 글자를 추출한 후 첫 글자를 대문자로 변경하여 표시
❷ 입학일자의 연도를 표시
❸ =PROPER(❶)&❷ : 학과의 첫 글자를 대문자로 출력하고 입학연도를 연결하여 Hea2019 표시

### 5 비고[J24:J30]

[J24] 셀에 수식을 입력하고 [J30] 셀까지 수식을 복사합니다.

**멘토의 한 수**

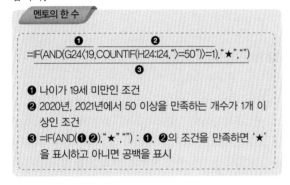

=IF(AND(G24<19,COUNTIF(H24:I24,">=50"))=1),"★","")

❶ 나이가 19세 미만인 조건
❷ 2020년, 2021년에서 50 이상을 만족하는 개수가 1개 이상인 조건
❸ =IF(AND(❶,❷),"★","") : ❶, ❷의 조건을 만족하면 '★'을 표시하고 아니면 공백을 표시

## 문제3 ○ 분석작업

### 1 부분합('분석작업-1' 시트)

① [A3] 셀을 선택하고 [데이터] 탭-[정렬 및 필터] 그룹에서 '텍스트 오름차순 정렬( )'을 클릭합니다.

② [데이터] 탭-[개요] 그룹-[부분합( )]을 클릭합니다.

③ [부분합]에서 '그룹화할 항목'에 '학과', '사용할 함수'에 '최대'를 지정하고, '부분합 계산 항목'에 '합계'에 체크한 후 [확인]을 클릭합니다.

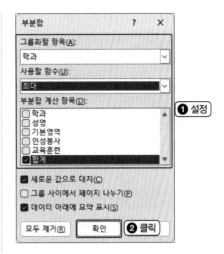

④ 다시 [데이터] 탭-[개요] 그룹-[부분합( )]을 클릭합니다.

⑤ [부분합]에서 '사용할 함수'에 '평균'을 지정하고 '기본영역', '인성봉사', '교육훈련'에 체크한 후 '새로운 값으로 대치'에 체크를 해제하고 [확인]을 클릭합니다.

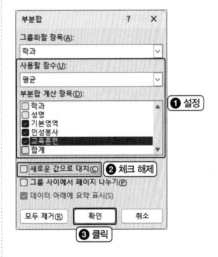

### 2 데이터 통합('분석작업-2' 시트)

① [F4:I8] 영역을 범위 지정하고 [데이터] 탭-[데이터 도구] 그룹-[통합( )]을 클릭합니다.

② [통합]에서 '함수'는 '합계', '참조'에 [A4:D8] 영역을 드래그하고 [추가]를 클릭합니다.

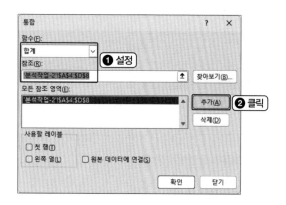

③ '참조'에 [A11:D15], [A18:D22] 영역을 각각 드래그하고 [추가]를 클릭한 후 '사용할 레이블'에서 '첫 행'과 '왼쪽 열'에 체크하고 [확인]을 클릭합니다.

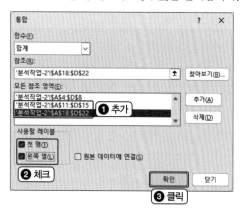

문제4 기타작업

**1 매크로('매크로작업' 시트)**

① [개발 도구] 탭-[코드] 그룹-[매크로 기록(📷)] 도구를 클릭하고 [매크로 기록]의 '매크로 이름'에 『평균』을 입력한 후 [확인]을 클릭합니다.

② [E4] 셀에 『=C4*$A$11+D4*$B$11』 수식을 입력하고 [E8] 셀까지 수식을 복사한 후 지정된 범위를 해제합니다.

③ [개발 도구] 탭-[코드] 그룹-[기록 중지(□)] 도구를 클릭하여 매크로를 중지합니다.

④ [개발 도구] 탭-[컨트롤] 그룹-[삽입]-[양식 컨트롤]-'단추(□)'를 선택하고 [Alt] 키를 누른 상태로 [G3:H4] 영역에 드래그합니다.

⑤ [매크로 지정]에서 '평균'을 선택하고 [확인]을 클릭합니다.

⑥ 삽입된 단추의 텍스트를 『평균』으로 수정합니다.

⑦ '채우기' 매크로를 작성하기 위해 다시 [개발 도구] 탭-[코드] 그룹-[매크로 기록(📷)]을 클릭하고 [매크로 기록]의 '매크로 이름'에 『채우기』를 입력한 후 [확인]을 클릭합니다.

⑧ [A3:E3] 영역을 범위 지정하고 [홈] 탭-[글꼴] 그룹의 도구 모음에서 '채우기 색'을 '표준 색-자주', '글꼴 색-노랑'을 선택합니다.

⑨ 지정된 영역을 해제하고 [개발 도구] 탭-[코드] 그룹-[기록 중지(□)]를 클릭하여 매크로를 중지합니다.

⑩ [삽입] 탭-[일러스트레이션] 그룹-[도형]의 '기본 도형'에서 '사각형: 빗면(□)' 도형을 선택하고 [Alt] 키를 누른 채 [G6:H7] 영역에 드래그하여 위치시킨 후 도형에 『채우기』를 입력합니다.

⑪ 도형에서 마우스 오른쪽 버튼을 클릭하고 [매크로 지정]을 선택한 후 '매크로 이름'에서 '채우기'를 선택하고 [확인]을 클릭합니다.

**2 차트('차트작업' 시트)**

① 차트 영역을 선택한 후 마우스 오른쪽 버튼을 클릭하고 [데이터 선택]을 클릭합니다. [데이터 원본 선택] 대화상자의 '차트 데이터 범위'의 내용을 삭제하고 [A3:A6] 범위를 지정한 후 [Ctrl] 키를 누른 채 [C3:E6] 범위를 추가 지정하고 [확인]을 클릭합니다.

※ 문제에서 "~가 제거되도록 데이터 범위를 수정하시오."라고 지시되어 있으면 '차트 필터'를 이용하지 않고, [데이터 선택]에서 '차트 데이터 범위'에 데이터를 새로 지정하거나 [제거] 단추를 눌러 제거합니다.

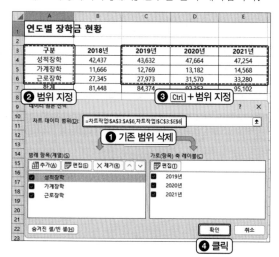

② 차트 영역에서 마우스 오른쪽 버튼을 클릭하고 [차트 종류 변경(📊)]을 선택합니다.

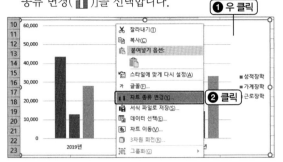

③ [차트 종류 변경]의 [모든 차트] 탭의 '세로 막대형'에서 '누적 세로 막대형'을 선택하고 [확인]을 클릭합니다.

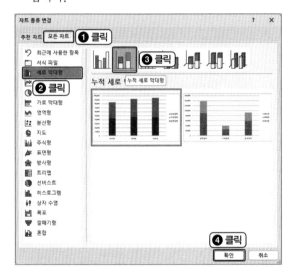

④ 차트 영역을 선택한 후 [차트 요소(➕)]를 클릭하고 '차트 제목'에 체크한 후 생성된 차트 제목을 선택합니다. '수식 입력줄'에서 『=』을 입력한 후 [A1] 셀을 클릭하고 Enter 키를 누릅니다.

※ [차트 디자인] 탭-[차트 레이아웃] 그룹-[차트 요소 추가(📊)]-[차트 제목]-[차트 위(📊)]를 선택하여 제목을 추가할 수도 있습니다.

⑤ '근로장학' 데이터 계열을 선택한 후 [차트 요소(➕)]에서 [데이터 레이블▶]-[안쪽 끝에]를 선택합니다.

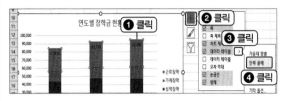

⑥ '근로장학' 계열에서 마우스 오른쪽 버튼을 클릭한 후 [데이터 계열 서식]을 클릭합니다.

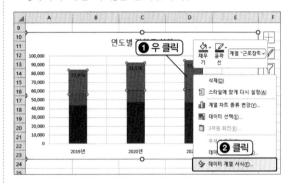

⑦ [데이터 계열 서식] 창의 [채우기 및 선(🎨)]에서 [채우기]에 '패턴 채우기'를 선택한 후 '패턴'에서 '점선: 20%'를 선택합니다.

⑧ 차트를 선택한 후 [차트 요소(➕)]에서 [눈금선▶]-[기본 주 세로]를 선택합니다.

⑨ 차트 영역을 선택하고 마우스 오른쪽 버튼을 클릭하여 [차트 영역 서식]을 클릭한 후 [차트 영역 서식] 창의 '채우기 및 선(🎨)'에서 '테두리'의 '둥근 모서리'에 체크합니다.

# 최신 기출문제

**2회**

| 무료 동영상 |

| 프로그램명 | 제한시간 |
|---|---|
| EXCEL 2021 | 40분 |

수험번호 :

성　　명 :

# 2급 · B형

### 유의사항

- 인적 사항 누락 및 잘못 작성으로 인한 불이익은 수험자 책임으로 합니다.

- 화면에 암호 입력창이 나타나면 아래의 암호를 입력합니다.
  - 암호 : 5%6894

- 작성된 답안은 주어진 경로 및 파일명을 변경하지 마시고 그대로 저장해야 합니다.
  이를 준수하지 않으면 실격 처리됩니다.
  - 답안 파일명의 예: C:₩OA₩수험번호8자리.xlsm

- 외부 데이터 위치: C:₩OA₩파일명

- 별도의 지시사항이 없는 경우, 다음과 같이 처리 시 실격 처리됩니다.
  - 제시된 시트 및 개체의 순서나 이름을 임의로 변경한 경우
  - 제시된 시트 및 개체를 임의로 추가 또는 삭제한 경우
  - 외부 데이터를 시험 시작 전에 열어본 경우

- 답안은 반드시 문제에서 지시 또는 요구한 셀에 입력하여야 하며 다음과 같이 처리 시 채점 대상에서 제외됩니다.
  - 제시된 함수가 있을 경우 제시된 함수만을 사용하여야 하며 그 외 함수 사용 시 채점대상에서 제외
  - 수험자가 임의로 지시하지 않은 셀의 이동, 수정, 삭제, 변경 등으로 인해 셀의 위치 및 내용이 변경된 경우 해당 작업에 영향을 미치는 관련 문제 모두 채점 대상에서 제외
  - 도형 및 차트의 개체가 중첩되어 있거나 동일한 계산결과 시트가 복수로 존재할 경우 해당 개체나 시트는 채점 대상에서 제외

- 수식 작성 시 제시된 문제 파일의 데이터는 변경 가능한(가변적) 데이터임을 감안하여 문제 풀이를 하시오.

- 별도의 지시사항이 없는 경우, 주어진 각 시트 및 개체의 설정값 또는 기본 설정값(Default)으로 처리하시오.

- 저장 시간은 별도로 주어지지 않으므로 제한된 시간 내에 저장을 완료해야 하며, 제한 시간 내에 저장이 되지 않은 경우에는 실격 처리됩니다.

- 출제된 문제의 용어는 Microsoft Office 2021(LTSC 2108 버전)로 작성되어 있습니다.

# 대한상공회의소

◉ 문제파일 : C:₩컴활2급₩6.기출문제₩기출문제2회(문제).xlsm
◎ 결과파일 : C:₩컴활2급₩6.기출문제₩기출문제2회(정답).xlsm

## 문제 1 기본작업(20점) • 주어진 시트에 대하여 다음 작업을 수행하고 저장하시오.

**01** '기본작업-1' 시트에 다음의 자료를 주어진 대로 입력하시오. (5점)

| | A | B | C | D | E | F | G |
|---|---|---|---|---|---|---|---|
| 1 | 상공마트 인사기록 | | | | | | |
| 2 | | | | | | | |
| 3 | 사번 | 성명 | 부서 | 입사일자 | 직통번호 | 주소지 | 실적 |
| 4 | Jmk-3585 | 김충희 | 식품부 | 2015-05-18 | 02) 302-4915 | 강북구 삼양동 | 12530 |
| 5 | Gpc-2273 | 박선종 | 식품부 | 2017-02-18 | 02) 853-1520 | 도봉구 쌍문동 | 35127 |
| 6 | Aud-3927 | 이국명 | 가전부 | 2016-03-01 | 02) 652-4593 | 마포구 도화동 | 65238 |
| 7 | Sbu-4528 | 최미란 | 가전부 | 2018-11-15 | 02) 526-2694 | 성북구 돈암동 | 58260 |
| 8 | Haa-5353 | 김수연 | 식품부 | 2020-01-01 | 02) 452-5453 | 송파구 오금동 | 64486 |
| 9 | Cme-8563 | 이순호 | 가전부 | 2019-12-21 | 02) 259-6354 | 강남구 대치동 | 68896 |

**02** '기본작업-2' 시트에 대하여 다음의 지시사항을 처리하시오. (각 2점)

① [A5:A6], [A7:A9], [A10:A12], [A13:B13] 영역은 '병합하고 가운데 맞춤'을 지정하고, [C4:G4] 영역은 글꼴 스타일 '굵게', 채우기 색 '표준 색 – 노랑'으로 지정하시오.

② [C5:H13] 영역은 사용자 지정 표시 형식을 이용하여 1000 단위 구분 기호와 숫자 앞에 '*', 숫자 뒤에 '개'를 표시 예와 같이 표시하시오. [표시 예 : 3456 → *3,456개, 0 → *0개]

③ [A3:H13] 영역에 '모든 테두리(田)'를 적용한 후 '굵은 바깥쪽 테두리(▣)'를 적용하여 표시하시오.

④ [B5:B12] 영역의 이름을 '제품명'으로 정의하시오.

⑤ [H7] 셀에 '최고인기품목'이라는 메모를 삽입한 후 항상 표시되도록 지정하고, 메모 서식에서 맞춤 '자동 크기'를 설정하시오.

**03** '기본작업-3' 시트에서 다음의 지시사항을 처리하시오. (5점)

[A4:G15] 영역에 대하여 '사원번호'의 왼쪽 두 글자가 'SA'로 시작하고, '부서'가 '영업부'이면서, '총급여'가 '총급여'의 전체 평균을 초과하는 행 전체에 대하여 무늬 스타일을 '75% 회색', 무늬 색은 '표준 색 – 주황'으로 지정하는 조건부 서식을 작성하시오.

▶ AND, LEFT, AVERAGE 함수 사용

▶ 단, 규칙 유형은 '수식을 사용하여 서식을 지정할 셀 결정'을 사용하고, 한 개의 규칙으로만 작성하시오.

## 문제 2 계산작업(40점) • '계산작업' 시트에서 다음의 과정을 수행하고 저장하시오.

**01** [표1]에서 지점[A3:A10]이 동부인 매출액[C3:C10]의 합계를 [C13] 셀에 계산하시오. (8점)

▶ 동부지점 매출액의 합계는 백의 자리에서 올림하여 천의 자리까지 표시 [표시 예 : 1,234,123 → 1,235,000]

▶ 조건은 [A12:A13] 영역에 입력하시오.

▶ DSUM, ROUND, ROUNDUP, ROUNDDOWN 함수 중 알맞은 함수들을 선택하여 사용

**02** [표2]에서 1차점수[H3:H10]와 2차점수[I3:I10]가 60점 이상이고, 총점[J3:J10]이 평균을 초과하는 사원의 비율을 우수 사원 비율[J12] 셀에 계산하시오. (8점)

▶ COUNTIFS, AVERAGE, COUNTA 함수와 & 연산자 사용

**03** [표3]에서 지점재고[B17:B24]가 본사재고[C17:C24]보다 큰 경우 '부족재고'나 '본사재고' 중 큰 값을 표시하고, 아닌 경우 공백으로 재고현황[D17:D24]에 표시하시오. (8점)

▶ 부족재고=지점재고−본사재고
▶ IF, MAX 함수 사용

**04** [표4]에서 총점[I17:I24]이 첫 번째로 높은 사람은 '최우수', 두 번째로 높은 사람은 '우수', 그렇지 않은 사람은 공백을 순위[J17:J24]에 표시하시오. (8점)

▶ IF, LARGE 함수 사용

**05** [표5]에서 원서번호[A28:A35]의 왼쪽에서 첫 번째 문자와 [B37:D38] 영역을 참조하여 지원학과[D28:D35]를 표시하시오. (8점)

▶ 단, 오류 발생 시 지원학과에 '코드오류'로 표시
▶ IFERROR, HLOOKUP, LEFT 함수 사용

---

**문제 3** **분석작업(20점) ·** 주어진 시트에서 다음 작업을 수행하고 저장하시오.

**01** '분석작업−1' 시트에 대하여 다음의 지시사항을 처리하시오. (10점)

[시나리오 관리자] 기능을 이용하여 [표1]에서 집행률계[D10]가 다음과 같이 변동하는 경우 집행액합계[C10]의 변동 시나리오를 작성하시오.

▶ [C10] 셀의 이름은 '집행액합계', [D10] 셀의 이름은 '집행률계'로 정의하시오.
▶ 시나리오1 : 시나리오 이름은 '비율증가', 집행률계를 80으로 설정하시오.
▶ 시나리오2 : 시나리오 이름은 '비율감소', 집행률계를 50으로 설정하시오.
▶ 시나리오 요약 시트는 '분석작업−1' 시트의 바로 왼쪽에 위치해야 함

※ 시나리오 요약 보고서 작성 시 정답과 일치하여야 하며, 오자로 인한 부분 점수는 인정하지 않음

**02** '분석작업−2' 시트에 대하여 다음의 지시사항을 처리하시오. (10점)

[정렬] 기능을 이용하여 [표1]에서 '포지션'을 투수−포수−내야수−외야수 순으로 정렬하고, 동일한 포지션인 경우 '가입기간'의 셀 색이 'RGB(216, 228, 188)'인 값이 위에 표시되도록 정렬하시오.

**01** '매크로작업' 시트의 [표]에서 다음과 같은 기능을 수행하는 매크로를 현재 통합문서에 작성하고 실행하시오. (각 5점)

① [N4:N14] 영역에 1월부터 12월까지의 평균을 계산하는 매크로를 생성하여 실행하시오.

   ▶ 매크로 이름 : 평균　　▶ AVERAGE 함수 사용

   ▶ [개발 도구]–[삽입]–[양식 컨트롤]의 '단추(□)'를 동일 시트의 [C17:D19] 영역에 생성하고, 텍스트를 '평균'으로 입력한 후 단추를 클릭할 때 '평균' 매크로가 실행되도록 설정하시오.

② [B3:B14], [D3:D14] 영역에 글꼴 색을 '표준 색–빨강'으로 적용하는 매크로를 생성하여 실행하시오.

   ▶ 매크로 이름 : 서식

   ▶ [도형]–[기본 도형]의 '육각형(⬡)'을 동일 시트의 [F17:G19] 영역에 생성하고, 텍스트를 '서식'으로 입력한 후 도형을 클릭할 때 '서식' 매크로가 실행되도록 설정하시오.

   ※ 셀 포인터의 위치에 상관없이 현재 통합문서에서 매크로가 실행되어야 정답으로 인정됨

**02** '차트작업' 시트의 차트를 지시사항에 따라 아래 그림과 같이 수정하시오. (각 2점)

   ※ 차트는 반드시 문제에서 제공한 차트를 사용하여야 하며, 신규로 작성 시 0점 처리됨

① '별정통신서비스' 계열이 제거되도록 데이터 범위를 수정하시오.

② 차트 종류를 '누적 세로 막대형'으로 변경하시오.

③ 차트 제목은 '차트 위'로 지정한 후 [A1] 셀과 연동되도록 설정하시오.

④ '부가통신서비스' 계열의 '2020년' 요소에 데이터 설명선을 '안쪽 끝'으로 설정하시오. (데이터 설명선 안에는 '계열 이름'과 '값'만 추가하시오.)

⑤ 전체 계열의 계열 겹치기와 간격 너비를 각각 0%로 설정하시오.

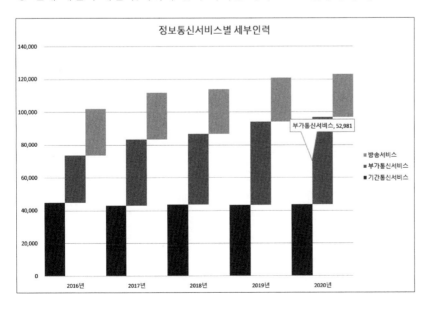

## 정답

### 1 기본작업

#### 02 | 서식 설정

| 제품군 | 제품명 | 강북 | | 강서 | 경기 | | 제품별합계 |
|---|---|---|---|---|---|---|---|
| | | 삼양마트 | 수유마트 | 화곡마트 | 김포마트 | 강화마트 | |

상공유통 3월 라면류 매출현황

| 제품군 | 제품명 | 삼양마트 | 수유마트 | 화곡마트 | 김포마트 | 강화마트 | 제품별합계 |
|---|---|---|---|---|---|---|---|
| 짜장 | 왕짜장면 | *25개 | *58개 | *56개 | *32개 | *24개 | *195개 |
| | 첨짜장면 | *52개 | *36개 | *27개 | *47개 | *36개 | *198개 |
| 짬뽕 | 왕짬뽕면 | *125개 | *156개 | *204개 | *157개 | *347개 | *989개 |
| | 첨짬뽕면 | *34개 | *62개 | *62개 | *34개 | *82개 | *274개 |
| | 핫짬뽕면 | *85개 | *36개 | *75개 | *64개 | *28개 | *288개 |
| 비빔면 | 열무비빔면 | *68개 | *92개 | *51개 | *73개 | *54개 | *338개 |
| | 고추장면 | *31개 | *30개 | *42개 | *17개 | *25개 | *145개 |
| | 메밀면 | *106개 | *88개 | *124개 | *64개 | *72개 | *454개 |
| 마트별합계 | | *526개 | *558개 | *641개 | *488개 | *668개 | *2,881개 |

최고인기품목

#### 03 | 조건부 서식

상공상사 3월분 급여지급명세서

| 사원번호 | 성명 | 부서명 | 기본급 | 제수당 | 상여금 | 총급여 |
|---|---|---|---|---|---|---|
| SA12-031 | 김나리 | 총무부 | 2,734,000 | 324,000 | 683,500 | 3,741,500 |
| SA09-001 | 김평순 | 영업부 | 3,500,000 | 347,000 | 875,000 | 4,722,000 |
| SB04-012 | 나일형 | 영업부 | 3,697,000 | 724,000 | 924,250 | 5,345,250 |
| SA01-023 | 민제필 | 영업부 | 4,273,000 | 882,000 | 1,068,250 | 6,223,250 |
| SB10-021 | 박민준 | 영업부 | 3,047,000 | 524,000 | 761,750 | 4,332,750 |
| SA13-003 | 박청국 | 총무부 | 2,810,000 | 302,000 | 702,500 | 3,814,500 |
| SB12-012 | 이정선 | 총무부 | 2,473,000 | 268,000 | 618,250 | 3,359,250 |
| SB13-007 | 장태현 | 영업부 | 2,510,000 | 320,000 | 627,500 | 3,457,500 |
| SA11-002 | 제선영 | 영업부 | 2,856,000 | 430,000 | 714,000 | 4,000,000 |
| SA09-015 | 최세연 | 영업부 | 3,140,000 | 480,000 | 785,000 | 4,405,000 |
| SA06-019 | 추양선 | 총무부 | 3,506,000 | 542,000 | 876,500 | 4,924,500 |
| SB08-004 | 피종현 | 총무부 | 3,200,000 | 360,000 | 800,000 | 4,360,000 |

### 2 계산작업

1. =ROUNDUP(DSUM(A2:D10,C2,A12:A13),−3)
2. =COUNTIFS(H3:H10,">=60",I3:I10,">=60",J3:J10,">"&AVERAGE(J3:J10))/
   COUNTA(J3:J10)
3. =IF(B17>C17,MAX(B17−C17,C17),"")
4. =IF(I17=LARGE($I$17:$I$24,1),"최우수",IF(I17=LARGE($I$17:$I$24,2),"우수",""))
5. =IFERROR(HLOOKUP(LEFT(A28,1),$B$37:$D$38,2,FALSE),"코드오류")

| | A | B | C | D | E | F | G | H | I | J |
|---|---|---|---|---|---|---|---|---|---|---|
| 1 | [표1] | 매출분석 | | | | [표2] | 평가현황 | | | |
| 2 | 지점 | 이름 | 매출액 | 순위 | | 이름 | 부서 | 1차점수 | 2차점수 | 총점 |
| 3 | 남부 | 김연주 | 28,561,500 | | | 박영덕 | 영업부 | 67 | 58 | 125 |
| 4 | 서부 | 홍기민 | 38,651,200 | | | 주민경 | 생산부 | 40 | 53 | 93 |
| 5 | 남부 | 채동식 | 19,560,000 | | | 태진형 | 총무부 | 75 | 79 | 154 |
| 6 | 동부 | 이민섭 | 32,470,000 | | | 최민수 | 생산부 | 73 | 91 | 164 |
| 7 | 서부 | 길기훈 | 56,587,200 | 1위 | | 김평주 | 생산부 | 83 | 46 | 129 |
| 8 | 남부 | 남재영 | 36,521,700 | | | 한서라 | 영업부 | 40 | 47 | 87 |
| 9 | 동부 | 민기영 | 52,438,600 | 2위 | | 이국선 | 총무부 | 80 | 40 | 120 |
| 10 | 북부 | 박소연 | 37,542,300 | | | 송나정 | 영업부 | 90 | 70 | 160 |
| 11 | | | | | | | | | | |
| 12 | 지점 | | 동부지점 합계 | | | 우수 사원의 비율 | | | | 37.5% |
| 13 | 동부 | | 84,909,000 | | | | | | | |
| 14 | | | | | | | | | | |
| 15 | [표3] | 재고현황 | | | | [표4] | 성적평가 | | | |
| 16 | 지점 | 지점재고 | 본사재고 | 재고현황 | | 이름 | 국사 | 상식 | 총점 | 순위 |
| 17 | 경기지점 | 30 | 20 | 20 | | 이후정 | 82 | 94 | 176 | 우수 |
| 18 | 서울지점 | 43 | 16 | 27 | | 백천경 | 63 | 83 | 146 | |
| 19 | 인천지점 | 37 | 17 | 20 | | 민경배 | 76 | 86 | 162 | |
| 20 | 충남지점 | 38 | 25 | 25 | | 김태하 | 62 | 88 | 150 | |
| 21 | 충북지점 | 27 | 50 | | | 이사랑 | 92 | 96 | 188 | 최우수 |
| 22 | 대전지점 | 48 | 18 | 30 | | 곽난영 | 85 | 80 | 165 | |
| 23 | 대구지점 | 31 | 38 | | | 장채리 | 62 | 77 | 139 | |
| 24 | 광주지점 | 16 | 12 | 12 | | 봉전미 | 73 | 68 | 141 | |
| 25 | | | | | | | | | | |
| 26 | [표5] | 신입생 지원현황 | | | | | | | | |
| 27 | 원서번호 | 이름 | 거주지 | 지원학과 | | | | | | |
| 28 | M-120 | 이민수 | 서울시 강북구 | 멀티미디어 | | | | | | |
| 29 | N-082 | 김병훈 | 대전시 대덕구 | 네트워크 | | | | | | |
| 30 | S-035 | 최주영 | 인천시 남동구 | 소프트웨어 | | | | | | |
| 31 | M-072 | 길미라 | 서울시 성북구 | 멀티미디어 | | | | | | |
| 32 | S-141 | 나태후 | 경기도 김포시 | 소프트웨어 | | | | | | |
| 33 | N-033 | 전영태 | 경기도 고양시 | 네트워크 | | | | | | |
| 34 | M-037 | 조영선 | 강원도 춘천시 | 멀티미디어 | | | | | | |
| 35 | A-028 | 박민혜 | 서울시 마포구 | 코드오류 | | | | | | |
| 36 | | | | | | | | | | |
| 37 | 학과코드 | S | N | M | | | | | | |
| 38 | 학 과 명 | 소프트웨어 | 네트워크 | 멀티미디어 | | | | | | |

## 3 분석작업

### 01 | 시나리오

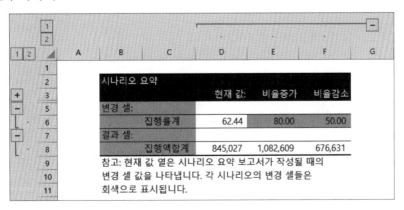

## 02 │ 정렬

| | A | B | C | D | E | F | G |
|---|---|---|---|---|---|---|---|
| 1 | [표1] 상공상사 야구동호회 회원명부 | | | | | | |
| 2 | | | | | | | |
| 3 | 포지션 | 이름 | 부서 | 나이 | 가입기간 | 참여도 | 비고 |
| 4 | 투수 | 이해탁 | 총무부 | 32 | 6년 | A급 | |
| 5 | 투수 | 왕전빈 | 경리부 | 26 | 1년 | C급 | |
| 6 | 투수 | 주병선 | 생산부 | 28 | 2년 | B급 | |
| 7 | 포수 | 김신수 | 생산부 | 30 | 6년 | B급 | |
| 8 | 포수 | 허웅진 | 구매부 | 34 | 8년 | A급 | 감독 |
| 9 | 내야수 | 박평천 | 총무부 | 43 | 8년 | A급 | 회장 |
| 10 | 내야수 | 갈문주 | 생산부 | 31 | 4년 | C급 | |
| 11 | 내야수 | 민조항 | 영업부 | 27 | 3년 | B급 | |
| 12 | 내야수 | 최배훈 | 영업부 | 26 | 1년 | A급 | |
| 13 | 외야수 | 길주병 | 생산부 | 41 | 8년 | C급 | |
| 14 | 외야수 | 김빈우 | 경리부 | 32 | 5년 | A급 | 총무 |
| 15 | 외야수 | 한민국 | 구매부 | 33 | 7년 | B급 | |
| 16 | 외야수 | 나대영 | 생산부 | 26 | 2년 | A급 | |
| 17 | 외야수 | 편대민 | 영업부 | 28 | 4년 | B급 | |

# 4  기타작업

## 01 │ 매크로

| | A | B | C | D | E | F | G | H | I | J | K | L | M | N |
|---|---|---|---|---|---|---|---|---|---|---|---|---|---|---|
| 1 | 발화요인에 대한 월별 화재 발생건수 현황 | | | | | | | | | | | | | |
| 2 | | | | | | | | | | | | | | |
| 3 | 발화요인 | 1월 | 2월 | 3월 | 4월 | 5월 | 6월 | 7월 | 8월 | 9월 | 10월 | 11월 | 12월 | 평균 |
| 4 | 전기적요인 | 1,239 | 1,006 | 853 | 786 | 795 | 835 | 1,156 | 924 | 683 | 664 | 763 | 959 | 889 |
| 5 | 기계적요인 | 537 | 372 | 332 | 330 | 306 | 265 | 313 | 289 | 306 | 320 | 292 | 410 | 339 |
| 6 | 화학적요인 | 26 | 26 | 22 | 28 | 19 | 36 | 28 | 26 | 26 | 14 | 30 | 18 | 25 |
| 7 | 가스누출 | 26 | 22 | 8 | 19 | 13 | 16 | 17 | 17 | 11 | 23 | 23 | 22 | 18 |
| 8 | 교통사고 | 55 | 33 | 43 | 42 | 43 | 47 | 42 | 40 | 41 | 45 | 47 | 54 | 44 |
| 9 | 부주의 | 2,306 | 2,173 | 3,210 | 2,470 | 1,468 | 1,399 | 738 | 704 | 1,269 | 1,397 | 1,258 | 1,846 | 1,687 |
| 10 | 기타(실화) | 103 | 79 | 96 | 84 | 53 | 52 | 52 | 54 | 50 | 66 | 69 | 103 | 72 |
| 11 | 자연적요인 | 4 | 2 | 3 | 102 | 22 | 36 | 101 | 81 | 14 | 14 | 4 | 3 | 32 |
| 12 | 방화 | 38 | 43 | 56 | 48 | 54 | 29 | 38 | 29 | 38 | 42 | 38 | 35 | 41 |
| 13 | 방화의심 | 148 | 149 | 209 | 198 | 167 | 132 | 98 | 102 | 125 | 144 | 166 | 124 | 147 |
| 14 | 미상 | 521 | 420 | 430 | 428 | 313 | 327 | 247 | 221 | 306 | 345 | 344 | 455 | 363 |
| 15 | | | | | | | | | | | | | | |
| 16 | | | | | | | | | | | | | | |
| 17 | | | | 평균 | | 서식 | | | | | | | | |
| 18 | | | | | | | | | | | | | | |
| 19 | | | | | | | | | | | | | | |

## 02 │ 차트

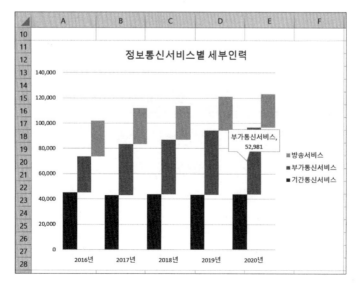

## 문제1 ○ 기본작업

### 1 서식 설정('기본작업-2' 시트)

① [A5:A6] 영역을 범위 지정하고 Ctrl 키를 누른 채 [A7:A9], [A10:A12], [A13:B13] 영역을 추가 범위 지정한 후 [홈] 탭의 [맞춤] 그룹에서 '병합하고 가운데 맞춤(🔛)' 도구를 클릭합니다.

② [C4:G4] 영역을 범위 지정하고 [홈]-[글꼴] 그룹에서 [글꼴] 그룹에서 글꼴 스타일 '굵게', 채우기 색 '표준 색-노랑'을 선택합니다.

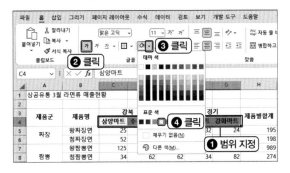

③ [C5:H13] 영역을 범위 지정하고 Ctrl + 1 키를 눌러 [표시 형식] 탭의 [사용자 지정]에서 '형식'에 『"*"#,##0"개"』를 입력한 후 [확인]을 클릭합니다.

④ [A3:H13] 영역을 범위 지정하고 [홈] 탭-[글꼴] 그룹-[테두리(🔽)]의 목록 단추를 클릭한 후 '모든 테두리(⊞)'를 먼저 클릭해 설정하고, 다시 '굵은 바깥쪽 테두리(⊡)'를 클릭합니다.

⑤ [B5:B12] 영역을 범위 지정하고 '이름 상자'에 『제품명』을 입력한 후 Enter 키를 누릅니다.

⑥ [H7] 셀을 선택하고 마우스 오른쪽 버튼을 클릭한 후 [메모 삽입(🗒)]을 클릭하고, 메모에서 사용자 이름을 모두 삭제한 후 『최고인기품목』을 입력합니다. [H7] 셀을 선택하고 마우스 오른쪽 버튼을 클릭한 후 [메모 표시/숨기기]를 클릭하여 메모가 항상 표시되도록 설정합니다.

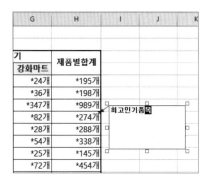

⑦ 메모를 선택하고 메모 경계선에서 마우스 오른쪽 버튼을 클릭한 후 [메모 서식]을 클릭합니다. [메모 서식] 대화상자의 [맞춤] 탭에서 '자동 크기'에 체크하고 [확인]을 클릭합니다.

## 2 조건부 서식('기본작업-3' 시트)

① [A4:G15] 영역을 범위 지정한 후 [홈] 탭-[스타일] 그룹-[조건부 서식(▦)]-[새 규칙(▦)]을 클릭합니다.

② [새 서식 규칙] 대화상자에서 '수식을 사용하여 서식을 지정할 셀 결정'을 선택하고 입력 창에 『=AND(LEFT($A4,2)="SA",$C4="영업부",$G4〉AVERAGE($G$4:$G$15))』 수식을 입력한 후 [서식]을 클릭합니다.

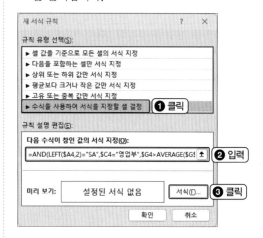

③ [셀 서식] 대화상자의 [채우기] 탭에서 '무늬 색'은 '표준 색-주황'으로 지정하고, '무늬 스타일'은 '75% 회색'을 선택한 한 후 [확인]을 클릭합니다.

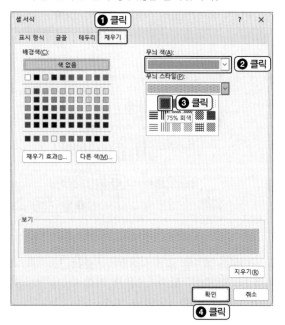

## 1 동부지점 합계[C13]

[A12:A13] 영역에 다음과 같이 조건을 입력한 후 [C13] 셀에 수식을 입력합니다.

| ▲ | A |
|---|---|
| 11 | |
| 12 | 지점 |
| 13 | 동부 |
| 14 | |

> **멘토의 한 수**
>
> ❷
> =ROUNDUP(DSUM(A2:D10,C2,A12:A13),−3)
> ❶
>
> ❶ 지점이 동부인 매출액(C2)의 합계를 구함
> * 매출액 필드는 [C2] 필드의 셀을 선택해도 되고 매출액 필드가 3번째 열에 있으므로 3을 입력해도 됨
> ❷ ROUNDUP(❶,−3) : ❶의 결과 84,908,600 값을 백의 자리에서 올림하여 84,909,000을 구함
> * DSUM(표 전체 범위,필드,조건 범위) : 조건을 만족하는 필드의 합계를 구함
> * =ROUNDUP(값,자릿수) : 값을 자릿수만큼 올림

## 2 우수사원 비율[J12]

[J12] 셀에 수식을 입력합니다.

> **멘토의 한 수**
>
> ❸
> =COUNTIFS(H3:H10,">=60",I3:I10,">=60",J3:J10,">"
> &AVERAGE(J3:J10))/COUNTA(J3:J10)
> ❶ ❷
>
> ❶ 1차점수가 60 이상이면서, 2차점수가 60 이상이고, 총점이 평균을 초과하는 조건을 만족하는 개수 3을 구함
> ❷ 총인원에 해당하는 8을 구함
> ❸ 3/8의 결과 37.5%를 계산함

## 3 재고현황[D17:D24]

[D17] 셀에 수식을 입력하고 [D24] 셀까지 수식을 복사합니다.

> **멘토의 한 수**
>
> ❷
> =IF(B17>C17,MAX(B17−C17,C17),"")
> ❶
>
> ❶ 지점재고가 본사재고보다 큰지 확인하는 조건
> ❷ B17−C17의 값과 C17의 값 중에서 큰 값을 출력, 아니면 공백을 출력

## 4 순위[J17:J24]

[J17] 셀에 수식을 입력하고 [J24] 셀까지 수식을 복사합니다.

> **멘토의 한 수**
>
> ❶
> =IF(I17=LARGE($I$17:$I$24,1),"최우수",IF(I17=LARGE
> ($I$17:$I$24,2),"우수",""))
> ❷
>
> ❶ 총점이 가장 큰 점수와 같으면 '최우수'를 출력
> ❷ 총점의 두 번째로 큰 점수와 같으면 '우수', 나머지는 공백을 출력
> * =LARGE(범위,K) : 범위에서 K번째 큰 값을 구함

## 5 지원학과[D28:D35]

[D28] 셀에 수식을 입력하고 [D35] 셀까지 수식을 복사합니다.

> **멘토의 한 수**
>
> ❷
> =IFERROR(HLOOKUP(LEFT(A28,1),$B$37:$D$38,2,FALSE),
> ❶
> "코드오류")
> ❸
>
> ❶ 원서번호에서 왼쪽의 첫 번째 M을 구함
> ❷ ❶에서 구한 M을 〈학과코드〉[B37:D38]에서 찾아 M에 해당하는 2번째 행의 학과명인 멀티미디어를 표시
> ❸ IFERROR(❷,"코드오류") : ❷의 값이 오류이면 '코드오류'를 표시
> * HLOOKUP의 마지막 문자가 '1' 또는 'TRUE'이면 유사 일치, '0' 또는 'FALSE'이면 정확히 일치
> * =IFERROR(값,에러 출력값) : 값이 에러가 나면 에러 출력값을 표시
> * =HLOOKUP(찾을 값,표 범위,행 번호,True or False)
> * =LEFT(문자열,추출할 문자수)

## 1 시나리오('분석작업-1' 시트)

① [C10] 셀을 선택한 후 '이름 상자'에 『집행액합계』를 입력하고 Enter 키를 누릅니다. 같은 방법으로 [D10] 셀은 『집행률계』로 이름을 정의합니다.

| 집행액합계 | ❷ 입력+Enter | × | ✓ | fx | =B10*D10/100 |

| ◢ | A | B | C | D |
|---|---|---|---|---|
| 1 | [표1] 공영개발 예산과목별 집행현황 | | | |
| 2 | | | | |
| 3 | 항목 | 예산 | 집행액 | 집행률 |
| 4 | 인건비 | 221,653 | 83,563 | 37.70 |
| 5 | 사무관리비 | 15,000 | 12,746 | 84.97 |
| 6 | 공공운영비 | 21,827 | 8,454 | 38.73 |
| 7 | 국내여비 | 9,720 | 1,923 | 19.78 |
| 8 | 예비비 | 2,347 | - | 0.00 |
| 9 | 시설비 | 1,082,714 | 275,767 | 25.47 |
| 10 | 합계 | 1,353,261 | 845,027 | ❶ 클릭 44 |

② 변동할 부분인 [D10] 셀을 선택하고 [데이터] 탭-[예측] 그룹-[가상 분석(⊞)]-[시나리오 관리자]를 클릭합니다.

③ [시나리오 관리자]에서 [추가]를 클릭합니다.

④ '시나리오 이름'에 『비율증가』를 입력하고, 변경 셀에 [D10] 셀이 지정되었는지 확인한 후 [확인]을 클릭합니다.

※ 변동할 부분인 [D10] 셀을 선택하고 시나리오 관리자를 실행했기 때문에 변경 셀 부분에 [D10] 셀이 자동으로 지정되어 있습니다.

⑤ [시나리오 값]에서 '집행률계'에 『80』을 입력한 후 [추가]를 클릭합니다.

⑥ [시나리오 추가]에서 '시나리오 이름'에 『비율감소』를 입력하고, 변경 셀에 [D10] 셀이 선택되었는지 확인한 후 [확인]을 클릭합니다.

※ 부분 점수가 없으므로 문제를 보고 시나리오 이름에 띄어쓰기가 되어 있는지 주의해서 입력합니다.

⑦ [시나리오 값]에서 '집행률계'에 『50』을 입력한 후 [확인]을 클릭합니다.

⑧ [시나리오 관리자]에서 [요약]을 클릭하고 [시나리오 요약]에서 '결과 셀'에 [C10] 셀을 선택한 후 [확인]을 클릭합니다.

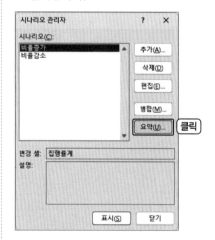

## 2 정렬('분석작업-2' 시트)

① [A3:G17] 영역을 범위 지정한 후 [데이터] 탭-[정렬 및 필터] 그룹-[정렬(⬆↓)]을 클릭합니다.

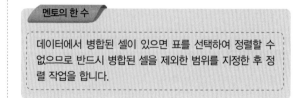

> **멘토의 한 수**
>
> 데이터에서 병합된 셀이 있으면 표를 선택하여 정렬할 수 없으므로 반드시 병합된 셀을 제외한 범위를 지정한 후 정렬 작업을 합니다.

② [정렬] 대화상자에서 정렬 기준에 '포지션', 정렬 기준은 '셀 값', 정렬은 '사용자 지정 목록'을 선택합니다.

**멘토의 한 수**

[정렬] 대화상자 정렬의 종류는 '오름차순', '내림차순', '사용자 지정 목록' 세 가지가 있으며, 사용자 지정 목록은 오름차순과 내림차순이 아닌 사용자가 지정한 순서대로 정렬할 때 사용합니다.

③ [사용자 지정 목록] 대화상자에서 다음과 같이 목록 항목에 『투수, 포수, 내야수, 외야수』를 입력한 후 [추가]를 클릭하고 [확인]을 클릭합니다.

④ [정렬] 대화상자에서 [기준 추가]를 클릭합니다.

⑤ 다음 기준에 '가입기간', 정렬 기준에 '셀 색', 정렬의 색에서 'RGB(216, 228, 188)'을 선택한 후 '위에 표시'를 선택하고 [확인]을 클릭합니다.

---

**문제4 ○ 기타작업**

**1 매크로('매크로작업' 시트)**

① [개발 도구] 탭-[코드] 그룹-[매크로 기록(🔲)] 도구를 클릭하고 [매크로 기록]의 '매크로 이름'에 『평균』을 입력한 후 [확인]을 클릭합니다.

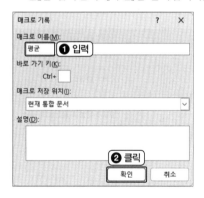

② [B4:N14] 영역을 범위 지정하고 [수식] 탭-[함수 라이브러리] 그룹에서 '자동 합계(∑)' 목록 단추를 클릭한 후 [평균]을 선택하여 계산하고 지정된 범위를 해제합니다.

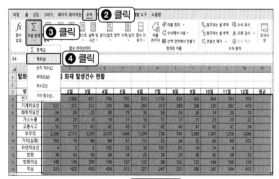

③ [개발 도구] 탭-[코드] 그룹-[기록 중지(□)] 도구를 클릭하여 매크로를 중지합니다.

④ [개발 도구] 탭-[컨트롤] 그룹-[삽입]-[양식 컨트롤]-'단추(□)'를 선택하고 Alt 키를 누른 상태로 [C17:D19] 영역에 드래그합니다.

⑤ [매크로 지정]에서 '평균'을 선택하고 [확인]을 클릭합니다.

⑥ 삽입된 단추의 텍스트를 『평균』으로 수정합니다.

⑦ '서식' 매크로를 작성하기 위해 다시 [개발 도구] 탭-[코드] 그룹-[매크로 기록(🔲)]을 클릭하고, [매크로 기록]의 '매크로 이름'에 『서식』을 입력한 후 [확인]을 클릭합니다.

⑧ [B3:B14] 영역을 범위 지정하고 Ctrl 키를 누른 채 [D3:D14] 영역을 추가 시정한 후 [홈] 탭-[글꼴] 그룹의 도구 모음에서 '글꼴 색'에 '표준 색-빨강'을 선택합니다.

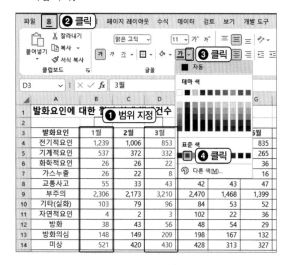

⑨ 지정된 영역을 해제하고 [개발 도구] 탭-[코드] 그룹-[기록 중지(□)]를 클릭하여 매크로를 중지합니다.

⑩ [삽입] 탭-[일러스트레이션] 그룹-[도형]의 '기본 도형'에서 '육각형(⬡)' 도형을 선택하고 Alt 키를 누르면서 [F17:G19] 영역에 드래그하여 위치시킨 후 도형에 『서식』을 입력합니다.

⑪ 도형에서 마우스 오른쪽 버튼을 클릭하고 [매크로 지정]을 선택한 후 '서식'을 선택하고 [확인]을 클릭합니다.

## ② 차트('차트작업' 시트)

① '별정통신서비스' 계열은 선택한 후 Delete 키를 눌러 계열을 삭제합니다.

※ 문제에서 계열을 제거하라는 지시사항이 있으면 차트 필터를 이용하지 않고, 실제 계열을 제거해야 합니다. 또 다른 방법은 차트 영역을 선택한 후 마우스 오른쪽 버튼을 클릭하고 [데이터 선택]을 클릭한 후 [데이터 원본 선택] 대화상자에서 '별정통신서비스' 범례 항목을 선택하고 [제거]를 클릭하여 제거할 수도 있습니다.

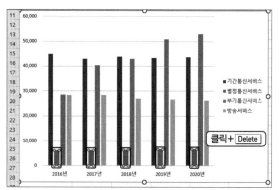

② 차트 영역을 선택하고 마우스 오른쪽 버튼을 클릭하여 [차트 종류 변경]을 클릭하고 [차트 종류 변경]에서 '세로 막대형'에 '누적 세로 막대형'을 선택한 후 [확인]을 클릭합니다.

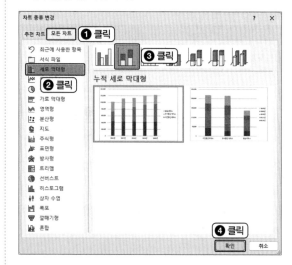

③ 차트 영역을 선택한 후 [차트 요소(⊞)]를 클릭합니다. '차트 제목'에 체크하고 차트 제목이 선택된 상태에서 '수식 입력줄'에 『=』을 입력한 후 [A1] 셀을 클릭하고 Enter 키를 누릅니다.

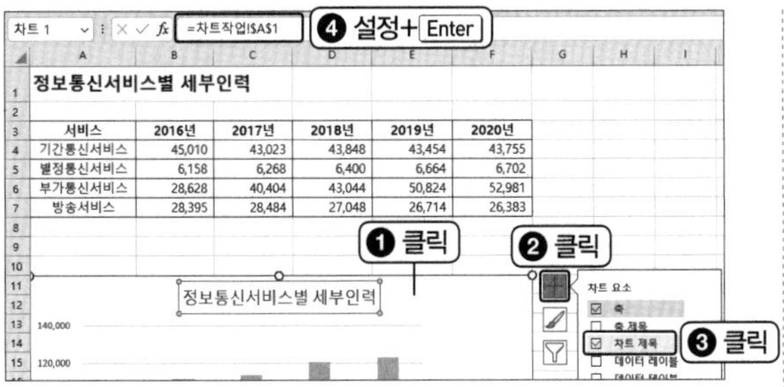


④ '2020년'의 '부가통신서비스' 데이터 계열을 선택한 후 [차트 요소(⊞)]에서 [데이터 레이블▶]-[안쪽 끝에]를 선택합니다.

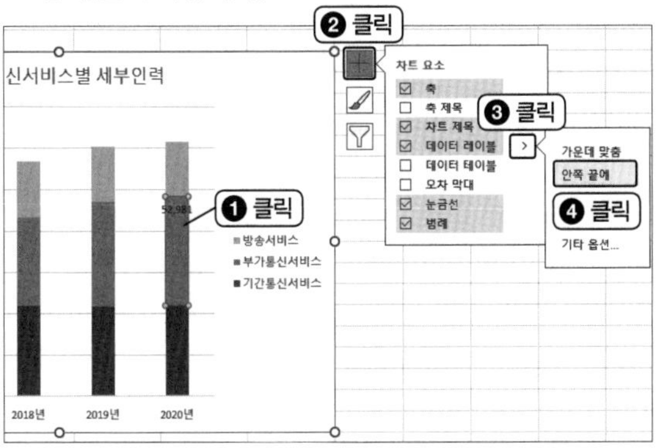


⑤ 다시 [차트 요소(⊞)]에서 [데이터 레이블▶]-[데이터 설명선]을 선택합니다.

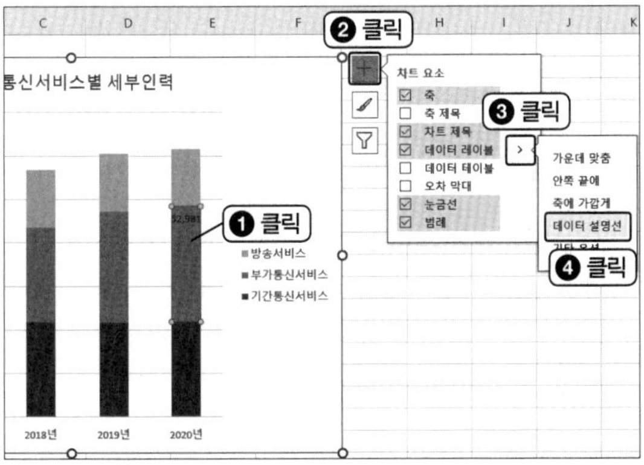


⑥ 추가된 '데이터 설명선'에서 마우스 오른쪽 버튼을 클릭한 후 [데이터 레이블 서식]을 선택하고 [데이터 레이블 서식] 창에서 '레이블 옵션'에 '계열 이름'과 '값'에 체크합니다.

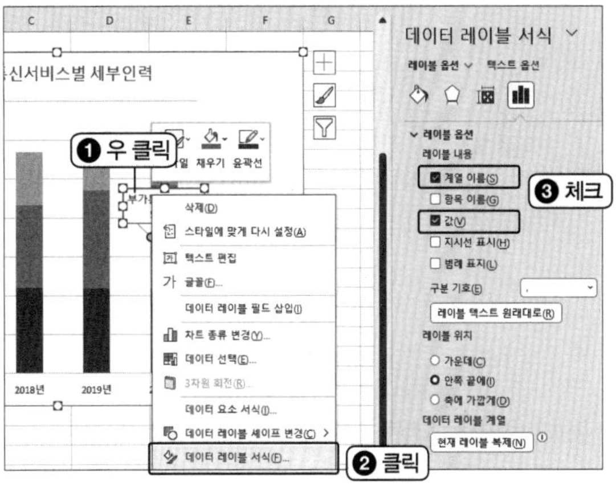


⑦ 데이터 계열에서 마우스 오른쪽 버튼을 클릭하고 [데이터 계열 서식]을 선택합니다.

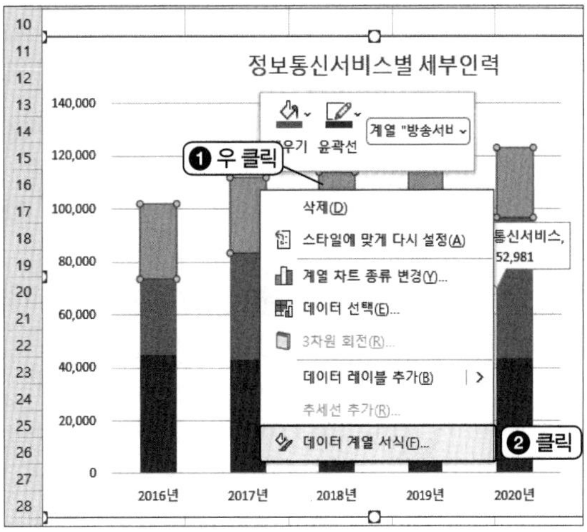


⑧ [데이터 계열 서식]에서 '계열 옵션(📊)'의 '계열 겹치기'와 '간격 너비'를 각각 0으로 지정합니다.

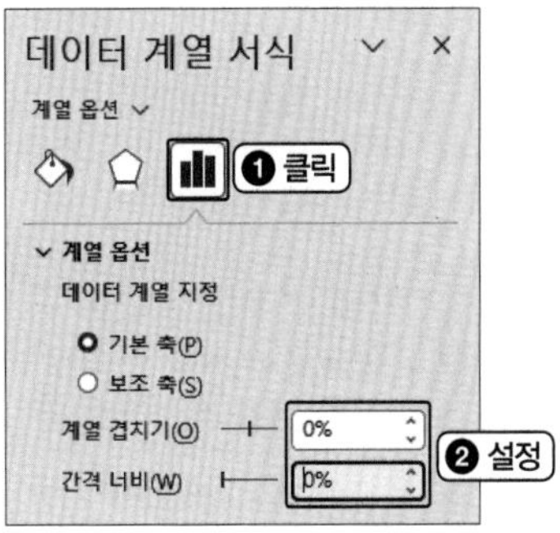

| 프로그램명 | 제한시간 |
|---|---|
| EXCEL 2021 | 40분 |

수험번호 :

성  명 :

# 2급 · B형

## 대한상공회의소

**문제 1** **기본작업(20점)** • 주어진 시트에 대하여 다음 작업을 수행하고 저장하시오.

## 01 '기본작업-1' 시트에 다음의 자료를 주어진 대로 입력하시오. (5점)

| | A | B | C | D | E | F |
|---|---|---|---|---|---|---|
| 1 | 센트럴 휘트니스 회원 관리 | | | | | |
| 2 | | | | | | |
| 3 | 프로그램 | 회원명 | 성별 | 가입일 | 주소 | 연락처 |
| 4 | Golf | 한율아 | 여 | 2022-05-02 | 송파구 장지동 | 010-7988-**** |
| 5 | Golf | 장태식 | 남 | 2023-02-03 | 송파구 가락동 | 010-1897-**** |
| 6 | Health | 김태성 | 남 | 2022-01-14 | 송파구 석촌동 | 010-9917-**** |
| 7 | Health | 김은영 | 여 | 2022-11-14 | 송파구 가락동 | 010-7661-**** |
| 8 | Yoga | 김지현 | 여 | 2023-04-17 | 송파구 장지동 | 010-1667-**** |
| 9 | Yoga | 이가영 | 여 | 2023-09-01 | 송파구 마포동 | 010-9786-**** |

## 02 '기본작업-2' 시트에 대하여 다음의 지시사항을 처리하시오. (각 2점)

① [A1:H1] 영역은 '병합하고 가운데 맞춤', 글꼴 크기 '15', 글꼴 스타일 '굵게', 글꼴 색 '표준 색 – 파랑'으로 지정하고, 제목 문자열의 앞뒤에 특수문자 '■'를 삽입하시오.

② [C4:C18] 영역은 사용자 지정 표시 형식을 이용하여 날짜 형식으로 바꾸고, [F4:H18] 영역은 사용자 지정 표시 형식을 이용하여 백만 단위는 반올림하여 절삭하고 숫자 뒤에 '백만원'을 표시하시오.
   ▶ [C4:C18] 영역 [표시 예 : 2023-01-19 → 01월 19일(목)]
   ▶ [F4:H18] 영역 [표시 예 : 600000000 → 600백만원, 0 → 0백만원]

③ [A4:A8], [A9:A13], [A14:A18] 영역은 '병합하고 가운데 맞춤', [A3:H3], [A4:A18] 영역은 셀 스타일을 '파랑, 강조색1'로 지정하시오.

④ [H7] 셀에 '최고 수령예정액'이라는 메모를 삽입한 후 항상 표시되도록 지정하고, 메모 서식에서 맞춤 '자동 크기'를 설정하시오.

⑤ [A3:H18] 영역에 '모든 테두리(⊞)'를 적용한 후 [A3:H3] 영역은 '아래쪽 이중 테두리(▦)'를 적용하여 표시하시오.

## 03 '기본작업-3' 시트에 대하여 다음의 지시사항을 처리하시오. (5점)

[B4:B18] 영역에서 '부서명'에 '영업'이 포함되어 있는 셀에는 채우기 색 '표준 색 – 노랑'을, [G4:G18] 영역에서 상위 5위 이내인 셀에는 글꼴 스타일 '굵게', 글꼴 색 '표준 색 – 빨강'을 지정하는 조건부 서식을 작성하시오.

▶ 단, 규칙 유형은 '셀 강조 규칙'과 '상위/하위 규칙'을 사용하시오.

**문제 2**  계산작업(40점) • '계산작업' 시트에서 다음의 과정을 수행하고 저장하시오.

**01** [표1]에서 판매량[C3:C10]과 상여금표[A13:D14]를 이용하여 상여금[D3:D10]을 계산하시오. (8점)

  ▶ 상여금표의 의미 : 판매량의 큰 값의 순위가 1~2위면 1,000,000, 3~4위면 500,000, 5위 이하는 250,000임
  ▶ HLOOKUP, RANK.EQ 함수 사용

**02** [표2]에서 1회차~4회차까지의 출석(○)이 3회 이상이면 '이수', 그렇지 않으면 공백으로 이수여부[K4:K13]에 표시하시오. (8점)

  ▶ IF, COUNTBLANK 함수 사용

**03** [표3]에서 지원부서[B18:B25]가 '기획부'인 지원자들의 총점[F18:F25] 중 최대값과 최소값을 [F26] 셀에 [표시 예]와 같이 표시하시오. (8점)

  ▶ 조건은 [H25:H26] 영역에 입력
  ▶ 표시 예 : 최대값이 100이고 최소값이 88이면 → 100(최소 88)
  ▶ DMAX, DMIN 함수와 & 연산자 사용

**04** [표4]에서 성별[B30:B37]이 '여'이면서 지역[C30:C37]이 '경기'인 사원들의 판매금액[D30:D37] 합계를 [D38] 셀에 계산하시오. (8점)

  ▶ COUNTIFS, SUMIFS, AVERAGEIFS 함수 중 알맞은 함수 사용

**05** [표5]에서 일반[H30:H38]과 외국어[I30:I38]의 합이 140 이상이고 전산[J30:J38]이 80 이상이면 '합격', 이외에는 공백을 결과[K30:K38]에 표시하시오. (8점)

  ▶ SUM, AND, IF 함수 사용


**문제 3**  분석작업(20점) • 주어진 시트에서 다음 작업을 수행하고 저장하시오.

**01** '분석작업-1' 시트에 대하여 다음의 지시사항을 처리하시오. (10점)

[피벗 테이블] 기능을 이용하여 '지점별 3/4분기 사원별 매출 현황' 표의 지점은 '행 레이블', 부서코드는 '열 레이블'로 처리하고, '값'에 상반기, 하반기의 합계를 계산한 후 'Σ값'을 '행 레이블'로 설정하시오.

  ▶ 피벗 테이블 보고서는 동일 시트의 [A18] 셀에서 시작하시오.
  ▶ 상반기, 하반기는 기호 없는 회계로 지정하시오.
  ▶ '레이블이 있는 셀 병합 및 가운데 맞춤'을 설정, 빈 셀에는 '**'로 표시, 열의 총합계는 나타나지 않도록 설정하시오.
  ▶ 'SA01'과 'SA02'는 영업부로 'TA01'과 'TA02'는 총무부로 그룹을 지정하고, 확장/축소 단추는 나타나지 않도록 설정하시오.
  ▶ 피벗 테이블 스타일은 '연한 파랑, 피벗 스타일 보통 2'로 적용하고 '행 머리글', '열 머리글', '줄무늬 열'을 설정하시오.

**02** '분석작업-2' 시트에 대하여 다음의 지시사항을 처리하시오. (10점)

[목표값 찾기] 기능을 이용하여 '10월 급여 명세서' 표에서 실지급액[B15]이 4,000,000이 되려면 수당 [B6]이 얼마나 되어야 하는지 계산하시오.

---

**문제 4** **기타작업(20점)** • 주어진 시트에서 다음 작업을 수행하고 저장하시오.

**01** '매크로작업' 시트의 [표]에서 다음과 같은 기능을 수행하는 매크로를 현재 통합 문서에 작성하고 실행하시오. (각 5점)

① [E4:E11] 영역에 렌탈금액을 계산하는 매크로를 생성하여 실행하시오.

▶ 매크로 이름 : 렌탈금액        ▶ 렌탈금액=(1−할인율)×렌탈료×수량

▶ [개발 도구]−[삽입]−[양식 컨트롤]의 '단추(□)'를 동일 시트의 [G3:H4] 영역에 생성하고, 텍스트를 '렌탈금액'으로 입력한 후 단추를 클릭할 때 '렌탈금액' 매크로가 실행되도록 설정하시오.

② [A3:E3] 영역에 글꼴 색을 '표준 색−파랑'으로 적용하는 매크로를 생성하여 실행하시오.

▶ 매크로 이름 : 서식

▶ [도형]−[사각형]의 '사각형: 둥근 모서리(□)' 도형을 동일 시트의 [G6:H7] 영역에 생성하고, 텍스트를 '서식'으로 입력한 후 도형을 클릭할 때 '서식' 매크로가 실행되도록 설정하시오.

※ 셀 포인터의 위치에 상관없이 현재 통합 문서에서 매크로가 실행되어야 정답으로 인정됨

**02** '차트작업' 시트의 차트를 지시사항에 따라 아래 그림과 같이 수정하시오. (각 2점)

※ 차트는 반드시 문제에서 제공한 차트를 사용하여야 하며, 신규로 작성 시 0점 처리됨

① '2020년' 계열만 차트에 표시되도록 데이터 범위를 수정하고, 차트 종류를 '원형'으로 변경하시오.

② 차트 영역을 '미세 효과 − 파랑, 강조 5'로 지정하시오.

③ 차트 제목은 '차트 위'로 추가하여 〈그림〉과 같이 입력하고, 글꼴 '굴림', 글꼴 스타일 '굵은 기울임꼴', 크기 '16', 밑줄 '실선'으로 설정하시오.

④ 차트에 데이터 레이블 '값'과 '항목 이름', '범례 표지'를 표시하고, 레이블의 위치를 '바깥쪽 끝에'로 설정하시오.

⑤ 차트 영역의 테두리 스타일을 '둥근 모서리'로 설정하시오.

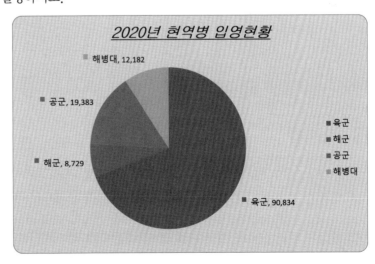

## 1 기본작업

### 02 | 서식 설정

| | A | B | C | D | E | F | G | H |
|---|---|---|---|---|---|---|---|---|
| 1 | | | ■대리점별 제품 주문 현황■ | | | | | 최고 수령예정액 |
| 2 | | | | | | | | |
| 3 | 대리점 | 제품명 | 주문일자 | 주문수량 | 할인수량 | 주문금액 | 할인금액 | 수령예정액 |
| 4 | | TV | 01월 19일(목) | 50 | 5 | 60백만원 | 6백만원 | 54백만원 |
| 5 | | 세탁기 | 01월 21일(토) | 40 | 4 | 52백만원 | 5백만원 | 47백만원 |
| 6 | 송파점 | 냉장고 | 01월 24일(화) | 60 | 6 | 108백만원 | 7백만원 | 101백만원 |
| 7 | | TV | 02월 21일(화) | 120 | 12 | 144백만원 | 14백만원 | 130백만원 |
| 8 | | 세탁기 | 02월 25일(토) | 65 | 6 | 85백만원 | 7백만원 | 77백만원 |
| 9 | | 세탁기 | 01월 17일(화) | 70 | 7 | 91백만원 | 8백만원 | 83백만원 |
| 10 | | 냉장고 | 01월 17일(화) | 55 | 5 | 99백만원 | 6백만원 | 93백만원 |
| 11 | 강남점 | TV | 01월 31일(화) | 55 | 5 | 66백만원 | 6백만원 | 60백만원 |
| 12 | | 세탁기 | 01월 31일(화) | 45 | 4 | 59백만원 | 5백만원 | 54백만원 |
| 13 | | 냉장고 | 01월 31일(화) | 45 | 4 | 81백만원 | 5백만원 | 76백만원 |
| 14 | | 세탁기 | 01월 24일(화) | 50 | 5 | 65백만원 | 6백만원 | 59백만원 |
| 15 | 강북점 | 냉장고 | 01월 24일(화) | 75 | 7 | 135백만원 | 8백만원 | 127백만원 |
| 16 | | TV | 02월 25일(토) | 45 | 4 | 54백만원 | 5백만원 | 49백만원 |
| 17 | | 세탁기 | 02월 25일(토) | 55 | 5 | 72백만원 | 6백만원 | 66백만원 |
| 18 | | 냉장고 | 02월 25일(토) | 65 | 6 | 117백만원 | 7백만원 | 110백만원 |

### 03 | 조건부 서식

| | A | B | C | D | E | F | G |
|---|---|---|---|---|---|---|---|
| 1 | | | 상공주식회사 승진시험 결과 | | | | |
| 2 | | | | | | | |
| 3 | 사원명 | 부서명 | 근태 | 실적 | 필기 | 실기 | 총점 |
| 4 | 이승진 | 생산1팀 | 96 | 92 | 94 | 95 | **377** |
| 5 | 강희영 | 영업1팀 | 96 | 98 | 97 | 97 | **388** |
| 6 | 장우성 | 기획2팀 | 82 | 70 | 67 | 83 | 302 |
| 7 | 박현식 | 생산2팀 | 81 | 88 | 85 | 83 | 337 |
| 8 | 유희영 | 영업1팀 | 91 | 84 | 88 | 90 | **353** |
| 9 | 최광희 | 기획1팀 | 77 | 72 | 73 | 81 | 303 |
| 10 | 김영철 | 기획2팀 | 79 | 68 | 74 | 80 | 301 |
| 11 | 이연희 | 영업2팀 | 88 | 86 | 87 | 88 | 349 |
| 12 | 이태연 | 생산2팀 | 78 | 77 | 72 | 76 | 303 |
| 13 | 김준식 | 생산1팀 | 99 | 99 | 96 | 98 | **392** |
| 14 | 김진영 | 기획1팀 | 88 | 86 | 87 | 88 | 349 |
| 15 | 한율아 | 영업1팀 | 95 | 98 | 97 | 96 | **386** |
| 16 | 이성진 | 생산2팀 | 87 | 84 | 86 | 87 | 344 |
| 17 | 강진희 | 영업2팀 | 70 | 71 | 62 | 60 | 263 |
| 18 | 최태진 | 기획2팀 | 70 | 72 | 71 | 71 | 284 |

## 2 계산작업

1. =HLOOKUP(RANK.EQ(C3,$C$3:$C$10),$B$13:$D$14,2,TRUE)

2. =IF(COUNTBLANK(G4:J4)<=1,"이수","")

3. =DMAX(A17:F25,F17,H25:H26)&"(최소 "&DMIN(A17:F25,F17,H25:H26)&")"

4. =SUMIFS(D30:D37,B30:B37,"여",C30:C37,"경기")

5. =IF(AND(SUM(H30:I30)>=140,J30>=80),"합격","")

| | A | B | C | D | | F | G | H | I | J | K |
|---|---|---|---|---|---|---|---|---|---|---|---|
| 1 | [표1] | 상여금 지급 현황 | | | | [표2] | 전공수업 이수현황 | | | | |
| 2 | 사원명 | 직급 | 판매량 | 상여금 | | 학번 | 출석 | | | | 이수여부 |
| | | | | | | | 1회차 | 2회차 | 3회차 | 4회차 | |
| 3 | 최진영 | 과장 | 4,348 | 500,000 | | 2020001 | O | | O | O | 이수 |
| 4 | 김준식 | 과장 | 5,135 | 1,000,000 | | 2020009 | O | O | O | | 이수 |
| 5 | 이효진 | 대리 | 3,908 | 250,000 | | 2020002 | O | O | O | O | 이수 |
| 6 | 최석진 | 대리 | 5,711 | 1,000,000 | | 2020008 | O | | O | | |
| 7 | 강희영 | 대리 | 3,719 | 250,000 | | 2020003 | O | | | O | 이수 |
| 8 | 한사랑 | 사원 | 4,948 | 500,000 | | 2020006 | O | O | | O | 이수 |
| 9 | 최재진 | 사원 | 3,545 | 250,000 | | 2020005 | | | O | O | |
| 10 | 이신혁 | 사원 | 4,162 | 250,000 | | 2020007 | | O | | O | |
| 11 | | | | | | 2020004 | | O | | | |
| 12 | <상여금표> | | | | | 2020010 | | O | O | O | 이수 |
| 13 | 순위 | 1 | 3 | 5 | | | | | | | |
| 14 | 상여금 | 1,000,000 | 500,000 | 250,000 | | | | | | | |
| 15 | | | | | | | | | | | |
| 16 | [표3] | 신입사원 응시 현황 | | | | | | | | | |
| 17 | 응시번호 | 지원부서 | 필기 | 면접 | 자격증 | 총점 | | | | | |
| 18 | K21012 | 영업부 | 32 | 29 | 28 | 89 | | | | | |
| 19 | K21011 | 영업부 | 40 | 28 | 30 | 98 | | | | | |
| 20 | K21017 | 기획부 | 42 | 29 | 28 | 99 | | | | | |
| 21 | K21014 | 영업부 | 34 | 24 | 25 | 83 | | | | | |
| 22 | K21016 | 기획부 | 38 | 30 | 29 | 97 | | | | | |
| 23 | K21013 | 영업부 | 28 | 29 | 32 | 89 | | | | | |
| 24 | K21021 | 기획부 | 34 | 25 | 27 | 86 | | <조건> | | | |
| 25 | K21015 | 기획부 | 30 | 22 | 32 | 84 | | 지원부서 | | | |
| 26 | 기획부 총점 최대최소값 | | | | 99(최소 84) | | 기획부 | | | | |
| 27 | | | | | | | | | | | |
| 28 | [표4] | 제품 판매 현황 | | | | [표5] | 승진 시험 결과 | | | | |
| 29 | 사원명 | 성별 | 지역 | 판매금액 | | 사원번호 | 사원명 | 일반 | 외국어 | 전산 | 결과 |
| 30 | 최태영 | 남 | 서울 | 1,250,000 | | 10599 | 이태연 | 71 | 88 | 90 | 합격 |
| 31 | 이희영 | 여 | 경기 | 1,000,000 | | 10600 | 최해진 | 86 | 85 | 91 | 합격 |
| 32 | 김진석 | 남 | 경기 | 1,340,000 | | 10597 | 유희영 | 66 | 78 | 79 | |
| 33 | 이순호 | 남 | 경기 | 1,090,000 | | 10597 | 최광희 | 94 | 95 | 100 | 합격 |
| 34 | 김수연 | 여 | 서울 | 1,290,000 | | 10598 | 김영철 | 77 | 73 | 85 | 합격 |
| 35 | 최미진 | 여 | 서울 | 1,150,000 | | 10598 | 이연희 | 55 | 69 | 73 | |
| 36 | 장수영 | 여 | 경기 | 1,320,000 | | 10601 | 이정희 | 94 | 93 | 92 | 합격 |
| 37 | 김세진 | 남 | 서울 | 1,330,000 | | 10597 | 장민영 | 88 | 89 | 52 | |
| 38 | 경기지역 여사원 판매금액 합계 | | | 2,320,000 | | 10600 | 김준식 | 71 | 56 | 83 | |

# 3  분석작업

## 01 | 피벗 테이블

| | A | B | C | D | E | F |
|---|---|---|---|---|---|---|
| 17 | | | 열 레이블 ▼ | | | |
| 18 | | | 영업부 | | 총무부 | |
| 19 | | | | | | 총합계 |
| 20 | 행 레이블 ▼ | SA01 | SA02 | TA01 | TA02 | |
| 21 | 강남지점 | | | | | |
| 22 | 합계 : 상반기 | ** | 7,420,000 | 8,250,000 | ** | 15,670,000 |
| 23 | 합계 : 하반기 | ** | 6,890,000 | 7,660,000 | ** | 14,550,000 |
| 24 | 강동지점 | | | | | |
| 25 | 합계 : 상반기 | 8,470,000 | 6,510,000 | 8,960,000 | 8,600,000 | 32,540,000 |
| 26 | 합계 : 하반기 | 7,860,000 | 6,040,000 | 8,310,000 | 7,980,000 | 30,190,000 |
| 27 | 강북지점 | | | | | |
| 28 | 합계 : 상반기 | 8,690,000 | ** | ** | 8,680,000 | 17,370,000 |
| 29 | 합계 : 하반기 | 8,060,000 | ** | ** | 8,050,000 | 16,110,000 |
| 30 | 강서지점 | | | | | |
| 31 | 합계 : 상반기 | 8,390,000 | 9,430,000 | 7,720,000 | 7,520,000 | 33,060,000 |
| 32 | 합계 : 하반기 | 7,790,000 | 8,750,000 | 7,160,000 | 6,980,000 | 30,680,000 |

## 02 | 목표값 찾기

| | A | B | C |
|---|---|---|---|
| 1 | **10월 급여 명세서** | | |
| 2 | | | |
| 3 | 기본급 | ₩ 2,500,000 | |
| 4 | 중식비 | ₩ 200,000 | |
| 5 | 교통비 | ₩ 150,000 | |
| 6 | 수당 | ₩ 767,500 | |
| 7 | 상여금 | ₩ 1,200,000 | |
| 8 | 지급액소계 | ₩ 4,817,500 | |
| 9 | 국민연금 | ₩ 216,800 | |
| 10 | 건강보험료 | ₩ 150,300 | |
| 11 | 고용보험료 | ₩ 31,300 | |
| 12 | 소득세 | ₩ 578,100 | |
| 13 | 주민세 | ₩ 57,800 | |
| 14 | 공제액소계 | ₩ 817,500 | |
| 15 | 실지급액 | ₩ 4,000,000 | |

## 4 기타작업

## 01 | 매크로

| | A | B | C | D | E | F | G | H |
|---|---|---|---|---|---|---|---|---|
| 1 | | | **렌탈 현황** | | | | | |
| 2 | | | | 할인율 | 15% | | | |
| 3 | 모델명 | 구분 | 렌탈료 | 수량 | 렌탈금액 | | 렌탈금액 | |
| 4 | LT-057M | 식기세척기 | 22,000 | 1 | 18,700 | | | |
| 5 | LT-057M | 식기세척기 | 22,000 | 2 | 37,400 | | | |
| 6 | SG-001T | 공기청정기 | 29,000 | 4 | 98,600 | | 서식 | |
| 7 | SG-001T | 공기청정기 | 29,000 | 2 | 49,300 | | | |
| 8 | LT-001T | 식기세척기 | 29,000 | 3 | 73,950 | | | |
| 9 | LT-002W | 식기세척기 | 30,000 | 1 | 25,500 | | | |
| 10 | LT-002W | 식기세척기 | 30,000 | 2 | 51,000 | | | |
| 11 | SK-007R | 공기청정기 | 32,000 | 4 | 108,800 | | | |

## 02 | 차트

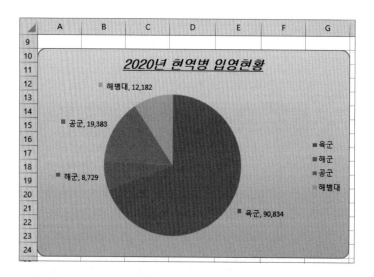

## 문제1 ○ 기본작업

### 1 서식 설정('기본작업-2' 시트)

① [A1:H1] 영역을 범위 지정하고 [홈]-[맞춤] 그룹에서 '병합하고 가운데 맞춤(🔄)'을 클릭한 후 [글꼴] 그룹에서 글꼴 크기 '15', 글꼴 스타일 '굵게', 글꼴 색 '파랑'을 선택합니다.

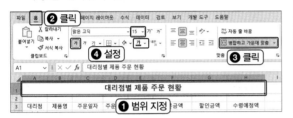

② [A1] 셀의 '대'자 앞에서 더블 클릭하여 『ㅁ』을 입력하고 [한자] 키를 누른 다음 [Tab] 키를 눌러 보기 변경을 한 후 '■'를 클릭하여 특수문자를 입력합니다. 같은 방법으로 '황' 뒤에서 더블 클릭하여 커서를 두고 '■' 특수문자를 입력합니다.

※ [ㅁ+한자] 키로 특수문자 입력 시 '심볼 입력' 창이 나타나면 특수문자를 입력하기 불편합니다. 이때 [윈도우] 키+[스페이스바] 키를 클릭하면 다시 정상적으로 특수문자 입력 창이 나타납니다.)

③ [C4:C18] 영역을 범위 지정하고 [Ctrl]+[1] 키를 눌러 [표시 형식] 탭의 [사용자 지정]에서 '형식'에 『mm월 dd일(aaa)』를 입력한 후 [확인]을 클릭합니다.

④ [F4:H18] 영역을 범위 지정하고 [Ctrl]+[1] 키를 눌러 [표시 형식] 탭의 [사용자 지정]에서 '형식'에 『0,,"백만원"』을 입력한 후 [확인]을 클릭합니다.

※ 문제에서 '천 단위 구분 기호를 사용'하라는 지시사항이 있으면 『#,##0,,"백만원"』을 입력하고 '천 단위 구분 기호를 사용'하라는 지시사항이 없으면 『0,,"백만원"』을 입력합니다.

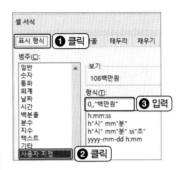

⑤ [A4:A8] 영역을 범위 지정하고 [Ctrl] 키를 누른 채 [A9:A13], [A14:A18] 영역을 추가 범위 지정한 후 [홈] 탭의 [맞춤] 그룹에서 '병합하고 가운데 맞춤(🔄)' 도구를 클릭합니다.

⑥ [A3:H3] 영역을 범위 지정하고 [Ctrl] 키를 누른 채 [A4:A18] 영역을 추가 범위 지정한 후 [홈] 탭-[스타일] 그룹-[셀 스타일(📋)]에서 '파랑, 강조색1'을 선택합니다.

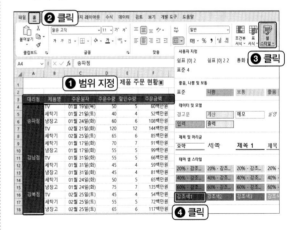

⑦ [H7] 셀을 선택하고 마우스 오른쪽 버튼을 클릭한 후 [메모 삽입(📋)]을 클릭하고, 메모에서 사용자 이름을 모두 삭제한 후 『최고 수령예정액』을 입력합니다. [H7] 셀을 선택하고 마우스 오른쪽 버튼을 클릭한 후 [메모 표시/숨기기]를 클릭해 메모가 항상 표시되도록 설정합니다.

⑧ 메모를 선택하고 메모 경계선에서 마우스 오른쪽 버튼을 클릭한 후 [메모 서식]을 클릭합니다. [메모 서식] 대화상자의 [맞춤] 탭에서 '자동 크기'에 체크하고 [확인]을 클릭합니다.

⑨ [A3:H18] 영역을 범위 지정하고 [홈] 탭-[글꼴] 그룹-[테두리(▦ ▾)]의 목록 단추를 클릭한 후 '모든 테두리(⊞)'를 먼저 클릭해 설정하고, [A3:H3] 영역을 범위 지정한 후 '아래쪽 이중 테두리(▦)'를 클릭합니다.

## ② 조건부 서식('기본작업-3' 시트)

① [B4:B18] 영역을 범위 지정하고 [홈] 탭-[스타일] 그룹에서 [조건부 서식(▦)]-[셀 강조 규칙(▦)]-[텍스트 포함(▦)]을 클릭합니다.

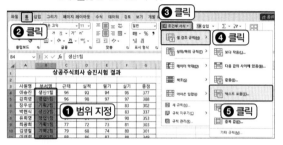

② [텍스트 포함]에서 『영업』을 입력하고 '사용자 지정 서식'을 클릭한 후 [셀 서식]의 [채우기] 탭에서 '배경색' '노랑'을 선택하고 [확인]을 클릭합니다.

③ [G4:G18] 영역을 범위 지정하고 [홈] 탭-[스타일] 그룹에서 [조건부 서식]을 클릭한 후 [상위/하위 규칙]-[상위 10개 항목]을 클릭합니다.

④ [상위 10개 항목]에서 『5』를 입력하고 '사용자 지정 서식'을 클릭합니다. [셀 서식]의 [글꼴] 탭에서 글꼴 스타일은 '굵게', '글꼴 색'은 '표준 색 – 빨강'을 선택하고 [확인]을 클릭합니다.

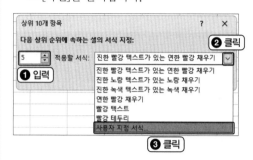

## 문제2 • 계산작업('계산작업' 시트)

### ① 상여금[D3:D10]

[D3] 셀에 수식을 입력하고 [D10] 셀까지 수식을 복사합니다.

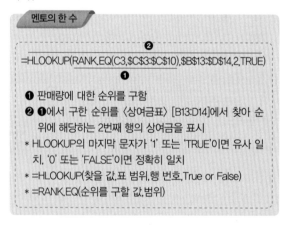

멘토의 한 수

❷
=HLOOKUP(RANK.EQ(C3,$C$3:$C$10),$B$13:$D$14,2,TRUE)
❶

❶ 판매량에 대한 순위를 구함
❷ ❶에서 구한 순위를 〈상여금표〉 [B13:D14]에서 찾아 순위에 해당하는 2번째 행의 상여금을 표시
* HLOOKUP의 마지막 문자가 '1' 또는 'TRUE'이면 유사 일치, '0' 또는 'FALSE'이면 정확히 일치
* =HLOOKUP(찾을 값,표 범위,행 번호,True or False)
* =RANK.EQ(순위를 구할 값,범위)

### ② 이수여부[K4:K13]

[K4] 셀에 수식을 입력하고 [K13] 셀까지 수식을 복사합니다.

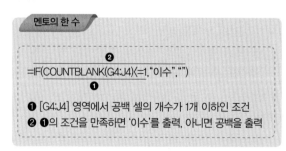

멘토의 한 수

❷
=IF(COUNTBLANK(G4:J4)<=1,"이수","")
❶

❶ [G4:J4] 영역에서 공백 셀의 개수가 1개 이하인 조건
❷ ❶의 조건을 만족하면 '이수'를 출력, 아니면 공백을 출력

### ❸ 기획부 총점 최대최소값[F26]

[H25:H26] 영역에 그림과 같이 조건을 입력하고 [F26] 셀에 수식을 입력합니다.

| | G | H |
|---|---|---|
| 24 | | <조건> |
| 25 | | 지원부서 |
| 26 | | 기획부 |

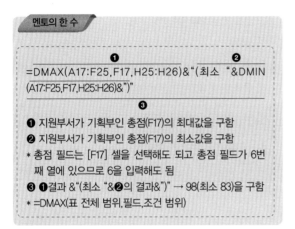

**멘토의 한 수**

=DMAX(A17:F25,F17,H25:H26)&"(최소 "&DMIN(A17:F25,F17,H25:H26)&")"

❶ 지원부서가 기획부인 총점(F17)의 최대값을 구함
❷ 지원부서가 기획부인 총점(F17)의 최소값을 구함
* 총점 필드는 [F17] 셀을 선택해도 되고 총점 필드가 6번째 열에 있으므로 6을 입력해도 됨
❸ ❶결과 &"(최소 "&❷의 결과&")" → 98(최소 83)을 구함
* =DMAX(표 전체 범위,필드,조건 범위)

### ❹ 경기지역 여사원 판매금액 합계[D38]

[D38] 셀에 수식을 입력합니다.

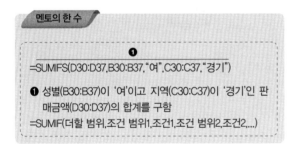

**멘토의 한 수**

=SUMIFS(D30:D37,B30:B37,"여",C30:C37,"경기")

❶ 성별(B30:B37)이 '여'이고 지역(C30:C37)이 '경기'인 판매금액(D30:D37)의 합계를 구함
=SUMIF(더할 범위,조건 범위1,조건1,조건 범위2,조건2,...)

### ❺ 결과[K30:K38]

[K30] 셀에 수식을 입력하고 [K38] 셀까지 수식을 복사합니다.

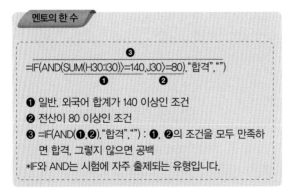

**멘토의 한 수**

=IF(AND(SUM(H30:I30)>=140,J30>=80),"합격","")

❶ 일반, 외국어 합계가 140 이상인 조건
❷ 전산이 80 이상인 조건
❸ =IF(AND(❶,❷),"합격","") : ❶, ❷의 조건을 모두 만족하면 합격, 그렇지 않으면 공백
*IF와 AND는 시험에 자주 출제되는 유형입니다.

---

**문제3 • 분석작업**

### ❶ 피벗 테이블('분석작업-1' 시트)

① [A3:F15] 영역을 범위 지정하고 [삽입] 탭-[표] 그룹-[피벗 테이블(📊)]을 클릭합니다.

② [피벗 테이블 만들기]에서 기존 워크시트를 선택하고 위치에 [A18] 셀을 선택한 후 [확인]을 클릭합니다.

③ '지점' 필드는 '행'에, '부서코드' 필드는 '열'에, '상반기', '하반기' 필드는 'Σ 값' 레이블에 각각 드래그하여 이동하고 '열' 레이블의 'Σ 값'을 '행' 레이블로 이동합니다.

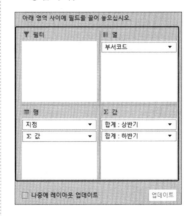

④ [A21] 셀의 '합계 : 상반기'를 더블 클릭하고 [값 필드 설정] 대화상자에서 [표시 형식]을 클릭합니다.

⑤ [셀 서식] 대화상자에서 '범주'에 '회계'를 선택하고 기호에 '없음'을 선택한 후 [확인]을 클릭하고 [값 필드 설정]에서 [확인]을 클릭합니다.

⑥ 같은 방법으로 [A22] 셀의 '합계 : 하반기' 필드를 기호 없는 회계로 지정합니다.

⑦ 피벗 테이블 안에서 마우스 오른쪽 버튼을 클릭한 후 [피벗 테이블 옵션]을 선택합니다. [레이아웃 및 서식] 탭에서 '레이블이 있는 셀 병합 및 가운데 맞춤'에 체크하고 '빈 셀 표시'에 『**』을 입력합니다.

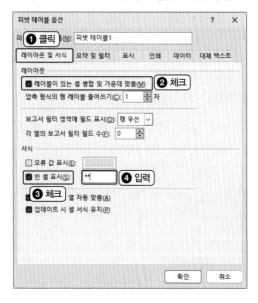

⑧ [요약 및 필터] 탭에서 '열의 총합계 표시'의 체크를 해제한 후 [확인]을 클릭합니다.

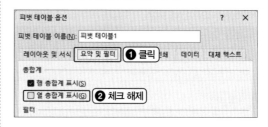

⑨ [B19:C19] 영역을 범위 지정하고 마우스 오른쪽 버튼을 클릭한 후 [그룹]을 선택합니다.

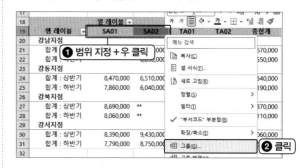

⑩ [B19] 셀의 '그룹1'을 『영업부』로 수정합니다.

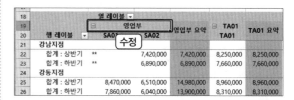

⑪ 엑셀 2021 버전에서는 '영업부 요약'의 소계 부분이 자동으로 생성되는데, '영업부 요약'의 회색 부분을 숨기기 위해 피벗 테이블 필드에서 열의 '부서코드2'를 선택한 후 [필드 설정]을 클릭합니다.

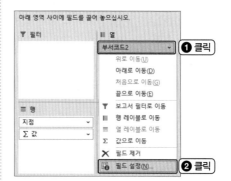

⑫ [필드 설정] 대화상자에서 '소계'에 '없음'을 선택한 후 [확인]을 클릭합니다.

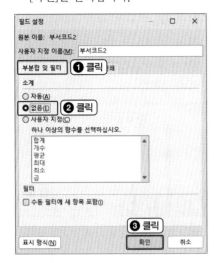

⑬ [D19:E19] 영역을 범위 지정한 후 오른쪽 버튼을 클릭하여 [그룹]을 선택한 후 '그룹2'를 『총무부』로 변경합니다.

⑭ 피벗 테이블 안에서 마우스 오른쪽 버튼을 클릭한 후 [피벗 테이블 옵션]을 선택하고 [표시] 탭에서 '확장/축소 단추 표시'의 체크를 해제한 후 [확인]을 클릭합니다.

⑮ 피벗 테이블을 선택하고 [디자인] 탭-[피벗 테이블 스타일] 그룹에서 '자세히( ▽ )' 목록 단추'를 클릭한 후 '연한 파랑, 피벗 스타일 보통 2'를 선택하고 [피벗 테이블 스타일 옵션] 그룹에서 '행 머리글', '열 머리글', '줄무늬 열'에 체크합니다.

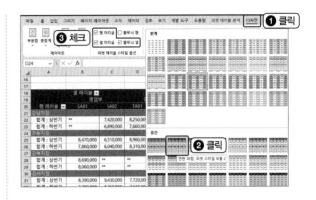

※ 변경되면서 피벗 스타일에서 다양한 기능이 출제되고 있으므로 그룹을 지정하는 방법과 피벗 테이블 옵션에 레이블 병합, 빈 셀 표시, 행열 총합계 표시, 확장/축소 표시 등을 충분히 학습하시기 바랍니다.

### ② 목표값 찾기('분석작업-2' 시트)

① [B15] 셀을 클릭하고 [데이터] 탭-[예측] 그룹-[가상 분석( ▦ )]-[목표값 찾기]를 클릭합니다.

② [목표값 찾기]에서 '수식 셀'에 [B15] 셀을 선택하고 '찾는 값'에 『4000000』을 입력한 후, '값을 바꿀 셀'은 [B6] 셀을 선택하고 [확인]을 클릭합니다.

③ [목표값 찾기 상태]에서 [확인]을 클릭합니다.

## 1 매크로('매크로작업' 시트)

① [개발 도구] 탭-[코드] 그룹-[매크로 기록(📷)] 도구를 클릭하고 [매크로 기록]의 '매크로 이름'에 『렌탈금액』을 입력한 후 [확인]을 클릭합니다.

② [E4] 셀에 수식 『=(1-$E$2)*C4*D4』를 입력한 후 [E11] 셀까지 수식을 복사합니다.

| CONCAT... ∨ : × ✓ fx | =(1-$E$2)*C4*D4 | | | | |
|---|---|---|---|---|---|
| | A | B | C | D | E | F |

| | A | B | C | D | E | F |
|---|---|---|---|---|---|---|
| 1 | | | 렌탈 현황 | | | |
| 2 | | | | 할인율 | 15% | |
| 3 | 모델명 | 구분 | 렌탈료 | 수량 | 렌탈금액 | |
| 4 | LT-057M | 식기세척기 | 22,000 | 1 | =(1-$E$2)*C4*D4 | |
| 5 | LT-057M | 식기세척기 | 22,000 | 2 | | |

③ [개발 도구] 탭-[코드] 그룹-[기록 중지(□)] 도구를 클릭하여 매크로를 중지합니다.

④ [개발 도구] 탭-[컨트롤] 그룹-[삽입]-[양식 컨트롤]-'단추(□)'를 선택하고 [Alt] 키를 누른 상태로 [G3:H4] 영역에 드래그합니다.

⑤ [매크로 지정]에서 '렌탈금액'을 선택하고 [확인]을 클릭합니다.

⑥ 삽입된 단추의 텍스트를 『렌탈금액』으로 수정합니다.

⑦ '서식' 매크로를 작성하기 위해 다시 [개발 도구] 탭-[코드] 그룹-[매크로 기록(📷)]을 클릭하고 [매크로 기록]의 '매크로 이름'에 『서식』을 입력한 후 [확인]을 클릭합니다.

⑧ [A3:E3] 영역을 범위 지정하고 [홈] 탭-[글꼴] 그룹의 도구 모음에서 '글꼴 색'에 '표준 색-파랑'을 선택합니다.

⑨ 지정된 영역을 해제하고 [개발 도구] 탭-[코드] 그룹-[기록 중지(□)]를 클릭하여 매크로를 중지합니다.

⑩ [삽입] 탭-[일러스트레이션] 그룹-[도형]의 '기본 도형'에서 '사각형: 둥근 모서리(□)' 도형을 선택하고 [Alt] 키를 누른 채 [G6:H7] 영역에 드래그하여 위치시킨 후 도형에 『서식』을 입력합니다.

⑪ 도형에서 마우스 오른쪽 버튼을 클릭하고 [매크로 지정]을 선택한 후 [매크로 지정]에서 '서식'을 선택하고 [확인]을 클릭합니다.

## 2 차트('차트작업' 시트)

※ 문제에서 범위를 수정하라고 되어 있어 차트 필터를 이용하지 않고 '데이터 선택'의 차트 데이터 범위를 이용하여 작업해야 합니다.

① 차트 영역을 선택한 후 마우스 오른쪽 버튼을 클릭하고 [데이터 선택]을 클릭합니다.

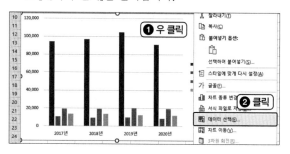

② [데이터 원본 선택] 대화상자의 '차트 데이터 범위'의 내용을 삭제하고 [A3:A7] 범위를 지정한 후 [Ctrl] 키를 누른 채 [E3:E7] 영역을 추가 지정하고 [확인]을 클릭합니다.

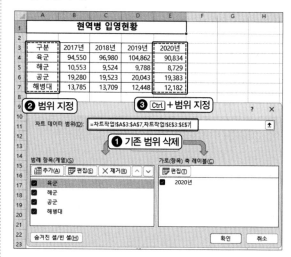

③ 차트 영역을 선택하고 마우스 오른쪽 버튼을 클릭하여 [차트 종류 변경]을 클릭하고, [차트 종류 변경] 대화상자의 [모든 차트] 탭에서 '원형'에 '원형'을 클릭한 후 두 번째 원형 유형을 선택하고 [확인]을 클릭합니다.

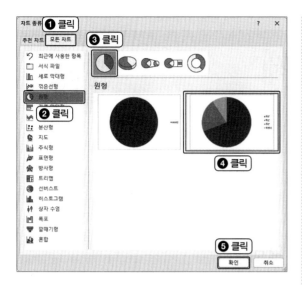

④ 차트 영역을 선택하고 [서식] 탭의 '도형 스타일'에서 '미세 효과 - 파랑, 강조 5'를 클릭합니다.

⑤ 차트 영역을 선택하고 [차트 요소(⊞)]를 클릭한 후 '차트 제목'에 체크하고 차트 제목에 『2020년 현역병 입영현황』을 입력한 후 Esc 키를 눌러 제목 상자를 선택하고 [홈] 탭-[글꼴] 그룹에서 글꼴은 '굴림', 크기는 '16', '굵게', '기울임꼴', '밑줄'을 설정합니다.

⑥ 데이터 계열을 선택한 후 [차트 요소(⊞)]에서 [데이터 레이블▶]-[바깥쪽 끝에]를 선택합니다.

⑦ 데이터 레이블에서 마우스 오른쪽 버튼을 클릭하고 [데이터 레이블 서식]을 클릭한 후 [데이터 레이블 서식]의 '레이블 옵션(ⅰⅰ)'에서 '항목 이름', '값', '범례 표지'에 체크합니다.

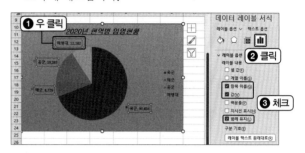

⑧ 차트 영역을 선택하고 마우스 오른쪽 버튼을 클릭하여 [차트 영역 서식]을 클릭한 후 [차트 영역 서식] 창의 '채우기 및 선(◇)'에서 '테두리'의 '둥근 모서리'에 체크합니다.

● 국가기술자격검정 ●

# 최신 기출문제

**4회**

무료 동영상

| 프로그램명 | 제한시간 |
|---|---|
| EXCEL 2021 | 40분 |

수험번호 :

성   명 :

# 2급 · B형

**유의사항**

- 인적 사항 누락 및 잘못 작성으로 인한 불이익은 수험자 책임으로 합니다.

- 화면에 암호 입력창이 나타나면 아래의 암호를 입력합니다.
  ○ 암호 : 56^2!2

- 작성된 답안은 주어진 경로 및 파일명을 변경하지 마시고 그대로 저장해야 합니다.
  이를 준수하지 않으면 실격 처리됩니다.
  ○ 답안 파일명의 예: C:₩OA₩수험번호8자리.xlsm

- 외부 데이터 위치: C:₩OA₩파일명

- 별도의 지시사항이 없는 경우, 다음과 같이 처리 시 실격 처리됩니다.
  ○ 제시된 시트 및 개체의 순서나 이름을 임의로 변경한 경우
  ○ 제시된 시트 및 개체를 임의로 추가 또는 삭제한 경우
  ○ 외부 데이터를 시험 시작 전에 열어본 경우

- 답안은 반드시 문제에서 지시 또는 요구한 셀에 입력하여야 하며 다음과 같이 처리 시 채점 대상에서 제외됩니다.
  ○ 제시된 함수가 있을 경우 제시된 함수만을 사용하여야 하며 그 외 함수 사용 시 채점대상에서 제외
  ○ 수험자가 임의로 지시하지 않은 셀의 이동, 수정, 삭제, 변경 등으로 인해 셀의 위치 및 내용이 변경된 경우 해당 작업에 영향을 미치는 관련 문제 모두 채점 대상에서 제외
  ○ 도형 및 차트의 개체가 중첩되어 있거나 동일한 계산결과 시트가 복수로 존재할 경우 해당 개체나 시트는 채점 대상에서 제외

- 수식 작성 시 제시된 문제 파일의 데이터는 변경 가능한(가변적) 데이터임을 감안하여 문제 풀이를 하시오.

- 별도의 지시사항이 없는 경우, 주어진 각 시트 및 개체의 설정값 또는 기본 설정값(Default)으로 처리하시오.

- 저장 시간은 별도로 주어지지 않으므로 제한된 시간 내에 저장을 완료해야 하며, 제한 시간 내에 저장이 되지 않은 경우에는 실격 처리됩니다.

- 출제된 문제의 용어는 Microsoft Office 2021(LTSC 2108 버전)로 작성되어 있습니다.

# 대 한 상 공 회 의 소

**문제 1** 기본작업(20점) • 주어진 시트에 대하여 다음 작업을 수행하고 저장하시오.

**01** '기본작업-1' 시트에 다음의 자료를 주어진 대로 입력하시오. (5점)

| | A | B | C | D | E | F |
|---|---|---|---|---|---|---|
| 1 | | | | | | |
| 2 | | 상공전자 매장 관리현황 | | | | |
| 3 | | | | | | |
| 4 | | 지역 | 관리코드 | 매장위치 | 담당자 | 직원수 |
| 5 | | 서울 | seoul&10 | 송파구 가락동 | 이재천 | 33 |
| 6 | | 경기도 | gyeonggi&05 | 수원시 호매실동 | 김현석 | 26 |
| 7 | | 전라남도 | jeonnam&08 | 여수시 고소동 | 김상진 | 23 |
| 8 | | 경상남도 | gyeongnam&07 | 양산시 남부동 | 이중대 | 26 |
| 9 | | 충청남도 | chugnam&02 | 천안시 서북구 두정동 | 한태양 | 24 |
| 10 | | 제주도 | jeju&04 | 제주시 건입동 | 최주혁 | 22 |
| 11 | | 충청북도 | chugbuk&03 | 청주시 서원구 모충동 | 이정철 | 32 |

**02** '기본작업-2' 시트에 대하여 다음의 지시사항을 처리하시오. (각 2점)

① [B2:I2] 영역은 '병합하고 가운데 맞춤', 글꼴 '궁서체', 글꼴 크기 '20', 글꼴 색 '표준 색 – 자주'로 지정하시오.

② [B4:B5], [C4:C5], [D4:D5], [E4:H4], [I4:I5], [B6:B8], [B9:B11], [B12:B14], [B15:B17] 영역은 '병합하고 가운데 맞춤', [E5:H5] 영역은 텍스트 맞춤을 가로 '가운데'로 지정하시오.

③ [B4:B17], [C4:I5] 영역은 셀 스타일을 '연한 주황, 40% – 강조색2'로 지정하시오.

④ [D6:D17], [I6:I17] 영역은 사용자 지정 표시 형식을 이용하여 1000 단위 구분 기호와 숫자 뒤에 '원'을 [표시 예]와 같이 표시하시오. [표시 예 : 1234 → 1,234원, 0 → 0원]

⑤ [B4:I17] 영역에 '모든 테두리(田)'를 적용한 후 '굵은 바깥쪽 테두리(▣)'를 적용하여 표시하시오.

**03** '기본작업-3' 시트에 대하여 다음의 지시사항을 처리하시오. (5점)

[B4:B19] 영역의 데이터를 텍스트 나누기를 실행하여 나타내시오.

▶ 데이터는 쉼표(,)와 애스터리스크(*)로 구분되어 있음

▶ '구분'과 '발행일' 열은 제외할 것

계산작업(40점) • '계산작업' 시트에서 다음의 과정을 수행하고 저장하시오.

**01** [표1]에서 판매총액[C3:C12]이 높은 5개의 제품은 '재생산', 나머지는 '생산중단'으로 결과[D3:D12]에 표시하시오. (8점)

▶ IF, LARGE 함수 사용

**02** [표2]에서 구분[F3:F11]이 '연극'인 예매량[J3:J11]의 합계를 계산하여 [J12] 셀에 표시하시오. (8점)

▶ 조건은 [L11:L12] 영역에 입력

▶ 계산된 연극 예매량 합계 뒤에 '매'를 포함하여 표시 [표시 예 : 3000매]

▶ DSUM, DCOUNT, DAVERAGE 함수 중 알맞은 함수와 & 연산자 사용

**03** [표3]에서 성별[B16:B25]이 '여'이면서 직위[C16:C25]가 '대리'인 사원들의 성과급[E16:E25]의 평균을 계산하여 [E26] 셀에 표시하시오. (8점)

▶ 성과급 평균은 천의 자리에서 반올림하여 만의 자리까지 표시 [표시 예 : 123,456 → 120,000]

▶ ROUND, AVERAGEIFS 함수 사용

**04** [표4]에서 주민등록번호[I16:I26]를 이용하여 생년월일[K16:K26]을 표시하시오. (8점)

▶ 생년월일은 날짜 형식으로 표시 [표시 예 : 1994 – 05 – 10]

▶ DATE, MID 함수 사용

**05** [표5]에서 사원코드[A30:A38]의 첫 번째 한자리와 부서코드[G37:I38]를 이용하여 부서명[D30:D38]을 표시하시오. (8점)

▶ HLOOKUP, LEFT 함수 사용

분석작업(20점) • 주어진 시트에서 다음 작업을 수행하고 저장하시오.

**01** '분석작업–1' 시트에 대하여 다음의 지시사항을 처리하시오. (10점)

투자금[C2], 투자기간[C3], 수익률[C4]을 이용하여 수익금(C5)을 계산한 것이다. [데이터 표] 기능을 이용하여 투자기간과 수익률의 변동에 따른 수익금의 변화를 [D11:H20] 영역에 계산하시오.

**02** '분석작업–2' 시트에 대하여 다음의 지시사항을 처리하시오. (10점)

데이터 도구 [통합] 기능을 이용하여 [표1], [표2]에서 '성명'별 데이터의 '국어', '영어', '수학', '총점'의 평균을 '1학년 성적표' 표의 [I4:L10] 영역에 계산하시오.

**문제 4** **기타작업(20점)** • 주어진 시트에서 다음 작업을 수행하고 저장하시오.

**01** '매크로작업' 시트에서 다음과 같은 기능을 수행하는 매크로를 현재 통합 문서에 작성하고 실행하시오. (각 5점)

① [E5:E14] 영역의 평점을 소수점 이하 2자리까지 표시하는 매크로를 생성하여 실행하시오.

▶ 매크로 이름 : 평점

▶ [개발 도구]–[삽입]–[양식 컨트롤]의 '단추(□)'를 동일 시트의 [G4:G8] 영역에 생성하고, 텍스트를 '평점'으로 입력한 후 단추를 클릭할 때 '평점' 매크로가 실행되도록 설정하시오.

② [B4:E4] 영역에 셀 스타일 '출력'을 적용하는 매크로를 생성하여 실행하시오.

▶ 매크로 이름 : 서식

▶ [도형]–[사각형]의 '사각형: 둥근 모서리(□)'를 동일 시트의 [G10:G14] 영역에 생성하고, 텍스트를 '서식'으로 입력한 후 텍스트를 가로 '가운데', 세로 '가운데'로 설정하고 도형을 클릭할 때 '서식' 매크로가 실행되도록 설정하시오.

※ 셀 포인터의 위치에 상관없이 현재 통합 문서에서 매크로가 실행되어야 정답으로 인정됨

**02** '차트작업' 시트의 차트를 지시사항에 따라 아래 그림과 같이 수정하시오. (각 2점)

※ 차트는 반드시 문제에서 제공한 차트를 사용하여야 하며, 신규로 작성 시 0점 처리됨

① 제품코드가 'E–1001'인 제품만 '거래처명'별 '거래량(개)'과 '거래총액(원)' 계열이 차트에 표시되도록 데이터 범위를 수정하시오.

② '거래총액(원)' 계열의 차트 종류를 '묶은 세로 막대형'으로 변경하고, '거래량(개)' 계열을 '보조 축'으로 설정하시오.

③ 차트 제목은 '차트 위'로 지정한 후 [B1] 셀과 연동되도록 설정하고, 기본 세로 축 제목은 [G3] 셀과 연동하고, 보조 세로 축 제목은 [F3] 셀과 연동한 후 텍스트의 방향은 '스택형'으로 설정하시오.

④ '거래총액(원)' 계열의 '제일유통' 항목에 데이터 레이블을 그림과 같이 설정하시오.

⑤ 기본 세로 축의 값은 '값을 거꾸로'로 설정하고, '기본 주 가로 눈금선'을 '파선'으로 지정하시오.

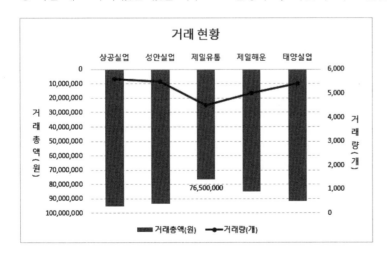

## 1 기본작업

### 02 | 서식 설정

| | A | B | C | D | E | F | G | H | I |
|---|---|---|---|---|---|---|---|---|---|
| 1 | | | | | | | | | |
| 2 | | | | 12월 음식 판매 현황 | | | | | |
| 3 | | | | | | | | | |
| 4 | | 구분 | 음식명 | 금액 | 판매량 | | | | 판매총액 |
| 5 | | | | | 1주 | 2주 | 3주 | 4주 | |
| 6 | | 찌개 | 김치찌개 | 6,500원 | 114 | 121 | 121 | 135 | 2,850,000원 |
| 7 | | | 된장찌개 | 6,000원 | 107 | 121 | 135 | 128 | 2,622,500원 |
| 8 | | | 순두부찌개 | 7,000원 | 107 | 135 | 142 | 121 | 3,168,500원 |
| 9 | | 구이 | 고등어구이 | 7,000원 | 142 | 114 | 100 | 100 | 2,850,000원 |
| 10 | | | 갈치구이 | 8,500원 | 114 | 121 | 135 | 135 | 3,872,000원 |
| 11 | | | 삼치구이 | 7,500원 | 100 | 100 | 128 | 128 | 3,060,000원 |
| 12 | | 덮밥 | 제육덮밥 | 6,500원 | 135 | 128 | 114 | 107 | 2,808,000원 |
| 13 | | | 불고기덮밥 | 7,500원 | 121 | 142 | 107 | 142 | 3,452,000원 |
| 14 | | | 오징어덮밥 | 7,000원 | 135 | 121 | 121 | 121 | 3,123,000원 |
| 15 | | 분식 | 김밥 | 3,000원 | 156 | 149 | 170 | 156 | 1,607,500원 |
| 16 | | | 떡볶이 | 3,500원 | 177 | 156 | 163 | 177 | 2,031,000원 |
| 17 | | | 라면 | 4,000원 | 149 | 156 | 149 | 149 | 2,104,500원 |

### 03 | 텍스트 나누기

| | A | B | C | D | E | F | G |
|---|---|---|---|---|---|---|---|
| 1 | | | | | | | |
| 2 | | 상공도서관 도서구입현황 | | | | | |
| 3 | | | | | | | |
| 4 | | 구입일자 | 도서명 | 출판사 | 지은이 | 구입가격 | 구입수량 |
| 5 | | 2023-09-01 | 사색의인문학 | 사색의나무 | 한병선 | 13000 | 200 |
| 6 | | 2023-09-01 | 미움받을용기 | 인플루엔셜 | 가시미이치로 | 14900 | 250 |
| 7 | | 2023-09-01 | 지적대화를위한넓고얇은지식 | 한빛비즈 | 채사장 | 16000 | 240 |
| 8 | | 2023-09-08 | 고도원의사랑합니다감사합니다 | 홍익출판사 | 고도원 | 13800 | 180 |
| 9 | | 2023-09-09 | 공부의철학 | 책세상 | 지바마사야 | 15000 | 260 |
| 10 | | 2023-09-09 | 법륜스님의행복 | 나무의마을 | 법륜 | 14000 | 270 |
| 11 | | 2023-09-09 | 사색예찬 | 한국수필가연대 | 한강 | 18000 | 280 |
| 12 | | 2023-09-16 | 주식투자무작정따라하기 | 길벗 | 윤재수 | 16500 | 300 |
| 13 | | 2023-09-16 | 맨큐의경제학 | CengageLearning | 맨큐 | 39000 | 200 |
| 14 | | 2023-09-22 | 구름빵 | 백희나 | 한솔수북 | 8500 | 270 |
| 15 | | 2023-09-22 | 삶을사랑하는기술 | 더퀘스트 | 줄스에번스 | 17000 | 240 |
| 16 | | 2023-09-22 | 77가지미술이야기 | 아트블루 | 한미애 | 14000 | 260 |
| 17 | | 2023-09-25 | 권력이동 | 한국경제신문사 | 엘빈토플러 | 19000 | 280 |
| 18 | | 2023-09-25 | 반찬하나로3가지요리만들기 | 율스튜디오 | 이밥차요리연구소 | 12000 | 250 |
| 19 | | 2023-09-25 | 권력인간을말하다 | 제3의공간 | 리정 | 16000 | 320 |

## 2 계산작업

1. =IF(C3)=LARGE($C$3:$C$12,5),"재생산","생산중단")

2. =DSUM(F2:J11,J2,L11:L12)&"매"

3. =ROUND(AVERAGEIFS(E16:E25,B16:B25,"여",C16:C25,"대리"),−4)

4. =DATE(MID(I16,1,2),MID(I16,3,2),MID(I16,5,2))

5. =HLOOKUP(LEFT(A30,1),$G$37:$I$38,2,FALSE)

| | A | B | C | D | E | F | G | H | I | J | K | L |
|---|---|---|---|---|---|---|---|---|---|---|---|---|
| 1 | [표1] | 신제품 출시 현황 | | | | [표2] | | 공연 예매 현황 | | | | |
| 2 | 제품코드 | 판매량 | 판매총액 | 결과 | | 구분 | 공연명 | 공연장 | 공연료 | 예매량 | | |
| 3 | SA008 | 299 | 3,722,500 | 생산중단 | | 뮤지컬 | 보잉보잉 | 상상마당 | 25,000 | 1,246 | | |
| 4 | SA003 | 293 | 3,647,500 | 생산중단 | | 연극 | 캣츠 | 아트센터 | 35,000 | 1,576 | | |
| 5 | SA006 | 866 | 10,810,006 | 재생산 | | 무용 | 토스카 | 무용공간 | 34,000 | 1,475 | | |
| 6 | SA001 | 646 | 8,060,002 | 재생산 | | 뮤지컬 | 고스트 | 공간 | 40,000 | 1,977 | | |
| 7 | SA009 | 388 | 4,835,000 | 생산중단 | | 연극 | 태평성시 | 호소극장 | 23,500 | 1,248 | | |
| 8 | SA007 | 575 | 7,172,500 | 재생산 | | 무용 | 에르나니 | 더춤 | 40,500 | 1,877 | | |
| 9 | SA002 | 245 | 3,047,500 | 생산중단 | | 뮤지컬 | 라이온킹 | 늘아트홀 | 30,800 | 1,448 | | |
| 10 | SA004 | 689 | 8,597,500 | 재생산 | | 연극 | 설록홈즈 | 롤링홀 | 19,500 | 1,778 | | <조건> |
| 11 | SA005 | 921 | 11,497,500 | 재생산 | | 무용 | 하프타임 | 렉처콘서트 | 45,000 | 1,771 | | 구분 |
| 12 | SA010 | 170 | 2,110,000 | 생산중단 | | | 연극 예매량 합계 | | | 4602매 | | 연극 |
| 13 | | | | | | | | | | | | |
| 14 | [표3] | 성과급 지급 현황 | | | | [표4] | | 동호회 회원 현황 | | | | |
| 15 | 성명 | 성별 | 직위 | 호봉 | 성과급 | | 성명 | 지역 | 주민등록번호 | | 생년월일 | |
| 16 | 임성미 | 남 | 과장 | 3 | 4,700,000 | | 조수홍 | 마포구 | 881203-1****** | | 1988-12-03 | |
| 17 | 박정수 | 남 | 대리 | 4 | 3,900,000 | | 최유영 | 서초구 | 940805-2****** | | 1994-08-05 | |
| 18 | 이정희 | 여 | 대리 | 4 | 3,900,000 | | 윤정민 | 노원구 | 881201-1****** | | 1988-12-01 | |
| 19 | 정수혁 | 남 | 과장 | 5 | 4,500,000 | | 조인성 | 관악구 | 830725-1****** | | 1983-07-25 | |
| 20 | 남선미 | 여 | 과장 | 4 | 4,400,000 | | 유현진 | 서초구 | 860943-1****** | | 1986-10-13 | |
| 21 | 홍성수 | 남 | 대리 | 2 | 3,100,000 | | 현상화 | 마포구 | 920817-2****** | | 1992-08-17 | |
| 22 | 강민혁 | 남 | 대리 | 4 | 3,500,000 | | 유시연 | 관악구 | 841113-2****** | | 1984-11-13 | |
| 23 | 임성여 | 여 | 과장 | 4 | 4,500,000 | | 신선미 | 노원구 | 811023-2****** | | 1981-10-23 | |
| 24 | 강효진 | 여 | 대리 | 1 | 3,300,000 | | 이동현 | 노원구 | 910103-1****** | | 1991-01-03 | |
| 25 | 김은경 | 여 | 대리 | 3 | 3,700,000 | | 김강준 | 마포구 | 880802-1****** | | 1988-08-02 | |
| 26 | 직위가 대리인 여사원 성과급 평균 | | | | 3,630,000 | | 박혜리 | 서초구 | 941017-2****** | | 1994-10-17 | |
| 27 | | | | | | | | | | | | |
| 28 | [표5] | 사원 관리 현황 | | | | | | | | | | |
| 29 | 사원코드 | 성별 | 직위 | 부서명 | | | | | | | | |
| 30 | S-909 | 여 | 부장 | 생산부 | | | | | | | | |
| 31 | Y-709 | 여 | 부장 | 영업부 | | | | | | | | |
| 32 | G-509 | 남 | 부장 | 관리부 | | | | | | | | |
| 33 | S-708 | 남 | 대리 | 생산부 | | | | | | | | |
| 34 | S-907 | 남 | 대리 | 생산부 | | | | | | | | |
| 35 | G-507 | 여 | 대리 | 관리부 | | | | | | | | |
| 36 | G-506 | 남 | 사원 | 관리부 | | <부서코드> | | | | | | |
| 37 | G-707 | 여 | 사원 | 관리부 | | 코드 | S | Y | G | | | |
| 38 | S-906 | 여 | 사원 | 생산부 | | 부서명 | 생산부 | 영업부 | 관리부 | | | |
| 39 | | | | | | | | | | | | |

## 3 분석작업

### 01 | 데이터 표

| | A | B | C | D | E | F | G | H |
|---|---|---|---|---|---|---|---|---|
| 1 | | | | | | | | |
| 2 | | 투자금 | 300,000,000 | | | | | |
| 3 | | 투자기간(년) | 5 | | | | | |
| 4 | | 수익률 | 3% | | | | | |
| 5 | | 수익금 | 44,250,000 | | | | | |
| 6 | | | | | | | | |
| 7 | | | | 투자기간별 수익율에 따른 수익금 현황 | | | | |
| 8 | | | | | | | | |
| 9 | | | | 수익률 | | | | |
| 10 | | | 44,250,000 | 1% | 3% | 5% | 7% | 9% |
| 11 | | 투자기간(년) | 1 | 2,750,000 | 8,250,000 | 13,750,000 | 19,250,000 | 24,750,000 |
| 12 | | | 2 | 5,750,000 | 17,250,000 | 28,750,000 | 40,250,000 | 51,750,000 |
| 13 | | | 3 | 8,750,000 | 26,250,000 | 43,750,000 | 61,250,000 | 78,750,000 |
| 14 | | | 4 | 11,750,000 | 35,250,000 | 58,750,000 | 82,250,000 | 105,750,000 |
| 15 | | | 5 | 14,750,000 | 44,250,000 | 73,750,000 | 103,250,000 | 132,750,000 |
| 16 | | | 6 | 17,750,000 | 53,250,000 | 88,750,000 | 124,250,000 | 159,750,000 |
| 17 | | | 7 | 20,750,000 | 62,250,000 | 103,750,000 | 145,250,000 | 186,750,000 |
| 18 | | | 8 | 23,750,000 | 71,250,000 | 118,750,000 | 166,250,000 | 213,750,000 |
| 19 | | | 9 | 26,750,000 | 80,250,000 | 133,750,000 | 187,250,000 | 240,750,000 |
| 20 | | | 10 | 29,750,000 | 89,250,000 | 148,750,000 | 208,250,000 | 267,750,000 |

## 02 | 데이터 통합

| | 국어 | 영어 | 수학 | 총점 | | | 국어 | 영어 | 수학 | 총점 |
|---|---|---|---|---|---|---|---|---|---|---|
| [표1] **중간고사 성적표** | | | | | | [표3] **1학년 성적표** | | | | |
| 성명 | 국어 | 영어 | 수학 | 총점 | | 성명 | 국어 | 영어 | 수학 | 총점 |
| 이창영 | 82 | 94 | 88 | 264 | | 이창영 | 83 | 96 | 86 | 265 |
| 강시혁 | 98 | 87 | 88 | 273 | | 강시혁 | 97 | 85.5 | 90 | 272.5 |
| 정소영 | 78 | 76 | 81 | 235 | | 정소영 | 80 | 74.5 | 78 | 232.5 |
| 김영식 | 86 | 64 | 87 | 237 | | 김영식 | 85.5 | 67 | 89 | 241.5 |
| 장민호 | 98 | 60 | 77 | 235 | | 장민호 | 95.5 | 59.5 | 75.5 | 230.5 |
| 한율아 | 88 | 81 | 83 | 252 | | 한율아 | 84.5 | 77.5 | 84.5 | 246.5 |
| 최지혁 | 87 | 97 | 84 | 268 | | 최지혁 | 85 | 96.5 | 79 | 260.5 |
| | | | | | | | | | | |
| [표2] **기말고사 성적표** | | | | | | | | | | |
| 성명 | 국어 | 영어 | 수학 | 총점 | | | | | | |
| 이창영 | 84 | 98 | 84 | 266 | | | | | | |
| 강시혁 | 96 | 84 | 92 | 272 | | | | | | |
| 정소영 | 82 | 73 | 75 | 230 | | | | | | |
| 김영식 | 85 | 70 | 91 | 246 | | | | | | |
| 장민호 | 93 | 59 | 74 | 226 | | | | | | |
| 한율아 | 81 | 74 | 86 | 241 | | | | | | |
| 최지혁 | 83 | 96 | 74 | 253 | | | | | | |

## 🄳 기타작업

### 01 | 매크로

**모바일 게임 매출 순위**

| 순위 | 게임명 | 유통사 | 평점 |
|---|---|---|---|
| 1 | 카트라이더 | 넥슨 | 9.80 |
| 2 | 브롤스타즈 | SUPERCELL | 9.20 |
| 3 | 배틀그라운드 | 카카오 | 8.70 |
| 4 | ROBLOX | ROBLOX | 8.54 |
| 5 | 애니팡4 | 선데이토즈 | 8.60 |
| 6 | 클래시로얄 | SUPERCELL | 8.40 |
| 7 | 포켓몬고 | 포켓몬 | 8.30 |
| 8 | 꿈의정원 | PLAYRIX | 8.10 |
| 9 | 프렌즈팝콘 | 카카오 | 9.21 |
| 10 | 캐디크러쉬사가 | KING | 8.63 |

평점

서식

### 02 | 차트

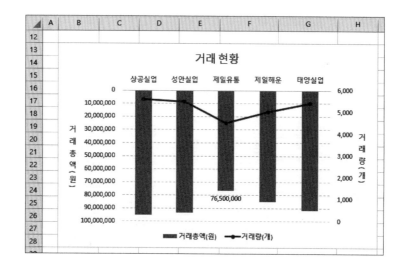

## 문제1 ◇ 기본작업

### 1 서식 설정('기본작업-2' 시트)

① [B2:I2] 영역을 범위 지정하고 [홈]-[맞춤] 그룹에서 '병합하고 가운데 맞춤(國)'을 클릭한 후 [글꼴] 그룹에서 글꼴 '궁서체', 글꼴 크기 '20', 글꼴 색 '표준색-자주'를 선택합니다.

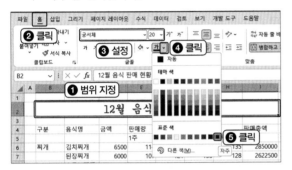

② [B4:B5] 영역을 범위 지정하고 Ctrl 키를 누른 채 [C4:C5], [D4:D5], [E4:H4], [I4:I5], [B6:B8], [B9:B11], [B12:B14], [B15:B17] 영역을 추가 범위 지정한 후 [홈] 탭의 [맞춤] 그룹에서 '병합하고 가운데 맞춤(國)' 도구를 클릭합니다.

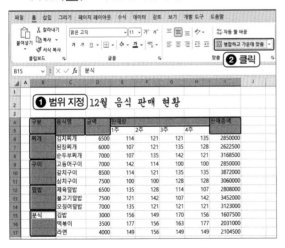

③ [E5:H5] 영역을 범위 지정하고 [홈] 탭-[맞춤] 그룹에서 가로 '가운데 맞춤(三)'을 클릭합니다.

④ [B4:B17] 영역을 범위 지정하고 Ctrl 키를 누른 채 [C4:I5] 영역을 추가 범위 지정한 후 [홈] 탭-[스타일] 그룹-[셀 스타일(📝)]에서 '연한 주황, 40%-강조색2'를 선택합니다.

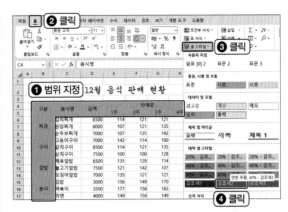

⑤ [D6:D17] 영역을 범위 지정하고 Ctrl 키를 누른 채 [I6:I7] 영역을 추가 범위 지정한 후 Ctrl + 1 키를 눌러 [표시 형식] 탭의 [사용자 지정]에서 '형식'에 『#,##0"원"』을 입력하고 [확인]을 클릭합니다.

⑥ [B4:I17] 영역을 범위 지정하고 [홈] 탭-[글꼴] 그룹-[테두리(⊞ ▾)]의 목록 단추를 클릭한 후 '모든 테두리(⊞)'를 클릭하고, 다시 '굵은 바깥쪽 테두리(⊞)'를 클릭합니다.

### 2 텍스트 나누기('기본작업-3' 시트)

① [B4:B19] 영역을 범위 지정하고 [데이터] 탭-[데이터 도구] 그룹에서 [텍스트 나누기(🗐)]를 클릭합니다.

② [텍스트 마법사-3단계 중 1단계]에서 '원본 데이터 형식'의 '구분 기호로 분리됨'을 선택하고 [다음]을 클릭합니다.

③ [텍스트 마법사 - 3단계 중 2단계]에서 '구분 기호 : 쉼표'를 선택한 후 '기타'를 선택하고 『*』을 입력한 후 [다음]을 클릭합니다.

④ [텍스트 마법사 – 3단계 중 3단계]에서 '구분' 열을 선택하고 '열 데이터 서식'의 '열 가져오지 않음(건너뜀)'을 클릭합니다. 다시 '발행일' 열을 선택하고, '열 데이터 서식'의 '열 가져오지 않음(건너뜀)'을 클릭한 후 [마침]을 클릭합니다.

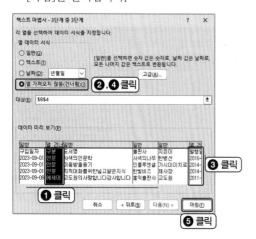

## 문제2 ◦ 계산작업('계산작업' 시트)

### 1 결과[D3:D12]

[D3] 셀에 수식을 입력하고 [D12] 셀까지 수식을 복사합니다.

**멘토의 한 수**

❷
=IF(C3)=LARGE($C$3:$C$12,5),"재생산","생산중단")
❶

❶ 판매총액이 5번째로 큰 값보다 크거나 같은지 판단하는 조건
❷ IF(❶,"재생산","생산중단") : ❶의 조건을 만족하면 '재생산', 아니면 '생산중단'
* =LARGE(범위,K) : 범위에서 K번째 큰 값을 구함

### 2 연극 예매량 합계[J12]

[L11:L12] 영역에 조건을 입력하고, [J12] 셀에 수식을 입력합니다

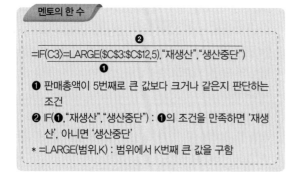

**멘토의 한 수**

❷
=DSUM(F2:J11,J2,L11:L12)&"매"
❶

❶ 구분이 연극인 예매량(J2)의 합계를 구함
* 예매량 필드는 [J2] 필드의 셀을 선택해도 되고 예매량 필드가 5번째 열에 있으므로 5를 입력해도 됨
❷ ❶의 결과 뒤에 '매'를 붙여서 4272매를 출력함
* =DSUM(표 전체 범위,필드,조건 범위) : 조건을 만족하는 필드의 합계를 구함

### 3 직위가 대리인 여사원 성과급 평균[E26]

[E26] 셀에 수식을 입력합니다.

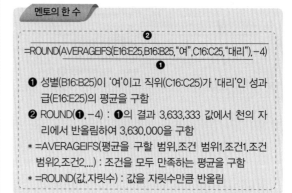

**멘토의 한 수**

❷
=ROUND(AVERAGEIFS(E16:E25,B16:B25,"여",C16:C25,"대리"),-4)
❶

❶ 성별(B16:B25)이 '여'이고 직위(C16:C25)가 '대리'인 성과급(E16:E25)의 평균을 구함
❷ ROUND(❶,-4) : ❶의 결과 3,633,333 값에서 천의 자리에서 반올림하여 3,630,000을 구함
* =AVERAGEIFS(평균을 구할 범위,조건 범위1,조건1,조건 범위2,조건2,...) : 조건을 모두 만족하는 평균을 구함
* =ROUND(값,자릿수) : 값을 자릿수만큼 반올림

### 4 생년월일[K16:K26]

[K16] 셀에 수식을 입력하고 [K26] 셀까지 수식을 복사합니다.

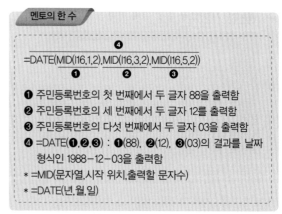

**멘토의 한 수**

❹
=DATE(MID(I16,1,2),MID(I16,3,2),MID(I16,5,2))
❶        ❷        ❸

❶ 주민등록번호의 첫 번째에서 두 글자 88을 출력함
❷ 주민등록번호의 세 번째에서 두 글자 12를 출력함
❸ 주민등록번호의 다섯 번째에서 두 글자 03을 출력함
❹ =DATE(❶,❷,❸) : ❶(88), ❷(12), ❸(03)의 결과를 날짜 형식인 1988-12-03을 출력함
* =MID(문자열,시작 위치,출력할 문자수)
* =DATE(년,월,일)

## 5 부서명[D30:D38]

[D30] 셀에 수식을 입력하고 [D38] 셀까지 수식을 복사합니다.

**멘토의 한수**

$$=HLOOKUP(\underset{①}{LEFT(A30,1)},\overset{②}{\$G\$37:\$I\$38,2,FALSE})$$

❶ 사원코드에서 왼쪽의 한 자리 S를 구함
❷ ❶에서 구한 코드 S를 〈부서코드〉[F37:I38]에서 찾아서 S 코드에 해당하는 2번째 행의 부서명인 생산부를 구함
* HLOOKUP의 마지막 문자가 '1' 또는 'TRUE'이면 유사 일치, '0' 또는 'FALSE'이면 정확히 일치
* HLOOKUP(찾을 값,표 범위,행 번호,True or False)
* =LEFT(문자열,출력할 문자수)

---

### 문제3 ◆ 분석작업

#### 1 데이터 표('분석작업-1' 시트)

① [C10] 셀에 『=C5』를 입력하고 Enter 키를 누릅니다.

② [C10:H20] 영역을 범위 지정하고 [데이터] 탭-[예측] 그룹-[가상 분석(📊)]-[데이터 표]를 클릭합니다.

③ [데이터 표]에서 '행 입력 셀'에 [C4] 셀, '열 입력 셀'에 [C3] 셀을 선택하고 [확인]을 클릭합니다.

#### 2 데이터 통합('분석작업-2' 시트)

① [H3:L10] 영역을 범위 지정하고 [데이터] 탭-[데이터 도구] 그룹-[통합(📊)]을 클릭합니다.

② [통합]에서 '함수'는 '평균', '참조'에 [B3:F10] 영역을 드래그하고 [추가]를 클릭합니다.

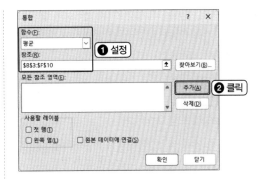

③ '참조'에 [B13:F20] 영역을 드래그하고 [추가]를 클릭한 후 '사용할 레이블'에서 '첫 행'과 '왼쪽 열'에 체크하고 [확인]을 클릭합니다.

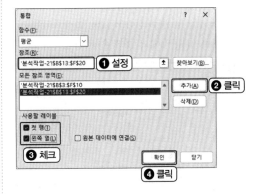

---

### 문제4 ◆ 기타작업

#### 1 매크로('매크로작업' 시트)

① [개발 도구] 탭-[코드] 그룹-[매크로 기록(📷)] 도구를 클릭하고 [매크로 기록]의 '매크로 이름'에 『평점』을 입력한 후 [확인]을 클릭합니다.

② [E5:E14] 영역을 범위 지정하고 Ctrl+1 키를 눌러 [표시 형식] 탭에서 '범주'의 '숫자'를 선택한 후 '소수 자릿수'를 '2'로 지정하고 [확인]을 클릭합니다.

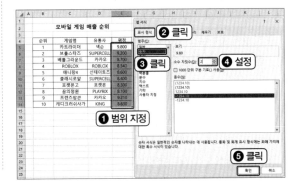

③ 선택된 영역의 범위를 해제하고 [개발 도구] 탭-[코드] 그룹-[기록 중지(□)] 도구를 클릭하여 매크로를 중지합니다.

④ [개발 도구] 탭-[컨트롤] 그룹-[삽입]-[양식 컨트롤]-'단추(□)'를 선택하고 Alt 키를 누른 상태로 [G4:G8] 영역에 드래그합니다.

⑤ [매크로 지정]에서 '평점'을 선택하고 [확인]을 클릭한 후 삽입된 단추의 텍스트를 『평점』으로 수정합니다.

⑥ '서식' 매크로를 작성하기 위해 다시 [개발 도구] 탭-[코드] 그룹-[매크로 기록(📷)]을 클릭하고 [매크로 기록]의 '매크로 이름'에 『서식』을 입력한 후 [확인]을 클릭합니다.

⑦ [B4:E4] 영역을 범위 지정하고 [홈] 탭-[스타일] 그룹의 [셀 스타일(📝)]에서 '출력'을 선택합니다.

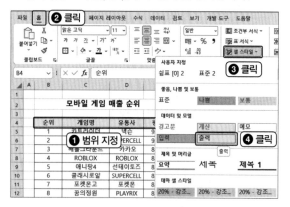

⑧ 지정된 영역을 해제하고 [개발 도구] 탭-[코드] 그룹-[기록 중지(□)]를 클릭하여 매크로를 중지합니다.

⑨ [삽입] 탭-[일러스트레이션] 그룹-[도형]의 '기본 도형'에서 '사각형: 둥근 모서리(□)' 도형을 선택하고 Alt 키를 누른 채 [G10:G14] 영역에 드래그하여 위치시킨 후 도형에 『서식』을 입력합니다. [홈] 탭-[맞춤] 그룹에서 가로 '가운데 맞춤(☰)', 세로 '가운데 맞춤(☰)'을 클릭합니다.

⑩ 도형에서 마우스 오른쪽 버튼을 클릭하고 [매크로 지정]을 선택한 후 '서식'을 선택하고 [확인]을 클릭합니다.

### ⑤ 차트('차트작업' 시트)

① 차트 영역을 선택한 후 마우스 오른쪽 버튼을 클릭하고 [데이터 선택]을 클릭합니다. [데이터 원본 선택] 대화상자가 나타나면 [C3] 셀을 선택하고 Ctrl 키

를 누른 채 [F3:G3], [C5:C6], [F5:G6], [C9:C11], [F9:F11] 영역을 추가 범위 지정한 후 [확인]을 클릭합니다.

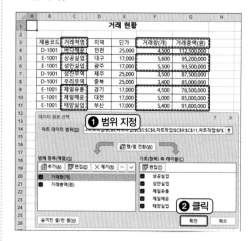

② '거래총액(원)' 계열에서 마우스 오른쪽 버튼을 클릭하고 [계열 차트 종류 변경(📊)]을 선택합니다.

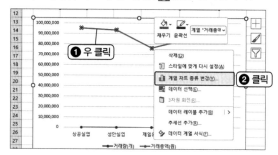

③ [차트 종류 변경]의 [모든 차트] 탭의 '혼합'에서 '거래총액(원)'의 차트 종류를 '묶은 세로 막대형'을 선택하고 '거래량(개)'의 '보조 축'에 체크한 후 [확인]을 클릭합니다.

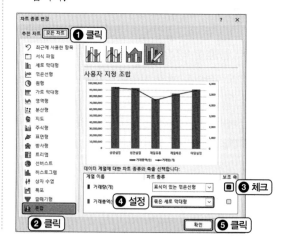

④ 차트를 선택한 후 [차트 요소(⊞)]를 클릭하고 '차트 제목'에 체크합니다. 추가된 제목을 선택하고 주소 표시줄에『=』을 입력한 후 [B1] 셀을 클릭하고 Enter 키를 누릅니다.

⑤ 차트를 선택한 후 [차트 요소(⊞)]를 클릭하고 '축 제목'에 '기본 세로'와 '보조 세로'에 체크합니다.

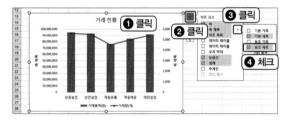

⑥ 기본 세로 제목을 선택하고 주소 표시줄에『=』을 입력한 후 [G3] 셀을 클릭하고 Enter 키를 누릅니다. 보조 세로 제목을 선택하고 주소 표시줄에『=』을 입력한 후 [F3] 셀을 클릭하고 Enter 키를 누릅니다.

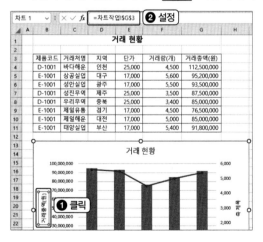

⑦ '거래총액(원)' 축 제목에서 마우스 오른쪽 버튼을 클릭한 후 [축 제목 서식]을 클릭하고 [축 제목 서식] 창의 '크기 및 속성(▣)'에서 '텍스트 방향'을 '스택형'으로 선택합니다. 같은 방법으로 '거래량(개)' 보조 축 제목도 '스택형'으로 변경합니다.

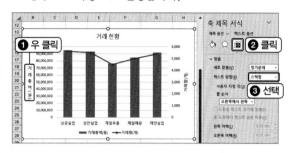

⑧ '거래총액(원)' 계열을 선택한 후 '제일유통' 항목을 선택하고, 마우스 오른쪽 버튼을 클릭한 후 [데이터 레이블 추가]를 클릭합니다.

⑨ 세로 (값) 축에서 마우스 오른쪽 버튼을 클릭한 후 [축 서식]을 클릭하고, [축 서식] 창의 [축 옵션]-[축 옵션(▥)]-[축 옵션]에서 '값을 거꾸로'에 체크합니다.

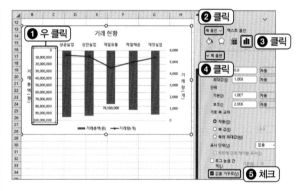

⑩ 눈금선을 선택한 후 [서식] 탭-[도형 스타일] 그룹의 [도형 윤곽선]-[대시]에서 '파선'을 선택합니다.

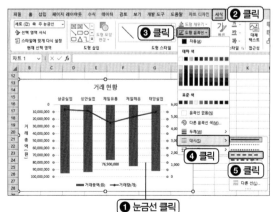

| 프로그램명 | 제한시간 |
|---|---|
| EXCEL 2021 | 40분 |

수험번호 :

성 명 :

# 2급 · B형

### 유의사항

- 인적 사항 누락 및 잘못 작성으로 인한 불이익은 수험자 책임으로 합니다.

- 화면에 암호 입력창이 나타나면 아래의 암호를 입력합니다.
  ○ 암호 : 87$678

- 작성된 답안은 주어진 경로 및 파일명을 변경하지 마시고 그대로 저장해야 합니다.
  이를 준수하지 않으면 실격 처리됩니다.
  ○ 답안 파일명의 예: C:₩OA₩수험번호8자리.xlsm

- 외부 데이터 위치: C:₩OA₩파일명

- 별도의 지시사항이 없는 경우, 다음과 같이 처리 시 실격 처리됩니다.
  ○ 제시된 시트 및 개체의 순서나 이름을 임의로 변경한 경우
  ○ 제시된 시트 및 개체를 임의로 추가 또는 삭제한 경우
  ○ 외부 데이터를 시험 시작 전에 열어본 경우

- 답안은 반드시 문제에서 지시 또는 요구한 셀에 입력하여야 하며 다음과 같이 처리 시 채점 대상에서 제외됩니다.
  ○ 제시된 함수가 있을 경우 제시된 함수만을 사용하여야 하며 그 외 함수 사용 시 채점대상에서 제외
  ○ 수험자가 임의로 지시하지 않은 셀의 이동, 수정, 삭제, 변경 등으로 인해 셀의 위치 및 내용이 변경된 경우 해당 작업에 영향을 미치는 관련 문제 모두 채점 대상에서 제외
  ○ 도형 및 차트의 개체가 중첩되어 있거나 동일한 계산결과 시트가 복수로 존재할 경우 해당 개체나 시트는 채점 대상에서 제외

- 수식 작성 시 제시된 문제 파일의 데이터는 변경 가능한(가변적) 데이터임을 감안하여 문제 풀이를 하시오.

- 별도의 지시사항이 없는 경우, 주어진 각 시트 및 개체의 설정값 또는 기본 설정값(Default)으로 처리하시오.

- 저장 시간은 별도로 주어지지 않으므로 제한된 시간 내에 저장을 완료해야 하며, 제한 시간 내에 저장이 되지 않은 경우에는 실격 처리됩니다.

- 출제된 문제의 용어는 Microsoft Office 2021(LTSC 2108 버전)로 작성되어 있습니다.

## 대 한 상 공 회 의 소

## 문제 1 기본작업(20점) • 주어진 시트에 대하여 다음 작업을 수행하고 저장하시오.

**01** '기본작업-1' 시트에 다음의 자료를 주어진 대로 입력하시오. (5점)

| | A | B | C | D | E |
|---|---|---|---|---|---|
| 1 | 사무용품 주문 현황 | | | | |
| 2 | | | | | |
| 3 | 구분 | 모델명 | 입고예정일 | 주문부서 | 판매자명 |
| 4 | 1인용의자 | CHAIR-003 | 2023-12-09 | 경영전략팀 | 김준용 |
| 5 | 1인용책상 | DESK-125 | 2023-12-09 | 기획팀 | 김준용 |
| 6 | 2단서랍장 | CHEST-236 | 2023-12-08 | 기획팀 | 권지향 |
| 7 | 복합기 | PRINTER-004 | 2023-12-12 | 영업1팀 | 김민 |
| 8 | 스캐너 | SCANNER-003 | 2023-12-12 | 영업1팀 | 김민 |
| 9 | 테이블 | TABLE-951 | 2023-12-08 | 영업2팀 | 권지향 |
| 10 | 로비긴의자 | DIVAN-654 | 2023-12-08 | 영업2팀 | 권지향 |
| 11 | 로비소파 | SOFA-428 | 2023-12-08 | 영업2팀 | 이정훈 |
| 12 | 문서세단기 | SPREADER-557 | 2023-12-08 | 인사팀 | 이정훈 |

**02** '기본작업-2' 시트에 대하여 다음의 지시사항을 처리하시오. (각 2점)

① [A1:H1] 영역은 '선택 영역의 가운데로', 글꼴 '궁서체', 글꼴 크기 '17', 밑줄 '이중 실선(회계용)'으로 지정하시오.

② [A3:H3] 영역은 셀 스타일 '연한 주황, 40% - 강조색2'와 '가로 가운데 맞춤'으로 지정하시오.

③ [H16] 셀에 '3월 급여 지급 총액'이라는 메모를 삽입한 후 '자동 크기'로 지정하고, 항상 표시되도록 하시오.

④ [E4:H16] 영역은 사용자 지정 표시 형식을 이용하여 1000 단위 구분 기호와 1000의 배수, 숫자 뒤에 '천원'을 [표시 예]와 같이 표시하시오. [표시 예 : 1,000,000 → 1,000천원]

⑤ [A3:H16] 영역에 '모든 테두리(⊞)'를 적용하고, [B16:D16] 영역은 괘선 ⊠으로 적용하여 표시하시오.

**03** '기본작업-3' 시트에 대하여 다음의 지시사항을 처리하시오. (5점)

'상공 고등학교 성적현황' 표에서 중간고사 점수가 70점 이상 89점 이하이거나, 기말고사 점수가 80점 이상인 데이터를 고급 필터를 사용하여 '학번', '성명', '성별', '총점' 필드를 순서대로 표시하시오.

▶ 고급 필터 조건은 [A16:C18] 범위 내에 알맞게 입력하시오.

▶ 고급 필터 결과 복사 위치는 동일 시트의 [A21] 셀에서 시작하시오.

## 문제 2 계산작업(40점) • '계산작업' 시트에서 다음의 과정을 수행하고 저장하시오.

**01** [표1]에서 접수일[A3:A10]의 '월'이 1월~6월은 '수시', 9월은 '정시', 그 외의 월은 공백으로 비고[E3:E10]에 표시하시오. (8점)

▶ IF, MONTH 함수 사용

**02** [표2]의 구입수량[J3:J9]에서 가장 높은 빈도를 가진 고객들의 구입총액[K3:K9] 합계를 [K10] 셀에 계산하시오. (8점)

    ▶ SUMIF, MODE.SNGL 함수 사용

**03** [표3]에서 1차점수[B14:B21]가 3위 이내이거나 2차점수[C14:C21]가 3위 이내이면 '통과', 그렇지 않으면 공백을 결과[D14:D21]에 표시하시오. (8점)

    ▶ IF, OR, RANK.EQ 함수 사용

**04** [표4]에서 '반'별 성적의 합계를 구하여 성적합계[K18:K20] 영역에 표시하시오.

    ▶ SUMIF 함수와 절대 참조 이용

**05** [표5]에서 '출신고'별 점수[C25:C30]에 대한 학점을 〈학점표〉를 참조하여 평균학점[B33:B35] 영역에 표시하시오. (8점)

    ▶ 학점표 : 90 이상은 A, 80~89는 B, 70~79는 C, 60~69는 D, 60점 미만은 F

    ▶ VLOOKUP, AVERAGEIF 함수 사용

---

**문제 3**    분석작업(20점) • 주어진 시트에서 다음 작업을 수행하고 저장하시오.

**01** '분석작업-1' 시트에 대하여 다음의 지시사항을 처리하시오. (10점)

[부분합] 기능을 이용하여 '상공 문화센터 수강 현황' 표에 〈그림〉과 같이 구분별로 '수강료'의 평균과 '모집인원'의 합계를 계산하시오.

    ▶ 정렬은 '구분'을 기준으로 오름차순 정렬하고, 동일한 경우 '강사명'의 글꼴 색 RGB(0,112,192)인 값이 위에 표시되도록 정렬하시오.

    ▶ 부분합 실행 결과에서 나타나는 '○○ 요약'의 형태를 '○○ 합계'의 형태로 변경하시오.

    ▶ 평균과 합계는 위에 명시된 순서대로 처리하시오.

| | A | B | C | D | E | F |
|---|---|---|---|---|---|---|
| 1 | | 상공 문화센터 수강 현황 | | | | |
| 2 | | | | | | |
| 3 | 구분 | 수강명 | 강사명 | 수강료 | 모집인원 | 수강요일 |
| 4 | 성인 | 책상위이끼테라리움 | 김수연 | 50,000 | 23 | 금 |
| 5 | 성인 | 라탄 손거울 | 이지석 | 49,000 | 29 | 금 |
| 6 | 성인 | 식물액자만들기 | 김선희 | 55,000 | 23 | 월, 수 |
| 7 | 성인 | 내가족 건강밥상 | 김희영 | 55,000 | 23 | 월, 수 |
| 8 | 성인 | 유리병 데코 | 최화정 | 52,000 | 30 | 금 |
| 9 | 성인 합계 | | | | 128 | |
| 10 | 성인 평균 | | | 52,200 | | |
| 11 | 유아 | 오감랭귀지 | 장재석 | 40,000 | 25 | 월, 수 |
| 12 | 유아 | 미술마술 | 황희윤 | 37,000 | 21 | 월, 수 |
| 13 | 유아 | 달콤사과파일 | 김주연 | 45,000 | 21 | 수, 금 |
| 14 | 유아 | 유아 발레교실 | 유정희 | 43,000 | 25 | 수, 금 |
| 15 | 유아 합계 | | | | 92 | |
| 16 | 유아 평균 | | | 41,250 | | |
| 17 | 초등 | 채소 클래스 | 한율아 | 45,000 | 27 | 화, 목 |
| 18 | 초등 | 초등영어교실 | 장수진 | 40,000 | 25 | 월, 수 |
| 19 | 초등 | 어린이 영어 뮤지컬 | 최인석 | 50,000 | 25 | 화, 목 |
| 20 | 초등 합계 | | | | 77 | |
| 21 | 초등 평균 | | | 45,000 | | |
| 22 | 총합계 | | | | 297 | |
| 23 | 전체 평균 | | | 46,750 | | |

**02** '분석작업-2' 시트에 대하여 다음의 지시사항을 처리하시오. (10점)

'아르바이트 급여' 표는 시급[C3], 근무시간[C4]을 이용하여 급여합계[C5]를 계산한 것이다. [데이터 표] 기능을 이용하여 시급과 근무시간의 변동에 따른 급여합계의 변화를 [D10:I16] 영역에 계산하시오.

---

**문제 4** 기타작업(20점) • 주어진 시트에서 다음 작업을 수행하고 저장하시오.

**01** '매크로작업' 시트에서 다음과 같은 기능을 수행하는 매크로를 현재 통합 문서에 작성하고 실행하시오. (각 5점)

① [E4:E13] 영역에 결제비율을 계산하는 매크로를 생성하여 실행하시오.

▶ 매크로 이름 : 결제비율    ▶ 결제비율 = 결제액 / 결제액합계

▶ [개발 도구]-[삽입]-[양식 컨트롤]의 '단추(□)'를 동일 시트의 [G3:H6] 영역에 생성하고, 텍스트를 '결제비율'로 입력한 후 단추를 클릭할 때 '결제비율' 매크로가 실행되도록 설정하시오.

② [A3:E3], [A14:C14] 영역에 채우기 색을 '주황'으로 적용하는 매크로를 생성하여 실행하시오.

▶ 매크로 이름 : 채우기

▶ [도형]-[기본 도형]의 '웃는 얼굴(☺)' 도형을 동일 시트의 [G8:H11] 영역에 생성하고, 도형을 클릭할 때 '채우기' 매크로가 실행되도록 설정하시오.

※ 셀 포인터의 위치에 상관없이 현재 통합 문서에서 매크로가 실행되어야 정답으로 인정됨

**02** '차트작업' 시트의 차트를 지시사항에 따라 아래 그림과 같이 수정하시오. (각 2점)

※ 차트는 반드시 문제에서 제공한 차트를 사용하여야 하며, 신규로 작성 시 0점 처리됨

① 차트 필터 기능을 이용하여 여행지별로 '성인'과 '유아' 계열만 차트에 표시되도록 데이터 범위를 수정하고, 차트 종류를 '누적 세로 막대형'으로 변경하시오.

② 차트 제목은 '차트 위'로 추가하여 〈그림〉과 같이 입력하시오.

③ 세로 (값) 축의 기본 단위를 10으로 설정하고, '값을 거꾸로'로 설정하시오.

④ 눈금선을 세로로 추가하고, 차트의 데이터 레이블을 '안쪽 끝에'로 표시하시오.

⑤ 전체 계열의 계열 겹치기는 '0%', 간격 너비는 '100%'로 설정하시오.

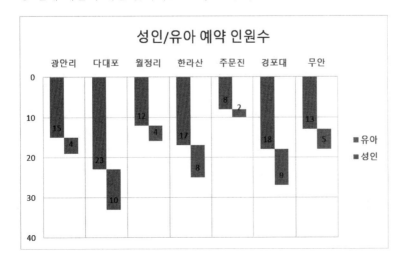

## 1 기본작업

### 02 | 서식 설정

| | A | B | C | D | E | F | G | H |
|---|---|---|---|---|---|---|---|---|
| 1 | | | | 사원별 급여 지급 현황 | | | | |
| 2 | | | | | | | | |
| 3 | 사원코드 | 부서명 | 사원명 | 직급 | 기본급 | 상여금 | 세금 | 지급액 |
| 4 | A1445857 | 경리부 | 김민욱 | 부장 | 4,050천원 | 2,160천원 | 621천원 | 5,589천원 |
| 5 | A4571743 | 홍보팀 | 황민 | 사원 | 3,450천원 | 1,830천원 | 528천원 | 4,752천원 |
| 6 | A4571742 | 홍보팀 | 조상민 | 사원 | 2,650천원 | 1,390천원 | 404천원 | 3,636천원 |
| 7 | A4571739 | 인사부 | 김오영 | 사원 | 2,000천원 | 1,030천원 | 303천원 | 2,727천원 |
| 8 | A4461833 | 영업부 | 함영중 | 사원 | 4,000천원 | 2,130천원 | 613천원 | 5,517천원 |
| 9 | A4184456 | 경리부 | 남선우 | 사원 | 3,350천원 | 1,780천원 | 513천원 | 4,617천원 |
| 10 | A3964793 | 홍보팀 | 강민 | 사원 | 2,750천원 | 1,450천원 | 420천원 | 3,780천원 |
| 11 | A3285256 | 영업부 | 김철수 | 사원 | 1,850천원 | 950천원 | 280천원 | 2,520천원 |
| 12 | A3012533 | 영업부 | 이사랑 | 사원 | 3,850천원 | 2,050천원 | 590천원 | 5,310천원 |
| 13 | A2968702 | 구매부 | 전미선 | 사원 | 3,300천원 | 1,750천원 | 505천원 | 4,545천원 |
| 14 | A2526113 | 구매부 | 이재원 | 사원 | 2,700천원 | 1,420천원 | 412천원 | 3,708천원 |
| 15 | A2320312 | 인사부 | 심원철 | 사원 | 1,950천원 | 1,010천원 | 296천원 | 2,664천원 |
| 16 | 합계 | | | | 35,900천원 | 18,950천원 | 5,485천원 | 49,365천원 |
| 17 | | | | | | | | 3월 급여 지급 총액 |

### 03 | 고급 필터

| | A | B | C | D | E |
|---|---|---|---|---|---|
| 16 | 중간고사 | 중간고사 | 기말고사 | | |
| 17 | >=70 | <=89 | | | |
| 18 | | | >=80 | | |
| 19 | | | | | |
| 20 | | | | | |
| 21 | 학번 | 성명 | 성별 | 총점 | |
| 22 | 2210001 | 김보라 | 여 | 174 | |
| 23 | 2210006 | 홍지민 | 여 | 167 | |
| 24 | 2210007 | 이하늘 | 남 | 183 | |
| 25 | 2210009 | 박지민 | 여 | 171 | |
| 26 | 2210015 | 김지철 | 남 | 174 | |

## 2 계산작업

1. =IF(MONTH(A3)<=6,"수시",IF(MONTH(A3)=9,"정시",""))

2. =SUMIF(J3:J9,MODE.SNGL(J3:J9),K3:K9)

3. =IF(OR(RANK.EQ(B14,$B$14:$B$21,0)<=3,RANK.EQ(C14,$C$14:$C$21,0)<=3),"통과","")

4. =SUMIF($G$14:$G$21,J18,$H$14:$H$21)

5. =VLOOKUP(AVERAGEIF($B$25:$B$30,A33,$C$25:$C$30),$E$25:$F$30,2,TRUE)

| | A | B | C | D | E | F | G | H | I | J | K |
|---|---|---|---|---|---|---|---|---|---|---|---|
| 1 | [표1] | 접수현황 | | | | | [표2] | 고객별 구입 현황 | | | |
| 2 | 접수일 | 성명 | 지역 | 학교 | 비고 | | 고객명 | 성별 | 등급 | 구입수량 | 구입총액 |
| 3 | 2021-03-06 | 김보라 | 경기 | 상공고 | 수시 | | 신태영 | 남 | 일반 | 5 | 1,020,000 |
| 4 | 2021-09-01 | 김시철 | 서울 | 성안고 | 정시 | | 최희정 | 여 | 일반 | 10 | 2,214,000 |
| 5 | 2021-04-15 | 이수진 | 경기 | 제일고 | 수시 | | 윤설아 | 남 | VIP | 5 | 1,168,000 |
| 6 | 2021-12-01 | 홍지민 | 대전 | 우주고 | | | 안미옥 | 남 | GOLD | 5 | 1,208,000 |
| 7 | 2021-05-01 | 이하늘 | 충청 | 은하고 | 수시 | | 김지민 | 여 | 일반 | 6 | 1,500,000 |
| 8 | 2021-07-01 | 송진희 | 서울 | 성안고 | | | 최진영 | 여 | VIP | 8 | 1,967,000 |
| 9 | 2021-09-28 | 최승민 | 전라 | 평화고 | 정시 | | 류영호 | 여 | GOLD | 2 | 265,000 |
| 10 | 2021-03-04 | 김지철 | 경상 | 신성고 | 수시 | | 구입빈도 높은 고객의 구입총액 합계 | | | | 3,396,000 |
| 11 | | | | | | | | | | | |
| 12 | [표3] | 평가 결과 | | | | | [표4] | | 반별 성적 현황 | | |
| 13 | 성명 | 1차점수 | 2차점수 | 결과 | | | | 성명 | 반 | 성적 | |
| 14 | 박윤자 | 58 | 57 | | | | | 김보라 | 1반 | 89 | |
| 15 | 백성아 | 90 | 75 | 통과 | | | | 이수진 | 1반 | 70 | |
| 16 | 심원철 | 96 | 93 | 통과 | | | | 홍지민 | 2반 | 85 | |
| 17 | 이시형 | 56 | 50 | | | | | 이하늘 | 3반 | 91 | 반 | 성적합계 |
| 18 | 이재원 | 66 | 80 | 통과 | | | | 박지민 | 1반 | 87 | 1반 | 246 |
| 19 | 정성호 | 67 | 78 | 통과 | | | | 송진희 | 2반 | 77 | 2반 | 162 |
| 20 | 최철진 | 60 | 61 | | | | | 진영희 | 3반 | 53 | 3반 | 230 |
| 21 | 한사랑 | 84 | 60 | 통과 | | | | 김수연 | 3반 | 86 | |
| 22 | | | | | | | | | | | |
| 23 | [표5] | 학교별 점수 현황 | | | | | | | | | |
| 24 | 성명 | 출신고 | 점수 | | <학점표> | | | | | | |
| 25 | 강감찬 | 성안고 | 65 | | 점수 | 학점 | | | | | |
| 26 | 이순신 | 상공고 | 85 | | 0 | F | | | | | |
| 27 | 홍길동 | 우주고 | 90 | | 60 | D | | | | | |
| 28 | 임꺽정 | 성안고 | 65 | | 70 | C | | | | | |
| 29 | 심청이 | 상공고 | 80 | | 80 | B | | | | | |
| 30 | 김용인 | 우주고 | 100 | | 90 | A | | | | | |
| 31 | | | | | | | | | | | |
| 32 | 출신고 | 평균학점 | | | | | | | | | |
| 33 | 우주고 | A | | | | | | | | | |
| 34 | 상공고 | B | | | | | | | | | |
| 35 | 성안고 | D | | | | | | | | | |

## 3 분석작업

### 01 | 부분합

| | A | B | C | D | E | F |
|---|---|---|---|---|---|---|
| 1 | 상공 문화센터 수강 현황 | | | | | |
| 2 | | | | | | |
| 3 | 구분 | 수강명 | 강사명 | 수강료 | 모집인원 | 수강요일 |
| 4 | 성인 | 책상위이끼테라리움 | 김수연 | 50,000 | 23 | 금 |
| 5 | 성인 | 라탄 손거울 | 이지석 | 49,000 | 29 | 금 |
| 6 | 성인 | 식물액자만들기 | 김선희 | 55,000 | 23 | 월, 수 |
| 7 | 성인 | 내가족 건강밥상 | 김희영 | 55,000 | 23 | 월, 수 |
| 8 | 성인 | 유리병 데코 | 최화정 | 52,000 | 30 | 금 |
| 9 | 성인 합계 | | | | 128 | |
| 10 | 성인 평균 | | | 52,200 | | |
| 11 | 유아 | 오감랭귀지 | 장재석 | 40,000 | 25 | 월, 수 |
| 12 | 유아 | 미술마술 | 황희윤 | 37,000 | 21 | 월, 수 |
| 13 | 유아 | 달콤사과파일 | 김주연 | 45,000 | 21 | 수, 금 |
| 14 | 유아 | 유아 발레교실 | 유정희 | 43,000 | 25 | 수, 금 |
| 15 | 유아 합계 | | | | 92 | |
| 16 | 유아 평균 | | | 41,250 | | |
| 17 | 초등 | 채소 클래스 | 한율아 | 45,000 | 27 | 화, 목 |
| 18 | 초등 | 초등영어교실 | 장수진 | 40,000 | 25 | 월, 수 |
| 19 | 초등 | 어린이 영어 뮤지컬 | 최인석 | 50,000 | 25 | 화, 목 |
| 20 | 초등 합계 | | | | 77 | |
| 21 | 초등 평균 | | | 45,000 | | |
| 22 | 총합계 | | | | 297 | |
| 23 | 전체 평균 | | | 46,750 | | |
| 24 | | | | | | |

## 02 | 데이터 표

| A | B | C | D | E | F | G | H | I |
|---|---|---|---|---|---|---|---|---|
| 1 | | | | | | | | |
| 2 | 아르바이트 급여 | | | | | | | |
| 3 | 시급 | 8,500 | | | | | | |
| 4 | 근무시간 | 10 | | | | | | |
| 5 | 급여합계 | 85,000 | | | | | | |
| 6 | | | | | | | | |
| 7 | | | | | | | | |
| 8 | | | 시급 | | | | | |
| 9 | | 85,000 | 8,500 | 9,000 | 9,500 | 10,000 | 10,500 | 11,000 |
| 10 | | 10 | 85,000 | 90,000 | 95,000 | 100,000 | 105,000 | 110,000 |
| 11 | | 15 | 127,500 | 135,000 | 142,500 | 150,000 | 157,500 | 165,000 |
| 12 | | 20 | 170,000 | 180,000 | 190,000 | 200,000 | 210,000 | 220,000 |
| 13 | 근무시간 | 25 | 212,500 | 225,000 | 237,500 | 250,000 | 262,500 | 275,000 |
| 14 | | 30 | 255,000 | 270,000 | 285,000 | 300,000 | 315,000 | 330,000 |
| 15 | | 35 | 297,500 | 315,000 | 332,500 | 350,000 | 367,500 | 385,000 |
| 16 | | 40 | 340,000 | 360,000 | 380,000 | 400,000 | 420,000 | 440,000 |

## 4 기타작업

### 01 | 매크로

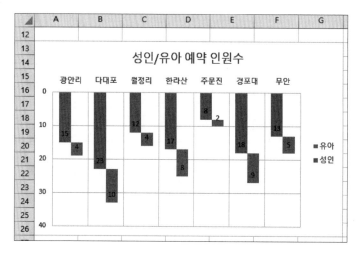

### 02 | 차트

## 문제1 ○ 기본작업

### 1 서식 설정('기본작업-2' 시트)

① [A1:H1] 영역을 범위 지정한 후 Ctrl+1 키를 눌러 [셀 서식]의 [맞춤] 탭에서 '가로'에 '선택 영역의 가운데로'를 선택합니다.

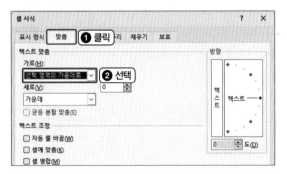

② [글꼴] 탭에서 '글꼴 : 궁서체', '크기 : 17', '밑줄 : 이중 실선(회계용)'을 설정한 후 [확인]을 클릭합니다

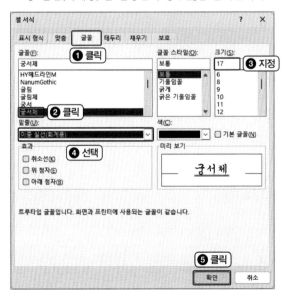

③ [A3:H3] 영역을 범위 지정하고 [홈] 탭-[스타일] 그룹-[셀 스타일(📝)]에서 '연한 주황, 40%-강조색2'를 선택한 후 가로 '가운데 맞춤(☰)'을 클릭합니다.

④ [H16] 셀을 선택하고 마우스 오른쪽 버튼을 클릭한 후 [메모 삽입(🗂)]을 클릭하고, 메모에서 사용자 이

름을 모두 삭제한 후 『3월 급여 지급 총액』을 입력합니다. [H16] 셀을 선택하고 마우스 오른쪽 버튼을 클릭한 후 [메모 표시/숨기기]를 클릭해 메모가 항상 표시되도록 설정합니다.

⑤ 메모를 선택하고 메모 경계선에서 마우스 오른쪽 버튼을 클릭한 후 [메모 서식]을 클릭합니다. [메모 서식]의 [맞춤] 탭에서 '자동 크기'에 체크하고 [확인]을 클릭합니다.

⑥ [E4:H16] 영역을 범위 지정하고 Ctrl+1 키를 눌러 [표시 형식] 탭의 [사용자 지정]에서 '형식'에 『#,##0,"천원"』을 입력한 후 [확인]을 클릭합니다.

⑦ [A3:H16] 영역을 범위 지정하고 [홈] 탭-[글꼴] 그룹-[테두리(⊞ ⌄)]의 목록 단추를 클릭한 후 '모든 테두리(⊞)'를 선택합니다.

⑧ [B16:D16] 영역을 범위 지정하고 Ctrl+1 키를 눌러 [셀 서식]의 [테두리] 탭에서 '왼쪽 대각선(◩)'과 '오른쪽 대각선(◪)'을 클릭한 후 [확인]을 클릭합니다.

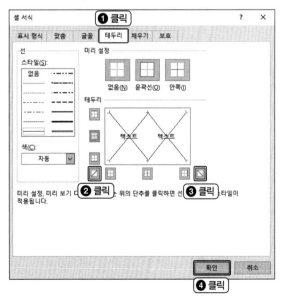

### ② 고급 필터('기본작업-3' 시트)

① [A16:C18] 영역에 다음과 같이 조건을 입력하고, [A21:D21] 영역에 추출할 필드를 입력합니다.

※ 추출할 필드는 직접 입력하거나 [A3:F3] 영역의 필드를 복사하여 사용해도 됩니다.

② [A3:F13] 영역을 범위 지정한 후 [데이터] 탭-[정렬 및 필터] 그룹-[고급(🔽)]을 클릭합니다.

③ '다른 장소에 복사'를 선택하고 [고급 필터]에서 다음과 같이 지정한 후 [확인]을 클릭합니다.

※ 셀 범위는 절대참조 또는 상대참조로 지정해도 상관없습니다.

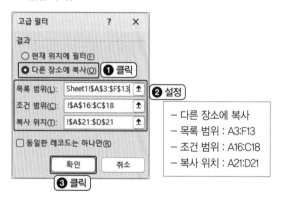

---

### 문제2 · 계산작업('계산작업' 시트)

#### 1 비고[E3:E10]

[E3] 셀에 수식을 입력하고 [E10] 셀까지 수식을 복사합니다.

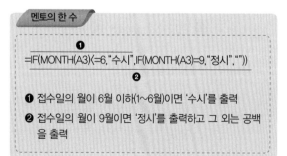

**멘토의 한 수**

=IF(MONTH(A3)<=6,"수시",IF(MONTH(A3)=9,"정시",""))

❶ 접수일의 월이 6월 이하(1~6월)이면 '수시'를 출력

❷ 접수일의 월이 9월이면 '정시'를 출력하고 그 외는 공백을 출력

---

### ② 구입빈도 높은 고객의 구입총액 합계[K12]

[K12] 셀에 수식을 입력합니다.

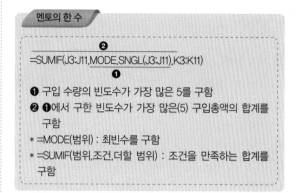

**멘토의 한 수**

=SUMIF(J3:J11,MODE.SNGL(J3:J11),K3:K11)

❶ 구입 수량의 빈도수가 가장 많은 5를 구함

❷ ❶에서 구한 빈도수가 가장 많은(5) 구입총액의 합계를 구함

* =MODE(범위) : 최빈수를 구함
* =SUMIF(범위,조건,더할 범위) : 조건을 만족하는 합계를 구함

---

### ③ 결과[D14:D21]

[D14] 셀에 수식을 입력하고 [D21] 셀까지 수식을 복사

**멘토의 한 수**

=IF(OR(RANK.EQ(B14,$B$14:$B$21,0)<=3,RANK.EQ(C14,$C$14:$C$21,0)<=3),"통과","")

❶ 1차점수의 순위가 3위 이내 또는 2차점수의 순위가 3위 이내인 조건

❷ ❶의 조건을 만족하면 통과, 그렇지 않으면 공백

---

### ④ 성적합계[K18:K20]

[K18] 셀에 수식을 입력하고 [K20] 셀까지 수식을 복사합니다.

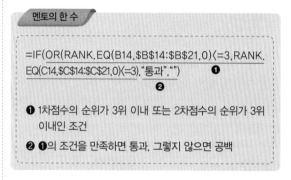

**멘토의 한 수**

=SUMIF($G$14:$G$21,J18,$H$14:$H$21)

❶ 1반 성적의 합계를 구함(반의 범위[G14:G21]와 성적의 범위[H14:H21]는 F4 키를 눌러 절대참조로 지정)

* =SUMIF(범위,조건,더할 범위) : 범위에서 조건에 해당하는 더할 범위의 합계를 구함

---

### ⑤ 평균학점[B33:B35]

[B33] 셀에 수식을 입력하고 [B35] 셀까지 수식을 복사합니다.

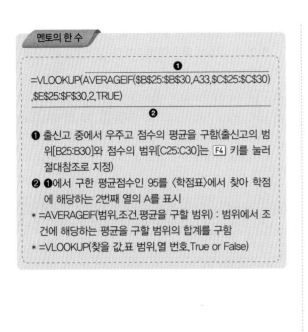

❶
=VLOOKUP(AVERAGEIF($B$25:$B$30,A33,$C$25:$C$30)
,$E$25:$F$30,2,TRUE)
❷

❶ 출신고 중에서 우주고 점수의 평균을 구함(출신고의 범
   위[B25:B30]와 점수의 범위[C25:C30]는 F4 키를 눌러
   절대참조로 지정)
❷ ❶에서 구한 평균점수인 95를 〈학점표〉에서 찾아 학점
   에 해당하는 2번째 열의 A를 표시
* =AVERAGEIF(범위,조건,평균을 구할 범위) : 범위에서 조
   건에 해당하는 평균을 구할 범위의 합계를 구함
* =VLOOKUP(찾을 값,표 범위,열 번호,True or False)

## 문제3 ◈ 분석작업

### 1 부분합('분석작업-1' 시트)

① [A3:F15] 영역을 범위 지정한 후 [데이터] 탭-[정렬
   및 필터] 그룹-[정렬( )]을 클릭하고 [정렬] 대화상
   자에서 정렬 기준은 '구분', '셀 값', '오름차순'을 선택
   합니다.

② [기준 추가]를 클릭하고 다음 기준의 열에 '강사명',
   '글꼴 색', 'RGB(0,112,192)'를 선택한 후 '위에 표시'
   를 선택하고 [확인]을 클릭합니다.

③ [데이터] 탭-[개요] 그룹-[부분합( )]을 클릭합
   니다.

④ [부분합]에서 '그룹화할 항목'에 '구분', '사용할 함수'
   에 '평균'을 지정하고, '부분합 계산 항목'의 '수강료'에
   체크한 후 [확인]을 클릭합니다.

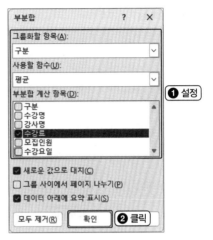

⑤ 다시 [데이터] 탭-[개요] 그룹-[부분합( )]을 클
   릭합니다.

⑥ [부분합]에서 '사용할 함수'에 '합계'를 지정하고 '부분
   합 계산 항목'에 '모집인원'을 체크한 후 '새로운 값으
   로 대치'에 체크를 해제하고 [확인]을 클릭합니다.

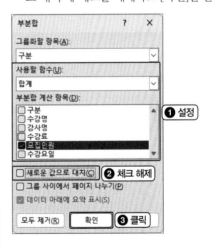

⑦ [홈] 탭-[편집] 그룹-[찾기 및 선택]-[바꾸기]를 클
   릭하거나 단축키 Ctrl + H 키를 눌러 [찾기 및 바꾸
   기]에서 '찾을 내용'에 『요약』을, '바꿀 내용'에 『합계』
   를 입력하고 [모두 바꾸기]를 클릭합니다.

### ② 데이터 표('분석작업-2' 시트)

① [C9] 셀에 『=C5』를 입력하고 Enter 키를 누릅니다.

② [C9:I16] 영역을 범위 지정하고 [데이터] 탭-[예측] 그룹-[가상 분석( )]-[데이터 표]를 클릭합니다.

③ [데이터 표]에서 '행 입력 셀'에 [C3] 셀을, '열 입력 셀'에 [C4] 셀을 선택하고 [확인]을 클릭합니다.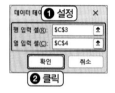

---

### 문제4 ∘ 기타작업

### ❶ 매크로 작성('매크로작업' 시트)

① [개발 도구] 탭-[코드] 그룹-[매크로 기록( )] 도구를 클릭하고 [매크로 기록]의 '매크로 이름'에 『결제비율』을 입력한 후 [확인]을 클릭합니다.

② [E4] 셀에 『D4/$D$14』 수식을 입력한 후 [E13] 셀까지 수식을 복사합니다.(결제액합계[D14] 셀은 F4 키를 눌러 절대참조로 지정합니다.)

③ 지정된 영역을 해제하고 [개발 도구] 탭-[코드] 그룹-[기록 중지(□)] 도구를 클릭하여 매크로를 중지합니다.

④ [개발 도구] 탭-[컨트롤] 그룹-[삽입]-[양식 컨트롤]-'단추(□)'를 선택하고 Alt 키를 누른 상태로 [G3:H6] 영역에 드래그합니다.

⑤ [매크로 지정]에서 '결제비율'을 선택하고 [확인]을 클릭한 후 삽입된 단추의 텍스트를 『결제비율』로 수정합니다.

⑥ '채우기' 매크로를 작성하기 위해 다시 [개발 도구] 탭-[코드] 그룹-[매크로 기록( )]을 클릭하고 [매크로 기록]의 '매크로 이름'에 『채우기』를 입력한 후 [확인]을 클릭합니다.

⑦ [A3:E3] 영역을 범위 지정하고 Ctrl 키를 누른 채 [A14:C14] 영역을 추가 범위 지정한 후 [홈] 탭-[글꼴] 그룹의 도구 모음에서 '채우기 색'을 '표준 색-주황'을 선택합니다.

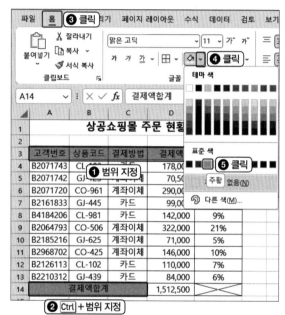

⑧ 지정된 영역을 해제하고 [개발 도구] 탭-[코드] 그룹-[기록 중지(□)]를 클릭하여 매크로를 중지합니다.

⑨ [삽입] 탭-[일러스트레이션] 그룹-[도형]의 '기본 도형'에서 '웃는 얼굴'( ) 도형을 선택하고 Alt 키를 누르면서 [G8:H11] 영역에 드래그하여 삽입합니다.

⑩ 도형에서 마우스 오른쪽 버튼을 클릭한 후 [매크로 지정]을 선택하고, '채우기'를 선택한 후 [확인]을 클릭합니다.

**5** **차트 작성('차트작업' 시트)**

① 차트를 선택한 후 [차트 필터(▽)]를 클릭하고 '계열'에서 '여행기간'의 체크를 해제한 후 [적용]을 클릭합니다.

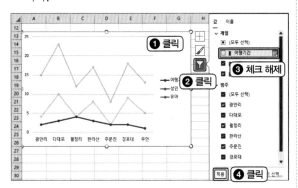

② 차트 영역에서 마우스 오른쪽 버튼을 클릭한 후 [차트 종류 변경]을 선택하고 [차트 종류 변경] 대화상자의 [모든 차트] 탭에서 '세로 막대형'에 '누적 세로 막대형'을 선택한 후 [확인]을 클릭합니다.

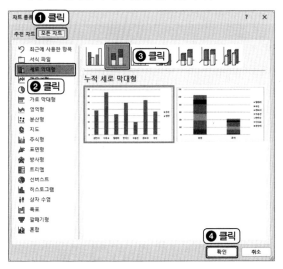

③ 차트 영역을 선택한 후 [차트 요소(⊞)]를 클릭하고 '차트 제목'에 체크한 후 제목에 『성인/유아 예약 인원수』를 입력합니다.

④ '세로 (값) 축'을 선택하고 마우스 오른쪽 버튼을 클릭한 후 [축 서식]을 실행합니다.

⑤ [축 서식] '단위'의 '기본'에 『10』을 입력한 후 '값을 거꾸로'에 체크합니다.

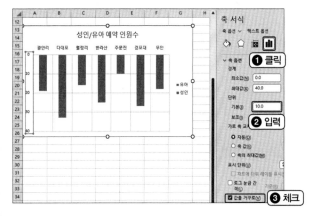

⑥ 차트 영역을 선택한 후 [차트 요소(⊞)]에서 [눈금선 ▶]-[기본 주 세로]를 선택합니다.

⑦ [차트 요소(⊞)]를 클릭하고 [데이터 레이블 ▶]-[안쪽 끝에]를 선택합니다.

⑧ 데이터 계열에서 마우스 오른쪽 버튼을 클릭하여 [데이터 계열 서식]을 선택한 후, [데이터 계열 서식] 창의 [계열 옵션]-[계열 옵션(▥)]에서 '계열 겹치기'에 『0』을 입력하고, 간격 너비에 『100』을 입력합니다.

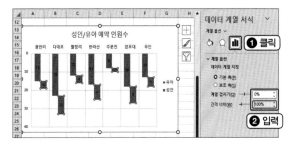

| 프로그램명 | 제한시간 |
|---|---|
| EXCEL 2021 | 40분 |

수험번호 :

성　　명 :

# 2급 · B형

### 유의사항

- 인적 사항 누락 및 잘못 작성으로 인한 불이익은 수험자 책임으로 합니다.

- 화면에 암호 입력창이 나타나면 아래의 암호를 입력합니다.
  ○ 암호 : 34789&

- 작성된 답안은 주어진 경로 및 파일명을 변경하지 마시고 그대로 저장해야 합니다.
  이를 준수하지 않으면 실격 처리됩니다.
  ○ 답안 파일명의 예: C:₩OA₩수험번호8자리.xlsm

- 외부 데이터 위치: C:₩OA₩파일명

- 별도의 지시사항이 없는 경우, 다음과 같이 처리 시 실격 처리됩니다.
  ○ 제시된 시트 및 개체의 순서나 이름을 임의로 변경한 경우
  ○ 제시된 시트 및 개체를 임의로 추가 또는 삭제한 경우
  ○ 외부 데이터를 시험 시작 전에 열어본 경우

- 답안은 반드시 문제에서 지시 또는 요구한 셀에 입력하여야 하며 다음과 같이 처리 시 채점 대상에서 제외됩니다.
  ○ 제시된 함수가 있을 경우 제시된 함수만을 사용하여야 하며 그 외 함수 사용 시 채점대상에서 제외
  ○ 수험자가 임의로 지시하지 않은 셀의 이동, 수정, 삭제, 변경 등으로 인해 셀의 위치 및 내용이 변경된 경우 해당 작업에 영향을 미치는 관련 문제 모두 채점 대상에서 제외
  ○ 도형 및 차트의 개체가 중첩되어 있거나 동일한 계산결과 시트가 복수로 존재할 경우 해당 개체나 시트는 채점 대상에서 제외

- 수식 작성 시 제시된 문제 파일의 데이터는 변경 가능한(가변적) 데이터임을 감안하여 문제 풀이를 하시오.

- 별도의 지시사항이 없는 경우, 주어진 각 시트 및 개체의 설정값 또는 기본 설정값(Default)으로 처리하시오.

- 저장 시간은 별도로 주어지지 않으므로 제한된 시간 내에 저장을 완료해야 하며, 제한 시간 내에 저장이 되지 않은 경우에는 실격 처리됩니다.

- 출제된 문제의 용어는 Microsoft Office 2021(LTSC 2108 버전)로 작성되어 있습니다.

## 대한상공회의소

**문제 1** **기본작업(20점)** · 주어진 시트에 대하여 다음 작업을 수행하고 저장하시오.

**01** '기본작업-1' 시트에 다음의 자료를 주어진 대로 입력하시오. (5점)

| | A | B | C | D | E | F | G |
|---|---|---|---|---|---|---|---|
| 1 | 상공 문화센터 접수현황 | | | | | | |
| 2 | | | | | | | |
| 3 | 구분 | 강좌명 | 강사명 | 정원 | 접수현황 | 수강요일 | 수강시간 |
| 4 | 자격증(license) | 파워포인트반 | 김혜영 | 15 | 마감 | 토요일 | 20시간 |
| 5 | 자격증(license) | 엑셀반 | 이성진 | 20 | 접수중 | 토요일 | 25시간 |
| 6 | 음식(food) | 건강밥상 | 최준혁 | 8 | 마감 | 금요일 | 10시간 |
| 7 | 음식(food) | 슈가쿠킹 | 이기태 | 10 | 마감 | 금요일 | 10시간 |
| 8 | 미술(art) | 한글붓글씨 | 장희영 | 15 | 접수중 | 수요일 | 15시간 |
| 9 | 미술(art) | 도자기만들기 | 김수연 | 10 | 접수중 | 목요일 | 18시간 |

**02** '기본작업-2' 시트에 대하여 다음의 지시사항을 처리하시오. (각 2점)

① [A1:G1] 영역은 '병합하고 가운데 맞춤', 글꼴 'HY견고딕', 글꼴 크기 '17', [1] 행의 높이를 '30'으로 지정하시오.

② [B3] 셀의 '제조사'를 한자 '除朝辭'로 변환하시오.

③ [A4:A15] 영역은 '제품코드'로 이름을 정의하시오.

④ [B4:B15] 영역은 사용자 지정 표시 형식을 이용하여 제조사 앞에 '㈜' 기호를 삽입하고 뒤에는 전자가 표시되도록 하고, [G4:G15] 영역은 사용자 지정 표시 형식을 이용하여 1,000단위 구분 기호와 숫자 뒤에 '개'를 표시하시오

▶ 표시 예 : 삼진 → ㈜삼진전자

▶ 표시 예 : 1234 → 1,234개, 0 → 0개

⑤ [A3:G15] 영역에 '모든 테두리(田)'를 적용한 후 '굵은 바깥쪽 테두리(⊡)'를 적용하여 표시하시오.

**03** '기본작업-3' 시트에 대하여 다음의 지시사항을 처리하시오. (5점)

'사무용품 관리 현황' 표에서 입고량이 200 이상, 300 미만이면서 제품명이 '프'로 끝나는 데이터를 사용자 지정 필터를 사용하여 검색하시오.

▶ 사용자 지정 필터의 결과는 [A4:H18] 영역의 데이터를 이용하여 추출하시오.

**문제 2** **계산작업(40점)** · '계산작업' 시트에서 다음의 과정을 수행하고 저장하시오.

**01** [표1]에서 필기[C3:C12]가 필기 평균 이상이고, 실기[D3:D12]가 실기 평균 이상이면 '합격'을, 그렇지 않으면 공백을 결과[E3:E12]에 표시하시오. (8점)

▶ IF, AND, AVERAGE 함수 사용

**02** [표2]에서 제품코드[G3:G12]의 다섯 번째 문자가 '1'이면 '기억장치', '2'이면 '입력장치', '3'이면 '출력장치', 그 외에는 '코드오류'를 분류[J3:J12]에 표시하시오. (8점)

▶ IFERROR, CHOOSE, MID 함수 사용

**03** [표3]에서 지역[A16:A25]이 '수원'이거나 '용인'인 처리비용[D16:D25]의 평균을 계산하여 [D26] 셀에 표시하시오. (8점)

▶ 조건은 [E24:E26] 영역에 입력하여 함수 적용
▶ 결과값은 천의 자리에서 내림하여 만의 자리까지 표시 [표시 예 : 123,456 → 120,000]
▶ DAVERAGE, ROUNDDOWN 함수 사용

**04** [표4]에서 제품코드[G16:G26]와 수량[H16:H26], 제품단가표[K17:L20]를 이용하여 판매액[I16:I26]을 계산하시오. (8점)

▶ 판매액=수량×단가
▶ 제품단가표 의미 : 제품코드의 앞 두 자리가 'WW'이면 단가는 12,500, 'BB'이면 15,000, 'MM'이면 16,500, 'EE'이면 18,000임
▶ VLOOKUP, LEFT 함수 사용

**05** [표5]에서 장르[B30:B39]가 '코미디'이면서 관람등급[C30:C39]이 '전체'인 영화들의 예매총액[E30:E39] 합계를 계산하여 [F39] 셀에 표시하시오. (8점)

▶ 숫자 뒤에 '만원'을 표시 [표시 예 : 123만원]
▶ COUNTIFS, SUMIFS, AVERAGEIFS 중 알맞은 함수와 & 연산자 사용

**문제 3** 분석작업(20점) • 주어진 시트에서 다음 작업을 수행하고 저장하시오.

**01** '분석작업-1' 시트에 대하여 다음의 지시사항을 처리하시오. (10점)

[피벗 테이블] 기능을 이용하여 '택배 배송 현황' 표에서 배송시간대는 '보고서 필터', 물품종류는 '행 레이블', 배송지역은 '열 레이블'로 처리하고, '값'에 거리(Km)의 평균과 배송료의 최대를 계산한 후 'Σ 값'을 '행 레이블'로 설정하시오.

▶ 피벗 테이블 보고서는 동일 시트의 [A20] 셀에서 시작하시오.
▶ 피벗 테이블 보고서는 행의 총합계만 설정하시오.
▶ 피벗 테이블에 '흰색, 피벗 스타일 보통 8' 스타일을 적용하고 '열 머리글'과 '줄무늬 열'을 설정하시오.

**02** '분석작업-2' 시트에 대하여 다음의 지시사항을 처리하시오. (10점)

[정렬] 기능을 이용하여 [표1]의 2행을 기준으로 필드의 열(왼쪽에서 오른쪽)을 정렬하시오. (10점)

▶ 성명, 학과, Excel, Word, 총점, 평균 순으로 정렬하시오.

**문제 4** 기타작업(20점) • 주어진 시트에서 다음 작업을 수행하고 저장하시오.

**01** '매크로작업' 시트에서 다음과 같은 기능을 수행하는 매크로를 현재 통합 문서에 작성하고 실행하시오. (각 5점)

① [E14] 셀에 총판매액의 평균을 계산하는 매크로를 생성하여 실행하시오.

▶ 매크로 이름 : 평균    ▶ AVERAGE 함수 사용

▶ [개발 도구]-[삽입]-[양식 컨트롤]의 '단추(▭)'를 동일 시트의 [G3:H5] 영역에 생성한 후 텍스트를 '평균'으로 입력하고, 도형을 클릭할 때 '평균' 매크로가 실행되도록 설정하시오.

② [D4:D13], [E4:E14] 영역을 '통화 형식(₩)' 기호로 표시하는 매크로를 생성하여 실행하시오.

▶ 매크로 이름 : 통화

▶ [도형]-[기본 도형]의 '배지(⬡)' 도형을 동일 시트의 [G8:H10] 영역에 생성하고 텍스트를 '통화'로 입력한 후 텍스트를 가로 '가운데', 세로 '가운데'로 설정하고, 도형을 클릭할 때 '통화' 매크로가 실행되도록 설정하시오.

※ 셀 포인터의 위치에 상관없이 현재 통합 문서에서 매크로가 실행되어야 정답으로 인정됨

**02** '차트작업' 시트의 차트를 지시사항에 따라 아래 그림과 같이 수정하시오. (각 2점)

※ 차트는 반드시 문제에서 제공한 차트를 사용하여야 하며, 신규로 작성 시 0점 처리됨

① 성명별로 성별이 '남자'인 '필기'와 '면접' 계열만 차트에 표시되도록 데이터 범위를 수정하시오.

② '면접' 계열의 차트 종류를 '영역형'으로 변경하고, 차트의 빠른 레이아웃은 '레이아웃 3', 차트 스타일은 '스타일 8'을 적용하시오.

③ 세로 (값) 축의 표시 형식은 '셀 서식'에서 범주는 '숫자', 소수 자릿수는 '1'로 설정하시오.

④ '필기' 계열의 선 스타일은 '완만한 선'으로, 표식은 '■'로 설정하시오.

⑤ 범례는 위쪽으로 설정하시오.

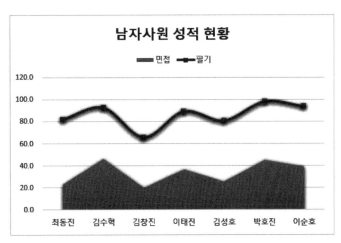

## 1 기본작업

### 02 | 서식 설정

| | A | B | C | D | E | F | G |
|---|---|---|---|---|---|---|---|
| 1 | | | | 상공텔레콤 휴대폰 판매 현황 | | | |
| 2 | | | | | | | |
| 3 | 제품코드 | 除朝辭 | 가입유형 | 요금제 | 약정기간 | 제품가 | 판매량 |
| 4 | LE-02-C | ㈜LE전자 | 기기변경 | 5G시그니처 | 12개월 | 940,000 | 8,670개 |
| 5 | SJ-02-A | ㈜삼진전자 | 신규가입 | LTE 40 | 24개월 | 905,000 | 6,890개 |
| 6 | LE-02-B | ㈜LE전자 | 번호이동 | LTE 50 | 36개월 | 830,000 | 5,430개 |
| 7 | AP-02-D | ㈜사과전자 | 신규가입 | 5G스마트 | 24개월 | 1,035,000 | 5,190개 |
| 8 | SJ-01-A | ㈜삼진전자 | 신규가입 | LTE 40 | 24개월 | 845,000 | 3,490개 |
| 9 | AP-01-D | ㈜사과전자 | 신규가입 | 5G스마트 | 24개월 | 1,005,000 | 2,550개 |
| 10 | LE 01 C | ㈜LE전자 | 기기변경 | 5G시그니처 | 12개월 | 800,000 | 6,250개 |
| 11 | LE-01-B | ㈜LE전자 | 번호이동 | LTE 50 | 36개월 | 920,000 | 9,570개 |
| 12 | SJ-01-A | ㈜삼진전자 | 신규가입 | LTE 40 | 24개월 | 815,000 | 4,870개 |
| 13 | LE-01-B | ㈜LE전자 | 번호이동 | LTE 50 | 36개월 | 910,000 | 8,860개 |
| 14 | LE-01-C | ㈜LE전자 | 기기변경 | 5G시그니처 | 12개월 | 805,000 | 3,490개 |
| 15 | AP-01-D | ㈜사과전자 | 신규가입 | 5G스마트 | 24개월 | 1,050,000 | 4,400개 |

### 03 | 사용자 지정 필터

| | A | B | C | D | E | F | G | H |
|---|---|---|---|---|---|---|---|---|
| 1 | | | 사무용품 관리 현황 | | | | | |
| 2 | | | | | | | | |
| 3 | 제품코▼ | 제품명▼ | 입고일▼ | 입고림▼ | 판매기▼ | 할인율▼ | 판매링▼ | 총판매▼ |
| 5 | SA807 | 스탬프 | 2021-07-01 | 204 | 3,200 | 5% | 170 | 516,800 |
| 16 | SA835 | 박스테이프 | 2021-08-30 | 209 | 700 | 5% | 130 | 86,450 |
| 17 | SA568 | 양면테이프 | 2021-08-30 | 255 | 1,500 | 15% | 239 | 304,725 |

## 2 계산작업

1. =IF(AND(C3>=AVERAGE($C$3:$C$12),D3>=AVERAGE($D$3:$D$12)),"합격"," ")

2. =IFERROR(CHOOSE(MID(G3,5,1),"기억장치","입력장치","출력장치"),"코드오류")

3. =ROUNDDOWN(DAVERAGE(A15:D25,D15,E24:E26),-4)

4. =H16*VLOOKUP(LEFT(G16,2),$K$17:$L$20,2,FALSE)

5. =SUMIFS(E30:E39,B30:B39,"코미디",C30:C39,"전체")&"만원"

| ▲ | A | B | C | D | E | F | G | H | I | J | K | L |
|---|---|---|---|---|---|---|---|---|---|---|---|---|
| 1 | [표1] | | 자격증 시험 결과 | | | | [표2] | | 제품생산 현황 | | | |
| 2 | 성명 | 성별 | 필기 | 실기 | 결과 | | 제품코드 | 생산팀 | 생산량 | 분류 | | |
| 3 | 이균혁 | 남 | 87 | 91 | 합격 | | MAX04A | 생산2팀 | 366 | 코드오류 | | |
| 4 | 이순호 | 남 | 97 | 95 | 합격 | | MAX01C | 생산2팀 | 429 | 기억장치 | | |
| 5 | 최승희 | 여 | 89 | 84 | | | MAX03A | 생산2팀 | 389 | 출력장치 | | |
| 6 | 정미진 | 여 | 60 | 63 | | | MAX03C | 생산3팀 | 189 | 출력장치 | | |
| 7 | 최강민 | 남 | 81 | 84 | | | MAX02A | 생산1팀 | 546 | 입력장치 | | |
| 8 | 최석진 | 남 | 88 | 84 | | | MAX02B | 생산3팀 | 575 | 입력장치 | | |
| 9 | 장성균 | 남 | 82 | 78 | | | MAX05B | 생산3팀 | 258 | 코드오류 | | |
| 10 | 장미진 | 여 | 91 | 97 | 합격 | | MAX01B | 생산1팀 | 358 | 기억장치 | | |
| 11 | 최진영 | 여 | 96 | 98 | 합격 | | MAX02C | 생산1팀 | 532 | 입력장치 | | |
| 12 | 긴세희 | 여 | 94 | 70 | | | MAX01A | 생산1팀 | 360 | 기억장치 | | |
| 13 | | | | | | | | | | | | |
| 14 | [표3] | | 지역별 A/S 처리 현황 | | | | [표4] | | 제품판매 현황 | | | |
| 15 | 지역 | 방문접수 | 택배접수 | 처리비용 | | | 제품코드 | 수량 | 판매액 | | <제품단가표> | |
| 16 | 화성 | 138 | 100 | 1,409,000 | | | BB-10 | 64 | 960,000 | | 코드 | 단가 |
| 17 | 화성 | 130 | 86 | 1,274,000 | | | BB-15 | 55 | 825,000 | | WW | 12,500 |
| 18 | 수원 | 204 | 98 | 1,759,000 | | | WW-59 | 40 | 500,000 | | BB | 15,000 |
| 19 | 용인 | 155 | 115 | 1,600,000 | | | BB-25 | 40 | 600,000 | | MM | 16,500 |
| 20 | 시흥 | 156 | 82 | 1,391,000 | | | WW-55 | 31 | 387,500 | | EE | 18,000 |
| 21 | 안산 | 145 | 114 | 1,538,500 | | | MM-66 | 48 | 792,000 | | | |
| 22 | 안산 | 129 | 90 | 1,294,500 | | | EE-87 | 40 | 720,000 | | | |
| 23 | 용인 | 65 | 57 | 728,000 | <조건> | | MM-10 | 44 | 726,000 | | | |
| 24 | 수원 | 57 | 72 | 781,500 | 지역 | | MM-26 | 45 | 742,500 | | | |
| 25 | 시흥 | 115 | 83 | 1,172,000 | 수원 | | EE-34 | 37 | 666,000 | | | |
| 26 | 수원-용인 처리비용 평균 | | | 1,210,000 | 용인 | | EE-36 | 24 | 432,000 | | | |
| 27 | | | | | | | | | | | | |
| 28 | [표5] | | 영화예매 현황 | | | | | | | | | |
| 29 | 영화명 | 장르 | 관람등급 | 예매량 | 예매총액 | | | | | | | |
| 30 | 페이스 | 드라마 | 15세이상 | 7,447 | 6,863 | | | | | | | |
| 31 | 테넷 | 판타지 | 전체 | 6,312 | 5,842 | | | | | | | |
| 32 | 블러스 | 액션 | 12세이상 | 5,217 | 4,856 | | | | | | | |
| 33 | 테스라 | 액션 | 15세이상 | 7,845 | 7,221 | | | | | | | |
| 34 | 도굴 | 코미디 | 전체 | 9,714 | 8,903 | | | | | | | |
| 35 | 위플래쉬 | 코미디 | 12세이상 | 4,544 | 4,250 | | | | | | | |
| 36 | 담보 | 드라마 | 전체 | 5,281 | 4,914 | | | | | | | |
| 37 | 소리도없이 | 액션 | 청불 | 5,715 | 5,304 | | | | | | | |
| 38 | 오문희 | 코미디 | 전체 | 4,424 | 4,142 | | 코미디-전체 예매총액 합계 | | | | | |
| 39 | 삼진그룹 | 드라마 | 15세이상 | 6,194 | 5,735 | | 13045만원 | | | | | |

## 3 분석작업

## 01 | 피벗 테이블

| ▲ | A | B | C | D | E |
|---|---|---|---|---|---|
| 18 | 배송시간대 | (모두) ▼ | | | |
| 19 | | | | | |
| 20 | | 열 레이블 ▼ | | | |
| 21 | 행 레이블 ▼ | 송죽동 | 정자동 | 호매실동 | 총합계 |
| 22 | 식품 | | | | |
| 23 | 평균 : 거리(Km) | 11 | 35.5 | 37 | 29.75 |
| 24 | 최대 : 배송료 | 3100 | 3500 | 3100 | 3500 |
| 25 | 의류 | | | | |
| 26 | 평균 : 거리(Km) | 46.5 | 37 | 33 | 40 |
| 27 | 최대 : 배송료 | 3700 | 2900 | 2900 | 3700 |
| 28 | 전자제품 | | | | |
| 29 | 평균 : 거리(Km) | 20 | | 33.5 | 29 |
| 30 | 최대 : 배송료 | 2500 | | 3600 | 3600 |

## 02 | 정렬

| 성명 | 학과 | Excel | Word | 총점 | 평균 |
|---|---|---|---|---|---|
| 한율아 | 비즈니스영어 | 889 | 618 | 1,507 | 754 |
| 한인숙 | 비즈니스영어 | 921 | 218 | 1,139 | 570 |
| 노현정 | 비즈니스영어 | 873 | 745 | 1,618 | 809 |
| 김세경 | 비즈니스영어 | 873 | 836 | 1,709 | 855 |
| 정미경 | 실무영어회화실습 | 952 | 382 | 1,334 | 667 |
| 양우석 | 실무영어회화실습 | 921 | 873 | 1,794 | 897 |
| 김예슬 | 실무영어회화실습 | 921 | 909 | 1,830 | 915 |
| 이성근 | 실무영어회화실습 | 937 | 909 | 1,846 | 923 |
| 김영숙 | 영어의이해 | 805 | 891 | 1,696 | 848 |
| 한상민 | 영어의이해 | 968 | 909 | 1,877 | 939 |

[표1]

## 4 기타작업

### 01 | 매크로

편의점 판매 상위제품

| 순위 | 제품명 | 판매량 | 판매가 | 총판매액 |
|---|---|---|---|---|
| 1 | 호빵 | 544,585 | ₩1,000 | ₩261,706,500 |
| 2 | 미트파이 | 317,530 | ₩1,500 | ₩237,086,400 |
| 3 | 바나초코우유 | 273,597 | ₩900 | ₩227,182,500 |
| 4 | 꼬꼬덮밥 | 248,157 | ₩1,200 | ₩215,635,750 |
| 5 | 파래탕면 | 223,630 | ₩1,000 | ₩202,458,000 |
| 6 | 수란덥밥 | 191,830 | ₩1,100 | ₩187,723,800 |
| 7 | 마장면 | 93,408 | ₩2,500 | ₩180,590,000 |
| 8 | 신매운라면 | 216,373 | ₩950 | ₩165,920,850 |
| 9 | 핫세븐캔 | 146,968 | ₩850 | ₩150,955,200 |
| 10 | 모카프레소 | 115,857 | ₩1,000 | ₩118,356,250 |
| 평균 | | | | ₩194,761,525 |

평균

통화

### 02 | 차트

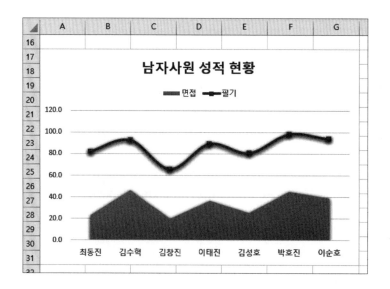

## 문제1 ○ 기본작업

### 1 서식 설정('기본작업-2' 시트)

① [A1:G1] 영역을 범위 지정하고 [홈]-[맞춤] 그룹에서 '병합하고 가운데 맞춤(⊞)'을 클릭한 후 [글꼴] 그룹에서 글꼴 'HY견고딕', 글꼴 크기 '17'을 선택합니다.

② [1] 행을 선택하고 마우스 오른쪽 버튼을 클릭한 후 [행 높이]를 선택하고 '행 높이' 입력란에 『30』을 입력한 후 [확인]을 클릭합니다.

③ [B3] 셀을 더블 클릭하고 '제조사' 문자를 선택한 후 [한자] 키를 누릅니다.

④ [한글/한자 변환]에서 '한자 선택'에 '除朝辭'를 선택하고 [변환]을 클릭합니다.

⑤ [A4:A15] 영역을 범위 지정하고 '이름 상자'에 『제품코드』를 입력한 후 [Enter] 키를 누릅니다.

⑥ [B4:B15] 영역을 범위 지정하고 [Ctrl]+[1] 키를 눌러 [표시 형식] 탭의 [사용자 지정]에서 '형식'에 『"(㈜)"@"전자"』를 입력한 후 [확인]을 클릭합니다.

※ ㈜는 기호를 이용하여 입력하라고 되어 있으므로 한글 자음(ㅁ)+[한자] 키를 눌러 특수문자로 입력합니다.

⑦ [G4:G15] 영역을 범위 지정하고 [Ctrl]+[1] 키를 눌러 [표시 형식] 탭의 [사용자 지정]에서 '형식'에 『#,##0"개"』를 입력한 후 [확인]을 클릭합니다.

⑧ [A3:G15] 영역을 범위 지정하고 [홈] 탭-[글꼴] 그룹-[테두리(⊞ ▾)]의 목록 단추를 클릭한 후 '모든 테두리(⊞)'를 먼저 클릭해 설정하고, 다시 '굵은 바깥쪽 테두리(⊟)'를 클릭합니다.

### 2 사용자 지정 필터('기본작업-3' 시트)

① 표 안의 임의의 셀을 클릭하고 [데이터] 탭-[정렬 및 필터] 그룹-[필터(▽)]를 클릭합니다.

② '입고량' [D3] 셀의 '목록 단추(▾)'를 클릭하고 [숫자 필터]-[사용자 지정 필터]를 클릭합니다.

③ [사용자 지정 자동 필터]에서 '>='를 선택하고, 『200』을 입력하고, '그리고'를 선택한 후 '<'을 선택하고, 『300』을 입력한 후 [확인]을 클릭합니다.

④ '제품명' [B3] 셀의 '목록 단추(▾)'를 클릭하고 [텍스트 필터]-[끝 문자]를 클릭합니다.

⑤ [사용자 지정 자동 필터]에서 '끝 문자' 선택을 확인하고 『프』를 입력한 후 [확인]을 클릭합니다.

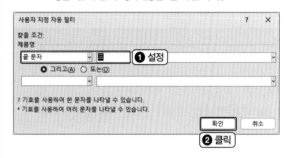

## 문제2 ○ 계산작업('계산작업' 시트)

### 1 결과[E3:E12]

[E3] 셀에 수식을 입력하고 [E12] 셀까지 수식을 복사합니다.

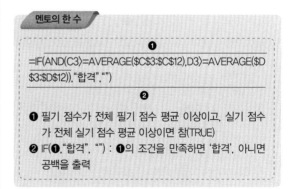

멘토의 한 수

❶

=IF(AND(C3>=AVERAGE($C$3:$C$12),D3>=AVERAGE($D$3:$D$12)),"합격","")

❷

❶ 필기 점수가 전체 필기 점수 평균 이상이고, 실기 점수가 전체 실기 점수 평균 이상이면 참(TRUE)

❷ IF(❶,"합격","") : ❶의 조건을 만족하면 '합격', 아니면 공백을 출력

## 2 분류[J3:J12]

[J3] 셀에 수식을 입력하고 [J12] 셀까지 수식을 복사합니다.

**멘토의 한 수**

❷

=IFERROR(CHOOSE(MID(G3,5,1),"기억장치","입력장치", "출력장치"),"코드오류") ❶

❸

- ❶ 제품코드 5번째 1자리 값을 표시
- ❷ ❶의 값이 1이면 기억장치, 2이면 입력장치, 3이면 출력장치를 표시
- ❸ IFERROR(❷,"코드오류") : ❷의 값이 오류이면 '코드오류'를 표시
- * =CHOOSE(숫자,값1,값2,값3,....) : 숫자 값에 따라서 값1, 값2, 값3을 출력
- * =IFERROR(값,에러 출력값) : 값이 에러가 나면 에러 출력값을 표시

## 3 수원-용인 처리비용 평균[D26]

[E24:E26] 영역에 다음과 같이 조건을 입력합니다.

| | E |
|---|---|
| 23 | <조건> |
| 24 | 지역 |
| 25 | 수원 |
| 26 | 용인 |

[D26] 셀에 수식을 입력합니다.

**멘토의 한 수**

❷

=ROUNDDOWN(DAVERAGE(A15:D25,D15,E24:E26),-4) ❶

- ❶ 지역이 수원이거나 용인인 처리비용의 합인 1,217,125를 구함
- * 처리비용 필드는 [D15] 필드의 셀을 선택해도 되고 필드가 4번째 열에 있으므로 4를 입력해도 됨
- ❷ ROUNDDOWN(❶,-4) : ❶의 결과 1,217,125 값에서 천의 자리에서 내림하여 1,210,000을 구함
- * =DAVERAGE(표 전체 범위,필드,조건 범위) : 조건을 만족하는 필드의 평균을 구함
- * =ROUNDDOWN(값,자릿수) : 값을 자릿수만큼 내림함

## 4 판매액[I16:I26]

[I16] 셀에 수식을 입력하고 [I26] 셀까지 수식을 복사합니다.

**멘토의 한 수**

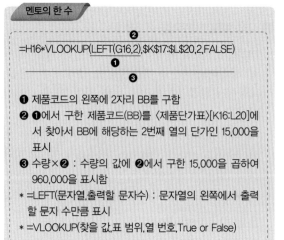

❷

=H16*VLOOKUP(LEFT(G16,2),$K$17:$L$20,2,FALSE) ❶

❸

- ❶ 제품코드의 왼쪽에 2자리 BB를 구함
- ❷ ❶에서 구한 제품코드(BB)를 <제품단가표>[K16:L20]에서 찾아서 BB에 해당하는 2번째 열의 단가인 15,000을 표시
- ❸ 수량×❷ : 수량의 값에 ❷에서 구한 15,000을 곱하여 960,000을 표시함
- * =LEFT(문자열,출력할 문자수) : 문자열의 왼쪽에서 출력할 문자 수만큼 표시
- * =VLOOKUP(찾을 값,표 범위,열 번호,True or False)

## 5 코미디-전체 예매총액 합계[F39]

[F39] 셀에 수식을 입력합니다.

**멘토의 한 수**

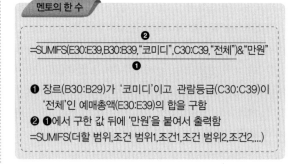

❷

=SUMIFS(E30:E39,B30:B39,"코미디",C30:C39,"전체")&"만원" ❶

- ❶ 장르(B30:B29)가 '코미디'이고 관람등급(C30:C39)이 '전체'인 예매총액(E30:E39)의 합을 구함
- ❷ ❶에서 구한 값 뒤에 '만원'을 붙여서 출력함
- =SUMIFS(더할 범위,조건 범위1,조건1,조건 범위2,조건2...)

---

**문제3 ○ 분석작업**

## 1 피벗 테이블('분석작업-1' 시트)

① [A3:F15] 영역을 범위 지정하고 [삽입] 탭-[표] 그룹-[피벗 테이블(📊)]을 클릭합니다.

② [피벗 테이블 만들기]에서 '기존 워크시트'를 선택하고 위치에 [A20] 셀을 선택한 후 [확인]을 클릭합니다.

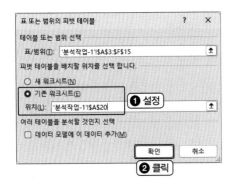

③ '배송시간대' 필드는 '필터'에, '물품종류' 필드는 '행'에, '배송지역' 필드는 '열'에, '거리(Km)', '배송료' 필드는 'Σ 값' 레이블에 각각 드래그하여 이동하고 '열' 레이블의 'Σ 값'을 '행' 레이블로 이동합니다.

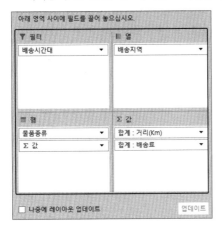

④ 'Σ 값' 레이블에 [합계 : 거리(Km)] 필드를 클릭하고 [값 필드 설정]을 클릭합니다.

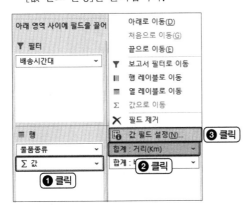

⑤ [값 필드 설정]에서 [값 요약 기준] 탭의 '평균'을 선택하고 [확인]을 클릭합니다.

⑥ 'Σ 값' 레이블에 [합계 : 배송료] 필드를 클릭하고 [값 필드 설정]을 클릭한 후 [값 필드 설정]에서 [값 요약 기준] 탭의 '최대'를 선택하고 [확인]을 클릭합니다.

⑦ 피벗 테이블을 선택하고 [디자인] 탭-[레이아웃] 그룹-[총합계(📋)]-[행의 총합계만 설정(📋)]을 선택합니다.

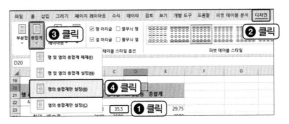

⑧ 피벗 테이블을 선택하고 [디자인] 탭-[피벗 테이블 스타일] 그룹에서 '자세히(▾)' 목록 단추'를 클릭한 후 '흰색, 피벗 스타일 보통 8'을 선택하여 지정하고, [피벗 테이블 스타일 옵션] 그룹에서 '행 머리글'의 체크를 해제하고 '열 머리글'과 '줄무늬 열'에 체크합니다.

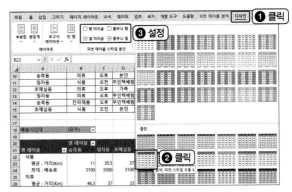

## ② 정렬('분석작업-2' 시트)

① [B2:G12] 영역을 범위 지정한 후 [데이터] 탭-[정렬 및 필터] 그룹에서 [정렬(🔢)]을 클릭하고, [정렬] 대화상자에서 [옵션] 단추를 클릭합니다.

② [정렬 옵션] 대화상자에서 '왼쪽에서 오른쪽'을 선택한 후 [확인]을 클릭합니다.

③ [정렬] 대화상자에서 정렬 기준에 '행 2', '셀 값', '사용자 지정 목록'을 선택합니다.

④ [사용자 지정 목록] 대화상자의 '목록 항목'에 『성명, 학과, Excel, Word, 총점, 평균』을 입력한 후 [추가]를 클릭하고, [정렬] 대화상자에서 [확인]을 클릭합니다.

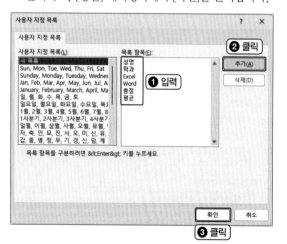

## 문제4 ○ 기타작업

### ① 매크로 작성('매크로작업' 시트)

① [개발 도구] 탭-[코드] 그룹-[매크로 기록(📑)] 도구를 클릭하고 [매크로 기록]의 '매크로 이름'에 『평균』을 입력한 후 [확인]을 클릭합니다.

② [E4:E14] 영역을 범위 지정하고 [수식] 탭-[함수 라이브러리] 그룹에서 자동 합계 (∑)목록 단추 (⌄)를 클릭한 후 [평균]을 선택합니다.

③ 지정된 영역을 해제하고 [개발 도구] 탭-[코드] 그룹-[기록 중지(□)] 도구를 클릭하여 매크로를 중지합니다.

④ [개발 도구] 탭-[컨트롤] 그룹-[삽입]-[양식 컨트롤]-'단추(□)'를 선택하고 Alt 키를 누른 상태로 [G3:H5] 영역에 드래그합니다.

⑤ [매크로 지정]에서 '평균'을 선택하고 [확인]을 클릭한 후 삽입된 단추의 텍스트를 『평균』으로 수정합니다.

⑥ '통화' 매크로를 작성하기 위해 다시 [개발 도구] 탭-[코드] 그룹-[매크로 기록(📑)]을 클릭하고 [매크로 기록]의 '매크로 이름'에 『통화』를 입력한 후 [확인]을 클릭합니다.

⑦ [D4:D13] 영역을 범위 지정하고 Ctrl 키를 누른 채 [E4:E14] 영역을 추가 범위 지정한 후 [홈] 탭-[표시 형식] 그룹-[표시 형식]의 목록 단추를 클릭하고 '통화'를 선택합니다.

⑧ 지정된 영역을 해제하고 [개발 도구] 탭-[코드] 그룹-[기록 중지(□)]를 클릭하여 매크로를 중지합니다.

⑨ [삽입] 탭-[일러스트레이션] 그룹-[도형]의 '기본 도형'에서 '배지 ⬡' 도형을 선택하고 Alt 키를 누른 채 [G8:H10] 영역에 드래그하여 위치시킨 후 도형에 『통화』를 입력한 후 [홈] 탭-[맞춤] 그룹에서 가로 '가운데 맞춤(☰)', 세로 '가운데 맞춤(☰)'도구를 클릭합니다.

⑩ 도형에서 마우스 오른쪽 버튼을 클릭하고 [매크로 지정]을 선택한 후 '통화'를 선택하고 [확인]을 클릭합니다.

## 5 차트 작성('차트작업' 시트)

① 차트 영역을 선택한 후 마우스 오른쪽 버튼을 클릭하고 [데이터 선택]을 클릭합니다. [데이터 원본 선택] 대화상자에서 [행/열 전환]을 클릭하고, 성별이 여자인 '김희진'을 선택한 후 [제거]를 클릭하여 제거합니다. 같은 방법으로 '한율아'와 '이세희'도 각각 클릭하여 제거합니다.

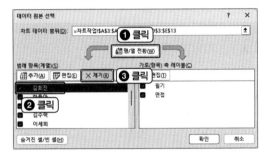

② 다시 [행/열 전환]을 클릭한 후 [확인]을 클릭합니다.

※ 다음과 같이 행/열 전환하여 제거할 항목을 선택한 후 제거하거나, 또는 성별이 남자인 항목의 데이터 범위를 다시 지정해도 됩니다.

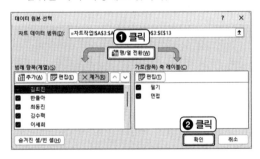

③ '면접' 계열에서 마우스 오른쪽 버튼을 클릭하고 [계열 차트 종류 변경(📊)]을 선택합니다.

④ [차트 종류 변경]의 [모든 차트] 탭의 '혼합'에서 '면접'의 차트 종류를 '영역형'으로 선택하고 [확인]을 클릭합니다.

⑤ 차트를 선택하고 [차트 디자인] 탭-[차트 레이아웃] 그룹-[빠른 레이아웃(📊)]에서 [레이아웃 3]을 선택합니다.

⑥ [차트 디자인] 탭을 클릭하고 '차트 스타일'에서 '스타일 8'을 선택합니다.

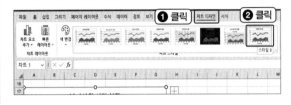

⑦ '세로 (값) 축'을 선택하고 마우스 오른쪽 버튼을 클릭한 후 [축 서식]을 실행합니다.

⑧ [축 서식] 창에서 '축 옵션(📊)'의 '표시 형식'에서 소수 자릿수에 『1』을 입력합니다.

⑨ '필기' 데이터 계열을 선택하고 마우스 오른쪽 버튼을 클릭한 후 [데이터 계열 서식]을 선택합니다.

⑩ [데이터 계열 서식] 창에서 '채우기 및 선(🖌)'의 '선'에서 '완만한 선'에 체크하고 '표식'의 '표식 옵션'에서 '기본 제공'에 형식(■)을 선택합니다.

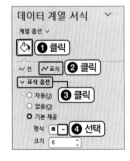

⑪ 범례를 선택하고 [범례 서식] 창의 '범례 옵션(📊)'에서 '위쪽'을 선택합니다.

| 프로그램명 | 제한시간 |
|---|---|
| EXCEL 2021 | 40분 |

수험번호 :

성  명 :

# 2급 · B형

**유의사항**

- 인적 사항 누락 및 잘못 작성으로 인한 불이익은 수험자 책임으로 합니다.

- 화면에 암호 입력창이 나타나면 아래의 암호를 입력합니다.
  ○ 암호 : 784#4^

- 작성된 답안은 주어진 경로 및 파일명을 변경하지 마시고 그대로 저장해야 합니다.
  이를 준수하지 않으면 실격 처리됩니다.
  ○ 답안 파일명의 예: C:\OA\수험번호8자리.xlsm

- 외부 데이터 위치: C:\OA\파일명

- 별도의 지시사항이 없는 경우, 다음과 같이 처리 시 실격 처리됩니다.
  ○ 제시된 시트 및 개체의 순서나 이름을 임의로 변경한 경우
  ○ 제시된 시트 및 개체를 임의로 추가 또는 삭제한 경우
  ○ 외부 데이터를 시험 시작 전에 열어본 경우

- 답안은 반드시 문제에서 지시 또는 요구한 셀에 입력하여야 하며 다음과 같이 처리 시 채점 대상에서 제외됩니다.
  ○ 제시된 함수가 있을 경우 제시된 함수만을 사용하여야 하며 그 외 함수 사용 시 채점대상에서 제외
  ○ 수험자가 임의로 지시하지 않은 셀의 이동, 수정, 삭제, 변경 등으로 인해 셀의 위치 및 내용이 변경된 경우 해당 작업에 영향을 미치는 관련 문제 모두 채점 대상에서 제외
  ○ 도형 및 차트의 개체가 중첩되어 있거나 동일한 계산결과 시트가 복수로 존재할 경우 해당 개체나 시트는 채점 대상에서 제외

- 수식 작성 시 제시된 문제 파일의 데이터는 변경 가능한(가변적) 데이터임을 감안하여 문제 풀이를 하시오.

- 별도의 지시사항이 없는 경우, 주어진 각 시트 및 개체의 설정값 또는 기본 설정값(Default)으로 처리하시오.

- 저장 시간은 별도로 주어지지 않으므로 제한된 시간 내에 저장을 완료해야 하며, 제한 시간 내에 저장이 되지 않은 경우에는 실격 처리됩니다.

- 출제된 문제의 용어는 Microsoft Office 2021(LTSC 2108 버전)로 작성되어 있습니다.

## 대한상공회의소

◉ 문제파일 : C:₩컴활2급₩6.기출문제₩기출문제7회(문제).xlsm
◎ 결과파일 : C:₩컴활2급₩6.기출문제₩기출문제7회(정답).xlsm

**문제 1**　**기본작업(20점)** • 주어진 시트에 대하여 다음 작업을 수행하고 저장하시오.

**01** '기본작업-1' 시트에 다음의 자료를 주어진 대로 입력하시오. (5점)

| | A | B | C | D | E | F |
|---|---|---|---|---|---|---|
| 1 | 영화 예매 현황 | | | | | |
| 2 | | | | | | (금액:원) |
| 3 | 코드번호 | 제목 | 분류 | 극장 | 전화예매 | 대여금액 |
| 4 | AS1001 | 모가디슈 | 액션/스릴 | 서울 | 480-5698 | 12000 |
| 5 | DD1002 | 보스베이비 | 애니메이션 | 경기 | 459-5896 | 7000 |
| 6 | AS1003 | 정글크루즈 | 액션/스릴 | 인천 | 751-2703 | 12000 |
| 7 | AS2010 | 블랙위도우 | 액션/스릴 | 대전 | 751-2704 | 7000 |
| 8 | DD3001 | 크루엘라 | 드라마 | 대구 | 489-4586 | 8000 |
| 9 | AS1004 | 갈매기 | 드라마 | 부산 | 852-5964 | 12000 |

**02** '기본작업-2' 시트에 대하여 다음의 지시사항을 처리하시오. (각 2점)

① [B1:G1] 영역은 '선택 영역의 가운데로' 텍스트 맞춤으로 지정하고, 셀 스타일 '제목 1'로 지정하시오.

② [B3:G3] 영역은 '가로 가운데 맞춤'으로 지정하시오.

③ [B4:B7], [B8:B11], [B12:B16] 영역은 '병합하고 가운데 맞춤', 글꼴 색은 '진한 파랑', 채우기 색은 '노랑'으로 표시하시오.

④ [E4:E16] 영역은 표시 형식을 '2012년 01월 03일(화요일)' 형식으로 지정하시오.
　　[표시 예 : 2012-01-03 → 2012년 01월 03일(화요일)]

⑤ 비어 있는 셀 [G10], [G13]은 대각선 ⊠, [B3:G16] 영역은 '모든 테두리(⊞)'를 적용한 후 위쪽과 아래쪽은 '이중 테두리(═)'를 적용하여 표시하시오.

**03** '기본작업-3' 시트에 대하여 다음의 지시사항을 처리하시오. (5점)

'부서별 사원 명단' 표에서 성별이 '여'이면서 입사일이 '2018-01-01' 이후인 데이터를 고급 필터를 사용하여 검색하시오.

▶ 고급 필터 조건은 [G3:H4] 범위 내에 알맞게 입력하시오.

▶ 고급 필터 결과 복사 위치는 동일 시트의 [G7] 셀에서 시작하시오.

**문제 2**　**계산작업(40점)** • '계산작업' 시트에서 다음의 과정을 수행하고 저장하시오.

**01** [표1]에서 점수[D3:D9]를 이용하여 순위[E3:E9]를 나타내고 순위가 없으면 '결석'으로 나타내시오. (8점)

▶ 순위는 내림차순이며, 순위가 3이면 → 3위

▶ IFERROR, RANK.EQ 함수와 &연산자 사용

**02** [표2]에서 최종점수[K3:K9]의 평균과 표준편차를 [K10] 셀에 나타내시오.

- ▶ 평균과 표준표차의 값은 소수점을 절삭하여 정수로 표시
- ▶ 평균이 80이고 표준편차가 8이면 → 평균:80 표준편차:8
- ▶ AVERAGE, STDEV.S, TRUNC 함수와 & 연산자 사용

**03** [표3]의 경영학과[B14:B21]에서 '서비스'를 제외한 학과의 비율을 [E22]에 나타내시오. (8점)

- ▶ COUNTIF, COUNTA 함수 사용

**04** [표4]에서 기록[J14:J21]이 2번째로 빠른 사람의 기록을 [J22]에 표시하시오. (8점)

- ▶ 표시 예 : 1:20:21 → 1시 21분 22초
- ▶ HOUR, MINUTE, SECOND, SMALL 함수와 &연산자 사용

**05** [표5]에서 지역[C26:C33]이 '서울'인 판매금액[D26:D33]의 최저금액과 지역[C26:C33]이 '경기'인 판매금액[D26:D33]의 최저금액의 평균을 [D34]에 나타내시오. (8점)

- ▶ [F25:G26] 영역에 조건 입력
- ▶ AVERAGE, DMIN 함수 사용

---

**문제 3**　분석작업(20점) • 주어진 시트에서 다음 작업을 수행하고 저장하시오.

**01** '분석작업-1' 시트에 대하여 다음의 지시사항을 처리하시오. (10점)

[시나리오 관리자] 기능을 이용하여 '스마트폰 판매 현황' 표에서 할인율[B19]이 다음과 같이 변동하는 경우 통신요금 평균[G17]의 변동 시나리오를 작성하시오.

- ▶ 셀 이름 정의 : [B19] 셀은 '할인율', [G17] 셀은 '통신요금평균'으로 정의하시오.
- ▶ 시나리오1 : 시나리오 이름은 '할인율인상', 할인율을 30%로 설정하시오.
- ▶ 시나리오2 : 시나리오 이름은 '할인율인하', 할인율을 10%로 설정하시오.
- ▶ 위 시나리오에 의한 '시나리오 요약' 보고서는 '분석작업-1' 시트 바로 앞에 위치시키시오.

**02** '분석작업-2' 시트에 대하여 다음의 지시사항을 처리하시오. (10점)

데이터 도구 [통합] 기능을 이용하여 [표1], [표2], [표3]의 '매입수량', '매출수량', '재고수량'의 상품명이 K, E, Q, Y로 시작하는 합계를 [표4]의 서울지역 재고 현황[F12:I16] 영역에 계산하시오.

**01** '매크로작업' 시트의 [표]에서 다음과 같은 기능을 수행하는 매크로를 현재 통합 문서에 작성하고 실행하시오. (각 5점)

① [H5:H10] 영역에 대하여 취업률을 계산하는 매크로를 생성하고 실행하시오.

▶ 매크로 이름 : 취업률     ▶ SUM 함수 사용

▶ 취업률 : (고용보험가입+창업+대학원진학+군입대)/졸업인원의 합계

▶ [개발 도구]-[삽입]-[양식 컨트롤]의 '단추(□)'를 동일 시트의 [B12:C13] 영역에 생성한 후 텍스트를 '취업률'로 입력하고, 도형을 클릭할 때 '취업률' 매크로가 실행되도록 설정하시오.

② [G5:G10] 영역에 셀 스타일 '연한 노랑, 40% – 강조색4'를 적용하는 매크로를 생성하고 실행하시오.

▶ 매크로 이름 : 서식

▶ [도형]-[기본 도형]의 '사각형: 모서리가 접힌 도형(⬠)'을 동일 시트의 [E12:F13] 영역에 생성한 후 텍스트를 '서식'으로 입력하고, 도형을 클릭할 때 '서식' 매크로가 실행되도록 설정하시오.

※ 셀 포인터의 위치에 상관없이 현재 통합문서에서 매크로가 실행되어야 정답으로 인정됨

**02** '차트작업' 시트의 차트를 지시사항에 따라 아래 그림과 같이 수정하시오. (각 2점)

※ 차트는 반드시 문제에서 제공한 차트를 사용하여야 하며, 신규로 작성 시 0점 처리됨

① 차트 종류를 '3차원 묶은 세로 막대형'으로 변경한 후 '하반기' 계열만 '원통형' 차트로 변경하시오.

② 차트 크기를 90%로 설정하시오.

③ 차트 제목은 '차트 위'로 지정한 후 [B1] 셀과 연동되도록 설정 후 차트 제목에 도형 스타일 '미세 효과 – 파랑, 강조1'을 적용하시오.

④ 3차원 회전에서 X회전 0도, Y회전 0도, 원근감을 30도로 설정하시오.

⑤ 세로 축 제목과 세로 축의 기본 단위는 그림과 같이 설정하시오.

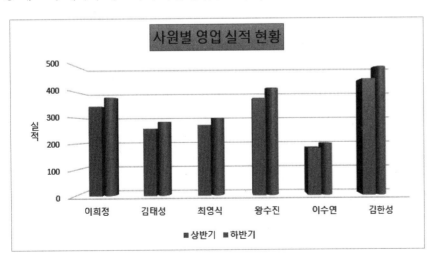

# 1 기본작업

## 02 | 서식 설정

| | B | C | D | E | F | G |
|---|---|---|---|---|---|---|
| | | | | 성안주식회사 사원현황 | | |
| | | | | | | |
| | 부서명 | 성명 | 성별 | 입사일 | 근무년수 | 연락처 |
| | | 이창준 | 여 | 2017년 02월 04일(토요일) | 5 | 010-44**-**** |
| | 기획팀 | 유명은 | 남 | 2018년 07월 06일(금요일) | 4 | 010-33**-**** |
| | | 박정호 | 남 | 2017년 05월 03일(수요일) | 5 | 010-33**-**** |
| | | 오일형 | 남 | 2015년 04월 08일(수요일) | 7 | 010-49**-**** |
| | | 최진혁 | 남 | 2018년 07월 08일(일요일) | 4 | 010-40**-**** |
| | 영업팀 | 김서은 | 여 | 2018년 06월 09일(토요일) | 4 | 010-39**-**** |
| | | 이윤희 | 여 | 2010년 08월 09일(월요일) | 12 | |
| | | 이해인 | 여 | 2009년 08월 09일(일요일) | 13 | 010-43**-**** |
| | | 최해연 | 여 | 2012년 05월 09일(수요일) | 10 | 010-44**-**** |
| | | 이정수 | 여 | 2020년 01월 01일(수요일) | 2 | |
| | 총무팀 | 한율아 | 남 | 2021년 12월 05일(일요일) | 1 | 010-43**-**** |
| | | 김수연 | 남 | 2001년 04월 05일(목요일) | 21 | 010-33**-**** |
| | | 최지영 | 여 | 2019년 08월 09일(금요일) | 3 | 010-93**-**** |

## 03 | 고급 필터

| | G | H | I | J | K |
|---|---|---|---|---|---|
| | | | | | |
| | | | | | |
| | 성별 | 입사일 | | | |
| | 여 | >=2018-01-01 | | | |
| | | | | | |
| | | | | | |
| | 성명 | 성별 | 부서명 | 입사일 | 근무년수 |
| | 이정수 | 여 | 총무팀 | 2020-01-01 | 2 |
| | 최지영 | 여 | 총무팀 | 2019-08-09 | 3 |
| | 김서은 | 여 | 영업팀 | 2018-06-09 | 4 |

# 2 계산작업

1. =IFERROR(RANK.EQ(D3,$D$3:$D$9,0)&"위","결석")

2. ="평균:"&TRUNC(AVERAGE(K3:K9))&" 표준편차:"&TRUNC(STDEV.S(K3:K9))

3. =COUNTIF(B14:B21,"〈〉서비스")/COUNTA(B14:B21)

4. =HOUR(SMALL(J14:J21,2))&"시 "&MINUTE(SMALL(J14:J21,2))&"분 "&SECOND(SMALL(J14:J21,2))&"초"

5. =AVERAGE(DMIN(A25:D33,D25,F25:F26),DMIN(A25:D33,D25,G25:G26))

| ⊿ | A | B | C | D | E | F | G | H | I | J | K |
|---|---|---|---|---|---|---|---|---|---|---|---|
| 1 | [표1] | 학과별 성적 현황 | | | | | [표2] | 해외파견 응시 결과 | | | |
| 2 | 이름 | 학과 | 성별 | 점수 | 순위 | | 사원명 | 근무 | 출근 | 외국어 | 최종점수 |
| 3 | 나선중 | 경영학과 | 남 | 90 | 3위 | | 이순호 | 72 | 88 | 52 | 70.67 |
| 4 | 이영균 | 경영학과 | 여 | 95 | 2위 | | 박상진 | 79 | 86 | 96 | 87.00 |
| 5 | 김선호 | 건축학과 | 남 | | 결석 | | 최미영 | 86 | 96 | 68 | 83.33 |
| 6 | 강승혁 | 건축학과 | 여 | 98 | 1위 | | 김훈태 | 93 | 75 | 91 | 86.33 |
| 7 | 박병호 | 건축학과 | 남 | 78 | 4위 | | 장희진 | 72 | 99 | 86 | 85.67 |
| 8 | 한영진 | 환경공학과 | 여 | 55 | 5위 | | 이수연 | 96 | 96 | 97 | 96.33 |
| 9 | 이태법 | 환경공학과 | 남 | | 결석 | | 최우진 | 82 | 89 | 47 | 72.67 |
| 10 | | | | | | | 최종점수의 평균과 표준편차 | | | | 평균:83 표준편차:8 |
| 11 | | | | | | | | | | | |
| 12 | [표3] | 중간고사 성적표 | | | | | [표4] | 하프 마라톤 대회 | | | |
| 13 | 성명 | 경영학과 | 전공 | 교양 | 평균 | | 참가변호 | 나이 | 이름 | 기록 | |
| 14 | 이소영 | 유통 | 51 | 48 | 49.5 | | 1008 | 43 | 구정식 | 1:19:40 | |
| 15 | 최승진 | 유통 | 30 | 32 | 31.0 | | 1004 | 36 | 김채혁 | 1:21:17 | |
| 16 | 박기태 | 물류 | 47 | 42 | 44.5 | | 1002 | 44 | 김인철 | 1:32:30 | |
| 17 | 이율아 | 서비스 | 48 | 43 | 45.5 | | 1003 | 53 | 최영진 | 1:24:20 | |
| 18 | 이수철 | 물류 | 21 | 29 | 25.0 | | 1005 | 32 | 김진혁 | 1:03:11 | |
| 19 | 강부석 | 유통 | 43 | 38 | 40.5 | | 1007 | 29 | 유재진 | 1:26:13 | |
| 20 | 최성진 | 유통 | 36 | 38 | 37.0 | | 1010 | 28 | 최인천 | 1:40:10 | |
| 21 | 차수진 | 서비스 | 31 | 36 | 33.5 | | 1009 | 45 | 김세일 | 1:21:15 | |
| 22 | 서비스'학과를 제외한 학과의 비율 | | | | 75.0% | | 2번째로 빠른 기록 | | | 1시 19분 40초 | |
| 23 | | | | | | | | | | | |
| 24 | [표5] | 영업소별 판매 실적 | | | | | | | | | |
| 25 | 사원명 | 성별 | 지역 | 판매금액 | | | 지역 | 지역 | | | |
| 26 | 박성실 | 여 | 부산 | 1,250,000 | | | 서울 | 경기 | | | |
| 27 | 김아연 | 여 | 서울 | 1,000,000 | | | | | | | |
| 28 | 박진혁 | 남 | 경기 | 1,340,000 | | | | | | | |
| 29 | 김태일 | 남 | 부산 | 1,090,000 | | | | | | | |
| 30 | 이은진 | 여 | 서울 | 1,290,000 | | | | | | | |
| 31 | 황진희 | 여 | 부산 | 1,150,000 | | | | | | | |
| 32 | 강노연 | 여 | 경기 | 1,320,000 | | | | | | | |
| 33 | 한상태 | 남 | 경기 | 1,330,000 | | | | | | | |
| 34 | 서울과 경기 지역의 최저판매금액 평균 | | | 1,160,000 | | | | | | | |

# 3 분석작업

## 01 | 시나리오

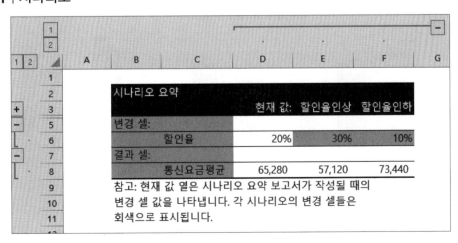

## 02 | 데이터 통합

| | E | F | G | H | I |
|---|---|---|---|---|---|
| 10 | | | | | |
| 11 | | [표4] | 서울지역 재고 현황 | | |
| 12 | | 상품명 | 매입수량 | 매출수량 | 재고수량 |
| 13 | | K* | 4705 | 2718 | 2029 |
| 14 | | E* | 7661 | 3661 | 4042 |
| 15 | | Q* | 3770 | 2934 | 878 |
| 16 | | Y* | 1040 | 247 | 793 |

# 4 기타작업

## 01 | 매크로

| | A | B | C | D | E | F | G | H |
|---|---|---|---|---|---|---|---|---|
| 1 | | | | | | | | |
| 2 | | 성안대학교 취업률 현황 | | | | | | |
| 3 | | | | | | | | |
| 4 | | 학과 | 고용보험가입 | 창업 | 대학원진학 | 군입대 | 졸업인원 | 취업률 |
| 5 | | 도시공학과 | 18 | 3 | 2 | 3 | 26 | 16.25% |
| 6 | | 환경공학과 | 28 | 4 | 2 | 4 | 38 | 23.75% |
| 7 | | 전기공학과 | 15 | 3 | 1 | 2 | 21 | 13.13% |
| 8 | | 생명공학과 | 13 | 4 | 1 | 2 | 20 | 12.50% |
| 9 | | 산업공학과 | 28 | 4 | 1 | 1 | 34 | 21.25% |
| 10 | | 기계공학과 | 13 | 2 | 3 | 3 | 21 | 13.13% |
| 11 | | | | | | | | |
| 12 | | | 취업률 | | | 서식 | | |
| 13 | | | | | | | | |
| 14 | | | | | | | | |

## 02 | 차트

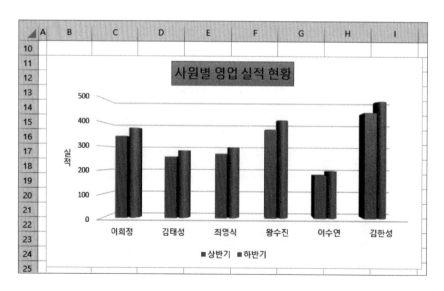

## 풀이

### 문제1 기본작업

**1 서식 설정('기본작업-2' 시트)**

① [B1:G1] 영역을 범위 지정하고 Ctrl+1 키를 눌러 [맞춤] 탭의 텍스트 맞춤 가로를 '선택 영역의 가운데로'를 선택한 후 [확인]을 클릭하고 [홈]-[스타일] 그룹-[셀 스타일]에서 '제목 1'을 선택합니다.

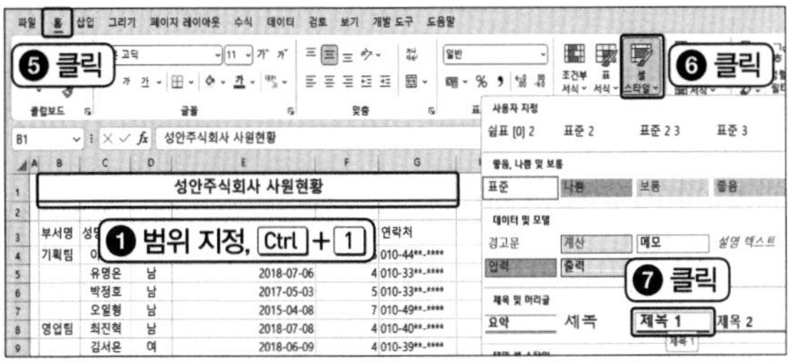

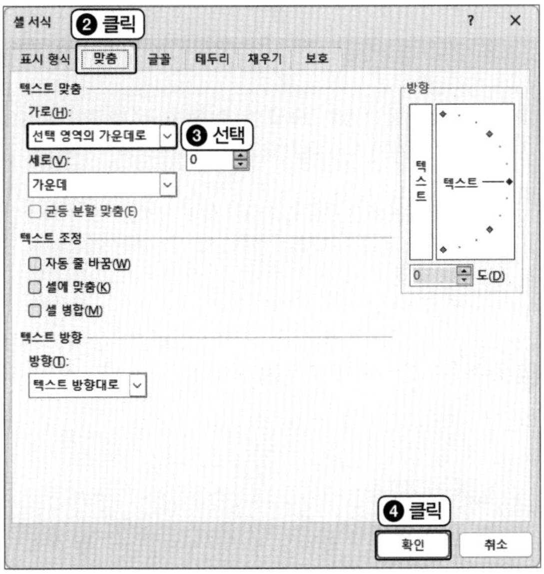

② [B3:G3] 영역을 범위 지정한 후 가로 '가운데 맞춤(☰)'을 클릭합니다.

③ [B4:B7] 영역을 범위 지정하고 Ctrl 키를 누른 채 [B8:B11], [B12:B16] 영역을 추가 범위 지정한 후 [홈] 탭의 [맞춤] 그룹에서 '병합하고 가운데 맞춤(⊟)' 도구를 클릭하고, [글꼴] 그룹에서 [채우기 색(◇)]을 클릭한 후 '표준 색-노랑'을 지정하고, [글꼴 색(가)]을 '진한 파랑'을 지정합니다.

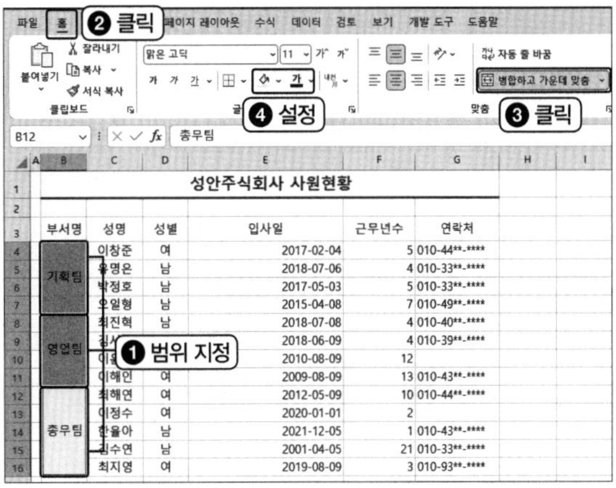

④ [E4:E16] 영역을 범위 지정하고 Ctrl+1 키를 눌러 [표시 형식] 탭의 [사용자 지정]에서 '형식'에 『yyyy"년" mm"월" dd"일"(aaaa)』을 입력한 후 [확인]을 클릭합니다.

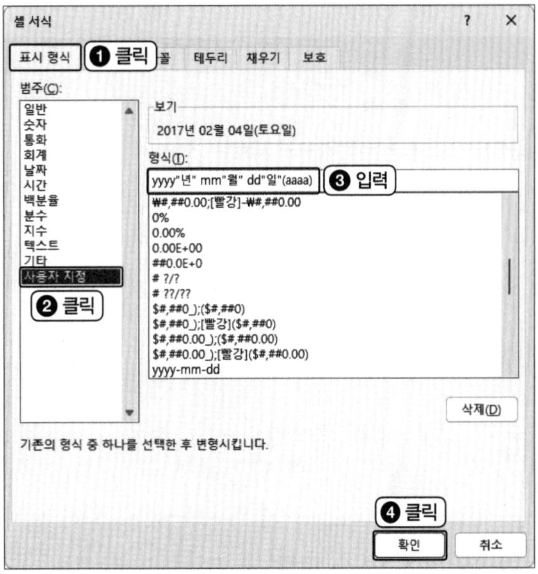

⑤ [G10] 셀을 선택하고 Ctrl 키를 누른 채 [G13] 셀을 추가 선택한 후 Ctrl+1 키를 눌러 [테두리] 탭의 '테두리'에서 '왼쪽 대각선(◪)'과 '오른쪽 대각선(◩)'을 각각 선택한 후 [확인]을 클릭합니다.

⑥ [B3:G16] 영역을 범위 지정하고 [홈] 탭-[글꼴] 그룹-[테두리(⊞ ▼)]의 목록 단추를 클릭한 후 '모든 테두리(⊞)'를 먼저 클릭해 설정하고, Ctrl + 1 키를 눌러 [테두리] 탭의 선 스타일에서 '이중 테두리(═)'를 선택한 후 테두리의 위쪽과 아래쪽을 선택하고 [확인]을 클릭합니다.

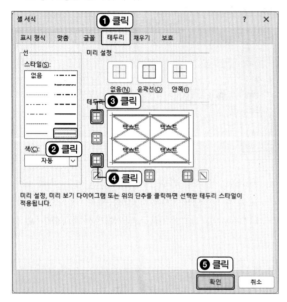

### 2 고급 필터('기본작업-3' 시트)

① [G3:H4] 영역에 다음과 같이 조건을 입력합니다.

※ 필드명은 직접 입력하거나 [A3:E3] 영역의 필드를 복사하여 사용해도 됩니다.

| F | G | H |
|---|---|---|
| | | |
| | 성별 | 입사일 |
| | 여 | >=2018-01-01 |
| | | |

② 데이터 영역(A3:E18)에서 임의의 셀을 클릭하고 [데이터] 탭-[정렬 및 필터] 그룹-[고급(⛁)]을 클릭합니다.

③ '다른 장소에 복사'를 선택하고 [고급 필터]에서 다음과 같이 지정한 후 [확인]을 클릭합니다.

※ 셀 범위는 절대참조 또는 상대참조로 지정되어 있어도 상관없습니다.

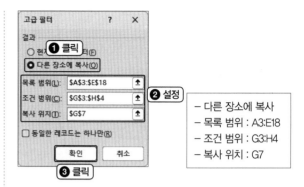

– 다른 장소에 복사
– 목록 범위 : A3:E18
– 조건 범위 : G3:H4
– 복사 위치 : G7

---

**문제2** 계산작업('계산작업' 시트)

### 1 순위[E3:E9]

[E3] 셀에 수식을 입력하고 [E9] 셀까지 수식을 복사합니다.

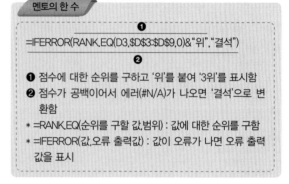

**멘토의 한 수**

❶
=IFERROR(RANK.EQ(D3,$D$3:$D$9,0)&"위","결석")

❶ 점수에 대한 순위를 구하고 '위'를 붙여 '3위'를 표시함
❷ 점수가 공백이어서 에러(#N/A)가 나오면 '결석'으로 변환함
* =RANK.EQ(순위를 구할 값,범위) : 값에 대한 순위를 구함
* =IFERROR(값,오류 출력값) : 값이 오류가 나면 오류 출력값을 표시

### 2 최종점수의 평균과 표준편차[K10]

[K10] 셀에 수식을 입력합니다.

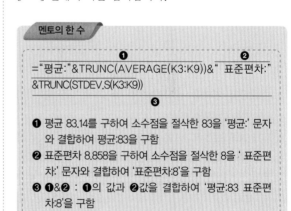

**멘토의 한 수**

❶                          ❷
="평균:"&TRUNC(AVERAGE(K3:K9))&" 표준편차:"&TRUNC(STDEV.S(K3:K9))
                    ❸

❶ 평균 83.14를 구하여 소수점을 절삭한 83을 '평균:' 문자와 결합하여 평균:83을 구함
❷ 표준편차 8.858을 구하여 소수점을 절삭한 8을 ' 표준편차:' 문자와 결합하여 '표준편차:8'을 구함
❸ ❶&❷ : ❶의 값과 ❷값을 결합하여 '평균:83 표준편차:8'을 구함

## ③ 서비스 학과를 제외한 학과의 비율[E22]

[E22] 셀에 수식을 입력합니다.

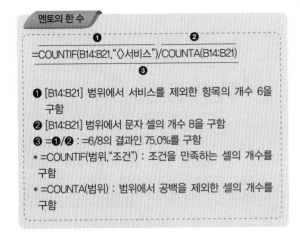

**멘토의 한 수**

```
    ❶                        ❷
=COUNTIF(B14:B21,"<>서비스")/COUNTA(B14:B21)
                    ❸
```

- ❶ [B14:B21] 범위에서 서비스를 제외한 항목의 개수 6을 구함
- ❷ [B14:B21] 범위에서 문자 셀의 개수 8을 구함
- ❸ =❶/❷ : =6/8의 결과인 75.0%를 구함
- * =COUNTIF(범위,"조건") : 조건을 만족하는 셀의 개수를 구함
- * =COUNTA(범위) : 범위에서 공백을 제외한 셀의 개수를 구함

## ④ 2번째로 빠른 기록[J22]

[J22] 셀에 수식을 입력합니다.

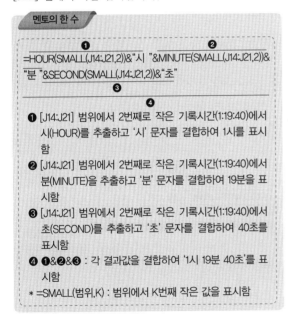

**멘토의 한 수**

```
                ❶                        ❷
=HOUR(SMALL(J14:J21,2))&"시 "&MINUTE(SMALL(J14:J21,2))&
"분 "&SECOND(SMALL(J14:J21,2))&"초"
                    ❸
                    ❹
```

- ❶ [J14:J21] 범위에서 2번째로 작은 기록시간(1:19:40)에서 시(HOUR)를 추출하고 '시' 문자를 결합하여 1시를 표시함
- ❷ [J14:J21] 범위에서 2번째로 작은 기록시간(1:19:40)에서 분(MINUTE)을 추출하고 '분' 문자를 결합하여 19분을 표시함
- ❸ [J14:J21] 범위에서 2번째로 작은 기록시간(1:19:40)에서 초(SECOND)를 추출하고 '초' 문자를 결합하여 40초를 표시함
- ❹ ❶&❷&❸ : 각 결과값을 결합하여 '1시 19분 40초'를 표시함
- * =SMALL(범위,K) : 범위에서 K번째 작은 값을 표시함

## ⑤ 서울과 경기 지역의 최저 판매금액 평균[D34]

[F25:G26] 셀에 다음과 같이 조건을 입력합니다.

|  | E | F | G |
|---|---|---|---|
| 24 |  |  |  |
| 25 |  | 지역 | 지역 |
| 26 |  | 서울 | 경기 |

[D34] 셀에 수식을 입력합니다.

**멘토의 한 수**

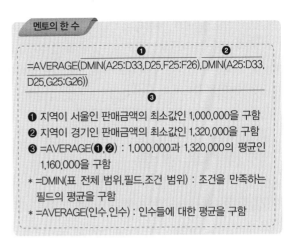

```
=AVERAGE(DMIN(A25:D33,D25,F25:F26),DMIN(A25:D33,
D25,G25:G26))
           ❶                        ❷
                    ❸
```

- ❶ 지역이 서울인 판매금액의 최소값인 1,000,000을 구함
- ❷ 지역이 경기인 판매금액의 최소값인 1,320,000을 구함
- ❸ =AVERAGE(❶,❷) : 1,000,000과 1,320,000의 평균인 1,160,000을 구함
- * =DMIN(표 전체 범위,필드,조건 범위) : 조건을 만족하는 필드의 평균을 구함
- * =AVERAGE(인수,인수) : 인수들에 대한 평균을 구함

---

**문제3** ○ 분석작업

## ① 시나리오 요약('분석작업-1' 시트)

① [B19] 셀을 선택한 후 '이름 상자'에 『할인율』을 입력하고 **Enter** 키를 누릅니다. 같은 방법으로 [G17] 셀은 『통신요금평균』으로 이름을 정의합니다.

※ 이름 정의 시 공백을 입력할 수 없습니다.

② 변동할 부분인 [B19] 셀을 선택하고 [데이터] 탭-[예측] 그룹-[가상분석( )]-[시나리오 관리자]를 클릭합니다.

③ [시나리오 관리자]에서 [추가]를 클릭합니다.

④ '시나리오 이름'에 『할인율인상』을 입력하고, 변경 셀에 [B19] 셀이 선택되어 있는지 확인한 후 [확인]을 클릭합니다.

※ 변동할 부분인 [B19] 셀을 선택하고 시나리오 관리자를 실행하면 변경 셀 부분이 자동으로 지정되어 있습니다.

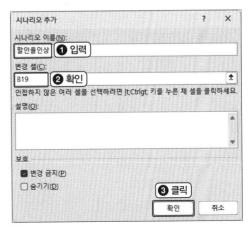

⑤ [시나리오 값]에서 '할인율'에 『30%』를 입력한 후 [추가]를 클릭합니다.

※ 30% 대신에 '0.3'을 입력해도 되며 [확인]을 클릭한 후 [추가]를 클릭해도 됩니다.

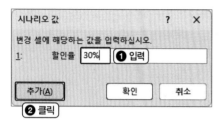

⑥ [시나리오 추가]에서 '시나리오 이름'에 『할인율인하』를 입력하고, 변경 셀에 [B19] 셀이 선택되어 있는지 확인한 후 [확인]을 클릭합니다.

※ 부분 점수가 없으므로 문제를 보고 시나리오 이름에 띄어쓰기가 되어 있는지 주의해서 입력합니다.

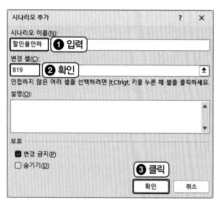

⑦ [시나리오 값]에서 '할인율'에 『10%』를 입력한 후 [확인]을 클릭합니다.

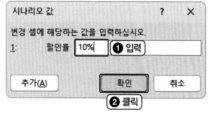

⑧ [시나리오 관리자]에서 [요약]을 클릭합니다.

⑨ [시나리오 요약]에서 '결과 셀'은 [G17] 셀을 선택한 후 [확인]을 클릭합니다.

## 2 데이터 통합('분석작업-2' 시트)

① [F13:F16] 영역에 통합할 조건을 그림과 같이 입력합니다.

| | E | F | G | H | I |
|---|---|---|---|---|---|
| 10 | | | | | |
| 11 | | [표4] | 서울지역 재고 현황 | | |
| 12 | | 상품명 | 매입수량 | 매출수량 | 재고수량 |
| 13 | | K* | | | |
| 14 | | E* | | | |
| 15 | | Q* | | | |
| 16 | | Y* | | | |

② [F12:I16] 영역을 범위 지정하고 [데이터] 탭-[데이터 도구] 그룹-[통합(🖿)]을 클릭합니다.

③ [통합]에서 '함수'는 '합계', '참조'에 [A2:D8] 영역을 드래그하고 [추가]를 클릭합니다.

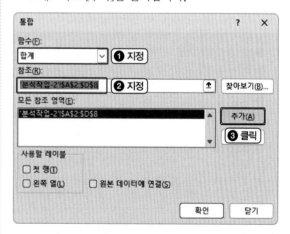

④ 같은 방법으로 '참조'에 [F2:I8], [A12:D18] 영역을 드래그하고 [추가]를 클릭한 후 '사용할 레이블'에 '첫 행'과 '왼쪽 열'에 체크하고 [확인]을 클릭합니다.

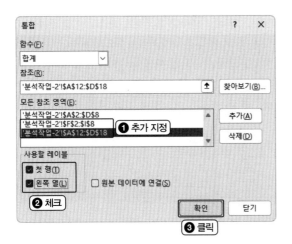

## 문제4 ○ 기타작업

### 1 매크로 작성('매크로작업' 시트)

① [개발 도구] 탭–[코드] 그룹–[매크로 기록( )] 도구를 클릭하고 [매크로 기록]의 '매크로 이름'에 『취업률』을 입력한 후 [확인]을 클릭합니다.

② [H5] 셀에 『=(C5+D5+E5+F5)/SUM($G$5:$G$10)』 수식을 입력한 후 [H10] 셀까지 수식을 복사합니다.

③ 지정된 영역을 해제하고 [개발 도구] 탭–[코드] 그룹–[기록 중지(□)] 도구를 클릭하여 매크로를 중지합니다.

④ [개발 도구] 탭–[컨트롤] 그룹–[삽입]–[양식 컨트롤]–'단추(□ )'를 선택하고 Alt 키를 누른 상태로 [B12:C13] 영역에 드래그합니다.

⑤ [매크로 지정]에서 '취업률'을 선택하고 [확인]을 클릭한 후 삽입된 단추의 텍스트를 『취업률』로 수정합니다.

⑥ '서식' 매크로를 작성하기 위해 다시 [개발 도구] 탭–[코드] 그룹 –[매크로 기록( )]을 클릭하고 [매크로 기록]의 '매크로 이름'에 『서식』을 입력한 후 [확인]을 클릭합니다.

⑦ [G5:G10] 영역을 범위 지정하고 [홈] 탭–[스타일] 그룹–[셀 스타일]에서 '연한 노랑, 40% – 강조색4'를 선택합니다.

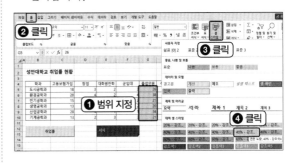

⑧ 지정된 영역을 해제하고 [개발 도구] 탭–[코드] 그룹–[기록 중지(□)]를 클릭하여 매크로를 중지합니다.

⑨ [삽입] 탭–[일러스트레이션] 그룹–[도형]의 '기본 도형'에서 '사각형: 모서리가 접힌 도형(□)'을 선택하고 Alt 키를 누르면서 [E12:F13] 영역에 드래그하여 위치시킨 후 도형에 『서식』을 입력합니다.

⑩ 도형에서 마우스 오른쪽 버튼을 클릭하고 [매크로 지정]을 선택한 후 [매크로 지정]에서 '서식'을 선택하고 [확인]을 클릭합니다.

### 5 차트 작성('차트작업' 시트)

① 차트 영역을 선택한 후 마우스 오른쪽 버튼을 클릭하고 [차트 종류 변경( )]을 선택합니다.

② [차트 종류 변경]의 [모든 차트] 탭에서 '세로 막대형'의 '3차원 묶은 세로 막대형'을 선택한 후 [확인]을 클릭합니다.

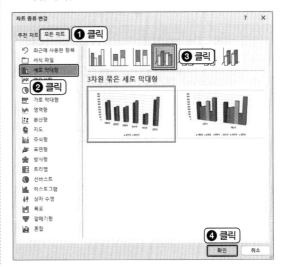

③ 하반기 계열에서 마우스 오른쪽 버튼을 클릭한 후 [데이터 계열 서식]을 클릭합니다.

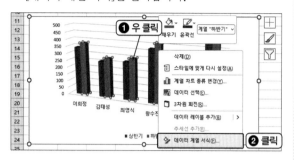

④ [데이터 계열 서식]의 계열 옵션(📊)에서 '세로 막대 모양'을 '원통형'으로 선택합니다.

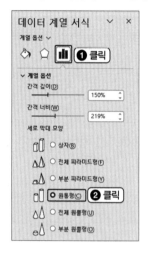

⑤ 차트 영역을 선택한 후 마우스 오른쪽 버튼을 클릭하고 [차트 영역 서식]을 선택합니다.

⑥ [차트 영역 서식]의 '크기 및 속성(📐)'에서 '가로 세로 비율 고정'에 체크한 후 '높이 조절'을 90%로, '너비 조절'을 90%로 각각 지정합니다.

※ 비율을 수정하고 저장한 후 다시 열면 90%가 아닌 100%로 표시되는데, 이는 수정한 비율로 차트 크기가 재설정되면, 재설정 후 크기를 100%로 인식하기 때문입니다.

⑦ 차트 영역을 선택한 후 [차트 요소 ➕]를 클릭하고 추가된 '차트 제목'을 선택한 후 주소 표시줄에 『=』을 입력하고 [B1]셀을 클릭한 후 Enter 키를 누릅니다.

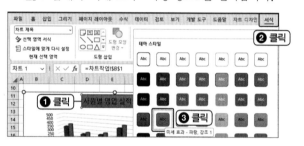

⑧ 차트 제목이 선택된 상태에서 [서식] 탭의 [도형 스타일] 그룹에서 '미세 효과 – 파랑 강조1'을 선택합니다.

⑨ '차트 영역'을 선택한 후 마우스 오른쪽 버튼을 클릭하고 [3차원 회전]을 선택합니다.

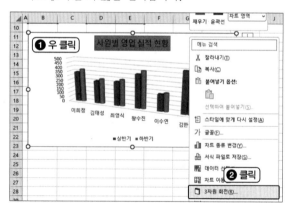

⑩ [차트 영역 서식]의 '효과(🏠)'에서 'X 회전'과 'Y 회전'에 각각 『0』을 입력한 후 '원근감'에 『30』을 입력합니다.

⑪ 차트 영역을 선택한 후 [차트 요소 ➕]를 클릭하고 [축 제목 ▶]−[기본 세로]를 체크한 후 축 제목에 『실적』을 입력합니다.

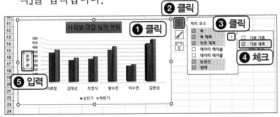

⑫ 축 제목 '실적'을 선택하고 마우스 오른쪽 버튼을 클릭한 후 [축 제목 서식]을 선택하고 [축 제목 서식]의 '크기 및 속성(▦)'에서 '맞춤'에 '텍스트 방향'을 '세로'로 설정합니다.

⑬ '세로 (값) 축'을 선택하고 마우스 오른쪽 버튼을 클릭한 후 [축 서식]을 실행합니다.

⑭ [축 서식] 창에서 '단위'의 '기본'에 『100』을 입력합니다.

**8회**

# 최신 기출문제

| 무료 동영상 |

| 프로그램명 | 제한시간 |
|---|---|
| EXCEL 2021 | 40분 |

수험번호 :

성　명 :

# 2급 · B형

### 유의사항

■ 인적 사항 누락 및 잘못 작성으로 인한 불이익은 수험자 책임으로 합니다.

■ 화면에 암호 입력창이 나타나면 아래의 암호를 입력합니다.
　○ 암호 : 4305*@

■ 작성된 답안은 주어진 경로 및 파일명을 변경하지 마시고 그대로 저장해야 합니다.
　이를 준수하지 않으면 실격 처리됩니다.
　○ 답안 파일명의 예: C:\OA\수험번호8자리.xlsm

■ 외부 데이터 위치: C:\OA\파일명

■ 별도의 지시사항이 없는 경우, 다음과 같이 처리 시 실격 처리됩니다.
　○ 제시된 시트 및 개체의 순서나 이름을 임의로 변경한 경우
　○ 제시된 시트 및 개체를 임의로 추가 또는 삭제한 경우
　○ 외부 데이터를 시험 시작 전에 열어본 경우

■ 답안은 반드시 문제에서 지시 또는 요구한 셀에 입력하여야 하며 다음과 같이 처리 시 채점 대상에서 제외됩니다.
　○ 제시된 함수가 있을 경우 제시된 함수만을 사용하여야 하며 그 외 함수 사용 시 채점대상에서 제외
　○ 수험자가 임의로 지시하지 않은 셀의 이동, 수정, 삭제, 변경 등으로 인해 셀의 위치 및 내용이 변경된 경우 해당 작업에 영향을 미치는 관련 문제 모두 채점 대상에서 제외
　○ 도형 및 차트의 개체가 중첩되어 있거나 동일한 계산결과 시트가 복수로 존재할 경우 해당 개체나 시트는 채점 대상에서 제외

■ 수식 작성 시 제시된 문제 파일의 데이터는 변경 가능한(가변적) 데이터임을 감안하여 문제 풀이를 하시오.

■ 별도의 지시사항이 없는 경우, 주어진 각 시트 및 개체의 설정값 또는 기본 설정값(Default)으로 처리하시오.

■ 저장 시간은 별도로 주어지지 않으므로 제한된 시간 내에 저장을 완료해야 하며, 제한 시간 내에 저장이 되지 않은 경우에는 실격 처리됩니다.

■ 출제된 문제의 용어는 Microsoft Office 2021(LTSC 2108 버전)로 작성되어 있습니다.

## 대 한 상 공 회 의 소

◉ 문제파일 : C:₩컴활2급₩6.기출문제₩기출문제8회(문제).xlsm
◎ 결과파일 : C:₩컴활2급₩6.기출문제₩기출문제8회(정답).xlsm

**문제 1** 　기본작업(20점) • 주어진 시트에 대하여 다음 작업을 수행하고 저장하시오.

### 01 '기본작업-1' 시트에 다음의 자료를 주어진 대로 입력하시오. (5점)

| | A | B | C | D | E | F |
|---|---|---|---|---|---|---|
| 1 | 상공호텔 지역별 예약현황 | | | | | |
| 2 | | | | | | |
| 3 | 지역 | 예약번호 | 고객명 | 사용일수(박) | 사용인원(명) | 사용요금 |
| 4 | 제주 | J-3001-A | 곽서준 | 3 | 4 | 300000 |
| 5 | 부산 | B-2002-B | 이순호 | 3 | 2 | 300000 |
| 6 | 제주 | J-3002-B | 김율아 | 2 | 6 | 250000 |
| 7 | 강원 | K-1001-A | 김수진 | 3 | 5 | 300000 |
| 8 | 강원 | K-1002-B | 최주용 | 3 | 4 | 300000 |
| 9 | 부산 | B-2001-A | 한진혁 | 2 | 3 | 200000 |

### 02 '기본작업-2' 시트에 대하여 다음의 지시사항을 처리하시오. (각 2점)

① [A1:F1] 영역은 '병합하고 가운데 맞춤', 글꼴 '바탕체', 글꼴 크기 '18', 글꼴 스타일 '굵은 기울임꼴'로 지정하시오.

② [A3:F3] 영역은 셀 스타일 '연한 파랑, 20%-강조색1'과 '가로 가운데 맞춤'을, [C4:E15] 영역은 '쉼표 스타일(,)'로 지정하시오.

③ [F4:F15] 영역은 사용자 지정 표시 형식을 이용하여 날짜 형식을 [표시 예]와 같이 표시하시오.
[표시 예 : 2024-12-04 → 12월 04일(수)]

④ [E8] 셀에 '최고금액'이라는 메모를 삽입한 후 항상 표시되도록 지정하고, 메모 서식에서 '자동 크기'를 설정하시오.

⑤ [A3:F15] 영역에 '모든 테두리(田)'로 적용하여 표시하시오.

### 03 '기본작업-3' 시트에 대하여 다음의 지시사항을 처리하시오. (5점)

'문화 공연 예매 현황' 표에서 '공연요금'이 20,000 이상이면서 '예매량'이 1,000 이상인 데이터를 고급 필터를 사용하여 검색하시오.

▶ 고급 필터 조건은 [A18:B19] 범위 내에 알맞게 입력하시오.
▶ 고급 필터 결과 복사 위치는 동일 시트의 [A22] 셀에서 시작하시오.

**문제 2** 　계산작업(40점) • '계산작업' 시트에서 다음의 과정을 수행하고 저장하시오.

### 01 [표1]에서 평균[E3:E10]이 80점대인 학생수를 구하여 [E11] 셀에 표시하시오. (8점)

▶ 숫자 뒤에 '명'을 표시 [표시 예 : 2명]
▶ AVERAGEIFS, COUNTIFS, SUMIFS 중 알맞은 함수와 & 연산자를 사용

**02** [표2]에서 1일, 2일, 3일의 참여횟수(○)와 면접[K3:K11]의 점수가 90점 이상이면 '채용'을, 그렇지 않으면 공백을 비고[L3:L11]에 표시하시오. (8점)

▶ 참여 횟수는 특수문자 '○'로 표시          ▶ 점수=참여횟수＊면접
▶ IF, COUNTA 함수 사용

**03** [표3]을 이용하여 합계[D15:D21]의 순위를 구하여 결과[E15:E21]에 표시하시오. (8점)

▶ 순위는 큰 값이 1위          ▶ 순위가 3~5위는 '보충대상', 6~7위는 '부적합' 그 외는 공백으로 표시
▶ CHOOSE, RANK.EQ 함수 사용

**04** [표4]에서 오늘날짜[K13]와 생년월일[I15:I21]을 이용하여 나이가 20 미만이면 '청소년', 29 이하이면 '20대', 나머지는 공백으로 구분[K15:K21]에 표시하시오. (8점)

▶ 나이=오늘날짜년도-생년월일년도+1
▶ IF,YEAR 함수 사용

**05** [표5]에서 회사명[B25:B34]과 [할인표]의 할인율[G28:G31]을 이용하여 할인금액[D25:D34]을 계산하시오. (8점)

▶ 할인금액=금액＊할인율
▶ 할인금액은 십의 자리에서 올림하여 백의 자리까지 표시 [표시 예 : 25,678 → 25,600]
▶ INDEX, MATCH, ROUNDUP 함수 사용

---

### 문제 3   분석작업(20점) • 주어진 시트에서 다음 작업을 수행하고 저장하시오.

**01** '분석작업-1' 시트에 대하여 다음의 지시사항을 처리하시오. (10점)

[시나리오 관리자] 기능을 이용하여 '상공전자 제품 판매 현황' 표에서 할인율[B20:C20]이 다음과 같이 변동하는 경우 판매총액합계[I16]의 변동 시나리오를 작성하시오.

▶ 셀 이름 정의 : [B20] 셀은 '회원할인율', [C20] 셀은 '비회원할인율', [I16] 셀은 '판매총액합계'로 정의하시오.
▶ 시나리오1 : 시나리오 이름은 '할인율인상', 할인율은 회원 20%, 비회원 15%로 설정하시오.
▶ 시나리오2 : 시나리오 이름은 '할인율인하', 할인율은 회원 10%, 비회원 5%로 설정하시오.
▶ 위 시나리오에 의한 '시나리오 요약' 보고서는 '분석작업-1' 시트 바로 앞에 위치시키시오.
※ 시나리오 요약 보고서 작성 시 정답과 일치하여야 하며, 오자로 인한 부분 점수는 인정하지 않음

**02** '분석작업-2' 시트에 대하여 다음의 지시사항을 처리하시오. (10점)

[피벗 테이블] 기능을 이용하여 '상공목장 유제품 납품 현황' 표에서 납품업체는 '보고서 필터', 납품일은 '행 레이블', 제품명은 '열 레이블'로 처리하고, '값'에 납품수량과 납품총액의 합계를 계산하는 피벗 테이블을 작성하시오. (단, Σ 값은 행 레이블 위치)

▶ 피벗 테이블 보고서는 동일 시트의 [A20] 셀에서 시작하시오.
▶ 보고서 레이아웃은 '개요 형식'으로 지정하고, 딸기요거트를 끝으로 이동되도록 설정하시오.

▶ 납품일은 '월'별로 그룹화하여 표시하고, 행과 열의 총합계는 표시하지 않고, 빈 셀에는 '*'를 표시하시오.

▶ 값 영역의 표시 형식은 '값 필드 설정'의 '셀 서식'에서 '숫자' 범주와 '1000 단위 구분 기호(,) 사용'을 이용하여 지정하시오.

## 문제 4 기타작업(20점) · 주어진 시트에서 다음 작업을 수행하고 저장하시오.

**01** '매크로작업' 시트에서 다음과 같은 기능을 수행하는 매크로를 현재 통합 문서에 작성하고 실행하시오. (각 5점)

① 총원[I4:I10] 영역에 대하여 서울~제주도의 합계를 계산하는 매크로를 생성하고 실행하시오.

  ▶ 매크로 이름 : 총원     ▶ SUM 함수 사용

  ▶ [도형] – [사각형]의 '직사각형(□)' 도형을 동일 시트의 [B12:C13] 영역에 생성한 후 텍스트를 '총원'으로 입력하고, 도형을 클릭할 때 '총원' 매크로가 실행되도록 설정하시오.

② [A3:I3] 영역에 채우기 색 '표준 색 – 노랑', 글꼴 색 '표준 색 – 빨강'을 적용하는 매크로를 생성하고 실행하시오.

  ▶ 매크로 이름 : 서식

  ▶ [개발 도구] – [삽입] – [양식 컨트롤]의 '단추(□)'를 동일 시트의 [E12:F13] 영역에 생성한 후 텍스트를 '서식'으로 입력하고, 도형을 클릭할 때 '서식' 매크로가 실행되도록 설정하시오.

  ※ 셀 포인터의 위치에 상관없이 현재 통합문서에서 매크로가 실행되어야 정답으로 인정됨

**02** '차트작업' 시트의 차트를 지시사항에 따라 아래 그림과 같이 수정하시오. (각 2점)

  ※ 차트는 반드시 문제에서 제공한 차트를 사용하여야 하며, 신규로 작성 시 0점 처리됨

① 여사원의 '하반기' 실적이 차트에 표시되도록 데이터 범위를 추가하시오.

② 차트 제목을 〈그림〉과 같이 입력하고, 글꼴 '궁서체', 글꼴 색 '표준 색 – 주황', 채우기 색 '표준 색 – 파랑'으로 설정하시오.

③ '상반기' 계열에 데이터 레이블을 '항목 이름'으로 지정하고 레이블의 위치를 '안쪽 끝에', 레이블의 텍스트 방향을 '스택형', 글꼴 색은 '흰색, 배경 1'로 지정하시오.

④ '상반기' 계열에 도형 효과 '네온 : 5pt, 파랑, 강조색 1'을 지정하시오.

⑤ 계열 겹치기는 '–20%', 간격 너비는 '80%'로 지정하시오.

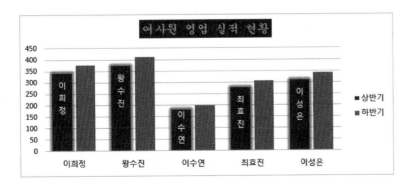

## 1 기본작업

### 02 | 서식 설정

| | A | B | C | D | E | F |
|---|---|---|---|---|---|---|
| 1 | | | | *12월 수주 상세 내역* | | |
| 2 | | | | | | |
| 3 | 구분 | 메뉴 | 단가 | 금액 | 출고금액 | 출고일 |
| 4 | 12-001 | 사무의자 | 10 | 256,000 | 2,560,000 | 12월 04일(수) |
| 5 | 12-001 | 책상서랍 | 5 | 65,000 | 325,000 | 12월 04일(수) |
| 6 | 12-001 | PVC파티션 | 5 | 45,000 | 225,000 | 12월 04일(수) |
| 7 | 12-002 | 레이저프린터 | 5 | 460,000 | 2,300,000 | 12월 05일(목) |
| 8 | 12-002 | 노트북15인치 | 10 | 864,000 | 8,640,000 최고금액 | 12월 05일(목) |
| 9 | 12-003 | 회의용테이블 | 10 | 450,000 | 4,500,000 | 12월 06일(금) |
| 10 | 12-004 | 노트북15인치 | 3 | 864,000 | 2,592,000 | 12월 06일(금) |
| 11 | 12-004 | 노트북13인치 | 3 | 984,000 | 2,952,000 | 12월 06일(금) |
| 12 | 12-005 | 사무의자 | 4 | 256,000 | 1,024,000 | 12월 10일(화) |
| 13 | 12-005 | 사무책상 | 4 | 125,000 | 500,000 | 12월 10일(화) |
| 14 | 12-005 | 회의용테이블 | 8 | 450,000 | 3,600,000 | 12월 10일(화) |
| 15 | 12-005 | 빔프로젝트 | 5 | 870,000 | 4,350,000 | 12월 10일(화) |

### 03 | 고급필터

| | A | B | C | D | E | F |
|---|---|---|---|---|---|---|
| 17 | | | | | | |
| 18 | 공연요금 | 예매량 | | | | |
| 19 | >=20000 | >=1000 | | | | |
| 20 | | | | | | |
| 21 | | | | | | |
| 22 | 구분 | 공연명 | 공연일자 | 공연요금 | 예매량 | 예매순위 |
| 23 | 유아/가족 | 호두까기인형 | 9월 5일 | 20,000 | 1,757 | 1 |
| 24 | 뮤지컬 | 소믈리에 | 9월 5일 | 30,000 | 1,281 | 2 |
| 25 | 콘서트 | 디즈니콘서트 | 9월 12일 | 24,500 | 1,034 | 6 |
| 26 | 연극 | 오만과편견 | 9월 12일 | 26,500 | 1,049 | 5 |
| 27 | 유아/가족 | 알라딘 | 9월 26일 | 27,000 | 1,147 | 4 |
| 28 | 콘서트 | 노을콘서트 | 9월 26일 | 31,000 | 1,290 | 3 |

## 2 계산작업

1. =COUNTIFS(E3:E10,">=80",E3:E10,"<90")&"명"
2. =IF(COUNTA(H3:J3)*K3=90,"채용","")
3. =CHOOSE(RANK.EQ(D15,$D$15:$D$21,0),"","","보충대상","보충대상","보충대상","부적합","부적합")
4. =IF(YEAR($K$13)−YEAR(I15)+1<20,"청소년",IF(YEAR($K$13)−YEAR(I15)+1<=29,"20대",""))
5. =ROUNDUP(C25*INDEX($G$28:$G$31,MATCH(B25,$F$28:$F$31,0)),−2)

| | A | B | C | D | E | F | G | H | I | J | K | L |
|---|---|---|---|---|---|---|---|---|---|---|---|---|
| 1 | [표1] | | 1학년 4반 성적 현황 | | | | [표2] | | 채용 현황 | | | |
| 2 | 성명 | 성별 | 중간고사 | 기말고사 | 평균 | | 이름 | 1일 | 2일 | 3일 | 면접 | 비고 |
| 3 | 강지영 | 여 | 86 | 74 | 80 | | 김보연 | | O | O | 40 | |
| 4 | 김수연 | 여 | 88 | 92 | 90 | | 김영식 | O | O | O | 30 | 채용 |
| 5 | 이정식 | 남 | 93 | 97 | 95 | | 박은영 | O | O | O | 35 | 채용 |
| 6 | 이효정 | 남 | 82 | 86 | 84 | | 이재진 | O | O | | 40 | |
| 7 | 장민호 | 남 | 79 | 89 | 84 | | 이태식 | | O | O | 25 | |
| 8 | 장승태 | 남 | 94 | 92 | 93 | | 최영희 | O | | | 35 | |
| 9 | 최승진 | 여 | 70 | 74 | 72 | | 최종식 | O | | | 50 | |
| 10 | 최여진 | 여 | 66 | 72 | 69 | | 최준열 | O | | O | 30 | |
| 11 | 평균이 80점대인 학생수 | | | | 3명 | | 최희진 | O | O | O | 40 | 채용 |
| 12 | | | | | | | | | | | | |
| 13 | [표3] | | 성적현황 | | | | [표4] | | 접수현황 | | 오늘날짜 : | 2022-08-03 |
| 14 | 성명 | 워드 | 엑셀 | 합계 | 결과 | | 접수번호 | 담당자 | 생년월일 | 성별 | 구분 | |
| 15 | 최현준 | 70 | 70 | 140 | 보충대상 | | KPOP-001 | 김수연 | 1995-04-30 | 남 | 20대 | |
| 16 | 최재식 | 60 | 76 | 136 | 보충대상 | | KPOP-002 | 최여진 | 1988-07-12 | 여 | | |
| 17 | 이민선 | 50 | 80 | 130 | 부적합 | | KPOP-003 | 이정식 | 2001-12-23 | 남 | 20대 | |
| 18 | 최종원 | 80 | 60 | 140 | 보충대상 | | KPOP-004 | 장민호 | 2008-03-04 | 남 | 청소년 | |
| 19 | 김고은 | 90 | 100 | 190 | | | KPOP-006 | 이효정 | 1998-07-21 | 여 | 20대 | |
| 20 | 최하늘 | 50 | 83 | 133 | 부적합 | | KPOP-007 | 장승태 | 1990-11-13 | 여 | | |
| 21 | 한율아 | 90 | 80 | 170 | | | KPOP-009 | 최승진 | 2007-04-12 | 남 | 청소년 | |
| 22 | | | | | | | | | | | | |
| 23 | [표5] | | 회사별 판매 금액 | | | | | | | | | |
| 24 | 판매일자 | 회사명 | 금액 | 할인금액 | | | | | | | | |
| 25 | 2022-04-01 | 성안상사 | 34,560 | 2,800 | | | | | | | | |
| 26 | 2022-04-22 | 상공상사 | 85,600 | 6,000 | | [할인표] | | | | | | |
| 27 | 2022-04-28 | 상공상사 | 25,400 | 1,800 | | 소속회사 | 할인율 | | | | | |
| 28 | 2022-05-01 | 제일상사 | 45,600 | 4,200 | | 상공상사 | 7% | | | | | |
| 29 | 2022-05-02 | 우주상사 | 35,400 | 3,600 | | 성안상사 | 8% | | | | | |
| 30 | 2022-05-06 | 성안상사 | 85,100 | 6,900 | | 제일상사 | 9% | | | | | |
| 31 | 2022-06-01 | 상공상사 | 65,600 | 4,600 | | 우주상사 | 10% | | | | | |
| 32 | 2022-06-08 | 제일상사 | 89,000 | 8,100 | | | | | | | | |
| 33 | 2022-06-15 | 우주상사 | 74,000 | 7,400 | | | | | | | | |
| 34 | 2022-06-15 | 성안상사 | 63,000 | 5,100 | | | | | | | | |

**3** 분석작업

## 01 | 시나리오 요약

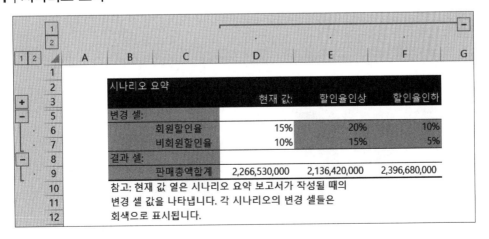

## 02 | 피벗 테이블

| 개월(납품일) 값 | | 제품명<br>무당연유 | 크림치즈 | 허니버터 | 딸기요거트 |
|---|---|---|---|---|---|
| **10월** | | | | | |
| | 합계 : 납품수량 | * | 1,800 | 1,200 | 1,000 |
| | 합계 : 납품총액 | * | 6,840,000 | 3,240,000 | 3,100,000 |
| **11월** | | | | | |
| | 합계 : 납품수량 | 2,000 | 1,500 | 1,100 | * |
| | 합계 : 납품총액 | 4,500,000 | 5,700,000 | 2,970,000 | * |
| **12월** | | | | | |
| | 합계 : 납품수량 | 1,300 | 1,700 | 1,300 | 2,800 |
| | 합계 : 납품총액 | 2,925,000 | 6,460,000 | 3,510,000 | 8,680,000 |

납품업체 (모두)

# 4 기타작업

## 01 | 매크로

### 학과별 합격자 출신지역

| 학과명 | 서울 | 경기도 | 강원도 | 충청도 | 전라도 | 경상도 | 제주도 | 총원 |
|---|---|---|---|---|---|---|---|---|
| 정보통신 | 6 | 4 | 9 | 5 | 4 | 6 | 5 | 39 |
| 호텔경영 | 3 | 6 | 8 | 5 | 7 | 9 | 4 | 42 |
| 환경 | 4 | 7 | 3 | 7 | 6 | 7 | 8 | 42 |
| 물류 | 6 | 3 | 7 | 6 | 10 | 5 | 6 | 43 |
| 행정 | 7 | 3 | 6 | 6 | 5 | 9 | 3 | 39 |
| 영어영문 | 4 | 6 | 9 | 8 | 3 | 7 | 2 | 39 |
| 비즈니스중국어 | 3 | 5 | 10 | 3 | 7 | 10 | 4 | 42 |

총원    서식

## 02 | 차트

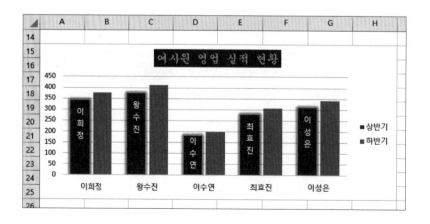

## 문제1 ○ 기본작업

### 1 서식 설정('기본작업-2' 시트)

① [A1:F1] 영역을 범위 지정하고 [홈]−[맞춤] 그룹에서 '병합하고 가운데 맞춤(囯)'을 클릭한 후 [글꼴] 그룹에서 글꼴 '바탕체', 글꼴 크기 '18', 글꼴 스타일 '굵게', '기울임꼴'을 선택합니다.

② [A3:F3] 영역을 범위 지정하고 [홈] 탭−[스타일] 그룹−[셀 스타일(📝)]에서 '연한 파랑, 20%−강조색 1'을 선택한 후 가로 '가운데 맞춤(☰)'을 클릭합니다.

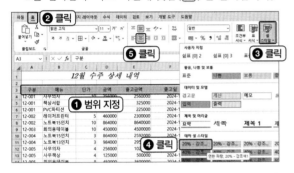

③ [C4:E15] 영역을 범위 지정하고 [홈] 탭−[표시 형식] 그룹에서 '쉼표 스타일(🟡)'을 클릭합니다.

④ [F4:F15] 영역을 범위 지정하고 Ctrl + 1 키를 눌러 [표시 형식] 탭의 [사용자 지정]에서 '형식'에 『mm"월" dd"일"(aaa)』를 입력한 후 [확인]을 클릭합니다.

⑤ [E8] 셀을 선택하고 마우스 오른쪽 버튼을 클릭한 후 [메모 삽입(📝)]을 클릭하고, 메모에서 사용자 이름을 모두 삭제한 후 『최고금액』을 입력합니다. [E8] 셀을 선택하고 마우스 오른쪽 버튼을 클릭한 후 [메모 표시/숨기기]를 클릭해 메모가 항상 표시되도록 설정합니다.

⑥ 메모를 선택하고 메모 경계선에서 마우스 오른쪽 버튼을 클릭한 후 [메모 서식]을 클릭합니다. [메모 서식]의 [맞춤] 탭에서 '자동 크기'에 체크하고 [확인]을 클릭합니다.

⑦ [A3:F15] 영역을 범위 지정하고 [홈] 탭−[글꼴] 그룹−[테두리(🔲▼)]의 목록 단추를 클릭한 후 '모든 테두리(🔲)'를 클릭합니다.

### 2 고급 필터('기본작업-3' 시트)

① [A18:B19] 영역에 그림과 같이 조건을 입력합니다.

※ 필드명은 직접 입력하거나 [A3:F3] 영역의 해당 필드를 복사하여 사용해도 됩니다.

| | A | B |
|---|---|---|
| 17 | | |
| 18 | 공연요금 | 예매량 |
| 19 | >=20000 | >=1000 |
| 20 | | |

② 데이터 영역(A3:F15)의 임의의 셀을 클릭하고 [데이터] 탭−[정렬 및 필터] 그룹−[고급(🔽)]을 클릭합니다.

③ '다른 장소에 복사'를 선택하고 [고급 필터]에서 다음과 같이 지정한 후 [확인]을 클릭합니다.

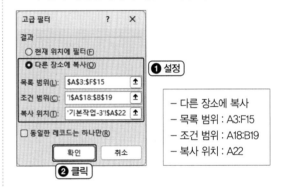

- 다른 장소에 복사
- 목록 범위 : A3:F15
- 조건 범위 : A18:B19
- 복사 위치 : A22

## 문제2 ○ 계산작업('계산작업' 시트)

### 1 평균이 80점대인 학생수[E11]

[E11] 셀에 수식을 입력합니다.

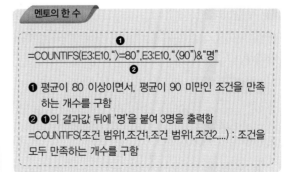

멘토의 한 수

=COUNTIFS(E3:E10,">=80",E3:E10,"<90")&"명"

❶ 평균이 80 이상이면서, 평균이 90 미만인 조건을 만족하는 개수를 구함
❷ ❶의 결과값 뒤에 '명'을 붙여 3명을 출력함
=COUNTIFS(조건 범위1,조건1,조건 범위1,조건2,...) : 조건을 모두 만족하는 개수를 구함

## ② 비고[L3:L11]

[L3] 셀에 수식을 입력하고 [L11] 셀까지 수식을 복사합니다.

**멘토의 한 수**

❶
=IF(COUNTA(H3:J3)*K3)=90,"채용","")
❷

❶ [H3:J3] 영역에서 공백을 제외한 셀의 개수인 2를 구하여 [K3] 셀의 값 40을 곱한 80을 구함
❷ IF(❶)=90,"채용","") ❶에서 구한 값이 90 이상이면 '채용'을 아니면 공백을 표시함
* =IF(조건,참,거짓) : 조건을 만족하면 참을, 아니면 거짓을 구함
* =COUNTA(범위) : 범위에서 공백을 제외한 셀의 개수를 구함

## ③ 결과[E15:E21]

[E15] 셀에 수식을 입력하고 [E21] 셀까지 수식을 복사합니다.

**멘토의 한 수**

❶
=CHOOSE(RANK.EQ(D15,$D$15:$D$21,0),"","","보충대상","보충대상","보충대상","부적합","부적합")
❷

❶ 합계에 대한 순위(큰 값이 1위)를 구함
❷ ❶에서 구한 순위 값이 1, 2는 '공백', 3, 4, 5는 '보충대상', 6, 7은 '부적합'으로 표시
* =CHOOSE(인덱스,값1,값2,값3,....) : 인덱스 값이 1이면 값1을, 2이면 값2를, 30이면 값3을 표시
* =RANK.EQ(순위를 구할 값,범위,옵션) : 순위를 구할 값에 대한 순위를 구함, 옵션이 0이면 큰 값이 1위, 1이면 작은 값이 1위

## ④ 구분[K15:K21]

[K15] 셀에 수식을 입력하고 [K21] 셀까지 수식을 복사합니다.

**멘토의 한 수**

❶                                    ❶
=IF(YEAR($K$13)−YEAR(I15)+1<20,"청소년",IF(YEAR($K$13)−YEAR(I15)+1<=29,"20대",""))
❷

❶ 오늘날짜의 연도(절대참조)와 생년월일의 연도의 차를 구한 후 +1을 함

❷ IF(❶<20,"청소년",IF(❶<=29,"20대","")) : ❶에서 구한 값이 20 미만이면 '청소년'을, 29 이하이면 '20대'를 그 외는 공백을 표시함
* =IF(조건,참,거짓) : 조건을 만족하면 참을, 아니면 거짓을 구함
* =YEAR(날짜) : 날짜에서 연도를 구함

## ⑤ 할인금액[D25:D34]

[D25] 셀에 수식을 입력하고 [D34] 셀까지 수식을 복사합니다.

**멘토의 한 수**

❶
=ROUNDUP(C25*INDEX($G$28:$G$31,MATCH(B25,$F$28:$F$31,0)),−2)
❷
❸

❶ [B25] 셀의 '성안상사'를 [F28:F31] 범위에서 찾아 위치값 2를 반환함
❷ INDEX($G$28:$G$31,❶) : 할인율[G28:G31] 범위에서 ❶에서 구한 2(두번째 위치)행의 값인 8%를 구함
❸ ROUNDUP(C25*❷,−2) 금액(34,560)*할인금액(8%)의 값인 2,765를 십의 단위에서 올림하여 2800을 구함
* =INDEX(범위,행,열) : 범위에서 행과 열에 위치하는 값을 구함
* =MATCH(찾을값,범위,매치타입) : 찾을값을 범위에서 찾아 위치값을 구함
* =ROUNDUP(값,자릿수) : 값을 자릿수만큼 올림

---

**문제3** ◦ **분석작업**

## ① 시나리오 요약('분석작업−1' 시트)

① [B20] 셀을 선택한 후 '이름 상자'에 『회원할인율』을 입력하고 [Enter] 키를 누릅니다. 같은 방법으로 [C20] 셀은 『비회원할인율』, [I16] 셀은 『판매총액합계』로 이름을 정의합니다.

※ 이름을 정의할 때 공백을 입력할 수 없으며, 오타로 인한 부분 점수는 없으므로 정확하게 입력합니다.

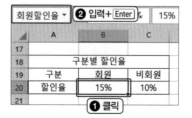

② 변동할 부분인 [B20:C20] 영역을 범위 지정하고 [데이터] 탭-[예측] 그룹-[가상 분석(圖)]-[시나리오 관리자]를 클릭합니다.

③ [시나리오 관리자]에서 [추가]를 클릭합니다.

④ '시나리오 이름'에 『할인율인상』을 입력하고, 변경 셀에 [B20:C20] 영역이 지정되었는지 확인한 후 [확인]을 클릭합니다.

※ 변동할 부분인 [B20:C20] 영역을 범위 지정하고 시나리오 관리자를 실행하면 변경 셀 부분이 자동으로 지정되어 있습니다.

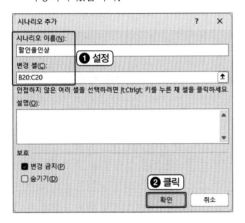

⑤ [시나리오 값]에서 '회원할인율'에 『20%』, '비회원할인율'에 『15%』를 입력한 후 [추가]를 클릭합니다.

⑥ [시나리오 추가]에서 '시나리오 이름'에 『할인율인하』를 입력하고, 변경 셀에 [B20:C20] 영역이 지정되었는지 확인한 후 [확인]을 클릭합니다.

⑦ [시나리오 값]에서 '회원할인율'에 『10%』, '비회원할인율'에 『5%』를 입력한 후 [확인]을 클릭합니다.

⑧ [시나리오 관리자]에서 [요약]을 클릭하고 [시나리오 요약]에서 '결과 셀'은 [I16] 셀을 선택한 후 [확인]을 클릭합니다.

## 2 피벗 테이블('분석작업-1' 시트)

① [A3:G15] 영역을 범위 지정하고 [삽입] 탭-[표] 그룹-[피벗 테이블(圖)]을 클릭합니다.

② [표 또는 범위의 피벗 테이블]에서 '기존 워크시트'를 선택하고 '위치'에 [A20] 셀을 선택한 후 [확인]을 클릭합니다.

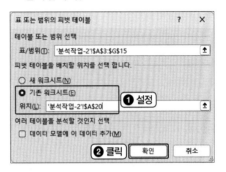

③ '납품업체' 필드는 '필터'에, '납품일' 필드는 '행'에, '제품명' 필드는 '열'에, '납품수량', '납품총액' 필드는 'Σ 값' 레이블에 각각 드래그하여 이동하고, '열' 레이블의 'Σ 값'을 '행' 레이블로 이동합니다.

※ 납품일을 행으로 이동 시 자동으로 '개월(납품일)'과 '일(납품일)'이 생성됩니다.

④ 피벗 테이블 내부의 임의의 셀을 선택한 후 [피벗 디자인] 탭-[레이아웃] 그룹에서 [보고서 레이아웃]을 클릭한 후 '개요 형식으로 표시'를 선택합니다.

⑤ [E21] 셀의 '딸기요거트' 필드를 선택한 후 마우스 오른쪽 버튼을 클릭하고 [이동]-[끝으로 "딸기요거트" 이동]을 선택합니다.

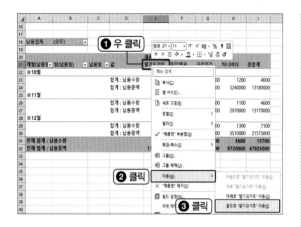

⑥ [A22] 셀에서 마우스 오른쪽 버튼을 클릭한 후 [그룹]을 선택하고 [그룹화]에서 단위에서 '일'과 '월'이 선택되어 있으면 '일'을 클릭하여 선택을 해제하고 '월'만 선택되도록 지정한 후 [확인]을 클릭합니다.

⑦ 피벗 테이블 내부의 임의의 셀을 선택하고 마우스 오른쪽 버튼을 클릭한 후 [피벗 테이블 옵션]을 선택합니다.

⑧ [피벗 테이블 옵션] 대화상자에서 '빈 셀 표시'에 『＊』를 입력하고 [요약 및 필터] 탭에서 '행 총합계 표시'와 '열 총합계 표시'의 체크를 해제한 후 [확인]을 클릭합니다.

⑨ [B23] 셀의 '합계 : 납품수량'을 더블 클릭하고 [값 필드 설정]에서 [표시 형식]을 클릭한 후 [셀 서식]의 [표시 형식] 탭에서 '숫자'에 '1000 단위 구분 기호(,) 사용'에 체크하고 [확인]을 클릭합니다. [값 필드 설정]에서 [확인]을 클릭합니다.

⑩ 위와 같은 방법으로 [B24] 셀의 '합계 : 납품총액'을 더블 클릭하여 형식을 1000 단위 구분 기호로 변경합니다

## 문제4 ◆ 기타작업

### 1 매크로 작성('매크로작업' 시트)

① [개발 도구] 탭-[코드] 그룹-[매크로 기록(📷)] 도구를 클릭하고 [매크로 기록]의 '매크로 이름'에 『총원』을 입력한 후 [확인]을 클릭합니다.

② [B4:I10] 영역을 범위 지정하고 [수식] 탭-[함수 라이브러리] 그룹에서 자동 합계(∑) 목록 단추(▼)를 클릭한 후 [합계]를 선택합니다.

③ 지정된 영역을 해제하고 [개발 도구] 탭-[코드] 그룹-[기록 중지(□)] 도구를 클릭하여 매크로를 중지합니다.

④ [삽입] 탭-[일러스트레이션] 그룹-[도형]의 '기본 도형'에서 '직사각형(□)' 도형을 선택하고 Alt 키를 누른 채 [B12:C13] 영역에 드래그하여 위치시킨 후 도형에 『총원』을 입력합니다.

⑤ 도형에서 마우스 오른쪽 버튼을 클릭하고 [매크로 지정]을 선택한 후 '총원'을 선택하고 [확인]을 클릭합니다.

⑥ '서식' 매크로를 작성하기 위해 다시 [개발 도구] 탭-[코드] 그룹-[매크로 기록(📷)]을 클릭하고 [매크로 기록]의 '매크로 이름'에 『서식』을 입력한 후 [확인]을 클릭합니다.

⑦ [A3:I3] 영역을 범위 지정하고 [홈] 탭-[글꼴] 그룹의 도구 모음에서 글꼴 색을 '표준 색-빨강', 채우기 색을 '표준 색-노랑'으로 선택합니다.

⑧ 지정된 영역을 해제하고 [개발 도구] 탭-[코드] 그룹-[기록 중지(□)]를 클릭하여 매크로를 중지합니다.

⑨ [개발 도구] 탭-[컨트롤] 그룹-[삽입]-[양식 컨트롤]-'단추(□)'를 선택하고 Alt 키를 누른 상태로 [E12:F13] 영역에 드래그합니다.

⑩ [매크로 지정]에서 '서식'을 선택하고 [확인]을 클릭한 후 삽입된 단추의 텍스트를 『서식』으로 수정합니다.

### 5 차트 작성('차트작업' 시트)

① 성별이 여자인 하반기 데이터를 선택하기 위해 [D3:D4] 영역을 범위 지정하고 Ctrl 키를 누른 채 [D7:D8], [D10:11] 영역을 드래그하여 추가로 범위를 지정한 후 Ctrl + C 키를 눌러 복사합니다.

② 차트 영역을 선택하고 마우스 오른쪽 버튼을 클릭한 후 [붙여넣기]를 클릭하거나, Ctrl + V 키를 누릅니다.

③ 차트 영역을 선택하고 [차트 요소(+)]를 클릭한 후 '차트 제목'에 체크하고 제목에 『여사원 영업 실적 현황』을 입력한 후 Esc 키를 눌러 제목 상자를 선택하고 [홈] 탭-[글꼴] 그룹에서 글꼴은 '궁서체', 채우기 색(🖎)을 '표준 색-파랑', 글꼴 색(가)은 '표준색 – 주황'을 선택합니다.

④ '상반기' 계열을 선택한 후 [차트 요소(+)]에서 [데이터 레이블]-[안쪽 끝에]를 선택합니다.

⑤ 삽입된 데이터 레이블에서 마우스 오른쪽 버튼을 클릭한 후 [데이터 레이블 서식]을 클릭합니다.

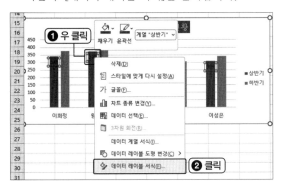

⑥ [데이터 레이블 서식] 창의 [레이블 옵션]-[크기 및 속성(📐)]'에서 '텍스트 방향'을 '스택형'으로 지정하고, [레이블 옵션(📊)]에서 '항목 이름'에 체크하고 '값'의 체크는 해제합니다.

⑦ 삽입된 이름 레이블을 선택한 후 [서식] 탭-[WordArt 스타일] 그룹-[텍스트 채우기(가)]에서 '흰색, 배경 1'을 선택합니다([홈] 탭-[글꼴] 그룹-[글꼴 색]에서 설정해도 됩니다).

⑧ '상반기' 계열을 선택한 후 [서식] 탭-[도형 스타일] 그룹-[도형 효과(🖌)]-[네온]에서 '네온 : 5pt, 파랑, 강조색 1'을 선택합니다.

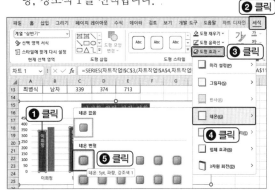

⑨ 데이터 계열에서 마우스 오른쪽 버튼을 클릭한 후 [데이터 계열 서식]을 클릭합니다. [데이터 계열 서식] 창의 [계열 옵션]-[계열 옵션(📊)]에서 '계열 겹치기'에 『-20』을, 간격 너비에 『80』을 입력합니다.

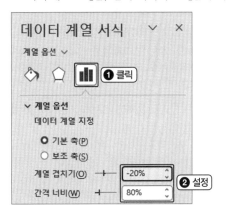

# 9회 최신 기출문제

| 무료 동영상 |

| 프로그램명 | 제한시간 | 수험번호 : |
|---|---|---|
| EXCEL 2021 | 40분 | 성  명 : |

# 2급 · B형

## 유의사항

- 인적 사항 누락 및 잘못 작성으로 인한 불이익은 수험자 책임으로 합니다.

- 화면에 암호 입력창이 나타나면 아래의 암호를 입력합니다.
  ○ 암호 : 95#0^1

- 작성된 답안은 주어진 경로 및 파일명을 변경하지 마시고 그대로 저장해야 합니다.
  이를 준수하지 않으면 실격 처리됩니다.
  ○ 답안 파일명의 예: C:₩OA₩수험번호8자리.xlsm

- 외부 데이터 위치: C:₩OA₩파일명

- 별도의 지시사항이 없는 경우, 다음과 같이 처리 시 실격 처리됩니다.
  ○ 제시된 시트 및 개체의 순서나 이름을 임의로 변경한 경우
  ○ 제시된 시트 및 개체를 임의로 추가 또는 삭제한 경우
  ○ 외부 데이터를 시험 시작 전에 열어본 경우

- 답안은 반드시 문제에서 지시 또는 요구한 셀에 입력하여야 하며 다음과 같이 처리 시 채점 대상에서 제외됩니다.
  ○ 제시된 함수가 있을 경우 제시된 함수만을 사용하여야 하며 그 외 함수 사용 시 채점대상에서 제외
  ○ 수험자가 임의로 지시하지 않은 셀의 이동, 수정, 삭제, 변경 등으로 인해 셀의 위치 및 내용이 변경된 경우 해당 작업에 영향을 미치는 관련 문제 모두 채점 대상에서 제외
  ○ 도형 및 차트의 개체가 중첩되어 있거나 동일한 계산결과 시트가 복수로 존재할 경우 해당 개체나 시트는 채점 대상에서 제외

- 수식 작성 시 제시된 문제 파일의 데이터는 변경 가능한(가변적) 데이터임을 감안하여 문제 풀이를 하시오.

- 별도의 지시사항이 없는 경우, 주어진 각 시트 및 개체의 설정값 또는 기본 설정값(Default)으로 처리하시오.

- 저장 시간은 별도로 주어지지 않으므로 제한된 시간 내에 저장을 완료해야 하며, 제한 시간 내에 저장이 되지 않은 경우에는 실격 처리됩니다.

- 출제된 문제의 용어는 Microsoft Office 2021(LTSC 2108 버전)로 작성되어 있습니다.

# 대한상공회의소

◉ 문제파일 : C:₩컴활2급₩6.기출문제₩기출문제9회(문제).xlsm
◎ 결과파일 : C:₩컴활2급₩6.기출문제₩기출문제9회(정답).xlsm

**문제 1**　기본작업(20점) · 주어진 시트에 대하여 다음 작업을 수행하고 저장하시오.

**01** '기본작업-1' 시트에 다음의 자료를 주어진 대로 입력하시오. (5점)

| | A | B | C | D | E | F |
|---|---|---|---|---|---|---|
| 1 | 대학교 수시모집 전형 현황 | | | | | |
| 2 | | | | | | |
| 3 | 대학교명 | 지역 | 전형 | 성적 | 면접 | 모집정원 |
| 4 | 길천대학교 | 경기 | 학교장추천 | 80% | 20% | 100 |
| 5 | 서우대학교 | 서울 | 일반 | 80% | 20% | 120 |
| 6 | 배진대학교 | 대전 | 학교장추천 | 75% | 25% | 80 |
| 7 | 동서대학교 | 부산 | 특기자 | 85% | 15% | 90 |
| 8 | 인동대학교 | 인천 | 일반 | 85% | 15% | 150 |
| 9 | 선장대학교 | 광주 | 특기자 | 85% | 15% | 110 |
| 10 | 한창대학교 | 서울 | 일반 | 75% | 25% | 100 |

**02** '기본작업-2' 시트에 대하여 다음의 지시사항을 처리하시오. (각 2점)

① [A1:F1] 영역은 텍스트 맞춤 가로 '선택 영역의 가운데로', 글꼴 '궁서체', 글꼴 크기 '20', 글꼴 스타일 '굵게', 밑줄 '실선(회계용)'으로 지정하시오.

② 제목 '상공은행 대출 현황표'의 '대출'을 한자 '貸出'로 바꾸시오.

③ [A3:F3] 영역은 셀 스타일 '파랑, 강조색5'와 '가로 가운데 맞춤'으로 지정하시오.

④ [A4:A14] 영역은 사용자 지정 표시 형식을 이용하여 숫자 앞에 'PS' 문자와 숫자 두 자리로 나타나도록 표시하고, [F4:F14] 영역은 사용자 지정 표시 형식을 이용하여 백만 단위는 반올림하여 절삭하고 천 단위 구분 기호와 숫자 뒤에 '백만원'을 표시하시오.

　▶ [A4:A14] 영역 [표시 예 : 1 → PS01]

　▶ [F4:F14] 영역 [표시 예 : 122,000,000 → 122백만원, 0 → 0백만원]

⑤ [A3:F14] 영역에 '모든 테두리(田)'를 적용한 후 '아래쪽 이중 테두리(▥)'를 적용하시오.

**03** '기본작업-3' 시트에 대하여 다음의 지시사항을 처리하시오. (5점)

[데이터 가져오기] 기능을 사용하여 '하프마라톤결과' 텍스트 파일의 데이터를 다음의 조건에 따라 [B3] 셀부터 표시하시오.

　▶ 데이터는 'C:₩컴활2급₩5.기출문제₩하프마라톤결과.txt'임.

　▶ 데이터는 '쉼표(,)'와 '슬래시(/)'로 구분되어 있음.

　▶ 세 번째 '성별' 열은 가져오기에서 제외하시오.

　▶ 열 너비는 조정하지 않음.

**문제 2**　계산작업(40점) · '계산작업' 시트에서 다음의 과정을 수행하고 저장하시오.

**01** [표1]에서 분류[A3:A11]가 '유아'인 판매총액[E3:E11]의 합계를 [E12] 셀에 계산하시오. (8점)

　▶ SUMIF, COUNTIF, AVERAGEIF 중 알맞은 함수를 선택하여 사용

**02** [표2]에서 판매량[I3:I8]과 순위표[H11:J12]를 이용하여 결과[J3:J8]를 표시하시오. (8점)

▶ 순위표의 의미 : 순위가 1위면 '금상', 2위면 '은상', 3위 이하는 '동상'을 의미함(순위는 큰 값이 1위)

▶ HLOOKUP, RANK.EQ 함수 사용

**03** [표3]에서 가입일[C16:C23]의 연도가 2020년이나 2021년이면 '신입'을, 그 외에는 공백을 비고[D16:D23]에 표시하시오. (8점)

▶ IF, OR, YEAR 함수 사용

**04** [표4]의 출석부[G16:J23] 영역에 'O'로 출석을 표시했다. 'O'의 개수가 1개이면 '25%', 2개이면 '50%', 3개이면 '75%', 4개이면 '100%'로 출석률[K16:K23] 영역에 표시하시오. (8점)

▶ CHOOSE, COUNTA 함수 사용

**05** [표5]에서 지출내역(AUD)[C27:C34]과 [환율] 표에서 호주의 통화를 찾아 지출액[D27:D34]을 계산하시오. (8점)

▶ 지출액=지출내역(AUD)×통화

▶ INDEX, MATCH 함수 사용

---

### 문제 3 　분석작업(20점) • 주어진 시트에서 다음 작업을 수행하고 저장하시오.

**01** '분석작업-1' 시트에 대하여 다음의 지시사항을 처리하시오. (10점)

[부분합] 기능을 이용하여 '지역별 미수금 현황' 표에서 '결제방식'별로 '할인액', '수금액', '미수금액'의 최대와 최소를 계산하시오.

▶ '결제방식'에 대한 정렬 기준은 내림차순으로 하시오.

▶ 최대와 최소는 표시되는 순서에 상관없이 처리하시오.

| | 지역 | 담당자 | 매출액 | 결제방식 | 할인액 | 수금액 | 미수금액 |
|---|---|---|---|---|---|---|---|
| | | | | **지역별 미수금 현황** | | | |
| 3 | 지역 | 담당자 | 매출액 | 결제방식 | 할인액 | 수금액 | 미수금액 |
| 4 | 광주 | 강수진 | 31,500,000 | 현금 | 4,400,000 | 25,000,000 | 2,100,000 |
| 5 | 인천 | 강진원 | 47,900,000 | 현금 | 7,200,000 | 30,000,000 | 10,700,000 |
| 6 | 강원도 | 김하늘 | 57,400,000 | 현금 | 8,600,000 | 35,000,000 | 13,800,000 |
| 7 | 울산 | 민철중 | 39,700,000 | 현금 | 5,800,000 | 30,000,000 | 3,900,000 |
| 8 | 대구 | 이효진 | 36,900,000 | 현금 | 5,400,000 | 30,000,000 | 1,500,000 |
| 9 | 전라도 | 정인수 | 30,900,000 | 현금 | 4,400,000 | 20,000,000 | 6,500,000 |
| 10 | 부산 | 최시철 | 52,700,000 | 현금 | 7,800,000 | 35,000,000 | 9,900,000 |
| 11 | 경상도 | 홍지민 | 41,400,000 | 현금 | 6,000,000 | 33,000,000 | 2,400,000 |
| 12 | | | | 현금 최소 | 4,400,000 | 20,000,000 | 1,500,000 |
| 13 | | | | 현금 최대 | 8,600,000 | 35,000,000 | 13,800,000 |
| 14 | 제주 | 김이영 | 50,900,000 | 카드 | 2,800,000 | 40,000,000 | 8,100,000 |
| 15 | 충청도 | 송재철 | 49,700,000 | 카드 | 2,800,000 | 42,000,000 | 4,900,000 |
| 16 | 서울 | 이민수 | 52,900,000 | 카드 | 3,000,000 | 45,000,000 | 4,900,000 |
| 17 | 대전 | 이재성 | 54,900,000 | 카드 | 3,000,000 | 40,000,000 | 11,900,000 |
| 18 | | | | 카드 최소 | 2,800,000 | 40,000,000 | 4,900,000 |
| 19 | | | | 카드 최대 | 3,000,000 | 45,000,000 | 11,900,000 |
| 20 | | | | 전체 최소값 | 2,800,000 | 20,000,000 | 1,500,000 |
| 21 | | | | 전체 최대값 | 8,600,000 | 45,000,000 | 13,800,000 |

**02 '분석작업-2' 시트에 대하여 다음의 지시사항을 처리하시오. (10점)**

[목표값 찾기] 기능을 이용하여 '자동차 판매 현황' 표에서 코나의 월납입금(F5)이 500,000이 되려면 상환기간(월)(E5)이 얼마가 되어야 하는지 계산하시오.

---

**문제 4** **기타작업(20점)** • 주어진 시트에서 다음 작업을 수행하고 저장하시오.

**01 '매크로작업' 시트에서 다음과 같은 기능을 수행하는 매크로를 현재 통합 문서에 작성하고 실행하시오. (각 5점)**

① 총점[F4:F15] 영역에 총점을 계산하는 매크로를 생성하여 실행하시오.

▶ 매크로 이름 : 총점

▶ 총점=직무수행×직무수행 적용비율+책임감×책임감 적용비율+협동심×협동심 적용비율

▶ [개발 도구]-[삽입]-[양식 컨트롤]의 '단추(□)'를 동일 시트의 [H3:H4] 영역에 생성한 후 텍스트를 '총점'으로 입력하고, 도형을 클릭할 때 '총점' 매크로가 실행되도록 설정하시오.

② [A3:F3] 영역에 대하여 셀 스타일의 '출력'을 적용하는 매크로를 생성하여 실행하시오.

▶ 매크로 이름 : 서식

▶ [도형]-[사각형]의 '사각형: 둥근 모서리(□)' 도형을 동일 시트의 [H7:H8] 영역에 생성한 후 텍스트를 '서식'으로 입력하고, 도형을 클릭할 때 '서식' 매크로가 실행되도록 설정하시오.

※ 셀 포인터의 위치에 상관없이 현재 통합문서에서 매크로가 실행되어야 정답으로 인정됨

**02 '차트작업' 시트의 차트를 지시사항에 따라 아래 그림과 같이 수정하시오. (각 2점)**

※ 차트는 반드시 문제에서 제공한 차트를 사용하여야 하며, 신규로 작성 시 0점 처리됨

① '생산량' 계열의 차트 종류를 '표식이 있는 꺾은선형'으로 변경하고, '보조 축'으로 설정하시오.

② 차트 제목을 〈그림〉과 같이 입력하고, 글꼴 '굴림체', 크기 '20', 글꼴 스타일 '굵게'로 설정하시오.

③ 기본 세로 (값) 축의 기본 단위는 200,000, 보조 세로 (값) 축의 기본 단위는 400으로 설정하시오.

④ 범례는 아래쪽에 배치하고, 글꼴 '굴림체', 글꼴 크기 '12'로 설정하시오.

⑤ 차트 영역은 색 변경에서 '단색 색상표 6'을 지정하고, 도형 효과를 네온의 '파랑, 8 pt 네온, 강조색1'로 설정하시오.

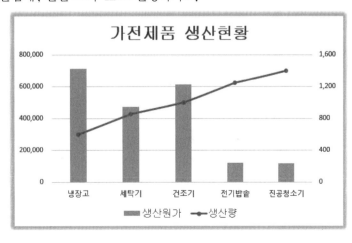

# 1 기본작업

## 02 | 서식 설정

| | 고객코드 | 고객등급 | 대출종류 | 대출일자 | 대출기간(월) | 대출금액 |
|---|---|---|---|---|---|---|
| | | | **상공은행 貸出 현황표** | | | |
| 3 | 고객코드 | 고객등급 | 대출종류 | 대출일자 | 대출기간(월) | 대출금액 |
| 4 | PS01 | VIP | 신용대출 | 2023년 4월 | 36 | 122백만원 |
| 5 | PS02 | VIP | 신용대출 | 2023년 3월 | 24 | 47백만원 |
| 6 | PS05 | 일반 | 주택담보대출 | 2023년 5월 | 48 | 122백만원 |
| 7 | PS09 | 일반 | 서민지원대출 | 2023년 4월 | 24 | 42백만원 |
| 8 | PS06 | 실버 | 주택담보대출 | 2023년 5월 | 60 | 102백만원 |
| 9 | PS03 | 실버 | 서민지원대출 | 2023년 2월 | 24 | 52백만원 |
| 10 | PS04 | 골드 | 창업지원대출 | 2023년 4월 | 36 | 37백만원 |
| 11 | PS10 | 골드 | 주택담보대출 | 2023년 2월 | 60 | 82백만원 |
| 12 | PS07 | 일반 | 서민지원대출 | 2023년 1월 | 48 | 14백만원 |
| 13 | PS08 | 실버 | 창업지원대출 | 2023년 4월 | 36 | 32백만원 |
| 14 | PS11 | 일반 | 창업지원대출 | 2023년 3월 | 12 | 62백만원 |

## 03 | 데이터 가져오기

| | 참가번호 | 성명 | 나이 | 기록(분) |
|---|---|---|---|---|
| 1 | 하프마라톤 결과표 | | | |
| 3 | 참가번호 | 성명 | 나이 | 기록(분) |
| 4 | 1025 | 이순호 | 34 | 148 |
| 5 | 1031 | 김영미 | 29 | 127 |
| 6 | 1042 | 손태영 | 35 | 131 |
| 7 | 1057 | 김수연 | 38 | 125 |
| 8 | 1065 | 최이진 | 32 | 116 |
| 9 | 1079 | 김삼순 | 34 | 157 |
| 10 | 1088 | 강우람 | 35 | 134 |
| 11 | 1097 | 김상진 | 41 | 142 |
| 12 | 1099 | 이희영 | 42 | 162 |

# 2 계산작업

1. =SUMIF(A3:A11,"유아",E3:E11)

2. =HLOOKUP(RANK.EQ(I3,$I$3:$I$8),$H$11:$J$12,2,TRUE)

3. =IF(OR(YEAR(C16)=2020,YEAR(C16)=2021),"신입"," ")

4. =CHOOSE(COUNTA(G16:J16),25%,50%,75%,100%)

5. =C27*INDEX($H$27:$H$31,MATCH("호주",$F$27:$F$31,0),1)

| ▲ | A | B | C | D | E | F | G | H | I | J | K |
|---|---|---|---|---|---|---|---|---|---|---|---|
| 1 | [표1] | 상공마트 판매 현황 | | | | | [표2] | 영업팀 우수사원 선발 | | | |
| 2 | 분류 | 제품명 | 판매가 | 판매량 | 판매총액 | | 사원명 | 성별 | 판매량 | 결과 | |
| 3 | 유아 | 유기농기저귀 | 34,000 | 6,858 | 233,172,000 | | 최희정 | 여 | 1,604 | 동상 | |
| 4 | 식품 | 야채라면 | 5,400 | 13,981 | 75,497,400 | | 백성진 | 남 | 4,612 | 동상 | |
| 5 | 전자 | 제일가습기 | 89,000 | 148 | 13,172,000 | | 류영호 | 남 | 5,516 | 동상 | |
| 6 | 전자 | 손선풍기 | 35,000 | 362 | 12,670,000 | | 송민아 | 여 | 6,602 | 은상 | |
| 7 | 유아 | 서울분유 | 21,000 | 2,499 | 52,479,000 | | 박윤자 | 여 | 2,371 | 동상 | |
| 8 | 식품 | 우리한우 | 58,000 | 3,495 | 202,710,000 | | 정성호 | 남 | 6,883 | 금상 | |
| 9 | 식품 | 튼튼우유 | 2,500 | 12,365 | 30,912,500 | | | | | | |
| 10 | 유아 | 안전보행기 | 85,000 | 99 | 8,415,000 | | <순위표> | | | | |
| 11 | 전자 | 커피포트 | 37,000 | 254 | 9,398,000 | | 순위 | 1 | 2 | 3 | |
| 12 | 분류가 유아 제품의 판매총액 합계 | | | | 294,066,000 | | 결과 | 금상 | 은상 | 동상 | |
| 13 | | | | | | | | | | | |
| 14 | [표3] | 회원 관리 현황 | | | | | [표4] | 8월 출석현황 | | | |
| 15 | 회원코드 | 성별 | 가입일 | 비고 | | | 성명 | 1주 | 2주 | 3주 | 4주 | 출석률 |
| 16 | H-0052 | 여 | 2021-01-04 | 신입 | | | 이재원 | O | O | O | O | 100% |
| 17 | H-0055 | 남 | 2020-10-28 | 신입 | | | 류영호 | O | | O | | 50% |
| 18 | H-0056 | 여 | 2018-12-24 | | | | 송민아 | O | O | O | O | 100% |
| 19 | H-0058 | 남 | 2019-05-28 | | | | 김지민 | O | O | | | 75% |
| 20 | H-0054 | 남 | 2017-01-27 | | | | 윤설아 | O | O | | O | 75% |
| 21 | H-0051 | 남 | 2018-12-19 | | | | 윤설아 | O | O | | O | 75% |
| 22 | H-0057 | 여 | 2021-05-10 | 신입 | | | 최희정 | | O | O | O | 75% |
| 23 | H-0059 | 남 | 2017-12-31 | | | | 심원철 | | O | | O | 50% |
| 24 | | | | | | | | | | | |
| 25 | [표5] | 여행지출내역 | | | | | [환율] | | | | |
| 26 | 방문도시 | 구매일 | 지출내역(AUD) | 지출액 | | | 국가 | 환율(원) | 통화 | | |
| 27 | 골드코스트 | 2023-04-05 | 350 | ₩ 301,347 | | | 미국 | USD | 1,317.00 | | |
| 28 | 다윈 | 2023-04-07 | 155 | ₩ 133,453 | | | 일본 | JPY(100) | 915.51 | | |
| 29 | 멜버른 | 2023-04-08 | 120 | ₩ 103,319 | | | 유로 | EUR | 1,446.20 | | |
| 30 | 시드니 | 2023-04-10 | 85 | ₩ 73,184 | | | 호주 | AUD | 860.99 | | |
| 31 | 캔버라 | 2023-04-11 | 350 | ₩ 301,347 | | | 중국 | CNY | 194.96 | | |
| 32 | 타운즈빌 | 2023-04-15 | 210 | ₩ 180,808 | | | | | | | |
| 33 | 퍼스 | 2023-04-18 | 450 | ₩ 387,446 | | | | | | | |
| 34 | 호바트 | 2023-04-20 | 95 | ₩ 81,794 | | | | | | | |

# 3 분석작업

## 01 | 부분합

| 1 2 3 4 | ▲ | A | B | C | D | E | F | G |
|---|---|---|---|---|---|---|---|---|
| | 1 | 지역별 미수금 현황 | | | | | | |
| | 2 | | | | | | | |
| | 3 | 지역 | 담당자 | 매출액 | 결제방식 | 할인액 | 수금액 | 미수금액 |
| | 4 | 광주 | 강수진 | 31,500,000 | 현금 | 4,400,000 | 25,000,000 | 2,100,000 |
| | 5 | 인천 | 강진원 | 47,900,000 | 현금 | 7,200,000 | 30,000,000 | 10,700,000 |
| | 6 | 강원도 | 김하늘 | 57,400,000 | 현금 | 8,600,000 | 35,000,000 | 13,800,000 |
| | 7 | 울산 | 민철중 | 39,700,000 | 현금 | 5,800,000 | 30,000,000 | 3,900,000 |
| | 8 | 대구 | 이효진 | 36,900,000 | 현금 | 5,400,000 | 30,000,000 | 1,500,000 |
| | 9 | 전라도 | 정인수 | 30,900,000 | 현금 | 4,400,000 | 20,000,000 | 6,500,000 |
| | 10 | 부산 | 최시철 | 52,700,000 | 현금 | 7,800,000 | 35,000,000 | 9,900,000 |
| | 11 | 경상도 | 홍지민 | 41,400,000 | 현금 | 6,000,000 | 33,000,000 | 2,400,000 |
| | 12 | | | | 현금 최소 | 4,400,000 | 20,000,000 | 1,500,000 |
| | 13 | | | | 현금 최대 | 8,600,000 | 35,000,000 | 13,800,000 |
| | 14 | 제주 | 김이영 | 50,900,000 | 카드 | 2,800,000 | 40,000,000 | 8,100,000 |
| | 15 | 충청도 | 송재철 | 49,700,000 | 카드 | 2,800,000 | 42,000,000 | 4,900,000 |
| | 16 | 서울 | 이민수 | 52,900,000 | 카드 | 3,000,000 | 45,000,000 | 4,900,000 |
| | 17 | 대전 | 이재성 | 54,900,000 | 카드 | 3,000,000 | 40,000,000 | 11,900,000 |
| | 18 | | | | 카드 최소 | 2,800,000 | 40,000,000 | 4,900,000 |
| | 19 | | | | 카드 최대 | 3,000,000 | 45,000,000 | 11,900,000 |
| | 20 | | | | 전체 최소값 | 2,800,000 | 20,000,000 | 1,500,000 |
| | 21 | | | | 전체 최대값 | 8,600,000 | 45,000,000 | 13,800,000 |

## 02 | 목표값 찾기

| | A | B | C | D | E | F |
|---|---|---|---|---|---|---|
| 1 | | | 자동차 판매 현황 | | | |
| 2 | | | | | | |
| 3 | 차량명 | 차량총액 | 인도금 | 할부원금 | 상환기간(월) | 월납입금 |
| 4 | 코란도 | 34,000,000 | 5,000,000 | 29,000,000 | 24 | 1,208,333 |
| 5 | 코나 | 28,000,000 | 8,000,000 | 20,000,000 | 40 | 500,000 |
| 6 | 싼타페 | 35,000,000 | 15,000,000 | 20,000,000 | 36 | 555,556 |
| 7 | 그랜저 | 40,000,000 | 20,000,000 | 20,000,000 | 18 | 1,111,111 |
| 8 | SM7 | 38,000,000 | 7,500,000 | 30,500,000 | 24 | 1,270,833 |
| 9 | K5 | 29,000,000 | 15,000,000 | 14,000,000 | 36 | 388,889 |
| 10 | 아반떼 | 23,000,000 | 8,000,000 | 15,000,000 | 18 | 833,333 |

## 4 기타작업

### 01 | 매크로

| | A | B | C | D | E | F | G | H |
|---|---|---|---|---|---|---|---|---|
| 1 | | | 부서별 인사평가 결과 | | | | | |
| 2 | | | | | | | | |
| 3 | 부서명 | 사원코드 | 직무수행 | 책임감 | 협동심 | 총점 | | 총점 |
| 4 | 기획부 | TR-201 | 22 | 18 | 22 | 20.8 | | |
| 5 | 생산부 | WU-103 | 24 | 21 | 14 | 19.1 | | |
| 6 | 생산부 | WU-102 | 19 | 19 | 18 | 18.6 | | |
| 7 | 영업부 | SD-402 | 14 | 21 | 20 | 18.5 | | 서식 |
| 8 | 영업부 | SD-403 | 19 | 19 | 21 | 19.8 | | |
| 9 | 인사부 | ER-302 | 12 | 13 | 15 | 13.5 | | |
| 10 | 인사부 | ER-301 | 16 | 14 | 21 | 17.4 | | |
| 11 | 기획부 | TR-203 | 21 | 9 | 8 | 12.2 | | |
| 12 | 인사부 | SD-401 | 10 | 25 | 16 | 16.9 | | |
| 13 | 기획부 | TR-202 | 18 | 10 | 9 | 12 | | |
| 14 | 생산부 | WU-101 | 25 | 19 | 21 | 21.6 | | |
| 15 | 영업부 | SD-404 | 22 | 17 | 22 | 20.5 | | |
| 16 | | | | | | | | |
| 17 | <적용비율> | | | | | | | |
| 18 | 직무수행 | 책임감 | 협동심 | | | | | |
| 19 | 30% | 30% | 40% | | | | | |
| 20 | | | | | | | | |

### 02 | 차트

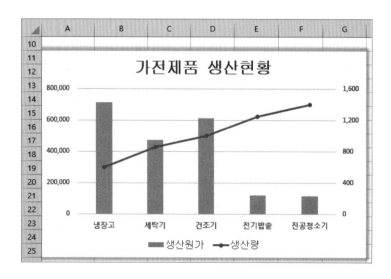

## 문제1 ◦ 기본작업

### 1 서식 설정('기본작업-2' 시트)

① [A1:F1] 영역을 범위 지정하고 Ctrl + 1 키를 눌러 [맞춤] 탭의 텍스트 맞춤 가로를 '선택 영역의 가운데로'를 선택한 후 [글꼴] 탭에서 글꼴 '궁서체', 글꼴 스타일 '굵게', 글꼴 크기 '20', 밑줄 '실선(회계용)'을 선택하고, [확인]을 클릭합니다.

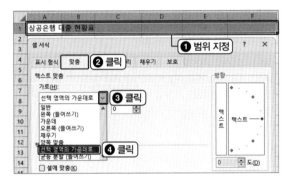

② [A1] 셀을 더블 클릭하고 '대출'을 범위 지정한 후 한자 키를 누릅니다.

③ [한글/한자 변환]에서 '한자 선택'에 '貸出'을 선택하고 [변환]을 클릭합니다.

④ [A3:F3] 영역을 범위 지정하고 [홈] 탭-[스타일] 그룹-[셀 스타일( )]에서 '파랑, 강조색5'를 선택한 후 가로 '가운데 맞춤( )'을 클릭합니다.

⑤ [A4:A14] 영역을 범위 지정하고 Ctrl + 1 키를 눌러 [표시 형식] 탭의 [사용자 지정]에서 '형식'에 『"PS"00』을 입력한 후 [확인]을 클릭합니다.

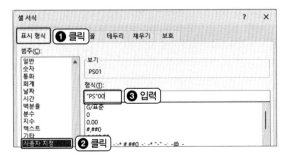

⑥ [F4:F14] 영역을 범위 지정하고 Ctrl + 1 키를 눌러 [표시 형식] 탭의 [사용자 지정]에서 '형식'에 『#,##0,,

"백만원』을 입력한 후 [확인]을 클릭합니다.

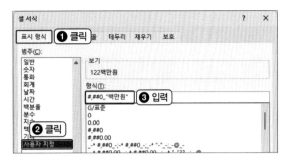

※ 문제에서 '천 단위 구분 기호를 사용'하라는 지시사항이 있으면 『#,##0,,"백만원"』을 입력하고, '천 단위 구분 기호를 사용'하라는 지시사항이 없으면 『0,,"백만원"』을 입력합니다.

⑦ [A3:F14] 영역을 범위 지정한 후 [홈] 탭의 '글꼴' 그룹에서 '테두리'의 목록 단추( )를 클릭하고 '모든 테두리( )'를 선택한 후 다시 '아래쪽 이중 테두리( )'를 선택합니다.

### 2 데이터 가져오기('기본작업-3' 시트)

① 레거시 기능을 활성화하기 위해서 [파일] 탭에서 [옵션]을 선택합니다. [Excel 옵션] 대화상자의 [데이터]에서 '레거시 데이터 가져오기 마법사 표시'의 '테스트에서(레거시)' 항목에 체크가 되어 있는지 확인합니다.

② 데이터가 들어갈 위치 [B3] 셀을 선택한 후 [데이터] 탭-[데이터 가져오기 및 변환] 그룹-[데이터 가져오기 ]-[레거시 마법사 ]-[테스트에서(레거시) ]를 클릭합니다.

③ '찾는 위치'는 'C:₩컴활2급₩5.기출문제' 폴더에서 '하프마라톤결과.txt' 파일을 선택한 후 [가져오기]를 클릭합니다.

④ [텍스트 마법사 – 3단계 중 1단계]에서 '원본 데이터 형식'의 '구분 기호로 분리됨'을 선택하고 [다음]을 클릭합니다.

⑤ [텍스트 마법사 – 3단계 중 2단계]에서 '구분 기호'에 '쉼표'를 체크하고, 기타에 『/』를 입력한 후 [다음]을 클릭합니다.

⑥ [텍스트 마법사 – 3단계 중 3단계]에서 '성별' 필드를 선택한 후 '열 가져오지 않음(건너뜀)'을 선택하고 [마침]을 클릭합니다.

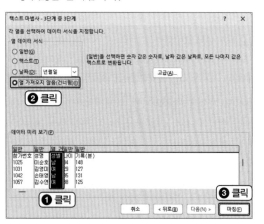

⑦ [데이터 가져오기] 대화상자에서 '기존 워크시트'에 [B3] 셀을 확인한 후 [속성]을 클릭합니다.

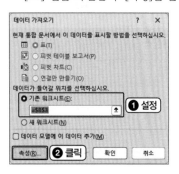

⑧ [외부 데이터 범위 속성] 대화상자에서 '열 너비 조정'의 체크를 해제한 후 [확인]을 클릭하고, [데이터 가져오기] 대화상자에서 [확인]을 클릭합니다.

**❶ 분류가 유아 제품의 판매총액 합계[E12]**

[E12] 셀에 수식을 입력합니다.

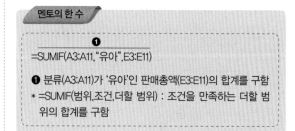

**멘토의 한 수**

❶
=SUMIF(A3:A11,"유아",E3:E11)

❶ 분류(A3:A11)가 '유아'인 판매총액(E3:E11)의 합계를 구함
* =SUMIF(범위,조건,더할 범위) : 조건을 만족하는 더할 범위의 합계를 구함

**❷ 결과[J3:J8]**

[J3] 셀에 수식을 입력하고 [J8] 셀까지 수식을 복사합니다.

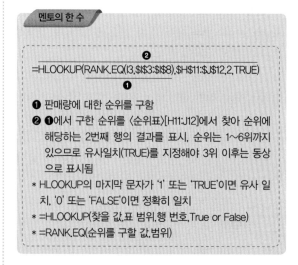

**멘토의 한 수**

❷
=HLOOKUP(RANK.EQ(I3,$I$3:$I$8),$H$11:$J$12,2,TRUE)
❶

❶ 판매량에 대한 순위를 구함
❷ ❶에서 구한 순위를 〈순위표〉[H11:J12]에서 찾아 순위에 해당하는 2번째 행의 결과를 표시, 순위는 1~6위까지 있으므로 유사일치(TRUE)를 지정해야 3위 이후는 동상으로 표시됨
* HLOOKUP의 마지막 문자가 '1' 또는 'TRUE'이면 유사 일치, '0' 또는 'FALSE'이면 정확히 일치
* =HLOOKUP(찾을 값,표 범위,행 번호,True or False)
* =RANK.EQ(순위를 구할 값,범위)

**❸ 비고[D16:D23]**

[D16] 셀에 수식을 입력하고 [D23] 셀까지 수식을 복사합니다.

❷
=IF(OR(YEAR(C16)=2020,YEAR(C16)=2021),"신입","")
❶

❶ 년도가 2020년, 년도가 2021년 조건 중 하나라도 만족하면 참(TRUE)
❷ IF(❶,"신입","") : ❶의 조건을 만족하면 '신입', 아니면 공백을 출력

## ❹ 출석률[K16:K23]

[K16] 셀에 수식을 입력하고 [K23] 셀까지 수식을 복사합니다.

❷
=CHOOSE(COUNTA(G16:J16),25%,50%,75%,100%)
❶

❶ [G16:J16] 영역에서 공백이 아닌 셀의 개수를 구함
❷ ❶에서 구한 개수가 1이면 25%, 2이면 50%, 3이면 75%, 4이면 100%를 표시
* =CHOOSE(숫자,값1,값2,값3,...) : 숫자 값에 따라서 값1, 값2, 값3을 출력
* =COUNTA(범위) : 범위에서 공백을 제외(문자,숫자)한 셀의 개수를 구함

## ❺ 지출액[D24:D34]

[D27] 셀에 수식을 입력하고 [D34] 셀까지 수식을 복사합니다.

❸
=C27*INDEX($H$27:$H$31,MATCH("호주",$F$27:$F$31,0),1)
❶
❷

❶ '호주'를 [F27:F31] 범위에서 찾아 3번째 행에 위치함으로 3을 반환함
❷ INDEX($H$27:$H$31,❶) : 통화[H27:H31] 범위에서 ❶에서 구한 3행의 값인 860.99를 구함
❸ C27의 값인 350과 ❷의 값인 860.99를 곱한 301,347을 구함

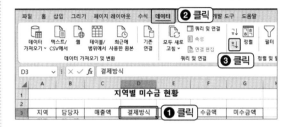

## 문제3 ❖ 분석작업

### ❶ 부분합('분석작업-1' 시트)

① [D3] 셀을 선택하고 [데이터] 탭-[정렬 및 필터] 그룹에서 '텍스트 내림차순 정렬(힣↓)'을 클릭합니다.

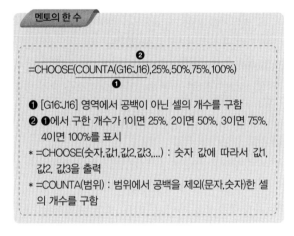

② [데이터] 탭-[개요] 그룹-[부분합(𝄙)]을 클릭합니다.

③ [부분합]에서 '그룹화할 항목'에 '결제방식', '사용할 함수'에 '최대'를 지정하고, '부분합 계산 항목'에 '할인액', '수금액', '미수금액'에 체크한 후 [확인]을 클릭합니다.

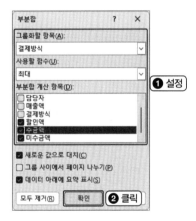

④ 다시 [데이터] 탭-[개요] 그룹-[부분합(𝄙)]을 클릭합니다.

⑤ [부분합]에서 '사용할 함수'에 '최소'를 지정하고 '새로운 값으로 대치'에 체크를 해제한 후 [확인]을 클릭합니다.

## 2 목표값 찾기('분석작업-2' 시트)

① [F5] 셀을 선택하고 [데이터] 탭-[예측] 그룹-[가상 분석(📊)]-[목표값 찾기]를 클릭합니다.

② [목표값 찾기]에서 '수식 셀'에 [F5] 셀을 선택하고 '찾는 값'에 『500000』을 입력한 후, '값을 바꿀 셀'은 [E5] 셀을 선택하고 [확인]을 클릭합니다.

③ [목표값 찾기 상태]에서 [확인]을 클릭합니다.

---

### 문제4 ◦ 기타작업

## 1 매크로 작성('매크로작업' 시트)

① [개발 도구] 탭-[코드] 그룹-[매크로 기록(📄)] 도구를 클릭하고 [매크로 기록]의 '매크로 이름'에 『총점』을 입력한 후 [확인]을 클릭합니다.

② [F4] 셀에 수식 『=C4*$A$19+D4*$B$19+E4*$C$19』를 입력한 후 [F15] 셀까지 수식을 복사합니다.

③ 지정된 영역을 해제하고 [개발 도구] 탭-[코드] 그룹-[기록 중지(□)] 도구를 클릭하여 매크로를 중지합니다.

④ [개발 도구] 탭-[컨트롤] 그룹-[삽입]-[양식 컨트롤]-'단추(□)'를 선택하고 Alt 키를 누른 상태로 [H3:H4] 영역에 드래그합니다.

⑤ [매크로 지정]에서 '총점'을 선택하고 [확인]을 클릭한 후 삽입된 단추의 텍스트를 『총점』으로 수정합니다.

⑥ '서식' 매크로를 작성하기 위해 다시 [개발 도구] 탭-[코드] 그룹-[매크로 기록(📄)]을 클릭하고 [매크로 기록]의 '매크로 이름'에 『서식』을 입력한 후 [확인]을 클릭합니다.

⑦ [A3:F3] 영역을 범위 지정하고 [홈] 탭-[스타일] 그룹-[셀 스타일(📝)]의 '데이터 및 모델'에서 '출력'을 지정합니다.

⑧ 지정된 영역을 해제하고 [개발 도구] 탭-[코드] 그룹-[기록 중지(□)]를 클릭하여 매크로를 중지합니다.

⑨ [삽입] 탭-[일러스트레이션] 그룹-[도형]의 '기본 도형'에서 '사각형: 둥근 모서리(□)' 도형을 선택하고 Alt 키를 누른 채 [H7:H8] 영역에 드래그하여 위치시킨 후 도형에 『서식』을 입력합니다.

⑩ 도형에서 마우스 오른쪽 버튼을 클릭하고 [매크로 지정]을 선택한 후 '서식'을 선택하고 [확인]을 클릭합니다.

## 5 차트 작성('차트작업' 시트)

① 차트 영역을 선택하고 마우스 오른쪽 버튼을 클릭하여 [차트 종류 변경]을 클릭합니다.

② [차트 종류 변경]의 [모든 차트] 탭의 '혼합'에서 '생산량'의 차트 종류를 '표식이 있는 꺾은선'을 선택하고 '보조 축'에 체크한 후 [확인]을 클릭합니다

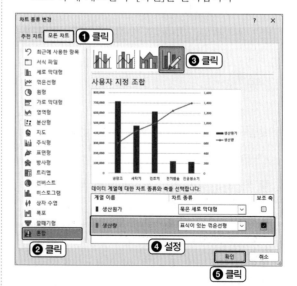

③ 차트 영역을 선택하고 [차트 요소(⊞)]를 클릭한 후 '차트 제목'에 체크하고 제목에 『가전제품 생산현황』을 입력합니다. Esc 키를 누른 후 제목 상자를 선택하고 [홈] 탭-[글꼴] 그룹에서 글꼴은 '굴림체', 글꼴 크기 '20', 글꼴 스타일 '굵게'를 선택합니다.

④ '기본 세로 (값) 축'을 선택하고 마우스 오른쪽 버튼을 클릭한 후 [축 서식]을 실행합니다.

⑤ [축 서식] 창에서 '단위'의 '기본'에 『200000』을 입력합니다.

⑥ '보조 세로 (값) 축'을 선택하고 마우스 오른쪽 버튼을 클릭한 후 [축 서식]을 실행합니다.

⑦ [축 서식] 창에서 '단위'의 '기본'에 『400』을 입력합니다.

⑧ 차트 영역을 선택하고 [차트 요소(⊞)]를 클릭한 후 [범례 ▶]-[아래쪽]을 선택하고, 범례를 선택한 후 [홈] 탭의 [글꼴] 그룹에서 글꼴은 '굴림체', 크기를 '12'로 지정합니다.

⑨ 차트 영역을 선택하고 [차트 디자인] 탭-[차트 스타일] 그룹의 '색 변경(🎨)'에서 '단색 색상표 6'을 선택합니다.

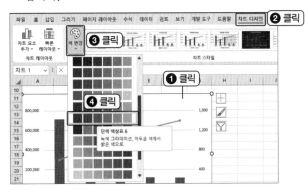

⑩ 차트 영역을 선택한 후 [서식] 탭-[도형 스타일] 그룹의 [도형 효과(◪)]-[네온]에서 '네온: 8pt, 파랑, 강조색 1'을 선택합니다.

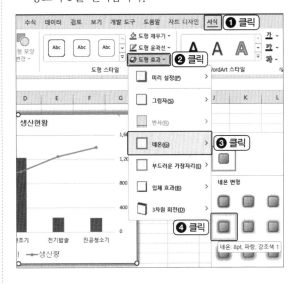

| 프로그램명 | 제한시간 |
|---|---|
| EXCEL 2021 | 40분 |

수험번호 : _____

성 명 : _____

# 2급 · B형

### 유의사항

- 인적 사항 누락 및 잘못 작성으로 인한 불이익은 수험자 책임으로 합니다.

- 화면에 암호 입력창이 나타나면 아래의 암호를 입력합니다.
  ○ 암호 : @14603

- 작성된 답안은 주어진 경로 및 파일명을 변경하지 마시고 그대로 저장해야 합니다.
  이를 준수하지 않으면 실격 처리됩니다.
  ○ 답안 파일명의 예: C:\OA\수험번호8자리.xlsm

- 외부 데이터 위치: C:\OA\파일명

- 별도의 지시사항이 없는 경우, 다음과 같이 처리 시 실격 처리됩니다.
  ○ 제시된 시트 및 개체의 순서나 이름을 임의로 변경한 경우
  ○ 제시된 시트 및 개체를 임의로 추가 또는 삭제한 경우
  ○ 외부 데이터를 시험 시작 전에 열어본 경우

- 답안은 반드시 문제에서 지시 또는 요구한 셀에 입력하여야 하며 다음과 같이 처리 시 채점 대상에서 제외됩니다.
  ○ 제시된 함수가 있을 경우 제시된 함수만을 사용하여야 하며 그 외 함수 사용 시 채점대상에서 제외
  ○ 수험자가 임의로 지시하지 않은 셀의 이동, 수정, 삭제, 변경 등으로 인해 셀의 위치 및 내용이 변경된 경우 해당 작업에 영향을 미치는 관련 문제 모두 채점 대상에서 제외
  ○ 도형 및 차트의 개체가 중첩되어 있거나 동일한 계산결과 시트가 복수로 존재할 경우 해당 개체나 시트는 채점 대상에서 제외

- 수식 작성 시 제시된 문제 파일의 데이터는 변경 가능한(가변적) 데이터임을 감안하여 문제 풀이를 하시오.

- 별도의 지시사항이 없는 경우, 주어진 각 시트 및 개체의 설정값 또는 기본 설정값(Default)으로 처리하시오.

- 저장 시간은 별도로 주어지지 않으므로 제한된 시간 내에 저장을 완료해야 하며, 제한 시간 내에 저장이 되지 않은 경우에는 실격 처리됩니다.

- 출제된 문제의 용어는 Microsoft Office 2021(LTSC 2108 버전)로 작성되어 있습니다.

## 대 한 상 공 회 의 소

**문제 1** / **기본작업(20점)** • 주어진 시트에 대하여 다음 작업을 수행하고 저장하시오.

**01** '기본작업-1' 시트에 다음의 자료를 주어진 대로 입력하시오. (5점)

| | A | B | C | D | E | F |
|---|---|---|---|---|---|---|
| 1 | 거래처 연락 현황 | | | | | |
| 2 | | | | | | |
| 3 | 거래처코드 | 거래처명 | 업태 | 대표자 | 전화번호 | 거래기간 |
| 4 | A1003 | 국민출판 | 출판인쇄 | 김오민 | 02)1070-2944 | 5년 |
| 5 | A1001 | 정수기획 | 광고 | 박성진 | 02)7244-1247 | 4년 |
| 6 | M1005 | 우주정보통신 | 정보서비스 | 홍민우 | 02)4214-4732 | 4년 |
| 7 | A1002 | 코리아OA유통 | 도소매 | 이철우 | 02)1070-3244 | 5년 |
| 8 | M1004 | 백성은행 | 금융 | 강수진 | 02)4344-1432 | 3년 |
| 9 | A1004 | 제일은행 | 금융 | 최진우 | 021)3297-1443 | 5년 |
| 10 | A1005 | 수진테크노시스템 | 정보서비스 | 윤도훈 | 02)3447-4479 | 6년 |
| 11 | M1002 | 성안유통시스템 | 도소매 | 이성민 | 021)4924-4432 | 3년 |

**02** '기본작업-2' 시트에 대하여 다음의 지시사항을 처리하시오. (각 2점)

① [A1:G1] 영역은 '병합하고 가운데 맞춤', 글꼴 '굴림체', 글꼴 크기 '16', 글꼴 스타일 '굵게', 밑줄 '이중 실선'으로 지정하시오.

② [A3:G3], [A4:C12] 영역은 '가로 가운데 맞춤'을, [A13:C13] 영역은 '병합하고 가운데 맞춤'을 지정하시오.

③ [G3] 셀의 '퇴직금'을 한자 '退職金'으로 바꾸시오.

④ [D4:D12] 영역은 사용자 지정 표시 형식을 이용하여 숫자 뒤에 '년'을 [표시 예]와 같이 표시하시오.
[표시 예 : 8 → 8년, 0 → 0년]

⑤ [A3:G3] 영역에 채우기 색 '노랑', 글꼴 색 '파랑'으로 지정하고, [A3:G13] 영역은 '모든 테두리(田)'를 적용하여 표시하고, [D13] 셀에는 ⊠ 모양의 괘선으로 채우시오.

**03** '기본작업-3' 시트에 대하여 다음의 지시사항을 처리하시오. (5점)

[J13:M14] 영역을 복사하여 [E1] 셀에 '연결된 그림' 붙여넣기를 이용하여 붙여넣으시오.

▶ 단, 원본 데이터는 삭제하지 마시오.

**01** [표1]에서 독해, 청취의 전체평균[D3:E8]과 개인별 독해, 청취 평균의 차를 [F3:F8] 영역에 구하시오. (8점)

▶ AVERAGE, DAVERAGE, SUMIF 중 알맞은 함수를 선택하여 사용

**02** [표2]에서 평균[K3:K10]에 대한 순위가 1등이면 금메달, 2등이면 은메달, 3등이면 동메달, 나머지는 공백을 수상[L3:L10]에 표시하시오.

▶ 순위는 큰 값이 1위
▶ IF, CHOOSE, RANK.EQ 함수 사용

**03** [표3]에서 지역[A12:A20]이 '도시'인 청소년의 평균 키를 [D23] 셀에 구하시오. (8점)

▶ [C22:C23] 영역에 조건을 지정
▶ 평균 키는 소수점 이하 첫째 자리에서 올림하고, 숫자 뒤에 'Cm'를 표시 [표시 예 : 160Cm]
▶ DSUM, DAVERAGE, ROUND, ROUNDUP, ROUNDDOWN 중 알맞은 함수와 & 연산자를 이용

**04** [표4]에서 중간평가와 기말평가가 모두 80점 이상이면 '우수'이고, 중간평가 또는 기말평가가 70점 이상이면 '보통'이고, 그외는 공백으로 결과[L14:L23]에 표시하시오. (8점)

▶ IF, AND, OR 함수 사용

**05** [표5]에서 현재날짜, 입사일, 직위, 지점에 따른 연차[E27:E34]를 계산하시오. (8점)

▶ 지역직위별 휴가일수는 〈직위별휴가일수〉 표를 이용하여 부장이면 4일, 과장이면 3일, 대리이면 2일, 사원이면 1일
▶ 지점별 휴가일수는 서울이면 5일이고 나머지는 8일
▶ 연차=현재년도−입사일연도+직위별 휴가일수+지점별 휴가일수
▶ YEAR, HLOOKUP, IF 함수 사용

**01** '분석작업−1' 시트에 대하여 다음의 지시사항을 처리하시오. (10점)

[피벗 테이블] 기능을 이용하여 '부서별 급여 현황' 표에서 '성명'은 '보고서 필터', '직위'는 '행 레이블', '부서명'은 '열 레이블'로 처리하고, '값'에 '기본급'과 '실수령액'의 합계를 계산한 후 'Σ 값'을 '행 레이블'로 설정하시오.

▶ 피벗 테이블 보고서는 동일 시트의 [A18] 셀에서 시작하시오.
▶ 피벗 테이블 보고서의 열의 총합계는 표시하지 않고, 빈 셀은 '✽' 기호로 표시할 것
▶ '부장' 필드를 처음으로 이동되도록 지정하시오.

**02** '분석작업-2' 시트에 대하여 다음의 지시사항을 처리하시오. (10점)

[부분합] 기능을 이용하여 '3/4분기 아이스크림 판매 현황' 표에서 '제품명'별로 '판매량'의 합계와 '판매금액'의 평균이 나타나도록 계산하시오.

▶ '제품명'에 대한 정렬 기준은 오름차순으로 하시오.

▶ 합계와 평균은 위에 명시된 순서대로 처리하시오.

| | A | B | C | D | E | F |
|---|---|---|---|---|---|---|
| 1 | | | 3/4분기 아이스크림 판매 현황 | | | |
| 2 | 지역 | 대리점코드 | 제품명 | 판매가격 | 판매량 | 판매금액 |
| 3 | 부산 | B004 | 마루콘 | 800 | 540,400 | 432,320,000 |
| 4 | 서울 | K003 | 마루콘 | 800 | 613,900 | 491,120,000 |
| 5 | 강원도 | E001 | 마루콘 | 800 | 398,700 | 318,960,000 |
| 6 | 충북 | R003 | 마루콘 | 800 | 426,000 | 340,800,000 |
| 7 | | | 마루콘 평균 | | | 395,800,000 |
| 8 | | | 마루콘 요약 | | 1,979,000 | |
| 9 | 강원도 | E003 | 보석바 | 1,000 | 358,200 | 358,200,000 |
| 10 | 부산 | B003 | 보석바 | 1,000 | 572,400 | 572,400,000 |
| 11 | 충북 | R002 | 보석바 | 1,000 | 468,600 | 468,600,000 |
| 12 | 서울 | K001 | 보석바 | 1,000 | 554,600 | 554,600,000 |
| 13 | | | 보석바 평균 | | | 488,450,000 |
| 14 | | | 보석바 요약 | | 1,953,800 | |
| 15 | 충북 | R001 | 부라보 | 1,500 | 520,100 | 780,150,000 |
| 16 | 부산 | B001 | 부라보 | 1,500 | 453,000 | 679,500,000 |
| 17 | 강원도 | E004 | 부라보 | 1,500 | 426,900 | 640,350,000 |
| 18 | 서울 | K004 | 부라보 | 1,500 | 475,900 | 713,850,000 |
| 19 | | | 부라보 평균 | | | 703,462,500 |
| 20 | | | 부라보 요약 | | 1,875,900 | |
| 21 | 서울 | K002 | 쌍쌍바 | 1,500 | 631,800 | 947,700,000 |
| 22 | 강원도 | E002 | 쌍쌍바 | 1,500 | 438,900 | 658,350,000 |
| 23 | 충북 | R004 | 쌍쌍바 | 1,500 | 525,000 | 787,500,000 |
| 24 | 부산 | B002 | 쌍쌍바 | 1,500 | 632,100 | 948,150,000 |
| 25 | | | 쌍쌍바 평균 | | | 835,425,000 |
| 26 | | | 쌍쌍바 요약 | | 2,227,800 | |
| 27 | | | 전체 평균 | | | 605,784,375 |
| 28 | | | 총합계 | | 8,036,500 | |

---

**문제 4**  기타작업(20점) · 주어진 시트에서 다음 작업을 수행하고 저장하시오.

**01** '매크로작업' 시트에서 다음과 같은 기능을 수행하는 매크로를 현재 통합 문서에 작성하고 실행하시오. (각 5점)

① [E3:E9] 영역에 대하여 구성비를 계산하는 매크로를 생성하여 실행하시오.

▶ 매크로 이름 : 구성비　　　▶ 구성비=판매금액/판매금액의 합계

▶ [도형]-[기본 도형]의 '웃는 얼굴(☺)'을 통일 시트의 [G2:H4] 영역에 생성한 후 도형을 클릭할 때 '구성비' 매크로가 실행되도록 설정하시오.

② [A2:E2] 영역에 대하여 셀 배경색 '파랑', 글꼴 색 '노랑'을 적용하는 매크로를 생성하고 실행하시오.

▶ 매크로 이름 : 서식

▶ [도형]-[기본 도형]의 '배지(⬡)'을 동일 시트의 [G6:H8] 영역에 생성하고, 텍스트를 '서식'으로 입력한 후 도형을 클릭할 때 '서식' 매크로가 실행되도록 설정하시오.

※ 셀 포인터의 위치에 상관없이 현재 통합문서에서 매크로가 실행되어야 정답으로 인정됨

**02** '차트작업' 시트의 차트를 지시사항에 따라 아래 그림과 같이 수정하시오. (각 2점)

※ 차트는 반드시 문제에서 제공한 차트를 사용하여야 하며, 신규로 작성 시 0점 처리됨

① 차트 필터를 이용하여 'OA교육'과 '현장실습'만 차트에 표시되도록 지정하시오.

② 'OA교육' 계열의 계열 겹치기를 50%, 간격 너비를 100%로 지정하시오.

③ 차트 영역에 '데이터 표'를 표시하시오.

④ 세로 축의 최소값은 50, 단위의 기본은 10으로 지정하고, 가로 축 교차를 70으로 지정하시오.

⑤ 세로 (값) 축은 '값을 거꾸로'로 지정하시오.

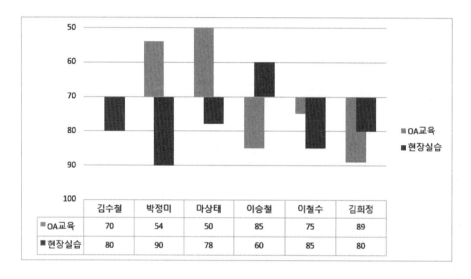

# 1 기본작업

## 02 | 서식 설정

| | A | B | C | D | E | F | G |
|---|---|---|---|---|---|---|---|
| 1 | | | | 직원 퇴직금 내역 | | | |
| 2 | | | | | | | |
| 3 | 성명 | 부서명 | 직급 | 근속기간 | 기본급 | 수당 | 退職金 |
| 4 | 한상민 | 전산팀 | 대리 | 8년 | 2,200,000 | 600,000 | 23,600,000 |
| 5 | 이사랑 | 총무팀 | 대리 | 11년 | 2,300,000 | 700,000 | 32,300,000 |
| 6 | 노국정 | 기획팀 | 부장 | 23년 | 3,700,000 | 1,100,000 | 96,100,000 |
| 7 | 이병민 | 영업팀 | 부장 | 26년 | 3,700,000 | 1,100,000 | 107,200,000 |
| 8 | 주인수 | 홍보팀 | 과장 | 21년 | 3,200,000 | 900,000 | 76,200,000 |
| 9 | 조용진 | 인사팀 | 과장 | 17년 | 3,100,000 | 800,000 | 60,700,000 |
| 10 | 민서린 | 영업팀 | 대리 | 10년 | 2,500,000 | 600,000 | 31,000,000 |
| 11 | 전소민 | 전략팀 | 과장 | 14년 | 3,000,000 | 800,000 | 50,000,000 |
| 12 | 윤병수 | 기획팀 | 부장 | 26년 | 3,900,000 | 1,100,000 | 112,400,000 |
| 13 | | 평균 | | | 3,066,667 | 855,556 | 65,500,000 |

## 03 | 그림 복사(연결하여 붙여넣기)

| | A | B | C | D | E | F | G |
|---|---|---|---|---|---|---|---|
| 1 | | 입고현황 | | | 결 | 담당 | 팀장 | 부장 |
| 2 | | | | | 재 | | | |
| 3 | | | | | | | | |
| 4 | | 매입처 | 상품명 | 담당자 | 상품단가 | 입고수량 | 입고금액 |
| 5 | | 제일상사 | 샤프 | 이승철 | ₩ 20,000 | 10 | ₩ 200,000 |
| 6 | | 은하상사 | 노트 | 임수진 | ₩ 12,000 | 15 | ₩ 180,000 |
| 7 | | 태성상사 | A4용지 | 전미수 | ₩ 22,000 | 8 | ₩ 176,000 |
| 8 | | 제일상사 | 샤프 | 정수남 | ₩ 20,000 | 20 | ₩ 400,000 |
| 9 | | 은하상사 | 노트 | 정지수 | ₩ 32,000 | 22 | ₩ 704,000 |
| 10 | | 태성상사 | A4용지 | 최은지 | ₩ 22,000 | 15 | ₩ 330,000 |
| 11 | | 태성상사 | A4용지 | 홍정태 | ₩ 22,000 | 10 | ₩ 220,000 |

# 2 계산작업

1. =AVERAGE($D$3:$E$8)-AVERAGE(D3:E3)
2. =IF(RANK.EQ(K3,$K$3:$K$10,0)<=3,CHOOSE(RANK.EQ(K3,$K$3:$K$10,0),"금메달","은메달","동메달"),"")
3. =ROUNDUP(DAVERAGE(A11:F20,E11,C22:C23),0)&"Cm"
4. =IF(AND(J14>=80,K14>=80),"우수",IF(OR(J14>=70,K14>=70),"보통",""))
5. =YEAR($E$25)-YEAR(A27)+HLOOKUP(C27,$H$33:$K$34,2,0)+IF(D27="서울",5,8)

| | A | B | C | D | E | F | G | H | I | J | K | L |
|---|---|---|---|---|---|---|---|---|---|---|---|---|
| 1 | [표1] | 영어경시대회 점수분포 | | | | | | [표2] | 경시대회 수상자 | | | |
| 2 | 이름 | 학교명 | 학년 | 독해 | 청취 | 평균차 | | 성명 | 1차점수 | 2차점수 | 평균 | 수상 |
| 3 | 이지헌 | 명인중 | 2학년 | 60 | 89 | -6 | | 노국정 | 57 | 61 | 118 | |
| 4 | 나문이 | 영덕중 | 3학년 | 75 | 55 | 4 | | 민서린 | 94 | 91 | 185 | 은메달 |
| 5 | 옥정미 | 광교중 | 3학년 | 60 | 50 | 14 | | 이병민 | 76 | 80 | 156 | |
| 6 | 민태우 | 수원중 | 3학년 | 60 | 85 | -4 | | 이사랑 | 94 | 92 | 186 | 금메달 |
| 7 | 박철민 | 산남중 | 2학년 | 55 | 59 | 12 | | 전소민 | 94 | 90 | 184 | 동메달 |
| 8 | 이미현 | 정천중 | 3학년 | 98 | 78 | -19 | | 조용진 | 88 | 87 | 175 | |
| 9 | | | | | | | | 주인수 | 84 | 82 | 166 | |
| 10 | [표3] | 거주지별 청소년 성장분포 | | | | | | 한상민 | 86 | 75 | 161 | |
| 11 | 지역 | 이름 | 성별 | 나이 | 키 | 몸무게 | | | | | | |
| 12 | 농촌 | 문소리 | 남 | 15 | 167 | 66 | | [표4] | 평가 결과 | | | |
| 13 | 도시 | 나공미 | 남 | 15 | 170 | 57 | | 성명 | 성별 | 중간평가 | 기말평가 | 결과 |
| 14 | 도시 | 정민주 | 남 | 16 | 174 | 60 | | 강지영 | 여 | 86 | 74 | 보통 |
| 15 | 농촌 | 홍기준 | 여 | 15 | 162 | 48 | | 김수연 | 여 | 88 | 92 | 우수 |
| 16 | 농촌 | 이정미 | 남 | 16 | 171 | 62 | | 이정식 | 남 | 50 | 59 | |
| 17 | 농촌 | 조민욱 | 여 | 15 | 163 | 52 | | 이효정 | 남 | 82 | 86 | 우수 |
| 18 | 도시 | 강정민 | 여 | 16 | 159 | 50 | | 장민호 | 남 | 79 | 89 | 보통 |
| 19 | 농촌 | 손나영 | 남 | 15 | 166 | 60 | | 장승태 | 남 | 58 | 57 | |
| 20 | 농촌 | 이정인 | 여 | 16 | 161 | 50 | | 최승진 | 여 | 70 | 74 | 보통 |
| 21 | | | | | | | | 최여진 | 여 | 66 | 72 | 보통 |
| 22 | | | 지역 | 도시 청소년 키 평균 | | | | 김덕영 | 남 | 90 | 100 | 우수 |
| 23 | | | 도시 | 168Cm | | | | 박수진 | 여 | 70 | 65 | 보통 |
| 24 | | | | | | | | | | | | |
| 25 | [표] | 사원별 연차 일수 | | 현재날짜 | 2022-05-07 | | | | | | | |
| 26 | 입사일 | 성명 | 직위 | 지점 | 연차 | | | | | | | |
| 27 | 2011-01-01 | 홍기영 | 부장 | 서울 | 20 | | | | | | | |
| 28 | 2020-12-01 | 박준영 | 과장 | 경기 | 13 | | | | | | | |
| 29 | 2017-08-01 | 이민찬 | 대리 | 대전 | 15 | | | | | | | |
| 30 | 2022-01-01 | 박상혁 | 사원 | 서울 | 6 | | | | | | | |
| 31 | 2000-05-01 | 가영수 | 부장 | 경기 | 34 | | | | | | | |
| 32 | 2019-04-30 | 백지은 | 과장 | 인천 | 14 | | <직위별휴가일수> | | | | | |
| 33 | 2018-04-01 | 유민정 | 대리 | 서울 | 11 | | 직위 | 부장 | 과장 | 대리 | 사원 | |
| 34 | 2021-12-01 | 채선중 | 사원 | 인천 | 10 | | 휴가일수 | 4 | 3 | 2 | 1 | |
| 35 | | | | | | | | | | | | |

## ③ 분석작업

## 01 | 피벗 테이블

| | A | B | C | D | E |
|---|---|---|---|---|---|
| 16 | 성명 | (모두) ▼ | | | |
| 17 | | | | | |
| 18 | | 열 레이블 ▼ | | | |
| 19 | 행 레이블 ▼ | 관리부 | 생산부 | 영업부 | 총합계 |
| 20 | 부장 | | | | |
| 21 | 합계 : 기본급 | 3700000 | 3700000 | * | 7400000 |
| 22 | 합계 : 실수령액 | 4256000 | 4356000 | * | 8612000 |
| 23 | 과장 | | | | |
| 24 | 합계 : 기본급 | * | * | 3200000 | 3200000 |
| 25 | 합계 : 실수령액 | * | * | 3716000 | 3716000 |
| 26 | 대리 | | | | |
| 27 | 합계 : 기본급 | 2600000 | 2600000 | 2700000 | 7900000 |
| 28 | 합계 : 실수령액 | 2888000 | 2988000 | 2976000 | 8852000 |
| 29 | 사원 | | | | |
| 30 | 합계 : 기본급 | 2500000 | 2300000 | 2400000 | 7200000 |
| 31 | 합계 : 실수령액 | 2800000 | 2624000 | 2612000 | 8036000 |

## 02 | 부분합

| 1 2 3 4 | A | B | C | D | E | F |
|---|---|---|---|---|---|---|
| 1 | \multicolumn{6}{c}{3/4분기 아이스크림 판매 현황} | | | | | |
| 2 | 지역 | 대리점코드 | 제품명 | 판매가격 | 판매량 | 판매금액 |
| 3 | 부산 | B004 | 마루콘 | 800 | 540,400 | 432,320,000 |
| 4 | 서울 | K003 | 마루콘 | 800 | 613,900 | 491,120,000 |
| 5 | 강원도 | E001 | 마루콘 | 800 | 398,700 | 318,960,000 |
| 6 | 충북 | R003 | 마루콘 | 800 | 426,000 | 340,800,000 |
| 7 | | | 마루콘 평균 | | | 395,800,000 |
| 8 | | | 마루콘 요약 | | 1,979,000 | |
| 9 | 강원도 | E003 | 보석바 | 1,000 | 358,200 | 358,200,000 |
| 10 | 부산 | B003 | 보석바 | 1,000 | 572,400 | 572,400,000 |
| 11 | 충북 | R002 | 보석바 | 1,000 | 468,600 | 468,600,000 |
| 12 | 서울 | K001 | 보석바 | 1,000 | 554,600 | 554,600,000 |
| 13 | | | 보석바 평균 | | | 488,450,000 |
| 14 | | | 보석바 요약 | | 1,953,800 | |
| 15 | 충북 | R001 | 부라보 | 1,500 | 520,100 | 780,150,000 |
| 16 | 부산 | B001 | 부라보 | 1,500 | 453,000 | 679,500,000 |
| 17 | 강원도 | E004 | 부라보 | 1,500 | 426,900 | 640,350,000 |
| 18 | 서울 | K004 | 부라보 | 1,500 | 475,900 | 713,850,000 |
| 19 | | | 부라보 평균 | | | 703,462,500 |
| 20 | | | 부라보 요약 | | 1,875,900 | |
| 21 | 서울 | K002 | 쌍쌍바 | 1,500 | 631,800 | 947,700,000 |
| 22 | 강원도 | E002 | 쌍쌍바 | 1,500 | 438,900 | 658,350,000 |
| 23 | 충북 | R004 | 쌍쌍바 | 1,500 | 525,000 | 787,500,000 |
| 24 | 부산 | B002 | 쌍쌍바 | 1,500 | 632,100 | 948,150,000 |
| 25 | | | 쌍쌍바 평균 | | | 835,425,000 |
| 26 | | | 쌍쌍바 요약 | | 2,227,800 | |
| 27 | | | 전체 평균 | | | 605,784,375 |
| 28 | | | 총합계 | | 8,036,500 | |

## 4 기타작업

### 01 | 매크로

| | A | B | C | D | E | F | G | H |
|---|---|---|---|---|---|---|---|---|
| 1 | \multicolumn{5}{c}{제품 판매 현황} | | | | | | | |
| 2 | 제품코드 | 단가 | 판매량 | 판매금액 | 구성비 | | | |
| 3 | E1-4321-23 | 3,500 | 300 | 1,050,000 | 17% | | | |
| 4 | W1-4328-23 | 4,400 | 160 | 704,000 | 11% | | | |
| 5 | W3-4981-45 | 1,000 | 760 | 760,000 | 12% | | | |
| 6 | A1-6580-32 | 2,000 | 540 | 1,080,000 | 18% | | | |
| 7 | H6-7912-55 | 500 | 820 | 410,000 | 7% | | | |
| 8 | D8-7981-45 | 6,000 | 135 | 810,000 | 13% | | | |
| 9 | T8-7981-45 | 3,000 | 450 | 1,350,000 | 22% | | | |
| 10 | 합계 | 20,400 | 3,165 | 6,164,000 | ⊠ | | | |

서식

### 02 | 차트

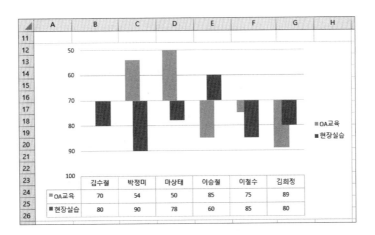

| | 김수철 | 박정미 | 마상태 | 이승철 | 이철수 | 김희정 |
|---|---|---|---|---|---|---|
| ■OA교육 | 70 | 54 | 50 | 85 | 75 | 89 |
| ■현장실습 | 80 | 90 | 78 | 60 | 85 | 80 |

## 풀이

**문제1** 기본작업

### 1 서식 설정('기본작업-2' 시트)

① [A1:G1] 영역을 범위 지정하고 [홈]-[맞춤] 그룹에서 '병합하고 가운데 맞춤(圉)'을 클릭한 후 [글꼴] 그룹에서 글꼴 '굴림체', 글꼴 크기 '16', 글꼴 스타일 '굵게', 밑줄 '이중 밑줄'을 선택합니다.

② [A3:G3] 영역을 범위 지정하고 [Ctrl] 키를 누른 채 [A4:C12] 영역을 추가 범위 지정한 후 [홈] 탭의 [맞춤] 그룹에서 가로 '가운데 맞춤(圉)'을 클릭합니다.

③ [A13:C13] 영역을 범위 지정하고 [홈]-[맞춤] 탭에서 '병합하고 가운데 맞춤(圉)'을 클릭합니다.

④ [G3] 셀을 더블 클릭하고 '퇴직금' 텍스트를 범위 지정한 후 [한자] 키를 누르고 [한글/한자 변환]에서 '한자 선택'에 '退職金'을 선택한 후 [변환]을 클릭합니다.

⑤ [D4:D12] 영역을 범위 지정하고 [Ctrl]+[1] 키를 눌러 [표시 형식] 탭의 [사용자 지정]에서 '형식'에 『0"년"』을 입력한 후 [확인]을 클릭합니다.

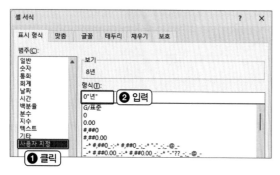

⑥ [A3:G3] 영역을 범위 설정하고 [홈] 탭의 [글꼴] 그룹에서 [채우기 색(🖌)]을 클릭한 후 '표준 색-노랑', 글꼴 색 '표준 색-파랑'으로 지정합니다.

⑦ [A3:G13] 영역을 범위 지정하고 [홈] 탭-[글꼴] 그룹-[테두리(⊞ ▾)]의 목록 단추를 클릭한 후 '모든 테두리(⊞)'를 클릭합니다.

⑧ [D13] 셀을 선택하고 [Ctrl]+[1] 키를 눌러 [테두리] 탭의 '테두리'에서 '왼쪽 대각선(◪)'과 '오른쪽 대각선(◩)'을 각각 선택한 후 [확인]을 클릭합니다.

### 2 그림 복사('기본작업-3' 시트)

① [J13:M14] 영역을 범위 지정한 후 [Ctrl]+[C] 키를 눌러 복사합니다.

② [E1] 셀을 클릭한 후 [홈] 탭-[클립보드] 그룹-[붙여넣기(🗐)]-[기타 붙여넣기 옵션]-[연결된 그림(🖼)]을 클릭합니다.

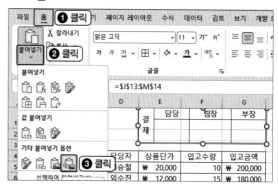

**문제2** 계산작업('계산작업' 시트)

### 1 평균차[F3:F8]

[F3] 셀에 수식을 입력하고 [F8] 셀까지 수식을 복사합니다.

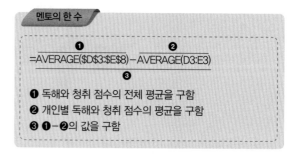

멘토의 한수

①
$$=AVERAGE(\$D\$3:\$E\$8)-AVERAGE(D3:E3)$$
③             ②

❶ 독해와 청취 점수의 전체 평균을 구함
❷ 개인별 독해와 청취 점수의 평균을 구함
❸ ❶-❷의 값을 구함

## ② 수상[L3:L10]

[L3] 셀에 수식을 입력하고 [L10] 셀까지 수식을 복사합니다.

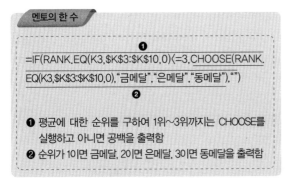

> **멘토의 한 수**
>
> ❶
> =IF(RANK.EQ(K3,$K$3:$K$10,0)<=3,CHOOSE(RANK.EQ(K3,$K$3:$K$10,0),"금메달","은메달","동메달"),"")
> ❷
>
> ❶ 평균에 대한 순위를 구하여 1위~3위까지는 CHOOSE를 실행하고 아니면 공백을 출력함
> ❷ 순위가 1이면 금메달, 2이면 은메달, 3이면 동메달을 출력함

## ③ 도시 청소년 키 평균[D23]

[C22:C23] 영역에 다음과 같이 조건을 입력하고 [D23] 셀에 수식을 입력합니다.

| | B | C |
|---|---|---|
| 21 | | |
| 22 | | 지역 |
| 23 | | 도시 |

> **멘토의 한 수**
>
> ❷
> =ROUNDUP(DAVERAGE(A11:F20,E11,C22:C23),0)&"Cm"
>
> ❶ 지역이 도시인 키의 평균 166.6666을 구함
> * 필드는 '키' 필드인 [E11] 셀을 선택해도 되고 키 필드가 5번째 열에 있으므로 5를 입력해도 됨
> ❷ ROUNDUP(❶,0)&"Cm" : ❶의 결과 166.6666 값에서 소수점 첫째 자리에서 올림하여 정수 부분까지 167을 구한 후 값 뒤에 'Cm'를 붙여 출력함
> * =DAVERAGE(표 전체 범위,필드,조건 범위) : 조건을 만족하는 필드의 평균을 구함

## ④ 결과[L14:L23]

[L14] 셀에 수식을 입력하고 [L23] 셀까지 수식을 복사합니다.

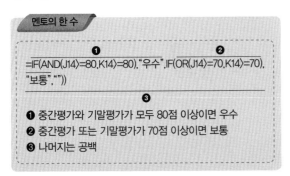

> **멘토의 한 수**
>
> ❶                    ❷
> =IF(AND(J14>=80,K14>=80),"우수",IF(OR(J14>=70,K14>=70),"보통",""))
> ❸
>
> ❶ 중간평가와 기말평가가 모두 80점 이상이면 우수
> ❷ 중간평가 또는 기말평가가 70점 이상이면 보통
> ❸ 나머지는 공백

## ⑤ 연차[E27:E34]

[E27] 셀에 수식을 입력하고 [E34] 셀까지 수식을 복사합니다.

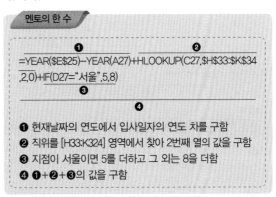

> **멘토의 한 수**
>
> ❶                        ❷
> =YEAR($E$25)−YEAR(A27)+HLOOKUP(C27,$H$33:$K$34,2,0)+IF(D27="서울",5,8)
> ❸
> ❹
>
> ❶ 현재날짜의 연도에서 입사일자의 연도 차를 구함
> ❷ 직위를 [H33:K324] 영역에서 찾아 2번째 열의 값을 구함
> ❸ 지점이 서울이면 5를 더하고 그 외는 8을 더함
> ❹ ❶+❷+❸의 값을 구함

---

### 문제3 ◦ 분석작업

## ① 피벗 테이블('분석작업-1' 시트)

① [A2:H11] 영역을 범위 지정하고 [삽입] 탭-[표] 그룹-[피벗 테이블(📊)]을 클릭합니다.

② [피벗 테이블 만들기]에서 '기존 워크시트'를 선택하고 '위치'에 [A18] 셀을 선택한 후 [확인]을 클릭합니다.

③ '성명' 필드는 '필터'에 '직위' 필드는 '행'에, '부서명' 필드는 '열'에, '기본급', '실수령액' 필드는 'Σ 값' 레이블에 각각 드래그하여 이동하고 '열' 레이블의 'Σ 값'을 '행' 레이블로 이동합니다.

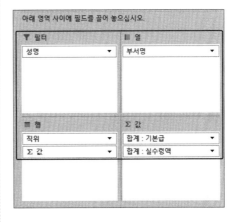

④ 피벗 테이블 안에서 마우스 오른쪽 버튼을 클릭하고 [피벗 테이블 옵션]을 선택합니다. [피벗 테이블 옵션] 대화상자에서 '빈 셀 표시'에 『＊』를 입력하고 [요약 및 필터] 탭에서 '열 총합계 표시'의 체크를 해제한 후 [확인]을 클릭합니다.

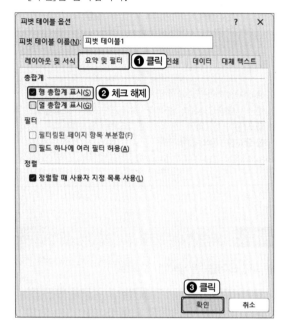

⑤ [A26] 셀의 '부장'을 선택한 후 마우스 오른쪽 버튼을 클릭하고 [처음으로 "부장" 이동]을 선택하여 부장 필드를 위쪽으로 이동합니다.

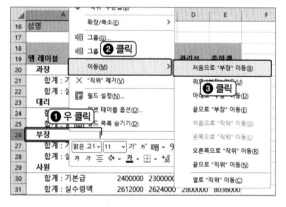

## 2 부분합('분석작업-1' 시트)

① [C2] 셀을 선택하고 [데이터] 탭-[정렬 및 필터] 그룹에서 '텍스트 오름차순 정렬(ᢓ↓)'을 클릭합니다.

② [데이터] 탭-[개요] 그룹-[부분합(▦)]을 클릭합니다.

③ [부분합]에서 '그룹화할 항목'에 '제품명', '사용할 함수'에 '합계'를 지정하고, '부분합 계산 항목'의 '판매량'에 체크한 후 [확인]을 클릭합니다.

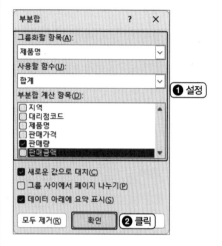

④ 다시 [데이터] 탭-[개요] 그룹-[부분합(▦)]을 클릭합니다.

⑤ [부분합]에서 '사용할 함수'에 '평균'을 지정하고, '부분합 계산 항목'의 '판매금액'에 체크한 후 '새로운 값으로 대치'에 체크를 해제하고 [확인]을 클릭합니다.

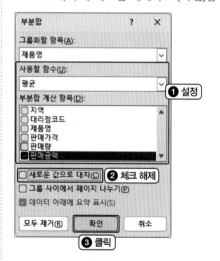

## 1 매크로 작성('매크로작업' 시트)

① [개발 도구] 탭-[코드] 그룹-[매크로 기록(🔴)] 도구를 클릭하고 [매크로 기록]의 '매크로 이름'에 『구성비』를 입력한 후 [확인]을 클릭합니다.

② [E3] 셀에 『=D3/$D$10』 수식을 입력하고 [E9] 셀까지 수식을 복사합니다.

③ 지정된 영역을 해제하고 [개발 도구] 탭-[코드] 그룹-[기록 중지(□)] 도구를 클릭하여 매크로를 중지합니다.

④ [삽입] 탭-[일러스트레이션] 그룹-[도형]의 '기본도형'에서 '웃는 얼굴(☺)' 도형을 선택하고 Alt 키를 누르면서 [G2:H4] 영역에 드래그합니다.

⑤ 도형에서 마우스 오른쪽 버튼을 클릭하고 [매크로 지정]을 선택한 후 '구성비'를 선택하고 [확인]을 클릭합니다.

⑥ '서식' 매크로를 작성하기 위해 다시 [개발 도구] 탭-[코드] 그룹-[매크로 기록(🔴)]을 클릭하고 [매크로 기록]의 '매크로 이름'에 『서식』을 입력한 후 [확인]을 클릭합니다.

⑦ [A2:E2] 영역을 범위 지정하고 [홈] 탭-[글꼴] 그룹의 도구 모음에서 채우기 색(🪣)을 '표준 색-파랑', 글꼴 색(🇦)을 '표준 색-노랑'으로 선택합니다.

⑧ 지정된 영역을 해제하고 [개발 도구] 탭-[코드] 그룹-[기록 중지 □]를 클릭하여 매크로를 중지합니다.

⑨ [삽입] 탭-[일러스트레이션] 그룹-[도형]의 '기본도형'에서 '배지(⬡)' 도형을 선택하고 Alt 키를 누른 채 [G6:H8] 영역에 드래그하여 위치시킨 후 도형에 『서식』을 입력합니다.

⑩ 도형에서 마우스 오른쪽 버튼을 클릭하고 [매크로 지정]을 선택한 후 '서식'을 선택하고 [확인]을 클릭합니다.

## 2 차트 작성('차트작업' 시트)

① 차트를 선택한 후 [차트 필터(🔽)]를 클릭하고 '계열'에서 '태도및소양', 'TQC교육', 'OJT'의 체크를 해제한 후 [적용]을 클릭합니다.

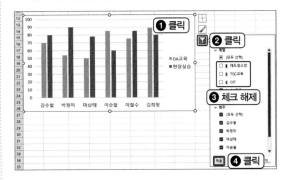

② 'OA교육' 계열에서 마우스 오른쪽 버튼을 클릭한 후 [데이터 계열 서식]을 클릭합니다.

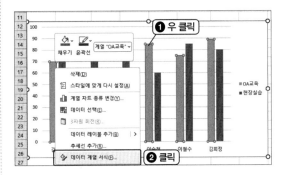

③ [데이터 계열 서식] 창의 [계열 옵션]-[계열 옵션(📊)]에서 '계열 겹치기'에 『50』을 입력하고, '간격 너비'에 『100』을 입력합니다.

④ 차트를 선택한 후 [차트 요소(⊞)]를 클릭하고 '데이터 테이블'에 체크합니다.

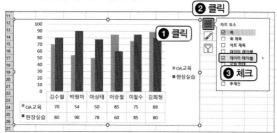

⑤ 세로 값 축에서 마우스 오른쪽 버튼을 클릭한 후 [축 서식]을 클릭합니다.

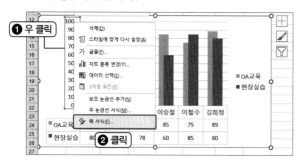

⑥ [축 서식] 창의 [축 옵션]-[축 옵션(📊)]-[축 옵션]에서 '최소값'에 『50』, '단위'의 '기본'에 『10』을 입력하고, '축 값'을 선택한 후 『70』을 입력하고, '값을 거꾸로'에 체크합니다.

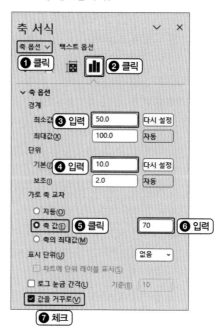

# 교재로 채택하여 강의 중인 컴퓨터학원입니다.

## [서울특별시]

한양IT전문학원(서대문구 홍제동 330-54)
유림컴퓨터학원(성동구 성수1가 1동 656-251)
아이콘컴퓨터학원(은평구 갈현동 390-8)
송파컴퓨터회계학원(송파구 송파동 195-6)
강북정보처리학원(은평구 대조동 6-9호)
아이탑컴퓨터학원(구로구 개봉1동 65-5)
신영진컴퓨터학원(구로구 신도림동 437-1)
방학컴퓨터학원(도봉구 방학3동 670)
아람컴퓨터학원(동작구 사당동 우성2차 09상가)
국제컴퓨터학원(서초구 서초대로73길54 디오빌 209호)
백상컴퓨터학원(구로구 구로1동 314-1 극동상가 4층)
엔젤컴퓨터학원(도봉구 창2동 581-28)
독립문컴퓨터학원(종로구 무악동 47-4)
문성컴퓨터학원(동작구 대방동 335-16 대방빌딩 2층)
대건정보처리학원(강동구 명일동 347-3)
제6세대컴퓨터학원(송파구 석촌동 252-5)
명문컴퓨터학원(도봉구 쌍문2동 56)
영우컴퓨터학원(도봉구 방학1동 680-8)
바로컴퓨터학원(강북구 수유2동 245-4)
뚝섬컴퓨터학원(성동구 성수1가2동)
오성컴퓨터학원(광진구 자양3동 553-41)
해인컴퓨터학원(광진구 구의2동 30-15)
푸른솔컴퓨터학원(광진구 자양2동 645-5)
희망컴퓨터학원(광진구 구의동)
경일웹컴퓨터학원(중량구 신내동 665)
현대정보컴퓨터학원(양천구 신정5동 940-38)
보노컴퓨터학원(관악구 서림동 96-48)
스마트컴퓨터학원(도봉구 창동 9-1)
모드산업디자인학원(노원구 상계동 724)
미주컴퓨터학원(구로구 구로5동 528-7)
미래컴퓨터학원(구로구 개봉2동 403-217)
중앙컴퓨터학원(구로구 구로동 437-1 성보빌딩 3층)
고려아트컴퓨터학원(송파구 거여동 554-3)
노노스창업교육학원(서초구 양재동 16-6)
우신컴퓨터학원(성동구 흥익동 210)
무궁화컴퓨터학원(성동구 행당동 245번지 3층)
영일컴퓨터학원(금천구 시흥1동 838-33호)
셀파컴퓨터회계학원(송파구 송파동 97-43 3층)
지현컴퓨터학원(구로구 구로3동 188-5)

## [인천광역시]

이컴IT.회계전문학원(남구 도화2동 87-1)
대성정보처리학원(계양구 효성1동 295-1 3층)
상아컴퓨터학원(경명대로 1124 명인프라자1, 501호)
명진컴퓨터학원(계양구 계산동 946-10 덕수빌딩 6층)
한나래컴퓨터디자인학원(계양구 임학동 6-1 4층)
효성한맥컴퓨터학원(계양구 효성1동 77-5 신한뉴프라자 4층)
시대컴퓨터학원(남동구 구월동 1225-36 롯데프라자 301-1)
피엘컴퓨터학원(남동구 구월동 1249)

하이미디어아카데미(부평구 부평동 199-24 2층)
부평IT멀티캠퍼스학원(부평구 부평5동 199-24 4, 5층)
돌고래컴퓨터아트학원(부평구 산곡동 281-53 풍성프라자 402, 502호)
미래컴퓨터학원(부평구 산곡1동 180-390)
가인정보처리학원(부평구 삼산동 391-3)
서부연세컴퓨터학원(서구 가좌1동 140-42 2층)
이컴학원(서구 석남1동 513-3 4층)
연희컴퓨터학원(서구 심곡동 303-1 새터빌딩 4층)
검단컴퓨터회계학원(서구 당하동 5블럭 5롯트 대한빌딩 4층)
진성컴퓨터학원(연수구 선학동 407 대영빌딩 6층)
길정보처리회계학원(중구 인현동 27-7 창대빌딩 4층)
대화컴퓨터학원(남동구 만수5동 925-11)
new중앙컴퓨터학원(계양구 임학동 6-23번지 3층)

## [대전광역시]

학사컴퓨터학원(동구 판암동 203번지 리라빌딩 401호)
대승컴퓨터학원(대덕구 법동 287-2)
열린컴퓨터학원(대덕구 오정동 65-10 2층)
국민컴퓨터학원(동구 가양1동 579-11 2층)
용운컴퓨터학원(동구 용운동 304-1번지 3층)
굿아이컴퓨터학원(서구 가수원동 656-47번지 3층)
경성컴퓨터학원(서구 갈마2동 1408번지 2층)
경남컴퓨터학원(서구 도마동 경남(아)상가 301호)
둔산컴퓨터학원(서구 탄방동 734 3층)
로얄컴퓨터학원(유성구 반석동 639-4번지 웰빙타운 602호)
자운컴퓨터학원(유성구 신성동 138-8번지)
오원컴퓨터학원(중구 대흥동 205-2 4층)
계룡컴퓨터학원(중구 문화동 374-5)
제일정보처리학원(중구 은행동 139-5번지 3층)

## [광주광역시]

태봉컴퓨터전산학원(북구 운암동 117-13)
광주서강컴퓨터학원(북구 동림동 1310)
다음정보처리학원(광산구 신창동 1125-3 건도빌딩 4층)
광주중앙컴퓨터학원(북구 문흥동 999-3)
국제정보처리학원(북구 중흥동 279-60)
굿아이컴퓨터학원(북구 용봉동 1425-2)
나라정보처리학원(남구 진월동 438-3 4층)
두암컴퓨터학원(북구 두암동 602-9)
디지털국제컴퓨터학원(동구 서석동 25-7)
매곡컴퓨터학원(북구 매곡동 190-4)
사이버컴퓨터학원(광산구 운남동 387-37)
상일컴퓨터학원(서구 상무1동 147번지 3층)
세종컴퓨터전산학원(남구 봉선동 155-6 5층)
송정중앙컴퓨터학원(광산구 송정2동 793-7 3층)
신한국컴퓨터학원(광산구 월계동 899-10번지)
에디슨컴퓨터학원(동구 계림동 85-169)
엔터컴퓨터학원(광산구 신가동1012번지 우미아파트상가 2층 201호)

염주컴퓨터학원(서구 화정동 1035 2층)
영진정보처리학원(서구 화정2동 신동아아파트 상가 3층 302호)
이지컴퓨터학원(서구 금호동 838번지)
일류정보처리학원(서구 금호동 741-1 시영1차아파트 상가 2층)
조이컴정보처리학원(서구 치평동 1184-2번지 골든타운 304호)
중앙컴퓨터학원(서구 화정2동 834-4번지 3층)
풍암넷피아정보처리학원(서구 풍암 1123 풍암빌딩 6층)
하나정보처리학원(북구 일곡동 830-6)
양산컴퓨터학원(북구 양산동 283-48)
한성컴퓨터학원(광산구 월곡1동 56-2)

## [부산광역시]

신흥정보처리학원(사하구 당리동 131번지)
경원전산학원(동래구 사직동 45-37)
동명정보처리학원(남구 용호동 408-1)
메인컴퓨터학원(사하구 괴정4동 1119-3 희망빌딩 7층)
미래컴퓨터학원(사상구 삼락동 418-36)
미래컴퓨터학원(부산진구 가야3동 301-8)
보성정보처리학원(사하구 장림2동 1052번지 삼일빌딩 2층)
영남컴퓨터학원(기장군 기장읍 대라리 97-14)
우성컴퓨터학원(사하구 괴정동 496-5 대원스포츠 2층)
중앙IT컴퓨터학원(북구 만덕2동 282-5번지)
하남컴퓨터학원(사하구 신평동 590-4)
다인컴퓨터학원(사하구 다대1동 933-19)
자유컴퓨터학원(동래구 온천3동 1468-6)
영도컴퓨터전산회계학원(영도구 봉래동3가 24번지 3층)
동아컴퓨터학원(사하구 당리동 303-11 5층)
동원컴퓨터학원(해운대구 재송동)
문현컴퓨터학원(남구 문현동 253-11)
삼성컴퓨터학원(북구 화명동 2316-1)

## [대구광역시]

새빛캐드컴퓨터학원(달서구 달구벌대로 1704 삼정빌딩 7층)
해인컴퓨터학원(북구 동천동 878-3 2층)
셈틀컴퓨터학원(북구 동천동 896-3 3층)
대구컴퓨터캐드회계학원(북구 국우동 1099-1 5층)
동화컴퓨터학원(수성구 범물동 1275-1)
동화회계캐드컴퓨터학원(수성구 달구벌대로 3179 3층)
세방컴퓨터학원(수성구 범어1동 371번지 7동 301호)
네트컴퓨터학원(북구 태전동 409-21번지 3층)
배움컴퓨터학원(북구 복현2동 340-42번지 2층)
윤성컴퓨터학원(북구 복현2동 200-1번지)
명성탑컴퓨터학원(북구 침산3동 295-18번지)
911컴퓨터학원(달서구 달구벌대로 1657 4층)
메가컴퓨터학원(수성구 신매동 267-13 3층)
테라컴퓨터학원(수성구 달구벌대로 3090)

## [울산광역시]

엘리트정보처리세무회계(중구 성남동 청송빌딩 2층~6층)

경남컴퓨터학원(남구 신정 2동 명성음악사3,4층)

다운컴퓨터학원(중구 다운동 776-4번지 2층)

대송컴퓨터학원(동구 대송동 174-11번지 방어진농협 대송지소 2층)

명정컴퓨터학원(중구 태화동 명정초등 BUS 정류장 옆)

크린컴퓨터학원(남구 울산병원근처-신정푸르지오 모델하우스 앞)

한국컴퓨터학원(남구 옥동 260-6번지)

한림컴퓨터학원(북구 봉화로 58 신화프라자 301호)

현대문화컴퓨터학원(북구 양정동 523번지 현대자동차문화회관 3층)

인텔컴퓨터학원(울주군 범서면 굴화리 49-5 1층)

대림컴퓨터학원(남구 신정4동 949-28 2층)

미래정보컴퓨터학원(울산시 남구 울산대학교앞 바보사거리 GS25 5층)

서진컴퓨터학원(울산시 남구 달동 1331-13 2층)

송샘컴퓨터학원(동구 방어동 281-1 우성현대 아파트상가 2, 3층)

에셋컴퓨터학원(북구 천곡동 410-6 아진복합상가 310호)

연세컴퓨터학원(남구 무거동 1536-11번지 4층)

홍천컴퓨터학원(남구 무거동(삼호동)1203-3번지)

IT컴퓨터학원(동구 화정동 855-2번지)

THC정보처리컴퓨터(울산시 남구 무거동 아이컨셉안경원 3, 4층)

TOPCLASS컴퓨터학원(울산시 동구 전하1동 301-17번지 2층)

## [경기도]

샘물컴퓨터학원(여주군 여주읍 상리 331-19)

인서울컴퓨터디자인학원(안양시 동안구 관양2동 1488-35 골드빌딩 1201호)

경인디지털컴퓨터학원(부천시 원미구 춘의동 116-8 광덕프라자 3층)

에이팩스컴퓨터학원(부천시 원미구 상동 533-11 부건프라자 602호)

서울컴퓨터학원(부천시 소사구 송내동 523-3)

천재컴퓨터학원(부천시 원미구 심곡동 344-12)

대신IT컴퓨터학원(부천시 소사구 송내2동 433-25)

상아컴퓨터학원(부천시 소사구 괴안동 125-5 인광빌딩 4층)

우리컴퓨터전산회계디자인학원(부천시 원미구 심곡동 87-11)

좋은컴퓨터학원(부천시 소사구 소사본3동 277-38)

대명컴퓨터학원(부천시 원미구 중1동 1170 포도마을 삼보상가 3층)

한국컴퓨터학원(용인시 기흥구 구갈동 383-3)

삼성컴퓨터학원(안양시 만안구 안양1동 674-249 삼양빌딩 4층)

나래컴퓨터학원(안양시 만안구 안양5동 627-35 5층)

고색정보컴퓨터학원(수원시 권선구 고색동 890-169)

셀파컴퓨터회계학원(성남시 중원구 금광2동 4359 3층)

탑에듀컴퓨터학원(수원시 팔달구 팔달로2가 130-3 2층)

새빛컴퓨터학원(부천시 오정구 삼정동 318-10 3층)

부천컴퓨터학원(부천시 원미구 중1동 1141-5 다운타운빌딩 403호)

경원컴퓨터학원(수원시 영통구 매탄4동 성일아파트상가 3층)

하나탑컴퓨터학원(광명시 광명6동 374-10)

정수천컴퓨터학원(가평군 석봉로 139-1)

평택비트컴퓨터학원(평택시 비전동 756-14 2층)

## [전라북도]

전주컴퓨터학원(전주시 완산구 삼천동1가 666-6)

세라컴퓨터학원(전주시 덕진구 우아동)

비트컴퓨터학원(전북 남원시 왕정동 45-15)

문화컴퓨터학원(전주시 덕진구 송천동 1가 480번지 비사벌빌딩 6층)

등용문컴퓨터학원(전주시 완산구 풍남동1가 15-6번지)

미르컴퓨터학원(전주시 덕진구 인후동1가 857-1 새마을금고 3층)

거성컴퓨터학원(군산시 명산동 14-17 반석신협 3층)

동양컴퓨터학원(군산시 나운동 487-9 SK5층)

문화컴퓨터학원(군산시 문화동 917-9)

하나컴퓨터학원(전주시 완산구 효자동1가 518-59번지 3층)

동양인터넷컴퓨터학원(전주시 완산구 삼천동1가 288-9번 203호)

골든벨컴퓨터학원(전주시 완산구 평화2동 893-1)

명성컴퓨터학원(군산시 나운1동792-4)

다울컴퓨터학원(군산시 나운동 667-7번지)

제일컴퓨터학원(남원시 도통동 583-4번지)

뉴월드컴퓨터학원(익산시 부송동 762-1 번지 1001안경원 3층)

젬컴퓨터학원(군산시 문화동 920-11)

문경컴퓨터학원(정읍시 연지동 32-11)

유일컴퓨터학원(전주시 덕진구 인후동 안골사거리 태평양약국 2층)

빌컴퓨터학원(군산시 나운동 809-1번지 라파빌딩 4층)

김상미컴퓨터학원(군산시 조촌동 903-1 시영아파트상가 2층)

아성컴퓨터학원(익산시 어양동 부영1차아파트 상가동 202호)

민컴퓨터학원(전주시 완산구 서신동 797-2번지 청담빌딩 5층)

제일컴퓨터학원(익산시 어양동 643-4번지 2층)

현대컴퓨터학원(익산시 동산동 1045-3번지 2층)

이지컴퓨터학원(군산시 동흥남동 404-8 1층)

비전컴퓨터학원(익산시 동산동 607-4)

청어람컴퓨터학원(전주시 완산구 평화동2가 890-5 5층)

정컴퓨터학원(전주시 완산구 삼천동1가 592-1)

영재컴퓨터학원(전라북도 완주군 삼례읍 삼례리 923-23)

탑스터디컴퓨터학원(군산시 수송로 119 은하빌딩 3층)

## [전라남도]

한성컴퓨터학원(여수시 문수동 82-1번지 3층)

## [경상북도]

현대컴퓨터학원(경북 칠곡군 북삼읍 인평리 1078-6번지)

조은컴퓨터학원(경북 구미시 형곡동 197-2번지)

옥동컴퓨터학원(경북 안동시 옥동 765-7)

청어람컴퓨터학원(경북 영주시 영주2동 528-1)

21세기정보처리학원(경북 영주시 휴천2동 463-4 2층)

이지컴퓨터학원(경북 경주시 황성동 472-44)

한국컴퓨터학원(경북 상주시 무양동 246-5)

예일컴퓨터학원(경북 의성군 의성읍 중리리 714-2)

김복남컴퓨터학원(경북 울진군 울진읍 읍내4리 520-4)

유성정보처리학원(경북 예천군 예천읍 노하리 72-6)

제일컴퓨터학원(경북 군위군 군위유 서부리 32-19)

미림-엠아이티컴퓨터학원(경북 포항시 북구 장성동 1355-4)

가나컴퓨터학원(경북 구미시 옥계동 631-10)

엘리트컴퓨터외국어스쿨학원(경북 경주시 동천동 826-11번지)

송현컴퓨터학원(안동시 송현동 295-1)

## [경상남도]

송기웅전산학원(창원시 진해구 석동 654-3번지 세븐코아 6층 602호)

빌게이츠컴퓨터학원(창원시 성산구 안민동 163-5번지 풍전상가 302호)

예일학원(창원시 의창구 봉곡동 144-1 401~2호)

정우컴퓨터전산회계학원(창원시 성산구 중앙동 89-3)

우리컴퓨터학원(창원시 의창구 도계동 353-13 3층)

웰컴퓨터학원(김해시 장유면 대청리 대청프라자 8동 412호)

이지컴스쿨학원(밀양시 내이동 북성로 71 3층)

비사벌컴퓨터학원(창녕군 창녕읍 말흘리 287-1 1층)

늘샘컴퓨터학원(함양군 함양읍 용평리 694-5 신협 3층)

도울컴퓨터학원(김해시 삼계동 1416-4 2층)

## [제주도]

하나컴퓨터학원(제주시 이도동)

탐라컴퓨터학원(제주시 연동)

클릭컴퓨터학원(제주시 이도동)

## [강원도]

엘리트컴퓨터학원(강릉시 교1동 927-15)

권정미컴퓨터교습소(춘천시 춘천로 316 2층)

형제컴퓨터학원(속초시 조양동 부영아파트 3동 주상가 305-2호)

강릉컴퓨터교육학원(강릉시 임명로 180 3층 301호)